WOJCIECH JARUZELSKI
Hinter den Türen der Macht

WOJCIECH JARUZELSKI

Hinter den Türen der Macht

DER ANFANG VOM ENDE EINER HERRSCHAFT

Aus dem Polnischen
von Ekkehard Grube

MILITZKE

Inhaltsverzeichnis

VORWORT

Niemand ist Richter in eigener Sache

Die Jahre sind dahingegangen, aber meine Gedanken kehren immer noch zu jenem Tag zurück – zum 12. Dezember 1981. Ständig quält mich die Frage: Warum ist es dazu gekommen? Mußte es dazu kommen? Konnte man nicht anders handeln? Das ist eine Frage für den Historiker – notwendig für den, der die Geschichte nüchtern und emotionslos betrachten will.[1] Es ist aber auch eine Frage für den Politiker – wie soll man jenes Gestern, um des Morgen willen, heute interpretieren? Und schließlich ist es eine Frage an das eigene Gewissen – notwendig für die moralische Bewertung der damaligen Entscheidungen und Ereignisse.

Der Dichter sagt: „Es ist schwieriger, den Tag sinnvoll zu verbringen, als ein Buch zu schreiben." Das ist zweifellos richtig, vor allem, da es im Leben Tage gibt – und in meinem Leben gab es nicht wenige davon –, an denen einem die Last untragbar erscheint. Aber ich muß diese Tage beschreiben. Das ist meine Pflicht, nicht nur gegenüber den Freunden und Verbündeten, sondern auch gegenüber den Gegnern von damals. Ich stelle mich dieser Pflicht in der Absicht, dem Leser die Kompliziertheit der damaligen Zeit, die ganze Dramatik menschlicher Verstrickungen und Schicksale vor Augen zu führen.

Als ich mit der Arbeit an diesem Buch begann, dachte ich, daß für mich keine Notwendigkeit bestünde, mich in diesem Buch kritisch oder polemisch zur Gegenwart zu äußern. Aufmerksam beobachte ich alles, was heute in Polen vor sich geht, mit welchen Schwierigkeiten wir fertig werden müssen. Ich möchte nicht als Beckmesser auftreten. Die Denkweise „Je schlechter, desto besser" ist mir zutiefst fremd, sowohl als Pole als auch als Politiker. Ich weiß, daß es keine Abkehr vom Weg der parlamentarischen Demokratie und der Marktwirtschaft geben kann, und ich weiß die Freiheit des Wortes zu schätzen, die sich u. a. zumindest darin ausdrückt, daß in der vergangenen Epoche ein solches Buch, von der entgegengesetzten Position aus geschrieben, nicht legal hätte erscheinen können. Ich wünsche mir, daß die jetzigen Reformen erfolgreich enden. Das, was gelingt, freut mich. Das, was schiefgeht, macht mir Sorge. Mehr noch: Als jemand, der zu den Veränderungen des Systems beigetragen hat, fühle ich mich in gewissem Sinne mitverantwortlich für die Richtung, in die sich diese Veränderungen entwickelt haben, für ihren Verlauf und vor allem für ihre Folgen in gesellschaftlicher, wirtschaftlicher und politischer Hinsicht. Des-

[1] Jaruzelski gebraucht hier im polnischen Originaltext ein bekanntes Zitat aus der Poesie von Miekicwicz: „mędrzec szkiełko i oko".

halb wollte ich auch eher einen gemeinsamen Nenner suchen und verschiedene traurige Assoziationen aussparen. Dieser Absicht konnte ich jedoch nicht in vollem Umfang gerecht werden. Nachdem der Sejm[2] am 1. Februar 1992 über das Kriegsrecht debattiert und dessen Einführung gebilligt hatte und nach der Propagandakampagne, die diese Sejm-Debatte begleitete und die auch jetzt immer wieder aufflammt, war eine neue politische und emotionale Situation entstanden. Dadurch wurde es unerläßlich, in meinem Buch verschiedentlich auf die Gegenwart Bezug zu nehmen. Natürlich nicht, um Problemlösungsversuche und Formulierungen, die vor der Geschichte keinen Bestand hatten, zu verteidigen, sondern um die Wertvorstellungen und Absichten darzulegen, die Leitstern für unseren Lebensweg waren und unser Denken und Fühlen bestimmten.

Heute, fast drei Jahre nach Beginn einer neuen Epoche, kann man – mit allem Respekt für tiefergehende Motivationen – sagen, daß keine Seite den Versuchungen der Macht widerstehen konnte. Die einen wollten sie behalten, die anderen sie erobern. Alle Überlegungen müssen also auf die Fragen hinauslaufen: Was wurde verteidigt, was wurde angegriffen, was wurde erreicht, was wurde verloren? Es wurde ein historischer Schritt mit weitreichenden Folgen getan – aber das war kein Schritt vom absolut Bösen zum absolut Guten. So war es noch nie in der Geschichte, und so wird es niemals sein.

Ich werde mich bemühen, in diesem Buch viel, so viel wie möglich zu sagen. Aber gibt es überhaupt Abschnitte in der Geschichte, über die man alles weiß? Die Historiker „graben" nicht nur nach Jahren und Jahrzehnten, sondern nach Jahrhunderten Umstände und Tatsachen aus, die bis dahin unbekannt waren, und ziehen auf dieser Grundlage neue, häufig umstrittene Schlußfolgerungen.

Die Schwierigkeiten, auf die ich stieß, beruhen auf unterschiedlichsten Einschränkungen. Erstens war die Zeit, über die ich schreibe, so reich an Ereignissen, an komplizierten Prozessen verschiedener Art, daß man ganze Bände schreiben müßte, wollte man wirklich alles sagen. Aber hier geht es doch darum, die wichtigsten Dinge zu erfassen, über die ich verhältnismäßig viel weiß. Zweitens arbeitet das menschliche Gedächtnis selektiv. Ich habe nicht alles notiert. Bestimmte Ereignisse habe ich niedergeschrieben, um sie nicht zu vergessen, andere nicht. Es könnte der Eindruck entstehen, daß ich mit zweierlei Maß messe, einige Ereignisse detaillierter darstelle, andere dagegen allgemeiner, oberflächlicher. Jedoch habe ich keine absichtlichen Abstufungen oder Auslassungen vorgenommen. Ich verfüge einfach nicht in jedem Fall über den notwendigen Unterbau in Form von Materialien, Dokumenten und Berichten. Auf keinen Fall aber möchte ich etwas künstlich konstruieren oder als sicher hinstellen, was ich selbst bezweifle.

[2] Name der ersten Kammer des polnischen Parlaments. Der Sejm besteht aus 406 Wahlkreisabgeordneten und wird auf vier Jahre gewählt (s. Anm. 344).

Ich muß noch hinzufügen, daß ich beim Schreiben des Buches Schwierigkeiten hatte, von einigen der an den damaligen Ereignissen Beteiligten Berichte zu erhalten. Sie schützten Unkenntnis oder mangelndes Erinnerungsvermögen vor. Gelegentlich bemerkte ich Bedenken und sogar ... Furcht. Ein schrecklich demoralisierendes Gefühl. Aber das waren Einzelfälle. Der Leser wird schnell feststellen, daß dieses Buch mit Originalaussagen verschiedener Personen, meistens meiner engsten ehemaligen Mitarbeiter, angereichert ist. Sie beschreiben bestimmte Ereignisse, beleuchten wesentliche Probleme. Viele andere Berichte habe ich indirekt verwertet. Allen danke ich herzlich für diese Hilfe.

Im vergangenen Jahr habe ich wahrscheinlich mehr Bücher durchgelesen als in den vergangenen 10 bis 15 Jahren. Sie waren von verschiedenen, oft gegensätzlichen politischen Positionen aus geschrieben. Außerdem erinnerte ich mich an vieles, was ich in vergangenen Jahren, sogar in früher Jugend, gelesen hatte. Ich fühle mich von der Lektüre dieser Bücher wie elektrisiert. Daher die Vielzahl der Zitate in diesem Buch. Ich möchte nicht, daß das wie Angeberei, wie eine Demonstration von Bildung aussieht. Ich beziehe mich einfach auch auf die Zeugnisse und das Wissen anderer. Ebenso zahlreich sind die Abschweifungen, von denen manche sogar sehr weit vom Hauptthema wegführen. Das soll wiederum eine Art Gespräch mit dem Leser sein, ein Augenblick des Nachdenkens und der Entspannung.

Mein politischer Weg ist beendet. Wie lange mein Lebensweg noch dauert, weiß ich nicht. Auf jeden Fall ist auch sein Ende „eher nah als fern". Die einzigen Hemmungen, die ich habe, sind moralischer Natur. Man sträubt sich innerlich immer dagegen, scharf und kritisch über Menschen zu sprechen, die nicht mehr leben und sich deshalb nicht mehr verteidigen können. Vielleicht bemerkt der Leser auch eine gewisse Zurückhaltung bei der Beurteilung noch lebender Personen. Ich gebe in diesem Buch viele Charakteristiken. Damit will ich aber keine Zensuren verteilen. Ich will lieber einen Schuldigen freisprechen als einem Unschuldigen Schaden zufügen. Außerdem ändern sich die Menschen ... Einige, die ich früher negativ beurteilt habe, sehe ich heute in völlig anderem Licht. Das Gegenteil kommt leider auch vor.

Geschichte und Geographie sucht man sich nicht aus. In meiner Generation findet man kaum Menschen, die aus einem Stück Holz geschnitzt sind. Das Leben hat uns aus den Splittern des Schicksals und den Abschnitten des Weges geformt. Wir waren Kinder unserer Zeit, unseres Milieus, unseres Systems. Jeder ist auf seine Weise aus diesem Rahmen ausgebrochen. Nicht jeder, dem das schnell gelang, verdient Achtung. Und nicht jeder, dem das erst später gelang, verdient Verachtung. Das Wichtigste ist, wovon der einzelne Mensch sich leiten ließ, wie er das tat, was er tat, und was für ein Mensch er heute ist. Deshalb werde ich auch alles schreiben, was mir an Tatsachen bekannt ist. Aber ich werde nicht in jedem Fall Roß und Reiter nennen können. Die Historiker werden in meinen Ausführungen

Fährten finden, aber den politischen Spielern will ich keinen Vorwand liefern.

Mir liegt sehr daran zu vermeiden, daß der Leser das Gefühl hat oder den Eindruck gewinnt, ich wolle meine Handlungsweise in einem möglichst positiven Licht darstellen. Mehrfach habe ich öffentlich erklärt, daß ich mich nicht aus der Verantwortung stehle, sondern sie auf mich nehme. Ich fühle mich verantwortlich für die Handlungen anderer Menschen und Institutionen, die mir unterstanden. Obwohl man von der höchsten politischen Ebene aus nicht alles wissen und beeinflussen kann, geht es mir nicht um billige Rechtfertigung. Höchstens um Verständnis ... Denjenigen, die sich durch mich gekränkt fühlen oder deren Hoffnungen ich enttäuscht habe, möchte ich mein Bedauern aussprechen.

Als ich das Amt des Präsidenten niederlegte, sagte ich in einer Rundfunk- und Fernsehansprache: „Als Soldat weiß ich, daß ein militärischer Führer und überhaupt jeder Vorgesetzte für alles und alle verantwortlich ist. Das Wort ‚Entschuldigung‘ mag nichtssagend klingen, aber ein anderes Wort kann ich nicht finden. Ich möchte deshalb um eines bitten: Wenn es Menschen gibt, bei denen die Zeit die Wunden nicht geheilt, den Zorn nicht zum Erlöschen gebracht hat, dann mögen sie diesen Zorn vor allem gegen mich richten, nicht aber gegen diejenigen, die unter den gegebenen Bedingungen, ehrlich und in gutem Glauben, viele Jahre lang ihre ganze Arbeitskraft dem Aufbau unseres Vaterlandes geopfert haben.“

Wie weise sind die Worte des Euripides, die aus so weit entfernter Zeit zu uns klingen: „Mit der Zeit kommt alles ans Licht, auch wenn man sich nicht besonders darum bemüht.“ Und tatsächlich, in dem Maße, wie die Zeit vergeht und die Distanz zu den Ereignissen größer wird, ist es möglich, die Dinge objektiver zu betrachten, viele Dinge zu entdecken und aufzuklären, die, als sie sich ereigneten, unbekannt oder unverständlich waren. Der zeitliche Abstand, der uns vom 13. Dezember 1981 trennt, eröffnet eine solche Chance. Er ist jedoch noch zu kurz, um sich von Emotionen, von einem zu persönlichen Blick auf den Gang der Ereignisse völlig freizumachen. Das gilt auch für mich, obwohl ich bemüht bin, extreme Standpunkte, Intoleranz und vereinfachende Bewertungen zu vermeiden. Es geht mir darum, meine eigene Handlungsweise zu erläutern und zu begründen. Aber nicht nur. Wenn ich „wir – sie“ sage, wenn ich diese oder jene Bewertung vornehme, werde ich versuchen, die Denkweise der anderen Seite zu verstehen und auch ihre Bewertung der jeweiligen Situation, ihren Standpunkt zu berücksichtigen und zu verstehen, mit welchen Augen sie unsere Position betrachtet. Ich möchte schließlich die Positionen beider Seiten darlegen, sie in die heutige Zeit übertragen, sie mit der Realität konfrontieren und auf diese Weise wenigstens zur Linderung alter Zerwürfnisse beitragen. Das hat Polen jetzt so nötig.

Hinter mir liegt ein langer und schwieriger Lebensweg, auf dem es Freuden und Tragödien, Erfolge und Niederlagen gab. Auch viel Kummer habe ich ertragen müssen. Heute betrachte ich das alles mit größerer Ruhe. Nur ein selbstverliebter, hochmütiger Dummkopf bereut nichts und ist der Meinung, fehlerfrei zu sein. Ich bin mir bewußt, Fehler gemacht zu haben. Heute bin ich um die Erfahrungen der vergangenen Jahre reicher. Diese Erfahrungen möchte ich dem Leser vermitteln.

Mein Buch ist kein Entwurf für eine Verteidigungsrede. Es wendet sich an die Millionen von Polen, die bemüht sind, ihr Denken unvoreingenommen an der Verantwortung des Staatsbürgers für das Schicksal seines Landes auszurichten. Ohne den Gerichten und Tribunalen, die mich voraussichtlich anklagen und verurteilen werden, zu nahe treten zu wollen, sind für mich eben diese Millionen Landsleute die höchste moralische Urteilsinstanz. Ihre Meinung werde ich mit gebührendem Respekt zur Kenntnis nehmen.

Über das Kriegsrecht wird man, wie über andere kontroverse Ereignisse in unserer Geschichte, endlos diskutieren. Das Wichtigste ist, daß diese Diskussion sachlich und verantwortungsbewußt geführt wird. Wenn dieses Buch einen konstruktiven Akzent in dieser Diskussion setzen kann, dann wird es seine Aufgabe erfüllt haben.

Warschau, im April 1992
Wojciech Jaruzelski

KAPITEL 1

„Die Glocke läutete den Glöckner"

Es ist Samstag, der 12. Dezember. Wieder ist eine dieser schweren Nächte vorbei. Als eine Nacht des Schlafs und des Ausruhens wird man sie kaum bezeichnen können. Diese ganze Zeit – vor allem die letzten Wochen und Tage – war eine Qual, ein Alptraum. Vielleicht sollte ich als Soldat nicht mein Innerstes nach außen kehren, meine menschliche Schwäche, die mich zu verzweifelten Gedanken trieb. Mehr als einmal legte ich die Hand auf den kalten Griff der Pistole. Aber das sind persönliche Erinnerungen ...

Es war also eine schwere Nacht gewesen. Ich hatte sie, wie übrigens schon so viele Nächte zuvor, in meinem Arbeitszimmer im Gebäude des Ministerrates verbracht. Sehr spät hatte ich mich schlafen gelegt. Gegen 7.30 Uhr war ich aufgestanden. Auf dem Schreibtisch stapelten sich Informationen und Meldungen, ganz besonders aber Telexe von verschiedenen Ortsverbänden der „Solidarność"-Bewegung. Ich nahm sie mit großer Unruhe in die Hand. Ständig wiederholten sich in ihnen Formulierungen wie „wir fordern", „wir protestieren", „wir erwarten". Ich wußte, daß ich nicht imstande war, diesen Forderungen nachzukommen.

Meldungen erhielt ich aus verschiedenen Quellen. Aus dem Zentralkomitee der Polnischen Vereinigten Arbeiterpartei (PVAP)[3], aus dem Innenministerium, aus dem Verteidigungsministerium. Schließlich die Informationen aus dem sogenannten DYSOR – dem Operativen Bereitschaftsdienst der Regierung, den ich gegründet hatte, nachdem ich schon Premier geworden war, um einen weiteren Informationskanal zu besitzen, insbesondere, was die wirtschaftliche und gesellschaftliche Situation betraf.

Alle Meldungen, die an diesem Samstag eingingen, enthielten das übliche Maß an Informationen über die ungewöhnlich schwierige Situation im Land. Verschiedene Exzesse, darunter die Besetzung öffentlicher Gebäude, Spannungen, Unruhen, Drohungen. Es ging vor allem um die Versorgung der Bevölkerung und der Industrie. Angesichts des herannahenden, eigentlich aber schon angebrochenen Winters beunruhigten mich die Meldungen

---

[3] Parteien, Organisationen und Institutionen, für die Jaruzelski selbst Abkürzungen verwendet, werden in der Übersetzung bei der Ersterwähnung in ausgeschriebener Form plus Abkürzung genannt. Danach wird nur noch die Abkürzung verwendet, und zwar im allgemeinen die polnische Abkürzung. Eine Ausnahme bildet lediglich die hier erstmals erwähnte Polnische Vereinigte Arbeiterpartei. Die deutsche Abkürzung „PVAP" war seinerzeit in den deutschen Medien so gut eingeführt, daß eine Verwendung der polnischen Abkürzung „PZPR" sinnlos erschiene. Zum schnelleren Auffinden der Bedeutung einzelner Abkürzungen siehe das Abkürzungsverzeichnis auf Seite 479.

über Energieversorgung und Kohle am meisten. Mit besonderer Aufmerksamkeit, geradezu unersättlich, las ich die Informationen über das, was sich in Gdańsk abspielte. Am 11. Dezember hatte dort eine Sitzung des Landesausschusses der „Solidarność" begonnen. Die Nachrichten waren nicht gut. Ganz im Gegenteil. Sie bestätigten, daß dort ein Klima und eine Stimmung herrschten, Äußerungen und Ankündigungen gemacht wurden, die denjenigen ähnelten, welche nach der Zusammenkunft des Präsidiums des Landesausschusses und der Regionalvorsitzenden der „Solidarność" vom 3. bis 4. Dezember in Radom laut geworden waren und uns tief beunruhigt, ja erschüttert hatten. Immer noch klang uns die Ankündigung eines „Protesttages", großer Demonstrationen im Ohr, die in Warschau und einigen anderen Städten am 17. Dezember stattfinden sollten – dem Jahrestag der Ereignisse an der Küste im Jahre 1970.[4]

Die Atmosphäre heizte sich immer mehr auf, „das Benzin war ausgegossen". Wer würde als erster ein Streichholz hineinwerfen? Und wer dann den Brand löschen? Etwa wir selber? Ich fühlte, daß der Moment herannahte, in dem eine endgültige Entscheidung getroffen werden mußte.

Für neun Uhr beraumte ich ein Treffen mit den Generälen *Czesław Kiszczak, Florian Siwicki* und *Michał Janiszewski* an. An dieser Stelle möchte ich einige Worte über jeden von ihnen sagen. Jeder war anders – im Aussehen, im Temperament, in der Abstammung, in der Biographie. Aber eines hatten sie alle gemeinsam: das Gefühl für Pflicht und Verantwortung.

Janiszewski. Aus Poznań. Sohn eines Arztes, der am großpolnischen Aufstand teilgenommen hatte und in einem von Hitlers Konzentrationslagern umgekommen war. Er selbst überlebte die Zeit der Okkupation in Poznań. Danach Studium des Fernmeldewesens am Polytechnischen Institut in Gdańsk. Seit 1951 in der Polnischen Armee. Stabsoffizierslaufbahn. Danach zusammen mit mir im staatlichen Verwaltungsdienst.

Kiszczak. Stammt aus der Gegend am Fuß der Beskiden. Sohn eines lange Jahre arbeitslosen Arbeiters. Selbst während der Zeit der Okkupation zur Zwangsarbeit nach Deutschland verschleppt. Seit 1945 in der Armee. Spionageabwehr, Geheimdienst, Innenminister, Aufstieg bis zum Vizepremier.

Siwicki. Stammt aus Wolhynien. Vater Unteroffizier von Beruf, im Jahre 1940 vom NKWD[5] verhaftet, seitdem spurlos verschwunden. Er selbst wurde in den hohen Norden Rußlands in die Nähe von Archangelsk verschleppt. Seit 1943 in der Polnischen Armee. Diente sich vom Zugführer bis zum Verteidigungsminister hoch.

Schließlich ich – mit meiner ganzen komplizierten Biographie, mit meinem langen, schweren Lebensweg.

---

[4]   Gemeint sind die Arbeiterunruhen, bei denen es Tote gab und die zum Sturz von Parteichef Gomułka führten (s. Anm. 86).
[5]   Damalige Bezeichnung für die russische Geheimpolizei.

Heute hört man den Vorwurf, daß sich in diesem entscheidenden Moment nur Militärs trafen, um über das Schicksal des Landes zu entscheiden. Das ist richtig. Aber wir waren doch schließlich alle Mitglieder der Regierung: der Premier, der Innenminister, der Chef des Generalstabs, der aber faktisch die Aufgaben des Verteidigungsministers wahrnahm, und der Chef des Ministerratsbüros. Aufgrund unserer Funktionen waren wir vor allem für die innere und äußere Sicherheit des Landes verantwortlich. Unser Treffen kann man auch als den ersten Akt der Konstituierung des Militärrates zur Rettung des Volkes bezeichnen. Später, als dieser Rat schon zu arbeiten begonnen hatte, wurden weitere Mitglieder kooptiert.

An dieser Stelle will ich mir eine kurze Abschweifung erlauben. Es lohnt sich, einen Blick auf das Arbeitszimmer zu werfen, von dem aus ich damals regierte und in dem diese Beratung stattfand. In jener Zeit war das Arbeitszimmer mein Zuhause. Es war der sogenannte „Fünfer", den ich so gut wie nie verließ. Im ZK (Zentralkomitee) war ich nur von Zeit zu Zeit. Das Amt des Ministerrates an der Ujazdowskie-Allee ist in Warschau bekannt. Trotzdem glaube ich, daß nur wenige wissen, daß in diesem Gebäude einst die Suworow-Kadetten[6] der zaristischen Armee untergebracht waren. Nach der Erlangung der Unabhängigkeit war dort die Kadettenschule der polnischen Infanterie untergebracht. Diese Schule erhob sich im Mai 1926 unter Führung des damaligen Obersten und späteren Generals Paszkiewicz gegen Marschall Piłsudski. Danach wurde sie in die tiefste Provinz verlegt, nach Komorów bei Ostrów Mazowiecki. Jetzt, nach weiteren Umbauten, wurden in diesem Gebäude das Oberkommando der Streitkräfte, das Militärhistorische Büro und die Armeebibliothek untergebracht.

Der eben erwähnte „Fünfer" war ein Anbau an das Hauptgebäude des Ministerrates. Einige Jahre lang lebte und arbeitete dort Józef Piłsudski.[7] Im Belvedere[8] war er fast nur an Feiertagen. Das rief unterschiedliche Reaktionen hervor. Der damalige Adjutant des Marschalls, Major Mieczysław Lepecki, beschreibt diese Zeit in seinen Erinnerungen . Kurz vor seinem Tode wurde Piłsudski auf eine Trage gelegt und in den Belvedere gebracht.

---

[6] Eliteeinheit der zaristischen Armee, die unter derselben Bezeichnung von der Sowjetmacht weitergeführt wurde und bis heute existiert.

[7] Józef Piłsudski, polnischer Staatsmann, 1867-1935, schon früh im Untergrund für polnische Freiheitsbewegungen tätig und deswegen 5 Jahre in sibirischer Verbannung. 1918-1922 erster Staatspräsident des wiedererstandenen Polen. 1920 Oberbefehlshaber der polnischen Armee bei deren siegreichem Vorstoß gegen die sowjetischen Truppen. Durch den Staatsstreich vom 12. Mai 1926 (s. auch Anm. 131, 236 und 237) errichtete er ein autoritäres Regime und blieb bis zu seinem Tode praktisch unumschränkter Herrscher Polens. (Fußnoten ohne Quellenangabe beziehen sich im Folgenden auf: „Encyklopedia Popularna", Verlag „PWN", Warszawa 1996, und „Brockhaus Enzyklopädie", 19., völlig neu bearbeitete Auflage, Wiesbaden 1987-95)

[8] Amtssitz des polnischen Staatspräsidenten.

Nach dem Kriege wurde der „Fünfer" zu einem Bestandteil des Regierungskomplexes. Seit der Zeit des Premiers Jaroszewicz war er Amtssitz der Premierminister.

Ich habe dort einen der dramatischsten Abschnitte meines Lebens verbracht. In beruflicher Hinsicht war es mein wichtigster Lebensabschnitt. Auch als Staatsratsvorsitzender und als Präsident behielt ich dieses Arbeitszimmer. Hier hatte ich meine logistische Operationsbasis – Materialien, Bücher, Kommunikationsmittel. Bei der Übergabe des Präsidentenamtes entschied Lech Wałęsa[9], daß in diesem Arbeitszimmer der Staatsminister residieren solle, der sich mit Fragen der Verteidigungsfähigkeit und Sicherheit befaßt.

Um neun Uhr also versammelten wir uns in diesem Arbeitszimmer. Die Stimmung war sehr gedrückt. Aus vielen Jahren der Zusammenarbeit kannte ich diese Generale als mutige und gleichzeitig lebenserfahrene, belastbare Menschen. Ich fragte, was sie über die Situation wüßten. Am ausführlichsten äußerte sich Kiszczak; er charakterisierte die Vorgänge auf der Sitzung des Landesausschusses der „Solidarność" in Gdańsk. Anschließend sprach Siwicki, der immer noch unter dem Eindruck der Sitzung der Verteidigungsminister des Warschauer Paktes stand, die kurz zuvor in Moskau stattgefunden hatte. Er lenkte unsere Aufmerksamkeit auf die außenpolitische Situation. Es gab Informationen über irgendwelche Truppenbewegungen in den Kasernen an der Grenze. Das bestätigte auch meinen Wissensstand zu diesem Thema. Schließlich informierte uns Janiszewski über alarmierende Signale von den lokalen Behörden. Ich teilte diese Einschätzungen, ergänzte sie mit mir bekannten Einzelheiten und faßte die Ausführungen zusammen.

„Die Glocke läutete den Glöckner" – wie Stanisław Jerzy Lec[10] zu sagen pflegte. Niemand hatte die Situation unter Kontrolle – weder die Staatsmacht noch die „Solidarność" oder die Kirche. Aber sollte es schon

---

[9] Lech Wałęsa, geb. 1943, beteiligte sich 1977/78 an der Gründung einer „Freien Gewerkschaft des Küstengebiets". Ab Juli 1980 Vorsitzender des Streikkomitees der Lenin-Werft in Gdańsk, im August 1980 Vorsitzender des überbetrieblichen Streikkomitees, im September 1980 Vorsitzender der Gewerkschaft „Solidarność", die im Monat zuvor offiziell zugelassen worden war (s. Anm. 18). Nach Einführung des Kriegsrechts am 13.12.1981 bis zum November 1982 interniert; nach seiner Freilassung kehrte er an seinen Arbeitsplatz in der Werft zurück, koordinierte aber gleichzeitig die Untergrundarbeit der „Solidarność", deren Tätigkeit mit Einführung des Kriegsrechts verboten worden war. 1983 erhielt er den Friedensnobelpreis. Von Februar bis April 1989 leitete er die Oppositionsdelegation bei den Verhandlungen am „Runden Tisch", die zu einem geordneten und friedlichen Übergang von der Einparteienherrschaft zur parlamentarischen Demokratie führten. Im Dezember 1990 wurde Wałęsa zum Staatspräsidenten gewählt. 1995 wieder zur Wahl angetreten, verlor er gegen Aleksander Kwaśniewski von der Demokratischen Linksallianz.

[10] Stanisław Jerzy Lec, 1906-1966, polnischer Dichter und Satiriker, 1941-1943 KZ-Häftling.

keinen Ausweg mehr geben? Wir hatten übrigens aus dem Standpunkt der Regierung keinen Hehl gemacht. Es hatte so viele Appelle, Aufrufe, Warnungen gegeben ... Sie würden eine ganze Bibliothek füllen. Viele Monate vergingen, aber die Spannung stieg unaufhörlich. Bereits mehrmals hatten wir am Rand einer Katastrophe gestanden. Und wieder war ein solcher Moment gekommen. Am 28. November hatte ich auf dem VI. Plenum des ZK der PVAP in einer vielbeachteten Rede gesagt, daß wir, wenn sich die Situation nicht ändere, einer „Lösung in Form des Kriegsrechts" entgegengingen. Das war eine geradezu brutale Warnung gewesen. Ich rechnete damit, daß sie eine gewisse Wirkung haben, daß die Situation sich sogar im letzten Moment noch irgendwie ändern werde, daß die Beratungen des Leitungsgremiums der „Solidarność" noch eine andere Wendung nehmen würden. Schließlich unternahmen der Episkopat und der Primas persönlich sowie verschiedene Personen und Organisationen mit großer gesellschaftlicher Autorität, die sich der Idee der gesellschaftlichen Verständigung verpflichtet fühlten, große Anstrengungen. Außerdem wußte ich, daß es auch in den Leitungsgremien der „Solidarność" gemäßigte Leute gab, die allerdings immer weniger wurden. Ich hoffte, daß ihre Vernunft den Ausschlag geben würde.

Bis zuletzt rechnete ich mit irgend etwas. Heute betrachte ich diese Haltung als eine eigenartige Verbindung von Illusionen und der Furcht, dem Bewußtsein, wie dramatisch diese Entscheidung war und welch schwere Prüfung uns erwartete. Deshalb sagte ich: „Laßt uns auf weitere Informationen warten." Auf diese Weise war die Entscheidung schon mehrmals vertagt worden. Kiszczak hatte empfohlen, schon am Freitag zu handeln, so daß an den zwei freien Tagen – Samstag und Sonntag – viele Familien die Möglichkeit erhielten, sich zu beruhigen, bevor sie wieder an den Arbeitsplatz gingen. „Ich war der Meinung", schreibt Kiszczak in seinem Buch, „daß man alles tun müsse, um zu verhindern, daß es vorher zur Organisation von Streiks in den Betrieben käme, denn unter den damaligen Umständen hätte eine Brechung dieser Streiks Menschenleben kosten können."

Ständig wanderten meine Gedanken zurück zum VI. Plenum des ZK. Dort hatte eine ungewöhnlich gedrückte Atmosphäre geherrscht. Dem Präsidium am nächsten saßen die Delegierten aus Katowice, Poznań, Łódź und Piotrków. Besonders die Reaktion der Frauen war mir im Gedächtnis geblieben. Ergraute Gesichter, gerötete Augen, die ohne Tränen weinten. Das waren doch Mütter, Ehefrauen, geachtet am Arbeitsplatz und in ihrem sozialen Umfeld. In diesen Augen las ich Vorwürfe, Schmerz, die Frage: „Herr General, wie soll es weitergehen?" Es gab auch scharfe, dramatische Reden. Die bereits verstorbene Gizela Pawłowska, Ärztin aus Katowice, rief beinahe verzweifelt aus: „Wann wird man endlich, anstatt endlos zu appellieren, zu warnen und zu sagen ‚Wir werden es nicht zulassen' – wann wird man statt dessen endlich rufen ‚Wir lassen es nicht zu!' und entsprechend handeln?" Das machte großen Eindruck.

Während meiner Aufenthalte in Bełchatów und Piotrków am 25. November und in Dąbrowa Górnicza am 3. Dezember erhielt ich in direkten Gesprächen mit den Menschen die Bestätigung für diese Stimmungen. Da war der sehr traurige Feiertag der Hl. Barbara.[11] All dies war meiner Meinung nach ein Ausdruck des damaligen Denkens und Fühlens der Mehrheit der Parteimitglieder und eines beträchtlichen Teils der Gesellschaft überhaupt.

Damals sah man alles aus der Perspektive des Manichäismus: hier die Engel, da die Teufel. Die politischen Differenzen verschärften sich von Tag zu Tag. Sie erfaßten verschiedene Milieus, Arbeitskollektive, sogar Familien und hatten teilweise tragische Folgen.

Ich bewertete die Situation als bedrohlich, versuchte aber gleichzeitig, beruhigend zu wirken. Ich versicherte – wenn auch immer weniger überzeugend –, daß ich die Hand am Puls des Volkes hätte und es nicht zu einer Katastrophe kommen lassen würde. Es gebe immer noch gewisse Chancen. Es werde immer noch nach irgendeiner Form der Verständigung gesucht. Aber die Hoffnung, unsere Probleme mit politischen Mitteln lösen zu können, rückte in immer weitere Ferne.

Die Beratung war gegen zehn Uhr zu Ende.

Ich erinnere mich, daß General Kiszczak warnend darauf hinwies, daß er mindestens acht Stunden brauche, um die Operation in Gang zu setzen, wenn sie noch in dieser Nacht beginnen sollte. Deshalb mußte spätestens um 14 Uhr eine Entscheidung getroffen werden. Als wir auseinandergingen, vereinbarten wir, uns regelmäßig miteinander in Verbindung zu setzen. Die nächsten Stunden verwendete ich für die Lektüre der ununterbrochen eintreffenden Materialien sowie für dringende Gespräche. Ich dachte auch darüber nach, daß ich für die Einführung des Kriegsrechts nicht nur politische, militärische und moralische, sondern auch formale Voraussetzungen benötigte. Erstens kannte ich die Meinung des Sejm der Volksrepublik Polen zum inneren Frieden, die dieser in dem Beschluß vom 31. Oktober 1981 zum Ausdruck gebracht hatte. „Der Sejm verlangt kategorisch, Unruhen und alle anderen Handlungen, die die öffentliche Ordnung und das Recht verletzen, zu unterbinden ... In einer Zeit, in der sich das Land in äußerster Not befindet, sind Arbeitsniederlegungen und Demonstrationen unangebracht ... Die Regierung verpflichtet sich, Anarchie und alle Anzeichen von Rechtsbrüchen entschieden zu bekämpfen." Zweitens wußte ich, daß die Mehrheit der Mitglieder des Staatsrates, der das verfassungsmäßige Recht zur Verhängung des Kriegsrechtes hatte, sich einem solchen Schritt nicht widersetzen würde. Das hatte mir der Vorsitzende des Staatsrates, Professor Henryk Jabłoński, versichert, nachdem er einige Tage zuvor persönlich oder durch Mittelsmänner Sondierungsgespräche mit der Mehrheit der Mitglieder des Staatsrates geführt hatte. Sie äußerten

---

[11] Auf dieses Ereignis wird in Kapitel 39 näher eingegangen.

sich zustimmend: Es müßten jetzt entscheidende Schritte unternommen werden.

Henryk Jabłoński[12] ist ein sehr erfahrener Mensch mit großem Verantwortungsbewußtsein für das Schicksal des Staates. Davon legt sein Lebenslauf Zeugnis ab. Soldat in der Schlacht bei Narvik, Mitglied der Widerstandsbewegung in Frankreich, Funktionär der Polnischen Sozialistischen Partei, Geschichtswissenschaftler, schließlich viele Jahre lang hochrangiger Politiker. Er war sich der Bedrohung voll bewußt. Darüber hatte er mehrmals, auch öffentlich, gesprochen. Ich mußte ihn nicht überzeugen. Wir verstanden uns gut.

Drittens hatte ich vom IV. Plenum des ZK der PVAP die Erlaubnis, ja sogar den Auftrag erhalten, entsprechende Entscheidungen zu treffen, falls sich die Hoffnungen auf eine Verständigung nicht erfüllen sollten. Im Beschluß dieses Plenums hieß es: „In einer Situation, in der die Existenz des Volkes und die Sicherheit des Staates bedroht sind, hält das Zentralkomitee es für unumgänglich, daß die Regierung der Volksrepublik Polen äußerstenfalls von ihren verfassungsmäßigen Rechten zur Verteidigung der lebenswichtigsten Interessen von Volk und Staat Gebrauch macht." Weiter wurde in dem Beschluß des IV. Plenums unterstrichen, daß man „keinerlei Handlungen tolerieren kann, die auf die Beseitigung der Grundlagen des sozialistischen Staatsaufbaus abzielen". Gleichzeitig erklärte das ZK es „für notwendig, die Regierung mit Vollmachten auszustatten, die sie zum effektiven Widerstand gegen die das Land zerstörenden Handlungen benötigt ..." Die Verfassung erkannte der Partei die führende Rolle im Staat zu. Ich hatte also das Mandat der höchsten staatlichen Organe.

Viertens konnte ich davon ausgehen, daß die verbündeten politischen Parteien, also ZSL („Vereinigte Bauernpartei", poln. „Zjednoczone Stronnictwo Ludowe") und SD („Demokratische Partei", poln. „Stronnictwo Demokratyczne") ähnlich urteilten. Ihre Vorsitzenden, Roman Malinowski und Edward Kowalczyk, fragten mich unumwunden, wann wir außerordentliche Mittel einsetzen würden, um das Land vor einer Katastrophe zu retten. Auf dem Plenum des Hauptausschusses der Vereinigten Volkspartei am 2. Dezember erklärte Malinowski, daß die Vereinigte Volkspartei alle Maßnahmen unterstützen würde, die geeignet seien, einer Ausbreitung der Anarchie entgegenzuwirken.

Fünftens bekam ich Unterstützung für meine Entscheidung von vielen autoritativen Vertretern meinungsbildender Gesellschaftskreise – aus Wissenschaft, Wirtschaft, Berufsverbänden, Glaubensvereinigungen – und vor allem von Millionen einfacher Menschen, die mit Besorgnis in die Zukunft blickten.

Ungefähr gegen 14 Uhr meldete mir mein Adjutant, daß General Kiszczak in der Leitung sei. Ich drückte den Knopf auf der Telefonanlage.

[12] Henryk Jabłoński, geb. 1909, Staatspräsident von 1972-85.

Wir sprachen nur kurz miteinander. Ich fragte nach der Werft. Was hatte die Sitzung des Landesausschusses der „Solidarność" ergeben? Nichts Tröstliches. Voller Verzweiflung sagte ich: „Wir haben keine andere Wahl, setz die Operation in Gang." Es war der schwerste Moment meines Lebens. Danach setzte ich Florian Siwicki von dieser Entscheidung in Kenntnis. Henryk Jabłoński informierte ich darüber, daß ich noch heute einen entsprechenden Antrag im Staatsrat einbringen wolle. Ich rief zwei Sekretäre des ZK der PVAP, Kazimierz Barcikowski und Stefan Olszowski, zu mir. Ich informierte Mieczysław F. Rakowski. Den stellvertretenden Ministerpräsidenten Janusz Obodowski und Jerzy Ozdowski sagte ich nicht direkt, was geschehen war, gab es ihnen aber zu verstehen. Ich traf mich auch mit dem Vorsitzenden des Hauptkomitees der Vereinigten Volkspartei, Roman Malinowski, und dem Vorsitzenden des Zentralkomitees der Demokratischen Partei, Edward Kowalczyk. Ich informierte also Personen, die von Amts wegen und aus Koalitionsgründen diese Entscheidungen kennen mußten, damit sie sich darauf einstellen und entsprechende Maßnahmen ergreifen konnten. Alle nahmen diese Entscheidung voller Verständnis an und akzeptierten sie. Man kann sagen, daß sie diese Entscheidung geahnt, auf sie gewartet hatten. Am Nachmittag traf ich mich mit einer Delegation der Wohnungsgenossenschaftstagung.[13] Es war ein etwas surrealistisches Erlebnis, da ich etwas völlig anderes im Kopf hatte. Aber das Geheimnis mußte gewahrt werden, davon hing so viel ab. Ich wollte schließlich den einmal festgelegten Fahrplan der Ereignisse nicht mehr ändern.

An diesem Tag fand auch der Kongreß der Polnischen Kultur statt. Wir empfanden es als schmerzlich, daß dort nur anklagende Töne angeschlagen wurden. Das gleiche galt für die stürmisch verlaufende Versammlung des Polnischen Journalistenverbandes am 11. Dezember. In diesem Kreis, der auf die Meinungsbildung großen Einfluß hat, fielen drohende Worte. Ansonsten vernünftige und gemäßigte Leute schrien: „Auf die Knüppel der Miliz werden von heute an die Schlagstöcke der wirklichen Arbeitermiliz antworten!"

Man sagt, wir hätten die Lage übertrieben und zu hitzig beurteilt. Schließlich war noch keine einzige Scheibe zerschlagen worden. Allerdings kann man die Scheiben auch ganz lassen und trotzdem das Haus anzünden. Die Weiterfahrt mit dem Schnellzug über zerstörte Gleise wäre schon ein Weg ins Nichts gewesen. Alle Alternativ-Szenarien zum Kriegsrecht waren noch wesentlich „schwärzer".

Präsident Mitterand hat sich im Gespräch mit Helmut Schmidt zu diesem Thema wie folgt geäußert: „Ich sah immer nur zwei und nicht drei Möglichkeiten: Entweder stellt die polnische Regierung die Ordnung im

---

[13] Poln. „Zjazd Spółdzielczości Mieszkaniowej": Eine Art „Parlament" der Vertreter der Wohnungsgenossenschaften.

Land wieder her, oder die Sowjetunion wird sich dieser Aufgabe annehmen. Die dritte Hypothese, die davon ausgeht, daß es zu einem Sieg der „Solidarność" und zu einer Revolution in Polen kommen könnte, hielt ich immer für reine Fiktion; in einem solchen Fall wäre die „Solidarność"-Bewegung durch sowjetische Einheiten vom Erdboden getilgt worden." Schmidt, der die Worte des französischen Präsidenten in seinen Erinnerungen („Die Zeit" Nr. 20-23, Jahrgang 1987) anführt, nimmt eine ähnliche Haltung ein; auch er sagt, daß „nur einige Verrückte auf der äußersten Rechten glaubten, der Westen solle oder könne auf irgendeine Weise eingreifen".[14]

Auch Alexander Haig behauptet in seinem 1984 in New York erschienenen Buch „Caveat: Realism, Reagan and Foreign Policy" rundheraus, daß „Polen für die Sowjetunion ein casus belli war, eine Frage, um derentwillen sie gegen das westliche Bündnis in den Krieg eintreten würde". Und weiter: „Die Polen können so lange nicht Herren ihres eigenen Schicksals sein, als die UdSSR im Besitz überwältigender Macht ist und es anders will." Auch er sagt, daß die UdSSR die Volksbewegung in Polen zerschlagen hätte, und daß nur noch die Frage gewesen wäre, „wann und mit welcher Brutalität es geschehe".[15] Dessen war ich mir in Bitterkeit bewußt. Die Last der Verantwortung drückte mich schwer.

Es brauchte einige Zeit, um die Entscheidung den verschiedenen Personen mitzuteilen. Das waren nicht nur informelle Gespräche. Mit Barcikowski sprach ich zum Beispiel darüber, wie wir die Entscheidung innerhalb der Partei vermitteln sollten, mit Olszowski besprach ich dieselbe Frage in bezug auf den Propagandaapparat. Mit Rakowski sprach ich darüber, wie wir mit der „Solidarność" und mit Wałęsa weiter verfahren sollten ...

Nach dem „Knopfdruck" spürte ich, daß etwas Unwiderrufliches geschehen war. Die innere Zerrissenheit, die mich wochenlang gequält hatte, war verschwunden. Der Rubikon war überschritten. Ich fühlte eine ungeheure Last, aber das schreckliche Dilemma war verschwunden. Ich begann, intensiv an dem Text meiner Fernsehansprache zu arbeiten. Der erste Entwurf dazu war – für alle Fälle – im Auftrag des Generals Janiszewski von Wiesław Górnicki ausgearbeitet worden. Ich erhielt diesen ersten Entwurf, wenn ich mich recht entsinne, am 8. Dezember. Ich legte ihn sofort in meinen Safe und hoffte inständig, daß ich ihn niemals würde hervorholen müssen.

Leider mußte ich ihn hervorholen. Und erst in diesen Nachmittagsstunden des 12. Dezember setzte ich mich hin und begann, an ihm zu arbeiten.

[14] Vgl. Helmut Schmidt „Die Deutschen und ihre Nachbarn – Menschen und Mächte II", Siedler Verlag Berlin 1990, S. 261.

[15] Übersetzung der Zitate entnommen der deutschen Ausgabe von Haigs Buch, „Geisterschiff USA – Wer macht Reagans Außenpolitik?", Verlag Klett-Cotta, Stuttgart 1984, S. 277/78.

Ich bin ein Pedant, deshalb hatte ich vieles an dem Entwurf auszusetzen. Ich rief Górnicki zu mir. Er sollte sich mit dem Text abquälen. Wieder kurze Gespräche mit Kiszczak, mit Siwicki ... Situationsberichte. Umgruppierung der Truppen. Verschärfung der Luftkontrolle. Nichts durfte uns überraschen. Mit Barcikowski vereinbarte ich, daß er nach der Entscheidung des Staatsrates zum Primas gehen sollte.

Jerzy Kuberski*:

Einige Minuten nach Mitternacht bat mich Kazimierz Barcikowski, ihn und den General Marian Ryba, den Stellvertretenden Leiter des Ministerratsbüros, zu Primas Glemp zu begleiten, um diesen über die Entscheidungen, die getroffen worden waren, zu informieren. Leider war an seinem Amtssitz in der Miodowa-Straße das Tor geschlossen. Wir fanden keinen Einlaß. Wir warteten eine Stunde, aber auch der zweite Versuch blieb erfolglos. Der Hausmeister schlief. Man konnte sogar hören, daß irgendwo eine Klingel läutete, aber niemand reagierte. Gegen fünf Uhr morgens kamen wir zum dritten Mal. Endlich kam der Hausmeister und begann, den Hof vom Schnee zu befreien. Ich wandte mich an ihn mit der Bitte, uns einzulassen, da wir eine wichtige Nachricht für den Primas hätten. Der Kaplan des Primas führte uns in einen kleinen Saal im Erdgeschoß. Nach einigen Minuten kam der Primas, den man offensichtlich erst kurz zuvor geweckt hatte.

Barcikowski erläuterte ihm die Gründe für die Verhängung des Kriegsrechts. Der Primas war sehr deprimiert. Er sagte: „Nun, damit konnte man rechnen, aber ich dachte, wenn es geschehen wird, dann erst nach den Weihnachtsfeiertagen. Diese Feiertage haben einen so familiären, begütigenden Charakter, vielleicht hätten sie die Situation zum Besseren verändert." In jedem Fall zeugte seine erste Reaktion davon, daß die Kirche mit einer derartigen Entscheidung gerechnet hatte. Ich kehrte in mein Büro zurück. Nach sieben Uhr kam Bischof Bronisław Dąbrowski zu mir, der Sekretär des Episkopats. Er war sehr besorgt. Wir führten ein Gespräch, in dem er besonders seiner Befürchtung Ausdruck verlieh, daß die Situation sich negativ entwickeln könnte. Er fragte, ob die Regierung sich genügend in diese Situation hineingedacht habe, um nicht irgendeinen lawinenartigen Prozeß auszulösen und damit es nicht irgendwo zu einem Drama komme. Ich gab ihm die Informationen weiter, über die ich verfügte. Wir verabredeten, in ständiger telefonischer Verbindung zu bleiben. Da die Telefonverbindungen unterbrochen worden waren und nur die Regierungstelefone funktionierten, kamen wir auf den Gedanken, dem Primas ein solches Telefon zur Verfügung zu stellen. Es steht bis heute in seinem Amtssitz in der Miodowa-Straße.

Nach zwei Stunden kam erneut Bischof Dąbrowski zu mir und schlug vor, daß der Rundfunk eine Predigt übertragen solle, die der Primas heute, also am 13. Dezember, in der Jesuiten-Kirche halten werde. Als ich fragte, ob das Fernsehen auch einbezogen werden sollte, entgegnete er, nein, nur das Radio.

Ich gab die Nachricht über diese Initiative der Kirche nach oben weiter. Diese Initiative wurde sofort akzeptiert. Ich erinnere mich, daß das eine vielbeachtete Predigt war, in der der Primas sich an alle mit den Worten wandte: „Es gibt keinen höheren Wert als das menschliche Leben. Deshalb rufe ich selbst zur Vernunft auf, auch wenn ich mich dadurch Verunglimpfungen aussetze, und bitte, selbst wenn ich dafür barfuß gehen und auf Knien flehen müßte: Fangt keinen Kampf von Polen gegen Polen an."

* *Jerzy Kuberski* – 1981 Professor, Leiter des Amtes für Glaubensfragen im Ministerrang.

Soweit Kuberski.

Ich stand die ganze Zeit mit Kiszczak in Kontakt, der seinerseits ein Auge darauf hatte, was sich auf der Werft tat, wo der Landesausschuß der „Solidarność" eine Sitzung abhielt. Um 22 Uhr sagte er, sie sind noch da, um 23 Uhr – sie sind noch da, um 23.30 Uhr – sie sind noch da, um 24 Uhr – sie sind noch da.

Ich begann sehr nervös zu werden. Es konnte zu bedrohlichen Unruhen kommen. Auf dem Gelände der Werft hielten sich viele Arbeiter auf. Wir hatten nicht geglaubt, daß sich die Sitzung des Landesausschusses der „Solidarność" bis in die späten Nachtstunden hinziehen würde. Normalerweise waren Veranstaltungen dieser Art an Samstagen früher zu Ende. Diese Situation nahm mich außergewöhnlich stark mit. Buchstäblich alle zehn, fünfzehn Minuten fragte ich Kiszczak: „Kommen sie jetzt heraus oder nicht?" Endlich, gegen halb ein Uhr nachts, hieß es, sie kommen heraus. Mir fiel ein Stein vom Herzen.

Man hat mir gesagt, daß sie, als sie die Werft verließen, von einer kleinen, offensichtlich beunruhigten Gruppe von Menschen empfangen wurden: „Hört mal, da geht etwas Verdächtiges vor sich, irgendwelche Bewegungen, und die Telefone funktionieren nicht mehr." Angeblich hat Kuroń[16] darauf entgegnet: „Wovor habt ihr Angst? Diese Staatsmacht pfeift doch sowieso auf dem letzten Loch. Kommt auf einen Drink zu mir."

Die Operation „Kriegsrecht" war seit langem erwogen worden. Die vorbereitenden Planungen zogen sich, unterschiedlich intensiv, über den ganzen Zeitraum hin, in dem sich die Krise entwickelte. Das bedeutet

[16] Jacek Kuroń, geb. 1934, Politiker, Pädagoge, Publizist. 1956 nach Veröffentlichung eines kritischen offenen Briefes aus der PVAP ausgeschlossen, 1964-67 sowie 1968-71 inhaftiert. Im Jahre 1976 Mitbegründer des Komitees zur Verteidigung der Arbeiter (s. Anm. 43). 1980-1981 Berater der „Solidarność", 1980 inhaftiert, 1981-84 interniert und inhaftiert. 1989 Mitinitiator des „Runden Tisches" (s. Anm. 271). Seit 1989 Sejm-Abgeordneter. 1989-90 sowie 1992-93 Arbeits- und Sozialminister. Mitbegründer der Demokratischen Union (UD), seit 1991 ihr Vorsitzender. 1994 Wechsel zur Freiheitsunion (UW). 1995 erfolglose Präsidentschaftskandidatur.

keineswegs, daß wir auf eine solche Lösung hinarbeiteten. Es lohnt sich, das Protokoll der Sitzung des Politbüros des ZK der PVAP vom 5. Dezember 1981 zur Hand zu nehmen, das am 7. Dezember 1981 in der Zeitung „Polityka" veröffentlicht wurde. Aus diesem Protokoll geht hervor, wie wir uns wanden, wie wir uns vor dieser endgültigen Entscheidung fürchteten. Es ist bezeichnend, daß dieses doch so „pikante" Protokoll nicht zum Gegenstand des Interesses von Presse und Politikern wurde. Der Grund dafür liegt auf der Hand. Der Inhalt dieses Protokolls steht in krassem Widerspruch zu der jahrelang nachdrücklich verbreiteten These, daß die Regierung die ganze Zeit an nichts anderes gedacht habe als an die Vernichtung von „Solidarność".

Man hat mich oft gefragt, ob ich die Entscheidung über die Einführung des Kriegsrechts nicht bereue. Ich habe in meinem Leben viele Fehler gemacht, aber diese Entscheidung halte ich nicht für einen Fehler. Ich halte sie für eine bittere, schmerzhafte, dramatische Notwendigkeit. Trotz der seitdem vergangenen Zeit hat sich an dieser Einschätzung nichts geändert. Ich würde sogar das Gegenteil behaupten: Ich bekomme immer mehr Beweise und Bestätigungen, wenigstens aus den Meinungsäußerungen von Staatsmännern aus West und Ost, daß diese Entscheidung unumgänglich war. Dagegen bedaure ich sehr, daß es zu einer Situation und zu einem Prozeß gekommen ist, die dann zu dieser Entscheidung führten.

War alles, was bei der Ausführung dieser Entscheidung geschah, richtig? Leider nicht. Viele Dinge sehe ich kritisch und selbstkritisch. Ich weiß, daß das Wort „Entschuldigung" nicht allzuviel ist. Dennoch richte ich es erneut an alle diejenigen, die das Recht haben, Groll zu empfinden, die sich gekränkt fühlen. Ich verstehe ihre Bitterkeit und ihren Schmerz. Dies ist für mich die schwerste Last – und nicht die Entscheidung selbst. Ich betone noch einmal – in einem bestimmten Moment wurde sie unausweichlich.

KAPITEL 2

Ich werde Premier

Die Entscheidung über die Einführung des Kriegsrechts war die Folge einer Vielzahl verschiedener und verwickelter Prozesse, Symptome und Ereignisse, deren Ursprung oft bis weit in die Vergangenheit zurückreicht. Übrigens wäre vieles von dem, was später geschah – und bis heute geschieht – nicht möglich gewesen ohne die damaligen Schritte. Deshalb möchte ich mich beim Schreiben dieses Buches nicht allzusehr von zeitlichen Barrieren einengen lassen und nicht in die Falle einer ahistorischen, rein gegenwartsbezogenen, gewissermaßen infantilen Geschichtsschreibung gehen, wie man sie so oft bei den gängigen Bewertungen der Vergangenheit beobachten kann. Bei der Lektüre verschiedenartiger – publizistischer oder memoirenhafter – politischer Äußerungen, die noch dazu von verschiedenen Standpunkten aus gemacht wurden, bin ich immer wieder erstaunt, wieviel Besserwisserei und apodiktische Urteile in ihnen enthalten sind. Alles scheint so offensichtlich, so einfach und eindeutig zu sein. Wo bleiben da die Fehler und die Seelenqualen, die Zweifel und das Schwanken?

Im Verlauf der Zeit versinkt das ganze Dickicht der damaligen Lebensumstände im Nebel, geht das Gefühl dafür verloren, was seinerzeit möglich war und was nicht. Lebensumstände bestehen nicht nur aus „Materie" – inneren und äußeren politischen, wirtschaftlichen und gesellschaftlichen Fakten, Umständen, Bedingungen. Außerordentlich wichtig ist auch der Bereich der Psychologie; der damalige Wissensstand, die Denkweise, das beiderseitige – ich betone: beiderseitige – Mißtrauen, ja gelegentlich die Feindseligkeit und Aggressivität. Wer damals handelte und das heute abstreitet, der möge „in den Spiegel schauen".

Das betrifft auch die historiographische Behandlung eines Themas. Der Historiker ist ein Mensch, der in seinem Denken und in seiner Art, Ereignisse zu bewerten, mehr oder weniger von Ideen und Weltanschauungen, Sympathien und Antipathien beeinflußt ist. Die Vielheit von Einstellungen und Forschungsmethoden ist für den Geschichtsschreiber belebend. Dies allerdings unter der Voraussetzung, daß nicht eine Unwahrheit (oder nennen wir es eleganter: „Ungenauigkeit") die andere ersetzt, und daß die grundsätzlichen strengen Regeln der logischen Ableitung gewahrt bleiben. Denn dadurch unterscheidet sich bekanntlich die Geschichtswissenschaft von der Märchenschreiberei.

Eine westdeutsche Zeitung schrieb 1981: „Polen braucht nicht nur Waren, Rohstoffe und Devisen. Es braucht vor allem Hoffnung, damit die Menschen wieder Sinn in ihrer Arbeit sehen. Ein General als Hoffnungsträger? Dieser Mensch braucht Nerven wie Stahlseile und unendlich viel Kraft ..."

Habe ich bei der Übernahme des Amtes des Premierministers vorausgesehen, wie zahlreich die Schwierigkeiten sein würden, die ich zu bewältigen hätte? Habe ich damit gerechnet, daß ich auch Pech haben könnte? Kein verantwortlicher Politiker kann nur mit Erfolgen rechnen. Das wäre naiv. Man muß auch das Risiko von Niederlagen einkalkulieren. Unsere damalige politische, gesellschaftliche und wirtschaftliche Situation war so kompliziert, daß ich die Übernahme meiner neuen Aufgabe als schwere Last empfand.

Lange habe ich darüber nachgedacht, ob ich das Amt des Premierministers übernehmen sollte. „Ich habe darüber nachgedacht" – das ist eigentlich viel zu schwach ausgedrückt. In den ersten zehn Februartagen führte ich viele Gespräche mit dem Ersten Sekretär des ZK der PVAP, Stanisław Kania – worüber er übrigens selbst in seinem Buch schreibt. Er kam an mehreren Tagen hintereinander zu mir in die Klonowa-Straße in das Arbeitszimmer des Verteidigungsministers. Die Gespräche dauerten jeweils mehrere Stunden. Er ist, wie man bei uns sagt, schrecklich stur, wie ein Bauer. „Dieser Kerl läßt einem im Leben nichts durchgehen", heißt es in einem bei uns früher populären Lied. Und er ließ einem nichts durchgehen. Mit Kania war ich seit über zehn Jahren bekannt und befreundet. Ich schätzte seine ideologische Festigkeit, seinen Ideenreichtum und Pragmatismus. Unsere Kontakte spielten sich meist auf politischer und militärischer Ebene ab. Doch auch sonst verstanden wir uns gut. Deshalb habe ich auch seine Kandidatur für den Posten des Ersten Sekretärs des ZK der PVAP vehement unterstützt. Ich wußte, daß er eine konstruktive Lösung der polnischen Probleme finden wollte, und zwar, wie er sagte, „indem man sich zusammenrauft", auf der Grundlage eines breit angelegten Bündnisses „der Kräfte der Vernunft und Verantwortlichkeit". Diese Philosophie gefiel mir.

Trotz der Widerstände, des Schwankens und der Zweifel willigte ich schließlich ein, das Amt des Premierministers zu übernehmen. Das fiel mir um so leichter, als ich diese Funktion nur für eine Übergangszeit ausfüllen sollte. Deshalb blieb ich auch Verteidigungsminister. Kania und ich waren uns einig, daß ein General als Premierminister, dem die Armee direkt unterstellt ist, nach innen und nach außen ein Zeichen setzen werde. Die Übergangszeit meiner „Premiererei" erwies sich leider als sehr lang und für mich außerordentlich schwer, mühselig und dramatisch.

Man hat mich einmal gefragt, ob ich es bedauern würde, das Amt des Premierministers übernommen zu haben. Und in der Tat betrachte ich die Annahme von Kanias Vorschlag als einen der größten Irrtümer in meinem Leben. Ich schlug vor, daß Jagielski kandidieren sollte. Er war schließlich ein Ökonom mit großer Erfahrung, dessen Unterschrift unter etlichen Abkommen stand. Andererseits war ich mir bewußt, daß er mit der Verantwortung für den Zustand unserer Wirtschaft in den 70er Jahren belastet war. Damals war er lange Zeit de facto 1. Stellvertretender Premierminister.

Kania betonte, daß Jagielski sich jetzt passiv verhalte, nicht die nötige Energie an den Tag lege. Nachdem ich Premier geworden war, fand ich diese Einschätzung bestätigt. Ich bekam von Jagielski nicht die Unterstützung, die er mir im Rahmen seiner beruflichen Möglichkeiten hätte gewähren können. Vielleicht lag das daran, daß sein Gesundheitszustand nicht der beste war.

So waren also für meine Entscheidung die Überredungskünste von Freunden und die Hoffnung ausschlaggebend, daß es gelingen könne, die Schwierigkeiten zu überwinden und das Land aus den gefährlichen Wirren herauszuführen. Das Risiko war dennoch groß. In einer zehnjährigen Militärlaufbahn hatte ich mir ein festes Gehalt, eine Position und Autorität erarbeitet. Die Armee, an deren Spitze ich stand, erfreute sich gesellschaftlicher Achtung. Ich fühlte mich dieser Armee eng verbunden. Das Militär war, ist und wird immer meine große Liebe sein. Es ist mein Lebensweg, mein Beruf, meine Passion. Als Premier kam ich in einer so ungewöhnlich schwierigen Zeit in einen völlig anderen Lebensbereich. Alles war im Umbruch begriffen. Ich wußte, daß eine mörderische Anstrengung auf mich wartete. Und das Ergebnis? Sehr zweifelhaft.

In meiner Antrittsrede vor dem Sejm sagte ich: „Im Augenblick der Übernahme des mir anvertrauten Amtes möchte ich dem Hohen Haus versichern, daß ich mich nach wie vor in erster Linie als Soldat fühle und bereit bin, mein Amt jederzeit niederzulegen, besonders wenn die von mir geführte Regierung die in sie gesetzten Erwartungen nicht erfüllen sollte ...“ Diese Worte waren Ausdruck meiner Befürchtungen und meiner inneren Zerrissenheit.

Wie bewertete ich die politische Szene in Polen am Jahreswechsel 1980/81? Ich bin ein Linker. Die Kriterien und Wertesysteme, die für diese intellektuelle Denkrichtung kennzeichnend sind, bestimmen meine Wahrnehmung und Bewertung von Geschichte und Gegenwart. Ich war mir bewußt, daß der Staat, dem ich so lange mit voller Überzeugung gedient hatte, an der Schwelle der 80er Jahre in eine kritische Phase eintrat. Dennoch glaubte ich an die Lebens- und Anpassungsfähigkeit des sozialistischen Systems, an seine Reformierbarkeit. Das, was nach dem August 1980 geschah, hat diese Anschauung nicht ins Wanken gebracht. Das humanistische Erbe der Ideen des Sozialismus stellt einen zeitlosen moralischen Wert dar. Die Menschen werden immer danach streben, dieses Erbe in einer Form umzusetzen, die es erlaubt, unsere Fehler und Niederlagen zu vermeiden.

Ich rechnete auch damit, daß man mit der „Solidarność" zu einer Verständigung kommen könne, besonders – wie wir damals sagten – mit ihrem Arbeiterflügel. Für uns, die Regierung, war es ein ungeheurer Schock, daß die Streiks im August und September ein solches Ausmaß annahmen, so breite Unterstützung bei den Massen fanden und im Ergebnis zur Entstehung einer mächtigen, unabhängigen Gewerkschaft führten. Ich sage ganz offen: Wir machten gute Miene zum bösen Spiel. Wir akzeptierten die Formel „ein berechtigter Protest der Arbeiterklasse", und wir trösteten uns mit der Losung: „Sozialismus – ja, Entstellung des Sozialismus – nein". Wir verwarfen den Gedanken an Anwendung von Gewalt und rechneten gleichzeitig damit, daß schon irgendwie alles ins Lot kommen werde. Emotionen vergehen, aber ein Bündnis – und sei es auch ein schwieriges, vom traditionellen Modell abweichendes Bündnis – würde trotz allem in unserer sozialistischen Wirklichkeit funktionieren. Ich prägte sogar folgenden Ausspruch: „Es ist besser, jeden Tag zehn kleine Konflikte zu haben, als einmal in zehn Jahren einen großen Konflikt." So erklärten wir das auch unseren Verbündeten.

Die damaligen Ereignisse in Polen riefen bei ihnen Desorientierung und gleichzeitig scharfe Mißbilligung hervor, die sie uns auf verschiedene Weise zu verstehen gaben. Auf einer Sitzung des Politbüros kamen wir deshalb zu dem Schluß, daß es angebracht sei, ein Treffen zwischen der polnischen und der sowjetischen Führung herbeizuführen, um die Situation zu klären. Die Sowjets gingen auf diesen Vorschlag nicht ein. Ihnen ging es ganz offensichtlich um Distanz, darum, Zeit für eine angemessene Reaktion zu gewinnen. Der Botschafter der UdSSR, Boris Aristow, wurde bevollmächtigt, mit uns zu sprechen. Gierek[17] empfing ihn in Gegenwart von Jagielski, Kania, Kowalczyk, Olszowski, Pińkowski und mir. Nach Moskau wurde eine beruhigende Version übermittelt: Die Vereinbarungen von Gdańsk und Szczecin waren unterschrieben worden,[18] aber wir hatten dadurch eine „Atempause" von einigen Wochen gewonnen, besonders, da die „Solidarność" erst dabei war, ihre Infrastruktur aufzubauen und deshalb noch nicht richtig in Schwung gekommen war.

---

[17] Edward Gierek, geb. 1913, polnischer Politiker, seit den 30er Jahren in der polnischen Emigrantenbewegung in Belgien sowie seit 1941 in der polnischen Widerstandsbewegung gegen die deutschen Besatzer aktiv. Seit 1946 Mitglied der PVAP, 1956-80 Mitglied des ZK der PVAP, 1956-64 Sekretär des ZK der PVAP, 1956 sowie 1959-80 Mitglied des Politbüros des ZK der PVAP. 1957-70 Erster Sekretär des Wojewodschaftskomitees Katowice der PVAP. Wurde im Dezember 1970 Nachfolger von Władysław Gomułka, der infolge der blutigen Arbeiterunruhen zurücktreten mußte (s. Anm. 86). Erster Sekretär des ZK der PVAP. Betrieb eine Politik der Modernisierung der polnischen Wirtschaft, gestützt auf Kredite des Auslands und breit angelegte Beziehungen mit dem westlichen Ausland bei gleichzeitigem Festhalten am politischen System sowie an der Abhängigkeit Polens von der UdSSR. Während der Streiks in Polen von August bis Oktober 1980 für die Wirtschaftskrise verantwortlich gemacht und aus dem ZK ausgeschlossen, im Amt des Ersten Sekretärs des ZK der PVAP abgelöst von Stanisław Kania (s. Anm. 35). 1981 aus der PVAP ausgeschlossen, nach Ausrufung des Kriegsrechts 1981-82 inhaftiert.

[18] In Gdańsk, Szczecin, Rzeszów, Jastrzębie-Zdrój und Ustrzyki Dolne wurden im Frühherbst 1980 als Ergebnis der ausgedehnten Streiks Abkommen geschlossen, die u. a. die legale Tätigkeit unabhängiger Gewerkschaften, das Streikrecht, die Einschränkung der Zensur und Wirtschaftsreformen betrafen (s. auch Anm. 110).

Ich war Funktionär der Polnischen Vereinigten Arbeiterpartei – einer Partei, die auf ihren Bannern und in ihren politischen Erklärungen die Rolle der Arbeiterklasse groß herausstellte, ja glorifizierte. Und ausgerechnet in dieser Klasse fand die „Solidarność" ungewöhnlich breite Unterstützung. Das war ein deutliches Signal – die Kluft zwischen der Doktrin des real existierenden Sozialismus und den Erwartungen der Menschen hatte sich drastisch vertieft.

Die „Solidarność" war ein politisches Phänomen. Sie griff die gesellschaftliche Unzufriedenheit auf und gewann dadurch sehr schnell eine mächtige Position und großen Einfluß. Verschiedene politische Strömungen fanden in ihr Platz, von extrem rechten Positionen bis hin zu entschiedenen Anhängern des Sozialismus, die jedoch von der Praxis seiner Umsetzung enttäuscht waren. Zu letzteren gehörten Hunderttausende Mitglieder der PVAP, von denen wiederum Dutzende Mitglieder des Zentralkomitees waren, und sogar solche Personen wie Zofia Grzyb und Alfred Miodowicz, spätere Mitglieder des Politbüros.

Wir waren hin- und hergerissen zwischen dem Verständnis für die Forderungen dieser Bewegung und dem Gefühl, daß sie im Staatsgefüge einen Fremdkörper darstellte, daß sie, wenn sie sich weiter ausbreitete, seine lebenswichtigen Funktionen zerstören, ja den ganzen Organismus bedrohen könnte. Dazu kam es dann ja auch. Und hier haben wir ein bitteres Paradox: Die Arbeiterklasse zerstörte die Strukturen, die einstmals durch ihre Forderungen geschaffen worden waren. Und die Intelligenz, die im 19. Jh. das sozialistische Bewußtsein in die Arbeiterbewegung eingebracht hatte, versorgte die Arbeiter jetzt mit oppositionellen Parolen. Eigentlich aber waren nicht nur diejenigen antisozialistisch eingestellt, die die sozialistische Idee und das sozialistische System bekämpften, sondern auch diejenigen, die, obwohl sie ständig sozialistische Phrasen im Mund führten, in Wirklichkeit den Leuten das sozialistische System durch ihre Dummheit und Arroganz, ihre Habgier und ihren Konservatismus verleideten. Aber damals ging alles drunter und drüber. Es herrschte ein wahrhaftiges Chaos von Ideen, Forderungen und Einstellungen verschiedener Herkunft und verschiedenen Inhalts.

Dieses Chaos konnte etwas Großes gebären – eine Art Aufeinanderzugehen, eine Verständigung des ganzen Volkes. Aber es konnte auch eine Tragödie mit unwiderruflichen Folgen über uns kommen. Die erste Variante war damals leider nicht zu erreichen. Die zweite Variante blieb uns zum Glück erspart. Ich vertraue darauf, daß die Geschichte alle gerecht nach ihrer Schuld und ihren Verdiensten beurteilen wird.

Alles deutete darauf hin, daß wir die Schuld vor allem bei uns selbst zu suchen hatten, in unserem Denken, in unserem Regierungsstil. Das war nicht einfach. Aber ohne eine Verständigung mit der „Solidarność" gab es keinen Ausweg aus der Krise. Es ging also darum – im wohlverstandenen Interesse des Volkes und des Staates – eine Kompromißlösung zu suchen.

Diese Denkweise hatte jedoch eher einen pragmatischen als einen theoretischen Charakter. Ich will auch nicht von mir behaupten, daß ich in dieser Zeit für irgendeine Art von ideologischer „Häresie" stand.

Professor *Janusz Reykowski**:

Was die Ideen und Einstellungen zu Reformen innerhalb des Regierungslagers – der Partei – betrifft, so war das eine breite und heterogene Bewegung. Sie ging von der Voraussetzung aus, daß man in Polen Änderungen des politischen Systems durchführen müsse, die der Gesellschaft Einfluß auf den Prozeß der Herausbildung von Machtstrukturen gäben, politische Freiheiten garantierten und für Veränderungen in der Wirtschaft sorgten sowie das Befehls- und Verteilungssystem, das die Wirtschaft lähmte, zum Einsturz brächten. Aber die Art und Weise, wie wir dieses Ziel angehen wollten, unterschied sich von der Vorgehensweise, wie sie von der Opposition im weitesten Sinne lanciert wurde.

Vor allem stützte sich unsere Vorgehensweise auf die tief verwurzelte Überzeugung, daß Polens Schicksal von seinen geopolitischen Koordinaten bestimmt wird, und das in verschiedenerlei Hinsicht. So waren wir der Ansicht, daß es für uns schlecht ausgehen würde, wenn wir die staatlichen oder imperialen Interessen der UdSSR verletzten. Außerdem glaubten wir, daß die Lage Polens in Europa ziemlich prekär sei – sowohl in politisch-militärischer als auch in wirtschaftlicher Hinsicht, so daß der Rückhalt bei der UdSSR eine Garantie unserer Sicherheit im weitesten Sinne des Wortes sei, insbesondere, was die Unverletzlichkeit unserer Grenzen betraf. Von diesem Standpunkt aus betrachteten viele Reformer innerhalb der Partei die Handlungen der Opposition mit Beunruhigung und Mißfallen, weil es trotz aller anderslautenden Erklärungen ihrer Führer den Anschein hatte, daß ihre Tätigkeit zur Öffnung der Pandora-Büchse des Nationalismus führen würde.

Die zweite Frage war die Einstellung zum bestehenden Staat. Man konnte diesem Staat viel Unrecht anlasten, und deshalb waren grundlegende Änderungen notwendig, aber man durfte ihn nicht destabilisieren, nicht seine Strukturen zerstören. Wenn man es zu einer Schwächung des Staates und zu einer Untergrabung seiner grundlegenden Funktionen kommen ließ, mußte das zu einem Meer von Unglück führen.

Die dritte Frage war die Vision von dem Staat, den man haben wollte. Es waren denn auch viele Reformer in der PVAP der Meinung, daß eine freie Marktwirtschaft und eine Demokratie westlichen Typs nicht das wahre Ideal für Polen sein könne. Es könne sich schnell zeigen, daß der freie Markt einfach zu einem Markt für die Reichen werde, und daß von den Früchten der Demokratie in erster Linie diejenigen profitieren würden, die Geld haben. Es war also ein großes Dilemma, wie man die Reformen realisieren solle, ohne es zu einer Pauperisierung der breiten Massen kommen zu lassen, und wie man eine demokratische Ordnung einführen könne, ohne daß ihre Wohltaten ein Luxus für wenige blieben. Die Opposition schien sich dieser Dilemmata nicht bewußt

zu sein; sie verkündete (und war mit Sicherheit davon überzeugt), daß es genü-
ge, das kommunistische System abzuschaffen, um den Königsweg von Freiheit
und Wohlstand zu beschreiten. Die Geschichte hat der Opposition und eigent-
lich der Mehrheit der Polen eine herbe Enttäuschung bereitet.

* *Janusz Reykowski* – Professor, im Jahre 1981 Leiter der Psychologischen Abteilung der
Polnischen Akademie der Wissenschaften.

Die Menschen nahmen die politische und gesellschaftliche Realität so wahr,
wie sie sie erlebten. Sie kümmerten sich nicht sonderlich darum, daß sich
irgendwo innerhalb der Partei verschiedene Strömungen und Einstellungen
aneinander rieben.

Es erhebt sich die Frage: Habe ich meinerseits über die Gesellschaft alles
gewußt, was ein Premier wissen sollte? Als General und Abgeordneter hatte ich Kontakt zu verschiedenen Gesellschaftsschichten. Das bedeutete
jedoch nicht, daß ich mich im Dickicht des Zivillebens aufgehalten hätte.
1981, als ich Premier geworden war, traf ich mich öfter mit einfachen Leuten. Außerdem bekam ich, wie auch andere Regierungsmitglieder, eine
Menge Briefe. Sie wurden aufmerksam gelesen, und wir bemühten uns, die
wichtigsten zu beantworten. Dabei tat sich besonders Rakowski hervor, der
viele der an ihn gerichteten Briefe persönlich und handschriftlich beant-
wortete. Ich fuhr auch in die Betriebe. Die Menschen erwarteten von der
Regierung, daß sie ihr Leben erleichtere. Diese Besuche waren, was nur
wenige glaubten, unangekündigt. In der Tat sprach ich über die Fahrtroute
und das Ziel in den meisten Fällen erst im Moment der Abfahrt vom
Gebäude des Ministerrates. In dem Minibus – denn meistens fuhr ich in
einem solchen Fahrzeug zu den Inspektionen – informierte ich die mich
begleitenden Personen und Journalisten darüber, wohin wir fahren würden.

Zumindest an die Besuche in den Pharmazeutischen Betrieben „Polfa"
in Tarchominia und kurz darauf im Warschauer Stadtteil Wola erinnere ich
mich ziemlich gut. Ich besuchte dort u. a. ein großes Lebensmittelgeschäft
in der Człuchowska-Straße. Dabei sprach ich mit Hunderten von Menschen. Ihre Informationen über die alltäglichen Schwierigkeiten und über
die schlechte Versorgung waren für mich am schmerzhaftesten. Auch wurde ich ad hoc in den Studentenwohnheim-Komplex im Warschauer Stadtteil Jelonki eingeladen. Eine junge Frau mit einem Kind auf dem Arm
beklagte sich über den Mangel an Reinigungsmitteln. Ich kam in beschei-
dene Wohnungen, sah das Unmaß der alltäglichen Übel. Die Lösung aller
dieser Probleme nahm sich aus wie die „Quadratur des Kreises". Ich erinnere mich an einen bei den polnischen Fernsehzuschauern gut bekannten
englischen Film mit diesem Titel. Er zeigte in grotesk verzerrter Form die
Vorbereitung eines solchen Besuchs. Dem Autor des Films zufolge wurden
vor meinem Besuch in einem Geschäft Container angefahren, die bis oben
hin mit Fleisch und Wurst gefüllt waren; nach dem Ende des Besuchs wur-

den diese Container sofort wieder weggefahren. Das war belustigend, aber in der damaligen Zeit völlig unwahrhaftig. Damals dachte niemand daran, das Selbstwertgefühl der Regierung zu heben. Im Gegenteil – man bemühte sich zu zeigen, wie schwer und schlecht alles ist.

Von solchen Treffen kehrte ich immer sehr bedrückt zurück. Am meisten quälte mich das Bewußtsein, daß man diese Situation nicht schnell ändern konnte. Mehr noch: Der politische Kampf konnte, wenn er auf das Gebiet der Wirtschaft übertragen wurde, zum endgültigen Zusammenbruch führen.

An dieser Stelle will ich eine Anmerkung machen. Zu den wesentlichsten Charakterzügen unseres Systems gehörte eine eigentümliche Omnipotenz der Regierung und des Staates. Lassen wir einmal die Tatsache beiseite, daß diese Omnipotenz in der Praxis nicht vollständig realisierbar ist. Insbesondere in Krisenzeiten wäre das illusorisch. Am schlimmsten war jedoch die Schwächung des bürgerlichen Verantwortungsbewußtseins. Sie führte objektiv dazu, daß ein übersteigertes Anspruchsdenken immer stärker wurde und eine jegliche Kreativität lähmende Einstellung um sich griff. Aus diesem psychologischen Schema kommt man nur schwer wieder heraus.

Zur Illustration ein aus dem Leben gegriffenes Beispiel. Als ich einmal ein Dorf besuchte – ich glaube, es war in der Wojewodschaft Płock –, ging ich in das dortige Geschäft der Genossenschaft „Bäuerliche Selbsthilfe". Viele Bauern kamen zusammen. Die mir vorgetragenen Beschwerden betrafen hauptsächlich die schlechte Qualität des Brotes, das in diesem Geschäft verkauft wurde. Der ZK-Sekretär Zbigniew Michałek verteidigte mich engagiert. Er war ein hervorragender Fachmann und gleichzeitig ein sehr kontaktfreudiger und witziger Mensch. Aber das half nicht viel. Schließlich fragte ich: „Wo wird dieses Brot gebacken?" Man antwortete mir: „In der Bäckerei unserer Genossenschaft." „Und wer ist Mitglied in dieser Genossenschaft?" Es erhob sich ein Wald von Händen. Da war alles klar.

Meine Nominierung zum Premierminister wurde positiv aufgenommen. Ich erhielt eine Unmenge von Briefen, Telegrammen und Glückwünschen, darunter viele herzliche, ja bewegende. Das machte mir Mut. Worte der Unterstützung kamen auch von verschiedenen Ortsverbänden der „Solidarność". Jacek Kuroń schreibt in seinem Buch „Sternstunde", daß auch in seiner Umgebung diese Wahl mit Zustimmung und Hoffnung aufgenommen wurde. Karol Modzelewski, der damalige Pressesprecher der „Solidarność", sagte am 16. Februar in einem Interview der Zeitung „Życie Warszawy": „Die personelle Zusammensetzung der Regierung Jaruzelski und die politischen Grundsätze, die in seiner Regierungserklärung zum Ausdruck kommen, eröffnen die reelle Chance, den gefährlichen Lauf der Ereignisse umzukehren." Er schlug außerdem vor, die Streikaktionen abzublasen. Das gab Anlaß zu vorsichtigem Optimismus.

Die endgültige Entscheidung zur Übernahme der Funktion des Premierministers traf ich unter Berücksichtigung persönlicher Umstände. Es ging dabei um zwei Personen. Die Funktion des für die Koordination der Wirtschaft zuständigen ersten Vizepremiers sollte *Mieczysław Jagielski* einnehmen. Die Kandidatur für den zweiten Vizepremier rief viele Kontroversen hervor. *Mieczysław Rakowski* genoß im Parteiapparat, insbesondere im Zentralkomitee, keinerlei Vertrauen oder Sympathie. Die Wochenzeitung „Polityka" wurde häufig attackiert, übrigens nicht nur in Polen.[19] Auch ein Teil des Offizierskorps hatte wegen einiger Publikationen viele Vorbehalte gegenüber dieser Zeitung – Vorbehalte, die ich bisweilen teilte. Mit der Zeit änderte ich meine Ansicht. Ich lernte Rakowski als einen entschiedenen Anhänger von Erneuerungen und Reformen schätzen. Sein aufsehenerregender Artikel „Den Partner achten" war eine Rechtfertigung für den so wichtigen politischen Dialog. Ich rechnete darauf, daß es ihm gelingen würde, eine gemeinsame Sprache mit der „Solidarność" zu finden, daß er den Boden für die Verständigung bereiten würde. Darum vertraute ich ihm auch die Leitung des Ausschusses des Ministerrates für die Zusammenarbeit mit den Gewerkschaften an. Zu seinem Zuständigkeitsbereich gehörten auch Fragen des „Überbaus", was für die Allmacht der Partei eine Einschränkung mit Präzedenzcharakter darstellte.

Die Regierung hatte Koalitionscharakter. Zu ihr gehörten die Vizepremiers *Roman Malinowski* (ZSL) und *Edward Kowalczyk* (SD); ein weiterer Vizepremier war der bekannte katholische Funktionär *Jerzy Ozdowski*.

Roman Malinowski. Eine farbige, sympathische Erscheinung. Ein Mensch guten Willens. Er hatte das übergeordnete Staatsinteresse im Auge, versuchte sich sogar in der Pose eines Witos.[20] Kümmerte sich um die Landwirtschaft und verteidigte die Position seiner Partei. Wir verstanden uns gut. Ein dynamischer Mensch vom Typ „Hans Dampf". In seinem Redeschwall schwer zu bremsen. Als er Marschall des Sejm wurde, nannte man ihn scherzhaft „Feldmarschall". Seine Leidenschaft war die Außenpolitik, was er oft in anmaßender, ja sogar exaltierter Form zum Ausdruck brachte. Andererseits war die Organisation und Durchführung des prestigeträchtigen Treffens der Parlamentspräsidenten der europäischen Staaten, der USA und Kanadas, das 1988 in Warschau stattfand, zum großen Teil

---

[19] Mieczysław Franciszek Rakowski, geb. 1926, polnischer Politiker und Publizist, 1958-82 Chefredakteur der Wochenzeitung „Polityka". 1981-1985 Vizepremier und Vorsitzender der Regierungskommission für Gewerkschaftsfragen, 1985 Stellvertreter „Marschall des Sejm" (Parlamentspräsident), September 1988 – Juli 1989 Premier, danach bis Januar 1990 Erster Sekretär des ZK der PVAP. In den letzten Jahren wieder verstärkt journalistisch und publizistisch tätig. Herausgeber der Zeitschrift „Dziś" und der Wochenzeitung „Przegląd Tygodniowy".

[20] Vincenty Witos, 1874-1945, polnischer Politiker und Publizist, kämpfte als Sozialist gegen die deutschen Besatzer. Von März 1939 bis 1941 in deutscher Gefängnishaft, danach unter Gestapo-Aufsicht. Verweigerte nach dem Krieg die Zusammenarbeit mit den Kommunisten. Wird hier als Synonym für einen patriotischen, aufopferungsvollen Politiker genannt.

sein Verdienst. Das ist übrigens eins von vielen Beispielen dafür, daß das „kommunistische Regime" in der zweiten Hälfte der achtziger Jahre nicht von allen Seiten kritisiert wurde, daß man in der Polnischen Volksrepublik einen ernsthaften, verantwortungsbewußten Partner sah.

Edward Kowalczyk. Gewissenhaft und energisch bis zur Impulsivität. Kümmerte sich um die Interessen der Industrie und der Kleinbetriebe. Enthusiastischer Anhänger der Reformen. Als ehemaliger Minister für das Post- und Fernmeldewesen war er immer noch in dieser Thematik gefangen. Hatte eine Aversion gegen Kosmopolitismus und Freimaurertum. Bei ihm war eine gewisse Inspiration durch den Dozenten Kossecki, einen der späteren „Ideologen" der „Partei X"[21] zu spüren. Seine Leidenschaft war wahrscheinlich die Psychologie, denn er machte oft Äußerungen wie „die Gegner berufen sich auf ihr kurzes Gedächtnis" oder „die Gesellschaft ist in einen Zustand des verengten Bewußtseins gebracht worden" usw.

Jerzy Ozdowski. Wirtschaftswissenschaftler aus der Poznaner Schule von Taylor. Kümmerte sich in der Regierung um Gesellschaftspolitik. Hatte unerfüllte Ambitionen, die katholische Gesellschaftsbewegung zu einen und sich an ihre Spitze zu setzen. Die Liebenswürdigkeit in Person. Widmete sich mit Leib und Seele seiner Aufgabe.

Im ganzen gesehen waren Malinowski, Kowalczyk, Ozdowski und später mein ehemaliger Mitschüler vom Gymnasium der Marianischen Priesterbruderschaft, *Zenon Komender*, ein kluger, solider und herzlicher Mensch, keine Vizepremiers wie aus dem Bilderbuch. Und doch leiteten sie die ihnen anvertrauten Arbeitsbereiche selbständig und kompetent. Die Zusammenarbeit in der Koalition, obwohl im Rahmen der Doktrin von der führenden Rolle der Partei realisiert, war damals breiter und tiefer angelegt als jemals zuvor. Es ist wahr, sie war eingeschränkt. Aber das kann man nur aus heutiger Perspektive sagen.

Die Vereinigte Volkspartei war damals eine politische Kraft mit etwa einer halben Million Mitglieder. Die Demokratische Partei hatte weniger Mitglieder, war dafür aber die einzige autonome Vertretung der sogenannten Privatinitiative, vor allem der Handwerker, aber auch bestimmter intellektueller Kreise. Ich war mir im klaren darüber, daß man diese Parteien vom Makel des „Satellitentums" befreien mußte. Von einem Tag auf den anderen war das nicht zu ändern. Aber mit irgend etwas mußte man ja schließlich anfangen. Das war der geeignete Moment, um diese bis dahin im Schatten der PVAP agierenden Bewegungen aufzuwerten, sie in den Rang wirklicher Partner zu erheben.

---

[21] „Partei X": gegründet 1990 von dem im Ausland lebenden gebürtigen Polen Stanisław Tymiński. Tymiński, geb. 1948, lebte seit 1969 in Peru und Kanada, wo er sich politisch und wirtschaftlich betätigte. Die Veröffentlichung seines Buches „Heilige Hunde" sowie die Tatsache, daß er mehrere Staatbürgerschaften besitzt, brachten Tymiński in den Ruf einer äußerst schillernden Persönlichkeit. 1990 erfolglose Kandidatur bei den Präsidentschaftswahlen.

Die Jahre im Militärdienst hatten in mir die Gewohnheit herausgebildet, vor Inangriffnahme jeder Aufgabe die Situation zu analysieren und nach Perfektionismus zu streben. Eben das verlangte ich auch von anderen. In einigen Situationen war das ein Vorteil, in anderen ein Nachteil. Eine weitere Berufskrankheit – beim Militär mußte ein Befehl ausgeführt werden. Als ich Premier wurde, rechnete ich deshalb damit, daß das mit jeder Entscheidung, jeder Anordnung ebenfalls so sein müsse. Leider gingen viele Anordnungen ins Leere. Ich mußte also unter dem Druck der Ereignisse meine Art zu denken und zu reagieren umstellen. In der damaligen, sich schnell ändernden Situation gelang mir das nicht vollständig.

Die Zeiten waren turbulent. Die staatliche Verwaltung aller Ebenen wurde wirbelsturmartig attackiert. Diese Attacken waren größtenteils Ausdruck einer berechtigten Unzufriedenheit der Menschen. Oft griff man jedoch auch zu Methoden und Argumenten „unterhalb der Gürtellinie". Das Ergebnis war, daß ein totaler Angriff eine totale Verteidigung hervorrief. Das eine wie das andere war ungut.

Man hat mir vorgeworfen, ich hätte bei den Regierungsämtern zu oft Umbesetzungen vorgenommen. Das stimmt natürlich. Wenn jemand nicht in der Lage war, vorzeigbare Resultate zu erarbeiten, suchte ich schnell eine andere Person, eine andere Lösung. In einigen Fällen war das, glaube ich, kränkend. Ich habe damals nicht allzu lange darüber nachgedacht. Das waren die Umstände und die Erfordernisse des Augenblicks. In einer meiner Reden sagte ich: „Ich fühle mich wie jemand, dem man, nachdem man ihm einen Stein ans Bein gebunden hat, zuruft: ‚Schneller!'" Dabei kann so ein Mensch doch gar nicht gehen. Selbst die fähigsten Menschen könnten in einer solchen Situation ihre Qualitäten nicht unter Beweis stellen.

In der Regierung gab es Professoren, erfahrene Manager und einige Militärs. Besonders ihre Nominierungen waren umstritten. Niemand von uns ist ohne Fehler, aber ich glaube, daß die Generäle Hupałowski, Janiszewski, Kiszczak, Piotrowski und später Oliwa keine schlechten Minister waren. Dasselbe kann ich über die Mehrheit der Militärs sagen, die als Wojewoden fungierten. Die Kritiker sollten nicht vergessen, daß auch in den Behörden der II. Republik einige Premiers, viele Minister, Wojewoden und Bürgermeister aus den Reihen der Militärs kamen. In den 80er Jahren war das übrigens eine vorübergehende Maßnahme, die schrittweise zurückgenommen wurde.

Die vom System errichteten Barrieren, ganz zu schweigen von den Verbrechen und Entartungen in der zweiten Hälfte der fünfziger Jahre, hatten großen Schaden angerichtet, viele wertvolle Menschen am Weiterkommen gehindert. Gleichzeitig öffneten sie Schwächlingen, Bürokraten und Karrieristen verschiedener Couleur ein Türchen. Die Bürokratie ist ein viel älteres Phänomen als der Sozialismus. Mit Recht sah Parkinson in ihr eine die Zeiten und die Systeme überdauernde Erscheinung.

Unter den Bedingungen unseres zentralisierten Verwaltungsapparates vertiefte die Bürokratie die Spaltung in „wir" und „sie", brachte verschiedene unsinnige Dinge hervor. An dieser Stelle möchte ich eine amüsante, aber vielleicht auch traurige Tatsache anführen. Man zeigte mir einmal eine Anleitung zum Melken von Kühen, die im Landwirtschaftsministerium aufbewahrt wurde. Einer der Punkte lautete: „Bevor man beginnt, die Kuh zu melken, muß man den Schwanz der Kuh an ihr Bein binden."

Fidel Castro sagte einmal: „Ein Idiot auf einem Posten ist schlimmer als zehntausend Konterrevolutionäre." Ich füge dem einen Ausspruch von Lenin hinzu, obwohl es jetzt nicht mehr Mode ist, ihn zu zitieren: „Wenn ihr nur Gehorsam verlangt, werdet ihr um euch herum nur Dummköpfe versammeln." Demokratische Länder sind in dieser Hinsicht viel gesünder. Aber auch sie funktionieren nicht ideal, sind ebenfalls nicht frei von Parteilichkeit und Pfuscherei. Man braucht sich nur die gegenwärtige polnische Realität anzuschauen.

Bei diesem Überblick kann ich das Militär nicht übergehen. Es war eng mit dem Leben des Volkes verbunden und hat alle Unruhen und Sorgen dieser Zeit intensiv miterlebt. Meine Nominierung zum Premier wurde als Auszeichnung der Streitkräfte verstanden. In meiner Regierungserklärung vor dem Sejm las ich einen Teil der Botschaft vor, mit der ich mich an die Soldaten gewandt hatte und in der ich auf folgendes hinwies: „In dem Vertrauen, das mir entgegengebracht wurde, ist ein Stück Arbeit jedes Soldaten enthalten, werden die gesellschaftliche Autorität und der gute Name des Militärs bestätigt."

Die Armee ist ihrer Natur nach eine Ebene, auf der die patriotischen, zivilisatorischen und kulturellen Werte der Gesellschaft integriert werden; unter ihrem Dach treffen sich verschiedene Gesellschaftsschichten und Berufsgruppen. Wie in einem Brennglas bündeln sich in ihr die verschiedenen Probleme der Gesellschaft. Traditionell bringen die Polen ihrer Armee Sympathie entgegen. Damals aber hat, wie ich glaube, die gute Meinung über die Armee eine zusätzliche Stärkung erfahren. In den 70er Jahren wurden im Rahmen der Verwaltungsreform des Landes in den meisten der neu entstandenen Wojewodschaften[22] prächtige Gebäude für die Wojewodschaftskomitees der Partei errichtet. Einige Wojewoden und Militärkommandeure der Wojewodschaften kümmerten sich ebenfalls um mehr „Raum zum Leben". Das Militär dagegen war sparsam, ließ sich nicht von der Investitionshausse mitreißen. Für die neuentstandenen Militärstäbe in den Wojewodschaften wurden keine neuen Objekte errichtet. Zudem wurden in diesen Jahren keinerlei Erholungseinrichtungen für leitende Mitarbeiter des Verteidigungsministeriums gebaut – sehr im Unterschied zu anderen Institutionen.

Dank des positiven Bildes, das die Streitkräfte in der Gesellschaft abga-

[22] Wojewodschaften: In Polen die größten Verwaltungseinheiten nach dem Gesamtstaat.

ben, wurde die Berufung eines Verteidigungsministers auf den Posten des Premiers als Zeichen dafür aufgefaßt, daß das, was im Militärleben Anerkennung gefunden hatte, auf andere Bereiche des Machtapparates übertragen werden würde.

General *Florian Siwicki**:

In den Jahren 1980-1981 lebte die Armee nicht „im Elfenbeinturm". Die Armee, besonders die höheren Offiziersränge, und ihre Familien durchlebten gemeinsam mit der ganzen Gesellschaft die Sorgen, Erschütterungen und Zwiespältigkeiten jener Jahre. Reformen und die Suche nach Änderungen waren dem Militär nicht fremd. Bei Unterredungen, bei Treffen von Soldaten oder auf Parteiversammlungen wurden die Schwächen, die sich auch im Leben des Militärs zeigten, kritisiert. Unter anderem wurde bürokratischen Erscheinungen Aufmerksamkeit geschenkt. In einigen Einheiten des Militärs, besonders in den Zentralinstitutionen, wurde die Beschränkung des Einflusses der Politoffiziere gefordert. Sehr charakteristisch war, daß man die Formen der Demokratie, die im Militär praktiziert wurden, im Zivilleben anders bewertete als im Militär selbst. Ein Teil der höheren Offiziersränge war der Meinung, daß es bei uns sogar zu viele gesellschaftliche Körperschaften gebe – Räte, Kommissionen, Verbände usw. Die Aussagen hatten größtenteils konstruktiven Charakter. Mit einigen äußerst radikalen oder auch demagogischen Positionen wurde polemisiert. Einen großen Teil der Forderungen – und derer gab es Hunderte – erfaßten wir in Perspektivplänen, von denen wir im Rahmen unserer Möglichkeiten viele umgehend in die Tat umsetzten.

Im Laufe der Zeit bemerkten wir einen verstärkten Einfluß der damaligen Opposition auf das Militär. Die ihren Grundwehrdienst leistenden Soldaten wurden mit verschiedenen Aufrufen und Flugblättern bombardiert. In Westpommern, in Niederschlesien, besonders aber in der Wojewodschaft Jelenia Góra nahmen diese Aktionen beträchtliche Ausmaße an. Sehr sensibel reagierte man auf die verbreitete Meinung, die höheren Offiziersränge bekämen hohe Bezüge und erfreuten sich „fürstlicher" Privilegien, aber auch auf die Forderung nach einer Kürzung des Verteidigungsetats. Dabei weiß ich noch genau, daß die Ausgaben für das Militär in den Jahren 1975-1980 um eine Marge von 2,9-3,1 % des Bruttosozialprodukts oder 6,9-7,0 % des Staatshaushalts pendelten, und zwar mit fallender Tendenz. Wir gingen mit den Staatsgroschen sehr sorgsam um. Jede Ausgabenposition wurde unter Hinzuziehung von Experten und Praktikern analysiert. Sehr entwickelt waren die sogenannte Kasernenwirtschaft und die eigene Bautätigkeit. Außerdem wurde in allen Militäreinheiten sparsam und rational gewirtschaftet. Die Wirtschaftsergebnisse wurden systematisch festgehalten. Diese Vorgehensweise brachte materiellen Gewinn. Dessen ungeachtet versuchte die Opposition der Gesellschaft einzureden, daß eine Reduzierung des Militärbudgets beinahe gleichbedeutend sei mit der Rettung der Wirtschaft.

In den höheren Offiziersrängen schwankten die Stimmungen. Die Vereinbarungen vom August[23] wurden mit gewissen Befürchtungen, aber im großen und ganzen mit Verständnis aufgenommen. Anfänglich gab es großes Interesse an der Tätigkeit der neuen Gewerkschaften. Je mehr Zeit verging und je mehr die Tätigkeit der „Solidarność" eskalierte, desto spürbarer wandelte sich die Stimmung. Die höheren Offiziere begannen sich zunehmend um ihre und ihrer Familien Existenz zu sorgen. Besonders in der zweiten Hälfte des Jahres kam es in verschiedenen Garnisonen zu empörenden Vorgängen. Öffentlich, hauptsächlich in den städtischen Verkehrsmitteln, wurden Berufssoldaten mit Schimpfworten und Beleidigungen überschüttet. Oft wurden sie sogar provoziert, bis es zum Streit kam. Familien und Ehefrauen von Offizieren wurden aus den Schlangen gedrängt, in denen sie um lebensnotwendige Dinge anstanden. Es gingen auch Meldungen darüber ein, daß Kinder von höheren Offizieren in der Schule und andere Familienmitglieder an der Arbeitsstelle isoliert und beleidigt wurden. In einigen Garnisonen, u. a. in Koszalin und Chełm, versuchten Mitglieder der „Solidarność", die Wohnblocks der Militärangehörigen zu stürmen. In den letzten Monaten des Jahres 1981 kam es ziemlich häufig vor, daß die Wohnungen von höheren Offizieren gekennzeichnet wurden. Vielleicht waren das Extratouren verantwortungsloser Leute, aber sie sprachen eine eindeutige Sprache.

* Florian Siwicki – Generaloberst, im Jahre 1981 Stellvertretender Verteidigungsminister und Generalstabschef der polnischen Streitkräfte.

Die Polen hatten in ihrer Geschichte oftmals Gelegenheit, ihre Armee zu achten und in ihr den letzten Rettungsanker zu sehen, wenn alle anderen Hoffnungen getrogen hatten. Leider dachten damals nicht alle so.

[23] Gemeint ist die Zulassung der „Solidarność" (s. Anm. 18).

KAPITEL 3

Ein wenig Optimismus

Einige Tage, nachdem ich das Amt des Premierministers übernommen hatte, berief ich eine Mitarbeiterversammlung des Verteidigungsministeriums ein, anschließend eine Sitzung des Militärrats des Verteidigungsministeriums. Die leitenden Offiziere verhehlten ihre Besorgnis nicht. Man sagte: „Draußen sieht man klarer." Man befürchtete, daß sich Warschau nicht über das ganze Ausmaß der Bedrohung im klaren war. Diese Meinungsäußerungen waren jedoch nicht auf Streit hin angelegt. Man rechnete damit, daß der Verständigungsprozeß Fortschritte machen und der Konflikt sich nach und nach legen würde. An die Ernennung eines Militärs zum Premierminister knüpfte sich die Hoffnung auf eine größere Effektivität der Verwaltung. Damals bedeutete das nicht, daß sich ein neuer Faktor in das politische Spiel einschleichen wollte. Das Militär war keine selbständige politische Kraft. Es erfüllte den Willen der Staatsmacht, vor allem der Partei, die gemäß der Verfassung und der politischen Praxis einen Grundpfeiler des Staates darstellte.

Das Treffen mit Vertretern der Streitkräfte, die Herzlichkeit und die Unterstützung, die ich fühlte, verstärkten in mir die Hoffnung, daß ich die mir gestellten Aufgaben zufriedenstellend würde lösen können. Darüber hinaus gab es zwar im Februar weiterhin viele Streiks, verschiedene größere oder kleinere Spannungen auf lokaler Ebene, aber sie nahmen nicht zu. Um die Wirtschaft stand es schlecht, aber von einem Zerfall oder einem Chaos konnte man noch nicht sprechen. Die wirtschaftliche Situation markierte jedoch die Grenze, jenseits derer die Realisierung der gesellschaftlichen Forderungen zur Illusion wurde.

Leider hielt der Streik der Studenten an. Verhandlungsführer auf seiten der Regierung war der Minister für Bildung, Hochschulwesen und Technik, Prof. Janusz Górski, der früher lange das Amt des Rektors der Universität Łódź bekleidet hatte. Und genau an dieser seiner ehemaligen Wirkungsstätte nahm er die Verhandlungen auf. Die Atmosphäre und die Tonart, die dort herrschten, führten dazu, daß dieser Mensch, der im Kontakt mit der Jugend doch erfahren war, buchstäblich vor unseren Augen erlosch. Gebrochen und voller Verbitterung legte er sein Amt nieder. Es ist schwer zu sagen, wie sehr diese Erlebnisse ihn belasteten – Tatsache ist jedenfalls, daß er eines frühen Todes starb.

Ich hielt es für nötig, Entscheidungen zu treffen, die zeigen sollten, daß ein General als Premier wirklich um Verständigung, Dialog und Kompromisse ringt. Vor allem mußte man denjenigen Protestaktionen ein Ende setzen, die damals die öffentliche Meinung am meisten aufwühlten, also dem

Streik der Studenten in Łódź, den Protestveranstaltungen von Bauern aus ganz Polen in Ustrzyki und in Rzeszów. Des weiteren dem Generalstreik in der Wojewodschaft Jelenia Góra, der durch die Streitigkeiten um die Zweckbestimmung eines neuen Sanatoriums des Innenministeriums in Cieplice ausgelöst worden war. Schließlich dem Konflikt zwischen der Direktion des Spitals des Innenministeriums und der „Solidarność"-Organisation dieses Spitals, der durch die Entlassung einiger ziviler Mitarbeiter hervorgerufen worden war. Die ersten zwei Konflikte lösten wir durch weitgehende Zugeständnisse. Auch bei den übrigen Konflikten zeichnete sich ein Fortschritt ab.

Zu vorsichtigem Optimismus gab die mäßigende Stimme der Kirche Anlaß. Am 12. Februar veröffentlichte der Zentralrat des Polnischen Episkopats eine von Primas Kardinal Stefan Wyszyński und Kardinal Franciszek Macharski unterzeichnete Erklärung: „Die Spannungen kann man nur durch einen ehrlichen und ständigen Dialog zwischen der Staatsmacht und den Bürgern, die in gesellschaftlichen Gruppen und Berufsvereinigungen organisiert sind, abbauen." Sehr angebracht waren auch die Worte des Papstes, die dieser am 11. Februar anläßlich einer Generalaudienz im Vatikan sprach: „Es geht darum, daß die Dinge in die richtigen Bahnen kommen, daß sie in Ruhe heranreifen, darum, daß man auch angesichts der Spannungen, die die Lösung dieser Probleme begleiten, Mäßigung und das Verantwortungsgefühl für das große gemeinsame Gut bewahrt, welches unser Vaterland darstellt."

Aufrufe und Warnungen ähnlichen Geistes kamen auch von vielen politischen und gesellschaftlichen Organisationen. In einer Erklärung des Präsidiums des Zentralkomitees der Demokratischen Partei vom 11. Februar heißt es: „Der Mißbrauch des letzten Mittels, des Streiks, bedeutet ein Voranschreiten auf dem Wege des wirtschaftlichen und gesellschaftlichen Selbstmords." Zu gesundem Menschenverstand rief auch die Vereinigte Volkspartei auf. Ferner erinnere ich mich an viele andere Appelle, u. a. an den Beschluß des Zentralrats der Organisation für Technik.[24]

Das war ein gutes Zeichen. Aber da platzte am 12. Februar, also beinahe am Vorabend meines Amtsantritts als Premierminister, aus Washington eine unglaubliche Nachricht herein. Der Sprecher des State Department[25], William Dyess, hatte auf einer Pressekonferenz bekanntgegeben, daß „die Regierung Reagan beschlossen hat, Polen in nächster Zeit keine Wirtschaftshilfe mehr zu gewähren". Außerdem erklärte der Sprecher, daß „das, was Polen jetzt braucht, eine Reform der Binnenwirtschaft ist". Sie war seiner Meinung nach „notwendiger als wirtschaftliche Hilfe oder neue

---

[24] Poln. „Naczelna Organizacja Techniczna", abgek. „NOT", 1946 gegründete Organisation, die die Interessen der wissenschaftlich-technischen Vereinigungen und deren Mitglieder vertritt.

[25] Bezeichnung für das amerikanische Außenministerium.

Darlehen, die zu der jetzt schon beträchtlichen Verschuldung Polens hinzukämen". Dagegen sagte er laut Reuter über die Innenpolitik, daß „wenn die polnische Staatsmacht sich zur Sicherstellung von Ruhe und Ordnung im Namen des polnischen Rechts der eigenen Kräfte bedienen sollte, wir das als eine rein innerpolnische Angelegenheit betrachten werden". Diese Erklärung kann man ganz kurz kommentieren – mit einem instabilen Partner will niemand ernsthafte Gespräche führen. Man kann Beifall klatschen, sich für Pluralismus in der Politik und im Gewerkschaftswesen begeistern, aber ernsthaft engagieren wird man sich nicht. So war es gestern, so ist es heute. Und so wird es immer sein.

Ich habe mich niemals der Illusion hingegeben, daß das Ausland Polen und den Polen mit selbstloser Liebe begegne. Aber die von einigen westlichen Staaten vollzogene Volte war schon etwas Erstaunliches. Noch „in der Epoche des späten Gierek" rühmte man die polnische Weitsicht und Selbständigkeit – ach, was sage ich da! –, einige französische Zeitungen ergingen sich gar in Schwärmereien über ein „neues Wunder an der Weichsel".[26] Nach dem August[27] änderte sich der Ton der westlichen Presse blitzartig. Plötzlich wurden wir zu einem Land, das fremdes Geld zum Fenster rausschmeißt, zu einem verantwortungslosen, abscheulich undemokratischen Land.

Am 13. Februar traf ich mich mit Journalisten. Zu dieser Pressekonferenz hatte mich Rakowski überredet. Der Zweck bestand darin, die Gesellschaft über die Absichten der Regierung zu informieren. Ich wollte „bei offenem Vorhang" arbeiten – dieser Ausdruck kam damals unter uns in Mode. Und das hing in hohem Maße von den Journalisten in Funk, Fernsehen und Presse ab. Der Informationsaustausch zwischen Staatsmacht und Gesellschaft war nicht zufriedenstellend. Das wollte ich schnell ändern. Ich reagierte auf die Signale aus der Presse. Anstatt großer Konferenzen mit Journalisten bevorzugte ich jedoch eher Gespräche im kleinen Kreis, darunter auch diejenigen, die Urban von Zeit zu Zeit organisierte.

Jerzy Urban.[28] Auch wenn ich bei vielen Lesern großen Unmut errege: Ich mag diesen Mann einfach. Sogar diejenigen, die Urban nicht leiden können, müssen zugeben, daß ohne ihn die politische und publizistische Szene Polens ärmer, langweiliger wäre. Persönlich lernte ich ihn Mitte 1981 kennen. Keine allzu imponierende Erscheinung. Ruhig, fast phlegmatisch im Umgang. So ein „stilles Wasser". Pressesprecher wurde er auf Anraten Rakowskis. Ich ging gern darauf ein. Wirklich „den Vorhang anheben", bei den Menschen für die Arbeit der Regierung Interesse wecken oder sie gar

---

[26] S. Anm. 7.

[27] Im August 1980 wurde die „Solidarność" offiziell zugelassen (s. Anm. 18).

[28] Jerzy Urban, geb. 1933, Journalist, von September 1981 bis April 1989 Pressesprecher der poln. Regierung, danach bis September 1989 Vorsitzender des Staatlichen Komitees für Rundfunk und Fernsehen. Seit 1990 Herausgeber der Zeitschrift „NIE" (s. Anm. 275).

dafür einnehmen – das konnte nur ein unkonventioneller Mensch, der in der Vergangenheit nicht in die Zusammenarbeit mit der Staatsmacht verstrickt gewesen war. Urban war in den 60er und 70er Jahren mehrfach Opfer der Zensur gewesen. Man hatte sogar ein Publikationsverbot über ihn verhängt. Er war also in einer anderen Situation als viele der heutigen „Helden", die sich seinerzeit „wie Efeu um den Thron der Machthaber rankten".

Stählerne Nerven. Unheimliche Intelligenz. Sardonischer Humor. Hedonistische Einstellung zum Leben. Selbstironie bis zum Exhibitionismus. Ein schrecklich kalter Pragmatiker. Fast alle halten ihn für einen Zyniker. Ich bin mir nicht sicher, ob das nicht zeitweise einfach eine Trotzhaltung oder eine Pose ist, eine Art „Deckung", aus der heraus er polemische oder provozierende Schläge austeilt. Denn gleichzeitig ist er freundschaftlich, hilfsbereit, beim unmittelbaren Kontakt im kleinen Kreis kameradschaftlich und nachdenklich wie ein Mr. Pickwick.[29] Allem Anschein zum Trotz stand er Reformgedanken immer nahe. Von ihm kamen viele kühne Gedanken und Initiativen, die leider nicht alle entsprechend umgesetzt werden konnten. Es ist falsch, Urban die alleinige Verantwortlichkeit für die Schärfe seiner Rhetorik zuzuschieben. Erstens stützte er sich auf die ihm zur Verfügung stehenden Materialien und Informationen; und die waren, wie man heute weiß, nicht immer glaubwürdig – um es vorsichtig auszudrücken. Zweitens hat er durchaus nicht auf ein leeres Tor geschossen. Die Opposition hat im Jahre 1981 – durch die Mikrophone von „Radio Free Europe" und anderer westlicher Sender sowie mit Hilfe der eigenen Presse, von Bulletins, Flugblättern, Plakaten und Funkstationen – der Regierung keinesfalls den Kopf gestreichelt. Daran beteiligten sich auch einige Geistliche; als Beispiel will ich den von Urban zitierten Ausspruch des Priesters Małkowski erwähnen, der die Staatsmacht als „besoffene Hure auf einem roten Drachen" bezeichnete. Das alles konnte nicht ohne Auswirkungen auf den Tonfall bleiben, in dem die Erwiderungen des Pressesprechers gehalten waren. Mit einem Wort, Urban ist eine Persönlichkeit, zu deren Porträtierung es vieler Farben und mit Sicherheit eines besseren, scharfsichtigeren „Malers" bedarf, als ich es bin.

Der Informationsvorhang ließ sich nicht völlig beiseite ziehen. Zu lange und zu weit war die Gesellschaft von der politischen Szene entfernt gewesen. Die Machthaber ihrerseits wurden von der Furcht vor einem unbedachten Wort gelähmt. Den Funktionären der „Solidarność" waren solche Hemmungen fremd, weswegen sie leicht Punkte machen konnten. Von dem „offenen Vorhang" blieb dennoch etwas übrig. Es wurden detaillierte Presseberichte von Regierungssitzungen veröffentlicht, darunter auch Rechenschaftsberichte über die Realisierung von Verpflichtungen und Entscheidungen. Die Herausgabe der Tageszeitung „Rzeczpospolita" („Re-

[29] Literarische Gestalt bei Charles Dickens.

publik") wurde vorbereitet, ebenso die Fernsehsendung „Monitor Rzą-
dowy" („Regierungsmonitor"). Der Pressesprecher glühte vor Aktivität.
Schließlich kam es zu vielen Treffen von Regierungsvertretern mit der Gesellschaft, u. a. unter Beteiligung des Fernsehens. Am aktivsten und kom-
munikationsfreudigsten in den Massenmedien waren Rakowski, Obodowski, Baka und Krasiński. Das war eine neue Qualität in den Kontakten
mit der Gesellschaft.

Bald nach meinem Amtsantritt als Premierminister stattete ich dem
Präses der Polnischen Akademie der Wissenschaften, Professor Aleksander
Gieysztor, einen Besuch ab. Man hatte mir empfohlen, ihn einzuladen. Aber
ich entschied anders. Ich fuhr zu dem Professor in den Palast der Kultur
und Wissenschaft. Auf diese Weise wollte ich meinen Respekt gegenüber
den polnischen Wissenschaftlern unterstreichen.

An diesem Treffen nahmen auch die Professoren Janusz Górski,
Zdzisław Kaczmarek, Jan Karol Kostrzewski und Leonard Sosnowski teil.
Es war nicht nur ein Höflichkeitsgespräch. Wir dachten gemeinsam darüber nach, wie man die Konflikte überwinden und Situationen vermeiden
könnte, in denen sie entstehen. Der Professor war sich der Schwierigkeit
der Umsetzung dieses praxeologischen Prinzips unter den innen- und
außenpolitischen Bedingungen Polens bewußt.

Ich zählte auf den mäßigenden Einfluß der Wissenschaftler, auf ihre
aktive Teilnahme an dem Versuch, die Krise zu überwinden, auf ihren Rat
und ihre Expertisen. Amateurhaftes und voluntaristisches Vorgehen beim
Regieren eines Landes führt zu beklagenswerten Resultaten. Aufgrund vieler positiver Erfahrungen im Verteidigungsministerium neigte ich dazu,
möglichst eng mit der polnischen Wissenschaft, ihren hervorragenden, in
der ganzen Welt anerkannten Vertretern zusammenzuarbeiten. Der Wir-
belwind der Ereignisse hat diese Absichten größtenteils zunichte gemacht.
Wenn ich auch in den folgenden Monaten viele persönliche Kontakte zu
Vertretern der Wissenschaft hatte, so doch immer häufiger, um „Brände zu
löschen", anstatt zu einem ruhigen, wohldurchdachten Aufbau des Landes
beizutragen.

KAPITEL 4

Unser Erbe

Kann man die 70er Jahre eindeutig bewerten? Schlechte und gute Dinge wechselten einander ab. Letzten Endes gewannen die schlechten Dinge eindeutig Oberhand. Um einen so langen Zeitraum wie ein Jahrzehnt vollständig objektiv beurteilen zu können, braucht man größere zeitliche Distanz, um aus ihr heraus die Fakten in einer breiteren Perspektive betrachten, sie mit den späteren Erfahrungen des Volkes und den Schicksalen der Menschen vergleichen zu können.

Eines steht außer Frage: Die Wirtschaft hatte durch neue Technologien einen großen Sprung nach vorn gemacht. Neun Millionen Menschen zogen in neue, billige Wohnungen ein. Die Infrastruktur der öffentlichen Verkehrsmittel wurde ausgebaut. Einige wichtige soziale Probleme wurden gelöst, wie z. B. die Angleichung der Urlaubszeiten von körperlich und geistig Arbeitenden oder die Einrichtung eines kostenlosen Gesundheitswesens für Bauern. Dennoch endete die Dekade der 70er Jahre mit einer wirtschaftlichen Krise und einer gewaltigen gesellschaftlichen Explosion.

Man wird mich nicht bei den „Saubermännern" finden, die angeblich nichts gesehen und nichts gehört haben und sich erst nachträglich über ihre Verblendung klar wurden. Wer auch immer dem Politbüro, der Regierung oder anderen, und durchaus nicht nur zentralen, Organen der Staatsmacht angehörte, nahm – in unterschiedlichem Maße – die krisenhafte Zuspitzung der Situation wahr. Ebenso unterschiedlich waren auch die Reaktionen darauf. Man darf aber nicht vergessen, daß die Mehrzahl der wirtschaftlichen Entscheidungen in kleineren Kreisen getroffen wurde. Als Verteidigungsminister war ich gewissermaßen von Amts wegen Mitglied des Politbüros, sozusagen „geborenes Mitglied". So war damals die Praxis bei uns und in den meisten sozialistischen Staaten. Ich konnte jedoch mit Recht annehmen, daß sich der Erste Sekretär, der Premier, die Vizepremiers, die eingeladenen Experten und Wirtschaftswissenschaftler in der Wirtschaft gut auskennen und daß man ihnen vertrauen könne.

Wie sah die Besprechung dieser Angelegenheiten in den Führungsgremien aus? Die Argumentation verlief normalerweise so: Für Investitionen haben wir Kredite, die wir durch Eigenfinanzierung zurückzahlen. Bekannt ist das „geflügelte" Wort von Szydlak: „Nicht diejenigen sollen sich Sorgen machen, die Kredite bekommen, sondern diejenigen, die sie vergeben." Gierek sagte öffentlich, es sei noch nicht vorgekommen, daß irgendein Staat seiner Verschuldung wegen versteigert worden sei. Er brillierte auch in internationalen Salons, und seine persönlichen Beziehungen zu Politikern des Westens sollten die besten Garantien sein. Aus den Mündern vieler Staatsmänner, die

Polen besuchten, flossen Lobesworte und Ermunterungen zur Erweiterung der Zusammenarbeit. Natürlich sind Gierek, Jaroszewicz und ihre engste Umgebung nicht allein an allem schuld. Um Kredite bemühten sich auch noch die verschiedensten Lobbies – brancheneigene, regionale, wissenschaftliche, technokratische und milieubezogene. Heute ziehen diese verschiedenen Kredit- und Investitionsanwälte es vor, den Mund zu halten. Das kann im übrigen auch gar nicht verwundern. Jedes andere Verhalten hätte bei vielen von ihnen am Heiligenschein des ewigen Kämpfers gegen den Kommunismus gerüttelt, um so mehr, als die damaligen Experten nicht im freiwilligen Arbeitseinsatz angefertigt wurden, sondern gegen üppige Honorare.

Kredite wurden also gern, ja oft leichtfertig aufgenommen. Aber ebenso gern gegeben. Gelegentlich, wie im Fall der „Kreditlinie" von Giscard, die sich auf 7 Milliarden Francs belief, verlangte man nicht einmal eine dokumentierte Liste der Investitionsunternehmen. Das Schlimmste aber war, daß sich einige Herstellungszyklen auf mehrere Jahre, sogar auf über zehn Jahre erstreckten. Die erwartete Selbstfinanzierung wurde also nicht erreicht. Man kann schon eher von einer Selbsterdrosselung sprechen.

Ende der 70er Jahre waren wir durch eine hohe Verschuldung belastet. Es lohnt, sich an den Charakter dieser Verschuldung zu erinnern. Der war sehr eigenartig. In den Jahren 1971-1980 nahm Polen Kredite in Höhe von rd. 39 Milliarden Dollar auf, wohingegen die Abzahlungsrate von Kapital und Zinsen rd. 25 Milliarden Dollar betrug. Ende der 70er Jahre war der Hauptzweck der Aufnahme neuer Kredite die Bezahlung von alten. So wurden z. B. im Jahr 1980 Kredite in Höhe von 8,7 Milliarden Dollar aufgenommen, von denen 8,1 Milliarden in den Schuldendienst gingen. Trotzdem betrug Ende des Jahres 1980 die Verschuldung 24,1 Milliarden. Die polnische Wirtschaft befand sich in einer sogenannten Schuldenfalle.

Ganz anders stellte sich die Situation in den Jahren 1981-1988 dar. In diesem Zeitraum wurden Kredite in Höhe von 8,6 Milliarden Dollar aufgenommen, wohingegen die Abzahlungsrate von Kapital und Zinsen 19,4 Milliarden Dollar betrug. Also überstieg während des Kriegsrechts und in den darauffolgenden Jahren die Summe der zurückgezahlten Kredite diejenige der neu aufgenommenen um 11 Milliarden Dollar. Trotzdem wuchs unsere Verschuldung auf 39 Milliarden Dollar an.

Wie kam es dazu? Gründe für den Schuldenberg waren erstens: Drakonische Prozentsätze bei Kapitalzinsen und Zinseszinsen, die sich zeitweise auf 18-20 % beliefen. Zweitens: Zur selben Zeit kam es zu einer starken Abwertung des Dollars gegenüber anderen westlichen Währungen, wodurch sich per saldo unsere Verschuldung erhöhte. Schließlich drittens: Die gegen Polen verhängten Wirtschaftssanktionen schränkten die Möglichkeit eines rentablen Exports unserer Waren ein. Wir mußten sie also oft zu herabgesetzten Preisen verkaufen, was wiederum unsere Fähigkeit zur termingerechten Rückzahlung der Kapitalzinsen beeinträchtigte. Darin bestand das ganze Geheimnis. Man braucht also nicht gewaltsam Mythen zu schaffen.

Über der ganzen Dekade der 70er Jahre hingen als Damoklesschwert die künstlich niedrig gehaltenen Preise. Das führte im Laufe der Jahre zu einer immer stärkeren Subventionierung vieler Produkte, vor allem der Lebensmittel. Ich möchte daran erinnern, daß der Funke, der zur Explosion im Dezember 1970 führte, eine Erhöhung der Preise für Lebensmittel um 14 % war.[30] Die Entscheidung über die Rücknahme dieser Preiserhöhung wurde im Februar 1971 angesichts der nächsten Streiks getroffen, die vor allem Łódź erfaßt hatten.

Diese Entscheidung schuf für einige Jahre Ruhe, führte jedoch auch zu einer absurden ökonomischen Situation, zu einem immer größeren Ungleichgewicht auf dem Markt. Ein weiterer Versuch – im Jahre 1976 – mißlang ebenfalls.[31] Die Methoden, mit denen diese Entscheidungen getroffen wurden, sind kritikwürdig. Man darf aber die Folgen nicht vergessen. Eine anormale Preisstruktur blieb erhalten. Ohne Lösung dieses Problems konnte keine Rationalisierung und erst recht keine Wirtschaftsreform Erfolg haben. Aber ohne Rationalisierung, ohne Reformen war dauerhafte gesellschaftliche Ruhe nicht zu erreichen.

Eine kurze, aber wahrhaftig schmerzhafte Wende in der Wirtschaftspolitik brachte Ende 1980 die in der Öffentlichkeit und im Parlament geführte Diskussion über den Plan und den Haushalt für 1981. Sie förderte bittere Wahrheiten zutage. Der Diagnose folgte jedoch keine erfolgreiche Therapie. Warum? Zu den früheren Schwierigkeiten und Nachlässigkeiten kamen neue Störungen. Die Aufrufe „zur Arbeit" nach den Vereinbarungen vom September und August[32] begannen sich leider in eine Praxis des „Wegbleibens von der Arbeit" umzukehren.

Am 12. Februar, als ich das Amt des Premierministers antrat, schilderte ich dem Sejm die wirtschaftliche Lage. Ich beriet mich darüber mit Fachleuten, besonders mit Władysław Baka und Manfred Gorywoda.

Wirtschaftsfragen waren mir jedoch nicht völlig fremd. Das Verteidigungspotential ist in einem ungeheuren Maße eine Funktion der Wirtschaftskraft eines Landes. Das Militär hat viel für die Volkswirtschaft getan. Andererseits haben viele zivile Spezialisten geholfen, die Bedürfnisse des Militärs zu befriedigen. Schließlich ist die Armee auch Konsument – Abnehmer von Geräten, Brennstoff und Rohstoffen sowie Kleidung, Medizin, hygienischen Mitteln usw. Die Ziele und Absichten der Regierung faßte ich in einem Zehn-Punkte-Programm zusammen. Als vorrangig stellte ich die sozialen

---

[30] Damals wurden bei Unruhen vor allem in Warschau und Gdańsk viele Arbeiter von der Miliz erschossen (s. Anm. 4).

[31] Auch 1976 gab es in Polen, vor allem in Radom, Unruhen wegen angekündigter Preiserhöhungen, die ebenfalls blutig niedergeschlagen wurden.

[32] S. Anm. 18.

Aufgaben heraus. Dann kam ich auf die wichtigsten Wirtschaftsprobleme zu sprechen. Das entsprach dem Prinzip der damaligen Gesellschaftsordnung. Gesellschaftliche Gerechtigkeit, der sogenannte Kollektivverbrauch[33], die Garantie der Arbeitsplätze. Lebensmittel, Medikamente, kulturelle Güter, Absicherung der alten Menschen, der Invaliden, der Kriegs- und Arbeitsveteranen. Diese Philosophie ist tief in mir verwurzelt. Ich bin mir bewußt, daß sie wirtschaftlich nur schwer umzusetzen ist. Trotzdem kann ich mich nicht damit abfinden, daß sie ausnahmslos auf den Müllhaufen der Geschichte geworfen wird. Besonders dann nicht, wenn das Leute tun, die in den Jahren 1980/81 von der Staatsmacht immer nur forderten: Gib, gib, gib!

Dennoch enthielten die gesellschaftlichen Verträge, die in Gdańsk, Szczecin und Jastrzęba geschlossen wurden,[34] sowie die sich anschließenden Branchen- und Regional-Branchenverträge so viele soziale Wünsche, daß daran auch eine wesentlich effektivere Volkswirtschaft als die unsrige erstickt wäre. Ich hatte im Februar 1981 ehrlich davor gewarnt, daß wir uns viel mehr nicht leisten könnten. Wir könnten die Menschen nicht mit unerfüllbaren Versprechungen täuschen, und die Regierung könne nur das verteilen, was sie tatsächlich besitze. Darüber wurde offen geredet und geschrieben. Diese bittere Wahrheit wurde allerdings damals nicht zur Kenntnis genommen. Übrigens auch später nicht. Sie ist bis heute aktuell.

Ich bat außerdem „um drei Arbeitsmonate – 90 ruhige Tage" –, damit die Regierung die Bestandsaufnahme von „Plus" und „Minus" abschließen, elementare Dinge in Ordnung bringen, die dringendsten sozialen Themen anschneiden und ein wirtschaftliches Stabilisierungsprogramm sowie eine grundlegende, weitreichende Wirtschaftsreform einleiten könne. Der Chef des Ministerratsbüros, General Janiszewski, brachte im Kabinettssaal so etwas wie eine Makette an – eine „Kalender-Uhr" –, die anzeigte, wieviel noch übrig war von diesen „ruhigen Tagen".

Es ging mir darum, der Gesellschaft klarzumachen, daß die Regierung nicht beabsichtigte, die im August/September 1980 eingeschlagene Linie zu verlassen, sondern im Gegenteil bestrebt war, diese Linie konsequent weiterzuverfolgen, vorausgesetzt, daß der gesellschaftliche Frieden erhalten und die Verwüstung der Wirtschaft sowie der Zerfall des Staates aufgehalten würden.

Ich sagte also, daß die Staatsmacht nach wie vor ehrlich und wohlwollend allen Menschen guten Willens ihre Hand entgegenstrecke. Aber ich warnte auch: „In jedem Staat kann es nur *eine* Staatsmacht geben. Wenn der Zerstörungsprozeß weitergeht, dann droht uns nicht nur der wirtschaftliche Ruin, sondern letzten Endes das Schlimmste überhaupt – ein brudermörderischer Konflikt. Solche Worte spricht man so leicht nicht aus. Ich bin mir ihres Gewichts und ihrer Bitterkeit bewußt." Dennoch überwogen in diesem Exposé, wenn ich es heute wieder lese, Angebote, Chancen und Hoffnungen.

---

[33] Gesamtheit dessen, was konsumiert wird. In etwa vergleichbar dem Pro-Kopf-Verbrauch.
[34] S. Anm. 18.

Professor *Władysław Baka*:*

Am Abend des 30. Januar 1981 wurde ich durch einen Anruf aus der Adjutantur von General Jaruzelski gebeten, mich am Sonntag, dem 1. Februar, um 10 Uhr im Verteidigungsministerium zu einem Treffen einzufinden. Da ich früher nicht die Gelegenheit gehabt hatte, den General kennenzulernen, kam das für mich etwas überraschend. Ich begann nachzudenken, was der Grund für diese Einladung sein könnte. Die Intuition sagte mir, es habe mit Sicherheit etwas mit dem Gerücht zu tun, daß der General mit der Regierungsbildung betraut werden solle. Ein neuer Premier mußte die Wirtschaftsreform anpacken, war sie doch zum wichtigsten Problem des Landes geworden.

Die Idee einer komplexen Wirtschaftsreform von noch nie dagewesenem Umfang war in den Vereinbarungen vom August festgeschrieben worden; einer der 21 Punkte des Gdańsker Abkommens handelte von ihrer Realisierung. Im September 1980 riefen Politbüro und Regierung eine Kommission für die Wirtschaftsreform ins Leben. Es wurde festgelegt, daß der Premier der Vorsitzende dieser Kommission sein sollte. Es ging darum, der Kommission einen hohen Rang zu verleihen und die Umsetzung ihrer Entscheidungen zu gewährleisten sowie einen Dualismus bei der Leitung der Wirtschaft zu vermeiden.

Mir wurde die Funktion des Sekretärs der Kommission für die Wirtschaftsreform anvertraut, d. h. die ganze organisatorische Arbeit, die Ausarbeitung von Konzeptionen, Dokumenten, Projekten usw. Vertreter aller bedeutenden Gesellschafts- und Berufsgruppen, politischen Parteien, Gewerkschaften und namhafte Wissenschaftler wurden zur Mitarbeit in der Kommission eingeladen. Alle Institutionen und Organisationen nahmen die Einladung an. Auch die „Solidarność". Sie behielt sich jedoch für ihre Vertreter den Beobachterstatus vor. Vertreter der „Solidarność" wurden Ryszard Bugaj und Waldemar Kuczyński.

In der Kommission gab es darüber hinaus eine große Anzahl von Funktionären der „Solidarność", und zwar sehr prominente, die von verschiedenen Institutionen und Organisationen delegiert worden waren, wie z. B. von der polnischen Wirtschaftsgesellschaft, der Warschauer Universität u. a.

Die Kommission tagte häufig. Am 17. Dezember 1980 verabschiedete sie Thesen zur Wirtschaftsreform, die am 10. Januar als Prinzipien der Reform veröffentlicht wurden. Das war ein für die damalige Zeit ungewöhnliches Dokument. Es kündigte eine sehr kühn konzipierte Reform an – sowohl hinsichtlich der Umgestaltungen des Wirtschaftssystems und der Selbständigkeit der Unternehmen auf dem Markt als auch einzelner Sektoren der Volkswirtschaft. Es verkündete die rechtliche Gleichstellung und den gleichen Zugang zu den Wirtschaftsmitteln für den staatlichen, den genossenschaftlichen und den Privatsektor. Eine sehr wichtige Rolle in dieser Konzeption sollte die Arbeiterselbstverwaltung spielen. Dieses neue Modell konnte nur in einem Klima des gesellschaftlichen Konsens und großen Drucks mit dem Ziel modellhafter Änderungen entstehen. Es erschütterte seinem Wesen nach die damaligen Strukturen und änderte den Mechanismus, nach dem die Beziehungen zwischen der Staatsmacht und der Gesellschaft funktionierten.

Am Sonntag – ich konnte mich später davon überzeugen, daß der Sonntag für den General häufig ein Arbeitstag war –, dem 1. Februar um 10 Uhr meldete ich mich im Sitz des Verteidigungsministeriums in der Klonowa-Straße. Der General trug Zivil, was den Kontakt erleichterte, da dadurch die Barriere der Uniform beseitigt wurde. Schon nach den ersten Worten bemerkte ich, daß ich mir von ihm ein falsches Bild gemacht hatte. Ich dachte, er sei steif, offiziell und unglaublich ernst. Unterdessen bewirkten die Art, wie er mich empfing und das Gespräch begann, seine Herzlichkeit und Offenheit, daß das Eis zwischen uns sofort brach. In einem etwa dreistündigen Gespräch klärten wir ab, worum es ging. Der General, der wußte, daß die Wirtschaft absolute Priorität haben mußte, stellte das Gespräch mit mir an den Anfang seiner Bemühungen um eine Wirtschaftsreform. Obwohl er nicht das Wort ergriff, wenn ich auf den Sitzungen des Politbüros über die Arbeit der Kommission referierte, hörte er meinen Ausführungen sehr aufmerksam zu und las die von mir vorbereiteten Dokumente. Er stellte fest, daß ihr Inhalt seiner Sicht der Wirtschaftsprobleme entsprach. Deshalb wollte er sein Programm auf Ideen stützen, die sich aus der Reform ergaben.

Punkt für Punkt besprachen wir verschiedene Angelegenheiten. Der General konkretisierte, daß er eine engere Zusammenarbeit mit mir, falls ich dazu bereit wäre, sofort beginnen wolle. Der erste Schritt sollte die Ausarbeitung eines Teils des Exposés zur Wirtschaftspolitik sein, das er dem Sejm vortragen wollte. Dazu hatte ich drei Tage Zeit. Abschließend fügte ich hinzu, daß im Laufe der weiteren Diskussionen Meinungsverschiedenheiten zwischen uns nicht auszuschließen seien. Ich sei immer loyal gegenüber meinen Mitmenschen, gegenüber meinen Untergebenen gewesen und hätte nicht die Absicht, von diesem Prinzip abzuweichen, müsse aber auch mir selbst gegenüber loyal bleiben. Als ich vom General wegging, hatte ich eine sehr verantwortungsvolle Aufgabe, aber auch das Vertrauen, daß die Bemühungen um eine Wirtschaftsreform einen sehr mächtigen Verbündeten gefunden hatten und daß die Chancen zu ihrer Umsetzung größer seien als jemals zuvor. So begann unsere enge zehnjährige Zusammenarbeit.

---

* *Władysław Baka* – Professor der Ökonomie, im Jahre 1981 Mitglied des Ministerrats, Bevollmächtigter der Regierung für die Wirtschaftsreform.

Ähnlich wie Professor Baka glaubte ich, daß eine grundlegende Wirtschaftsreform zu einer der wichtigsten Voraussetzungen für eine Überwindung der Krise, zu einer Chance für die Entwicklung des Landes werden würde.

Und obwohl es bei der Realisierung dieser Reform verschiedene Hemmnisse gab, deutliche Untiefen und Schwächen, bleibt es eine Tatsache, daß die Wirtschaft nach einem tiefen Einbruch des Sozialprodukts von rd. 20 % in den Jahren 1981-1982 seit der zweiten Hälfte des Jahres 1982 wieder Fuß faßte. 1988 lag das Sozialprodukt schon um 8 % über dem des Jahres 1980. Ohne die Wirtschaftsreform wäre das nicht möglich gewesen.

KAPITEL 5

Im Bannkreis

Am 22. Februar fuhr ich zusammen mit Kania[35] nach Moskau zum XXVI.
Parteitag der KPdSU. Um diesen Besuch zu beschreiben, muß ich zeitlich
etwas zurückgehen. Als unter Schmerzen der Wirtschaftsplan für das Jahr
1981 verfaßt wurde, bekam Stanisław Kania am 11. November 1980 einen
Brief von Leonid Breschnew.[36] Der Generalsekretär der KPdSU schrieb:
„Das Politbüro der KPdSU hat das Problem der wirtschaftlichen und fi-
nanziellen Hilfe für die Volksrepublik Polen sehr gründlich erörtert. Unter
Berücksichtigung unserer Möglichkeiten wurde beschlossen, Polen einen
Kredit über 190 Millionen Dollar für den Ankauf von Getreide und
Lebensmitteln sowie zusätzliche finanzielle Unterstützung in Höhe von
150 Millionen Dollar zu gewähren. Wir erklären uns damit einverstanden,
für die im ersten Quartal 1981 anstehende Rückzahlung von Krediten in
konvertierbarer Währung in Höhe von 280 Millionen Dollar, die Polen
früher von der Sowjetunion erhalten hat, einen Aufschub von zwei Jahren
zu gewähren ..."
Des weiteren kündigte Breschnew in diesem Brief für Kredite in Höhe
von 350-400 Millionen Rubel einen fünfjährigen Zahlungsaufschub an, der
sich aus der Preisänderung in der zweiten Hälfte der 70er Jahre ergab.
Außerdem sicherte er die Erhöhung der Lieferkontingente von Baumwolle,
chemischen Erzeugnissen, Landwirtschaftsmaschinen sowie einiger Lebensmittel und alltäglicher Gebrauchsgüter im Gesamtwert von 150 Millionen Transferrubel zu.[37] Das sollte auch Lieferungen auf Kredit betreffen.
Breschnew beließ es nicht dabei. Nach Gesprächen mit Husák[38],
Honecker[39], Kádár[40] und Schiwkow[41] versprach er, die Erdöllieferungen
in ihre Länder zu verringern. Dieses Erdöl sollte statt dessen auf dem frei-
en Devisenmarkt verkauft werden, und die auf diese Weise eingenommenen
Dollar sollten einen Teil der polnischen Einkäufe im Westen finanzieren.

[35] Stanisław Kania, geb. 1927, von September 1980 bis Oktober 1981 Erster Sekretär der
PVAP (s. a. Anm. 4 und 86).
[36] Leonid Iljitsch Breschnew, 1906-1982, sowjetischer Politiker, von 1964 bis zu seinem
Tode Parteichef der KPdSU, von 1960-64 sowie von 1977 bis zu seinem Tode auch
Staatsoberhaupt der Sowjetunion (Vorsitzender des Präsidiums des Obersten Sowjets).
[37] Transferrubel: Verrechnungseinheit zwischen den RGW-Ländern, ähnlich wie der Ecu in
der EG.
[38] Gustav Husák, 1913-1991, tschechoslowakischer kommunistischer Funktionär, seit 1969
als Nachfolger Alexander Dubčeks Erster Sekretär des ZK der Tschechoslowakischen KP
und von 1975-1989 Staatsoberhaupt.

„Die Freunde haben sich grundsätzlich damit einverstanden erklärt", schrieb Breschnew und wünschte uns in seinem Brief abschließend „viel Erfolg in dieser für das brüderliche Polen so schwierigen Zeit". Das war eine gute Nachricht, die wie gerufen kam. Wir freuten uns. Eine solche Hilfe wird schließlich Bankrotteuren nicht gewährt. Es stand also nicht so schlecht. Die Verbündeten waren beunruhigt, glaubten aber, daß wir den Gang der Ereignisse unter Kontrolle hatten. Diese Situation währte jedoch nicht lange. Ende November, Anfang Dezember kam es zu einer dramatischen Zuspitzung, deren Kulminationspunkt der 5. Dezember war. Doch dazu später.

Heute, im Rückblick von über zehn Jahren und folglich mit einer gewissen Distanz, bemühe ich mich, das Wesen und die Gründe der Situation, die damals entstanden war, zu erhellen. Ein ganzer Komplex innen- und außenpolitischer Faktoren hatte zu dieser Situation beigetragen.

Da sind zuerst die Konflikte zu nennen, die in Polen entstanden. Sie verschärften sich ganz besonders in der Zeit um den 20. November, im Zusammenhang mit der sogenannten Angelegenheit Narożniak.[42] Die breiten Proteste, die sie hervorrief, zeigten, daß die „Solidarność" im Begriff war, sich zu einer großen Kraft zu entwickeln, mobil und widerspenstig gegenüber der Staatsmacht. Das Nachgeben in dieser Angelegenheit – denn um einen Kompromiß handelte es sich dabei nicht – wurde von den Nachbarn mit Mißfallen aufgenommen. Sie erkannten, daß wir nicht Herren der Situation waren, daß wir uns zurückzogen, kapitulierten.

Aber es gab auch einen zweiten, langfristig gesehen sogar wichtigeren Grund für die Verschärfung des Kurses gegenüber Polen, dessen wir uns damals nicht so deutlich bewußt waren. Ost und West waren in eine neue Phase der Konfrontation eingetreten. Am 4. November 1980 hatte Ronald Reagan die Präsidentschaftswahlen gewonnen. Dreizehn Tage später verkündete der designierte Präsident eine Erhöhung der Militärausgaben. Der Zweck: eine Entgegnung auf die „aggressive sowjetische Politik". Reagan strebte nach Stärkung der Führungsposition Washingtons, die während der

---

[39] Erich Honecker, 1911-1994, kommunistischer Funktionär, seit 1971 als Nachfolger Walter Ulbrichts Erster Sekretär der SED, seit 1976 auch Staatsratsvorsitzender.

[40] Janos Kádár, 1912-1989, ungarischer Parteichef von 1956 bis 1989.

[41] Todor Schiwkow, geb. 1911, bulgarischer Parteichef 1954 bis 1989.

[42] Jan Narożniak, Doktorand der Mathematik und Mitarbeiter des oppositionellen „Komitees für die Verteidigung der Arbeiter", wurde zusammen mit Piotr Sapela, einem Mitarbeiter der Staatsanwaltschaft, verhaftet. Man warf beiden vor, sich in den Besitz von Staatsgeheimnissen gebracht zu haben und diese veröffentlichen zu wollen. Tatsächlich war Narożniak im Besitz einer „schwarzen Liste" sogenannter antisozialistischer Elemente. Die Erstellung einer solchen Liste widersprach den Vereinbarungen zwischen Regierung und „Solidarność". Durch Streiks erzwang die „Solidarność" die Freilassung von Narożniak und Sapela, was allgemein als Niederlage der Staatsmacht gewertet wurde. (SPIEGEL 49/1980/S. 145)

Präsidentschaft Jimmy Carters Schaden genommen hatte. Das hing auch mit dem amerikanisch-iranischen Konflikt zusammen. In einem Moment, in dem sich dieser dramatisch verschärfte, marschierte die Sowjetunion mit hunderttausend Soldaten in Afghanistan ein. In den Vereinigten Staaten wurde dieser Einmarsch als Attentat auf die amerikanischen Interessen an einem neuralgischen strategischen Punkt verstanden.

Am 17. November tagte in Brüssel die nukleare Planungsgruppe der NATO. Sie setzt sich aus den Verteidigungsministern der Mitgliedsstaaten zusammen. Die Tagung endete mit zwei wichtigen Beschlüssen: der Steigerung der Militärausgaben der Mitgliedsstaaten um jährlich 3 % und der Annahme der Strategie der „nuklearen Abschreckung". Diese sah vor, daß die NATO-Mitgliedsstaaten im Konfliktfall als erste nukleare Waffen einsetzen konnten. Am selben Tag war in Genf die erste Runde der sowjetisch-amerikanischen SALT-Verhandlungen mit einem Fiasko zu Ende gegangen. In einer ähnlichen Sackgasse befanden sich die Wiener MBFR-Verhandlungen zwischen NATO und Warschauer Pakt.

Der Wind des Kalten Krieges begann zu wehen.

Polen wurde – wie schon mehrmals in Zeiten internationaler Spannungen – wieder zu einer Art Übungsgelände für die Konfrontation der Großmächte. Sowohl die Vereinigten Staaten als auch die Sowjetunion sahen in uns – natürlich von ihrem jeweiligen Standpunkt aus mit entsprechend unterschiedlichen Reaktionen – einen „unsicheren Kantonisten" innerhalb der sozialistischen Staatengemeinschaft. Unsere Verbündeten ließen uns das damals sehr deutlich fühlen. Die kritischen Signale und Äußerungen gegenüber der Situation in Polen nahmen an Häufigkeit und Schärfe zu.

Für den 1. Dezember wurde ein Vertreter des Generalstabs der polnischen Streitkräfte nach Moskau beordert. Wir entsandten den Ersten Stellvertretenden Generalstabschef, General Tadeusz Hupałowski. Er wurde vom Generalstabschef der sowjetischen Streitkräfte, Marschall Nikolaj Ogarkow, empfangen. Bei dieser Unterredung waren auch Vertreter der Generalstäbe der Tschechoslowakei und der DDR anwesend. Ogarkow machte aus seiner Beunruhigung über die Lage in Polen keinen Hehl. Er sagte, daß für ihn Informationen über die Ereignisse in unserem Land der Beginn und das Ende jedes Tages seien. „Eto nascha nastolnaja kniga", sagte er („Das ist unsere tägliche Pflichtlektüre").

Unter Berufung auf die sowjetische Führung sowie auf die Führungen anderer sozialistischer Länder teilte Ogarkow General Hupałowski mit, daß ein Manöver geplant sei, und zwar eine Umgruppierung und Verlegung von Truppen des Warschauer Pakts auf das Territorium polnischer Truppenübungsplätze, die in der Nähe von großen Ballungszentren liegen.

General Hupałowski wurde gestattet, den Manöverplan von der Landkarte auf Ölpapier zu kopieren. Das Treffen dauerte ungefähr zwei

Stunden. Hupałowski versuchte, unsere Position zu erklären, Einsprüche zu erheben – aber ohne Erfolg. Noch am selben Tag kehrte er nach Warschau zurück.

Ich informierte Kania. Was ging aus den Kopien hervor? Truppen des Warschauer Paktes sollten von Osten, Westen und Süden in Polen einmarschieren. Allein beim ersten Schub wären das 18 Divisionen gewesen, darunter 15 sowjetische, zwei tschechoslowakische und eine aus der DDR. Letzteres erschien uns, von allem anderen abgesehen, als besonders dumm und skandalös. Gleichzeitig trafen Meldungen über Truppenbewegungen an unseren Grenzen ein.

Dann, am 3. Dezember, das nächste Signal. Der Oberkommandierende der Vereinigten Streitkräfte des Warschauer Paktes, Marschall Kulikow, wandte sich an die polnische Regierung mit der Bitte um Zustimmung zur Festsetzung des Termins der planmäßigen Bereitschaft zum Manöver „Sojus-80" auf den 8. Dezember 1980. Vorher war Kania darüber informiert worden, daß am 5. Dezember eine Gipfelkonferenz des Warschauer Paktes stattfinden werde. Wir brauchten also Kulikow nicht zu antworten, sondern stellten uns auf die Gespräche in Moskau ein.

Vor meiner Abreise ermahnte ich die leitenden Kader der Armee zu Ruhe, Ordnung und Disziplin in der Armee. In dieser ganzen bedrohlichen Zeit hatten wir ein Hauptargument: Wenn nötig, werden wir uns aus eigener Kraft helfen können.

Am 4. Dezember flogen wir nach Moskau. Unsere Delegation umfaßte folgende Personen: den Ersten Sekretär des ZK der PVAP, Stanisław Kania, den Premierminister Józef Pińkowski, die ZK-Sekretäre Kazimierz Barcikowski und Stefan Olszowski sowie die Minister Józef Czyrek, Mirosław Milewski und Wojciech Jaruzelski.

Kania, der sich der bedrohlichen Situation bewußt war, hatte mehrmals darum gebeten, sich zu einem früheren Zeitpunkt mit Breschnew treffen zu können, aber ohne Erfolg.

Ich brauche nicht zu schildern, in welcher Stimmung wir den Beratungssaal betraten. Ich kannte die Atmosphäre solcher Treffen, besonders bei Sitzungen des Politischen Beratenden Ausschusses des Warschauer Paktes. Sonst hatte es vor Beginn immer etwas Auflockerung gegeben – Begrüßungen, Umarmungen, Geplauder. Diesmal war die Stimmung eisig.

Was geschah weiter? Ich habe darüber genaue Aufzeichnungen geführt, die ich Kania zugänglich machte, als er an seinem Buch schrieb.

Breschnew eröffnete die Beratungen. Er sprach kurz und hart. Die internationale Situation beurteilte er negativ. Die Spannungen wüchsen. In dieser Situation sei das, was in Polen geschehe, besonders bedrohlich. Es sei die Pflicht aller anwesenden Staaten, zu diesen Ereignissen Stellung zu beziehen. Das sei eine gemeinsame Aufgabe.

Dann Kania. Er sprach ruhig und sachlich, räumte ein, daß die Situation sehr schwierig sei. Wir seien uns unserer internationalistischen Verantwortung bewußt, müßten jedoch unsere Probleme selbst lösen, und das sei immer noch eine realistische Option. Wir hätten es mit der tiefsten Krise in unserer Geschichte zu tun, die jedoch allem Anschein zum Trotz mit der Krise in anderen Ländern nicht vergleichbar sei. Ihre Besonderheit bestehe darin, daß sie nicht nur die Arbeiterklasse, sondern auch die Intellektuellen und die Jugend erfaßt habe. In dieser Situation reagiere ein Teil der Partei so wie die Basis – die Arbeiterklasse. Der Klassenfeind versuche, dieser Entwicklung eine negative politische Richtung zu geben. Tätigkeit des Auslandes, des Westens: Emigrantenkreise, Radio Freies Europa, materielle und finanzielle Unterstützung. Nach 1976 habe sich, hauptsächlich aus revisionistischen Kreisen, das KOR („Komitee für die Verteidigung der Arbeiter", poln. „Komitet Obrony Robotników) gebildet, während nationalistische Kräfte die KPN („Konföderation für ein Unabhängiges Polen, poln. „Konfederacja Polski Niedpodległej) ins Leben gerufen hätten. Die Ziele dieser Organisationen seien offensichtlich konterrevolutionär.[43] Wir hätten die führenden Funktionäre der KPN verhaftet und dadurch ihre Wirkungsmöglichkeiten eingeschränkt. Weitere Verhaftungen von Mitgliedern dieser Gruppe stünden bevor. Wir seien dabei, die politischen Voraussetzungen für ein entsprechendes Vorgehen gegenüber KOR zu schaffen. Es sei richtig gewesen, für die Streiks im August/September eine politische Lösung zu suchen. Die Alternative hätte in blutigen, den realen Sozialismus belastenden Ereignissen bestanden. Wir hätten uns jedoch keinerlei Illusionen darüber hingegeben, daß eine Situation entstanden war, in der die Bildung einer Gewerkschaft von der Opposition ausgenutzt werden konnte. Seit dieser Zeit sei also ein scharfer politischer Kampf im Gange. Die Situation sei differenziert zu sehen. Am schwierigsten sei die Lage an der Küste und in Warschau, weniger kompliziert dagegen in Schlesien, Kraków, Poznań und Bydgoszcz.

Schon kurze Zeit später war diese politische Topographie großenteils nicht mehr aktuell.

Weiter Kania: „Wesentlich ist, daß nicht der Sozialismus die Schuld an der entstandenen Situation trägt, sondern seine Entartungen. Deshalb tun wir alles, um ihm seine geistigen und moralischen Normen wiederzugeben. Aber die Vergeltungsstimmung wird noch lange anhalten und uns hemmen. Der Gegner versucht das auszunutzen und alle leitenden Funktionäre zu kompromittieren. Langsam, Schritt für Schritt, werden wir die Kräfte der Partei regenerieren. Es gibt einen großen Aderlaß unter den Mitgliedern – aber auf der anderen Seite auch 26 000 Neuaufnahmen im ersten Halbjahr.

[43] Bei „KOR" handelte es sich um eine in den 70er Jahren entstandene Zelle der Bürgerrechtsbewegung, die zur Keimzelle der späteren „Solidarność" wurde. – Die „KPN" wurde 1980 von Leszek Moczulski ins Leben gerufen und war von Anfang an streng antikommunistisch und nationalistisch ausgerichtet. Sie ist heute noch aktiv und wird von politischen Beobachtern allgemein als nach wie vor nationalistisch, weit rechts stehend und klerikal eingestuft.

Die Gewerkschaften in den einzelnen Industriezweigen haben sich gehalten und zählen rd. 5 Millionen Mitglieder. Die Streiks stärken die ‚Solidarność‘, verschaffen ihr massenhafte Unterstützung vor allem unter den jungen Arbeitern. Die übrigen Konflikte und Streikaktionen nehmen einen ausschließlich politischen Charakter an. Hinter ihnen stehen konterrevolutionäre Kräfte.

Es wurde ein Stab mit Premierminister Pińkowski an der Spitze gebildet, der außerordentliche Maßnahmen vorbereitet. Wir sind dabei, das Parteiaktiv zu mobilisieren. Bis Ende Dezember werden die Gruppen vertrauenswürdiger Parteimitglieder rd. 30 000 Personen umfassen. Nötigenfalls werden sie bewaffnet. Wir bereiten einen Parteitag vor, aber ohne Eile. Leitende Funktionäre werden ausgewechselt. Die Wirtschaftsfragen werden zu einem Hemmschuh. Angesichts der Zerstörung des Marktes muß das Fleisch rationiert werden. Unsere wirtschaftliche Abhängigkeit vom Westen erfordert Schuldenstundung. Wir bitten die Verbündeten um materielle und intellektuelle Hilfe; u. a. um Ratschläge, wie man die uns zur Verfügung stehenden großen Produktionsressourcen am besten nutzen kann. Armee und Sicherheitspolitik nehmen einen hohen Rang ein. Die Darstellung der Tätigkeit des Sejm in der Öffentlichkeit muß verbessert werden; der Sejm arbeitet gegenwärtig spektakulärer als früher, seine Debatten sind lebhaft und kritisch. Dies schwächt den Druck, den die Opposition ausübt, um Neuwahlen herbeizuführen. Mit einem Wort, wir leben in einer sehr schweren Zeit. Wir werden alles tun, um unsere Position zu festigen. Natürlich können Entwicklungen eintreten, die uns zu anderen als rein politischen Maßnahmen veranlassen. Dann wird es uns nicht an Mut gebrechen."

Anschließend äußerten sich die Leiter der anderen Delegationen. Der Tonfall war sehr charakteristisch und begleitete uns in Variationen durch das ganze Jahr 1981.

So sagte z. B. Schiwkow: „Polen ist nicht allein und wird nicht allein gelassen werden. Der Einfluß dieses Treffens auf die Lage in Polen wird in einer Stärkung der gesunden Kräfte der Partei und in einer Warnung an den Feind bestehen. Polen ist der zweitgrößte sozialistische Staat. Das hat Einfluß auf die Situation und die Kräfteverteilung in Europa, was zu sehr ernsten Folgen führen kann. Der Gegner möchte Polen zu einem Infektionsherd für antisozialistische Ideen machen. Die Eurokommunisten trachten danach, daß alle sozialistischen Länder solche Ereignisse durchmachen. Jugoslawien glaubt, daß die Aktivitäten der Opposition in Polen die Richtigkeit des jugoslawischen Weges bestätigten."

Bei dieser Gelegenheit ein kleiner Exkurs. Jedesmal, wenn ich mich mit Bulgaren oder Jugoslawen traf, zeigte sich, daß sich diese beiden Länder spinnefeind sind. Und immer wegen Mazedonien. Außerdem zog sich durch die Gespräche mit Jugoslawen wie ein roter Faden der Vorwurf an Bulgarien, daß dieses im Zweiten Weltkrieg als Verbündeter Hitlers zu den Okkupanten in Jugoslawien gehört hatte.

Zurück zu den Äußerungen Schiwkows. „Wozu können Kompromisse führen? Benötigt wird eine entschiedene Position von Partei und Regierung. Dazu muß man entsprechende Mittel einsetzen. In Polen erfolgt der Rückzug der Partei unter antisozialistischem Druck ohne Gegenoffensive seitens der Partei. Der Westen rechnet damit, daß es in Polen möglich sein werde, den Sozialismus abzuschaffen, Polen aus dem Warschauer Pakt herauszulösen und die Landkarte Europas zu verändern. Das ist die strategische Absicht des Westens. Polens Möglichkeiten sind nahezu erschöpft. Die Kräfte der Konterrevolution werden stärker, die des Sozialismus schwächer. Millionen von Parteimitgliedern sind in der „Solidarność". Vertreten sie „Solidarność", oder vertreten sie die Partei? Man muß entschieden handeln, die Möglichkeiten des Militärs und der Sicherheitsorgane nutzen. Wenn es zu einem Zerfall des Staates und der Diktatur des Proletariats käme, bliebe nur noch internationalistische Hilfe."

Der nächste Redner war Kádár. „Dieses Treffen stärkt die Kräfte des Sozialismus in Polen und wird eine Warnung für den Feind sein. Die Spannungsgebiete haben sich ausgeweitet. Der Nahe Osten, Mittelasien, die Aufrüstung der NATO, schließlich Polen. Somit ist Europa und damit der Warschauer Pakt betroffen. Der innere Feind betreibt eine bewußte Politik, die sich hinter den Losungen einer Anerkennung der führenden Rolle der Partei und der Respektierung des Sozialismus versteckt. In Wahrheit werden dagegen Partei und Sozialismus von allen Seiten angegriffen.

Es ist ein Korrosionsprozeß im Gange, der in einer Destabilisierung der Partei und des Staatsapparates besteht. Seit Juli zieht sich die PVAP nur noch zurück. Die Situation in Polen ist sehr beunruhigend. In der ungarischen Öffentlichkeit ist folgende Meinung verbreitet: Die Polen wollen nicht arbeiten, und wir müssen uns abrackern. Ein Kompromiß bringt nichts. Die politische Linie kann nicht durch Worte, sondern nur durch ein prinzipienfestes Handeln unterstrichen werden. Die Verfassung und die Ordnung müssen gewahrt werden. Die Staatsmacht muß gestärkt werden. Das richtige Handeln der Massenmedien muß sichergestellt werden. Nehmt Verhaftungen und Entlassungen vor. Sagt, daß die Staatsmacht nicht schießen, aber die Ordnung mit allen Mitteln aufrechterhalten werde. Das Wichtigste sind die Interessen des Warschauer Paktes. Es handelt sich um eine polnische Krise, aber ihr seid integraler Bestandteil unserer Gemeinschaft, Europas, der internationalen Friedenspolitik. Wenn eine gewisse Grenze überschritten wird, dann ist klar, welche Folgen das haben kann. Diese Denkweise wird auch von gesunden internationalen Kräften geteilt, und zwar durchaus nicht von fortschrittlichen Kräften, sondern von solchen, die keinen Konflikt in Europa wollen. Das Wichtigste ist eine klare und entschiedene politische Handlungsgrundlage."

Später hat Kádár bei verschiedenen Gelegenheiten erklärt, daß man auf einer kleinen Seite ein sinnvolles Programm schreiben müsse, das die

Unterstützung der Gesellschaft fände. Er kam immer wieder darauf zurück. Er wollte sich auch am deutlichsten der Tonlage anderer kritischer Redner anpassen. Vielleicht, weil sein Stern in Ungarn schon im Sinken begriffen, das Programm begrenzter Reformen ausgeschöpft war und man sich vor mutigeren Schritten fürchtete.

Als nächster sprach Honecker: „Wir fühlen uns gegenüber unseren Völkern verantwortlich. In Polen ist eine Bedrohung für den Sozialismus entstanden. Sie muß beseitigt werden. Kania hat versichert, daß er nicht einen Schritt zurückweichen werde. Aber die Registrierung der „Solidarność" und das Nachgeben in der Angelegenheit Narożniak sind doch ein schwerer Schlag. Die Vereinbarung von Gdańsk und Szczecin ist eine Kapitulation, ein Fehler. Das ist ein Erfolg des Klassenfeindes. Die „Solidarność" benutzt Streiks als Erpressungsmittel. KOR kämpft systematisch um die Macht und attackiert die UdSSR. Man muß zeigen, was der Sozialismus Polen gebracht hat, und die Autorität der Partei stärken. Es gab einmal die Losung: Revolution ohne Bolschewiken. Man muß klarmachen, daß man ohne die Partei den Sozialismus nicht errichten kann. Nachgiebigkeit ist Kapitulation, Erneuerung nur als Entwicklung des Leninismus möglich. Außer politischen Maßnahmen sind auch solche nötig, die es erlauben, die Staatsmacht zu stärken und die Konterrevolution zu zerschlagen. Die Konterrevolution kann schließlich auch auf friedlichem Wege betrieben werden. Deshalb muß man Zwangsmittel anwenden. Dubček wollte uns schließlich auch weismachen, daß es sich bei den Vorgängen in der Tschechoslowakei nicht um Konterrevolution, sondern um eine Erneuerung des Sozialismus handelte. Die PVAP hat genügend gesunde Kräfte, die imstande sind, die Probleme auf der Grundlage einer klaren Konzeption zu lösen. Der Imperialismus will die polnischen Entwicklungen in die DDR hineintragen und uns dazu anzustacheln, in die Fußstapfen des Nachbarvolkes zu treten. Wir sind bereit, im Kampf gegen die Konterrevolution zu helfen."

Danach Ceaușescu.[44] An dieser Stelle muß man daran erinnern, daß Ceaușescu 1968 an dem Treffen in Bratislava, auf dem sich das Schicksal der Tschechoslowakei entschied, nicht teilnahm. So konnte seine Anwesenheit in Moskau für uns ein Zeichen der Beruhigung sein. „Wir geben unserer Besorgnis Ausdruck", sagte er, „und lassen uns von der internationalistischen Solidarität mit dem polnischen Volk leiten. Die Entwicklung des Sozialismus in Polen liegt im Interesse der Friedens- und Entspannungspolitik. Die Krise ist aus wirtschaftlichen, aber auch aus moralischen Schwierigkeiten entstanden, aus der unzureichenden Wahrnehmung der Führungsrolle durch die Partei, aus einem Mangel an Verbindungen zu den Massen. Die antisozialistischen Kräfte versuchen, einige Funktionäre

---

[44] Nicolae Ceaușescu, 1918-1989, rumänischer Parteichef von 1965 bis 1989, am 22.12.1989 durch einen Volksaufstand gestürzt und am 25.12.1989 zusammen mit seiner Frau Elena hingerichtet.

zu diskreditieren, um so die ganze Partei zu treffen. In Polen gibt es neben dem sozialistischen Wirtschaftssektor auch einen Privatsektor mit kapitalistischen Elementen. Die antisozialistischen und konterrevolutionären Kräfte werden Fehler und Schwierigkeiten immer für ihre Ziele auszunutzen versuchen. Man muß sie mit aller Entschiedenheit in die Schranken weisen. Erpressungsversuchen darf man nicht nachgeben. Mit rein politischen Maßnahmen ist dieses Problem nicht zu lösen. Hier sind Sicherheitskräfte und Armee gefordert. Zu solchen Mitteln kann man jedoch schwerlich ohne Unterstützung der Arbeiterklasse greifen. Erst mit dieser Unterstützung kann und muß man gegen die Konterrevolution vorgehen. Wir wundern uns", fuhr Ceauçescu fort, „daß die „Solidarność" entstehen konnte. Aber da das nun einmal Realität geworden ist, muß man die Einheit der Arbeiterklasse auf der Grundlage des Sozialismus schaffen. Verschiedene leitende Positionen müssen mit Arbeitern besetzt werden. Die Schwierigkeiten können nur mit Hilfe des Arbeiteraktivs überwunden werden.

Die Rolle Polens im internationalen Leben, seine Bedeutung für den Frieden und die Entspannung. Wer den Interessen des polnischen Volkes zuwiderhandelt, muß zur Verantwortung gezogen werden. Polnische Genossen, es ist eure internationalistische Pflicht, den Sieg des Sozialismus zu gewährleisten. Eine Intervention von außen wäre der Entspannungspolitik abträglich. Man muß den polnischen Genossen also helfen, damit sie ihre Probleme selbst lösen können. In Kürze wird die Einberufung eines weiteren Gipfels zur Vereinbarung von koordinierten Maßnahmen erforderlich sein."

Der nächste Redner war Husák: „Wir sind eine politisch-ideologische, militärische und wirtschaftliche Vereinigung und haben eine gemeinsame Verantwortung für den Frieden in Europa und in der Welt. Mit Polen haben wir die längste Grenze. Eine Bedrohung für den Sozialismus in Polen ist eine Bedrohung für unsere gemeinsamen Interessen. Auch in der Tschechoslowakei gab es 1968 eine tödliche Bedrohung, die Gefahr eines Bürgerkrieges. Es gibt Unterschiede zwischen der Tschechoslowakei 1968 und Polen heute, aber die Gemeinsamkeit besteht darin, daß die konterrevolutionären Kräfte Polen aus dem sozialistischen Lager herausreißen wollen. Die Kommunistische Partei der Tschechoslowakei hatte seinerzeit die Initiative aus der Hand gegeben, und ebenso wie jetzt in Polen kam es dort unter dem Schlagwort einer Korrektur von Fehlern zur Diskreditierung der ganzen Partei. Daraus folgerte der Imperialismus, daß sich ihm eine Möglichkeit zur Destabilisierung des Sozialismus eröffne.

Auch die Tschechoslowakei galt als Beispiel für „Wiedergeburt", „Erneuerung". Dafür betete sogar der Papst. Man will die Ereignisse in Polen in andere sozialistische Länder hineintragen. Dubček hörte nicht auf die guten Ratschläge der Verbündeten. Er sah nicht die Gefahr einer Konterrevolution, und dadurch entstand eine antisozialistische Welle. Immer neue

Zugeständnisse wurden gemacht, alles wurde Schwarz in Schwarz gemalt, die öffentliche Meinung wurde manipuliert. In Polen muß man einer solchen Entwicklung von vornherein einen Riegel vorschieben. Die Fernsehsendungen, die die Tschechen aus Polen empfangen, sind noch schlimmer als das tschechoslowakische Fernsehen von 1968.

Man spricht dauernd von der Verbesserung des Sozialismus, von der Berücksichtigung der Eigenheiten jedes Landes. In den sozialistischen Ländern führt jeder Nationalismus zum Antisozialismus. Diejenigen, die den Sozialismus verteidigten, wurden zu Konservativen abgestempelt. Mehrere Dutzend Menschen haben Selbstmord begangen. Die antisozialistischen Kräfte forderten einen außerordentlichen Parteitag. Das darf man nicht überstürzen. In Prag fand der Parteitag erst nach der Säuberung, nach der Wiederherstellung der Ordnung statt. Weil in der tschechoslowakischen Führung die politische Rechte dominierte, gelang es nicht, die guten Ratschläge der sozialistischen Länder umzusetzen. Das Zentralkomitee hörte auf, die Rolle eines Revolutionsstabs zu spielen, und die konterrevolutionären Kräfte wurden immer unverschämter. Die Organe der Staatsmacht – die Sicherheitsorgane, der Strafverfolgungs- und Rechtsprechungsapparat – wurden zersetzt. Zersetzt wurde auch die Armee, ihre Disziplin wurde geschwächt, das Prinzip von Befehl und Gehorsam untergraben. Man machte sich an die Zerschlagung der Gewerkschaften. Es wurde die Losung verbreitet: Gewerkschaften ohne Kommunisten.

Die Einheit der Jugendbewegung wurde zerschlagen. Auch die Kirche wurde aktiv, spielte eine reaktionäre Rolle. Es bildete sich eine breite Front von Faschisten bis hin zu Trotzkisten. Sogar Elemente aus der Zeit vor dem Münchener Abkommen regten sich. Die tschechischen Kommunisten hätten die Feinde selbst zurückschlagen können, waren aber unentschlossen. Immer wieder Zugeständnisse. Ein Teil der Führung nahm einen rechten politischen Standpunkt ein, was die Bremsung der Konterrevolution erschwerte. Die Hilfe der sozialistischen Länder verhinderte einen Bürgerkrieg, ein Herausreißen der Tschechoslowakei aus dem sozialistischen Orbit. Der Klassenkampf hat seine Eigengesetzlichkeiten. Man muß den Feind in die Niederlage treiben und der Teilung der Macht einen Riegel vorschieben. Man muß Druck ausüben; wir haben genügend Kraft, um die Reaktion zu schwächen."

Das Schlußwort Breschnews war ebenfalls kurz. Er war schon müde und sprach nicht mehr so deutlich. Er bekräftigte seine Besorgnis und gab der Hoffnung Ausdruck, daß die polnischen Genossen aus dieser Beratung die richtigen Schlußfolgerungen zögen. Die Sowjetunion werde ihre Verpflichtungen gegenüber den Verbündeten getreulich erfüllen. Und dann hörten wir zum erstenmal den Satz: „Wir werden nicht zulassen, daß dem brüderlichen Polen Schaden zugefügt wird, wir werden es in der Not nicht im Stich lassen." Diese weihevolle und zugleich unheilverheißende Äußerung verfolgte uns durch das ganze Jahr 1981.

Dann führte Breschnew mit Kania noch ein kurzes Gespräch unter vier Augen. Und bei eben diesem Gespräch kündigte er an: „Nje wojdjom, a jesli budet osloschnjatsja – wojdjom." „Wir werden nicht einmarschieren, aber wenn die Situation komplizierter wird, werden wir einmarschieren." Dieses „wenn die Situation komplizierter wird" war für uns eine Warnung, die uns nicht mehr aus dem Kopf ging. Natürlich wurde die Situation ständig „komplizierter". Man konnte also nie wissen – um eine Wendung aus der Dialektik zu gebrauchen –, wann die Quantität in Qualität umschlagen würde.

Während Kanias Treffen mit Breschnew führten die übrigen Mitglieder unserer Delegation kurze Gespräche mit ihren jeweiligen sowjetischen Pendants. Ich sprach mit Ustinow. Er war ein fähiger, energischer, hervorragender Ingenieur, der schnell Karriere gemacht hatte und im Krieg in den Rang eines Volkskommissars (Ministers) für die Rüstungsindustrie aufgestiegen war. Ich hatte ihn einmal gefragt, ob er jemals in Polen gewesen sei. Natürlich, entgegnete er, er sei 1940 auf dem Weg nach Deutschland durch Polen gefahren. Damals ging es selbstverständlich um die sowjetisch-deutsche Waffenbrüderschaft.

Es ist charakteristisch, daß diejenigen sowjetischen Militärs, die 1939 an der Invasion Polens beteiligt waren, darunter die Marschälle Golikow, Jeremenko und Tschujkow (letzterer erwarb sich im übrigen große Verdienste bei der Befreiung Polens in den Jahren 1944-1945), sehr ungern über den 17. September sprachen.[45] Sie fühlten sich durch dieses Thema irgendwie gehemmt. Ähnlich war es übrigens auch auf unserer Seite. So wich z. B. Marschall Michał Żymierski einer Antwort auf die Frage aus, wie er im Mai 1920 an der Spitze der 2. Polnischen Infanteriedivision in Kiew einmarschiert sei. Auch von Marschall Zygmunt Berling habe ich nichts über seine Beteiligung am Krieg mit den Bolschewiken gehört.[46] Das war ein Tabu – man machte einen Bogen um diese unbequeme, komplizierte Materie.

Ein anderes Thema, das die hohen sowjetischen Führer ungern ansprachen, war das Verhältnis zu Stalin. Eigentlich haben von den mir bekannten Leuten nur drei mit dem Gefühl der Wichtigkeit unterstrichen, daß sie mit Stalin unmittelbar zusammengearbeitet hatten: Ustinow, Gromyko und Bajbakow.[47] Ich bin überzeugt, daß – vielleicht mit Ausnahme von Gromyko – ihr unmittelbarer Kontakt zu dem Diktator nicht allzu eng war. Trotzdem hatten sie etwas aus dieser stalinistischen Schule behalten. Über-

---

[45] Am 17. September 1939 marschierte die Rote Armee gemäß dem Stalin-Ribbentrop-Pakt in Ostpolen ein, nachdem zuvor die deutsche Wehrmacht aufgrund desselben Abkommens seit dem 1. September „ihren" Teil Polens okkupiert hatte.

[46] 1920/21 führten die gerade entstandene Sowjetunion und Polen einen Krieg um den Grenzverlauf zwischen beiden Staaten. Der Sieg, den die Polen dabei unter ihrem Marschall Piłsudski davontrugen, ging als „Wunder an der Weichsel" in die Geschichte ein (s. auch Anm. 7).

haupt war das Verhältnis der alten sowjetischen Funktionäre zu Stalin von Zwiespältigkeit geprägt. Einerseits Kritik, ja Verdammung der Verbrechen Stalins, andererseits Achtung, Bewunderung, die sogar mit einer Prise Sentimentalität gemischt war. Das kann im übrigen kaum verwundern. Auch bei uns haben viele, insbesondere ältere – weise, erfahrene, dem Kommunismus fernstehende Menschen zumindest vor dem XX. Parteitag der KPdSU[48] unter dieser Geistesverwirrung gelitten.

Zurück zu den Gesprächen am 5. Dezember. Ustinow stellte sehr nachdrücklich klar: „Mit dem, was bei Ihnen vorgeht, können wir uns nicht einverstanden erklären. Warum tolerieren Sie das, Wojciech Wladislawowitsch?[49] Sie sind ein so hervorragender Militärfachmann, aber Sie wissen nicht, daß durch diese Entwicklungen die Sicherheit sowohl Polens als auch des Warschauer Pakts bedroht ist."

Kania und ich hatten uns vorher über die Art der Darstellung unserer Position geeinigt. Ein Herunterspielen der Bedrohung wäre kontraproduktiv gewesen. Deshalb wiederholten wir: „Wir sind uns aller Gefahren bewußt. Gleichzeitig wissen wir, wie es zu dieser Entwicklung gekommen ist. Außerdem haben wir genügend Kraft, um uns nötigenfalls der Bedrohung entgegenzustellen, die Stabilität des Landes zu garantieren und die strategischen Interessen des Warschauer Pakts nicht aufs Spiel zu setzen." Diese Argumentation kühlte zweifelsohne die Köpfe derer ab, die einer radikalen Lösung der polnischen Frage zuneigten. Entscheidend war jedoch vor allem, welche Sprache die Ereignisse sprachen – und deren Entwicklung wurde für uns immer ungünstiger.

Die Rückkehr unserer Delegation nach Warschau war anders als die Hinreise. Es herrschte ein Gefühl der Entspannung und Erleichterung vor. Gleichzeitig waren wir uns bewußt, daß wir nur einen Aufschub, einen kurz- oder allenfalls mittelfristigen politischen Kredit erhalten hatten, denn wir konnten doch nicht über den Schatten unserer Realitäten springen. Überdies war eine qualitativ neue Situation entstanden – man war zu einer öffentlichen, ja geradezu demonstrativen „Internationalisierung" der Politik des Drucks auf Polen übergegangen.

Immer wieder stellt sich mir die Frage, warum das damals gelang. Was war entscheidend dafür, daß es nicht zu einer Intervention kam? Das ist

[47]   Dmitrij Fjodorowitsch Ustinow, 1908-1984, sowjetischer Verteidigungsminister von 1976 bis zu seinem Tode; Andrej Andrejewitsch Gromyko, 1908-1989, sowjetischer Außenminister von 1957 bis 1985; Nikolaj Bajbakow, geb. 1911, damaliger Chef der sowjetischen zentralen Planungsbehörde „Gosplan". („Bol'šaja Sovetskaja Enciklopedija")

[48]   Auf dem XX. Parteitag der KPdSU im Jahre 1956 enthüllte Chruschtschow in einer Geheimrede, die aber nicht lange geheim blieb, die Verbrechen Stalins. Diese Rede leitete die Periode des sogenannten Tauwetters, d. h. einer gewissen Liberalisierung, ein (s. Anm. 253).

[49]   Unter Russen ist die Anrede mit Vor- und Vatersnamen üblich. Diese Praxis wird von Russen gern auch auf ausländische Gesprächspartner angewandt.

wahrscheinlich eine jener Fragen, auf die die Geschichte verschiedene Antworten geben wird. Auch ich möchte eine Antwort versuchen. Erstens: Die polnische Häresie dauerte erst verhältnismäßig kurze Zeit. Die Möglichkeiten zu ihrer innenpolitischen Bremsung waren noch nicht ausgeschöpft. Die Strukturen des Staates waren noch stabil. Die Partei war zwar geschwächt, hatte aber ihren Massencharakter nicht verloren und funktionierte. Ihre leitenden Funktionäre auf allen Ebenen waren größtenteils auf ihren Posten geblieben. Die wichtigsten Massenmedien standen trotz der wachsenden Emotionen nach wie vor der Partei zur Verfügung. Die Parteien und anderen Organisationen waren zwar von der Situation aufgewühlt, tanzten aber nicht aus der Reihe. Auch die Kirche mit der ihr eigenen Umsichtigkeit begann erst, in ihre neue Rolle hineinzuwachsen. Sogar die „Solidarność" erkannte trotz des durch ihre Registrierung ausgelösten Euphorieschubs die führende Rolle der Partei an, wovon u. a. das Gespräch zwischen Kania und Wałęsa, das Mitte November stattfand, Zeugnis ablegt. Damals waren wir noch weit von den Ereignissen des Herbstes 1981 entfernt – von der Forderung und sogar dem Versuch, die Parteiorganisationen aus den Betrieben herauszudrängen. Aber wenn man den Lauf eines Flusses schon nicht umkehren kann, so kann man ihn doch wenigstens regulieren.

Jahre später erfuhr ich, daß sich alle anderen Delegationen bereits am Abend des 4. Dezember, also noch vor dem Gespräch mit uns, getroffen hatten. Damals war die Entscheidung gefallen, noch nicht zu intervenieren. Aus inoffiziellen Quellen weiß ich, daß sich zwei äußerst unterschiedliche Personen einer Invasion am meisten widersetzten: Kádár und Ceauçescu, obwohl letzterer eine besonders scharfe Bewertung der Situation in Polen gab. Einen sehr radikalen Standpunkt nahmen Honecker und Bilak ein. Das, was später in unserer Anwesenheit geschah, war also vor allem eine Demonstration, ein Ausüben von Druck, eine ernste Warnung. In gewissem Sinne erinnerte diese Beratung an das berühmte Treffen in Bratislava (3. August 1968). Nur war das dortige Treffen die letzte Warnung, während es sich hier um die erste Warnung handelte.

Zweitens: Für eine Intervention von außen brauchte man eine unabweisbare Notwendigkeit und innenpolitische Unterstützung, und zwar eine ziemlich starke und in gewisser Weise konsolidierte Unterstützung. Kania schreibt scherzhaft, daß es „genügend Freiwillige für ein Begrüßungskomitee gegeben hätte". Zweifelsohne – vielleicht sogar noch für mehr. Aber bei dieser Etappe waren wir noch nicht angelangt. Erst im Jahre 1981 bildete sich nach und nach ein immer breiterer und immer deutlicher artikulierter Komplex, eine Infrastruktur der Mißbilligung gegenüber unserer Politik. Das war die Quelle für nach außen dringende alarmierende Informationen und Signale. Es wäre falsch, sogar beleidigend, diese Erscheinungen nur unter dem Stichwort „Targowica"[50] zu subsumieren. Die Mehrheit dieser Menschen sehnte sich bestimmt nicht nach einer Intervention.

Leider aber muß man bei objektiver Betrachtung sagen, daß sie eine Intervention provozierten, indem sie bei unseren Nachbarn Mißtrauen erregten. Sie gaben ihnen das am schwersten wiegende Argument in die Hand: „Eure Genossen sagen doch selbst, daß man anders, schärfer, erfolgreicher handeln kann und muß. Eure eigenen Genossen behaupten, daß man diese Situation nicht länger tolerieren kann." Es entstand ein Synergieeffekt. Der Sturmwind der Radikalen in der „Solidarność" blähte die Segel unserer „prinzipiellen Rezensenten". Das summierte sich auf paradoxe Weise. Das Kriegsrecht ist ihr gemeinsames „Verdienst".

Drittens: Der Einflußgrad der Meinung des Westens sowie dessen Reaktionsmöglichkeiten auf eine eventuelle Intervention sind umstritten. Diese Faktoren wurden, so glaube ich, vom Kreml in Betracht gezogen, hatten aber mit Sicherheit keine grundlegende Bedeutung. Dafür gab es später viele Beweise, auf die ich im weiteren Verlauf zu sprechen kommen werde.

Aber es gibt noch einen vierten Punkt: Alles, was ich bisher gesagt habe, bedeutet nicht, daß man die damalige Bedrohung verniedlichen oder die Rolle, die Kania und die von unserer ganzen Delegation eingenommene Haltung spielten, unterbewerten sollte. Wenn bei diesen Beratungen irgendwelche internen Differenzen und Spaltungen unter den polnischen Teilnehmern offensichtlich geworden wären, hätte dies zu einer ernsthaften Komplizierung und gefährlichen Entwicklung der Situation führen können. Dazu kam es damals zum Glück nicht.

[50] Bei der „Konföderation von Targowica", auf die Jaruzelski hier anspielt, handelte es sich um eine Verschwörung des polnischen Hochadels mit der russischen Zarin Katharina d. Gr. gegen die sogenannte Verfassung des 3. Mai (benannt nach dem Tag ihres Inkrafttretens, dem 3. Mai 1791), die die Position des Adels schwächte. Targowica ist der Name der Stadt, in der diese Verschwörung stattfand. Diese Bezeichnung wird hier also von Jaruzelski als Synonym für alle Bestrebungen polnischer Bürger benutzt, mit Rußland gegen das eigene Land gemeinsame Sache zu machen.

KAPITEL 6

„Wir werden nicht zulassen, daß Polen Schaden zugefügt wird"

Kehren wir zur Chronologie der Ereignisse zurück – zum XXVI. Parteitag der KPdSU, der vom 23. Februar bis 3. März 1981 stattfand. Zur polnischen Delegation, die von Stanisław Kania angeführt wurde, gehörten außer mir: Emil Wojtaszek, Stellvertretendes Politbüromitglied und Sekretär des Zentralkomitees, sowie Andrzej Żabiński, der 1. Sekretär des Wojewodschaftskomitees der PVAP in Katowice. Auch unser Botschafter in Moskau wurde in die Delegation einbezogen. Diesen Posten hatte damals *Kazimierz Olszewski* inne – aus Lwów gebürtig, ein Mensch mit einem Lebenslauf, wie er typisch ist für viele jenseits des Bugs geborene Polen. Er wurde in die Rote Armee eingegliedert, kämpfte bei Stalingrad. Danach in der Panzerbrigade „Kämpfer der Westerplatte" der ersten polnischen Armee. Hatte ein hervorragendes Gespür für die sowjetischen Realitäten. Die Einstellung sowjetischer Politiker und Militärs gegenüber Polen, ihre Einschätzungen, Komplexe und Befürchtungen kannte er gut und informierte mich persönlich darüber. Während des ganzen Jahres 1981 signalisierte er Beunruhigung. Im Spätherbst sagte er: „Wenn wir es nicht tun, tun sie es."

Die wichtigste Sache auf dem Parteitag war neben der Präsentation eines Programms zur „allseitigen Entwicklung" die Demonstration von Stärke und Einheit der sozialistischen Staaten und der kommunistischen Parteien in der ganzen Welt. Das sollte angesichts der sich verschärfenden Gegensätze zwischen West und Ost ein wesentliches Argument sein.

Vertreter von 123 Parteien aus 109 Staaten waren zu dem Parteitag eingeladen worden. Die Sowjetunion war von ihrer Regierung auf dieses Ereignis im Stil beeindruckender Geschlossenheit und Macht vorbereitet worden. Die Berichterstattung der Massenmedien im Vorfeld des Parteitages zeigte wunderbare Dekorationen, Massen- und Parteiversammlungen, auf denen gewissermaßen im vorhinein Entscheidungen unterstützt wurden, die erst auf dem Parteitag gefällt werden sollten. Moskau war voll von Ausstellungen wirtschaftlicher und gesellschaftlicher Errungenschaften und gigantischer Vorhaben, zu denen man Delegationen und Touristengruppen aus dem In- und Ausland schleppte, um ihnen die dort präsentierten Exponate zu zeigen. Natürlich war uns bewußt, daß es sich dabei um Feiertagspomp handelte – dennoch machte das alles großen Eindruck.

Die Residenz unserer Delegation befand sich auf den Leninbergen. Es war üblich, daß der Regierung jedes Mitgliedsstaates des Warschauer Pakts eine prächtige, solide gebaute und von einem Garten umgebene Villa zur Verfügung gestellt wurde. Gastfreundlichkeit mit überreicher kulinarischer

Bewirtung im russischen Stil. Man bot uns auch an, eine Auswahl der neuesten sowjetischen Filme zu sehen. Wir lehnten dankend ab. Schließlich waren wir mit einem Bündel von Problemen, die gelöst werden mußten, nach Moskau gekommen. Ich saß auf dem Parteitag wie „auf heißen Kohlen". Ich wußte, was in meiner Heimat vor sich ging. Dort hätte ich sein müssen. Also kehrte ich nach drei Tagen nach Warschau zurück, wo ich an der ersten Sitzung des Komitees zur Zusammenarbeit mit den Gewerkschaften und danach an der Sitzung des Wirtschaftsausschusses des Ministerrates teilnahm. Außerdem traf ich mich mit Vertretern verschiedener gesellschaftlicher und wirtschaftlicher Organisationen, was zur Reaktivierung der dem Ministerrat zugeordneten Kommission für den Kampf gegen den Alkoholismus führte. Ich informierte mich auch über die Versorgungsschwierigkeiten im Warschauer Stadtteil Wola .

Nach Moskau kehrte ich gegen Ende des Parteitages zurück – in schlechter Stimmung, bedrückt von unseren Problemen und Dilemmata, für die die Führung der KPdSU kein allzu großes Verständnis hatte. Am Präsidiumstisch in der ersten Reihe saßen Leute, deren Durchschnittsalter die 70 weit überstieg: Generalsekretär Breschnew – 76 Jahre; Arvid Pelsche, ein alter lettischer Kommunist, Vorsitzender der Zentralen Kontrollkommission der Partei – 82 Jahre; Suslow, der Chefideologe – 81 Jahre; Nikolai Tichonow, der damalige Ministerpräsident, war ein Altersgenosse von Breschnew – 76 Jahre; Gromyko galt immer noch als junger Mann, dabei war er auch schon 72 Jahre alt; der jüngste war Jurij Andropow – 67 Jahre; Tschernenko, der nach dem Tod Andropows Generalsekretär wurde – 70 Jahre.

In Moskau kursierte der Witz, daß es bei der Parade auf dem Roten Platz wieder einmal eine Demonstration der Stärke gegeben habe: die Partei- und Staatsführung habe aus eigener Kraft die Tribüne erklommen. Ein bitterer, ein trauriger Witz.

Zurück zu dem Parteitag, zu der dort herrschenden Atmosphäre. Delegationen der Armee und der Jugend, Standarten und Fanfaren. Alles inszeniert – aber imponierend. Die Diskussion dagegen war ziemlich schablonenhaft. Mir ist im Gedächtnis geblieben, daß der Erste Sekretär der Georgischen Kommunistischen Partei, Schewardnadse,[51] vom Schema abwich. Man sah, daß er ein kluger und ernsthafter Mensch ist. Er äußerte sich kritisch, was mit großem Applaus bedacht wurde. Charakteristisch war auch die Rede irgendeiner Deutschen, einer Kolchosvorsitzenden aus Ka-

---

[51] Eduard Amwrossijewitsch Schewardnadse, geb. 1928, 1972-85 Erster Sekretär der KPdSU in der Georgischen Sozialistischen Sowjetrepublik, 1985 Mitglied des Politbüros, ab Juli 1985 Außenminister der UdSSR als Nachfolger Gromykos. Zusammen mit Gorbatschow einer der Architekten der deutschen Wiedervereinigung auf sowjetischer Seite. Im Dezember 1990 Rücktritt, seit März 1992 Staatspräsident des unabhängig gewordenen Georgien.

sachstan. Fünf Jahre später, auf dem XXVII. Parteitag der KPdSU, sprach sie übrigens wieder. Das war also gewissermaßen eine Pflichtübung der Rednerin – aber gleichzeitig war es eine Art Geste gegenüber den Deutschen. Ich bedauerte, daß sich kein Delegierter von der Tribüne herab als Pole zu erkennen gab. Auch an die Ovationen, mit denen der Saal Fidel Castro begrüßte, erinnere ich mich. Seine Einstellung uns gegenüber war, wie übrigens auch bei Kádár, durchaus von Sympathie geprägt. Insgesamt jedoch fühlten wir eine Kälte, sogar eine gewisse Isolation. Das war ein deutlicher Kontrast zur Situation auf dem XXV. Parteitag, auf dem ich zusammen mit Gierek gewesen war. Jetzt hatten wir den Eindruck, daß wir, da wir die Probleme Polens nicht mit harter Hand lösen konnten oder auch nur wollten, den Interessen der ganzen sozialistischen Staatengemeinschaft zuwiderhandelten.

In Breschnews Referat, das er mit Mühe vortrug, sowie in der Diskussion wurde die Bedeutung der Einheit der sozialistischen Staaten unterstrichen. Es wurde über Rüstungsbegrenzung und über Verminderung der Konfrontation gesprochen. Gleichzeitig hieß es, daß man sich keine Schwäche erlauben dürfe, daß man sowohl die politische Offensive als auch die Verteidigungsfähigkeit verstärken müsse. Mit besonderer Aufmerksamkeit hörten wir die Worte: „Da, wo zu der Diversionstätigkeit des Imperialismus Fehler und Irrtümer in der Politik der sozialistischen Staaten hinzutreten, wird der Aktivität feindlicher Elemente der Boden bereitet. So ist es im brüderlichen Polen geschehen, wo die Gegner des Sozialismus mit Unterstützung von außen durch Aufrufe zur Anarchie danach streben, den Gang der Ereignisse umzukehren und in konterrevolutionäres Fahrwasser zu lenken."

In den Wandelgängen des Parteitagsgebäudes traf ich einige Marschälle, viele Generäle und Offiziere, die ich seit Jahren kannte. In ihrem Verhalten und ihren Äußerungen zeigte sich eine gewisse Zweideutigkeit. Einerseits waren sie wie üblich herzlich, unterstrichen unsere Freundschaft, erinnerten an gemeinsame Erfahrungen als Soldaten. Andererseits gaben sie sich sofort zugeknöpft, wenn die Rede auf die Situation in Polen kam. Hier zeigte sich schon die Festigkeit gegenüber den Parteiprinzipien, das spezifische Verständnis einer Großmacht vom Internationalismus.

An dieser Stelle muß ich einige sehr persönliche Bekenntnisse ablegen. Ich wurde in einer Atmosphäre tiefer Abneigung, ja regelrechter Feindschaft gegenüber den Russen erzogen. Elternhaus, Schule und Literatur bildeten in mir eine antirussische und antisowjetische Haltung heraus. Als Kind und auch noch als Jugendlicher erschienen die Russen, und besonders die Bolschewiken, in meiner Vorstellungswelt als Verkörperung allen Übels. Schmerzhafte Erfahrungen wurden in meiner Familie von Generation zu Generation weitergegeben. Mein Großvater väterlicherseits – ein Teilnehmer am Januaraufstand[52] – verbrachte acht Jahre in der Verbannung in Sibirien. Ein bedeutender Teil der einstmals ausgedehnten Besitzungen meiner Familie wurde konfisziert. Mein Großvater mütterlicherseits entging im Jahre 1920 nur durch ein Wunder im letzten Augenblick dem Galgen. Mein Vater war freiwilliger Teilnehmer am Krieg von 1920,[53] in der berühmten Einheit des Freischärlers Jaworski, dem Zofia Kossak-Szczucka ihr Buch mit dem Titel „Der Brand" widmete. Die nächste Etappe meines Lebens ist die Deportation nach Sibirien. Dort starb, noch vor der Entlassung aus dem Lager, mein Vater an Unterernährung. Ich möchte beim Leser jedoch nicht mit meinem Lebenslauf auf die Tränendrüse drücken. In Polen leben viele Menschen, die im Krieg ein wesentlich grausameres Schicksal zu erleiden hatten als ich.

Meine Einstellung gegenüber den Russen, gegenüber den Bürgern der damaligen Sowjetunion war einem langen Entwicklungsprozeß unterworfen. Ich lernte die Lebensbedingungen der einfachen Menschen aus der Nähe kennen, ihre schwere, oft nur als Fron zu bezeichnende Arbeit, ihre Opferbereitschaft und ihren Heldenmut an der Front. Vor allem aber machte ich Bekanntschaft mit der sogenannten russischen Seele, der russischen Mentalität, den Gebräuchen, der Literatur. Die Pathologie des Systems ist eine Sache, die Menschen sind eine andere. Sie waren doch die ersten Opfer des Stalinismus.

Eigentlich entschied der Zufall darüber, auf welcher Seite der Front ich mich wiederfand, aus welcher Richtung ich nach Polen zurückkehrte. Mein Lebensweg – so merkwürdig das auch klingen mag – hat mich vor einseitigen Bewertungen, vor – ganz allgemein ausgedrückt – antirussischen und antisowjetischen Idiosynkrasien bewahrt.

An dieser Stelle möchte ich die Worte von Ksawery Pruszyński zitieren, die in Nr. 41 des Jahrgangs 1942 der Zeitschrift „Wiadomości Polskie"[54] veröffentlicht wurden: „Polen in der Heimat, wenn ihr an die Polen in Rußland denkt, erinnert euch an jenes Kreuz in Tozkoje.[55] Es symbolisiert alles. Es streckt seine Arme hoch über all den namenlosen Gräbern aus, die in der Fremde verstreut sind. Es erwuchs aus allem Elend, allem Leiden, aller Qual der Polen. Es wuchs und wurde geschnitzt aus dem Holz der polnischen Unfreiheit, des den Polen angetanen Unrechts, aber es wuchs auch als Zeichen der von den Polen gewährten Vergebung. Die Polen, die den Karabiner in die Hand genommen haben, um auf russischer Erde Seite an Seite mit den russischen Soldaten gegen die Deutschen zu kämpfen, haben nicht umsonst ein großes, hohes, weithin sichtbares Zeichen der Vergebung, des Vergessens und der Vereinigung aufgerichtet. Sie haben dieses

---

[52] Bei dem Januaraufstand handelt es sich um den am 22.01.1863 letztmalig im 19. Jh. unternommenen Versuch der Wiederherstellung der polnischen Eigenstaatlichkeit.

[53] S. Anm. 7.

[54] Dt. „Polnische Nachrichten", polnische Emigrantenzeitschrift, die seit 1942 in Sydney/Australien erscheint.

[55] Dort befindet sich ein polnischer Soldatenfriedhof, auf dem Soldaten der Armee von General Anders beerdigt sind (s. Anm. 241).

Zeichen aus allem, was sie durchgemacht haben, herausgemeißelt. Noch einmal haben sie alles Durchlittene als ihr größtes Opfer auf den Altar Polens gelegt, ein Opfer aus den selbst erlittenen Kränkungen. Und als sie gingen, hinterließen sie in diesem fremden Land eben dieses Zeichen des Friedens, auf daß zwischen diesen beiden Völkern mit den Opfern, die sie beide gebracht haben, der größte Friede herrsche."

Es lohnt auch, sich an die Worte von Cyprian Kamil Norwid[56] zu erinnern: „Wenn die Polen nicht die Fähigkeit und den Willen haben, den Feinden des Vaterlandes die Würde von verträglichen Nachbarn zu verleihen, dann ist alles umsonst."

Viele Polen assoziieren mit allem Russischen und Sowjetischen in erster Linie den Mangel an Freiheit. Mir dagegen fällt bei diesen Überlegungen häufig etwas anderes ein – die sowjetischen Panzer. Von denen hatte ich die allerschlechteste Meinung, als ich sie als junger Mensch im Jahre 1939 zum erstenmal sah, während ich mich im Wald bei Grodno vor ihnen versteckte. Ich erinnere mich an das Gerassel ihrer Ketten, ihre Schüsse, an das Blut, an die getöteten polnischen Soldaten. Später sah ich diese Panzer an der Front, sie retteten mir das Leben. Und nach dem Krieg sicherten sie zusammen mit unseren Panzern unsere Grenze. Es wäre die schlimmste Tragödie gewesen, wenn sich diese Panzer zu einem anderen Zweck, mit anderem Auftrag auf dem Territorium Polens befunden hätten.

Und da ist noch etwas, was berücksichtigt werden muß. Heute ist in der sogenannten sowjetischen Frage Mut nicht nur billiger geworden, sondern schlicht und einfach umsonst zu haben. Man jagt einen bereits zerlegten Koloß. Häufig legen diejenigen, die diesen Koloß noch vor kurzem ehrfürchtig, zumindest aber respektvoll behandelt haben, Kampfgeist an den Tag. Hier muß ich Leszek Moczulski[57] Gerechtigkeit widerfahren lassen, obwohl wir, wie man weiß, gar nicht miteinander können. Seine einzige Orientierung bestand darin, konsequent den Bär zu reizen. Zur damaligen Zeit war das eine Donquichotterie. Wenn Moczulski „gegen den Kreml anging", dann war das wie die Attacke von Kmicic gegen Chowański[58]: mutig, wenn auch ergebnislos.

Jahrzehntelang war ich von der Notwendigkeit des polnisch-sowjetischen Bündnisses und der polnisch-sowjetischen Freundschaft überzeugt. Unter den damaligen Bedingungen sah ich das als das Beste für Polen an. Heute will ich meine Vergangenheit nicht verleugnen, denn das würde bedeuten, daß ich mein Mäntelchen nach dem Wind des Zeitgeistes hänge. Wir mußten, um einen Ausspruch des klugen finnischen Präsidenten Urho

[56] Polnischer Dichter, 1821-1883.
[57] Leszek Moczulski, geb. 1930, Gründer der „Konföderation für ein unabhängiges Polen" (s. Anm. 43).
[58] Polnische Sagenhelden.

Kekkonen zu paraphrasieren, „Freunde nah und fern haben", im Westen wie im Osten. Heute bietet sich zum erstenmal in der Geschichte eine solche Chance. Man darf sie nicht verschenken. Angesichts langjähriger Erfahrungen drängt sich noch eine Anmerkung auf. Die Sowjetunion hat doch auf die Entwicklungen im sozialistischen Lager erkennbar differenziert reagiert, je nach Charakter der Ereignisse und Kräfte, die dahinterstanden. Was war bezeichnend? Sogar bei sehr bedrohlichen, erschütternden Situationen, die durch die gesellschaftliche und wirtschaftliche Lage entstanden, waren die Reaktionen der sowjetischen Führung durch Mäßigung gekennzeichnet. Dafür einige Beispiele:

Die Ereignisse in Polen im Dezember 1970.[59] Hinter diesen Ereignissen standen in erster Linie materielle Forderungen. Es handelte sich um einen spontanen Ausbruch elementarer Gewalt. Keinerlei politische Kräfte standen dahinter. Die sowjetische Führung trat damals entschieden für eine politische Lösung ein. Diese Haltung brachte sie in einem Brief des Politbüros des ZK der KPdSU an das Politbüro des ZK der PVAP zum Ausdruck.

Ich konnte mich persönlich davon überzeugen. Am Morgen des 19. Dezember 1970 rief mich Marschall Andrej Gretschko, der sowjetische Verteidigungsminister, an. Er fragte mich, wie ich die Situation einschätze. Ich gab eine beruhigende Darstellung. Gretschko – und er sprach zweifelsohne nicht nur in seinem eigenen Namen – brachte ebenfalls Verständnis für die Notwendigkeit einer politischen Lösung zum Ausdruck.

Ein anderes Beispiel: Łódź im Februar 1971. Ein großangelegter Streik, Proteste, Forderungen nach Rücknahme der im Dezember des Vorjahres eingeführten Preiserhöhungen. Gespräche mit den Streikenden, die von Jaroszewicz[60], aber auch vom damaligen Chef des Zentralrats der Gewerkschaften, Kruczek, von Szydlak und anderen geführt wurden, konnten die Streikenden nicht umstimmen. Schließlich wurde eine Sitzung des Politbüros einberufen. Was tun? Letztendlich würde eine Rücknahme der Preiserhöhungen ein großes Loch in den Staatshaushalt reißen und die wirtschaftlichen Berechnungen über den Haufen werfen. Ich weiß nicht mehr, welches Politbüromitglied vorschlug, die Sowjets zu fragen, ob wir auf Hilfe rechnen könnten. Jaroszewicz verließ den Raum und kehrte nach 15 Minuten zurück. „Ich habe mit Kossygin gesprochen. Die sowjetische Regierung wird auf das polnische Konto bei einer Schweizer Bank 100 Millionen

---

[59] S. Anm. 4.

[60] Piotr Jaroszewicz, 1909-92, polnischer Militär und Politiker, u. a. 1970-80 Premier. 1984 als einer der Hauptverantwortlichen für die Krise in Polen Ende der 70er Jahre vor Gericht gestellt, später durch ein Amnestiegesetz außer Strafverfolgung gestellt. Am 1. September 1992 wurde Jaroszewicz von Unbekannten in seinem Haus gefoltert und erwürgt, seine Frau Alicja erschossen. (SPIEGEL 37/1992/S. 304)

Dollar überweisen." Das war damals eine viel größere Summe als heute. Schließlich wurde die Preiserhöhung zurückgenommen.

Das nächste Beispiel sind die Ereignisse in Radom und Ursus im Jahre 1976.[61] Aufschub der Entscheidung über Preiserhöhungen. Zufällig traf es sich so, daß wenige Tage später in Berlin eine Konferenz der Vorsitzenden der kommunistischen und Arbeiterparteien stattfand. Aus Berichten von Babiuch[62] weiß ich, daß es zu einem Gespräch zwischen der polnischen und der sowjetischen Delegation kam. Gierek informierte die Sowjets darüber, daß wir die Absicht hätten, nach Konsultationen doch noch eine Preiserhöhung durchzuführen, wenn auch in gemilderter Form. Breschnew brachte deutliches Mißfallen zum Ausdruck. Die sowjetische Führung befürchtete, übrigens zu Recht, daß es wieder einmal zu einer Explosion kommen werde. Also gab es keine Preiserhöhung. In der Konsequenz bedeutete das im übrigen eine wirtschaftliche Niederlage.

Schließlich die Ereignisse im August und September 1980.[63] Von ihnen gingen für die Sowjetunion sehr beunruhigende Signale aus. Sie wurden damals jedoch noch als Unruhen verstanden, die durch wirtschaftliche Forderungen bedingt waren. Sie brachten eine äußerst verdächtige Gewerkschaft hervor, aber man rechnete trotz allem damit, daß sich die Absichten dieser Gewerkschaft im sozial-ökonomischen Rahmen halten würden. Im Ergebnis erhielten wir größere wirtschaftliche und finanzielle Hilfe.

Gehen wir nun zurück bis zum Jahr 1956. Chruschtschow reagierte heftig auf den Polnischen Oktober. Gleichzeitig gab es Anzeichen für militärische Vorbereitungen. Dann die Ereignisse in Ungarn im selben Jahr und in der Tschechoslowakei 1968. Schließlich Polen an der Jahreswende 1980/81 und während des ganzen Jahres 1981. Da war das Verhalten der Sowjetunion schon ganz anders – entschieden, eindeutig. Warum? Hier spielten schon nicht mehr nur gesellschaftliche Forderungen, sondern auch politische Prozesse mit hinein. Überdies standen hinter diesen Entwicklungen organisierte, starke Kräfte oppositionellen Charakters, die noch dazu antisowjetische Tendenzen aufwiesen. Daher auch unsere Sensibilität, unsere Befürchtungen angesichts der Konsolidierung der „Solidarność" als politische Bewegung mit wachsendem Ehrgeiz. Da war es denn auch mit der sowjetischen Geduld vorbei.

Während des Parteitags traf ich mich mit dem sowjetischen Ministerpräsidenten Tichonow. Ich legte ihm ein ganzes Paket wirtschaftlicher An-

---

[61] S. Anm. 31.

[62] Edward Babiuch, geb. 1927, polnischer kommunistischer Politiker, u. a. von Februar bis August 1980 Premier. Auf dem IX. Außerordentlichen Parteitag der PVAP als einer der Hauptverantwortlichen für die Krise in Polen aus der Partei ausgeschlossen.

[63] In diesen Monaten begannen die Streiks, die zur Entstehung und Zulassung der unabhängigen Gewerkschaft „Solidarność" führten.

gelegenheiten vor. Er antwortete mir, daß die Sowjetunion, ungeachtet eigener Schwierigkeiten, unseren Bedürfnissen und Forderungen entgegenkäme, daß sie alle Vereinbarungen und Verpflichtungen einhalten werde. Wir vereinbarten, daß der sowjetische Export nach Polen nach Möglichkeit außerplanmäßig auf Kreditbasis erhöht werden sollte. Tichonow erkundigte sich außerdem mit Besorgnis nach der Entwicklung in Polen. Die antisowjetischen Ausfälle bedauerte er. Er machte keinen Hehl daraus, daß das die wirtschaftliche Zusammenarbeit beeinflussen könne.

Ich erklärte ihm, diese Ausfälle seien historisch bedingt, im ganzen aber eine oberflächliche, vorübergehende Erscheinung. Tichonow[64] war ein umgänglicher und freundlicher Mensch. Man merkte ihm die gute „Schule" Kossygins[65] an. Er war außerordentlich beschlagen in wirtschaftlichen Fragen, berief sich aber auch immer – wie andere sowjetische Funktionäre sich erinnern – mit Ehrfurcht auf die Beschlüsse der Partei. Es ist also nicht weiter verwunderlich, daß er auch im Gespräch mit mir deutlich die Abhängigkeit der Wirtschaft von der Politik herausstellte. Ohne Überwindung der politischen Spannungen, ohne eine Abfuhr für die „schleichende Konterrevolution" könne man nicht damit rechnen, mit den wirtschaftlichen Schwierigkeiten fertig zu werden. Ich meinerseits versuchte ihn da-von zu überzeugen, daß, solange unsere wirtschaftliche Situation schlecht sei, keine Chance zum Aufbau politischen Vertrauens und zur Stabilisierung bestehe. Die Antwort: Um die Wirtschaft zu sanieren, muß man zunächst die politische Situation in den Griff bekommen und mit den Gegnern fertig werden. Wir redeten mit unseren Argumenten aneinander vorbei. Jeder hatte seine Logik und seine Gründe.

Während des Parteitags der KPdSU erhielten wir neue Nachrichten aus Polen. Einige Ortsverbände der „Solidarność" protestierten gegen den Auftritt von Stanisław Kania auf dem Parteitag. Gemäß der damaligen Standardformulierung begrüßte er im Namen des polnischen Volkes die Teilnehmer des Parteitags. Man stritt ihm das Recht ab, sich auf das „polnische Volk" zu berufen, und nahm Anstoß daran, daß er das Wort „Konterrevolution" gebraucht hatte. Die Nachricht von diesen Protesten machte in Moskau einen fatalen Eindruck, der auch meine Gespräche mit Tichonow prägte. Er wies darauf hin, daß jeder mit Wirtschaftsfragen befaßte sowjetische Funktionär die Nachrichten aus Polen mit Bitterkeit kommentiere. Damals ordnete ich diese Worte in die moralische Kategorie ein. Die Zukunft sollte zeigen, daß sie auch eine Warnung gewesen waren.

---

[64] Nikolaj Alexandrowitsch Tichonow, geb. 1905, ab 1980 Ministerpräsident als Nachfolger Kossygins, 1985 Rücktritt.

[65] Alexej Nikolajewitsch Kossygin, 1904-80, sowjetischer Politiker, im Zweiten Weltkrieg erwarb er sich große Verdienste um die sowjetische Rüstungsindustrie. 1964-80 Ministerpräsident.

Am 4. März fand ein Treffen der gesamten polnischen Delegation mit der sowjetischen Führung statt. Breschnew ergriff das Wort, nach ihm Ustinow, Suslow und Andropow.[66] Generelle Tonart: Die Besorgnis angesichts der Lage in Polen nimmt zu. Die konterrevolutionären Kräfte können ungestört handeln. Es finden illegale Treffen und Kongresse statt, so z. B. der Kongreß der Privatbauern. Michnik und Kuroń sind immer noch nicht verhaftet. Diese zwei Familiennamen sowie diejenigen von Wałęsa und Moczulski wurden in unterschiedlicher Reihenfolge, Häufigkeit und Heftigkeit in sehr vielen Gesprächen mit den Verbündeten genannt. Ich gebe zu, daß wir diese Personen mit Ausnahme von Wałęsa, den wir allgemein zu schonen trachteten, sehr negativ beurteilten. Was allerdings Verhaftungen und Verurteilungen betraf, so versuchten wir diese Themen zu umgehen. Heute würde es sich gut anhören, wenn ich sagte, daß wir uns von humanitären Gefühlen und der Rechtsstaatlichkeit leiten ließen. Aber so war es nicht. Ich habe nicht die Absicht, meine damaligen Motivationen zu beschönigen. Wir waren uns ganz einfach bewußt, daß eine repressive Politik negative gesellschaftliche Gegenreaktionen zur Folge haben könnte.

Man könnte auch die Frage stellen, warum wir auf andere hörten, wenn wir so scharf und kritisch über die Bürger unseres Landes sprachen? Warum redeten wir selbst so? Erstens waren unsere Ansichten in diesen Punkten nicht allzuweit voneinander entfernt. Und zweitens würde ich gern über die Gespräche der damaligen Opposition mit Ausländern ähnlich detailliert informiert, wie ich hier über meine Gespräche berichte. Einiges weiß ich darüber. Damals wie heute, bei Auslandsbesuchen wie auf Empfängen westlicher Botschaften wurde an den Vertretern des kommunistischen Polens „kein gutes Haar gelassen". Wenn man es also hier mit einer Sünde, oder besser gesagt: einer Geschmacklosigkeit zu tun hat, dann auf beiden Seiten.

Weiter sagte man uns: Es sei gut, daß ein General an die Spitze der Regierung getreten sei, aber weiterhin könne man Anzeichen für eine Doppelherrschaft beobachten. Mehr noch, es würden weiterhin Zugeständnisse gemacht, zumindest in studentischen Fragen. Ich weiß, daß man viele Vorbehalte gegen mich hatte, weil ich einen Studentenstreik in Łódź dadurch beendet hatte, daß ich einige Erlasse herausgab, die den Russischunterricht, den Wehrkundeunterricht für Studenten, die Registrierung eines Unabhängigen Studentenverbandes usw. betrafen. Außerdem füge das, was in Polen geschehe, auch anderen sozialistischen Ländern Schaden zu. Die Meeresgrenze sei offen – vom Westen aus könnten Waffen ins Land

[66] Jurij Wladimirowitsch Andropow, 1914-84, sowjetischer Politiker, 1953-57 Botschafter in Ungarn und in dieser Funktion führend an der Niederschlagung des Volksaufstandes 1956 beteiligt. 1967-82 KGB-Chef, 1982 als Nachfolger Breschnews Generalsekretär des ZK der KPdSU.

gebracht werden. Die Zeit sei reif für scharfe Maßnahmen, für einen entschiedenen Gegenangriff.

Für unsere Delegation ergriff Kania das Wort. Später sprach auch noch ich. Der Tenor unserer Äußerungen: Der Schlüssel für die Lösung unserer Probleme liege darin, eine gemeinsame Sprache mit der Gesellschaft zu finden, Vertrauen in die Regierung und in die Partei aufzubauen. Das werde durch drei Umstände sehr erschwert: Erstens durch die Fehler der Vergangenheit; zweitens durch die Aktivitäten des Gegners und drittens durch die wirtschaftliche Situation. Man brauche also Zeit und müsse entsprechende Arbeit leisten, was wir auf allen Gesellschaftsebenen täten. Lieber eine aktive Verteidigung als ein chaotischer Angriff. Wir seien uns bewußt, welchen Platz Polen im politischen und militärischen Koalitionssystem habe. Wenn die Entwicklung eine gefährliche Richtung nähme, würden wir bereit sein, ihr mit außergewöhnlichen Maßnahmen zu begegnen. Unsere Erklärungen wurden sehr reserviert aufgenommen. Das war an den Mienen, den Gesten und dem kalten Abschied, den man uns bereitete, zu erkennen. Die Situation „war komplizierter geworden".

Bis heute kann man die Meinung hören: Warum haben wir es uns gefallen lassen, daß die Sowjets uns mit verschiedenen Vorbehalten und Klagen konfrontierten? Warum haben wir uns weiter gerechtfertigt? Warum waren wir in der Defensive?

Mir war der Mut des Hahns fremd, der anderntags zusammen mit der ganzen Schar geschlachtet wird. Ebenso fremd war mir die Haltung des Vogel Strauß, der den Kopf in den Sand steckt. Ich habe mir immer vor Augen zu halten versucht, daß es zwischen Furcht und Bravour ein breites Spektrum für Mut und Abwägung gibt. Damals allerdings ging es um den höchsten Einsatz – um das Schicksal Polens. Kania und ich haben uns nichts vorzuwerfen. Weder unsere persönliche Würde noch die Interessen des polnischen Staates wurden verletzt. Aber es ist klar, daß ein Schwacher mit schwacher Stimme spricht. Selbst wenn er schreit und sich aufregt, klingt seine Stimme gedämpft und schwächlich. Und ist unsere Stimme heute stark? Es macht immer weniger Eindruck, wenn wir die Faust vorstrecken. Wir sind einfach schwach und arm. Wir brauchen andere, aber die anderen brauchen uns selbst viel weniger. Zu diesem Schluß kommt Stefan Kisielewski in seinem Artikel „Wer braucht Polen?", der am 20. Februar 1990 in der Zeitung „Tygodnik Powsczechny" erschien. Und in jenen Jahren war es noch viel schlimmer. Es herrschte eine andere internationale Konstellation. Geostrategisch gesehen befanden wir uns in der Mitte eines Eisenreifens. Die Mitte ist weich, aber der Reifen selbst ist hart. Außerdem streckten wir dauernd die Hand aus: Gebt uns etwas, helft uns, denn wir gehen unter. Verzeiht uns, daß wir keine Kohle liefern, und schickt uns etwas Fleisch, Zigaretten, Reinigungsmittel. Aber der, der bittet, ist von Natur aus in einer elenden Situation. Wir mußten uns also alles mögliche anhören. In dieser Rolle waren wir nicht die ersten und werden nicht die letzten gewesen sein.

Die Historiker, die Fachleute wissen genau, wie wir zu Zeiten des Fürstentums Warschau beispielsweise von den Franzosen behandelt wurden. Wie Napoleons Marschall Louis Davout einige polnische Politiker, Minister und Generäle, darunter auch Jan Henryk Dąbrowski, tadelte, ja zusammenstauchte. Und in welchem Ton hat Churchill mehrfach mit Sikorski,[67] besonders aber mit Mikołajczyk gesprochen? Wie hat er de Gaulle in Casablanca behandelt? Die Geschichte kennt viele ähnliche Beispiele. Daraus ergibt sich nur eine Schlußfolgerung – sei niemals schwach, niemals angewiesen auf fremde Fürsorge und Unterstützung.

Wir haben, so glaube ich, den Fehler Dubčeks[68] vermieden, der 1968 die Sowjets dauernd davon zu überzeugen versuchte, daß die Situation in der Tschechoslowakei nicht schlecht sei, daß dort gesunde Prozesse im Gange seien. Im Vorfrühling 1968 nahm ich an einer Konferenz der Generalstabschefs des Warschauer Pakts teil. Sie fand wahrscheinlich nicht zufällig in Prag statt, denn in der tschechoslowakischen Armee begann es bereits zu gären.

Ein charakteristisches Beispiel: Der damalige Leiter der ZK-Verwaltung und frühere Chef der politischen Hauptverwaltung der tschechoslowakischen Armee, General Vaclav Prchlik, erklärte, daß man die Verbindungen zum Warschauer Pakt lockern, ja sogar aus ihm austreten müsse. Ich weiß nicht, was in ihn gefahren war. Ich erinnere mich an viele seiner Ergebenheitsadressen und -trinksprüche zu Ehren der Sowjetunion – „S Sovětskim Svazom na vše časy, a nikdy jinak!" („Mit der Sowjetunion auf alle Zeiten, und niemals anders!") Diese Ergüsse Prchliks und gleichzeitig seine „freiheitlichen" Stimmungen und das Nachlassen der Disziplin in der Armee unserer südlichen Nachbarn mußten damals Beunruhigung hervorrufen. Bei uns übrigens auch. Das war doch immerhin noch zwei Jahre vor

[67] Władysław Sikorski, 1881-1943, poln. Militär, der sich schon vor 1920 im Kampf um die Wiedererrichtung des poln. Staates auszeichnete. 1921-22 Generalstabschef, 1922-23 Ministerpräsident, 1924-25 Kriegsminister, nahm 1929 aus Protest gegen das autoritäre Regime Piłsudskis seinen Abschied. 1936 vergebl. Versuch der Gründung einer Opposition. Ab 30.9.1939 Ministerpräsident der Exilregierung. Schloß am 30.7.1941 unter britischem Druck ein Bündnis mit der UdSSR und verhandelte – allerdings erfolglos – mit Stalin über die Grenzfrage. Im April 1943, nach der Entdeckung der Massengräber von Katyń, brach er mit den Sowjets. Sikorski kam bei einem nie vollständig aufgeklärten Flugzeugabsturz bei Gibraltar ums Leben. Sein Tod war eine entscheidende Schwächung der poln. Exilregierung. – Zu Stanisław Mikołajczyk s. Anm. 96.

[68] Alexander Dubček, 1921-1992, tschechoslowakischer Staatsmann, 1944 Teilnehmer am slowakischen Aufstand gegen die deutschen Besatzer. 1963-68 Erster Sekretär des ZK der Slowakischen KP, 1968-69 dieselbe Funktion an der Spitze der tschechoslowakischen KP. Bedeutendster Führer der tschechoslowakischen Reformbewegung „Prager Frühling". Nach dem Einmarsch von Truppen des Warschauer Pakts im Jahre 1968 in die UdSSR verschleppt und gezwungen, ein Protokoll zu unterschreiben, das die Invasion legitimierte. 1970 aus der KP der Tschechoslowakei ausgeschlossen. Bis 1989 Ausübung einfachster Tätigkeiten (Parkwächter) unter ständiger Aufsicht des Geheimdienstes. 1989-92 Parlamentspräsident.

der Unterzeichnung des Vertrages zwischen Polen und der BRD am 6. Dezember 1970. Die Erinnerung an 1939, als man Polen von Süden her in die Zange genommen hatte, war noch lebendig. Vor diesem Hintergrund möchte ich an das Jahr 1981 erinnern, daran, daß man die damalige Politische Hauptverwaltung unserer Armee und ihren Chef, General Józef Baryła, des „Fundamentalismus" bezichtigte. Aber vielleicht war gerade dieser Fundamentalismus einer der Faktoren, die bewirkten, daß die polnische Armee der Sowjetunion keinen Vorwand lieferte, „brüderliche Hilfe" leisten zu müssen?

Zurück zur Konferenz der Generalstäbe des Warschauer Pakts in Prag 1968. Sie war einer neuen organisatorischen Konzeption der Generalstäbe gewidmet, die auch die Informationsgewinnung berücksichtigen sollte. An dem Treffen nahmen der damalige Oberbefehlshaber der Vereinigten Streitkräfte des Warschauer Pakts, Marschall Iwan Jakubowski, und der Generalstabschef Michail Kosakow teil. Alexander Dubček empfing uns. Er machte auf mich den Eindruck eines bescheidenen, sympathischen Menschen. Sein Russisch war gut. Ständig verkündete er die unverbrüchliche Freundschaft und das Bündnis mit der Sowjetunion. Gleichzeitig begründete er, warum man das, was sich in der Tschechoslowakei abspielte, positiv bewerten müsse. Der Sozialismus sei nicht in Gefahr. Und das, was die Verbündeten beunruhige, sei hauptsächlich eine Reaktion auf die Regierungen unter Novotný, habe vorübergehenden und marginalen Charakter. Er sagte das in einer sehr gefühlsbetonten Weise – wir nahmen den Eindruck mit, daß er Tränen in den Augen hatte. Man sah, daß er ein von seinen Ideen erfüllter, ehrlicher, aber nicht allzu starker, gelegentlich sogar ratloser Mensch war. In den damaligen Zeiten bedeutete dies, daß „Hilfe" geboten war.

Im Jahre 1981 hatte ich ständig dieses Bild vor Augen. Ich wußte, daß man erstens die Gefahren nicht herunterspielen durfte; daß man zweitens keine Schwäche und Ratlosigkeit zeigen durfte und daß man es drittens nicht zu einer Desintegration der staatlichen Organe, besonders der Armee, kommen lassen durfte.

Wir zogen die Bedrohungsmomente nicht in Zweifel, malten sie ebenfalls in krassen Farben. Dennoch warben wir um Verständnis für die polnischen Besonderheiten, bemühten uns, den Verbündeten zu erklären, daß wir den Gang der Ereignisse nüchtern beurteilten, daß die Armee und die Organe der Staatsmacht in einer extremen Situation auch zu drastischen Entscheidungen in der Lage sein würden. Trotzdem verlor im Laufe der Zeit ein Teil der Führung der PVAP das Vertrauen der Verbündeten. Man verdächtigte uns sogar eines „Doppelspiels". Das war, glaube ich, die Folge von Relikten „der gedanklichen Essenz des Stalinismus". Dennoch gab es immer einen aufrichtigen Glauben an die einzig richtige Auslegung der Theorie. Wer sie in irgendeiner Weise zu revidieren trachtete, der hatte entweder die ganze „Theologie" verstandesmäßig nicht erfaßt oder handelte aus irgendwelchen unverständlichen oder verdächtigen Motivationen heraus. Ich sage das nicht ohne Ironie. Der Marxismus ist seinem Wesen nach nicht nur eine Ansammlung von Dogmen, sondern eine Denkweise. Marx hatte ja befohlen, „an allem zu zweifeln". Leider war diese Anweisung nicht in Mode. Und wenn schon, dann nach dem Gesetz der Reziprozität: „niemandem glauben".

In dem nach unseren Moskauer Gesprächen angefertigten Kommuniqué fand sich der bezeichnende Satz: „Die sozialistische Gemeinschaft ist unzertrennlich, ihre Verteidigung ist nicht nur eine Angelegenheit jedes einzelnen Staates, sondern der ganzen sozialistischen Staatenkoalition." Unsere Versuche, diesen Text umzuändern, nützten nicht viel. Es war Sache des Gastgebers, die endgültige Version solcher Nachrichten an die Presse weiterzugeben. Es war im Kern eine Bestätigung der „Breschnew-Doktrin". Dies um so mehr, als von der Parteitagstribüne herab die bekannten Worte in die Welt hinausgegangen waren: „Die polnischen Kommunisten, die polnische Arbeiterklasse, die Werktätigen dieses Landes können sich absolut auf ihre Freunde und Verbündeten verlassen. Wir werden das sozialistische, brüderliche Polen nicht im Stich lassen und nicht zulassen, daß ihm ein Unrecht geschieht."

In vielen Dingen kenne ich mich nicht aus, aber auf der Landkarte kenne ich mich aus. In dem zu meinem Arbeitszimmer im Gebäude des Ministerrats führenden Korridor hing eine große Landkarte. Oft vertiefte ich mich in ihren Anblick. Die Teilung Europas und der Welt lag offen auf der Hand. Der Platz Polens auch.

An dieser Stelle will ich mich auf Zbigniew Brzeziński[69] beziehen. Mit ihm habe ich mehrere Gespräche geführt, zuletzt vor einem Jahr in meiner Wohnung. Vieles trennt uns voneinander. Aber ich weiß sein Wissen, sein politisches Temperament und besonders sein Interesse an Polen und an Osteuropa allgemein zu schätzen. Seine persönlichen, besonders seine jüngsten Äußerungen werden heute „kniefällig" zitiert. So schreibt er in dem 1964 in London erschienenen Buch „Einheit und Konflikte": „Die gegenüber dem Kommunismus und den Russen feindlich gesinnten Polen sollten nicht vergessen, welche Bedeutung Polen als Teil des westlichen Bündnisses hätte. Es käme in der Rangfolge der Welt hinter Amerika, Deutschland, Frankreich, Italien und vielen anderen Staaten. Im Hinblick auf die fundamentale Bedeutung, die die Deutschen für Amerika haben, wäre Polen in jeglichem polnisch-deutschen Konflikt der Verlierer. Im sozialistischen Lager sind die Proportionen umgekehrt. Polen ist die größte Volksdemokratie, auf dem dritten Platz hinter der Sowjetunion und China, und innerhalb Europas sogar auf dem zweiten Platz."[70]

---

[69] Zbigniew Brzeziński, geb. 1928, amerikanischer Politologe und Politiker polnischer Abstammung, Spezialist für Osteuropa und den Kommunismus, 1977-80 Sicherheitsberater von Präsident Carter.

[70] Die Übertragung ins Deutsche erfolgte aus dem Polnischen.

Aber viel wichtiger noch war das, was derselbe Autor 20 Jahre später sagte. In dem 1987 ebenfalls in London erschienenen Buch „Der Spielplan", in dem er über die Bedeutung Polens für die Sowjetunion und für den Warschauer Pakt schreibt, nannte er Polen einen Achsenstaat. „Die Bedeutung eines Achsenstaates kann sich aus seiner geopolitischen Position, aus seinem weitreichenden politischen oder ökonomischen Einfluß auf die ganze Region oder auch aus seiner geostrategischen Lage ergeben, was dieses Land in militärischer Hinsicht bedeutungsvoll macht ..." Und weiter: „Die Herrschaft über Polen ist für die Sowjets der Schlüssel für die Kontrolle Osteuropas ... Die geostrategische Bedeutung Polens besteht nicht nur darin, daß dieses Land auf dem Weg nach Deutschland liegt. Moskau braucht auch deshalb die Herrschaft über Polen, weil dadurch die Kontrolle über die Tschechoslowakei erleichtert wird und die nichtrussischen Völker der Sowjetunion vom westlichen Einfluß isoliert werden. Ein Polen mit größerer Autonomie würde die sowjetische Kontrolle über Litauen und die Ukraine untergraben ... Das 37 Millionen Einwohner zählende Polen", schreibt Brzeziński weiter, „ist das größte osteuropäische Land unter sowjetischer Herrschaft, und seine Armee ist nach der sowjetischen die stärkste innerhalb des Warschauer Pakts. Diese Position kostet Moskau viel, aber sie aufzugeben, würde noch mehr kosten."

Brzeziński weiß, wovon er spricht. Und dieses Zitat von ihm stammt aus der zweiten Hälfte der 80er Jahre. Hätten diese Worte im Jahre 1981 ein nicht noch größeres Gewicht gehabt? Dessen war ich mir bewußt. Ich würde sogar noch weiter gehen. Die DDR war für den Warschauer Pakt „die Perle in der Krone", aber Polen war „die Krone". Der beste Beweis dafür ist, daß die Berliner Mauer erst nach dem Umbruch in Polen fallen konnte.

Die Logik der Teilung der Welt war rücksichtslos, ja brutal. In Teheran, Jalta und Potsdam war „A" gesagt worden. Vor dem historischen Umbruch in der Gorbatschow-Ära[71] mußte man „B" sagen. Auch die sowjetischen Generäle können Landkarten lesen. Unter diesem Blickwinkel betrachteten sie die damalige polnische Situation. Ich an ihrer Stelle hätte sie wahrscheinlich ähnlich betrachtet. Wer das alles immer noch nicht versteht, ist in politischer Hinsicht entweder ein Analphabet oder ein Falschspieler.

Für mich – ich sage das im Bewußtsein, Unmut zu erregen – ist die Meinung der Politiker nicht das Wichtigste. Das Wichtigste ist und bleibt für mich die Meinung der polnischen Mütter. Ihre Söhne kehrten nach Hause zurück.

[71] Michail Sergejewitsch Gorbatschow, geb. 1931, sowjetischer Politiker. Im März 1985 Generalsekretär der KPdSU als Nachfolger von Tschernenko. Leitete die Periode der Glasnost („Offenheit") und „Perestrojka" („Umgestaltung") ein. Im Oktober 1991 trat er vom Amt des Generalsekretärs der KPdSU zurück. Im März 1990 wurde er in das neugeschaffene Amt eines Staatspräsidenten der UdSSR gewählt, das er nach Bildung der Gemeinschaft Unabhängiger Staaten am 25.12.1991 aus Protest gegen die Auflösung der Sowjetunion niederlegte.

KAPITEL 7

Gespräch mit Wałęsa

Am 10. März 1981 traf ich mich mit Lech Wałęsa. Die Polnische Presse-agentur meldete, das Gespräch sei „konstruktiv" gewesen. Am wichtigsten war, daß damit Verhandlungen als der einzige Weg zur Problemlösung anerkannt wurden. Unmittelbar nach dem Treffen machte ich ungewöhn-lich detaillierte Aufzeichnungen über den Verlauf dieses nahezu dreistün-digen Gesprächs.

Wir begegneten uns zum ersten Mal. Natürlich hatte ich die Tätigkeit Lech Wałęsas schon seit dem Streik im August und September beobachtet. Außerdem hatte mir Kania „brühwarm" von einem Gespräch berichtet, das er im Herbst 1980 mit Wałęsa geführt hatte. Aus dieser Schilderung ging hervor, daß Wałęsa ein Mensch von großer Energie, Pfiffigkeit und sogar von einer gewissen Verschlagenheit ist, der jedoch die ganze Kompliziert-heit der Situation nicht vollständig begriff und sich auf dem weiten Gebiet der Politik ziemlich unbeholfen bewegte. Nach einigen Monaten konnte ich mich davon überzeugen, daß Wałęsa, nachdem er um viele Erfahrungen rei-cher geworden war, seinen Gesichtskreis erweitert hatte, rational und ver-antwortlich handelte. Als ich Informationen über verschiedene Treffen, an denen er teilnahm, und Äußerungen, die er machte, erhielt, war ich beun-ruhigt und erzürnt über den scharfen, unversöhnlichen Tonfall, den er an-schlug. Ich erinnere mich an Worte, die auf irgendeiner Versammlung fie-len, allerdings noch auf die Regierung Pińkowski gemünzt waren: „Ich wer-de diese Regierung an der Leine führen." Ich bemerkte aber auch, daß Wałęsa bemüht war, die Gemüter zu beruhigen, und daß er darüber hinaus über ein großes Einfühlungsvermögen und über die Fähigkeit verfügte, auf den Stimmungen wie auf einem Musikinstrument zu spielen.

Ich interessierte mich für seinen Lebensweg. Es war mir bekannt, daß er aus einer armen, kinderreichen Bauernfamilie kam. Von 1964 bis 1965 leiste-te er im Funkerbataillon der 8. Mechanisierten Division in Koszalin seinen Wehrdienst ab. Man meldete mir, daß sein damaliger Zugführer, Władysław Iwaniec, jetzt Oberstleutnant, Dozent und wissenschaftlicher Mitarbeiter der Politischen Akademie der Streitkräfte sei. Ich rief ihn zu mir und fragte ihn nach seiner Meinung über Wałęsa. Es stellte sich heraus, daß Lech Wałęsa ein guter Soldat gewesen war – Unteroffizier und Zugführer. Er hatte großen Einfluß auf seine Kameraden und war eine Art inoffizieller Führer. Wenn man manchmal irgendeine unpopuläre Sache machen mußte, bediente sich der Zugführer der Hilfe Wałęsas. Und das mit Erfolg.

Für Menschen, die in der Armee gedient haben – vor allem, wenn sie ehrenvoll gedient haben –, empfand und empfinde ich Sympathie, sie haben bei mir sozusagen einen Vertrauensvorschuß. Das stimmte mich von vornherein wohlwollend gegenüber Wałęsa. Später traf sich Oberstleutnant Iwaniec auf meine Empfehlung hin noch mehrmals mit Wałęsa, als dieser interniert war. Sie haben Dutzende, vielleicht noch mehr Stunden miteinander gesprochen. Iwaniec sondierte die Meinung Wałęsas darüber, wie man aus der entstandenen Situation wieder herauskommen könne. Er überbrachte auch die Vorschläge der Regierung. Wir suchten dann eine Ebene, auf der man die komplizierten Gewerkschaftsprobleme lösen könnte. Aus den Berichten von Iwaniec ging hervor, daß Lech Wałęsa ebenfalls fieberhaft darüber nachdachte und verschiedene Konzeptionen hatte. Im ganzen wollte er jedoch die „Solidarność" in ähnlicher Form wie früher wiedererstehen lassen. Die von ihm vorgeschlagenen Zugeständnisse und Korrekturen hatten eher kosmetischen Charakter. Ich war enttäuscht. Heute betrachte ich das mit anderen Augen. Ich weiß die Konsequenz Wałęsas zu würdigen.

Unser erstes Treffen organisierte ich so, daß es vorher zu einem persönlichen Kontakt zwischen Oberstleutnant Iwaniec und Lech Wałęsa kommen konnte. Ich erinnere mich, daß ich, als ich durch den langen Korridor im Ministerratsbüro ging, die beiden schon von weitem neben dem Saal stehen sah, in dem unser Treffen stattfinden sollte. Mir fiel auf, daß das Gespräch lebhaft, ja herzlich war. Es stellte sich heraus, daß sie Erinnerungen an die gemeinsame Militärzeit austauschten. Das schuf eine sympathische Atmosphäre. Wir verabschiedeten uns von Iwaniec. In dem Saal, den wir betraten, stand ein runder Tisch. Damals konnte keiner von uns voraussehen, daß dieser Tisch rund zehn Jahre später zu einem Symbol werden würde. Viel Zeit des Gesprächs wurde auf die Bewertung der Situation verwendet, auf die Darstellung der Bedrohungen, die sich damals über Polen zusammenzogen. Ich wies besonders darauf hin, daß die Produktion sinke, die Löhne aber stiegen. Der Januar und der Februar waren fatale Monate gewesen. Wenn es so weiterginge, würde sich die Situation noch mehr komplizieren. Dabei war der drastische Einbruch bei der Kohleförderung und die sich daraus ergebende Notwendigkeit der Samstagsarbeit ein neuralgischer Punkt. Wałęsa zeigte Verständnis. Dennoch stellte er, offensichtlich im Auftrag seiner Mitarbeiter, klar, daß Samstagsarbeit unter den von der Regierung vorgesehenen Bedingungen nicht durchsetzbar sei. Natürlich könne die „Solidarność" die Bergarbeiter zu zusätzlicher Arbeit aufrufen, aber nicht ohne Lohnerhöhung, sozusagen ehrenamtlich. Es zeigte sich dann, daß eine Steigerung der Kohleförderung ohne entsprechenden materiellen Anreiz keine Chance hätte.[72]

---

[72] Nach Angaben Jaruzelskis verfolgte Wałęsa hier eine Taktik nach dem Motto „Je schlimmer, desto besser": Indem er eine von der Regierung angebotene großzügige Sonderentlohnung für zusätzliche Arbeit ablehnte, wollte er zu einer Verschärfung der wirtschaftlichen Krise beitragen, weil er hoffte, auf diese Weise das kommunistische Regime unter Druck setzen und seinen Sturz beschleunigen zu können (s. auch Anm. 255).

In den Gesprächen wurden viele mehr oder weniger berechtigte Vorbehalte und Ansprüche geäußert. Aber wir ließen uns nicht durch eine „Aufrechnung von Unrecht" entzweien. Es handelte sich nicht um ein Gespräch unter Taubstummen. Wir suchten einen gemeinsamen Nenner. Wir verstanden uns gut. Oft unterstrich ich, daß Wałęsa auch meiner Meinung nach gute Absichten hatte. Ich erinnerte u. a. an die vernünftige, ausgewogene Haltung, die der Landesausschuß am 5. Dezember 1980 eingenommen hatte, indem er feststellte, daß Streikaktionen, die nicht mit den Gewerkschaftsinstanzen abgestimmt seien, auch einen Schlag gegen die „Solidarność" darstellten. Wałęsa erklärte, daß sich die Gewerkschaften mit Gewerkschaftsproblemen und nicht mit Politik befassen wollten. Das war eine Antwort auf meine Anmerkungen zu den politischen Manipulationen, die innerhalb der Gewerkschaft von KOR-Mitgliedern betrieben worden waren. Ich sagte, mir sei nicht klar, ob die Vertreter des KOR im Namen der „Solidarność" oder nur in ihrem eigenen Namen sprächen. Das wirke sich negativ auf die Beziehungen zwischen Gewerkschaft und Regierung aus. Darauf Wałęsa: „Wir werden den Kuronś und Michniks nicht erlauben, auf diese Weise in Polen hausieren zu gehen. Niemand wird uns fernsteuern. Wir müssen eine reine Gewerkschaftsbewegung bleiben." Er fügte hinzu, daß er von irgendwelchen Randgruppen ausgehende Aktivitäten gegen den Primas Wyszyński beobachte, die in den Publikationen der Pariser „Kultura"[73] Widerhall fänden. In einem bestimmten Augenblick sagte er, daß es auf der nächsten Sitzung des Landesausschusses „zur Abrechnung mit dem KOR und zu seiner Auflösung" kommen werde. Da ich auch Anmerkungen zur KPN gemacht hatte, erklärte er: „Ich kenne diese Leute, Moczulski und andere. Das sind unseriöse Leute, wir haben oft über sie gelacht." Gleichzeitig unterstrich Wałęsa mit Nachdruck, daß man nicht zu Repressionen greifen und schon gar nicht die Mitglieder des KOR inhaftieren dürfe. „Sie haben doch viel für uns getan, beim Aufbau und bei der Tätigkeit der „Solidarność" geholfen. Es führt zu nichts Gutem, wenn man Märtyrer schafft."

„Ohne gegenseitiges Verständnis und Vertrauen", sagte ich, „kann man nicht gut in einem Land zusammenleben. Wir wollen und werden den Stil der Regierungsarbeit ändern, näher an den Menschen sein, eine Linie der Erneuerung verfolgen. Die Regierung bedarf gesellschaftlicher Kontrolle. Das ist keine aus der Not geborene Taktik. Ohne grundlegende Änderungen werden wir die polnischen Probleme nicht lösen, droht uns die nächste Krise."

Wałęsa war damit in vollem Umfang einverstanden. Er gebrauchte die Definition: „Nicht der Sozialismus hat sich kompromittiert, nur die Menschen haben ihn kompromittiert". Mit Bezug auf das Jahr 1970 erinnerte er daran, daß ihm damals schon bewußt gewesen sei, daß das Festhalten an

[73] 1947 gegründete, zunächst in Rom, ab 1948 in Paris herausgegebene Monatsschrift polnischer Emigranten, die sich dem Kampf gegen den Kommunismus verschrieben hatten.

den alten Methoden wieder zu einer krisenhaften Situation führen würde. Wir müßten deshalb ruhig, vernünftig und mit vereinten Kräften alles tun, um Polen eine normale Entwicklung zu ermöglichen. Er ging besonders auf die Situation in kleinen Städten und Dörfern ein. Dort gebe es Cliquenwesen, Bürokratismus, verschiedene Krankheiten des Machtapparats. Im Zusammenhang damit hielt er die Anerkennung der Bauerngewerkschaften für notwendig. Er unterstrich diesen Punkt sehr stark und kam mehrmals hartnäckig darauf zurück. Für mich war das eine komplizierte, rechtlich unklare Angelegenheit. Die Bauern sind doch Eigentümer und keine abhängig Beschäftigten.[74] Eine Bauerngewerkschaft würde nicht dasselbe sein wie eine Arbeitergewerkschaft. Das sei aber eine offene Frage, wir würden die Möglichkeiten prüfen. Viel werde von der Situation im Lande abhängen.

Ich stellte nicht in Abrede, daß ein Teil des Verwaltungsapparates sich seiner Aufgabe nicht gewachsen zeige. Daraus zöge ich die entsprechenden Konsequenzen und würde dies auch weiterhin tun. Man dürfe jedoch nicht verallgemeinern und die ganze Verwaltung in Bausch und Bogen verdammen. Ein Generalangriff würde eine Generalverteidigung hervorrufen, einen Antagonismus zwischen der großen neuen Gewerkschaft und der Verwaltung in ihrer Gesamtheit schaffen.

Wałęsa entgegnete, er verallgemeinere nicht. Es gebe in der Verwaltung Leute, mit denen man gut zusammenarbeiten könne. Besonders imponiert habe ihm der stellvertretende Landwirtschaftsminister Andrzej Kacała. Bei den Gesprächen, die dieser mit den Bauern in Rzeszów und Ustrzyki geführt habe, habe er viel Taktgefühl und Widerstandsfähigkeit bewiesen. Jetzt gebe es Gerüchte über seine bevorstehende Ablösung. Ich sagte, daß ich zum ersten Mal davon hörte und von Kacała ebenfalls eine hohe Meinung hätte. Ebenfalls positiv äußerte sich Wałęsa über die Zusammenarbeit mit dem Ersten Sekretär des Wojewodschaftskomitees Gdańsk der PVAP und mit dem dortigen Wojewoden. Er sprach auch die Frage der Übergabe einiger bis dato der Partei und der Miliz gehörender Gebäude an den Gesundheitsdienst an. „Wir sind dafür", antwortete ich, „möglichst viele Verwaltungsgebäude für gesellschaftliche Zwecke umzufunktionieren – als Wohnhäuser, Krankenhäuser, Kinderkrippen usw. Ich habe eine Kommission unter Leitung des Ministers für Kommunalverwaltung und -wirtschaft eingesetzt, die eine Übersicht dieser Objekte sowie der Wohnhäuser, in denen Behörden untergebracht sind, aufstellen soll. Dabei rechnen wir auf Zusammenarbeit und Hilfe seitens der Gewerkschaften. Man muß sich jedoch vor Emotionen hüten. Man kann nicht von vornherein, ohne Expertengutachten, über die Bestimmung dieser Gebäude urteilen. Wenn außerdem ausschließlich Objekte übergeben wer-

[74] Polen hatte unter allen sozialistischen Ländern den bei weitem größten Anteil an Privatbauern, 1988 rd. 76 %.

den, in denen konkrete Institutionen und Organisationen untergebracht sind, entsteht der Eindruck, daß die Gewerkschaft ihnen gegenüber unfreundlich eingestellt sei. Dadurch würden unnötige Krisenherde geschaffen."

Bei dieser Gelegenheit verwies ich auf einen Bericht, der auf einer Sitzung des Ministerrats verfaßt worden war. Aus ihm ging hervor, daß bis zum März 1981 in 17 Wojewodschaften 125 lokale Büros zu Wohnungen umgewidmet und 22 Objekte in 13 Wojewodschaften dem Schulwesen übergeben werden sollten. 79 Objekte in 16 Wojewodschaften sollten dem Gesundheitsdienst zur Nutzung als Krankenhäuser, Ambulatorien und Kinderkrippen zur Verfügung gestellt sowie 7 Gebäude in 6 Wojewodschaften in Kulturzentren umgewandelt werden.

Wałęsa sprach ebenfalls die Entlassungen von Krankenhausmitarbeitern des Innenministeriums in Łódź, die Entlassungen in Szczecin und die angespannte Situation in Jelenia Góra an. Er unterstellte, daß dort auf die Posten der Entlassenen Leute geschoben worden seien, die den Auftrag hatten, Unfrieden zu stiften. Ich meinerseits war bemüht darzulegen, daß man alles in Ruhe besprechen könne; so hätten wir z. B. die Lösung des Problems in Radom schon in Angriff genommen. Die Reaktionen der Gewerkschaft müßten der jeweiligen Sache angemessen sein. Je weniger Argwohn es gebe, desto besser. So sei z. B. neulich das Verschwinden irgendeines Gewerkschaftsfunktionärs an die große Glocke gehängt worden, indem man behauptete, es handle sich um eine Aktion des Innenministeriums. Der „Verschwundene" tauchte zwei Tage später wieder auf, und sein Verschwinden hatte rein privaten Charakter gehabt – ein männliches Abenteuer. Solche Fälle habe es mehrere gegeben. Irgendwo wurde ein Erhängter, irgendwo anders ein Brandopfer gefunden. Recherchen ergaben, daß das Unglücksfälle waren, wie sie nun einmal vorkommen. Man sollte also nicht wegen solcher Fälle voreilig die Stimme erheben und schon gar nicht streiken. Ich sprach von der Beachtung der Rechtsnormen. Wenn sie schlecht seien, werde man sie ändern müssen. Aber solange sie gälten, müsse man sie respektieren. Im Falle ihrer Verletzung durch Vertreter der Staatsmacht würden wir reagieren. Aber wir könnten nicht gleichgültig bleiben, wenn es in vielen Fällen zu Rechtsverletzungen durch Funktionäre der „Solidarność" käme.

Ich fuhr fort, daß eine von einem General geleitete Regierung nicht Mädchen für alles sein könne. Man könne nicht wie auf einem Vulkan leben und arbeiten. Polen sei ein großes Land mit Millionen Einwohnern, unter denen es kluge, aber auch verantwortungslose Leute gebe. Es gehe doch darum, auf verschiedene Zwischenfälle nicht nervös zu reagieren. „Ich kann", sagte ich, „natürlich nicht dafür garantieren, daß nicht irgend jemand in irgendeiner Gemeinde oder Wojewodschaft Dummheiten macht, so wie Sie nicht dafür garantieren können, daß nicht irgendeines Ihrer Gewerkschaftsmitglieder Dummheiten macht. Aber eines muß gewährleistet sein: Wenn es zu solchen Vorfällen kommt, dann darf man nicht sofort zu Gegenaktionen übergehen, sondern muß sich um einen Abbau der Spannungen bemühen." Es gebe das Komitee für Gewerkschaftsfragen mit dem Vizepremier Rakowski an der Spitze, es gebe die Interventions-Kommission der „Solidarność". Wir kamen zu dem Schluß, daß es zweckmäßig wäre, einen telefonischen „heißen Draht" zwischen einer entsprechend bevollmächtigten Zelle der „Solidarność" und dem Innenministerium einzurichten, der der operativen Vorbeugung bzw. der Ausräumung verschiedener Vorfälle dienen solle. Nach meinem Gespräch mit Wałęsa erteilte ich dem Innenministerium entsprechende Anweisungen. Der „heiße Draht" erwies sich leider als toter Draht. Bis heute vermag ich nicht zu sagen, wessen Schuld das war.

Ich wies ebenfalls darauf hin, daß Polen nicht allein auf der Welt sei. Schon 40 Jahre lang lebten wir ohne Krieg. Das müsse man zu würdigen wissen. In diesem Zusammenhang informierte ich meinen Gesprächspartner darüber, daß vom 16. bis 25. März ein großes gemeinsames Manöver der Warschauer-Pakt-Staaten stattfinden solle, Teile davon auch auf polnischem Territorium. Wir müßten gemeinsam dafür Sorge tragen, daß in dieser Zeit Ruhe im Land herrsche. Leider erschienen in einigen Publikationen der „Solidarność" unverantwortliche antisowjetische Ausfälle. So könne man das Schicksal nicht herausfordern. Wer mit einer Flasche gegen einen Panzer anrenne, sei mutig, wenn er das auf eigene Gefahr tue. Man dürfe aber nicht andere in Gefahr bringen, vor allem nicht unsere Jugend. Alle paar Jahrzehnte brenne sie auf dem Scheiterhaufen. Der letzte tragische Scheiterhaufen sei der Warschauer Aufstand gewesen.[75]

Des weiteren zeigte ich Wałęsa ein Flugblatt aus Dąbrowa Górnicza, bei dem die örtliche „Solidarność" mir Hilfe bei der Suche nach der Laterne zusagte, an der seinerzeit die Warschauer Bevölkerung die verräterischen Hochadligen aufgehängt hatte. Ich meinte, daß ein solches Flugblatt die unreife Phantasie eines jungen Menschen, dem es vielleicht in die Hände fiele, anregen könne. Möglicherweise werde er sich sogar selber auf die Suche nach der Laterne machen. Wałęsas Reaktion war bezeichnend. Man dürfe nicht mit dem Säbel rasseln. Man müsse die Probleme Schritt für Schritt ruhig und ehrlich angehen. „Ich werde alles tun", sagte er, „um diverse Exzesse zu verhindern. Ich erinnere mich an den Dezember an der Küste. Dort gab es, wie übrigens auch 1976 in Radom, Provokationen seitens der Staatsmacht, genauer gesagt der Miliz und der Sicherheitsorgane. Da es aber schon zu Massenaufläufen gekommen war, hätte halb Gdańsk in Flammen gestanden, wenn diese Sache nicht irgendwie unterbunden worden wäre. Es war ein Schock nötig. Denn die Leute, die Geschäfte, die Gebäude ... es wäre zu einer noch größeren Tragödie gekommen. Gdynia dagegen war etwas anderes. Man muß also konfliktträchtige Probleme ausräumen, Provokationen entgegenwirken." Wie man an diesen Worten sehen

[75] Aufstand der ganzen Stadt Warschau vom 1. August bis zum 2. Oktober 1944

kann, wurden wir immer noch mit Mißtrauen und mit der Überzeugung konfrontiert, daß, wenn es zu Provokationen käme, die andere Seite, also wir, die Hauptschuld trüge.

Wir befaßten uns auch mit internationalen Fragen. Ich sagte, wir könnten in vielen Dingen verschiedener Meinung sein, müßten uns aber immer vor Augen halten, daß das unsere inneren Angelegenheiten seien. Niemandem dürfe gestattet werden, sie auf den internationalen Markt zu tragen. Ich gratulierte Wałęsa zu seiner Haltung in Italien, wo er sich nicht in heikle Situationen habe hineinziehen lassen. Wałęsa überlegte, ob er eine Einladung nach Frankreich annehmen solle. Ich riet ihm davon ab. Zu jener Zeit war dort Präsidentschaftswahlkampf. Die Franzosen ihrerseits hatten die Verschiebung des Besuchs der Gewerkschaftsdelegation vorgeschlagen. Giscard d'Estaing bereitete sich auf eine zweite Amtszeit als Präsident vor. Da ich seine wohlwollende Haltung gegenüber Polen kannte, schlug ich Wałęsa vor, auf das französische Angebot einer Verschiebung des Besuchs einzugehen. Das war natürlich kein selbstloser Rat. Wir rechneten auf Finanzhilfe. Unter diesem Aspekt schien Giscard uns willkommener zu sein als der Sozialist Mitterand. Das zeigt, daß das Wohl Polens im Vordergrund stand und nicht ideologisch-politische Sympathien.

Die internationale Thematik reicherten wir mit anderen Elementen an. Die Ruhe in Polen war nicht nur unsere innere Angelegenheit. Eine Destabilisierung des Landes in einer Zeit tiefer Spaltung der Welt konnte für uns tragisch enden. Ich unterstrich die Bedeutung der sowjetischen Garantien für die Sicherheit unserer Westgrenze. Auf uns laste die historische Verantwortung für die Erhaltung Polens in seiner jetzigen Gestalt, mit einem breiten Zugang zum Meer, auf den wir fast tausend Jahre hätten warten müssen.

Von großer Wichtigkeit seien die Wirtschaftsbeziehungen zu Moskau. Wir sollten uns um sie kümmern, denn die Sowjetunion sei ein stabiler Partner. Als Beispiel führte ich das Erdölproblem an. Es genüge, daß man den Schah stürze, daß irgendein Scheich durchdrehe, daß Saudi-Arabien die Preise erhöhe –, und schon gebe es in der ganzen Welt große Schwierigkeiten. Bis jetzt hätten wir Ruhe an der Erdölfront. Bei dieser Gelegenheit kam ich auf die antisowjetische Kampagne zu sprechen, erinnerte an die weitverbreitete Karikatur Breschnews, die ihn als bedrohlichen Bären zeigte. „Herr General, ich werde diese Teddybären erlegen", sagte Wałęsa lachend. Dann sprach er über die Schwierigkeiten, die Zeitung „Tygodnik Solidarnośći" („Wochenzeitung der ‚Solidarność'") herauszubringen. Auf dieses Thema kam er noch mehrmals zurück. Ich wußte, daß es eine positive Entscheidung gab, Schwierigkeiten hatte mir niemand signalisiert. Auch Wałęsa war nicht über alle Einzelheiten unterrichtet. Wir klärten das im weiteren Verlauf des Treffens, schon in größerer Runde.

Hinsichtlich der wirtschaftlichen Zusammenarbeit erinnerte Wałęsa daran, daß die Menschen weniger verdienten, wenn sie Schiffe für die Sowjetunion bauten. Wenn sie die Schiffe dagegen für den Westen bauten, verdienten sie mehr. Die Umrechnungsfaktoren seien deshalb für uns ungünstig. Ich erklärte, daß man das nicht selektiv, sondern nur im Rahmen des gesamten Handelsaustausches bewerten könne. Wir importierten aus der UdSSR viele Rohstoffe unter dem Weltmarktpreis. Nur eine Per-Saldo-Rechnung ergebe ein Bild davon, was vorteilhaft sei und was nicht.

Ich wechselte das Thema und kam auf einen Artikel in der „New York Times" zu sprechen, in dem die Situation Polens mit einem Boxring verglichen wurde. Regierung und „Solidarność" stünden in zwei einander gegenüberliegenden Ecken. Wir dürften es, meinte ich, nicht zum Kampf kommen lassen, trügen wir doch schon seit Monaten eine gemeinsame Verantwortung. Wir brauchten Ruhe und Arbeit. Wałęsa erwiderte, daß er auch gern an die Arbeiter appellieren würde, besser zu arbeiten und die Streiks zu beenden, aber daran hinderten ihn die Konflikte, besonders in Łódź und in Radom. Er kündigte an, daß er seine Leute auf Vordermann bringen und alles tun werde, selbst wenn er – wie er es ausdrückte – seine eigene Sache dabei verspielen würde. Ich antwortete ehrlich, daß er auf keinen Fall verlieren dürfe.

Ich sah in ihm einen wirklichen Arbeiterführer, der Chancen hatte, die „Solidarność" zu steuern, so daß sie sich zu einer mächtigen Gewerkschaft würde entwickeln können, deren besonderer Status sich prinzipiell vom bisherigen, für sozialistische Länder typischen Modell unterschied, ohne deshalb den Rahmen der Gesellschaftsordnung zu verlassen. Die Zukunft sollte zeigen, daß das aus verschiedenen Gründen eine unrealistische Annahme war.

Ich wies darauf hin, daß die „Solidarność" finanzielle Hilfe aus dem Ausland erhielte. Wałęsas Reaktion war entwaffnend: „Wir brauchen keine Dollar anzunehmen, wir können Mais, Dünger oder was Sie sonst noch wollen nehmen. Im Gespräch mit Herrn Kania habe ich einmal gesagt, daß ich von einem Feind alles und sogar noch mehr annehmen würde, um ihn zu schwächen." Das war ein recht humoristischer Abschnitt unseres Gesprächs.

Ich ermunterte Wałęsa zur Aufnahme eines Dialogs mit dem Vorsitzenden der Branchengewerkschaften,[76] Albin Szyszka. Die Branchengewerkschaften sähen die Möglichkeit einer Zusammenarbeit, wollten sich mit der „Solidarność" an einen Tisch setzen. Wałęsa war von diesem Vorschlag nicht angetan. Er sagte, die Branchengewerkschaften störten, seien unkultiviert und hätten überdies den Premier Pińkowski auf eine so unschöne Weise attackiert. Das erschien mir ziemlich seltsam: Die „Solidarność" nahm einen ehemaligen Premier in Schutz. Ich spürte jedoch den guten Willen Wałęsas. Mit Überzeugung behauptete er, daß wir aus den gegenwärtigen Schwierigkeiten herauskommen würden, daß er meine Rolle und die Möglichkeiten, die

[76] Nachdem die „Solidarność" entstanden war, reorganisierte sich die bis dahin zentralistische kommunistische Einheitsgewerkschaft zu Branchengewerkschaften, die ein Gegengewicht zur „Solidarność" bilden sollten, was jedoch nicht gelang (s. auch Anm. 92).

sich besonders aus meinem hohen Ansehen beim Militär ergäben, zu würdigen wisse. Er habe Vertrauen zu mir, glaube mir und sei bereit, das zu tun, was ich für notwendig hielte. Ich erwiderte ihm, daß es eine historische Tat wäre, wenn es uns gelänge, Polen aus der gegenwärtigen Sackgasse herauszuführen. Andernfalls würden die Menschen uns verfluchen.

Gegen Ende des Gesprächs schlug Wałęsa vor, in Kürze ein Treffen zwischen mir und dem Landesausschuß der „Solidarność" herbeizuführen. Ich nahm diesen Vorschlag an. Bis heute empfinde ich Bitterkeit und Traurigkeit bei dem Gedanken, daß es wirklich zu diesem Treffen gekommen wäre, hätte es nicht die Ereignisse in Bydgoszcz gegeben, die der sich abzeichnenden guten Richtung von gegenseitigem Verständnis und Zusammenarbeit einen Rückschlag versetzten.

Insgesamt fand dieses erste, lange Gespräch zwischen uns in dieser konzilianten und wohlwollenden Atmosphäre statt. Wenn ich heute daran zurückdenke, fällt mir auf, wie weit wir uns von jener Zeit entfernt haben, wie sich die Welt verändert hat, wie sich unser aller Situation verändert hat. Wahrscheinlich hat Wałęsa in seinen kühnsten Erwartungen nicht vorausgesehen, was kommen würde, was er durchmachen und was aus ihm werden würde. Ich meinerseits verwarf den Gedanken daran, daß es uns mißlingen könnte, die damaligen Probleme zu lösen, daß es zu dramatischen Ereignissen kommen könnte, daß das Volk in so kurzer Zeit so viel durchmachen würde.

Während des Gesprächs klagte Wałęsa über Kopfschmerzen. Ich sah, daß er müde war. Trotzdem wollte er zum Schluß noch den im Nebenraum wartenden Marian Jurczyk sehen. Ich erinnerte daran, daß sich Jurczyk nicht allzu taktvoll über den Auftritt von Stanisław Kania auf dem XXVI. Parteitag der KPdSU geäußert hatte, und meinte, Kania sei ein guter Patriot, der die Interessen unseres Landes verteidige, weswegen die von Jurczyk gebrauchten Formulierungen unangemessen und ungerecht seien. Wałęsa gab mir recht. Er habe Jurczyk selbst darauf hingewiesen. Er bat mich, ihn dennoch zu empfangen, denn das könne der weiteren Zusammenarbeit zwischen ihm und Jurczyk dienlich sein. Schon damals bemerkte ich, daß zwischen Wałęsa und Jurczyk die Meinungsverschiedenheiten wuchsen; später bestätigte sich dieser Eindruck.

An dem Gespräch mit Marian Jurczyk nahmen außerdem Rakowski, Ciosek und, ich glaube, Celiński teil. Anwesend war auch eine schöne schwarzhaarige Frau, Bożena Rybicka, die damalige Sekretärin Wałęsas. Jurczyk sah sehr jung aus, obwohl er beim Hereinkommen sagte, daß er schon 46 Jahre sei und graue Schläfen habe, als wolle er auf diese Weise seinen Lebensernst und seine Erfahrung unterstreichen. Nach der Begrüßung informierte ich die neu Hinzugekommenen über die Hauptthemen des gerade zu Ende gegangenen Gesprächs. Wałęsa bestätigte und ergänzte meine Ausführungen. Er sprach von der Notwendigkeit gemeinsamen Handelns im Geiste der Feststellungen, zu denen wir gelangt seien.

Als ich Jurczyk begrüßte, erinnerte ich daran, daß er als Soldat einmal in der 12. Mechanisierten Division gedient hatte, an deren Spitze ich in der zweiten Hälfte der 50er Jahre gestanden hatte. Jurczyk äußerte Befriedigung über das Treffen mit mir. Dann schlug er pathetische Töne an. „Wir sind alle Polen, essen polnisches Brot, Polen ist unsere Mutter, laßt uns zum Wohl des Vaterlandes zusammenarbeiten." Danach sprach er über beunruhigende Ereignisse, besonders darüber, daß zwei Gewerkschaftsmitglieder aus Stargard Szczeciński entführt und verprügelt worden seien. Er hatte die Miliz in Verdacht. Dabei bemerkte er, daß die Zusammenarbeit mit den Wojewodschaftsbehörden keinen Anlaß zur Klage gebe, aber der Zwischenfall in Stargard habe diese Zusammenarbeit gestört. Vizepremier Rakowski und Minister Ciosek informierten ihn darüber, daß die Sache untersucht werde, daß wir in solchen Situationen nicht untätig bleiben würden. In Anknüpfung an das Gespräch mit Wałęsa schlug ich vor, nicht voreilig zu reagieren. Schließlich käme es auch gegenüber Parteimitgliedern und Vertretern der Verwaltungsorgane zu Exzessen verschiedener Art. Wir bräuchten Ruhe, aber die fiele nicht wie ein Geschenk vom Himmel. Wir müßten allem entgegentreten, was das gegenseitige Verständnis und Vertrauen störe. Ich äußerte mich kritisch zu einigen Artikeln, die in der von der Szczeciner „Solidarność" herausgegebenen Zeitung „Jedność" („Einheit") erschienen waren. Darin wurde u. a. in scharfer Form der Militärdienst von Hochschulabsolventen kritisiert. Ich merkte an, daß man über die Armee, über die Arbeit des Soldaten mit größerem Verständnis schreiben müsse. Schließlich würden die Anwesenden diese Arbeit doch gut kennen.

Jurczyk sprach auch über seine Beobachtungen während seines Frankreich-Besuchs, wo er sich mit der dortigen Werftindustrie vertraut gemacht hatte. Zwar seien die Arbeitsbedingungen bei uns schlechter, aber wir brauchten uns nicht zu schämen. Unsere Werftindustrie sei gut, obwohl es beim Produktionsprozeß verschiedene Schwächen gebe. Nicht alle Vorarbeiter, Meister und Direktoren seien ihrer Aufgabe gewachsen. Später sagte er – und Wałęsa bestätigte das –, daß man die Rolle der Arbeiterselbstverwaltungsorgane stärken müsse. Wie anders stellt sich heute dieses Problem dar!

Ciosek nahm Stellung zu konkreten Fragen. Er informierte uns u. a. darüber, daß drei der entlassenen Krankenhausmitarbeiter des Innenministeriums an ihre Arbeitsplätze zurückgekehrt seien. Gleichzeitig wies er darauf hin, wie kompliziert das Problem der Bildung von Gewerkschaften im Innenministerium und im Militär sei. Es wäre gut, fuhr er fort, ein Modell zur Lösung der strittigen Fragen auszuarbeiten, das der politischen Kultur entspräche. Jetzt sei es in Radom z. B. ruhig geworden, aber in Łódź sei die Situation immer noch angespannt. In Katowice tue sich etwas, und auch in Gdańsk komme etwas in Bewegung. Wałęsa bestätigte, daß es leichte Bewegung gebe. Wir wüßten, wer und was sich bewegt. Morgen oder übermorgen werde dieses Thema vom Tisch sein. Aber wenn er jetzt nach Łódź fahren müßte, könnte er den Brand nicht löschen. Wenn ich heute mit meinen Gedanken in jene Zeit zurückgehe, dann sehe ich, wie schwer wir es hatten, wie wir ständig vom „Brodeln" in der Gesellschaft begleitet waren. Rakowski, der seine Unterstützung für die Gründung der Zeitschrift „Tygodnik Solidarnośći" bekräftigte, erinnerte an Schwierigkeiten auf lokaler Ebene. In einer Redaktionssitzung der „Solidarność" seien für die Herstellung der Zeitung Räume vorgesehen worden, die jetzt von der „Solidarność"-Region Masowien belegt würden, für die inzwischen ein anderes Gebäude gefunden worden sei. Dieses wollten jedoch die bisherigen Nutzer, darunter auch die Betriebskommission der „Solidarność", nicht räumen. In diesem Zusammenhang lohnt es, sich daran zu erinnern, daß die sich stürmisch entwickelnde Gewerkschaft damals riesigen Bedarf hatte. Sie beschäftigte rund 40 000 Mitarbeiter.

Weiter sprach Rakowski – mit Bedauern und Beunruhigung – von verschiedenen, eher kleinen Zwischenfällen, die ungebührlich aufgebauscht worden seien und zu Spannungen geführt hätten. „Schaut, was sich in der Welt tut. Ganz Europa schreit: Die 90 Tage des Generals wurden gestört."[77] Als Beispiel führte er ein Treffen mit Wählern in Sieradz an, wohin eine Delegation der Region Lubusz[78] gekommen sei. „Die Delegation setzte ihm die Pistole auf die Brust" und verlangte Verhandlungen unter den Augen von 300 Menschen. Unter solchen Bedingungen kann man nicht reden. Und dann hieß es im Gewerkschaftsbulletin, daß der Vizepremier sich arrogant benommen habe. Er erinnerte an den von ihm verfaßten Artikel „Den Partner achten" und sagte, auch die andere Seite müsse den Partner achten.

Insgesamt dauerte das Gespräch rund eine Stunde. Es dominierte – so empfand ich es – der Wille zu gegenseitigem Verständnis, das Bewußtsein, daß man nach Mechanismen suchen müsse, die es erlaubten, Spannungen zu vermeiden. Wir verabschiedeten uns freundschaftlich. Lech Wałęsa machte auf mich insgesamt einen guten Eindruck – ein wenig rauh, aber wacker, realistisch denkend, mit schnellen Reflexen und einem Sinn für Humor. Ich bedaure, daß ich nicht darauf vorbereitet war, die Gäste mit einem Abendessen zu bewirten.

Dieses Gespräch hinterließ bei mir ein Gefühl der Hoffnung. Mit Rakowski und Ciosek kam ich zu dem Schluß, daß dies die Eröffnung einer neuen, wichtigen Etappe sein könnte. Leider entwickelten sich die Dinge schon bald in eine andere Richtung.

---

[77] Gemeint ist hier offensichtlich, daß die 90 ruhigen Tage, um die Jaruzelski gebeten hatte (s. S. 45), ihm von den Gewerkschaften nicht gewährt worden waren.

[78] Historisches polnisches Gebiet zwischen Schlesien und Pommern, benannt nach seiner Hauptstadt Lubusz, die heute als Lebus (nördl. von Frankfurt an der Oder gelegen) wieder zu Deutschland gehört.

KAPITEL 8

Rückschlag in Bydgoszcz

Vom Parteitag der KPdSU kehrte ich in ein etwas ruhigeres Land zurück, obwohl von Zeit zu Zeit noch lokale Streiks aufflammten. Die 90tägige Ruhe, um die ich gebeten hatte, war schon verletzt worden, dennoch war mein diesbezüglicher Appell nach wie vor aktuell. Und da hing plötzlich die Drohung eines Generalstreiks über dem Land. Am 19. März wurde Polen von der sogenannten Angelegenheit Bydgoszcz erschüttert.

Am 16. März 1981 drang in Bydgoszcz eine Gruppe des Unabhängigen Gewerkschaftsbundes „Solidarność" der Privatbauern in das Gebäude des Wojewodschaftskomitees der Vereinigten Volkspartei ein und rief einen unbefristeten Besetzerstreik aus. An der Spitze des Streikkomitees stand Michał Bartoszcze. Die Streikenden stellten viele Forderungen auf. Unter anderem verlangten sie die Anerkennung des Unabhängigen Gewerkschaftsbundes „Solidarność" der Privatbauern als berufliche und gesellschaftliche Vertretung der Bauern, die Übergabe der gesamten bäuerlichen Fonds in die Verfügungsgewalt der bäuerlichen Selbstverwaltung sowie eine Garantie für die persönliche Sicherheit der Streikenden. Am 17. März benannte sich das Streikkomitee in „Gesamtpolnisches Streikkomitee des Unabhängigen Gewerkschaftsbundes ‚Solidarność' der Privatbauern" um.

Die Streikenden wollten ihre Forderungen auf der Plenarsitzung des Wojewodschaftsrates vorbringen, die am 19. März stattfinden sollte. Die Tagesordnung sah u. a. die Beratung der Entwürfe des Wirtschaftsplans und des Haushalts sowie von Petitionen und unabhängigen Anträgen vor. Mit dem Präsidium des Wojewodschaftsrates war vereinbart worden, daß 6 Vertreter des Streikkomitees an der Sitzung teilnehmen sollten. Es kamen zu der Sitzung jedoch nicht 6, sondern 30 Vertreter mit Jan Rulewski an der Spitze. Die ganze Gruppe wurde in den Beratungssaal eingelassen. Am Vortag, also am 18. März, waren an die großen Betriebe in Bydgoszcz Telexe verschickt worden, in denen die Betriebe dazu aufgerufen wurden, am Tag der Sitzung des Wojewodschaftsrates mit ihren Delegationen vor dem Sitzungsgebäude zu erscheinen. Es ging darum, auf diese Weise größeren Druck auf die Wojewodschaftsbehörden auszuüben. Als Reaktion auf diesen Aufruf liefen am 19. März vor dem Gebäude des Wojewodschaftsrates Scharen von Menschen zusammen.

Während der Sitzung wurde der Antrag gestellt, die Beratungen des Wojewodschaftsrates zu vertagen, da die Vielzahl der eingebrachten Petitionen die Entwürfe für den Wirtschaftsplan und den Haushalt beeinflussen könnten. Dieser Antrag wurde bei 4 Enthaltungen angenommen. Trotzdem blieben 45

Ratsmitglieder sowie die Vertreter des Zwischenbetrieblichen Belegschafts-komitees MZK im Saal. Gegen 18 Uhr wurde eine gemeinsame Erklärung unterzeichnet, in der festgelegt wurde, daß auf der nächsten Sitzung des Rates die Vertreter des MZK die Möglichkeit haben würden, ihre Forderungen vor-zubringen. Trotzdem verließen die Vertreter des MZK nicht den Saal. Aus den Berichten von Augenzeugen ging hervor, daß sie Schlafsäcke und Kleidung zum Wechseln bei sich hatten.

Der Stellvertretende Wojewode Roman Bąk sowie der herbeigerufene Staatsanwalt bemühten sich, die Vertreter des MZK zum Verlassen des Ge-bäudes zu bewegen. Man versuchte das mehrmals mit gutem Zureden, was übri-gens in der vom Fernsehen gesendeten Aufzeichnung zu sehen ist. Aber alles ohne Erfolg. Dann wurden die Ordnungskräfte gerufen. Der Major der Miliz wiederholte den Appell zum Verlassen des Gebäudes. Rulewski bat um eine Verlängerung des Aufenthalts von 15 Minuten, womit sich der Major einver-standen erklärte. Nach Ablauf dieser Frist bat Rulewski um weitere 15 Minuten, und auch diese Bitte wurde erfüllt. Ebenso ein drittes Mal. Schließlich, nach der letzten Aufforderung, verließ ein Teil der Gruppe den Saal. Ein anderer Teil lei-stete Widerstand. Es kam zu Raufereien innerhalb, vor allem aber außerhalb des Saales. Einige Funktionäre der „Solidarność" wurden verletzt ins Kranken-haus eingeliefert.

Am nächsten Tag riefen das MZK des Unabhängigen Gewerkschafts-verbandes „Solidarność" und die Bauern-„Solidarność" zur Streikbereitschaft in der Wojewodschaft Bydgoszcz auf und richteten an den Landesausschuß der Unabhängigen Gewerkschaft „Solidarność" die Aufforderung, in ganz Polen einen Generalstreik auszurufen. (Anm. der Redaktion aufgrund veröf-fentlichter Quellen.)

Ich möchte mich nicht der Aufgabe entziehen, zu den Ereignissen Stellung zu nehmen. Der obige Bericht ist lediglich eine kurze Beschreibung der Vorfälle. Wie man weiß, hat sich bis heute kein zuverlässiger Chronist dieser Begeben-heiten gefunden. Im Gegenteil, die Mehrheit der Kommentatoren stimmt darin überein, daß ihr Ablauf einen zweideutigen Eindruck machte.

Ich will keinen Hehl daraus machen, daß das verblüffende Zusammen-treffen folgender Umstände mir sehr zu denken gab. Anfang März wurde offiziell angekündigt, daß Mitte des Monats ein großes Manöver der Trup-pen des Warschauer Pakts unter der Bezeichnung „Sojus-81" stattfinden sollte. Es begann am 16. März auf dem Territorium Polens und seiner Nach-barstaaten. Und ausgerechnet an diesem Tag begann die Besetzung des Ge-bäudes des Wojewodschaftskomitees der Vereinigten Volkspartei; als näch-stes faßte am 17. März der Landesausschuß der „Solidarność" den Beschluß, ein Netzwerk der Betriebsorganisationen der „Solidarność" zu bilden, und schließlich kam es am 19. März zu den Ereignissen im Gebäude des Woje-wodschaftsrates. Hatte man es da mit äußerster Leichtsinnigkeit zu tun, oder waren dunkle Kräfte am Werk?

Der der „Solidarność" angehörende Historiker Professor Jerzy Holzer schreibt in seinem Buch, daß eine – nicht näher bezeichnete – Person verhinderte, daß an Rulewski, der sich im Gebäude des Wojewodschaftsrates aufhielt, ein Telegramm des Präsidiums des Landesausschusses übergeben wurde, in dem die Funktionäre von Bydgoszcz angeblich zum Verlassen des Beratungssaals aufgefordert wurden. Wie viele Unbekannte verbergen sich in diesem einzigen Satz!

Auch Lech Wałęsa hat – in einem Interview für die Zeitung „Sztandar Młodych"[79] – unterstrichen, daß die damaligen Ereignisse nicht aufgeklärt seien. Es ist bekannt, daß er selbst zweimal mit Rulewski telefonierte, ihn bat, Vernunft anzunehmen und den Saal zu verlassen; darüber schreibt er in seinem Buch „Droga nadziei" („Der Weg der Hoffnung"). In demselben Buch berichtet Andrzej Celiński folgendes: „(...) es gab vier Gespräche zwischen Gdańsk und Bydgoszcz, in denen zweimal Rulewski der Gesprächspartner Wałęsas war, danach Gotowski und schließlich niemand mehr. Am dritten Gespräch nahm Gotowski teil, weil Rulewski sich geweigert hatte, ans Telefon zu gehen. Wałęsa wollte Rulewski von Anfang an dazu überreden, den Saal zu verlassen, aber Rulewski sträubte sich dagegen. (...) Für Wałęsas Verhältnisse war der Druck, den er auf Rulewski ausübte, sehr stark. In anderen Angelegenheiten hielt sich Wałęsa viel stärker zurück."

Ich forderte Informationen aus dem Innenministerium und von der Militärpolizei an. Eine staatsanwaltschaftliche Untersuchung wurde eingeleitet. Eine Sonderkommission unter Leitung des Justizministers, Professor Jerzy Bafia, fuhr nach Bydgoszcz. Sie erstellte einen Bericht über den Verlauf der Ereignisse, der übrigens in einigen Punkten durch den Landesausschuß der „Solidarność" in Zweifel gezogen wurde. Unklarheiten ergaben sich daraus, daß die Sitzung des Wojewodschaftsrates abgebrochen wurde, bevor die Tagesordnung durchgearbeitet war. Die Funktionäre der „Solidarność" hatten erkannt, daß ihnen durch diese Vorgehensweise – entgegen allen früheren Absprachen – die Möglichkeit genommen worden war, das Wort zu ergreifen und einen unabhängigen Antrag zu stellen.

Trotzdem war die Entfernung der Delegation aus dem Gebäude begründet. Die Vertreter der Wojewodschaftsbehörden hatten wohl Angst vor einer Besetzungsaktion im Gebäude des Wojewodschaftsrates. Diese Variante war übrigens erwogen worden, woran auch Jerzy Holzer erinnert. Sie wurde zwar – wie behauptet wird – verworfen, aber vergessen wir nicht, daß damals beinahe niemand mehr dem anderen glaubte. Außerdem war zwei Tage zuvor das Wojewodschaftskomitee der Vereinigten Volkspartei besetzt worden. Das alles ballte sich da zusammen. Wer dann im Fernsehen Ausschnitte aus den Ereignissen sah, erkannte auch, daß sich Rulewski gegenüber dem Vizewojewoden aggressiv verhielt, ihm sogar sagte: „Sie sind

---

[79] Dt. „Jugendbanner". Seit 1950 in Warschau erscheinende Jugendzeitung, wurde in den 90er Jahren zu einer Zeitung für alle Leserkreise.

schon kein Wojewode mehr", ebenso gegenüber der Staatsanwaltschaft und dem Major der Miliz, die beide viele Male an die Gruppe appellierten, das Gebäude zu verlassen.

Leider weiß ich über diese Angelegenheit heute nicht viel mehr als damals. Alle Versionen sind gleichermaßen wahrscheinlich. Die „Solidarność" erkannte, daß sie der Vorfall in Bydgoszcz unmittelbar bedrohte. Für die Staatsmacht war Bydgoszcz ein Symptom der wachsenden Aggressivität seitens des radikalen Teils der Gewerkschaft, ein Aufruf zur Schaffung einer Atmosphäre der Konfrontation. Nichtsdestoweniger verletzte die Art und Weise, wie dieser Konflikt gelöst wurde – ich will dahingestellt sein lassen, ob sie formal gerechtfertigt war oder nicht –, das von uns als grundlegend anerkannte Prinzip des Handelns als Koalitionspartner. Und in diesem Sinne halte ich auch Kritik an uns, der Staatsmacht, für gerechtfertigt.

Die Öffentlichkeit reagierte sehr sensibel auf die Ereignisse von Bydgoszcz. Ungeheure Spannung baute sich auf. Jan Olszewski verglich die Situation mit derjenigen unmittelbar vor dem Januaraufstand.[80] In einigen Dutzend Städten wurden Proteststreiks ausgerufen oder angekündigt.

Zur damaligen Zeit nahm jeder Zwischenfall horrende Ausmaße an. Alle wurden wir zu Gefangenen dieses anormalen Zustands. Das gegenseitige Mißtrauen nahm geradezu krankhafte Ausmaße an. Zwei Worte machten Karriere: „Provokation" und „Manipulation" – was man selbstverständlich immer der Gegenseite unterstellte. Wem konnte an einer Provokation gelegen sein? Um es auf einen ganz kurzen Nenner zu bringen – denjenigen, deren Denken ausschließlich von dem Muster ‚Wer-wen?' bestimmt war.

In dieser Situation traf ich mich zum zweitenmal mit Lech Wałęsa. Diesmal fand das Treffen im Regierungshotel in der Parkowa-Straße statt. Ich erinnere mich daran, daß es Sonntag, der 22. März war. Ich kam gerade aus dem Manöver „Sojus-81" zurück, weswegen ich mich etwas verspätet hatte und mir nicht einmal Zeit geblieben war, mich umzuziehen. Ich trug also Dienstuniform und lange Stiefel. Erst später wurde mir klar, daß dieser Aufzug in der damaligen angespannten Situation provokativ wirken konnte.

Beide hatten wir noch den optimistischen Ton unseres ersten Gesprächs in Erinnerung, das vor kaum zwei Wochen stattgefunden hatte, und deshalb hatte keiner von uns eine so abrupte und ungünstige Wende der Ereignisse erwartet. Die Atmosphäre des nicht sehr langen Gesprächs war teilweise von Nervosität geprägt. Wałęsa war offensichtlich innerlich aufgewühlt und gereizt. Die Situation sah bedrohlich aus. Außerdem waren wir

---

[80] S. Anm. 52.

[81] Viktor G. Kulikow, geb. 1921, sowjetischer Militär, 1969-71 Oberkommandierender der Gruppe der Sowjetischen Streitkräfte in Deutschland, 1971-77 Generalstabschef der Sowjetunion, 1977-89 Oberkommandierender der Vereinigten Streitkräfte des Warschauer Pakts.

beide in Eile. Auch ich war innerlich angespannt. Gewöhnlich verschaffte mir der Aufenthalt im Übungsgelände, im Manöver Entspannung, weil ich mich dort in meinem Element fühlte. Diesmal reagierte ich anders, fühlte ich eine unterschwellige Spannung. Ich beobachtete Teile des Manövers auf dem Übungsgelände Świetoszów. Bevor ich vom Flughafen der Nordgruppe der Streitkräfte in Stara Kopernia nach Warschau zurückflog, sprach ich mit Kulikow[81] und den Ministern Heinz Hoffmann und Martin Dzur[82]. Sie wiederholten immer dieselben Meinungen und Warnungen. Wenn die Sache nicht so ernst wäre, könnte man sagen „bis zum Erbrechen".

Aber zurück zum Gespräch mit Wałęsa.

Wałęsa legte seine Ansichten und Überlegungen zu den Ereignissen in Bydgoszcz dar, ich meinerseits die Informationen, über die ich verfügte. Jeder von uns hatte eine teilweise andere Version. Es ist verständlich, daß Wałęsa nicht gleichgültig bleiben konnte, besonders was die Tatsache betraf, daß Gewerkschafter geschlagen worden waren. Auch sein Prestige als Gewerkschaftsführer stand auf dem Spiel. Er äußerte sich deshalb scharf und kritisch über das Vorgehen der Behörden. Bei dieser Gelegenheit kam er auf verschiedene Vorfälle in der Vergangenheit zurück. Dafür revanchierte ich mich mit Informationen über anarchische Handlungen vieler „Solidarność"-Zellen. Wałęsa erklärte, daß er sich bemühe, die Situation unter Kontrolle zu halten, die Spannung aber groß sei. Obwohl wir unterschiedlicher Ansicht darüber waren, wie es zu der Situation in Bydgoszcz gekommen sei, verband uns das Bewußtsein, daß wir uns in einer scharfen Kurve befanden. Beide brachten wir unsere Beunruhigung zum Ausdruck.

Ich informierte Wałęsa auch über die Manöver des Warschauer Pakts und wies darauf hin, daß die verbündeten Regierungen und Armeen die Situation in Bydgoszcz aufmerksam beobachteten. Ich bat Wałęsa, ich appellierte an ihn, die Ereignisse kühl zu bewerten, die Emotionen zu beruhigen. Wir könnten nicht zulassen, daß dieser Zwischenfall zu unabsehbaren Folgen führe. Wir müßten uns aus der Falle befreien, in die uns diese Ereignisse hineingestoßen hätten. Ich versicherte ihm, daß ich persönlich an der Klärung der Angelegenheit interessiert sei, daß ich alles unternehmen würde, um zu verhindern, daß die weitere Zusammenarbeit zwischen Regierung und Gewerkschaften davon belastet würde. Leider gelang es der Regierungskommission unter Leitung von Professor Bafia nicht, die Umstände aufzuklären, unter denen es zur Verprügelung der Gewerkschafter gekommen war. Wer wann wen warum womit wie geschlagen hatte – das war in der damaligen Situation wirklich schwer zu entwirren.

Bis heute bin ich der Meinung, daß die Hauptschuld am ersten Teil der Ereignisse die „Solidarność" trifft. Die gewaltsame Entfernung von Bauern, unter denen sich auch Abgeordnete befanden, aus dem Gebäude des Landwirtschaftsministeriums im Jahre 1990 bestätigt, daß nicht nur die alte

[82] Damalige Verteidigungsminister der DDR bzw. der Tschechoslowakei.

Staatsmacht solche Mittel anwandte. Für die Prügelei aber tragen die Ordnungskräfte und somit die Staatsmacht die Verantwortung.

Bis heute schließe ich nicht aus, daß irgend jemand an gerade dieser Entwicklung des Vorfalls interessiert war. Ich kann aber ebensowenig ausschließen, daß die Verprügelung einen, sagen wir, spontanen Charakter hatte. Es kam zu einer Rauferei. Die Milizionäre wurden gereizt und benutzten die Gelegenheit, um in einem dunklen Korridor jemanden zu verprügeln.

Lech Wałęsa und ich waren uns bewußt, daß auf beiden Seiten die extremen Kräfte bis zum Äußersten gehen würden. Ich muß anerkennend hervorheben, daß Wałęsa während des Zwischenfalls in Bydgoszcz sehr verantwortungsvoll reagierte. Trotzdem stellte er unter dem Einfluß der wachsenden emotionalen Hitze vor allem Forderungen an die Staatsmacht. Mit solchen Forderungen wurde er von seiner Umgebung eingedeckt. Auf der Sitzung des Landesausschusses warf er jedoch seine Autorität in die Waagschale. Dort dominierte die Bereitschaft zur sofortigen Ausrufung eines Generalstreiks. Wałęsa dagegen setzte – sogar unter Verletzung demokratischer Spielregeln, was ihm verübelt wurde – die Entscheidung durch, daß es lediglich einen Warn- oder Proteststreik geben solle. Die Ausrufung eines Generalstreiks wurde von der weiteren Entwicklung der Situation abhängig gemacht.

Glücklicherweise kam es nicht dazu. In extremen Situationen kann es leicht zu einer Explosion kommen. Auslöser des Ersten Weltkrieges war die Ermordung des Thronfolgers Franz Ferdinand in Sarajewo. Toutes proportions gardées – durch die Verprügelung von Rulewski hätte Polen in Brand geraten können. Dieses Mal wurden die Polen jedoch „vor dem Schaden klug".[83] Trotzdem sah die Zukunft nicht rosig aus.

Im Gespräch mit dem Vorsitzenden der „Solidarność" zeigten sich noch zwei bemerkenswerte Elemente. Unsere Geheimdienste hatten in Italien journalistische Materialien ergattert, die in der Absicht fabriziert worden waren, sie in bösartiger Weise gegen Wałęsa zu verwenden. Ich benutzte mein Treffen mit Wałęsa als Gelegenheit, ihm diese Materialien zu übergeben. Gleichzeitig versicherte ich ihm, alles tun zu wollen, damit sich niemand dieser Materialien bediene. Das war von meiner Seite einfach eine menschliche Regung, ein Ausdruck der Sympathie, durch die wir, wie ich glaube, wie mit einem Faden verbunden waren.

Und nun zur zweiten, ernsteren Sache. Wałęsa sah voraus, daß die Entwicklung der Situation früher oder später zu außerordentlichen Lösungen führen konnte. Er bat mich deshalb, ihn zu informieren, wenn ein solcher Moment in greifbare Nähe gerückt sei. Das versprach ich ihm. Nach dem 13. Dezember hatte er das Recht, mir Vorwürfe zu machen, weil ich mein Versprechen nicht gehalten hatte. Warum kam es so? Es hatte doch zwi-

[83] Anspielung auf das polnische Sprichwort: „Polak jest mądry po szkodzie" – „Ein Pole wird (erst) nach dem Schaden klug".

schen März und Dezember mehrfach brenzlige Situationen gegeben. Aber erst Ende November, Anfang Dezember ballten sich die Gefahrenmomente bis zum äußersten zusammen. Und in eben diesem Moment, d. h. auf dem VI. Plenum des Zentralkomitees der PVAP, warnte ich zwar zum wiederholten Male, aber doch zum erstenmal in dieser eindeutigen Form, öffentlich vor der Möglichkeit einer Lösung in Form des „Kriegsrechts". Wie man weiß, war das Echo nicht ermutigend. Vollständig fühlte ich mich jedoch erst am 4. Dezember 1981 von meinem Versprechen entbunden; an diesem Tag hielt das Präsidium des Landesausschusses in Radom eine Sitzung ab.

Auf diese Angelegenheit kam ich in meinem Gespräch mit Staatspräsident Wałęsa Ende Dezember 1990 zurück. Ich hatte den Eindruck, daß wir uns verstanden hatten.

Ich nehme den Faden wieder auf. Wir kamen überein, dieses unser zweites Treffen vertraulich zu behandeln und kein Kommuniqué zu veröffentlichen. Ich sah, daß Wałęsa unzufrieden war. Auch ich war voller Unruhe. Im Land brodelte es. Die Hoffnung auf 90 ruhige Tage, die zuvor schon vielfach untergraben worden war, war jetzt gänzlich zunichte gemacht worden. Die Kalender-Uhr General Janiszewskis war nur noch Makulatur.

Und noch einige allgemeinere Überlegungen. Es gibt eine alte russische Redensart: „Posle draki kulakami nje maschut" – „Nach einer Rauferei fuchtelt man nicht mit den Fäusten". Sogar heute kann man in verschiedenen, von radikalen Vertretern der „Solidarność" geschriebenen Publikationen noch die Meinung finden, daß man damals hätte Druck ausüben, „aufs Ganze gehen" müssen ... Damals war – nach Meinung der Vertreter dieser Ansicht – die Zeit, in der die „Solidarność" den Höhepunkt ihres Organisationsgrades und ihrer Durchschlagskraft erreicht hatte und in der Gesellschaft die stärksten Emotionen erzeugte. In solchem Maße habe man die Gesellschaft später nie mehr anheizen können. Hätte man seinerzeit also einen Generalstreik ausgerufen, wäre der Sturz der Regierung möglich gewesen. Über die Temperatur von Stimmungen und Emotionen möchte ich hier nicht weiter diskutieren, da ich über kein entsprechendes Thermometer verfüge. Ich weiß aber, daß die Fieberkurve im Laufe des Jahres 1981 im allgemeinen nach oben wies.

Der Versuch einer Machtübernahme durch die Opposition hätte damals zu einem fürchterlichen Konflikt geführt. Die Ereignisse hatten einen leidenschaftlichen, nicht steuerbaren Charakter und drohten deshalb in ein komplettes Chaos zu münden. Sie waren wie Flutwellen: mit hoher Zerstörungskraft, aber nicht imstande, irgend etwas aufzubauen. Dessen war sich auch Primas Wyszyński bewußt, als er so eindringlich warnte, um Mäßigung und Bedachtsamkeit bat. Das war jedoch kein Ausdruck von Sympathie gegenüber der Regierung, sondern Verantwortungsgefühl gegenüber dem Land.

Auch in einem Teil der staatlichen Organe kam es damals zu einer gefährlichen Verschärfung in der Bewertung der Ereignisse. Die auf beiden

Seiten wachsende Welle der Emotionen mußte zwangsläufig zu einem Zusammenstoß führen. Ein zusätzlicher Faktor waren die ausgedehnten Manöver des Warschauer Pakts, die auf dem Territorium und an den Grenzen unseres Landes stattfanden. Ich will lieber nicht daran denken, was geschehen wäre, wenn ...

Nach einiger Zeit empfing ich den Vize-Wojewoden von Bydgoszcz, Bąka. Um des lieben Friedens willen setzten wir ihn ab. Er machte auf mich den Eindruck eines vernünftigen, abwägenden Menschen. Die Argumente, die er vorbrachte, schienen mir rational zu sein.

Damals weilte der Vizepremier Stanisław Mach in Bydgoszsz; er hatte die Aufgabe, sich als Kandidat für den Posten des Wojewoden vorzustellen. Er war es, der mich über die Ereignisse im Saal des Wojewodschaftsrates informierte. *Mach* ist ein seriöser, verantwortungsbewußter Mensch. Ich schätzte ihn. Er war früher Minister für Leichtindustrie gewesen und hatte auf diesem Posten energisch und erfolgreich agiert. Als die Rangeleien begannen, rief er mich an. Ich riet ihm, zu bleiben, zu beobachten, die Hand am Puls zu behalten.

Heute glaube ich, daß eigentlich alle Schuld haben. Schuld war Rulewski. Schuld gab es auch auf unserer Seite. Alle handelten übernervös. Auch ich selbst fühle mich schuldig – vielleicht hätte ich mich damals einschalten, irgendeine andere Lösung herbeiführen müssen? Wie gut paßt hier der Ausspruch von August Cieszkowski aus dem Traktat „Vater unser": „Alle waren gegenüber allen schuldig." Ich war der Meinung, daß man das Problem Bydgoszcz nicht bis in alle Ewigkeit mit sich herumschleppen dürfe, und gleichzeitig bemühte ich mich darum, daß alle Seiten das Gesicht wahren konnten.

Aber diese Sache kam nicht zur Ruhe, war eines der schwierigen und schmerzhaften Themen, die uns durch viele Monate und dann vielleicht sogar durch viele Jahre begleiteten. Die Regierung verlor dabei. Mehr noch: Alle sogenannten Provokationen waren in der Regel gegen die Regierung gerichtet. Im ganzen empfand ich die Ereignisse in Bydgoszcz als schweren Schlag für das Programm der neuen Regierung und für die Hoffnungen, die sie geweckt hatte. In dem stürmischen Jahr 1981 wurden die Ereignisse von Bydgoszcz zu einem besonders neuralgischen Punkt. Im Sejm sprach ich öffentlich mein Bedauern aus. Der Zwischenfall in Bydgoszcz fügte all denen nicht wiedergutzumachenden Schaden zu, die in Kompromiß und Verständigung Chancen für eine Bewältigung der Krise gesehen hatten. Danach gelang es nie mehr, zu dem gedanklichen und nervlichen Zustand vor Bydgoszcz zurückzukehren. Am 30. März erreichten Wałęsa und Rakowski, die damit eine schwierige, umstrittene Entscheidung auf ihre Kappe nahmen, die Unterzeichnung eines Abkommens, das man seitdem als „Warschauer Abkommen" bezeichnet hat.[84] Die Drohung eines Generalstreiks war damit vom Tisch, aber ein Bodensatz an Verärgerung blieb zurück.

Das Warschauer Abkommen wurde sowohl im Regierungs- als auch im „Solidarność"-Lager als Nachgeben, ja als Kapitulation empfunden. Im allgemeinen war es danach so, daß jede Seite irgendeine der erreichten Vereinbarungen als zu weit gehendes Zugeständnis betrachtete. Das führte dazu, daß die Basis, wenn sie die Kompromißbereitschaft ihrer Führung kritisierte, eben dadurch den Handlungsspielraum der Führung, die Möglichkeit weiterer Kompromisse verringerte. Schlimmer noch, sie rief eine Neigung zur Revanche hervor, eine Lust darauf, auf einem anderen Feld, in einer anderen Situation Terrain zurückzuerobern. Denn wenn du nachgegeben hast, wenn du nicht aufs Ganze gegangen bist, dann mußt du beim nächsten Mal Härte zeigen. Jede Niederlage muß durch einen Erfolg kompensiert werden. Für die Regierung bedeutete Erfolg: nicht einen Schritt zurückweichen. Für die „Solidarność" bedeutete Erfolg: einen weiteren Schritt vorwärts, ein weiteres Vordringen in das Gebiet der Regierung. Da haben wir es also mit der Spirale politischer Neurosen zu tun. Ständiges Kräftemessen. Das schwächte die gemäßigten Kreise, engte ihre Möglichkeiten ein.

Trotzdem kam es auch zu „Wunderheilungen". Ich denke hierbei an ein wenig bekanntes, aber gleichzeitig – in Anbetracht seiner möglichen Auswirkungen – sehr wichtiges Ereignis. Mieczysław Rakowski erwähnt es kurz, aber ergreifend in seinem Buch „Wie es dazu kam".[85] Ich paraphrasiere diesen Titel und sage, „wie es dazu nicht kam". Rakowski kam am späten Abend des 19. März in mein Arbeitszimmer. Wir sahen wahrscheinlich beide aus wie das personifizierte Unglück. Wut, Erbitterung, Befürchtungen. Wir dachten darüber nach, ob alles das, was in Bydgoszcz geschehen war, dieses ganze Gewirr von Ereignissen, das Ergebnis von Dummheit oder Provokation, ein Zufall oder eine mit Vorbedacht inszenierte Sache gewesen war. Über die Streiche von Rulewski im Gebäude des Wojewodschaftsrates waren wir natürlich einer Meinung. Aber die Prügelei? Welche Schlußfolgerungen sollte man daraus ziehen?

Plötzlich klingelt das Telefon. Kania, gerade aus Budapest zurückgekehrt, ist am Apparat. Ich spüre, daß er nicht er selbst ist, daß er die Meinung anderer Leute wiedergibt. Er sagt, man müsse noch heute eine Gruppe von Bauern entfernen, die seit einigen Tagen das Gebäude des Wojewodschaftskomitees der ZSL in Bydgoszcz besetzt halten. In diesem Augenblick fiel mir ein, daß ich in den Nachmittagsstunden einen Anruf von Vizepremier Mach in dieser Angelegenheit erhalten hatte. Sehr aufgeregt hatte er mich darüber in Kenntnis gesetzt, daß die Ordnungskräfte – angeblich aufgrund einer Entscheidung des Politbüros – dieses Gebäude am Abend stürmen sollten. Zu diesem Zweck würden sogar Verstärkungskräfte zusam-

---

[84] Mit diesem Abkommen wurde die Bauern-„Solidarność" legalisiert und der Verzicht auf einen Generalstreik als Reaktion auf die Ereignisse in Bydgoszcz vereinbart.

[85] Poln. Originaltitel: „Jak to się stało". In Deutschland erschienen unter dem Titel „Es begann in Polen. Der Anfang vom Ende des Ostblocks", Hoffmann und Campe, Hamburg 1995.

mengezogen, u. a. aus Poznań, Piła und der Miliz-Schule in Słupsk. Von einer solchen Entscheidung des Politbüros wußte ich nichts. Übrigens kam es oft vor, daß man sich zur Sicherheit auf höhere Stellen berief. Ich verbot jegliche Aktionen vor der Rückkehr Kanias. Als ich hörte, worum es ging, wurde mir schwarz vor Augen. Aus früheren Informationen wußte ich, daß unter den Bauern eine extreme Tendenz vorherrschte, daß sie mit Äxten, Feuerwehr-Handbeilen, Ketten, Messern u. ä. bewaffnet waren und daß sich unter ihnen zwei oder drei Priester befanden. Man kann sich vorstellen, was hätte geschehen können, wie das hätte enden können. Ich erhob die Stimme, begann zu schreien, zu protestieren, forderte zur Besprechung der Situation ein Treffen in größerem Kreis. Rakowski hat später gesagt, daß er mich noch nie so erlebt hätte. Ich räume ein, daß es Kania gelang, meine gelegentlich nervösen Reaktionen ruhig entgegenzunehmen. Wir vereinbarten ein Treffen im Zentralkomitee. Im Arbeitszimmer des Ersten Sekretärs kam es zu einer Diskussion im kleinen Kreis. Für Gewaltanwendung sprachen sich Olszowski und Stachura aus, dagegen waren Milewski und selbstverständlich ich. Kania wurde umgestimmt. Die Störungen von Rulewski und seinen zwei Spießgesellen hatten Polen an den Rand des Abgrunds geführt. Was wäre gewesen, wenn im Gebäude der ZSL Blut geflossen wäre? Wenn diese zwei Ereignisse sich summiert hätten? Ein schrecklicher Gedanke.

An dieser Stelle ist es an der Zeit, einige Worte über Mirosław Milewski zu sagen. Viele Jahre lang verband ihn eine sehr enge und herzliche Freundschaft mit Kania. Das beeinflußte seinerzeit auch meine Einstellung ihm gegenüber. Ende der 70er Jahre hatte ich mit ihm dienstlich enger zu tun. *Milewski* schien mir ein intelligenter, kultivierter und beinahe übertrieben bescheidener Mensch zu sein. Dieser Charakterzug kommt unter Machthabern nicht allzu häufig vor und war deshalb geradezu einnehmend. Milewski bewertete die Situation vernünftig. Es war daher nicht erstaunlich, daß Kania im Oktober 1980 seine Ernennung zum Innenminister durchsetzte. Aber nach einiger Zeit begann sich irgend etwas in ihm zum Schlechten zu verändern. Milewski gab prinzipielle Tiraden von sich, nahm deutlich Partei für die „harten und unbeugsamen" Kräfte. Unsere ausländischen Freunde betonten bei verschiedenen Gelegenheiten, was für eine „Kapazität" wir da an der Spitze der Sicherheitsorgane hätten. Gleichzeitig erhielten wir inoffiziell Informationen, daß dieser „Kapazität" angeblich durch die opportunistische und furchtsame Politik von Kania und Jaruzelski die Hände gebunden seien. Vor diesem Hintergrund kam es im Frühjahr 1981 zu einer Verschlechterung der Beziehungen zwischen dem Innen- und dem Verteidigungsministerium. Auf den Sitzungen des Militärrats signalisierte mir die Generalität, daß es irgendwelche seltsamen Vorbehalte gegenüber dem Militär gebe. Aus der Führung und dem Stab der Vereinigten Streitkräfte des Warschauer Pakts hörte man die Meinung, die Armee distanziere sich, die Sicherheitsorgane seien isoliert.

Das, was ich gesagt habe, könnte als Widerspruch zu Milewskis Einstellung zu der vorgeschlagenen Gewaltanwendung zwecks Beendigung der Besetzung des ZSL-Gebäudes erscheinen. Es ist jedoch kein Widerspruch. Milewski ist einfach ein ungewöhnlich vorsichtiger Mensch, der nicht gern im Rampenlicht steht. Ich will ihn also nicht rechtfertigen, mangels hieb- und stichfester Beweise aber auch nicht dämonisieren.

Was war zu tun? Ich wandte ein Handlungsmuster an, dessen sich schon Mitte 1968 Gomułka[86] gegenüber Moczar[87] bedient hatte. Milewski blieb ZK-Sekretär, aber Innenminister wurde Kiszczak. Ich kannte, schätzte und mochte ihn seit vielen Jahren. Er zeichnete sich immer durch ruhiges Auftreten, logisches Denken und einen offenen Blick für die gesellschaftlichen Probleme aus. Man konnte sich auf ihn als auf einen intelligenten und soliden Menschen verlassen. Ich wußte, daß er – wie übrigens jeder von uns – Dummheiten machen konnte, aber Schweinereien durfte er sich nicht erlauben. Ich sagte ihm damals: „Czesław, vergiß nicht, daß du in erster Linie Soldat und General bist und erst in zweiter Linie Polizist." Er bemühte sich, in diesem Rahmen zu bleiben. Ich weiß, daß er es nicht leicht hatte. Dafür, daß er nicht zu den Konservativen in der Partei tendierte, gibt es viele Belege, nicht zuletzt die Rolle, die er am „Runden Tisch" spielte.

Ich möchte nicht die damaligen Sicherheitsorgane anklagen. Das ist heute sehr einfach und trifft sogar auf große Zustimmung. Ein Urteil sollte jedoch abgewogen sein. Ich verstehe den Unmut, ja die Abscheu vieler Vertreter der ehemaligen Opposition, die verschiedene Arten der Verfolgung zu erdulden hatten und sich gekränkt fühlen, obwohl man gelegentlich den Eindruck gewinnen kann, daß die Neigung zur Abrechnung, zur Rache im umgekehrten Verhältnis zum erlittenen Unrecht steht. Mit besonderem Ekel blicke ich jedoch auf diejenigen ehemaligen Angehörigen der Staatsmacht, übrigens aus allen Ebenen der Staatsmacht, die heute am liebsten die ganze Verantwortung auf „die da" – auf die Staatssicherheit, ZOMO, ROMO[88] usw. abschieben würden. Es geht mir nicht darum, Verbrecher, Ausgeburten oder schlichte Dummköpfe zu verteidigen. Extreme Beispiele sind die Prügeleien in Bydgoszcz, die in vielen Fällen skandalösen Internierungen und vor allem der Mord an dem Priester Jerzy

[86] Władysław Gomułka, 1905-82, Politiker, von 1956 bis 1970 Erster Sekretär der PVAP. (s. auch Anm. 4 und 35).
[87] Mieczysław Moczar, 1913-86, poln. Militär und Politiker, kämpfte während des Krieges in der Volksarmee, nach dem Krieg u. a. Mitarbeiter des Inlandsgeheimdienstes und als solcher verantwortlich für die Repressionen gegen die Heimatarmee (s. Anm. 180).
[88] ZOMO („Zmotoryzowane Obwody Milicji Obywatelskiej", „Motorisierte Einheiten der Bürgermiliz"), Sondereinheit der Miliz (Polizei) im kommunistischen Polen, berüchtigt für ihre Brutalität und Aggressivität, im September 1989 aufgelöst. ROMO („Reserwowe Oddziały Milicji Obywatelskiej", „Reserveeinheiten der Bürgermiliz").

Popiełuszko[89]. Gleiches gilt für andere scheußliche Methoden des Machtgebrauchs und -mißbrauchs, die in der damaligen politischen Situation des „Wer-wen" zur Bildung einer Art von Staat im Staate führten. Es kann jedoch keine Kollektivverantwortung geben. In den Organen der Miliz und der Sicherheit gab es viele ideologisch gefestigte, ehrliche und kluge Menschen. Sie übten ihre Funktionen im Rahmen des real existierenden Systems, unter den Bedingungen antidemokratischer Krankheiten, aber auch eines tobenden Kampfes aus, bei dem keine der beiden Seiten Samthandschuhe trug. Das war doch eine Art Bürgerkrieg, nur ohne scharfe Munition.

Wir sollten uns heute nicht scheinheilig aufführen. Die Tätigkeit der Sicherheitsorgane und die Schilde der ZOMO verteidigten die Stabilität des damaligen Staates. Sie schützten damit auch uns – die Staatsmacht. Ich entsinne mich vieler an die Adresse dieser Organe gerichteter Vorwürfe – sie seien wenig effektiv, tolerierten zuviel, ließen sich zuviel gefallen ... Das hörte ich auf Treffen mit ZK-Mitgliedern, auf denen ich mehrfach Kiszczak und einige seiner Stellvertreter, die sich wegen dieser mangelnden Effektivität verteidigten, in Schutz nehmen mußte. Ähnliche Signale kamen von der Parteibasis, den verbündeten Parteien und dem Verwaltungsapparat. Das ist übrigens nichts Neues unter der Sonne. Diese Organe dienen immer einem bestimmten Staat und damit einem System. Ich weiß, daß an dieser Stelle die jetzigen Machthaber die Augen zum Himmel erheben und von Rechtsstaatlichkeit sprechen werden. Es ist wahr, die parlamentarische Demokratie ist, was das betrifft, ein unvergleichlich besseres, prinzipiell gesünderes System. Aber ist es etwa fehlerlos?

Nach den Ereignissen in Bydgoszcz wies ich das Innenministerium an, den Gang der Ereignisse in verschiedenen komplizierten Situationen besser zu kontrollieren, zu überwachen und detailliert zu dokumentieren. In dieser Zeit entstand auch die Koordinationskommission für die Wahrung des Rechts, der Rechtsstaatlichkeit und der öffentlichen Ordnung. An ihre Spitze berief ich General Kiszczak, bis dahin Chef der Militärpolizei. Die Hauptaufgabe dieser Kommission bestand darin, Konflikten vorzubeugen bzw. ihnen entgegenzuwirken. Mit der stürmischen Entwicklung der Ereignisse konnte die Kommission jedoch nicht mithalten.

---

[89] Jerzy Popiełuszko, 1947-84, der „Solidarność" nahestehender Priester, mutiger und kompromißloser Reg̱ṃekritiker, wurde von Mitarbeitern des Innenministeriums auf bestialische Weise ermordet.

KAPITEL 9

Treffen mit einer Eminenz

Der 26. März 1981 ist mir lebhaft im Gedächtnis geblieben. An diesem Tag traf ich mich in Natolin mit dem Primas von Polen, Kardinal Stefan Wyszyński. Es war unsere erste und, wie sich herausstellen sollte, auch unsere letzte Begegnung. Unser Gespräch dauerte lange, über drei Stunden. Zunächst aber einige Worte über mein Verhältnis zu Kirche und Religion.

Ich wurde in eine sehr traditionsverbundene katholische Familie hineingeboren. Meine Eltern und Großeltern waren in verschiedenen gesellschaftlichen katholischen Organisationen aktiv. Jeden Sonntag fuhren wir zur Pfarrkirche in Dąbrowa Wielka. Wir nahmen im Chorraum in der sogenannten Patronenbank Platz. Sechs Jahre lang, von 1933 bis 1939, war ich Schüler des Gymnasiums der Marianischen Priesterbruderschaft im Warschauer Stadtteil Bielany. Ich erinnere mich mit warmer Dankbarkeit an diese Jahre – an die Lehrer, Erzieher und Klassenkameraden.

Es kam der Krieg. In Sibirien hatte ich, wie sich von selbst versteht, keinen Kontakt zur Kirche. Nicht allen genügt die eigene innere Zwiesprache mit Gott. Im allgemeinen braucht der Mensch eine Bestätigung seiner Religiosität durch die Anwesenheit in der Kirche, die Teilnahme an der Kommunion. Mir ging es nicht anders.

Ich fand mich in der Armee wieder. Erneut weit weg von der Kirche. Dennoch gab ich in meinen bis heute aufbewahrten Briefen von der Front an Mutter und Schwester meinem Glauben Ausdruck. Nach dem Krieg entfernte ich mich schrittweise von der Religion. Das war kein intellektueller Prozeß. Übrigens war auch meine jugendliche Religiosität nicht so sehr Ergebnis eines Denkprozesses, als vielmehr Praxis, ein Gefühl, das mir durch mein Elternhaus, die Schule, die allgemein verbindlichen Lehrinhalte vermittelt worden war. Ein Pole ist ein Katholik – das war ein Dogma, ein heiliges Vermächtnis der Urahnen.

Mein „Himmel in Flammen" kam wesentlich später als bei dem Helden des Buches von Jan Parandowski.[90] Erst in der zweiten Hälfte der 40er Jahre wandte ich mich von der Religion ab. Ein politischer und weltanschaulicher Umbruch waren für mich die Sommer der Jahre 1947 und 1948, die Studienzeit an der Infanterieschule (der späteren Infanterie-Hochschule, nach deren Absolvierung ich Dozent für Taktik und Stabsarbeit

---

[90] Der Schriftsteller Jan Parandowski, 1895-1978, schilderte in seinem Buch „Himmel in Flammen" (poln. „Niebo w płomieniach") seinen Weg zum Atheismus.

wurde). Die Vorlesungen auf dem Gebiet der materialistischen Philosophie, die zahlreichen Diskussionen, die ich unter anderem – was heute vielleicht merkwürdig erscheint – mit Dozenten und älteren Kollegen, die schon vor dem Zweiten Weltkrieg Soldaten gewesen waren, führte, taten das Ihre.

Der Begriff und die Ausbreitung der, wie wir damals sagten, wissenschaftlichen Betrachtungsweise der Welt, kamen mir entgegen. Trotzdem wurde ich nicht zum Anhänger eines vulgären, kämpferischen Atheismus. Ich hege eine tiefe Achtung vor den historischen Werten, die die Kirche, die Religion ins Leben unseres Volkes gebracht haben. Außergewöhnlich wertvoll – obwohl leider nicht immer effektiv – ist der ethische Einfluß der Kirche. Der Glaube an sich ist ein moralischer Wert. Ich achte Menschen, die aufrichtig glauben. Ich beneide sie sogar um ihren religiösen und moralischen Halt, der so etwas wie psychischen und emotionalen Komfort bietet. Dagegen war und ist für mich die Handlungsweise von Menschen unerträglich, die – wie eine alte Redensart sagt – unter einer Figur beten, aber den Teufel im Leib haben. Ich hege auch Zweifel angesichts der zahlreichen und wahrscheinlich in Mode gekommenen „Bekehrungen", die in den letzten Jahren zu beobachten waren. Dahinter steht mehr Furcht vor den jetzigen Machthabern, vor dem Verlust des Arbeitsplatzes, als vor Gott dem Herrn! Und schon gar nicht kann ich die unter katholischen Standarten marschierenden Personen verstehen, in deren Handlungsweise es so viel Dreistigkeit, Intoleranz und Haß gibt.

Unter den neuen Bedingungen hat die Kirche Grund zur Zufriedenheit. Aber auch zur Beunruhigung. Die Zufriedenheit drückt sich in einem dynamischen, oft geradezu triumphalen Vordringen in Bereiche aus, in die die Kirche früher nur schwer oder überhaupt nicht eindringen konnte. Und die Beunruhigung? Im Empfinden der Menschen ist die Kirche identisch mit dem gegenwärtigen politischen System. Das beraubt sie der Rolle eines Schiedsrichters, eines Vermittlers. Und so kommt es, daß die gesellschaftliche Unzufriedenheit, die vor allem durch die sich verschlechternden Lebensbedingungen hervorgerufen wird, sich indirekt auch gegen die Kirche richtet und ihr Prestige mindert.

Nach dem Krieg sah sich die Kirche zum ersten Mal mit der Realität eines sozialistischen Staates konfrontiert. Das war für beide Seiten eine schwierige Erfahrung. Ein weiter Weg mußte zurückgelegt werden. Für den Katholizismus begann dieser Weg mit der im Jahre 1937 von Pius XI. erlassenen Enzyklika „Vom gottlosen Kommunismus", für den Sozialismus begann er mit der primitiven Parole „Die Religion ist Opium fürs Volk".

In den 50er Jahren waren die Beziehungen zwischen Staat und Kirche sehr schlecht, in den 60er Jahren waren sie schlecht. Die 70er Jahre brachten eine Besserung. Besonders aktiv arbeiteten auf Staatsseite Stanisław Kania und auf seiten der Kirche Bischof Bronisław Dąbrowski daran, diese Beziehungen auf eine rationale Grundlage zu stellen. Die Kontakte zwischen ihnen kann man mit einer Art Schachspiel vergleichen, das mit schwarzen und roten Figuren gespielt wird. In der Regel erreichte man ein Remis, was in den damaligen Zeiten für beide Seiten ein Erfolg war. Gierek traf sich erst im Jahre 1977 zum ersten Mal mit dem Primas, also lange nach den „ersten Zügen". Ich erinnere mich, wie viele säuerliche Bemerkungen Gierek, Jaroszewicz und viele andere damals über die Tätigkeit des Primas und noch mehr über die Kardinal Wojtyłas machten. Ein aus der Verwaltungsabteilung des Zentralkomitees, dem Innenministerium und dem Amt für Glaubensfragen bestehendes Dreieck leistete die tägliche Routinearbeit. Ich will sie hier nicht bewerten.

Heute überbieten sich viele ehemalige Würdenträger und Funktionäre in Süßholzraspelei gegenüber dem verstorbenen Primas. Wie sie ihn doch immer geehrt, bewundert, nahezu geliebt haben! Einige Äußerungen und Memoiren triefen geradezu vor abgöttischer Verehrung. Das ist pure Heuchelei. Natürlich begegneten wir alle dem Primas mit Respekt. Diese herausragende Erscheinung konnte niemand geringschätzen. Diejenigen seiner Schritte, die die Regierung als günstig für den Staat betrachtete, wurden gebührend gewürdigt. Aber von Sympathie war man weit entfernt.

Ich will niemanden verurteilen. Schließlich bin ich selbst nicht unschuldig. So war die Logik der damaligen Zeit. Das war übrigens keine „Einbahnstraße". Die Kirche versuchte mehrfach, auf das Gebiet vorzudringen, das „des Kaisers ist". Mit ihrer Bescheidenheit, ihrer politischen Phantasie verhielt es sich unterschiedlich, besonders in der Zeit vor dem Pontifikat Johannes XXIII. Im ganzen muß man jedoch sagen, daß eben jenes primitive, doktrinäre, in den damaligen Jahrzehnten mit unterschiedlicher Stärke sich äußernde Verhältnis zur Kirche äußerst nachteilig für den real existierenden Sozialismus war. Es erwies sich als einer der größten historischen Fehler unserer Formation.

Als Premier bemühte ich mich mit voller Unterstützung von seiten Kanias um die Belebung der Kontakte von Regierung und Verwaltung zur Kirche. Die Voreingenommenheit war jedoch auf beiden Seiten sehr stark. Große Verdienste bei ihrer Überwindung kommen der gemeinsamen Kommission von Regierung und Episkopat zu, deren gleichberechtigte Vorsitzende Kardinal Franciszek Macharski und Kazimierz Barcikowski waren. Hervorheben will ich auch die Rolle Minister Kuberskis, der mit viel Einfühlungsvermögen, Takt und Geschick verschiedene mögliche Zusammenstöße vermied.

Während der Ereignisse der Jahre 1980/81 unterstützte die Kirche entschieden die „Solidarność". Sie leistete wesentliche Hilfe beim Aufbau ihrer Strukturen, autorisierte ihre Führer, ernannte Seelsorger und Ratgeber, schuf die philosophische Grundlage für die im Entstehen begriffenen Bewegungen. Viele Geistliche betrieben eine Art Streiktheologie. Vielfach bediente man sich religiöser Symbolik. Angesichts der kritischen Einstellung der Kirche zur Befreiungstheologie in Lateinamerika, die die Geistlichkeit in gesellschaftliche Konflikte einbezieht, mußte das überraschen. Die Kirche war jedoch nicht an einer Vertiefung der Krise interessiert, fürchtete sich vor Extremen. Daher die Versuche, die Emotionen zu beruhigen, Vermittlerdienste zu leisten. Die Kirche war zu Recht davon überzeugt, daß zur damaligen Zeit ein Sturz des staatlichen Systems in Polen und eine Lokkerung der Bündnisverpflichtungen nicht möglich seien. Bis zu diesem Ziel hatte man noch einen langen Marsch vor sich. Die Kirche rechnete mit einer solchen Perspektive, wollte diesen Prozeß jedoch nicht künstlich beschleunigen. Sie war sich dessen bewußt, wie es damals hätte enden können. Mir waren die Worte des Primas bekannt, die er aus Anlaß der Enthüllung einer Gedenktafel für Stefan Starzyński[91] gesprochen hatte: „Das Volk existiert nicht um des Heute oder des Morgen willen. Das Volk existiert um seiner selbst willen!" Es ist bezeichnend, daß diese Worte am 1. März 1981 fielen, also zu einer Zeit, als in Polen die politische Spannung von Tag zu Tag stieg. In weniger als vier Wochen war sie fast am Siedepunkt angelangt.

Da sich die Kirche auf spezifische Weise in den immer „leichter verdaulichen" polnischen Sozialismus einlebte, sah sie keinen Sinn in der Vergrößerung des Risikos, das zur Katastrophe werden konnte. Das damals existierende, von uns bereits früher reformierte System war für die Kirche ohne Zweifel das kleinere Übel im Vergleich zu der sehr realen Bedrohung einer nationalen Niederlage. Hätten sich alle Funktionäre der „Solidarność" die mäßigenden Hinweise der Kirche, von Primas Wyszyńskis und später von Primas Glemps wirklich zu Herzen genommen, wäre die Ausrufung des Kriegsrechts nicht nötig gewesen. Wir hätten uns bis zur Zeit der Perestrojka „durchgewurschtelt" – und auch sie wäre vielleicht früher angebrochen.

In seiner am 26. August 1980 in Częstochowa gehaltenen Predigt sprach Primas Stefan Wyszyński von der Verantwortung für das eigene Volk, über Rechte und Pflichten gegenüber den Menschen. „Das alles" – sagte er – „erfordert Umsicht, Vorsicht, den Geist des Friedens und der Arbeit. Sonst gibt es keine wirkliche Lösung der Probleme, trotz aller noch so guten Argumente, die wir anführen könnten." Der Primas unterstrich, daß „Forderungen richtig sein können und im allgemeinen richtig sind, aber man kann niemals alles sofort in die Tat umsetzen. Das muß in Raten geschehen. Man muß also Gespräche führen: In der ersten Runde stellen wir Forderungen auf, die grundsätzliche Bedeutung haben, in der zweiten Runde die nächsten. Das ist das Gesetz des täglichen Lebens."

In ungewöhnlich anschaulicher Form wies er darauf hin, daß man nicht alle Errungenschaften der letzten dreißig Jahre geringschätzen dürfe, daß

---

[91] Stefan Starzyński, 1893-1944, polnischer Politiker, Wirtschaftswissenschaftler und Publizist, im Krieg führend an der Verteidigung Warschaus beteiligt. Von den Faschisten ermordet.

man immer bedenken müsse, in welcher Etappe unserer Entwicklung wir uns befänden. „Denkt daran", sagte er, „daß wir ein Volk sind, das sich allmählich seinen Wohlstand schafft. Wir sind über Trümmer zur Freiheit gekommen. Als gerade ernannter Bischof von Warschau ging ich über Trümmerhaufen zu meiner Kathedrale. Das wiedererstandene Polen hat mit Geduld und Arbeit Warschau, Gdańsk, Wrocław, Poznań und viele andere Städte, die dem Erdboden gleichgemacht worden waren, ansehnlich wieder aufgebaut. Aber das geschah nicht im Handumdrehen."

Nicht zum ersten Mal würdigte der Primas in einer Predigt die große Arbeit, die beim Wiederaufbau Polens geleistet worden war, obwohl, wie er sagte, „noch viel zu tun bleibt. Man muß die Arbeitsanstrengungen ständig vervielfachen, ihre moralische Grundlage, das Gefühl der Verantwortlichkeit im Beruf festigen, damit sich Wohlstand und Ordnung in gebührendem Maß einstellen".

Wie nehmen sich im Lichte dieser Worte alle diejenigen „Verehrer" des Kardinals aus, die davon faseln, daß Polen in den vergangenen 40 Jahren ruiniert wurde? Einige behaupten sogar, daß Polen unter diesen 40 Jahren mehr gelitten habe als unter Hitlers Okkupation.

Schließlich sagte der Primas, daß man „das Geschenk der Freiheit würdigen muß". Davor, in dem schon zitierten Auszug aus seiner Predigt, hatte er davon gesprochen, daß wir „zur Freiheit gelangt" seien ... Er zögerte also nicht, den Zustand, den heute so viele als totale Unfreiheit charakterisieren, öffentlich als „Freiheit" zu bezeichnen – wobei er sich natürlich der Einschränkungen dieser Freiheit voll bewußt war.

Die Predigt des Primas – die von vielen ausländischen Kommentatoren aufmerksam registriert wurde – war ein ungewöhnliches Zeugnis des Verantwortungsbewußtseins und der Verbindung von Offenheit mit Realismus. Leider waren wir damals noch nicht zu politischer Reife gelangt. Deshalb strich die Zensur aus dem veröffentlichten Text dieser Predigt einige für den Staat unliebsame Sätze, und das Fernsehen übertrug die Predigt nur in Auszügen. Allgemein wäre es uns jedoch am meisten zupaß gekommen, wenn es gelungen wäre, die Streiks ohne Hilfe der Kirche zu beenden.

Man hat mir erzählt – und ich möchte das als Anekdote anführen –, daß nach der Predigt in Częstochowa dem Primas das Gerücht zu Ohren kam, ein Teil der kirchlichen Hierarchen habe seine Worte mit Mißfallen aufgenommen. Daraufhin rief er die Bischöfe zusammen und sagte ihnen: „Erstens: Das, was ich gesagt habe, halte ich für begründet und richtig. Zweitens: Wenn ich noch einmal reden müßte, würde ich dasselbe sagen. Und drittens segne ich eure Besonnenheit ..." In dieser Erzählung spiegelt sich, nebenbei gesagt, die von niemandem in Frage gestellte große Autorität des Kardinals wieder.

In Kardinal Wyszyński sah ich damals sowohl einen Gegner als auch einen Verbündeten. Einen Gegner unter dem Einfluß der damaligen Sichtweise. Gleichzeitig wußte ich schon, daß der Primas – bei all seiner emotionalen Nähe zur „Solidarność" und seiner Unterstützung für sie – sehr beunruhigt über das Entstehen extremer Tendenzen in ihren Reihen war. Diese Beunruhigung brachte er in vielen Reden und Predigten zum Ausdruck.

Zitat aus einer Ansprache des Primas an eine Delegation der „Solidarność" mit Lech Wałęsa am 19. Januar 1981: *„Sicherlich würdet ihr gern sehr viel erreichen. Aber um viel zu wollen und viel zu erreichen, braucht man heute und morgen sehr viel Geduld. Man muß die Fähigkeit besitzen vorauszusehen, was heute erreicht werden kann und was erst morgen..."*

Aus einer Rede vor Vertretern der „Solidarność" in Gdynia: *„Zuweilen ist es unumgänglich, Böses mit Gutem zu vergelten, vor allem in gesamtgesellschaftlichem Maßstab, wo riesige Menschenmassen im Spiel sind und der Kampf sich nicht endlos hinziehen darf, denn das könnte zu einer Katastrophe für das eigene Vaterland, für seine Unabhängigkeit und Souveränität werden ..."*

Aus einer Ansprache an die Bauern-„Solidarność" im April 1981: *„Ich möchte euch von ganzem Herzen wünschen, daß ihr in eurem Handeln Geduld walten laßt. Wir in Polen können es uns nicht erlauben, uns zu streiten, denn wir sind nicht allein auf der Welt."* Und weiter: *„Wir können sagen, daß in Polen neben der Parteimacht eine gesellschaftliche Macht existiert. Der Beweis dafür wurde am 27. März erbracht. Gott sei Dank, daß es keinen anderen Beweis in Form der Ausrufung eines Generalstreiks gab. Das mußte vermieden werden. Obwohl die Anwendung dieses Mittels durch Menschen, die sich verteidigen müssen, grundsätzlich moralisch gerechtfertigt ist, muß immer die Verhältnismäßigkeit der Mittel, der Forderungen und dessen, was dabei erreicht wird, beachtet werden."*

Im Denken Kardinal Wyszyńskis war das Interesse des Staates, die polnische Staatsräson immer gegenwärtig. Er rief zur Besonnenheit auf. Das Wort „Besonnenheit" gebrauchte er übrigens häufig. „Achtet immer darauf", empfahl er, „daß dieses Verhältnis zwischen den Forderungen und den Mitteln, die zu ihrer Durchsetzung angewandt werden, gewahrt bleibt. Schießt nicht aus Granaten auf Vögel." Es ist kaum verwunderlich, daß der Kardinal in der militärischen Terminologie nicht allzu gut bewandert war („Schießen aus Granaten"). Sein Realitätssinn und sein Verantwortungsbewußtsein dagegen verdienen Achtung.

Zu dem Treffen und dem Gespräch mit dem Kardinal kam es knapp eine Woche nach den Ereignissen in Bydgoszcz. Ein bedrohlicher Moment. Wachsende Spannung. Am späten Abend des 25. März meldete sich bei mir Professor Romuald Kukołowicz, der Berater des Primas. Er informierte mich darüber, daß der Primas mich im Zusammenhang mit der beunruhigenden Situation zu sprechen wünsche. Ich ging gern darauf ein. Die Angelegenheit war dringend, und das Treffen wurde schon für den nächsten Tag, für die Morgenstunden des 26. März anberaumt.

Ich kam absichtlich früher als vereinbart nach Natolin bei Warschau, um meinen Gast würdig begrüßen zu können. Die ersten Worte des Primas waren: „Hier bin ich, entsprechend dem Wunsch des Herrn Premierministers." Es kam zu einem eigenartigen qui pro quo, aber mit gutem Erfolg. Wenn Professor Kukołowicz auch der Wahrheit nicht die Ehre gegeben hatte, so verdiente er doch mit Sicherheit, daß man ihm Absolution erteilte. Das Treffen war sehr angebracht und in jeder Hinsicht nützlich. Der rote Faden des Gesprächs: Polen, Polen ... Geschichte und Gegenwart, Hoffnungen und Chancen, Bedrohungen und Sorgen. Letzteren schenkten wir die größte Aufmerksamkeit. Ich habe detaillierte Notizen über dieses Gespräch aufbewahrt. Zunächst werde ich meine Aussagen zusammenfassen, dann die des Primas.

Ich unterstrich zunächst die Kompliziertheit der Situation und meinen Willen zu einer konstruktiven Lösung der Probleme – sowohl der langfristigen als auch derjenigen, die der Tagesaktualität zuzurechnen waren. Ich illustrierte das durch die Absicht und die Praxis dessen, was wir mit dem Begriff „sozialistische Erneuerung" umschrieben. Wir seien gewillt, sie fortzusetzen. Davon zeugten viele personelle Veränderungen, die im übrigen noch nicht abgeschlossen seien. Wir seien zu Kompromissen verschiedener Art bereit. Das sei notwendig. Als ich Premier geworden sei, hätte ich – nicht ohne Widerstand aus den eigenen Reihen – zur gütlichen Beilegung einiger Konflikte beigetragen. Das müsse jedoch im Rahmen der Gesellschaftsordnung geschehen. Wir hätten es mit einer Doppelherrschaft zu tun. Die „Solidarność" werde faktisch zu einer großen politischen Partei. Ihre Tätigkeit laufe ihren Verpflichtungen, ihrem Statut, dem, was man normalerweise unter Gewerkschaftsarbeit versteht, zuwider.

Ich wies darauf hin, daß der Vorschlag des Regierungskomitees für Gewerkschaftsfragen, eine gemischte Kommission – unter Beteiligung von Vertretern der „Solidarność", der Branchengewerkschaften, der autonomen Gewerkschaften[92] und der Regierung – ins Leben zu rufen, zurückgewiesen worden sei. Dies sei kaum mit der Parole der Demokratisierung in Einklang zu bringen.

Am meisten beunruhige mich – so sagte ich – die wirtschaftliche Situation. Eine Katastrophe bahne sich an. Das, was geschehe, sei eine Art kollektiver Selbstvernichtung. Wir seien dabei, einen Bericht über den Zustand der Wirtschaft und Pläne zu ihrer Stabilisierung zu erstellen. Aber das werde zu nichts führen, wenn nicht Ruhe einkehre, wenn nicht der normale Produktionsrhythmus wieder aufgenommen werde. Die Behörden

---

[92] Den autonomen Gewerkschaften war dieselbe Rolle zugedacht wie den Branchengewerkschaften (s. Anm. 76). Sie hatten damit ebensowenig Erfolg wie diese.

könnten nicht ständig Brände löschen, anstatt ihren eigentlichen Aufgaben nachzukommen. Besonders bedrohlich sei die Lage im Kohlenbergbau. Ein anderer Aspekt seien die Kooperations- oder Import-/Export-Verpflichtungen gegenüber den Nachbarländern. Die Verletzung dieser Verpflichtungen untergrabe in hohem Maße nicht nur unsere wirtschaftliche, sondern auch – was noch gefährlicher sei – unsere politische Glaubwürdigkeit. In gewissem Umfang gelte dies auch für unsere Verpflichtungen gegenüber dem Westen, was angesichts unserer Verschuldung die Zusammenarbeit mit dem Westen weiter komplizierte.

Der Primas war besonders interessiert an der gesellschaftlichen Moral. Deshalb sprach ich über Aktivitäten, die wir beim Kampf gegen verschiedene gesellschaftliche Krankheiten, besonders den Alkoholismus, entwickelten. Dagegen hatte ich, wie man weiß, eine besondere Abneigung, und das nicht nur als Premierminister. Ich wies darauf hin, daß mit Professor Jerzy Ozdowski eine kirchennahe Persönlichkeit an der Spitze des Komitees für den Kampf gegen den Alkoholismus stehe. Die gesellschaftliche Moral sei ein Gebiet, auf dem die Zusammenarbeit zwischen Staat und Kirche ständig intensiviert werden müsse.

Ich brachte meine Beunruhigung über die Umtriebe verschiedener radikaler Vertreter der „Solidarność" zum Ausdruck, sprach davon, daß dort viel Haß zu sehen sei, wodurch Wunden aufgerissen und geschlagen würden. Ich wies auf das KOR und den Radikalismus einiger lokaler „Solidarność"-Führer hin. Erfolgstrunken hätten sie jeglichen Realitätsbezug verloren. Das Ergebnis seien Paralysierung der Behörden und Psychoterror gegenüber den Anweisungen der Betriebe. Ein Flugblattkrieg tobe. Bedrohungswahn werde erzeugt. Die Funktionäre und die Mitglieder der „Solidarność" allgemein seien unempfänglich für Kritik, die sie sofort als einen Angriff auf die Gewerkschaften deuteten. Niemand habe ein Monopol auf Patriotismus. Nicht Parolen, sondern konkrete Ergebnisse zählten.

Damit spielte ich auf die politische Instrumentalisierung nationaler Symbole an. Die rotweiße Flagge, die Nationalhymne – seien die der richtige Rahmen und die richtige Begleitmusik für eine Streikkampagne, die die Wirtschaft zerstöre?

Der Primas brachte mehrfach sein Verständnis für die geopolitische Lage Polens zum Ausdruck, wozu auch die Unverletzlichkeit der Grenzen gehörte. Ich führte dazu aus, daß unsere Bündnistreue gegenwärtig in Frage gestellt sei. Vorwand dafür seien u. a. verschiedene antisowjetische Exzesse sowie Störungen in der Rüstungsindustrie. Auch die Tatsache, daß „Solidarność"-Vertreter in den Westen reisten und sich dort verschiedene Inspirationen und materielle Unterstützung holten, könne nicht ignoriert werden.

Wir stünden wirklich mit dem Rücken zur Wand. Die Bedeutung des Zwischenfalls in Bydgoszcz sei auf absurde Weise übersteigert worden.

Aber wenn die Lawine nicht gestoppt werde, dann seien außerordentliche Maßnahmen – nicht als Angriff, sondern als Selbstverteidigung – unumgänglich. Die Situation sei bedrohlich. Ich hätte Signale erhalten, daß, wenn eine bestimmte Grenze überschritten würde, dies nicht mehr als unsere innere Angelegenheit betrachtet werden könne. Ich wagte mir nicht auszumalen, was dann geschehen könne. Ich schilderte die Kompliziertheit der Situation und versuchte sie in einen historischen Kontext zu stellen. Wir lebten in Zeiten, in denen sich auf viele Jahre hinaus die Zukunft, das Schicksal Polens entschieden.

Der Primas hörte sehr aufmerksam zu. Seine Besorgnis war offensichtlich. Er betonte, daß er bereits mehrere Gespräche mit der politischen Führung des Landes hinter sich habe. Er berief sich auf das Treffen mit Edward Gierek im Jahre 1979 – ein Treffen, dem der Primas dadurch denkwürdigen Charakter verliehen hatte, daß er es nicht einmal mit dem Episkopat abgestimmt hatte, um kein öffentliches Aufsehen zu erregen. Er wies auf verschiedene von der Staatsmacht begangene Ungerechtigkeiten hin. Dazu gehöre auch, daß man Menschen ausgesiedelt, ihnen ihren Grund und Boden genommen habe, um irgendwelche eigenen Objekte zu errichten. Er sagte: „Das schadet der Partei sehr. Ich habe keine Veranlassung, die Partei anzubeten, aber in diesem Gesellschaftssystem, in diesem Block ist sie eine Realität, muß sie einfach existieren. Dazu muß die Partei ein gewisses Niveau wahren, muß gesund und stark sein. Sonst wird sie untergehen, und der Block wird uns eine andere Partei geben.[93] Gierek hat in dieser Sache nichts unternommen. Dennoch hätte man viele neuralgische Punkte vermeiden können. Die gesellschaftliche Unzufriedenheit wäre vermeidbar gewesen."

Der Primas erwähnte auch das Gespräch mit Gierek in Klarysew im August 1980: „Gierek kränkelte, deshalb wollte ich ihn nicht quälen. Ich schlug vor, in ein mögliches Abkommen die führende Rolle der Partei nicht hineinzuschreiben. Bündnis – gut, Sozialismus – gut, aber was sollte diese führende Rolle? Gierek erklärte sich damit leider nicht einverstanden.

Außerdem bat ich Herrn Gierek, es nicht zu Konfliktsituationen kommen zu lassen, drastische Vorfälle zu vermeiden. Später bat ich auch Herrn Kania, verschiedenen Zwischenfällen entgegenzuwirken – unter anderem einer falschen Art der Aufrechterhaltung der Sicherheit, der Miliz, die wahllos Menschen verprügelte."

Das war eine Anspielung auf die Ereignisse in Bydgoszcz. „Ich kenne diese Angelegenheit", sagte der Primas, „aus den Berichten Bischof Michalskis, der die ganze Nacht dort war. Ich verstehe, daß das ein „Arbeitsunfall" war, Menschen wurden geschlagen. Um des öffentlichen Vertrauens willen muß man diese Ereignisse jedoch publizieren, anstatt in Funk und

---

[93] Gemeint ist, daß in diesem Falle die anderen Ostblockstaaten dafür sorgen würden, daß in Polen eine andere, vollkommen moskauhörige kommunistische Partei entstünde.

Fernsehen Ausflüchte zu machen. Schlimmer noch, es wurde sofort eine Erklärung des Politbüros veröffentlicht, während Professor Bafia noch unterwegs zum Ort des Geschehens war.

Heute stehen die Menschen in den Schlangen und tratschen. Das muß sobald wie möglich ein Ende haben. Es hat uns gefreut, daß mit Übernahme des Premierministeramtes durch Sie eine gewisse Stabilisierung eingetreten ist. Die Regierung warb um Vertrauen, um gesellschaftliche Unterstützung. Das war eine große Chance. Es geht darum, die jetzigen Spannungen zu mindern" – an dieser Stelle bediente er sich des Begriffs „wachsende soziale Massenpsychose". „Die Staatsmacht muß in der Gesellschaft sein und nicht ohne Gesellschaft."

„Im Gespräch mit Herrn Kania", fuhr der Kardinal fort, „habe ich bestätigt, daß die „Solidarność" eine gesellschaftliche und berufliche Organisation bleiben muß. Die Spannungen, mit denen wir es zu tun haben, sind geradezu irrational. Die Menschen können kaum verstehen, worum es geht. Die „Solidarność" ist so eine Art romantische Renaissance-Strömung. Jetzt ist jedoch eine Infiltration im Gange, um sie zu einer politischen Bewegung zu machen. Das ist etwas Fremdes, von außen Aufgezwungenes. Wałęsa ist sich dessen bewußt. Er ist ein Mensch guten Willens, der jedoch durch Einflüsse von außen, vor allem vom KOR, gelegentlich zu unglücklichen Aktionen gedrängt wird. Ich habe hier von Kuroń verfaßte Artikel, in denen er davon spricht, daß die Machtübernahme durch die Opposition unmittelbar bevorstehe. Er glaubt, es genüge, den einen oder anderen Wojewoden oder Minister zu feuern, dann werde sich etwas bewegen. Eine solche Linie zeigt sich auch in der „Zaunpropaganda".[94]

Ich habe Wałęsa gesagt, er solle nirgendwohin fahren, sondern die Arbeiter lehren, wie man seine beruflichen Interessen wahrnimmt. Seine Reise nach Italien sei nicht notwendig gewesen. Sie sei von verschiedenen politischen Gruppen für deren eigene Zwecke ausgenutzt worden."

Als wir auf die neuralgische politische und strategische Lage Polens zu sprechen kamen, gebrauchte der Primas eine sehr plastische Metapher: „Wenn ein Mensch in einem Raum steht, dann kann er sich nicht gleichzeitig an zwei einander gegenüberliegenden Wänden abstützen. Unser Land befindet sich sozusagen zwischen zwei Wänden, der germanischen und der slawischen. In dieser Situation muß sich Polen an die slawische Wand anlehnen ..."

Heute, elf Jahre später (Anm. d. Übers.: Die polnische Originalausgabe erschien 1992), wird sich vielleicht mancher über diese Worte wundern. Damals, als Polen, Europa und die Welt noch anders aussahen, als sich auch das Problem unserer Grenzen anders darstellte, waren sie ein Zeugnis für Realismus und Umsicht.

---

[94] Gemeint war das Bepinseln und Behängen von Zäunen mit Parolen der „Solidarność".

Die größte Aufmerksamkeit schenkte Kardinal Wyszyński jedoch der seiner Meinung nach zweckmäßigen Gründung von Bauerngewerkschaften. Im Verlauf des Gesprächs kam er mehrmals darauf zurück. Er sagte: „Ich bin Enkel eines Bauern und weiß, wie schwer diese Arbeit ist. Ich habe Herrn Kania spezielle Notizen in dieser Sache übergeben. Da das Recht zur Bildung von Berufsorganisationen den Industriearbeitern zugestanden wurde, muß es auch für die Bauern gelten. Ihr Status ist ein anderer, sie sind Eigentümer ihres Bodens[95]. Aber dieses Eigentum ist mit gesellschaftlichen Verpflichtungen belastet. Deshalb wird die Regierung gut daran tun, sich der Bildung solcher Gewerkschaften nicht entgegenzustellen. Das bedroht weder den Staat noch den sozialistischen Block.

Vor dem Krieg gab es mehrere Parteien in Polen, aber auch eine mächtige Landvolk-Bewegung, die sich mit den Parteien nicht einlassen wollte. Auch heute braucht man nicht zu befürchten, daß die Bauern eine Partei gründen, daß sie sich als eine zur PVAP in antagonistischem Gegensatz stehende Kraft konsolidieren." Der Primas vermutete sozusagen, daß wir uns vor der Schaffung einer Polnischen Bauernpartei à la Mikołajczyk[96] fürchteten.

„Im Jahre 1932 gab es Bauernstreiks, es kam zu sehr schmerzhaften Ereignissen auf dem Land. Auch heute ist das ein neuralgischer Punkt. Man muß aufpassen, daß es keine Bauernstreiks gibt, daß nicht wieder irgendwelche Bauernaufstände aufflammen. Es wäre schlecht, wenn diese zwei „Solidarność"-Bewegungen, die städtische und die ländliche, sich die Hand reichten und die städtische „Solidarność" die ländliche „Solidarność" unterstützte, um sie zu instrumentalisieren. Je schneller wir die Bauern-„Solidarność" anerkennen, desto selbständiger und unabhängiger von äußeren Einflüsterungen wird sie sein. Wenn es solche Schwierigkeiten gibt wie gegenwärtig, muß man sich nach Verbündeten umsehen und nicht gegen alle kämpfen. Die Bauern werden Verbündete sein, wenn man ihnen das Recht gibt, sich zusammenzuschließen. Das wird viele Millionen Menschen beruhigen. Leider gelangte ich nicht zu einer Verständigung mit Herrn Kania. Ich bat ihn, diese Sache noch einmal in aller Ruhe zu analysieren."

[95] S. Anm. 74.

[96] Stanisław Mikołajczyk, 1901-66, Politiker, gründete 1930 die Bauernpartei („Polskie Stronnictow Ludowe"). Während des Zweiten Weltkriegs Mitglied der Londoner Exilregierung, kehrte nach dem Krieg nach Polen zurück; wurde im Juni 1945 zunächst Stellvertretender Premierminister in der Provisorischen Regierung der Nationalen Einheit und rief die Bauernpartei wieder ins Leben. Gestützt auf diese Partei, war er bemüht, eine oppositionelle Bewegung zur Verteidigung von Polens innerer und äußerer Freiheit zu organisieren. Nach den von den Kommunisten gefälschten Wahlen zur Verfassunggebenden Versammlung im Jahre 1947 legte er unter Protest seine Regierungsämter nieder. Von Verhaftung bedroht, verließ er Polen im Oktober 1947 und engagierte sich seitdem in der polnischen Emigrantenbewegung. Erinnerungen unter dem Titel „Die Versklavung Polens" („Zniewolenie Polski").

Ich fühlte, daß die Probleme des Dorfes, der Privatbauern dem Primas sehr zu Herzen gingen. Das Dorf ist nach traditionellem Verständnis der Grundpfeiler des Polentums und der Kirche. Einige Meinungen des Primas konnte ich allerdings nicht teilen. Sie schienen mir anachronistisch. Der Primas betrachtete die Landflucht und die Überbevölkerung der Städte geradezu als Alarmsignal. Dabei sind nach modernen europäischen Maßstäben unsere Landwirtschaftsgebiete zu zersiedelt und deshalb überbevölkert. Das ist übrigens unser großes gesellschaftliches und wirtschaftliches Dilemma.

„In Polen", sagte der Primas, „gibt es viele arme Menschen. Die Kirche hatte früher soziale Fürsorgeinstitutionen, darunter die „Caritas". Wir rechnen auf ihre Wiedererstehung. Es gibt eine gemeinsame Kommission, die sich um die Lösung dieser Probleme bemüht. Wo es um berechtigte Anliegen geht, kann man sich der Unterstützung durch die Kirche sicher sein."

Der Primas war ein entschiedener Gegner des Marxismus, ein Gegner des herrschenden Gesellschaftssystems. Aber seine intellektuellen Gedankenspiele waren kühn und frei von schablonenhaftem Denken. Einige Strömungen des, wie er sagte, spirituellen Sozialismus, wie er im 19. Jh. in Frankreich und England geherrscht hatte, nahm er durchaus ernst, wies auf ihre humane Aspekte hin. Es wird die Leser sicher überraschen, daß der Primas, als er über die Oktoberrevolution des Jahres 1917 sprach, behauptete, daß „die gemeinschaftlichen, kommunistischen, egalitären Elemente dieser Revolution einen bleibenden Beitrag zum kulturellen Menschheitserbe darstellen. Sie bereicherten seine Entwicklung und gaben nützliche Impulse ..." Er sagte damals auch, daß „der Antikommunismus der Geistlichkeit etwas Natürliches und Verständliches gewesen ist. Heute, da der Kommunismus zur politischen Realität in unserem Land geworden ist, gibt es für einen Automatismus dieser Art keinen Platz mehr; die Angelegenheit ist komplizierter, verlangt Überlegungen, nimmt uns in die Pflicht in Hinblick auf die Haltung unserer Mitbürger." Die Einstellung der Kirche in dieser Frage sei also nicht versteinert, extrem und ein für allemal festgelegt.

Ja, das war ein ungewöhnliches Gespräch. Der strenge, geradezu asketische Kardinal war gleichzeitig ein warmherziger und verständnisvoller Mensch. Obwohl ihn die Krankheit schon auszuzehren begann, war er perfekt in der Wahl seiner Worte, sprach klar und deutlich.

Am 27. März, also einen Tag nach unserem Treffen, empfing der Kardinal den Generaldekan[97] der polnischen Streitkräfte, Humeński, Priester im Rang eines Obersten , in einer Audienz. Aus seinen Berichten ging hervor, daß Kardinal Wyszyński unserem Gespräch eine hohe Bedeutung beimaß und sich in diesem Zusammenhang lobend über mich äußerte. Ich verhehle nicht, daß mir das große Befriedigung bereitete.

[97] Oberster Militärseelsorger.

Vor meiner Berufung zum Premierminister sprach Kania mit Kardinal Wyszyński, informierte ihn über die voraussichtlichen Veränderungen in der Regierung. Wie er mir später erzählte, nahm der Primas die Absicht, mich zum Vorsitzenden des Ministerrates zu machen, wohlwollend auf. Zweifelsohne wußte er viel über mich, aus verschiedenen Abschnitten meines Lebens, einschließlich der Kindheit, und zwar von heute noch lebenden Menschen, die mich von früher her kannten. Ich denke hier besonders an den Polonistik-Professor Roman Kadziński, mit dem ich bis zum heutigen Tage einen herzlichen Kontakt pflege. Er stand dem Primas nahe, kannte ihn noch aus der Zeit seiner Tätigkeit in Włocławek. Sie trafen sich auch in späteren Jahren, bis zum Tod des Kardinals. Der Professor zeigte mir Fotos, auf denen er mit dem Primas zu sehen ist, sowie herzliche Widmungen des Primas an ihn.

Ich glaube – vielleicht ist das unbescheiden von mir –, daß auch mein Fall, kurios genug, in ihren Gesprächen eine Rolle gespielt haben muß. Allerdings sprach ich Professor Kadziński niemals auf dieses Thema an.

Ich möchte noch eine andere Eigentümlichkeit hervorheben. Stefan Wyszyński war einst Schüler des Górski-Gymnasiums in Warschau. Diese bekannte Schule absolvierte auch mein Vater noch vor dem Ersten Weltkrieg, einige Jahre früher als der Primas. Das war mir irgendwie eingefallen. In unserem Gespräch vermieden wir jedoch beide persönliche Dinge. Es war doch unser erstes Treffen – noch dazu in einer angespannten Situation. Ich bedaure, daß es nicht zu weiteren Treffen gekommen ist. Dann hätten wir mit Sicherheit auch Zeit für persönliche Dinge gefunden. Am 28. Mai, also zwei Monate nach unserem Gespräch, starb der Kpardinal.

Als er den Palast in Natolin verließ, sagte der Primas, wobei er jedes Wort betonte: „Ich werde alles in meiner Macht Stehende tun, um Ihnen zu helfen. Ich werde dafür beten, daß Ihnen Glück beschieden ist." Er setzte sich ins Auto, bekreuzigte sich und fuhr davon.

Der Primas war ein Mensch mit viel Verstand, Herz und Verantwortungsgefühl.

KAPITEL 10

Flug und Landung

Der März, der Juni und der September – vom Dezember ganz zu schweigen – waren für mich die schwersten Monate jenes Jahres. Der März hatte gar nicht schlecht begonnen – eine leichte Beruhigung der Gemüter, das Treffen mit Wałęsa. Aber am 16. März begann das Manöver „Sojus-81". Unter diesem Decknamen fand jährlich ein Manöver des Warschauer Pakts statt. Diesmal kam es auf eine ziemlich merkwürdige Art und Weise zustande. Es war wie gewöhnlich für die Sommermonate geplant und sollte im Juni 1981 stattfinden. Unvorhergesehenerweise gab es eine künstliche Beschleunigung, und das Manöver wurde für Dezember 1980 anberaumt. Es war klar, womit das zusammenhing. Glücklicherweise fand dieses „Manöver" nicht statt. Wieder erfolgte eine Beschleunigung der Manöverplanung – und zwar im März. Ausgerechnet zur selben Zeit ereignete sich der Zwischenfall in Bydgoszcz. Wie kam das? Schließlich hatte Kulikow nicht Rulewski in das Gebäude des Wojewodschaftsrates geschickt. Aber zu einem solchen zeitlichen Zusammentreffen kam es. Ein großer Streit und ein großes Manöver. Und das alles, nachdem wir schon viele Warnungen von sowjetischer Seite erhalten hatten und Kania und ich mehrfach versichert hatten, daß wir Herren der Lage seien.

Am 17. März empfing ich Marschall *Viktor Kulikow*. Er war mittelgroß und korpulent. Aus seinen Bewegungen und seinen Worten spürte man Energie. In Militärfragen hochkompetent. Politisch unbeweglich – ein „linientreuer" Parteigenosse der KPdSU. Formulierte seine Gedanken präzise. Als ausgezeichneter General hochgeschätzt von Marschall Andrej Gretschko und wahrscheinlich heimlich zu dessen Nachfolger erkoren. Davon zeugt seine Laufbahn: Kommandeur des prestigeträchtigen Wehrbezirks Kiew, Oberkommandierender der Gruppe der sowjetischen Streitkräfte in Deutschland, schließlich Generalstabschef der sowjetischen Streitkräfte. Eine große Karriere. Nach dem Tod Gretschkos und der Ernennung Ustinows zum Verteidigungsminister der UdSSR sanken Kulikows Aktien. Generalstabschef wurde Marschall Nikolaj Ogarkow, Kulikow wurde Oberbefehlshaber der Vereinigten Streitkräfte des Warschauer Pakts. Diese Ernennung bedeutete keine Beförderung, wurde aber lege artis vollzogen. Es wurden – wie immer in solchen Fällen – die Stellungnahmen der Verteidigungsminister, der Regierungschefs und der Ersten Sekretäre eingeholt. Ich äußerte mich positiv, da ich Kulikow seit vielen Jahren kannte.

Es entspräche der heutigen Mode, über ihn alles nur erdenklich Schlechte zu sagen. Das kann und will ich nicht tun. Er zeigte die typischen Eigenschaften eines hohen sowjetischen Militärs. Selbstsicherheit und Bewußtsein der Macht, die ihm seine Uniform verlieh. Gleichzeitig viel Humor, die Bereitschaft, ein Gespräch „locker" zu führen. Niemals verhielt er sich mir gegenüber herablassend. Immer zeigte er Takt und Respekt. Trotzdem habe ich mehrfach erlebt, wie scharf, ja brutal er gegenüber sowjetischen Militärs sein konnte. Es ist jedoch Unsinn, wenn verbreitet wird, die Verteidigungsminister seien seine Stellvertreter, seine Untergebenen gewesen. Davon kann keine Rede sein. Die Stellvertreter des Oberbefehlshabers der Vereinigten Bündnisstreitkräfte hatten in ihren jeweiligen Ländern den Rang von Vizeministern. Bei uns hatte General Eugeniusz Molczyk diese Funktion inne.

Kulikow war in jener Zeit am häufigsten in Polen. Aber auch in den Hauptstädten der anderen Mitgliedsstaaten des Warschauer Pakts weilte er oft. Meist kam er nach einigen dieser Besuche zu uns und präsentierte uns zusammenfassende Bewertungen und Schlußfolgerungen, u. a. als Standpunkt der Führer jener Länder. Meistens berief er sich jedoch auf das ZK der KPdSU und auf Breschnew. Es war kein Zufall, daß gerade er, der Oberkommandierende der Vereinigten Streitkräfte des Warschauer Pakts, bei uns als sowjetischer Emissär auftrat. Dies war das Gebiet, auf dem die Sowjets am besten Druck ausüben konnten. Unsere innere Situation wurde so mit den Argumenten der Verbündeten, mit den Sicherheitsinteressen des Warschauer Pakts konfrontiert. Und da gab es viele Vorbehalte.

Mein Adjutant hat ausgerechnet, daß ich mich im Jahre 1981 sage und schreibe 22mal mit Kulikow getroffen habe. Scherzhaft könnte man sagen, daß ich ihm mehr Zeit gewidmet habe als meiner Frau und meiner Tochter. Für die detaillierte Wiedergabe der Gespräche, die ich mit ihm führte, würde auch ein zweibändiges Buch nicht ausreichen. Hier werde ich notwendigerweise nur über den Kern der Dinge schreiben, über die wir sprachen. Dies fällt mir um so leichter, als im Grunde genommen alle sowjetischen Gesprächspartner, gleich welchen Ranges, dieselben Meinungen und ähnliche Argumente vorbrachten. Unterschiede gab es nur hinsichtlich des Zeitpunkts und des Themas, der Ebene, auf der die Gespräche geführt wurden, der Persönlichkeit und der Intelligenz der Gesprächspartner.

Kulikow war hart, aber intelligent. Er bearbeitete mich also taktvoll, jedoch konsequent und mit Methode. Seine Argumentation und seine wichtigste Schlußfolgerung: Die Entwicklung in Polen berührt die Interessen des Warschauer Pakts.

Das nächste Treffen fand am 27. März statt – also an dem Tag, an dem die „Solidarność" als Reaktion auf die Ereignisse in Bydgoszcz einen Warnstreik ausrief. Kulikow brachte eine große Gruppe hochrangiger sowjetischer Militärs aus der Führung und dem Stab der Vereinigten Streitkräfte des Warschauer Pakts mit: die Generäle Gribkow, Mereschko, Titow und Katritsch sowie den Admiral Michajlin. Symptomatisch war die Teilnahme von Generaloberst Nikolajew, der als Experte des Generalstabs der sowjetischen Armee 1956 in Ungarn und 1968 in der Tschechoslowakei tätig war.[98] Wie mir gemeldet wurde, hatte er einen Plan zur Einführung des Kriegsrechts in Polen mitgebracht, den er unserem Generalstab vorlegen wollte. Wir lehnten dankend ab. In der Delegation Kulikows befanden sich auch der damalige stellvertretende KGB-Chef Krjutschkow und der Vertreter der Staatlichen Planungsbehörde der UdSSR, Inosemzew.

Kulikow drängte Kania und mich zur schnellen Ausarbeitung und Unterzeichnung von Dokumenten zur Ausrufung des Kriegsrechts. Wieder brachten wir unsere Argumente vor. Kania wurde zweimal von Breschnew angerufen. Schwierige Gespräche. Offene Mißbilligung unserer Handlungsweise. Breschnew sagte: „Die Situation ist in eine kritische Phase getreten. Eine tödliche Bedrohung für den Sozialismus ist entstanden. Die Ausrufung des Kriegsrechts wird bald nicht mehr zu umgehen sein." Er spielte darauf an, daß etwas Ernstes geschehen könne, wenn wir die Probleme nicht aus eigener Kraft lösten. Außerdem schlug er vor, daß wir zwei oder drei Waffenlager „finden" sollten, die von der Opposition angelegt worden seien. Das würde der im Jahr 1968 in der Tschechoslowakei gemachten „Entdeckung" zum Verwechseln ähnlich sehen. Er sprach von Blut, davon, daß alles blutig enden werde. Kania war von diesem Gespräch sehr beunruhigt. Ähnliche Akzente gab es auch in meinen Gesprächen mit Kulikow. Bald darauf schlug Krjutschkow, dessen Denkweise Kania positiv bewertete, diesem ein Gipfeltreffen unter Beteiligung von Andropow und Ustinow vor. Beide gehörten zum engeren Führungskreis des Kreml. Außerdem waren sie die Chefs von Armee und KGB. Eine bezeichnende Zusammenstellung – damals waren die beiden allmächtig.

Schließlich machten wir uns auf die Reise – auf eine sehr spezifische Reise. Die Heimlichkeit ihrer Vorbereitung, ihr Verlauf, die gefährliche Zeit, in der sie stattfand – all das hat sich tief in mein Gedächtnis eingegraben. Diese Reise bot die Chance, um Verständnis für unsere Politik zu werben. Sie konnte jedoch unter den damaligen Umständen ebenso in eine Niederlage münden, in eine Niederlage mit vielfältigen Folgen. Die Abreise wurde absolut geheimgehalten. Es gibt keinerlei Dokumente, die irgendwelche Hinweise auf diese Reise enthielten. Als Ort unseres vertraulichen Treffens wurde Brest-Litowsk vorgeschlagen. Wie viele verschiedenartige historische und politische Assoziationen verbinden sich mit dieser Stadt!

Über die wirkliche Richtung unserer Reise informierte ich General Janiszewski. Wenn sich meine Rückkehr „schwierig gestalten sollte", sollte er in erster Linie General Siwicki informieren. Die Armee sollte zuerst davon erfahren. Ich bat ihn auch, sich um meine Frau und Tochter zu kümmern. Von mir selbst erfuhren nur er und mein Adjutant, der damalige Oberleutnant Stepnowski, die Wahrheit. Die Flugrichtung war chiffriert. Den anderen Mitarbeitern wurde gesagt, wir flögen nach Legnica.

---

[98] In diesen beiden Jahren schlugen sowjetische Truppen in den jeweiligen Ländern Aufstände bzw. Reformbewegungen nieder.

Oberleutnant *Marian Stepnowski*:*

Wir arbeiteten „beim Fünfer"[99] *in der Aleja Ujazdowskie im Gebäude des Ministerrats. Am 3. April gegen 17 Uhr kam General Janiszewski ins Arbeitszimmer General Jaruzelskis. Als er wieder herauskam, bat er mich zu sich. Er befahl mir, zwei Finger zu erheben und zu schwören, daß ich das, was er mir jetzt sagen werde, geheimhalten würde. Sodann erklärte er, daß General Jaruzelski und Stanisław Kania sich in die Sowjetunion begeben würden. Es sei nicht auszuschließen, daß sie dort festgehalten würden und in Polen „auf östliche Weise Ordnung gemacht" werde. Er habe dem Chef vorgeschlagen, daß ich ihn begleiten solle. Der General habe sich zunächst dagegen ausgesprochen, dann aber seine Zustimmung gegeben. Mein Gespräch mit General Janiszewski war kurz. Beim Verabschieden – ich weiß es noch wie heute – legte mir der General den Arm um den Hals, küßte mich und sagte: „Da hast du dir einen schwierigen Posten ausgesucht, ich hoffe, daß alles gut endet."*

Kurz nach fünf ging im Sekretariat ein Anruf des Chefs ein: „Oberleutnant Stepnowski zu mir." Ich ging hinein. Der General stand auf, sah mir in die Augen und sagte: „Nun, wollen wir abfliegen?" „Wir wollen", antwortete ich. Ich nahm die Aktentasche des Chefs. An der Tür aber – ich erinnere mich genau –, unmittelbar vor dem Hinausgehen, hielt er inne, wandte sich um und blickte auf sein Arbeitszimmer. Im Auto sagte er: „Wir fahren zu Kania."

Kania wartete vor seinem Haus. Keiner von uns sprach ein Wort. Ich fühlte die Anspannung. Lediglich zwei Sätze über das Wetter fielen. Wir fuhren zum Flughafen Okęcie. Als wir zum Flugfeld für Militärmaschinen kamen, sah ich das Flugzeug – kein polnisches, sondern eine sowjetische Tupolew 134. Nirgends waren Offiziere oder polnisches Bedienungspersonal zu sehen. Irgendwo hinter einer Ecke kamen ein paar Gesichter hervor, aber kein mir bekanntes. Neben dem Flugzeug stand der Stabschef der Vereinigten Streitkräfte des Warschauer Pakts, General Gribkow.

Die Begrüßung war, vorsichtig ausgedrückt, kühl. Gribkow wies mit der Hand auf die Flugzeugtreppe. Der Chef wandte sich wütend zu ihm um, und seine Wangen bebten, als er sagte: „Vielleicht können Sie mich wenigstens zum Einstieg begleiten." In die Kabine ging Gribkow nicht mit hinein, an der Tür verabschiedete er sich und verließ das Flugzeug wieder. Außer uns und einer sowjetischen Stewardeß sah ich im Flugzeug niemanden.

Ich beobachtete die Sonne und stellte fest, daß wir in Richtung Südwesten flogen. Das verwirrte mich. General Janiszewski hatte doch gesagt, daß wir in die Sowjetunion fliegen, und nun flog das Flugzeug in Richtung Wrocław und Legnica. Später klärte sich das auf. Die Radarstationen auf dem Boden sollten irregeführt werden. Nach einiger Zeit änderte das Flugzeug die Richtung,

---

[99] Siehe S. 2.

und wir flogen nunmehr nach Nordosten. Beim Landeanflug sah ich unter uns ein Sumpfgebiet. Überall Wasser. Ich dachte: Wo werden wir hier landen? Gibt es überhaupt einen Flughafen? Wir waren 20-30 Meter über der Erde, als plötzlich die Motoren aufheulten. Das Flugzeug beschleunigte seine Geschwindigkeit, flog eine Startbahn entlang, machte eine Kehrtwendung und landete von der anderen Seite. Das überraschte mich, denn es herrschte Windstille, so daß es gleichgültig war, von welcher Seite wir aufsetzten ... Später wurde mir klar, daß es unseren Gastgebern darum gegangen war, daß nach dem Aufsetzen des Flugzeugs auf dem Flugfeld und dem Öffnen der Türen niemand, nicht einmal mit dem Fernglas, sehen konnte, wer ausstieg. Beim Ausstieg hatten wir also den Flughafen auf der rechten Seite, stiegen aber links aus.

Drei Wolgas mit verhangenen Fenstern kamen auf das Flugzeug zugefahren. Es erschienen einige Leute in Zivil, mit Hüten und Ledermänteln – typische KGB-Gestalten. Der Chef und Kania gingen zu dem mittleren Fahrzeug und ich mit ihnen. Wir fuhren über eine leere, aber gut gepflegte Chaussee. Alle paar Dutzend Meter standen rechts und links Zivilisten, wahrscheinlich Funktionäre. Plötzlich bogen wir auf einen Feldweg ab. In der Ferne, ungefähr 300 Meter vor uns, sah ich eine rote Ziegelmauer. War das das Ende? Wo waren wir? Die Antwort gab mir ... der Wegweiser. Brest. Wir waren in dem berühmten Brest.

Wir kamen an einen Eisenbahn-Haltepunkt. Wir stiegen aus dem Auto aus. Auf den Gleisen standen einige Waggons. Einer der Wachtposten wies auf ein \bteil und forderte Kania und den Chef auf, sich dort hineinzubegeben. Der Chef nahm mir die Aktentasche ab. Sie entfernten sich. Mir wurde von den Wachtposten das Nachbarabteil zugewiesen. Ich war allein. Es war zwischen 19.30 Uhr und 20.00 Uhr. Ich hörte Stimmen, ein Gespräch. Ich muß zugeben, daß ich trotz intensiver Bemühungen den Inhalt nicht verstehen konnte. Zuerst ging es ziemlich laut zu, ich hörte russische Worte. Die Zunge klebte mir am Gaumen. Nach ungefähr zwei Stunden bekam ich Tee und ein paar belegte Brote, die ich nicht anrührte. Ich versuchte auch, mir einen Eindruck davon zu verschaffen, wie es draußen aussah, aber als ich den Vorhang beiseite zog, sah ich vor meinem Fenster einen KGB-Mann stehen. Er starrte mich dauernd an. Da ich nichts Interessantes sah, verhängte ich das Fenster wieder und setzte mich ...

Plötzlich wurde die Diskussion nebenan leiser. Wahrscheinlich sprach Kania, denn er spricht im allgemeinen ziemlich leise. Später hörte ich die Stimme des Chefs. General Jaruzelski spricht eigentlich auch leise, aber damals hörte ich, daß er die Stimme erhob. Das Geschirr vor mir klirrte, als ob jemand mit der Faust auf den Tisch geschlagen hätte. Ich weiß noch wie heute, daß ich vor mich hinsagte: „Chef, lieber Chef – lauter, kräftiger, vielleicht kommen wir nach Hause zurück, vielleicht ..."

---

*   Marian Stepnowski – im Jahre 1981 Oberfähnrich, Adjutant General Jaruzelskis.

In Brest warteten Andropow und Ustinow auf uns. Wir wurden in einen Eisenbahnwaggon gebeten, der auf ein Nebengleis geschoben worden war. Das Gespräch fand in einem Salonwagen statt. Es war ein schwieriges Gespräch. Möge jedoch niemand von mir an dieser Stelle sensationelle Enthüllungen erwarten. Im großen und ganzen war der Ton sachlich. Wir waren doch damals Verbündete, Freunde. Die Sowjetunion war unser Verbündeter im Guten wie im Bösen, manchmal sogar im sehr Bösen. Aber eben sie, und niemand anders, war unser realer Verbündeter. Sehr vielen Polen kann man eine Eins für bravouröses Verhalten geben. Dagegen haben – wie unsere Geschichte zeigt – viele polnische Politiker eine Sechs in Geschichte und Geographie verdient. Dafür haben wir mehrmals den höchsten Preis bezahlt. Diesmal wollten wir ihn nicht zahlen.

Es war ein langes und außerordentlich wichtiges Gespräch. Die sowjetische Führung bewertete die Entwicklung in Polen als sehr bedrohlich. Andropow und Ustinow, die engsten Mitarbeiter Breschnews, erwarteten von uns eine Antwort auf die Frage, ob wir uns nicht im klaren darüber seien, daß die „vom Feind angezettelte" Provokation in Bydgoszcz die Ouvertüre zu einem Generalangriff auf den sozialistischen Staat sei. Würde die polnische Partei damit fertig werden? Man warnte uns davor, daß wir die Kontrolle über die Situation verlieren könnten, auch die Kontrolle über die eigenen Leute. Auch deshalb sei ein offensives Vorgehen so wichtig. Besonders in den Äußerungen Marschall Ustinows kamen häufig die Worte „reschitelno", „nastupatelno" („entschlossen", „offensiv") vor. Das sei nicht nur unsere innere Angelegenheit, vielmehr berühre sie die Sicherheit der ganzen sozialistischen Staatengemeinschaft.

Von sowjetischer Seite nahm man auch auf vorangegangene Gespräche Bezug. Man sagte uns: „Ihr habt behauptet, es werde euch irgendwie gelingen, die Situation zu stabilisieren, die Staatsmacht sei nicht in Gefahr, aber jetzt zeigt sich: Nachgeben, Nachgeben, nichts als Nachgeben." Dann kam ein neuer Vorwurf. Kania habe doch der sowjetischen Führung und Breschnew persönlich feierlich versichert, daß wir es nicht zu einer Legalisierung der Bauern-„Solidarność" kommen lassen würden. Auch dieses Versprechen habe er nicht gehalten.

Es wurden verschiedene Beispiele angeführt, wobei man sich u. a. auf Beobachtungen der sowjetischen Botschaft, der Konsulate und der in Polen stationierten Einheiten der sowjetischen Armee berief. Man warf uns vor, daß wir zu vorsichtig seien, die oppositionellen Kräfte unterschätzten. Man berief sich auch auf die Meinung „polnischer Genossen", die durch unsere Nachgiebigkeit beunruhigt seien. Das war ein Kampf mit dem Schatten, oder genauer gesagt mit der Denunziation; moralisch schmutzig und politisch gefährlich. Wenn schon „unsere Leute" die Situation negativ bewerteten, brauchte man sich über die kritische Haltung der sowjetischen Führung nicht zu wundern. Wir wandelten also auf einem schmalen Grat, der noch dazu von unseren eigenen Landsleuten – und durchaus nicht nur von Parteimitgliedern – gefährdet wurde.

Kania und ich versuchten, uns in die Lage unserer Gesprächspartner hineinzuversetzen, ihre Sensibilität für die Stabilität des Warschauer Pakts angesichts der komplizierter werdenden internationalen Lage zu verstehen. Wie üblich vertraten wir mit zwei Stimmen dieselbe Linie. Da wir keinen Dolmetscher hatten, hatte ich es sogar leichter, denn ich spreche fließend Russisch, während Kania damit gewisse Schwierigkeiten hat.

Was entgegneten wir auf die uns vorgetragenen Vorbehalte und Befürchtungen? Nun ja, man mußte wieder einmal alles von Adam und Eva an erklären. Uns ging es vor allem darum, unseren Gesprächspartnern die besondere polnische Situation begreiflich zu machen. Dafür hatten wir schon ein gewisses Schema entwickelt, das wir immer anwandten und lediglich der jeweiligen Situation anpaßten. In diesem Fall sagten wir, daß uns das Warschauer Abkommen eine Atempause verschaffe. Wir würden verschiedene Wege zur Konsolidierung der Staatsmacht suchen. Besonders betonten wir unsere wirtschaftlichen Schwierigkeiten. Neben verschiedenen Korrekturen sei eine tiefgreifende Reform notwendig. Dieses Thema berührten wir übrigens nur vorsichtig. Eine Reform-Rhetorik konnte uns in eine noch schwierigere Situation bringen. Wir wiesen darauf hin, daß sich auch die politische Lage stabilisieren werde, sobald es uns gelänge, die wirtschaftliche Krise zu überwinden.

Wir bestätigten, daß von der „Solidarność" eine ernsthafte Bedrohung ausgehe. Es gebe aber noch Chancen zur Verständigung mit ihrem realistischen, d. h. mit ihrem Arbeiterflügel. Dies um so mehr, als die größten Betriebe sich zum organisatorischen Kern der „Solidarność" entwickelten. Wir erwähnten ebenfalls, daß die Kirche ein Gegner extremistischer Tendenzen sei. An dieser Stelle berief ich mich auf mein kurz zuvor geführtes Gespräch mit Kardinal Wyszyński, auf dessen Patriotismus und Verständnis für die übergeordneten Staatsinteressen. Das erlaube es, bei der Herstellung eines gesellschaftlichen Konsenses auf die Kirche zu rechnen.

Wir informierten unsere Gesprächspartner darüber, daß die unmittelbar bevorstehende Sitzung des Sejm große Bedeutung für den weiteren Gang der Ereignisse haben könne. Wir rechneten damit, daß der Sejm einen Beschluß verabschiede, in dem zu einer mindestens zweimonatigen Aussetzung aller Streiks aufgerufen werde. Ich sagte auch, daß ich bereit sei, vom Amt des Premierministers zurückzutreten, unter Verweis darauf, daß ich meine Aufgaben in der gegebenen Situation nicht bewältigen könne. Damals hätte ich damit ein Zeichen gesetzt. Ich glaubte, daß die Ankündigung meines Rücktritts einerseits bei einem großen Teil der Gesellschaft Befürchtungen auslösen, andererseits den Druck seitens unserer Verbündeten mindern würde.

Das Gespräch endete in beiderseitiger Unzufriedenheit. Was aber war das Wichtigste? Wir hatten noch einen gewissen Manövrier-Spielraum für weitere politische Anstrengungen. Die Bestätigung dafür lieferte uns die Tatsache, daß das Manöver „Sojus-81" am 7. April endlich beendet wurde. Anläßlich dieses Manövers kam es zu einem paradoxen Mißverständnis zwischen dem tschechoslowakischen Parteichef Husák und Breschnew. Am 6. April, auf dem Parteitag der tschechoslowakischen KP, griff Husák die konterrevolutionären Kräfte in Polen scharf an und sagte, die Verteidigung des Sozialismus „ist auch eine gemeinsame Aufgabe aller Länder der sozialistischen Staatengemeinschaft, die entschlossen sind, ihre Interessen zu verteidigen ..." Sozusagen nebenbei fügte er seinen Worten die Versicherung hinzu, daß das gerade stattfindende Manöver „Sojus-81" eben diesem Zweck diene. Am darauffolgenden Tag sprach Breschnew zu den Parteitagsdelegierten. Als er, an die Adresse des Westens gerichtet, zum Beweis seines guten Willens einen Stationierungsstop für Mittelstreckenraketen in Europa vorschlug, gab er bekannt, daß soeben die Entscheidung zur Beendigung des schon lange dauernden Manövers „Sojus-81" gefallen sei. Wie man sieht, hatten die beiden Parteichefs es versäumt, ihre Redetexte und Standpunkte aufeinander abzustimmen.

Oberleutnant *Marian Stepnowski:*

Es war schon gegen zwei Uhr. Man sagte mir, daß wir jetzt abführen. Dieselben schwarzen Wolgas brachten uns zum Flughafen. Kania und der Chef sprachen kein Wort im Auto. Es herrschte vollkommene Stille. Die Zungen klebten uns am Gaumen. Kania bot mir Eukalyptusbonbons an.

Niemand verabschiedete uns auf dem Flughafen. Wir stiegen ins Flugzeug und hoben ab. Die ganze Zeit wußte ich nicht, in welche Richtung wir fliegen. Erst nach der Landung sah ich, daß wir in Warschau angekommen waren. Wir waren wieder zu Hause. Noch nie war mir die polnische Erde so teuer gewesen.

Auch zu Hause begrüßte uns niemand, aber unser Auto mit unserem Chauffeur am Steuer wartete auf uns. Zuerst brachten wir Kania nach Hause. Als wir schon auf dem Weg zur Wohnung des Chefs in der Ikara-Straße waren, fiel mir ein, daß ich General Janiszewski informieren müsse, der wahrscheinlich noch in seinem Arbeitszimmer wartete. Er war dafür bekannt, daß er lange arbeitete: bis zwischen vier und fünf Uhr morgens. Ich fragte also den Chef: „Was soll ich sagen?" General Jaruzelski antwortete: „Sagen Sie, daß alles in Ordnung ist."

Als General Janiszewski mich erblickte, warf er fast den Schreibtisch um. Ich erzählte ihm, wie es gewesen war, mit Ausnahme des Inhalts der Gespräche, den ich nicht kannte. Dann fuhr ich vom Ministerratsgebäude nach Hause.

Bei der Rückkehr nach Warschau war ich ziemlich erleichtert. Ich betrachtete dieses Treffen als weiteren Aufschub. Das Schlimmste war jedoch das Bewußtsein, daß wir weiterem Druck seitens der Verbündeten wahrscheinlich nicht würden ausweichen können. Die Verbündeten hatten überdies kein gutes Gespür dafür, was in Polen möglich war und was nicht.

Wenn ich zwischen unseren Gesprächspartnern unterscheiden sollte, könnte man sagen, daß Ustinow der schwierigere war. Andropow war für Argumente zugänglicher. Er erinnerte sich gewiß an das Jahr 1956, als er Botschafter in Budapest gewesen war. Im allgemeinen war er ein eher nachdenklicher Mensch. Sein Aussehen und seine Mentalität zeugten von Intelligenz, Ruhe und Kultiviertheit. So wirkte er auch auf mich bei unserer Begegnung Ende 1982, nachdem er Generalsekretär der KPdSU geworden war.

Eine Randbemerkung: Kukliński[100] schreibt in seinen Spionage-Bekenntnissen, daß am dritten April unser Gespräch mit Breschnew in Moskau stattfand. Wie man sieht, gelang es uns, die Vertraulichkeit zu wahren, „dichtzuhalten" über unsere Reise nach Brest-Litowsk.

Am 10. April faßte der Sejm einen Beschluß über die Aussetzung der Streiks. Mein Auftritt in dieser Sejm-Sitzung setzte starke Akzente.

Ich kündigte unter anderem meinen Rücktritt an: „Es ist meine Pflicht, das Hohe Haus daran zu erinnern, daß ich bei der Übernahme des Premierministeramtes gesagt habe, daß ich ,jederzeit bereit sei, mein Amt zur Verfügung zu stellen', besonders, wenn die Regierung sich außerstande sehen sollte, die in sie gesetzten Erwartungen zu erfüllen. Dieser Moment ist jetzt da. Unter den obwaltenden Umständen – ohne Rückhalt des Sejm und ohne öffentliches, die notwendigen Beschlüsse bestätigendes Vertrauen – ist Regierungsarbeit schlicht unmöglich."

Ich rechnete damit, daß diese Worte irgendein Echo in der Öffentlichkeit hervorrufen würden, daß die Opposition darüber nachdenken würde, was eine solche Entscheidung bedeuten könne. Das erwies sich als naive Annahme. Weder der Beschluß des Sejm noch meine Rücktrittsankündigung machten großen Eindruck. Unser von Konvulsionen geschütteltes polnisches Schiff geriet in immer schwerere See.

---

[100] S. Anm. 294

KAPITEL 11

Auf der Suche nach Partnern

Am 30. März kam es zur Unterzeichnung des Warschauer Abkommens.[101] Es verhinderte einen Generalstreik, der wie ein Damoklesschwert über uns gehangen hatte. Schwierige Verhandlungen gingen diesem Abkommen voraus. Fünf Tage vorher fand ein Treffen des Regierungskomitees für Gewerkschaftsfragen mit dem Landesausschuß des Unabhängigen Gewerkschaftsverbandes „Solidarność" statt. Die Presse druckte die Rede von Mieczysław Rakowski ab. Dramatisch klangen seine Worte: „... Ich kann mich des Eindrucks nicht erwehren, daß es in der „Solidarność" Funktionäre gibt, die zu dem Schluß gekommen sind, daß 90 ruhige Tage, 90 Tage sozialen Friedens eine Rückkehr zur Normalität begünstigen und eine Besänftigung der Emotionen herbeiführen, ohne die man die Menschen nicht zu immer neuen Protestaktionen hinreißen kann." Und noch ein Ausschnitt aus Rakowskis Rede: „Das Land wird mit Flugblättern, Plakaten und Zeitungen antikommunistischen Inhalts überschwemmt. Auf einem unter dem Firmenzeichen der „Solidarność" herausgegebenen Flugblatt habe ich einen Galgen gesehen, versehen mit der Erklärung, wer daran hängen solle. Eine von den Betriebspostillen schrieb: 90 Tage Regierung Jaruzelski – 90 Galgen für prominente Vertreter der PVAP. Das kann man wohl kaum als ‚Partnerschaft' bezeichnen."

An dieser Stelle drängt es mich, über *Mieczysław Rakowski* einige Sätze zu sagen, von denen ich weiß, daß sie der Meinung eines Teils meiner Leser diametral entgegengesetzt sind. Den Chor blutrünstiger Stimmen möchte ich nicht verstärken. Rakowski ist ein talentierter Politiker und ein hervorragender Publizist. Emotional und ehrgeizig, sensibel und häufig übersensibel. Aus den Gesprächen mit der „Solidarność" kam er so malträtiert heraus, daß er mir leid tat. Vielleicht wäre es besser gewesen, wenn eine dickfelligere Person die Verhandlungen mit der „Solidarność" geführt hätte (obwohl Ciosek, der eine Elefantenhaut hatte, auch „explodierte"). Wenn er in Depressionen verfiel, sagte ich: „Reiß dich zusammen, spiel hier nicht den Hamlet." Wenn mir schwer ums Herz war, versuchte er mich aufzumuntern.

Wie übrigens alle Menschen, die sich aus der Masse hervorheben, und besonders diejenigen, die Kontroversen hervorrufen, wurde er von den einen geliebt, während ihm andere tiefe Abneigung entgegenbrachten. Daran hat sich auch bis heute nichts geändert. Die Kollegen aus dem Staatsapparat, aus der Partei und der Regierung hatten ihm gegenüber verschiedene Vor-

[101] S. Anm. 84.

behalte. Ständig haftete ihm das „Etikett" eines Revisionisten, Opportunisten und Liberalen an. Größtenteils war das einfach Mißgunst. Man neidete ihm die Kontakte zu den „Salons" der Hauptstadt, aber auch das freundschaftliche Verhältnis zum Regierungschef. Ich erinnere mich, daß mir mehrmals gesagt wurde, er sei ein miserabler Organisator und krankhafter Egozentriker und komme seinen Obliegenheiten nicht nach. U. a. wurde angedeutet, daß er bei den Sitzungen des Kabinetts und des Politbüros entweder ein Buch schreibe oder Tagebuch führe – anscheinend hatte man ihm über die Schulter geschaut. Das erinnerte ein wenig an Wańkowiczs berühmte Beobachtung,[102] daß die polnische Mißgunst uneigennützig sei: Der Schuster verüble es dem Domherrn, daß dieser Prälat geworden sei.

Rakowski schrieb natürlich viel – auch Briefe und Notizen, die an mich gerichtet waren. Viele davon habe ich aufbewahrt. Ich schätzte das, denn er machte mich auf viele wichtige Dinge aufmerksam. Er hatte Kontakte zu den verschiedensten Gesellschaftsschichten, gab mir auch Meinungen aus vielen Briefen weiter, die er erhalten hatte. So schrieb er z. B. am 26. April über den Vorfall in Bydgoszcz, daß man „irgendwie eine Entspannung herbeiführen müsse, denn die Radikalen in der „Solidarność" brauchen Brennstoff, um das erlöschende Feuer unter dem Kessel der Volkshysterie wieder anzufachen. (...) Das Politbüro muß sich schon die Frage stellen, was man tun muß, damit es vor dem IX. Parteitag nicht zu Ruhestörungen kommt. (...) Im Zusammenhang mit der wachsenden Rolle des Sejm muß man in jedem Ministerium einen Parlamentarischen Unter-Staatssekretär berufen." Natürlich schlugen wir diese Richtung ein; es wurden Vize-Minister für Arbeitskontakte mit den Organen des Sejm ernannt. Oder ein anderer Brief: „Sehr wichtig. Genaue Beachtung der Rechtsstaatlichkeit. In diesem Zusammenhang das Innenministerium wie den Augapfel hüten. Dein sympathischer K. (gemeint ist Kiszczak, der damals noch nicht Innenminister, sondern Chef der Militärpolizei war) muß von Dir jeden Tag Ermahnungen zu hören bekommen, sich die Situation nicht entgleiten zu lassen, Dich vor jedem Provokationsversuch zu warnen. Niemals werde ich Bydgoszcz vergessen, noch heute läuft es mir kalt den Rücken herunter, wenn ich daran denke, wie das hätte enden können, wäre nicht Deine Entschlossenheit gewesen."

Rakowski dachte hier an meine Reaktion auf die Absicht, die Bauern, die sich im Gebäude des Wojewodschaftskomitees der ZSL verbarrikadiert hatten, gewaltsam zu entfernen.

Er schrieb noch folgendes: „Schenke bitte niemandem kritiklos Glauben, auch mir nicht. Wende die de Gaulle'sche Methode an. Er glaubte keiner seiner Polizeiorganisationen. Die eine paßte auf die andere auf." Insbesondere der ressortübergreifende Koordinationskommission für die Wah-

---

[102] Melchior Wańkowicz, 1892-1974, Schriftsteller und Publizist. 1938-1953 in der Emigration.

rung des Rechts, der Rechtsstaatlichkeit und der öffentlichen Ordnung mit Kiszczak an der Spitze sollte ein Instrument für diese Art der Kontrolle sein. Später – nach der Ermordung des Priesters Popiełuszko – wurde zum selben Zweck im Innenministerium die sogenannte Verwaltung zum Schutz der Funktionäre ins Leben gerufen, deren Aufgabe in Wahrheit darin bestand, Kontrolle auszuüben und Ungerechtigkeiten zu verhindern. Es erwies sich aber, daß das nicht so einfach war.

Und hier sind Auszüge aus einer anderen Notiz Rakowskis: „Weil ihr beide, d. h. Olszowski und Du, nicht miteinander könnt, ist klar, daß das Fernsehen nicht auf seiten der Regierung stehen wird. Wir müssen uns darüber im klaren sein, daß alles, was im Fernsehen schlecht ist, auf unser Konto geht."

„Weiche dem Fernsehen nicht aus. Dein Auftreten muß dem Geist der Erneuerung entsprechen." Hier habe ich mir leider viel vorzuwerfen, zumindest den Mangel an Pressekonferenzen, die abzuhalten ich mich verpflichtet hatte, ... was ich dann nicht tat. Außerdem hatte ich vor Fernsehauftritten große Hemmungen. Kameras wirkten paralysierend auf mich. Das ist ein weiterer Beleg dafür, daß ich mich nicht für die Art von Politikern eigne, die im Zeitalter der Massenmedien gefragt ist. Irgendwie beneide ich alle, die selbst dann noch über große Selbstsicherheit verfügen und sich gut fühlen, wenn sie „Ungereimtheiten" von sich geben. Der letzte Wahlkampf hat das in aller Deutlichkeit gezeigt.

„Deine verrückte Lebensweise – weiß der Himmel, wie Du es schaffst, schon so viele Jahre lang unverändert intensiv zu arbeiten – wird mit einer Katastrophe enden. Zeige diesen Briefausschnitt Deiner Frau."

Das tat ich natürlich nicht. Meine Frau und meine Tochter hatten es in jener Zeit sehr schwer. Meine Gewissensbisse ihnen gegenüber wollen nicht verstummen. Und das nicht nur deshalb, weil sie fast die ganze Zeit allein waren, sondern auch, weil ich, wenn ich erschöpft nach Hause kam, keine Kraft mehr für normale menschliche Regungen hatte. Sie hätten mehr Wärme gebraucht. Statt dessen brachte ich häufig Nervosität und eine finstere Stimmung mit nach Hause. Ähnlich schwer hatte es meine in Łódź lebende Schwester, die jedoch durch die Erfahrung der Jahre in Sibirien leidgeprüft war.

Es war eine logische Entscheidung, daß Rakowski dann in die „erste" Linie vorrückte – als Vizepremier und Vorsitzender des Komitees für Gewerkschaftsfragen. Seit langem war er als Anhänger von Reformen, Dialog und Demokratisierung des Systems bekannt und hatte deren Notwendigkeit früher und tiefer begriffen als Kania und ich – also der ideale Gesprächspartner nach dem Motto „den Partner achten". Diese Entscheidung wurde von den sogenannten prinzipiellen Kräften und den Verbündeten mit Widerwillen aufgenommen. Sie konnte jedoch – so glaubte ich damals – zu einem zusätzlichen Trumpf für Rakowski, zu einem Glaubwürdigkeitsfaktor bei seinen Gesprächen mit der „Solidarność" werden. Leider kam es anders.

Er wurde von seinen Partnern auf Gewerkschaftsseite scharf, von einigen geradezu brutal attackiert. Rakowski, dessen guter Wille unschätzbar ist, fühlte sich gekränkt und verletzt. Der beiderseitige Unwille wuchs.

Zum Drama Rakowskis gehörte auch, daß seitens der Gesellschaftsschicht, in der er jahrelang großgeworden war, ein Scherbengericht über ihn abgehalten wurde – besonders während der Zeit des Kriegsrechts und in den Jahren danach. Gerade er war doch ein besonders aktiver Befürworter des Dialogs, der gütlichen Beilegung verschiedener scharfer Konflikte, selbstverständlich auf der Grundlage der damals herrschenden Staatsräson. Viele verdammten ihn wegen zu scharfer Rhetorik an die Adresse der Opposition. Aber nicht alle wissen, daß er innerhalb des eigenen Lagers ebenso scharf Konservatismus, Fanatismus und Dummheit kritisierte. Dies ist sein politisches Temperament, sein Stil.

Kehren wir zur Chronologie der Ereignisse zurück. Damals fand auf dem Territorium Polens und an seinen Grenzen das Manöver „Sojus-81" statt. Die Gesellschaft zitterte. Es herrschte eine Stimmung des Zorns und des Märtyrertums. Die „Solidarność" ballte die Fäuste. In vielen Regionen – u. a. in Łódź, Wrocław, Wałbrzych, Kalisz und Gdańsk – wurden Instruktionen ausgearbeitet, was im Falle eines Generalstreiks, des Ausnahmezustands oder schließlich einer Intervention von außen zu tun sei. In einigen dieser Instruktionen wurde empfohlen, sich „mit allen zur Verfügung stehenden Mitteln" einem „Vordringen von Okkupationskräften ins Landesinnere" zu widersetzen. Es wäre interessant zu erfahren, welche Mittel die Autoren da im Sinn hatten. In der damaligen Situation suchte ich das Gespräch mit allen, die die öffentliche Meinung, den weiteren Gang der Ereignisse beeinflussen konnten. In dieser Absicht traf ich mich am 26. März mit der Leitung der Polnischen Akademie der Wissenschaften. An diesem Treffen nahmen die Professoren Gieysztor, Kaczmarek, Kostrzewski, Sosnowski und Wiewiórowski teil. Meine Gesprächspartner brachten meinen Bemühungen Vertrauen entgegen. Ich erreichte von ihnen die Zusicherung, daß sie im Rahmen ihrer Möglichkeiten mäßigend auf die Stimmung im Lande einwirken würden. Mit Wohlwollen sprachen sie über die Armee, die von den Ereignissen der 70er Jahre[103] nicht belastet und deshalb ein stabilisierender Faktor sei. Hinsichtlich des Zwischenfalls in Bydgoszcz schlugen sie vor, daß die Regierung öffentlich ihr Bedauern aussprechen und die Gründe und Umstände dieses Zwischenfalls so schnell wie möglich aufklären solle. Sie sagten, daß auch innerhalb der „Solidarność" die Zahl der Anhänger eines Konfrontationskurses keineswegs gering sei. In der Gesellschaft herrschten sehr differenzierte Auffassungen. Sie stellten sich eindeutig auf die Seite der gemäßigten Kräfte, unabhängig davon, welchem Lager sie zuzurechnen waren. Professor Gieysztor behauptete in diesem Zusammenhang, daß sich die „Solidarność" zu Unrecht als einzige Kraft der Erneuerung ausgebe.

[103] S. Anm. 4 und 31.

Damals traf ich mich, wie schon davor und danach, mit Professor Jan Szczepański, dem Vorsitzenden des Sejm-Ausschusses zur Kontrolle der Einhaltung der Gesellschaftlichen Verträge. Er war ein wunderbarer Mensch. Man nannte ihn „den klugen Jan". Er tat, was er konnte, besonders bei der Suche nach Wegen zur nationalen Verständigung. Aber nicht alles stand in seiner Macht. Die Walze der Ereignisse rollte unerbittlich.

Ich traf mich auch mit den Wojewoden und den Stadtpräsidenten.[104] Insgesamt herrschte Zufriedenheit vor, da es gelungen war, einen Generalstreik abzuwenden. Gleichzeitig machte sich ein Verliererkomplex bemerkbar. Es wurde unterstrichen, daß in aggressiver, arroganter Form vorgebrachte Forderungen immer noch zunähmen, daß die örtlichen Verwaltungsbehörden als „Prügelknaben" herhalten müßten. Besonders in Bydgoszcz, Radom und Koszalin würden sich die Beziehungen zur „Solidarność" zusehends verschlechtern. Dagegen hätten die Wojewoden von Poznań, Gdańsk und Zielona Góra von vorbildlichen Beziehungen zur „Solidarność" berichtet.

Der Ministerrat tagte immer häufiger. Mit Beunruhigung wurde über die wirtschaftlichen Auswirkungen der aktuellen Situation gesprochen.

Ich erinnere mich an eine Sitzung des Militärrats des Verteidigungsministeriums. Ich fühlte, daß die Stimmung jener Tage sogar auf diese kühl kalkulierenden Berufssoldaten starken Eindruck machte. Sie drängten nicht auf gewaltsame Lösungen, aber durch die von Emotionen aufgeheizte Realität fühlten sie sich an die Wand gedrückt. Sie waren beunruhigt von Aussagen höherer Offiziere und Armeeführer der verbündeten Staaten, die die Ereignisse in Polen ungewöhnlich kritisch beurteilten. Viele Mitglieder des Militärrats äußerten die Meinung, daß die Möglichkeiten für versöhnliches Handeln fast erschöpft seien. Einer der stellvertretenden Minister sagte schlicht: „Ich glaube nicht an Missionarsmethoden."

Ich traf mich auch mit der Führungsspitze des Innenministeriums. Man bewertete die Situation sehr kritisch. Aus geheimdienstlichen Quellen kamen Informationen, daß fremde Dienste in die polnischen diplomatischen Vertretungen eindrängen. Es wurde gesagt, daß der Westen aus der Situation in Polen Nutzen ziehe, daß man uns schmoren lassen wolle, um die Sowjetunion in Schwierigkeiten zu bringen.

Der Verlauf dieser Treffen zeigte klar und deutlich, daß die Situation in weiten Kreisen des Staatsapparates als sehr bedrohlich bewertet wurde. Ich hatte für diese Stimmung Verständnis. Kania und ich waren dennoch darum bemüht, daß die Emotionen nicht die Grenze der Rationalität überschritten.

Im Dezember 1990 wurde in einem Teil der Presse marktschreierisch darüber berichtet, daß schon im August 1980 im Innenministerium Pläne für eine eventuelle Einführung des Kriegsrechts bereitgelegen hätten. Lang und breit schrieb man über den Plan „Brzoza", den Plan „Malwa", den Plan

---

[104] Bezügl. Wojewodschaften und Wojewoden s. Anm. 22. Das Amt des Stadtpräsidenten ist dem des Oberbürgermeisters vergleichbar.

„Jodła".[105] ... Wenn ich von solchen Enthüllungen höre, habe ich den Eindruck, daß das „Entdeckerfieber" stärker ist als die Vernunft. Pläne gab es natürlich.

Erinnern wir uns an einige Fakten. Im August 1980 wurde unter Leitung des damaligen Innenministers Stanisław Kowalczyk in dessen Ministerium ein spezieller Stab gebildet, dessen Aufgabe darin bestand, Bedrohungen entgegenzutreten, die zur Lähmung der Wirtschaft und des öffentlichen Lebens hätten führen können. Im Spätherbst wurde eine Arbeitsgruppe unter Leitung von Premierminister Józef Pińkowski gebildet, zu der einige Mitglieder der Partei- und Regierungsspitze gehörten, u. a. Kazimierz Barcikowski, Tadeusz Grabski, Mieczysław Jagielski, Stefan Olszowski, Jerzy Waszczuk, Lucjan Czubiński, Mirosław Milewski und Florian Siwicki. Die Leitung dieser Gruppe übernahm ich erst, nachdem ich Premierminister geworden war. Um die Wahrheit zu sagen, diese Arbeitsgruppe existierte nur formal, hat nie getagt. Ihre Mitglieder erfüllten ihre Aufgaben im Rahmen ihrer Kompetenzen. Zieht man die Tragweite und die Schärfe der damaligen Ereignisse in Betracht, wird verständlich, warum zu eben jener Zeit Aktivitäten zur Aktualisierung der Pläne für eventuelle außerordentliche Maßnahmen ergriffen wurden. Dabei begann man aber nicht bei Null. Es gab in Polen, wie übrigens in jedem anderen Staat auch, seit Jahren bestimmte grundlegende Dokumente für den Fall des Ausnahmezustands, der in unserer Verfassung unglücklicherweise „Kriegsrecht" genannt wird. Das ist eher ein Beweis dafür, daß über eine solche Entwicklung der Ereignisse niemals ernsthaft nachgedacht wurde.

Mit der Zeit beteiligten sich immer mehr Ressorts an diesen Arbeiten. Im März 1981 waren die Dokumente noch nicht vollständig. Als Premier wußte ich natürlich, in welche Richtung da gearbeitet wurde. Die Einzelheiten wurden in den zuständigen Ministerien ausgearbeitet.

Die Behauptung, daß die Pläne zur Einführung des Kriegsrechts schon im Sommer 1980 so gut wie fertig waren, ist schlicht und einfach unwahr. Sogar der Bericht von Kukliński – dem gegenüber ich viele Vorbehalte habe – stützt diese Version. Natürlich gab es verschiedene einschlägige Aktivitäten, die sich jedoch über einen längeren Zeitraum erstreckten. Wenn dagegen – wie jetzt von einigen behauptet wird – der ganze Plan zur Einführung des Kriegsrechts, einschließlich der Liste der zu internierenden Personen, schon im August 1980 oder im März 1981 oder im August 1981, mit Sicherheit aber im November 1981 fertig gewesen wäre – wie wäre dann zu erklären, daß das Kriegsrecht nicht schon zu einem dieser Zeitpunkte eingeführt wurde? Womit sollte man die Trägheit einer Staatsmacht erklären, die alles in Händen hatte und trotzdem so lange zögerte? Die Antwort, obwohl für viele heute unbequem, ist eindeutig. Man rechnete immer noch mit einer Verständigung.

[105] „Brzoza" bedeutet Birke, „malwa" – Malve und „jodła" – Tanne.

KAPITEL 12

Kasernen und Schießplätze

Das ganze Jahr 1981 „roch nach Pulverdampf". Der militärische Faktor gewann immer mehr an Bedeutung. Aufmerksam beobachtete ich, was sich in dieser Sphäre tat.

General *Florian Siwicki:*

Die Gefahr einer Intervention in Polen bestand zum ersten Mal im Dezember 1980. Danach gab es im Frühjahr 1981 wieder eine solche Phase. Seit dieser Zeit gab es einen eigentlich unausgesetzten, sich ständig verstärkenden Druck, u. a. in Form verschiedener militärischer Maßnahmen bei den Verbündeten. In Rembertów wurde bei einer dort stationierten Funkeinheit der sowjetischen Armee unter dem Kommando von General Mereschki eine Operationsgruppe des Stabs der Vereinigten Streitkräfte gebildet. Das war wahrscheinlich neben Legnica ein Hilfs-Befehlsstand des Oberkommandierenden der Vereinigten Streitkräfte des Warschauer Pakts, denn Marschall Kulikow hielt sich häufig dort auf.

Im März begann, vorwiegend auf dem Territorium Polens, das strategisch-operative Bündnis-Manöver „Sojus-81" mit den eingeplanten Truppen. Um seine Dimensionen auszuweiten, wurden in dieses Manöver Operationen von geringerem Rang integriert – das Luftlandetruppenmanöver „Drushba-81" und das Marinemanöver der Vereinigten Baltischen Flotte „Wal-81". An diesem Manöver nahmen die Generalstäbe und Truppen der Sowjetischen Armee, der Tschechoslowakischen Volksarmee, der NVA der DDR und der Polnischen Armee teil. Es war bezeichnend, daß das Funknetz der sowjetischen Truppen, einschließlich der Troposphäre, stärker ausgeweitet wurde, als es für die Manöverzwecke notwendig gewesen wäre. Außerdem wurde in Legnica eine Operationsgruppe der Vereinigten Streitkräfte des Warschauer Pakts gebildet, die dort bis Ende 1981 stationiert blieb. Zu diesem Mini-Stab unter Leitung von General Tereschtschenko gehörten die Stellvertretenden Stabschefs der Vereinigten Streitkräfte aus den anderen beteiligten Ländern – aus der Tschechoslowakischen Volksarmee General Kučera und aus der NVA der DDR General Gottwald. Der dort ebenfalls vertretene General der Polnischen Armee, Antos, hatte ein sehr begrenztes Aufgabenfeld. Die Offiziere der zu dieser Gruppe gehörenden Armeen hätten im Falle einer Intervention in der ersten Phase das Kommando über die ihnen unterstehenden Truppen übernehmen können. Die spezifische Mission dieser Gruppe wurde dadurch bestätigt, daß die beteiligten Offiziere in den Kasernen bleiben bzw. in Einzelfällen das Militärobjekt in Zivilkleidung verlassen mußten.

Im Sommer fanden immer ziemlich viele Planübungen und zusätzliche Spezialübungen der verbündeten Armeen statt. Bei den unter dem Code „Umladung" abgehaltenen Quartiermeistermanövern war die sowjetische Seite vorrangig an den Umladegebieten an unserer östlichen Grenze interessiert. Auch die Flugleitzentren für die verbündeten Luftstreitkräfte wurden verstärkt. Die Zahl der sowjetischen Offiziere in dem in das einheitliche Luftverteidigungssystem der Mitgliedsstaaten des Warschauer Pakts eingebundenen Zentralen Befehlsstand der Luftverteidigungs-Streitkräfte wurde erhöht.

Die von General Edward Poradko kommandierte Militärpolizei verfolgte aktiv die wachsende Bedrohung. Man verfügte über Verbindungen zu verschiedenen Personen in den verbündeten Armeen und den diplomatischen Vertretungen. Die von der Militärpolizei beschafften Informationen bestätigten und vervollständigten die Informationen des Innenministeriums durch rein militärische Elemente.

Ein hochrangiger Mitarbeiter der ungarischen Botschaft informierte uns darüber, daß in den Mitgliedsstaaten des Warschauer Pakts vom Herbst 1980 an bis zum 13. Dezember 1981 das Problem eines Einmarsches der verbündeten Streitkräfte in Polen regelmäßig diskutiert worden sei. Ich lernte diesen Diplomaten persönlich kennen. Seine Berichte waren von politischer Nüchternheit und großer Sympathie für unser Land gekennzeichnet. Wie ich erfuhr, hatte mein Freund, der damalige Generalstabschef der Ungarischen Volksarmee, General Istvan Olah, Einfluß auf die Kontakte dieses Diplomaten zu uns.

Von der Absicht, uns brüderliche „Hilfe" zu leisten, erfuhren wir vor allem aus Äußerungen sowjetischer und tschechoslowakischer Offiziere bei Kameradschaftstreffen mit unseren Offizieren im Stab der Vereinigten Streitkräfte. Darüber berichtete uns der für die polnischen Teilstreitkräfte zuständige Stellvertretende Stabschef der Vereinigten Streitkräfte des Warschauer Pakts, General Stanisław Antos. Er unterstrich außerdem, daß nach und nach immer mehr Vertreter der verbündeten Armeen den Kontakt mit unseren Offizieren mieden. Als der Oberbefehlshaber unserer Seestreitkräfte, Admiral Ludwik Janczyszyn, sich im November bei einem Aufenthalt in Rostock mit den Oberkommandierenden der Baltischen Flotte der UdSSR, Admiral Sidorow, der Marine der NVA der DDR, Admiral Ehm, und der Seestreitkräfte der Vereinigten Streitkräfte des Warschauer Pakts, Admiral Michajlin, traf, spürte er eine regelrechte Kampfesstimmung. Seine Gesprächspartner machten keinen Hehl daraus, daß sie zur Intervention in Polen bereit seien.

Wir suchten auch auf verschiedene Weise nach Bestätigungen für die Signale, die wir erhielten. Polnische Bürger, besonders Offiziere, machten in den Nachbarstaaten wichtige Beobachtungen, z. B.:

– Es wurden Truppenbewegungen unterschiedlicher Intensität festgestellt, besonders im Spätherbst 1980, aber auch im Frühjahr und Herbst 1981. Auf unsere Fragen betonten die Verbündeten, es handele sich um eine Korrektur der Truppenverlegung im Rahmen verschiedener Manöver. Wir bewerteten den Hintergrund dieser Beobachtungen jedoch anders.

– In den an Polen angrenzenden Staaten wurden in Zeiten erhöhter Spannung, u. a. im Spätherbst 1981, einige Divisionen personell verstärkt. Reservisten mit polnischen Sprachkenntnissen wurden einberufen. Die mobilen Materialreserven, z. B. Brennstoff, Schmieröl, Lebensmittel, Medikamente u. dgl., wurden aufgestockt, und ein großer Teil der Betten in den grenznahen Krankenhäusern wurde für die Armee requiriert. Diese Maßnahmen trugen bei weitem nicht nur Manövercharakter.

– In den Einheiten der Nordgruppe der Sowjetischen Streitkräfte wurde, je nach Entwicklung der Situation in unserem Land, die Alarmbereitschaft erhöht. Unter dem Deckmantel verschiedener Manöver, deren es damals viele gab, wurden die Aufklärungs- und Luftlandeeineiten sowie die Lufttransportmittel verstärkt.

Mehrmals sprach ich diese Fragen im Stab der Vereinigten Streitkräfte des Warschauer Pakts an. Die Argumentation war immer dieselbe: Die von der NATO durch den Rüstungswettlauf geschürte wachsende Spannung in Europa sowie die sehr komplizierte Situation in Polen erforderten intensive Manöver und die Aufrechterhaltung einer hohen Kampfbereitschaft der Truppen des Warschauer Pakts.

Bezeichnend waren auch die Bewertungen vieler Politiker und Militärs der westlichen Staaten. Der damalige Chef der II. Hauptverwaltung des Generalstabs der Polnischen Armee, Oberst Roman Misztal, meldete, gestützt auf Informationen unserer Militärmissionen, mit welchen Reaktionen der Mitgliedsstaaten des Warschauer Pakts man angesichts der Entwicklung in Polen rechnete. Es waren sehr beunruhigende Prognosen.

Aus den von allen Seiten eintreffenden Informationen entwickelte sich ein deutliches Bedrohungsszenario.

Die Vertreter der verbündeten Armeen machten keinen Hehl aus ihrem Mißfallen über das, was in Polen vor sich ging. Zu den „nervösesten" zählten die Offiziere der Armee unseres südlichen Nachbarn. Mir scheint, daß sie unter einem bedauerlichen historischen Komplex litten. Die tschechoslowakische Armee war vor dem Zweiten Weltkrieg eine der am besten ausgerüsteten Armeen Europas. Als sie aufgrund der schändlichen Kapitulation von München Hitler zum Opfer fiel, gab sie nicht einen einzigen Schuß ab. Im Jahre 1968 erwies sie sich ein zweites Mal als hilflos. Kann man es den Offizieren dieser Armee verdenken, wenn sie sich auf ihre Weise an Polen „rächen" wollten?

Die Sowjets und die Tschechen sagten uns mehrmals: „Seht euch vor, wir sind auch 1968 in der Tschechoslowakei mit der Konterrevolution gut fertig geworden!" Einige Jahre nach 1968 bedankten sich die Tschechen und Slowaken auf allen Treffen, bilateralen und bündnisinternen Sitzungen bei uns für die internationalistische Hilfe. Das war teilweise geradezu peinlich. Später war ihre Einstellung gegenüber den Ereignissen bei uns sicher auch bis zu einem gewissen Grad von der Überzeugung diktiert, daß „internationalistische Hilfe" eine so hohe Tugend sei, daß man sie unbedingt zeigen müsse.

Man muß auch einräumen, daß die Tschechen gewisse Gründe für ihren Groll gegenüber Polen hatten. Zaolzie 1938.[106] Dann 1968. Aber es gab noch eine Ungeschicklichkeit unsererseits, von der ich berichten möchte.

Der Verteidigungsminister der Tschechoslowakei, Martin Dzur, erzählte mir, daß Husák unbeschreiblich angewidert war, als Gierek, der vor Selbstbewußtsein förmlich explodierte, ihm die Bildung einer Föderation zwischen Polen und der Tschechoslowakei mit ... Warschau als Hauptstadt anbot. Man kann sich vorstellen, wie diese Offerte aufgenommen wurde. Die Tschechoslowakei war doch in ihrer zivilisatorischen Entwicklung Polen überlegen, und man konnte sie nicht wie einen armen Verwandten behandeln.

Niemals werde ich vergessen, was mir mein Vater erzählte, der unmittelbar vor dem Ersten Weltkrieg die Landwirtschaftsakademie im tschechischen Tabor absolvierte. Er machte als Student ein Praktikum auf dem Land, bei irgendeinem Bauern in der Tschechoslowakei. Und was sieht er da? Die Tochter des Hauses kommt abends aus dem Haus, geht zum Stall, streift weiße Handschuhe über, melkt die Kühe, geht ins Haus zurück, legt die Handschuhe ab, setzt sich ans Klavier und spielt. Zu jener Zeit wußte bei uns allenfalls die Hälfte der Bauern, was überhaupt ein Klavier ist. Vielleicht ist das ein extremes Beispiel. Sicherlich war es dort nicht überall so. Aber mit großer Wahrscheinlichkeit war die Landwirtschaft dort wesentlich weiter entwickelt als bei uns. Wenn man insgesamt beurteilen will, welchem Volk der Sozialismus am wenigsten gegeben hat, dann sicherlich den Tschechen. Dabei hatten sie eine sehr entwickelte und deshalb außerordentlich teure Armee. Nur halb so viel Territorium wie Polen, aber mehr Panzer.

Kurz und gut, für die Tschechoslowakei wäre die an uns zu leistende „internationalistische Hilfe" nicht nur das geringere Übel, sondern eine politisch und vom Prestige her erwünschte Operation gewesen. Entsprechende Neigungen zeigten die tschechoslowakischen Vertreter bis zum 13. Dezember 1981.

Und die DDR? Das politische Establishment der DDR gehörte zu den schärfsten Kritikern der Situation in Polen und überbot darin sogar die Sowjetunion. In diesen Kreisen befürwortete man entschieden eine gewaltsame Lösung. Andererseits war man sich vor allem in Militärkreisen darüber im klaren, daß eine Beteiligung deutscher Soldaten an einer eventuellen Intervention eine geradezu unglaubliche Provokation wäre. Also galt: „Ich möchte gern, aber ich trau' mich nicht." Statt dessen sah man in dieser

---

[106] Das Wort „Zaolzie" bezeichnet ein Gebiet am Fluß Olza, das zwischen Polen und Tschechen umstritten war. Im Jahr 1938 fiel das Gebiet links der Olza (das sogenannte Cieszyner Schlesien) im Rahmen des Münchener Abkommens an Polen.

Zeit die Gelegenheit, sich als erster, wichtigster Verbündeter der UdSSR zu präsentieren. Natürlich auf unsere Kosten. Das ist der DDR damals bis zu einem gewissen Grad gelungen.

Da ich das militärische Problem angesprochen habe, ist es nun an der Zeit, etwas über unsere Armee zu sagen. Ihre Position im Warschauer Pakt war unser und damit auch mein größter Trumpf. Natürlich spielte die sowjetische Armee die Hauptrolle. Aber die polnische Armee hatte immer eine Sonderstellung inne. Bei verschiedenen „Bündnisgelegenheiten" wurde das inhaltlich auf prestigeträchtige Weise zum Ausdruck gebracht. Diese Einstellung uns gegenüber spürte ich auch persönlich. Ich weiß, daß das vielen meiner Kollegen unter den Verteidigungsministern, die an Amts- und Lebensjahren wesentlich älter waren als ich, etwas wehtat.

Der Status unserer Streitkräfte ergab sich nicht nur aus ihrer zahlenmäßigen Stärke, ihrem Kampfpotential und ihren historischen Verdiensten als einziger Armee, die Seite an Seite mit der sowjetischen Armee Berlin eingenommen hatte. Auch hinsichtlich des Ausbildungsniveaus und der Disziplin sowie der Innovationen in Organisation und Mobilisierung, Technik und Wirtschaft, Wissenschaft, Kultur und Gesundheitswesen standen wir mit Abstand an der Spitze der verbündeten Streitkräfte. Einige unserer Erfahrungen wurden gern studiert und von Fall zu Fall übernommen. Unsere Armee hatte ihren spezifischen nationalen Stil, ihr spezifisches nationales Kolorit, wodurch sie sich deutlich von den anderen verbündeten Armeen unterschied. Ihre Traditionen – obwohl durch die damaligen Zeitumstände verflacht und beschränkt – waren unendlich reicher als in anderen Armeen. Ihr militärisches Zeremoniell, ihre Ethik und Ästhetik sowie ihre Sitten und Gebräuche hoben die polnischen Streitkräfte positiv von anderen Armeen ab. Wir waren eine Armee auf gutem europäischem Niveau. Diese Meinung wurde sowohl offiziell als auch vertraulich geäußert. Sie wurde bestätigt von Vertretern ausländischer, darunter vieler westlicher Armeen, die unsere Militäreinheiten in den Kasernen und auf den Schießplätzen besuchten. Das waren keine gutgläubigen oder blauäugigen Meinungen.

Gerade polnische Offiziere und Soldaten beteiligen sich in beispiellosem Umfang (sie sind Rekordhalter sowohl unter den östlichen als auch unter den westlichen Ländern) an internationalen Operationen, an Kontroll- und Aufsichtsmaßnahmen der Vereinten Nationen in der ganzen Welt. Das spricht für sich. Mit diesen Aufgaben wird man nicht ohne Grund betraut. Viele anerkennende Worte zu diesem Thema habe ich vom damaligen Generalsekretär der Vereinten Nationen, Perez de Cuellar, gehört. Auch von anderer Seite wurden mir viele Dankes- und Lobesworte zuteil.

Die berufliche Qualifikation unserer Kader wurde ebenfalls hoch geschätzt. Anfang der 70er Jahre begriff ich, daß es weder vom militärischen noch vom politischen Standpunkt aus gut und normal ist, die Offiziere zum Studium ausschließlich in die UdSSR zu schicken. Ich versuchte, das zu ändern. Dabei stieß ich auf Widerstand. Man mußte den ersten Schritt tun.

Ich wandte mich mit einem entsprechenden Vorschlag an den Verteidigungsminister der DDR, Heinz Hoffmann. Die Resultate erwiesen sich als positiv. Das Beispiel machte Schule. Schließlich erstreckte sich der Austausch auch auf Hörer aus der sowjetischen Armee, der Volksarmee der Tschechoslowakei und der ungarischen Volksarmee. Sie studierten in unserer Generalstabsakademie, in der Technischen und der Politischen Akademie der Armee. Wir brauchten uns weder unserer eigenen Hochschulen noch unserer in andere Länder entsandten Studenten zu schämen. Natürlich konnten das zur damaligen Zeit nur die Hochschulen des Warschauer Pakts sein. 1981, als sich die Situation in Polen immer mehr verschärfte, kamen von unseren Hörern Nachrichten über verschiedene beunruhigende Phänomene – vor allem über eine äußerst kritische Haltung der Dozenten und Kollegen aus anderen Armeen gegenüber der sich in Polen entwickelnden Situation. Vor diesem Hintergrund kam es zu bedauerlichen, sogar provokatorischen Zwischenfällen. Bei den Reaktionen darauf hatten wir unterschiedliches Glück.

Das Ausbildungsniveau der einzelnen Armeen des Warschauer Pakts zeigte sich bei vielen gemeinsamen Übungen, wozu auch Raketenschießen gehörte. Da für solche Übungen ein großes Territorium benötigt wurde, fand die Mehrzahl dieser Übungen auf sowjetischen Übungsplätzen statt: In der Nähe von Astrachan, wo Flug- und Flugabwehrraketen abgefeuert wurden, oder auf dem Übungsgelände Kapustin Jar im Bezirk Wolgograd, wo mit operativ-taktischen Raketen geschossen wurde. Mich ergriff eine tiefe Befriedigung, wenn ich die Wirkung dieser Raketen beobachtete. Auch die Hausherren der Übungsplätze informierten mich darüber, daß die polnischen Einheiten in der Regel hervorragende Ergebnisse erzielten.

Oberkommandierender der Vereinigten Streitkräfte des Warschauer Pakts war immer ein sowjetischer Marschall. Der erste Amtsinhaber nach der Gründung des Bündnisses war Konjew, ihm folgten Gretschko, Jakubowski und schließlich Kulikow. In der NATO ist der Oberbefehlshaber auch immer ein Amerikaner. Damit will ich nicht sagen, daß der Grad der Integration, der Abhängigkeit bzw. der Unabhängigkeit in den beiden Bündnissen identisch war. Unsere beschränkte Souveränität zeigte sich auch auf diesem Gebiet klar und deutlich. Das Ganze war jedoch nicht so vereinfacht und primitiv, wie es oft scheint. Es gab auch Elemente, die unsere Situation vorteilhafter erscheinen ließen als die der Armeen des nordatlantischen Bündnisses. So unterstand z. B. unsere Armee in Friedenszeiten ausschließlich dem Befehl des polnischen Verteidigungsministers. Nur im Kriegsfall sollte nach einem vereinbarten Verfahren und in einem bestimmten Moment der dem polnischen Verteidigungsminister zugewiesene Teil – d. h. die polnische Front, bestehend aus drei allgemeinen Armeen und einer Armee der Luftwaffe – der gemeinsamen Führung unterstellt werden.

Vor diesem Hintergrund möchte ich den Lesern meine Erinnerungen an den Besuch Marschall Marian Spychalskis in Belgien im Jahr 1967 mitteilen, an dem ich in meiner damaligen Funktion als Generalstabschef teil-nahm. Zu unserer Delegation gehörte auch General Edwin Rozłubirski, ein tapferer Offizier der Widerstandsbewegung, der beim Warschauer Auf-stand[107] stellvertretender Kommandeur des Bataillons „Czwartaki" und zur Zeit unseres Besuchs in Belgien Kommandeur der 6. Luftlandedivision war. Ein tapferer, intelligenter, charaktervoller Mensch. Ich gebe zu, daß ich ihn nicht immer gebührend geschätzt habe. Man lernt die Menschen am besten in schwierigen Situationen kennen. Einige, die einmal sehr kämpferisch, geradezu großsprecherisch waren, verstecken sich heute im „Mauseloch" und rufen oft sogar in Panik „Das sind nicht wir!". Andere – eben solche wie Rozłubirski – finden zu einer eines Offiziers würdigen Haltung.

Zurück zu dem Besuch in Belgien. Herr Posvick, der belgische Ver-teidigungsminister, sagte während unseres ersten Gesprächs, er freue sich, uns mitteilen zu können, daß er beim NATO-Oberbefehlshaber für uns die Genehmigung erwirkt habe, einige belgische Einheiten zu besuchen. Spy-chalski brachte seine Zufriedenheit darüber zum Ausdruck. Gleichzeitig fügte er – übrigens nicht ohne Ironie – hinzu, daß beim Besuch von Herrn Posvick in Polen im Jahr zuvor, er als Minister nicht beim Oberkomman-dierenden der Vereinigten Streitkräfte des Warschauer Pakts um eine sol-che Erlaubnis habe nachsuchen müssen. Das haben wir übrigens niemals praktiziert. Solche Angelegenheiten habe ich niemals mit irgend jemandem abgestimmt. Und es gab doch viele verschiedene Besuche – bei uns wa-ren Verteidigungsminister, Generalstabschefs, Kommandeure verschiede-ner militärischer Ebenen sowohl aus einigen NATO-Staaten als auch aus vielen neutralen Staaten zu Gast.

Zum Beispiel war der letzte Besuch dieser Art vor der Streikwelle im Juli und August 1980 der des französischen Verteidigungsministers, Herrn Yvone Bourge, im Juni desselben Jahres. Er kam genau zum richtigen Zeit-punkt. Wir vereinbarten eine Ausweitung der Kontakte zwischen unseren Armeen, vor allem zwischen den Offiziersschulen, den Flotten, den Mili-tärwissenschaftlern und -historikern und den Journalisten. Wie man sieht, isolierten wir uns durchaus nicht vom Westen – soweit es die Umstände der damaligen Zeit zuließen. Mir ist von diesem Besuch folgendes Bild in Erinnerung geblieben. Während der offiziellen Gespräche, aber auch bei einem zu Ehren des Gastes gegebenen Empfang, entschuldigte sich der Minister mehrmals bei mir und verließ den Saal. Grund: ein Telefon-gespräch. Später erklärte er mir den Grund. Wie man weiß, haben in Frank-reich viele hochrangige Politiker – bis hin zum Premierminister – häufig noch das Amt des Oberbürgermeisters irgendeiner Stadt inne. So war es auch in diesem Fall. Es stellte sich heraus, daß die Bauern der Umgebung, die mit den Preisen für landwirtschaftliche Produkte unzufrieden waren, unter Protest ganze Berge von Kartoffeln und verschiedenem Gemüse vor

[107] S. Anm. 75.

die Tür des Bürgermeisteramtes gekippt hatten. Nun ja, jeder hat seine Sorgen.

Was war für uns besonders charakteristisch und in der damaligen Situation besonders wesentlich? Kein anderer Staat des Warschauer Pakts hatte – hinsichtlich der Militärdoktrin, der Organisation und der Ausbildung – ein System der Territorialverteidigung, das so strukturiert war wie bei uns in Polen. Dieses System stand in keinerlei Zusammenhang mit dem Warschauer Pakt. Wir hatten unsere innere militärische und zivile Verteidigungsstruktur. Im Rahmen der damals existierenden ökonomischen Bedingungen funktionierte sie gut. Das bestätigten u. a. die beiden großen Manöver „Kraj-67" und „Kraj-73".

Warum habe ich so viel über Militär- und Verteidigungsangelegenheiten geschrieben? Nicht nur deshalb, weil sie mir am Herzen liegen. Ich weiß, daß nicht alles ideal war – aber zeige mir jemand eine ideale Armee. Ich teile dem Leser diese Anmerkungen mit, um all denen gebührenden Respekt zu erweisen, die in den vergangenen 45 Jahren, zu verschiedenen Zeiten und in verschiedener Form, ihre soldatische Pflicht getan haben. Was will ich jedoch besonders unterstreichen? Eben die internationale Autorität und Position unserer Armee, ihre Geschlossenheit und ihre Kondition. Diese Faktoren haben entscheidend dazu beigetragen, daß wir unsere schwierigen, schmerzhaften Probleme selbst, aus eigener Kraft lösen konnten. Das Wichtigste waren dabei das Vertrauen und die Sympathie, die unsere Gesellschaft der Armee entgegenbringt. Das ist bis heute täglich spürbar. Bestätigung dafür waren und sind Meinungsumfragen. Sie werden seit vielen Jahren von dem „Polnischen Radio und Fernsehen" zuarbeitenden Zentrum für die Erforschung der öffentlichen Meinung durchgeführt und zeugten immer von einer hohen Wertschätzung der Armee. Mitte 1981 wurde folgenden Institutionen folgendes Maß an öffentlichem Vertrauen entgegengebracht: der Kirche 94 %; der „Solidarność" 90 %; der polnischen Armee 89 %; dem Sejm 82 %; der Regierung 69 %; der PVAP 32 %. Selbst wenn jemand eine Manipulation vermutet, wird er enttäuscht sein. Am besten zeigt das die ungeschminkt niedrige Zahl für die „führende Kraft".

Im November 1981 stieg das Vertrauen in die Armee weiter an – auf 93 %. Das ist ohne Zweifel der Tätigkeit der Regionalen Operationsgruppen zu danken. Überhaupt hoffte man, daß die Streitkräfte eine stabilisierende Rolle spielen würden. In den weiteren Jahren zeigte sich folgende Entwicklung (zur Illustration wird ein Ergebnis aus jedem Jahr angeführt): 1982 – 83 %, 1983 – 84 %, 1984 – 81 %, 1985 – 86 %, 1986 – 85 %, 1987 – 88 %, 1988 – 80 %).

Diese Zahlen liegen über denen der letzten Jahre, die um 70 % pendeln. Zwar wird bei diesen Werten inzwischen die Kirche sowohl von der Armee als auch von der Polizei überholt. Aber das ist schon ein anderes Problem. Nicht so sehr zur Freude der Armee, als zur Sorge der Kirche.

Was muß man angesichts dieser Tatsachen betonen? Die große Mehrheit der jetzigen Berufssoldaten hat bereits während des Kriegsrechts gedient. Wenn also die Erforschung der öffentlichen Meinung seit Jahren unverändert hohe Werte für die Armee ergibt, bestätigt das die Achtung und das Verständnis für jede Etappe unseres soldatischen Weges. Offizier, Fähnrich, Unteroffizier – das ist ein harter, männlicher Beruf. Ein Verwischen der eigenen Spuren läuft also seiner Natur, seinem Ethos zuwider. Ich schaffe für alle eine bequeme Situation, indem ich die Verantwortung auf mich nehme. Gleichzeitig will ich die Würde unserer Kader verteidigen. Denn diejenigen, die versuchen, sich vom Kriegsrecht zu distanzieren, naiv zu erscheinen, zu vergessen, was sie einst gesagt und getan haben, fügen dem guten Namen unseres Berufs großen Schaden zu. Objektiv lassen sie nur folgende Interpretationen zu: Entweder hatte man es mit einer „Schafsherde" zu tun, die Befehle befolgte, ohne zu wissen, worum es ging; oder man hatte eine „Vereinigung von Zynikern" vor sich, die die Befehle ausführten, um ihre Ruhe zu haben und Karriere zu machen. Das erwarten – wie ich glaube – auch die gegenwärtigen Machthaber nicht von ihren Untergebenen. Wer also heute sein Gestern loswerden will, wird morgen bereit sein zu verleugnen, was er heute tut. Aber so war es nie, und so ist es auch heute nicht. Der Soldat dient treu und loyal dem Volk und dem Staat, in den er gestellt ist. Ein solcher Staat war seinerzeit die Volksrepublik Polen. Ein solcher Staat ist jetzt die Republik Polen. Die Angehörigen der polnischen Armee können den Kopf hochtragen.

KAPITEL 13

Streit um die Wirtschaft

Seit Beginn des Jahres 1981 verstärkten sich die ungünstigen Tendenzen in der Wirtschaft. Es wurden immer mehr Forderungen gestellt. Immer größer wurde die Dissonanz zwischen dem, was gefordert wurde, und dem, was möglich war. Erinnern wir uns an einige der damaligen Forderungen, z. B. an den Streit um die Teuerungszulage, die damals „Wałęsówka"[108] genannt wurde. Nach dem Abkommen von Gdańsk sollte diese Zulage 1000 Złoty für jeden Beschäftigten betragen. Das war über ein Drittel des damaligen Durchschnittseinkommens. In einigen Betriebsverträgen wurde eine noch höhere Quote erzwungen. Viele Postulate wurden trotz ihrer völligen Absurdität populär, weil sie griffig und populistisch waren. Ich erinnere mich an eine solche Forderung, die von der gesamtpolnischen Vertretung der Staatlichen Landwirtschaftsbetriebe verbreitet wurde: „Nach 20 Jahren Arbeit obligatorischer Sanatoriumsaufenthalt". In der Praxis hätte das einen zusätzlichen Urlaub auf Staatskosten bedeutet, und das unabhängig vom Gesundheitszustand des einzelnen.

Besonders lebhaft ist mir die Schlacht um die Hafenarbeiterkarte[109] in Erinnerung geblieben. Ein sensibles Gebiet – die Küstengegend. Zu allem Überfluß engagierte sich in dieser Angelegenheit ein führender Funktionär der „Solidarność", Andrzej Gwiazda. Später stieß auch Wałęsa dazu. Er wollte nicht abseits stehen. Letztendlich unterstützten beide die Forderungen der Hafenarbeiter. Sie gingen sogar über die Privilegien auf den Karten für Berg- bzw. Werftarbeiter hinaus. Merkwürdig war auch die Rolle von Romuald Kukołowicz, der sich auf die Bevollmächtigung durch den Episkopat berief. Leider trug er nicht zur Beruhigung der Situation bei, sondern goß sogar noch Öl ins Feuer. Diese Angelegenheit war ein klassisches Beispiel für überzogene Forderungen und ihren politischen Hintergrund.

Das Schlimmste jedoch waren die ständigen Störfälle und der durch sie bedingte Produktionseinbruch. Die Organisatoren der Streiks entsetzte das nicht. Man bedachte nicht, daß, wenn man die Kooperation durch Streiks stört, diese Streiks eine Kettenreaktion hervorrufen, den sogenannten Multiplikationseffekt, daß sie das „Domino-Prinzip" in Gang setzen. Die

---

[108] Benannt nach Wałęsa, der diese Teuerungszulage erstritten hatte.

[109] Die Hafenarbeiterkarte war ein Sonderausweis, der seinen Besitzern bestimmte Privilegien verschaffte (Zugang zu besonderen Geschäften, höhere Löhne, besondere Rentenregelungen, Sozialleistungen u. a. m.). Eine solche Karte gab es auch für Bergleute und für Hüttenarbeiter.

Folgen dieses Effekts sind, wie ich glaube, noch in den Archiven des Ministeriums für Bergbau und Energie zu finden. Die Betriebe hatten das Recht, bei den Elektrizitätswerken Ausgleichszahlungen für Verluste zu verlangen, zu denen es aufgrund von Stromabschaltungen gekommen war. Es wurde also eine Kalkulation erstellt. Die Kosten für ausgebliebene Stromlieferungen „X" führten zu einem Produktionseinbruch bei einer bestimmten Ware in Höhe von „Y". Der sprichwörtliche Faden aber lief durch die Stoffabrik zu den Konfektionsbetrieben, die dadurch den Endwert „Z" dem Herstellermarkt nicht liefern konnten. Das Ergebnis war, daß das Elektrizitätswerk der Fadenfabrik den Strom abschaltete, aber nicht nur für den Faden, sondern auch für den nicht genähten Anzug bezahlte. – Ein besonderes Memento für das ganze Jahr 1981 wurde die Frage der freien Samstage. Im Danziger Abkommen war ihre schrittweise Einführung vereinbart worden mit der Maßgabe, daß letztendlich, d. h. nach fünf Jahren, alle Samstage arbeitsfrei sein sollten. Die Regierung erstellte einen entsprechenden Kalender für das Jahr 1981, in dem 25 Samstage als arbeitsfrei eingetragen waren. Zu diesem Vorschlag gab es viele Konsultationen, darunter auch mit der Leitung der „Solidarność", die anfänglich damit einverstanden war. Als es jedoch zu Verhandlungen über die konkreten Daten kam, spitzte sich die Situation dramatisch zu. Ich werde hier nicht im Detail auf alle Peripetien eingehen, die diese Angelegenheit begleiteten. Das Ergebnis bestand jedenfalls darin, daß die Regierung unter dem erpresserischen Streikdruck 38 Samstage im Jahre 1981 für arbeitsfrei erklärte. Die „Solidarność" hatte ihr Ziel erreicht. Außer den freien Tagen bekam sie ein gesteigertes Gefühl ihrer Stärke. Es war eine im damaligen Moment für die im Sterben liegende Wirtschaft und in der Konsequenz für die ganze Gesellschaft sehr schädliche Lösung erzwungen worden. Im Jahr 1981 kam es zu einer drastischen Reduzierung der Arbeitszeit. Der dadurch bewirkte Produktionsrückgang wurde nie wieder aufgeholt. Zudem fühlte sich niemand dafür verantwortlich.

In anderen Ländern wurden freie Samstage bei einer normal funktionierenden Wirtschaft eingeführt, und außerdem wurden beizeiten organisatorische und technologische Änderungen vorgenommen, durch die man die verlorengegangene Arbeitszeit kompensieren konnte. Aber bei uns funktionierte die Wirtschaft nicht normal, weshalb man weder die Zeit noch die Möglichkeit hatte, solche Operationen gut vorzubereiten. Dessen war sich der Premierminister Józef Pińkowski bewußt. Er kämpfte und argumentierte, so gut er nur konnte. Es half nicht viel. Nach meiner Überzeugung wurde dadurch seine Position am meisten geschwächt und seine Arbeit am meisten erschwert. Daran dachte ich, als ich ihm am 12. Februar vom Rednerpult des Sejm aus für die Arbeit dankte, die er in der vergangenen, außerordentlich schwierigen Periode an der Spitze der Regierung geleistet hatte.

Als die „Solidarność" die Menschen für den Kampf um die arbeitsfreien Samstage mobilisierte, begründete sie das mit der Nervosität im gesellschaftlichen Leben, die eine längere Entspannungspause notwendig mache, und damit, daß man aufgrund der schwierigen Marktsituation mehr Zeit für Einkäufe brauche. Ich weiß nicht, ob in dieser Argumentation mehr Naivität oder mehr Demagogie steckte. Die Hoffnung auf Erholung erwies sich natürlich als Hirngespinst. Die Einkäufe waren durchaus nicht leichter, da auch der Handel an den Samstagen zum Erliegen kam. Übrigens haben alle Gewerkschaften, Selbstverwaltungsorgane des Handels und Genossenschaftsräte das Recht auf geschlossene Geschäfte am Samstag solidarisch erstritten. Das Ergebnis: weniger Arbeit, weniger Waren auf dem Markt, längere Schlangen in den Geschäften. Eine veritable Paranoia.

Die jährliche Arbeitszeit in den 70er Jahren betrug ca. 2000 Stunden. Bereits 1980 lag sie nur noch bei 1920 Stunden, und im Jahre 1981 bei 1785 Stunden. In Wirklichkeit waren es aufgrund der verschiedenen Protestaktionen, des Verfalls der Disziplin, der steigenden Fehlzeiten usw. noch weniger.

Zu eben dieser Zeit ging eine Agenturmeldung durch unsere Presse, die aus einem Zitat aus einer Erklärung des japanischen Arbeitsministeriums bestand. Laut dieser Meldung gab es in 52 % der Betriebe überhaupt keine freien Samstage, in 18 % gab es einen freien Samstag im Monat, und nur in 5 % der Betriebe gab es durchgängig die Fünftagewoche. In den übrigen Betrieben gab es zwischen einem und drei freie Samstage im Monat. Der Urlaub eines Arbeiters wurde auf rd. 15 Tage beziffert, betrug aber tatsächlich im Durchschnitt nicht mehr als 9 Tage. Insgesamt arbeitete ein Japaner laut Statistik 2131 Stunden im Jahr, während diese Zahl bei uns, wie gesagt, bei 1785 Stunden lag. Nichtsdestoweniger machte in Polen das Schlagwort von einem „zweiten Japan" Karriere. Und wie sah das bei der wöchentlichen Arbeitszeit aus? Die wöchentliche Arbeitszeit in der verarbeitenden Industrie betrug 1980: in den USA 39,7 Stunden, in Frankreich und Griechenland 40,7 Stunden, in den Niederlanden 41,0 Stunden, in Japan 41,2 Stunden, in der BRD 41,6 Stunden, in der Tschechoslowakei 43,5 Stunden und in Polen 39,0 Stunden. 1981 lag dieser Wert natürlich noch niedriger.

Am schwierigsten war die Situation im Bergbau. Die Steinkohleproduktion sank ständig. Der Plan für 1981 sah die Förderung von 188 Millionen Tonnen vor. Das gab der Wirtschaft noch eine gewisse Chance. Im Abkommen von Jastrzębie-Zdrój[110] war vereinbart worden, im Bergbau die Fünftagewoche einzuführen. Eventuelle Samstagsarbeit sollte es nur auf freiwilliger Basis geben. Den ganzen Herbst über arbeitete man an organisatorischen Lösungen. Die im Bergbau Beschäftigten – vom Hauer bis zur Betriebsleitung – wußten, daß die Vorstellung, man könne den Produktionsrückgang infolge der freien Samstage durch Mehrproduktion an den übrigen Tagen wieder ausgleichen, reine Fiktion war. Eine Schlüsselrolle

[110] S. Anm. 18.

spielten dabei der Transport und vor allem die Leistungsfähigkeit der Bergbauschächte. Hier aber gab es eine präzise Rechnung. In 24 Stunden kann man allenfalls 635.000 Tonnen fördern und keine Tonne mehr! Als daher später die Parole auftauchte: „Freie Samstage und bessere Arbeit an den Arbeitstagen!" – da kannten ihre Autoren entweder diese Wahrheit nicht oder nahmen sie nicht zur Kenntnis.

Die Frage der Freiwilligkeit hatte viele Aspekte. Ein Bergwerk ist ein ungewöhnlich komplizierter Organismus. Man kann nicht ohne oberirdische Arbeitskräfte, ohne Transportmittel, Energie, Ventilation, Bewässerung und Bergungseinrichtungen arbeiten. Jetzt ging es darum, daß diese verschiedenen Arbeitsgruppen in einem bestimmten Monat zu einer bestimmten Zeit „wollen wollten". Am 19. März sprach ich tief unter der Erde über dieses Thema mit den Bergleuten der Zeche „Knurów". Ich sagte ihnen das, was ich später, am 12. Juni, vor dem Sejm wiederholte: „Man bezeichnet die Kohle als „schwarzes Gold". Heute muß man das anders ausdrükken: Die Kohle ist unser Sauerstoff. Ohne Gold kann man leben. Ohne Sauerstoff nicht." Die Bergleute verstanden diese Worte. In den Diskussionen mit den Gewerkschaftsfunktionären kamen sie allerdings nicht an. Ich appellierte vielmals an sie, gemeinsam mit der Regierung eine Formel zur Einführung der Sechstagewoche im Bergbau zu erarbeiten. Die Einstellung zusätzlicher Arbeitskräfte war in nennenswertem Umfang nicht möglich. Angesichts des in Schlesien herrschenden Mangels an Arbeitskräften hätte das die kurzfristige Bereitstellung von schätzungsweise 40 000 Plätzen in den Arbeiterwohnheimen bedeutet. Die vorzeitige Entlassung derjenigen Soldaten aus dem Wehrdienst, die sich entschieden hatten, im Bergbau zu arbeiten, versprach auch nur eine Teillösung des Problems. Der Kampf um die Kohle wurde immer mehr zu einem spezifischen Mittel mit eigenem politischem Hintergrund. Und selbst wenn es in dem einen oder anderen Bergwerk gelang, wenigstens eine Samstagsschicht zu vereinbaren, kamen sofort „unsichtbare Hände" und zerrissen den Faden der Verständigung. Auch die durch einen Beschluß des Ministerrats vom 26. Februar 1981 gewährten zusätzlichen Nahrungsmittelrationen und Prämien in Form von Geld oder Sachleistungen halfen nicht. Im Gegenteil – sie führten zu Protesten, zum Vorwurf der Käuflichkeit, zur Aufstellung von Streikposten vor den Bergwerken und zu Schikanen gegen Bergleute, die zur Samstagsarbeit bereit waren (unter anderem wurde ihre in den Spinden hinterlassene Arbeitskleidung vernichtet). Die Transportmittel und die Energienetze wurden beschädigt.

Am 20. Juni 1981 berief ich eine Sitzung des Präsidiums des Ministerrats nach Katowice ein. Schlesien verlangte als industrielles Herz Polens die besondere Aufmerksamkeit der Regierung. In den Morgenstunden, unmittelbar vor der Sitzung, begaben sich die stellvertretenden Premierminister, die Minister, die Leiter der Zentralverwaltungen sowie die Präsidenten einiger zentraler Genossenschaften in 25 Bergwerke der

Wojewodschaft Katowice und machten sich mit der unterirdischen Arbeit der Bergleute bekannt. Es kam zu Begegnungen mit Belegschaftsvertretern. Dadurch verlief die Sitzung des Präsidiums des Ministerrats unter Beteiligung von Vertretern der Wojewodschaftsbehörden sehr konstruktiv. Wir waren von dem Wissen und den Emotionen, die uns die Bergleute vermittelt hatten, „aufgeladen". Übrigens machte es immer Eindruck, wenn man sich mit der schweren Arbeit der Bergleute bekannt machte. Deshalb wurden verschiedene Entscheidungen getroffen, besonders hinsichtlich der Versorgung, des Verkehrs- und des Gesundheitswesens. Bei all dem bedrückte uns jedoch das Wissen um die ständig sinkende Kohleförderung. Wir zogen ein Resümee. An den Samstagen wurden durchschnittlich ca. 100 000 Tonnen Kohle gefördert. Insgesamt wurden im ersten Halbjahr geschätzte 82 Millionen Tonnen gefördert. Das bedeutete, daß sogar eine reduzierte Planvorgabe von 166 Millionen Tonnen für das ganze Jahr nicht realistisch war. Wir diskutierten noch einmal die Beschlußvorlage des Ministerrats, die später die Nummer 199 erhielt.

Bekanntlich war am 24. April diese Beschlußvorlage vom Landesausschuß der „Solidarność" abgelehnt worden. Wałęsa bestätigte am 27. April im Gespräch mit Rakowski diese Ablehnung und befand, das Arbeitsministerium handele verwerflich, wenn es die Bergleute kaufe. „Zusätzliche Leistungen", sagte er, „schaffen ‚böses Blut'. Erst wenn diese Leistungen zurückgenommen sind, kann man die Unterstützung der Belegschaften erlangen." Die Regierung verschloß sich einer weiteren Diskussion des Beschlusses 199 nicht. Alles konnte man neu aushandeln, verbessern, modifizieren. Trotzdem hörten wir vom „anderen Ufer": „Nein!" Wir nahmen also den Beschluß zurück, obwohl er auf der Sitzung der leitenden Funktionäre des Bergbaus als einzig reale, konstruktive Lösungsmöglichkeit anerkannt worden war. Der Druck und die Forderungen waren jedoch so groß, daß wir die Sache nicht weiter hinziehen wollten.

Ich möchte mich in dieser Angelegenheit nicht als Richter aufspielen. Der Regierung mangelte es damals an Glaubwürdigkeit. Wir zahlten einen hohen Preis für die Erfolgspropaganda, für die Tumbheit der Bürokratie, für Fehler in der Verwaltungstätigkeit. Es gab verschiedene Forderungen an die Direktionen und an die Aufsichtsbehörden. Einige dieser Forderungen waren überzogen. Aber viele waren sicherlich berechtigt, besonders dort, wo man die Menschen nicht achtete, sie wie Dinge behandelte. Das alles ist wahr. Aber in der damaligen Situation war die Kohleförderung die übergeordnete Sache, das nationale SOS. Und da rannten wir gegen eine Wand. Eine Wand des bösen Willens.

An den wirtschaftlichen Gegebenheiten konnte man nicht vorbei. Im April 1981 betrug das Energiedefizit 550 MW – die Kapazität eines mittelgroßen Elektrizitätswerkes. Womit mußte man da im Winter rechnen?

Oft habe ich auf den Sitzungen des Ministerrats seine Mitglieder im wahrsten Sinne des Wortes angetrieben. Andererseits war ich mir bewußt, daß wir im Begriff waren, zu einer Art „Feuerwehr" zu werden. Die Pedanten im Ministerratsbüro haben sogar errechnet, daß die Minister nur 10 % ihrer Arbeitszeit ihren eigentlichen Obliegenheiten widmen konnten, den Rest ihrer Zeit beanspruchten Rettungsaufgaben und ad-hoc-Aktionen. Was mochte da auf den niedrigeren Ebenen des Staatsapparates vor sich gehen? Unter den ihr zugefügten Schlägen kam die polnische Wirtschaft praktisch zum Erliegen. Unterdessen wurde für die Zeit der Streiks der volle Arbeitslohn gefordert. Im Abkommen von Szczecin wurde vereinbart, daß insgesamt 100 % des Arbeitslohns für die persönliche Arbeitsleistung ausgezahlt werden sollte. Das entsprach der Internationalen Arbeitskonvention. Das Überbetriebliche Streikkomitee von Gdańsk argumentierte dagegen, daß die persönliche Arbeitsleistung eine zu niedrige Lohnbemessungsgrundlage sei. Der größte Teil des Lohnes setze sich aus Akkordlohn, Überstundenvergütung, Zuschlägen und dergleichen zusammen. Es wurde also vereinbart – oder besser gesagt, dem stellvertretenden Premierminister Jagielski abgezwungen, wie aus den Stenogrammen der Verhandlungen und den unterschriebenen Dokumenten hervorgeht –, daß der Streik als Erholungsurlaub bezahlt werden solle, also mit allen Zuschlägen.

Das war ein bedrohlicher Präzedenzfall. Schon forderte man überall die Übernahme des Gdańsker Modells. Der Beschluß des Ministerrats vom 2. Februar 1981 sah für die Zeit des Streiks 50 % des Lohns für die persönliche Arbeitsleistung vor. Dieses Geld sollte nach dem Erscheinen am Arbeitsplatz und der Verpflichtung zur Aufarbeitung der streikbedingten Verluste ausgezahlt werden. Gleichzeitig sah der Beschluß die Möglichkeit einer Lohnerhöhung proportional zur Aufarbeitung der Verluste vor.

Die Organe der „Solidarność" protestierten gegen den Beschluß, um den sich übrigens in den Betrieben kaum jemand kümmerte. Es gab keine administrative oder politische Kraft, die ihn hätte durchsetzen können. Mit der Pistole der Streikandrohung auf der Brust kapitulierten die Betriebsleitungen. Die Wirtschaft geriet in einen Zustand der Anarchie. Auch die von der „Solidarność" attackierten Branchengewerkschaften und autonomen Gewerkschaften überboten einander in ihren Forderungen, um sich halten zu können. Eine Geldlawine fegte den Markt leer. Es bewahrheiteten sich die Voraussagen, wie ein Gewerkschaftspluralismus aussehen könnte, wenn die Gewerkschaften untereinander nicht zusammenarbeiteten.

Paweł Chocholak*:

Zu dieser Zeit spielte der Unabhängige Gewerkschaftsverband „Solidarność" bereits die „erste Geige" in der Gewerkschaftsbewegung. Der Schlüssel zur Problemlösung waren also die großen Betriebe, wo die „Solidarność" nahezu ausnahmslos eine Monopolstellung innehatte.

Nach Auflösung des Zentralrats der Gewerkschaften[111] gelang es den Branchengewerkschaften, einen Teil ihrer auf vier Millionen geschätzten Mit-

glieder zu halten. Davon waren jedoch die Hälfte Rentner und Pensionäre. Die Branchengewerkschaften waren also in der Minderheit. Es gab einige Ausnahmen, darunter u. a. die Polnische Lehrergewerkschaft, die die Mehrheit der Lehrer in ihren Reihen halten konnte. Teilweise gilt das auch für die Gewerkschaft der Mitarbeiter des Gesundheitswesens. Nur auf einem Sektor behaupteten die Branchengewerkschaften bis zum Schluß unangefochten ihre Position: in der Gewerkschaft der Mitarbeiter der staatlichen Landwirtschaftsbetriebe.

Die in der Zwischenzeit gebildeten autonomen Gewerkschaften waren nicht sehr zahlreich und existierten nur außerhalb der großen Betriebe. In ihrer Organisationsweise waren sie ziemlich naiv. Sie einigten sich darauf, daß die Gewerkschaftsleitung monatlich wechseln solle. So ging es auch einige Monate lang. Das Ergebnis war, daß diese Gewerkschaften keinerlei Chancen hatten, sich in großem Umfang an der Lösung der Probleme in der Arbeitswelt zu beteiligen. In diesem Zusammenhang lohnt es sich, darauf hinzuweisen, wie unterschiedlich sich die Tätigkeit dieser Gewerkschaften in verschiedenen Regionen darstellte. So erlangten sie z. B. durch die energische Tätigkeit von Krzyżanowski in den Warschauer Verkehrsbetrieben großen Einfluß in diesem Sektor.

Am besten kam die Polnische Lehrergewerkschaft unter Leitung von Kazimierz Piłat durch die Zeit des Wandels. Im Jahre 1982 wurde sie wiedergegründet, und wieder wurde Piłat ihr Vorsitzender. Die folgenden Vorsitzenden der Branchengewerkschaften – Albin Szyszka und Eugeniusz Mielnicki – organisierten im Grunde genommen die Arbeit der gemeinsamen Kommission. Sie hatten wahrscheinlich noch nicht einmal persönliche Ambitionen, den Vorsitz zu übernehmen.

---

*   Paweł Chocholak – im Jahre 1981 Direktor des Gewerkschaftsbüros beim Ministerrat.

[111] Von Juni 1949 bis Dezember 1980 Dachorganisation der kommunistisch gelenkten Gewerkschaften.

KAPITEL 14

Der Besuch Suslows

Am 23. April kam Michail Suslow, Sekretär des ZK der KPdSU, nach Polen.[112] Vor allem in ideologischer und theoretischer Hinsicht galt er als rechte Hand Breschnews. Er war großgewachsen, mager, asketisch aussehend und kultiviert im Umgang. Suslow, der von Konstantin Russakow, einem weiteren Sekretär des ZK der KPdSU begleitet wurde, bat um ein Treffen mit dem Politbüro. Zweifelsohne ging es ihm darum, die gesamte polnische Parteiführung vom sowjetischen Standpunkt in Kenntnis zu setzen. Kania und ich verstanden das als eine Form der Mißbilligung unserer Handlungsweise nach dem Treffen in Brest-Litowsk. Das Treffen mit Suslow möchte ich etwas eingehender schildern. Warum? Natürlich im Hinblick auf seine Position innerhalb der sowjetischen Führung. Aber das ist nicht meine einzige Motivation. Jahre später ist bekannt geworden, daß im September 1980 im ZK der KPdSU eine Kommission für polnische Angelegenheiten gegründet wurde, die man den „polnischen Klub" nannte. Damals war eben jener Suslow ihr Vorsitzender; ihre weiteren Mitglieder waren: Andropow, Gromyko, Ustinow, Russakow, Samjatin (Leiter der Propaganda-Abteilung des ZK), Semjanin (ZK-Sekretär für Ideologiefragen) sowie Rachmanin (Leiter der Internationalen Abteilung des ZK). Aufgabe der Kommission war es, die Entwicklung der Situation in Polen zu beobachten und darauf zu reagieren. Unter den vielen Informationsquellen und Einflüsterungen, deren sie sich bediente, hatten die Parteikomitees der sowjetischen Grenzbezirke besondere Bedeutung. Das betrifft vor allem Lwow mit seinem ungewöhnlich orthodoxen Ersten Sekretär Dobrik sowie Brest-Litowsk und Sokolow. Ganz allgemein gewann damals das Problem der Kontakte unter den Wojewodschaften, besonders im Grenzstreifen, spezifische Bedeutung. Heute möchte ich nicht darüber spekulieren, wer wem wann was gesagt hat. Außer Frage steht jedoch eins: Die eben erwähnten Parteikomitees der KPdSU, aber auch u.a. das Bezirkskomitee der tschechischen KP in Ostrava mit Sekretär Mamula an der Spitze und die Bezirkskomitees der SED in Dresden, Frankfurt an der Oder und Rostock spielten eine wichtige Rolle – für ihre jeweiligen Zentralen als Informationsquelle, für ihre polnischen Partner als Inspiration zum Kampf.

Der „polnische Klub" im ZK der KPdSU wurde erst im Juli 1985 aufgelöst. Ich habe Grund zu der Annahme, daß dabei mein fünfstündiges Gespräch mit Gorbatschow eine Rolle spielte, das im Mai jenes Jahres stattfand,

[112] Michail A. Suslow, 1902-82, sowjetischer Funktionär, zuletzt Chefideologe der KPdSU.

also gerade einige Wochen, nachdem er das Amt des Generalsekretärs der KPdSU übernommen hatte. Wir führten dieses Gespräch unter vier Augen im Gebäude des ZK der PVAP. Es war von großer Offenheit gekennzeichnet. Ich sprach aus, was ich auf dem Herzen hatte. Eben damals zeichnete sich die reale Chance ab, in der Frage der „weißen Flecken" voranzukommen. Ich sprach über unsere Situation und vermittelte Gorbatschow die polnischen Erfahrungen, unsere – für die damalige Zeit – kühnen, neuartigen Versuche, die Probleme zu lösen. Wir sprachen auch kritisch über die Krankheiten des Systems. Der Leser sollte jedoch nicht erwarten, daß ich mich hier als derjenige präsentiere, der schon damals den Niedergang des real existierenden Sozialismus voraussah. Nein – zu dieser Zeit dachten Gorbatschow und ich hauptsächlich an Reformen. Dennoch kann ich mit Zufriedenheit feststellen, daß wir in Polen damals schon viel weiter waren. Auch Gorbatschow hat das mehrmals konstatiert. Wie mir die Präsidenten Mitterand und von Weizsäcker sagten, hat er auch ihnen gegenüber die Bedeutung unserer Gespräche hervorgehoben.

Unser erstes, langes Gespräch legte den Grundstein für Achtung und Verständnis, Vertrauen und Freundschaft auf beiden Seiten. Das weiß ich sehr zu schätzen. Gorbatschow wird in die Geschichte als eine der bedeutendsten Persönlichkeiten unserer Zeit eingehen.

Zurück zu Suslow. Suslow begann damit, daß die Situation in Polen trotz der Gespräche, die in Moskau auf dem XXVI. Parteitag der KPdSU stattgefunden hätten, trotz anderer Kontakte (dabei dachte er, glaube ich, an das Treffen in Brest-Litowsk) sehr beunruhigend sei. „In der Sowjetunion und in den anderen sozialistischen Ländern herrscht ,welikaja trewoga' („große Besorgnis", im Original von Jaruzelski auf russisch zitiert, Anm. d. Übers.) und deshalb ,große Unruhe'. In der russischen Terminologie bedeutet „trewoga" auch „Alarm" – das konnte ich deshalb auch so verstehen. „Kürzlich fand eine Sitzung des Politbüros der KPdSU statt, auf der beschlossen wurde, daß man der Führung der PVAP über eben diese Beunruhigung berichten solle." „Die Partei wird von der Konterrevolution an der Kehle gepackt." Die Aktivitäten der Opposition würden seitens der Führung von Partei und Regierung nicht mit dem gebührenden Widerstand beantwortet. Das nach dem Konflikt von Bydgoszcz geschlossene Abkommen habe einen Generalstreik verhindert. Gleichzeitig habe die „Solidarność" die Überzeugung gewonnen – und diese Überzeugung teile sie der Gesellschaft mit –, daß sie imstande sei, die Regierung zu lähmen. Sie habe allerdings Angst vor der sowjetischen Armee, vor einer Internationalisierung des Konflikts. Sie rechne also auf eine friedliche Konterrevolution, auf eine schrittweise Demontage des Sozialismus, auf eine Änderung des Systems.

Die „Solidarność" strebe offen die Machtübernahme an. Das sei der erste Bedrohungsfaktor. Der zweite sei der innere Zustand der Partei, ihre beträchtliche Schwächung. Die geopolitische Lage Polens erschwere einen Sturz der Partei oder auch nur eine Änderung ihrer Rolle. Der Gegner strebe nach Zerschlagung der Parteiführung in sogenannte Harte und Liberale. Man müsse die Einheit der Partei auf der Grundlage der Prinzipienfestigkeit gewährleisten (das war ein eindeutiger Hinweis darauf, daß nicht die Liberalen den Ton angeben sollten, sondern diejenigen, die man für prinzipienfest hielt). Man solle keine Angst vor wahren Kommunisten haben. Die gesunden Kräfte innerhalb der Partei müßten den opportunistischen Erscheinungen eine Abfuhr erteilen. Die Partei könne nicht nur eine Konföderation von Gebietskomitees sein. Sogar die Sozialdemokratie im Westen habe eine klare Organisationsstruktur. Man müsse handeln ohne zu wanken. Ansonsten werde der Zersetzungsprozeß der Partei fortschreiten.

Die Welle des Antisowjetismus wachse unaufhörlich. Man könne erkennen, wer ihre Drahtzieher seien; gleichzeitig blieben diese völlig ungestraft. Es komme zur Entehrung von Denkmälern und Friedhöfen und zu einer Verfälschung der Geschichte. In einigen Schulen würden Russisch-Lehrbücher verbrannt. Verleumderische Behauptungen über die Ausbeutung Polens durch die Sowjetunion würden verbreitet. Für die von den Vereinigten Staaten geschickte geringe Menge an Milchpulver werde Reklame gemacht, während die wirklich umfangreiche Hilfe der Sowjetunion keinerlei Aufmerksamkeit finde.

Stanisław Kania habe versprochen, daß wir uns nicht ergeben, die Bauern-„Solidarność" nicht registrieren würden. Wir hätten doch den sowjetischen Vertretern gesagt, daß die polnische Führung es nicht zu einer solchen Registrierung kommen lassen werde. Trotzdem hätten wir kapituliert. In welche Situation hätten wir die Sowjets gebracht?

Schlecht stehe es um die Grenzkontrollen. Die Situation im Verkehrs- und Fernmeldewesen sei besorgniserregend. Das aber seien schon nicht mehr nur unsere inneren Angelegenheiten. Sie beträfen die Interessen und Bündnisverpflichtungen des ganzen Warschauer Pakts. Die gegenwärtige Situation stelle die Sicherheitsgarantien für die polnischen Grenzen in Frage.

An dieser Stelle habe ich in meinen Aufzeichnungen am Rand ein Ausrufezeichen neben die Worte gemacht, die sich auf die polnische Grenze beziehen. Für mich war das ein „Alarm"! Außerdem gaben mir einige neue Akzente, die bald danach in der deutschen Frage auftauchten, sehr zu denken.

Suslow weiter: Auch in unseren Massenmedien sehe es schlecht aus. Man müsse den Leuten bewußt machen, daß eine Konterrevolution und eine Hungersnot drohten. Gefragt seien Initiative und Angriffsgeist. Man müsse entsprechende Maßnahmen ergreifen.

Zum Schluß eine Höflichkeitsfloskel: „Natürlich sehen wir Eure Anstrengungen und wollen sie nicht in Abrede stellen. Im ganzen jedoch entwickelt sich die Situation in eine sehr ungute Richtung."

Danach sprach Kania. In der Bewertung der Situation seien wir uns einig. Wir verstünden den kritischen Ton und die Fragen, was wir zu tun gedächten, wie wir uns der konterrevolutionären Bedrohung entgegenstellen wollten. Seit dem Treffen auf dem XXVI. Parteitag der KPdSU habe es gewisse Fortschritte gegeben; so sei es z. B. verschiedenen zentrifugalen Kräften nicht gelungen, die verbündeten Parteien zu demontieren.[113] Die SD habe auf einem Kongreß eine neue Führung gewählt. Der Zentralverband der Bauernvereine und -organisationen[114] sei ins Leben gerufen worden. Die Situation habe sich durch den Zwischenfall in Bydgoszcz verschärft. Allgemeine Hysterie sei entstanden. Partei und Politbüro hätten in dieser Frage eine eindeutige Haltung eingenommen. Wir hätten eine negative Reaktion der Öffentlichkeit in Kauf genommen.

Der Brief von Stefan Bratkowski[115] habe die Aufmerksamkeit darauf gelenkt, daß die Parteiführung eine Quelle der Spannungen sei, daß es auch im Politbüro verschiedene Lager gebe. Dennoch hätten wir auf dem Plenum eine grundsätzliche Bewertung vorgenommen, die übrigens auf Kritik gestoßen sei.

Von Selbstzufriedenheit seien wir weit entfernt. Wir täten jedoch das, was uns in der gegenwärtigen Situation richtig erscheine. Wir bestätigten, daß die Registrierung der Bauern-„Solidarność" ein Fehler gewesen sei. Aber das sei nun einmal geschehen. Über den Charakter der Bauern-„Solidarność" gäben wir uns keinerlei Illusionen hin. Wir wüßten, daß sie eine politische Organisation sein würde. Deshalb hätte ich auch auf einer Sitzung der Ersten Sekretäre der Wojewodschaftskomitees der PVAP gesagt, Parteimitglieder könnten nur den Bauernvereinen[116] angehören.

Zur Bildung horizontaler Strukturen würden wir es nicht kommen lassen. Wir rechneten damit, daß die extremen Elemente innerhalb der „Solidarność" bei Wahlen ihren Einfluß verlieren würden und der Arbeiterflügel die Oberhand gewinne. Inzwischen sei jedoch offensichtlich, daß sich die „Solidarność" zur politischen Organisation entwickle. Und dann eine charakteristische Feststellung: „Nach 1945 verkroch sich die Konterrevolution im Wald, heute hat sie Stützpunkte in großen Betrieben."

In der Angelegenheit Bałuka[117] werde man eine Untersuchung einleiten, fügte Kania hinzu. Auch seien Vorbereitungen für einen Prozeß gegen Moczulski im Gange, seine Tätigkeit könne nicht ungestraft bleiben.

Im Sejm fielen Äußerungen, die nur schwer zu akzeptieren seien. Das habe aber auch sein Gutes. Der Sejm werde wenigstens teilweise zu einem

[113] In Polen gab es, ähnlich wie in der DDR, mehrere Parteien, die jedoch alle auf den Sozialismus und die führende Rolle der kommunistischen Partei eingeschworen waren.
[114] S. Anm. 213.
[115] Stefan Bratkowski, geb. 1934, Publizist und Politiker, während des Kriegsrechts für die „Solidarność" im Untergrund aktiv, unterbreitete in einem Schreiben an die Partei Reformvorschläge. (Auskunft von Jaruzelski gegenüber dem Übersetzer)
[116] Poln. „Kółki Rolnicze". (s. Anm. 114)
[117] Edmund Bałuka, Arbeiterführer bei den Unruhen von 1970 (s. Anm. 4). Verließ Polen nach diesen Unruhen, lebte im Westen, kehrte Mitte April 1981 mit gefälschten Papieren zurück und stellte sich erst auf Drängen der „Solidarność" in Szczecin den Behörden, die nicht gewagt hatten, ihn zu verhaften. (SPIEGEL 24/1981/116)

Überdruckventil für die gesellschaftlichen Emotionen. Schließlich müsse man zu würdigen wissen, daß auf der letzten Sitzung des polnischen Parlaments ein guter Beschluß gefaßt worden sei, der die Aussetzung der Streiks verlange.

Es gebe noch Möglichkeiten zur Anwendung politischer Konfrontationsmittel, ergänzt durch begrenzte Repressionsmaßnahmen. Die Vorbereitungen anderer Aktionen hätten Stabs- und Planungscharakter. Mit ihnen seien das Innen- und das Verteidigungsministerium befaßt. Wir seien auf alle Eventualitäten vorbereitet.

Ich äußerte mich hauptsächlich in meiner Eigenschaft als Premierminister und konzentrierte mich in erster Linie auf die wirtschaftlichen Schwierigkeiten. Diese Frage versuchte ich immer in den Mittelpunkt zu rücken. Es gehe um zwei Ziele. Erstens darum, mehr Hilfe von der Sowjetunion und den anderen sozialistischen Staaten zu erhalten. Zweitens müsse man aufzeigen, daß die politische Manövrierfähigkeit unter diesen Bedingungen begrenzt sei, daß rigorosere, mit Gewaltanwendung verbundene Maßnahmen zu einer gesellschaftlichen und wirtschaftlichen Katastrophe führen könnten.

Ich sagte, daß wir einen auf drei Jahre angelegten Stabilisierungsplan ausgearbeitet hätten. Wir bereiteten eine Reform vor. Es sei uns daran gelegen, daß Professor Baka in dieser Angelegenheit noch einmal Konsultationen führen könne, u. a. mit Bajbakow. Solche Gespräche hätte es schon mit den Ungarn gegeben. Ein besonders schwieriges Problem seien die Preise sowie die Verlagerung von Arbeitskräften von einer Branche in die andere. Es gehe um eine Reorganisation und Vereinfachung der Strukturen der Wirtschaftsleitungsorgane. Über dies alles wollten wir diskutieren. Die „Solidarność" solle an den Gesprächen beteiligt werden. Wenn man sie in die Lösung der wirtschaftlichen Probleme einbände, würden die Sachzwänge die destabilisierenden Aspekte in der Tätigkeit der „Solidarność" schwächen.

Ich sprach über die schwierige Situation auf dem Land, über die schlechte Versorgungslage. Die Bauern-„Solidarność" habe schon vor ihrer Zulassung in Poznań eine Tagung abgehalten. Es seien bestimmte Fakten geschaffen worden, denen man ohne Streit nicht hätte vorbeugen können.

Das Verteidigungsministerium und die Streitkräfte seien in guter Verfassung. Einige Militärs hätten Funktionen im Staatsapparat übernommen, besonders in strategisch bedeutenden Ressorts. Die Interessen des Warschauer Pakts würden wir gebührend berücksichtigen. Natürlich gebe es eine antisowjetische Haltung. Sie sei keine neue Erscheinung und müsse in den richtigen Relationen gesehen werden.

Dann sprachen andere Personen.

Olszowski. Die Vorbereitungen zum Generalstreik seien eine ernste Bedrohung gewesen. Der Gegner sei bestrebt gewesen, eine Aufstandspsychose zu schaffen. Gegenüber der kurzzeitigen Beruhigung verhielten wir uns nicht naiv, wir sähen viele Gefahren. Alle rechten und antisozialistischen

Kräfte scharten sich um die „Solidarność", die sich schon nicht mehr als Gewerkschaft, sondern als politische Bewegung begreife. Das Wichtigste sei jetzt, daß die Partei erkenne, daß man es mit einer Bedrohung des Sozialismus zu tun habe. Der Gegner treffe hauptsächlich die Massenmedien, vor allem das die Massenmedien leitende Zentrum und damit auch ihn persönlich.[118] Olszowski beklagte sich über Manipulationen. Der Brief Bratkowskis sowie verschiedene Aktivitäten der „Solidarność" zielten faktisch auf eine Usurpation der Massenmedien. Journalisten, die auf der Grundlage des Parteiprogramms Bericht erstatteten, würden unter starken Druck gesetzt. Um die Massenmedien werde es einen schweren Kampf geben.

Barcikowski. Er merkte an, daß das geringe Vertrauen in die Führung der Partei unseren Möglichkeiten Grenzen setze. Wir müßten uns bemühen, Kontakt zu den Massen zu halten. Die Schlüsselfrage sei eine angemessene Reaktion auf die „Solidarność", vor allem das Streben nach Einfluß auf die Betriebsbelegschaften. Streiks und Spannungen begünstigten die Extremisten in der „Solidarność". Jede Verschärfung der Lage vergrößere ihren Einfluß. In diesem Zusammenhang komme dem Appell des Sejm um zwei streikfreie Monate besondere Bedeutung zu. Wenn das gelänge, könne sich die Situation zum Guten wenden. Der Parteitag berge ein gewisses Risiko, aber seine Vertagung schüfe ein ungleich größeres Risiko. In vielen Wojewodschaften seien die Ersten Sekretäre ausgewechselt worden, aber die neuen Sekretäre seien ebenfalls zuverlässige Genossen. Ebenso positiv müsse man die Auswahl der Delegierten beurteilen.

Grabski. In den Umtrieben der „Solidarność" bestätige sich die Strategie der Demontage der Volksmacht, der schleichenden Konterrevolution. Die spektakulären Versuche Wałęsas, sich vom KOR und anderen lautstarken antisozialistischen Gruppierungen abzugrenzen, könnten uns nicht täuschen. Grabski zitierte aus einigen Dokumenten der „Solidarność": Beseitigung des Monopols der PVAP, die nicht die Arbeiterklasse repräsentiere; Auflösung des Innenministeriums, das nach den Prinzipien der Hitlerschen SS organisiert sei; Annullierung der Abkommen von Jalta, Teheran und Potsdam.[119] Man müsse, fuhr Grabski fort, mit einer Eskalation der Spannungen und Konflikte rechnen, vor allem auf politischem Gebiet. Wir als Partei verfolgten nachdrücklich die Linie von Verhandlungen und Abkommen, bei denen es sich in Wahrheit um Zugeständnisse handele. Immer schneller marschiere die „Solidarność" auf die Machtübernahme zu. Die Vermeidung eines Generalstreiks am 31. März sei nur ein zeitlicher Aufschub der Konfrontation gewesen. Im Zusammenhang mit der Bauern-„Solidarność" werde sich die Kampffront ausweiten. Die Bauern-„Solidarność" werde nach der Reaktivie-

---

[118] Olszowski war ZK-Sekretär für Propaganda. (Auskunft von Jaruzelski gegenüber dem Übersetzer)

[119] An diesen drei Orten wurde von den Siegermächten des Zweiten Weltkriegs über die Aufteilung der Interessensphären nach dem Kriege entschieden, wobei u. a. die späteren Ostblockstaaten der sowjetischen Einflußsphäre zufielen.

rung einer reaktionären Volksbewegung streben. Schließlich hätten wir am 31. März die Ruhe mit einem sehr hohen Preis erkauft. Unter anderem sei dadurch die Stellung des Parteiaktivs untergraben worden. Im Zusammenhang mit der Registrierung der Bauern-„Solidarność" vertiefe sich auf dem Land die Klassenspaltung. Die gemeinsamen Grundlagen der Politik von PVAP und ZSL würden untergraben. In den Gemeinden beginne eine Zeit der Abrechnung. Man strebe nach Aufteilung des Vermögens der Bauernvereine und des Bodens der Staatsgüter. Es gebe eine Attacke auf den sozialistischen Sektor. Im ganzen eine sehr scharfe Stellungnahme. Grabski lieferte also Suslow Argumente für dessen Thesen.

Żabiński. Er sagte, die Hauptsache sei die Beherrschung der Situation in der Partei auf der Grundlage des Marxismus-Leninismus, des real existierenden Sozialismus. Jede Spannungssituation habe zwei Seiten. Wenn die Lage sich beruhige, fühle man Erleichterung. Dennoch sei vorher das Aktiv mobilisiert worden. Es sei versichert worden, daß es keine Bauern-„Solidarność" geben werde, daß wir es nicht zu einer Registrierung kommen lassen würden. Wir hätten Schwierigkeiten, dem Parteiaktiv unseren Rückzieher zu erklären und uns dafür zu rechtfertigen. Es stelle sich die Frage, ob uns dieses Aktiv beim nächsten Testfall noch folgen werde. Es bestehe die Befürchtung, daß dies nicht der Fall sein werde. Ein großer Teil der Parteikader resigniere und wolle bei den nächsten Wahlen nicht kandidieren. Es sei das Schlagwort von einem Wegschneiden des Parteiapparats in die Diskussion geworfen worden. Die Partei- und Verwaltungskader seien verschreckt und verhielten sich deshalb passiv. Während der Streiks habe es Besetzungen der Arbeitszimmer von Betriebsdirektoren gegeben. Das seien schließlich schon Aktionen, die über einen bloßen Streik hinausgingen. Sie hätten weitergehenden Charakter und seien eine Form der Machtergreifung.

Aufgrund der Umtriebe der „Solidarność" werde das Erscheinen der Wojewodschaftssekretäre in den Betrieben mit Mißfallen aufgenommen. Speziell gebildete Gruppen erschwerten die Organisation von Versammlungen, terrorisierten die Belegschaften mit Resolutionen. Er, Żabiński, sei ein Pessimist. Wir könnten uns nicht mit der ganzen Partei verständigen. Deshalb müsse man sich vor allem mit dem Parteiaktiv verständigen, mit denjenigen, die wirklich zur Verteidigung der Parteiräson und des Sozialismus stünden.

Die „Solidarność" stehe in Schlesien unter der Leitung eines gewissen Andrzej Rozpłochowski, der eindeutig konterrevolutionär eingestellt sei. Der 1. Mai stehe vor der Tür – es bestehe die Gefahr, daß es zu zwei Demonstrationszügen komme, die in der Stadt zusammenstießen. Es könnte eine ernste Provokation geben. An dieser Stelle wandte Żabiński sich mir zu: „Genosse Premierminister, es gibt Drohbriefe an die Familien von Milizionären. Sie müssen etwas dagegen unternehmen."

Fiszbach. Es gebe immer noch Hoffnung, daß Ruhe und Ordnung die Oberhand gewännen. Diese Hoffnungen seien verbunden mit dem X. Plenum des ZK der PVAP, auf das wir uns nicht gründlich genug vorbereiten könnten. Wir steckten in einer größeren Krise als jemals zuvor. Sie werde sozusagen zu einer Form der Reaktion auf das Vertrauen, daß man seinerzeit Gierek entgegengebracht habe. Deshalb warteten die Menschen darauf, daß die Regierung ihre Verantwortung wahrnehme. Das Wichtigste seien die Kontakte mit den Menschen. Das seien sehr schwierige Begegnungen. Man denke nicht an die Zukunft, sondern wende sich ständig der Vergangenheit zu. Die Änderungen innerhalb der „Solidarność" gingen im ganzen in eine bessere Richtung. Viele derjenigen, die sich während der Streiks hervorgetan hätten, seien weggegangen. Mehr noch, die „Solidarność" wachse nicht mehr; im Gegenteil, sie verliere Mitglieder an die Branchengewerkschaften. Wir seien weit davon entfernt, uns selbst zu beruhigen. Es stimme jedoch optimistisch, daß es nur in 100 von 600 Dörfern zur Bildung einer Bauern-„Solidarność" gekommen sei. Die Zusammenarbeit mit den sowjetischen Reedern sei gut. Sie nähmen uns sogar unfertige Schiffe ab. Es sei eine Branchengewerkschaft der Schiffsarbeiter gegründet worden. Sie hielte das Aktiv ständig in Bewegung. Wichtig seien die Kontakte mit der Parteileitung.

Hier muß ich etwas hinzufügen. Fiszbach erinnerte in einer seiner Reden im Jahre 1989 öffentlich daran, und ich bestätige das: Als Suslow nach Polen gekommen war, sagte ich vor der Sitzung des Politbüros zu Fiszbach: „Genosse Fiszbach, ergreifen Sie das Wort und sagen Sie, daß Ihr in Gdańsk die schwierigen Probleme irgendwie lösen werdet, daß man sich mit der „Solidarność" doch verständigen könne." Sein Vortrag enthielt wirklich einen entsprechenden Akzent.

Suslow sagte gewissermaßen zum Abschluß, daß man sich in der Beurteilung der Lage einig sei, besonders darin, daß die Situation sehr schwierig sei, die Krise andauere, der Feind stark sei und die Partei geschwächt werde. Die reaktionären Kreise der „Solidarność" würden keine Ruhe geben. Man müsse deshalb wachsam sein. Das X. Plenum des ZK der PVAP müsse die Einheit von Parteiführung und ZK stärken. Ob es gelinge, die Krise mit politischen Mitteln zu bewältigen, werde davon abhängen, wie es um die eigenen Kräfte und die des Gegners bestellt sein würde. Gegenwärtig sei eine ungünstige Entwicklung zu beobachten.

Er suggerierte also, daß politische Lösungen immer unrealistischer erschienen, daß man bereit sein müsse, andere Maßnahmen zu ergreifen.

Nach dem Abflug Suslows, am 25. April, veröffentlichte die sowjetische Nachrichtenagentur TASS einen Artikel über die Situation in der PVAP. In diesem Artikel wurden „revisionistische Elemente innerhalb der Partei", die darauf aus seien, „die polnischen Kommunisten als führende Kraft des Volkes zu lähmen", scharf kritisiert. So kam es zu einer „offiziellen" Spaltung in bessere und schlechtere Verbündete.

KAPITEL 15

In Richtung Reformen

Im April legte ich dem Sejm einen Rechenschaftsbericht über die Arbeit an der Wirtschaftsreform vor. Wir stellten uns diese Reform als einen Weg zur Marktwirtschaft unter gleichzeitiger Beachtung eines modernen Verständnisses der Prinzipien gesellschaftlicher Gerechtigkeit vor. Ich selbst war der Ansicht, daß eine Reform unter den damals bei uns herrschenden Bedingungen wie ein Kampf sei – ein Bewegungsmanöver unter Beschuß, bei dem die Bewegung erschwert ist und man am liebsten im Schützengraben bliebe. Wir wollten unser Reformmodell also vorsichtig aufbauen, es sozusagen „von der anderen Seite her angehen". Vor dem Zweiten Weltkrieg ging es, übrigens auch gemäß dem Programm der Polnischen Sozialistischen Partei, darum, das Nationaleinkommen ohne Verletzung des Marktmechanismus gerechter zu verteilen. In den vergangenen vierzig Jahren hatten wir eine theoretisch kohärente Konzeption der Verteilung des Nationaleinkommens gehabt. Aber der Produktionsprozeß war ineffektiv – wodurch die Verteilung immer schwieriger wurde. Die Umstellung der Wirtschaft auf größere Effektivität wurde zur vorrangigen Aufgabe.

Der erste Schritt wurde am 1. Juli mit der Einführung von Reformelementen in den landwirtschaftlichen Staatsgütern und bei den Kleinbetrieben gemacht. Das war eine Art Experimentierfeld. Kurz zuvor, im Mai, hatte das Präsidium des Ministerrats den staatlichen Betrieben gestattet, Vorräte und Geräte an private Handwerker zu verkaufen. Aus heutiger Sicht mögen Umfang und Tempo der damaligen Reformen nicht allzu mutig erscheinen. Man darf jedoch die damaligen Zeitumstände nicht vergessen. Vor allem fürchteten wir uns davor, daß am Organismus der Gesellschaft intuitive Handlungen nach dem Prinzip von Versuch und Irrtum vorgenommen würden. Der Voluntarismus der vorangegangenen Dekade war uns Mahnung genug. Voluntarismus bei Reformen unterscheidet sich vom Voluntarismus im Verhalten nur inhaltlich. Die Folgen sind in beiden Fällen ähnlich. Und schließlich mußte man mit irgend etwas anfangen.

Von den Verbündeten wurde unsere Suche nach Reformen sehr kritisch beobachtet und bewertet. Geschichtlich bewandert, wie sie waren, erinnerten sie uns diskret daran, was beispielsweise aus den Fürsprechern der NEP geworden sei.[120] Übrigens wurden nicht nur bei uns, sondern auch in den

---

[120] Nachdem es im nachrevolutionären Rußland durch die Einführung der Planwirtschaft zu einer verheerenden Hungersnot gekommen war, führte Lenin die sogenannte Neue Ökonomische Politik, im Russischen abgekürzt „NEP", ein, die gewisse marktwirtschaftliche Elemente beinhaltete und zu einer kurzzeitigen Blüte der sowjetischen Wirtschaft führte. Nach Lenins Tod wurde die NEP von Stalin rückgängig gemacht, ihre Befürworter wurden liquidiert.

anderen Ländern des sozialistischen Lagers Wirtschaftsreformen unterbunden. Wir erinnerten uns genau an die Ereignisse in der Tschechoslowakei 1968. Zwar gab es auch das ungarische Beispiel, aber die Toleranz gegenüber den dortigen begrenzten Reformen war einfach der Preis, den Kádár für die politische Stabilisierung nach 1956 ausgehandelt hatte.[121] Wahrscheinlich erinnert sich heute kaum noch jemand daran, daß die ungarischen Reformen in den 70er Jahren abgebremst wurden. Ihr Hauptarchitekt – Nyers – demissionierte.[122] Auch dort begann ein eisiger Wind zu wehen. Wir waren also nicht nur Gefangene unserer Zeit, sondern auch der Geschichte.

Professor *Władysław Baka*:

Der General war sich dessen bewußt, daß es bei der Realisierung unserer Reformen sehr schwierig sein würde, den Widerstand der sowjetischen Seite und der anderen sozialistischen Länder zu überwinden. Nach dem Motto „Angriff ist die beste Verteidigung", liebte er es, unserer Initiative durch Klärung verschiedener Fragen zuvorzukommen.

Als das Problem der Reformen angepackt wurde, gab es bei unseren Nachbarn beträchtliche Unruhe. Sie drückte sich in einem Brief über die Grundlagen der polnischen Wirtschaftsreformen aus, der von DDR-Experten verfaßt worden war. Ende Januar 1981 übergab Honecker diesen Brief Stanisław Kania. In der DDR selbst wurden diese Überlegungen am 10. Januar veröffentlicht, und schon Ende desselben Monats übergaben die Deutschen uns diese Expertise. Es war eine unglaubliche Schmähschrift, die darauf abzielte, die polnischen Reformen abzuschneiden, indem diese sowohl inhaltlich als auch ideologisch desavouiert wurden. Auf dieser Grundlage wurden schwere Anklagen gegen die Mitglieder der Kommission sowie gegen die Partei- und Staatsführung erhoben.

Kania wandte sich an mich, um eine Replik zu schreiben. In dem Brief aus der DDR fanden sich nämlich folgende Behauptungen: „Die vorgelegte Konzeption über die Grundlagen einer Wirtschaftsreform in Polen erlaubt erstens die Schaffung einer revisionistischen Basis, die vollkommene Negierung aller bisherigen sozialistischen Errungenschaften sowie Nachgiebigkeit gegenüber antisozialistischen und konterrevolutionären Ansichten. Zweitens stützt sich diese Konzeption nicht auf eine Analyse des bisherigen Verwaltungs- und Planungssystems, sondern insinuiert, daß dieses System völlig gescheitert sei.

[121] S. Anm. 216.

[122] Rezsö Nyers, geb. 1923, ungar. Politiker, 1960-62 Finanzminister, 1966-75 Politbüromitglied, spielte eine maßgebliche Rolle bei den Wirtschaftsreformen Ende der 60er Jahre, die eine selbständigere Produktionsplanung der Betriebe sowie eine begrenzte Liberalisierung der Preise und Märkte beinhalteten. Bald darauf wurde Nyers politisch in den Hintergrund gedrängt. Ab 1988 spielte er in der Wirtschaftspolitik Ungarns wieder eine führende Rolle, 1989/90 war er Vorsitzender der Ungarischen Sozialistischen Partei (s. auch Anm. 216).

Außerdem enthält sie eine Abkehr von den allgemeinverbindlichen Prinzipien und der Gesetzmäßigkeit der Planwirtschaft, wie sie von der UdSSR, der DDR und den anderen sozialistischen Ländern bewußt angewandt und genutzt werden." Des weiteren wird detailliert dargelegt, wovon wir uns abgewandt hätten, wie wir zu Verrätern am Marxismus-Leninismus geworden seien. Das Resümee lautet so: „Die vorgelegte Konzeption legt den Grundstein für die Eroberung aller wirtschaftlichen Machtpositionen in Polen durch die Kräfte der Konterrevolution. Dies ist seinem Wesen nach Teil des Szenarios der konterrevolutionären Gruppe KOR, das auf die Liquidierung des sozialistischen Staats- und Gesellschaftssystems abzielt."

Wir sprachen über dieses Thema auch mit dem General. Wir dachten darüber nach, in welchem Ton unsere Replik abgefaßt sein sollte. Es gab keinerlei Meinungsverschiedenheiten zwischen uns. Wir waren der Meinung, daß die Replik scharf ausfallen müsse. In keinem einzigen Punkt dürfe man Reue zeigen oder von den Prinzipien der Reform abrücken. Statt dessen müsse man auf die verknöcherte und dogmatische Denkweise der Autoren des Briefes aus der DDR hinweisen und die Wesensmerkmale unterstreichen, durch die die von den Autoren des Briefes vertretene Art des Sozialismus unattraktiv werde. Es ging darum, die scharfen Beschuldigungen zurückzuweisen, zu sagen, daß dem Sozialismus vor allem diejenigen schadeten, die den Fortschritt hemmten und neue Umstände nicht zur Kenntnis nähmen. In diesem Geist wurde die Replik abgefaßt. Eine herausragende Rolle bei ihrer Endredaktion spielte Stanisław Albinowski.

Der General las die Replik durch. Natürlich war sie scharf ausgefallen. Er akzeptierte sie. Stanisław Kania ebenfalls. Auf dem XXVI. Parteitag der KPdSU übergab der General Honecker einen Brief desselben Inhalts, wie er ihn von ihm erhalten hatte.

Seitens der anderen sozialistischen Länder, vor allem der Sowjetunion, bekamen wir die ganze Zeit scharfe Kritik zu hören, die noch dazu von unseren eigenen Dogmatikern mit geschürt wurde. Einige von ihnen waren der Ansicht, daß wir den Weg des Sozialismus verließen. Wir erhielten beunruhigende Signale. Angesichts dieser Umstände schlug mir der General vor, in Begleitung von Zbigniew Madej, dem damaligen stellvertretenden Vorsitzenden der Planungskommission, und Władysław Zastawny, dem Rektor der Hochschule für Gesellschaftswissenschaften, nach Moskau zu fahren, wo wir uns mit kompetenten Vertretern von Wirtschaft und Politik treffen sollten, um ihnen die Grundlagen unserer Reformen zu erläutern. Er sagte: „Vielleicht gelingt es euch, sie von unserer Linie zu überzeugen oder zumindest das Odium von uns zu nehmen, das uns aufgrund falscher Schilderungen dessen, was in Polen vor sich geht, anhaftet."

Das war sehr wichtig, denn ohne Kooperation und Hilfe seitens der UdSSR und der anderen sozialistischen Staaten würde es für uns sehr schwer werden, die Krise zu überwinden.

Am 25. Februar trafen wir in Moskau ein. Das Treffen fand im Staatlichen Planungskomitee der UdSSR, dem Gosplan, statt. Auf der einen Seite des

Tisches saßen etwa zwanzig Personen, an der Spitze Bajbakow, Vizepremier und Chef von Gosplan, und sein erster Stellvertreter, Ryschkow, der einige Jahre später Premierminister wurde. Eigentlich nahm die gesamte Spitze des wirtschaftlichen Establishments an diesem Treffen teil, einschließlich eines Vertreters der Leitung der Wirtschaftsabteilung des Zentralkomitees der KPdSU. Nachdem ich die Grundlagen unserer Reformtätigkeit dargelegt hatte, begann die Diskussion. Sie bestand darin, daß wir mit Fragen bombardiert wurden, die direkte oder indirekte Anklagen darstellten. Zum Beispiel: Es ist doch seit langem erwiesen, daß die Ersetzung der Planwirtschaft durch die Marktwirtschaft die Grundlagen des sozialistischen Wirtschaftssystems untergräbt. Und Ihr sprecht vom Erhalt der sozialistischen Wirtschaft, während Ihr Euch in Richtung Marktwirtschaft bewegt. Entweder macht Ihr einen Fehler in der Theorie, oder Ihr verleitet uns zu einem Fehler. Die Abschaffung der zentralen Planwirtschaft führt geradewegs zu Anarchie, Verschwendung, Zusammenbruch des Staatssystems und Rückfall in den Kapitalismus. Arbeiterselbstverwaltung in dem Stil und dem Umfang, wie sie Euch vorschwebt, ist unvereinbar mit den Prinzipien des Sozialismus. Lenin und andere Führer und Theoretiker haben diese Fragen schon vor langer Zeit untersucht und entsprechende Bestrebungen als Anarchosyndikalismus charakterisiert. Natürlich fehlte es seitens unserer sowjetischen Gesprächspartner nicht an Worten der Besorgnis über die wirtschaftliche Entwicklung in Polen, an Beteuerungen der Hilfsbereitschaft und der Unterstützung.

Mit einem Wort, ich hatte nicht den Eindruck, daß es uns gelungen war, die Sowjets zu überzeugen. Nach unserer Rückkehr teilte ich dem General mit, ich sei nicht überzeugt, daß unsere Reise den gewünschten Effekt gebracht habe. Die Sowjets verhielten sich uns gegenüber noch ablehnender als zuvor. Was die nahe Zukunft anbetreffe, hätte ich große Befürchtungen, da in Polen, in der Kommission für Wirtschaftsreformen, die Tendenz eher in Richtung eines noch stärkeren Radikalismus gehe. Die Reformgrundlagen, die veröffentlicht und zur Diskussion gestellt worden seien, würden kritisch aufgenommen; die Menschen verlangten noch weitergehende Reformen.

Der General verstand die Gefahren, die sich aus der wachsenden Diskrepanz zwischen der Haltung unserer Verbündeten und den Bestrebungen in Polen selbst ergaben. Dennoch, sagte er, müßten wir den bei uns dominierenden Tendenzen absolute Priorität einräumen. Die polnischen Reformen müßten sich nach den polnischen Bedürfnissen und danach richten, was die Menschen wollen, was im Zuge der großen gesellschaftlichen Konsultation artikuliert wird. Das Schlimmste wäre, wenn wir um des lieben Friedens mit unseren Nachbarn willen versuchten, der Reform die Spitze abzubrechen.

Schon wenige Wochen nach Übernahme des Premierministeramtes kam ich zu dem Ergebnis, daß sowohl die Struktur als auch die Aufgaben des Wirtschaftskomitees des Ministerrats eine Beschleunigung der Reformen nicht begünstigten. Das Komitee arbeitete unter dem Druck der Situation, der sich auftürmenden Erfordernisse des Augenblicks, und reagierte mehr, als daß es agierte. Strategische Überlegungen traten also in den Hintergrund. Darüber hinaus mußte man nicht nur die Funktionsprinzipien der Unternehmen, sondern auch die Struktur und die Kompetenzen der Ministerien ändern. Eben deshalb schlug ich dem Sejm am 10. April 1981 die Schaffung des Amtes eines Bevollmächtigten Ministers für Wirtschaftsreformen vor. Er wurde dann im Juni berufen. Damals reformierte man auch die zentrale Staatsverwaltung. Die neue Struktur bildete eine logische Einheit. Anstelle einiger Dutzend schwerfälliger, personell aufgeblähter Ministerien, die für die Wirtschaft zuständig waren, wurden 5 Ministerien geschaffen. Die Kompetenzen der für bestimmte Industriezweige zuständigen Ministerien wurden geändert. Die Reformen führten dazu, daß in die Regierung ein unabhängiger Beauftragter aufgenommen wurde, der sich nicht mit tagespolitischen Aufgaben befassen mußte. Auf diesen Posten wurde Professor Władysław Baka berufen – ein kreativer, reformfreudiger Kopf. Solides Wissen, hohe Intelligenz und glänzende Rhetorik zeichneten ihn aus. Er war von gewinnendem Äußeren und hatte viel Humor. Eine gute Mischung: Wissenschaftler, Wirtschaftsfachmann, Politiker. Er wurde zum Hauptarchitekten, Beauftragten und Verfechter der Wirtschaftsreformen in der ersten Hälfte der 80er Jahre. Eine der Führungsfiguren des damaligen „Establishments".

An dieser Stelle muß ich noch auf eine andere personell-organisatorische Änderung zu sprechen kommen, auf die Gründung der Preisbehörde. Auf diesem Gebiet waren geradezu halsbrecherische Schritte erforderlich. Ohne Preisreform konnte man kaum von einer Wirtschaftsreform sprechen. Zum Leiter dieser Behörde im Ministerrang wurde Professor Zdzisław Krasiński berufen. Als er noch in Poznań arbeitete, war er dort Berater der „Solidarność". Seine Aufrichtigkeit in Wirtschaftsfragen erlaubte es ihm jedoch, gegen den Strom der Stimmungen zu schwimmen und die unpopuläre Wahrheit über die ungesunde Struktur von Preisen und Löhnen auszusprechen. Damit konnte er sich keine Freunde machen. Der unkonventionelle Lebensstil Krasińskis erleichterte es zudem, sich über seine Argumentation zu mokieren und zu behaupten, sie erinnere an die berühmten „knusprigen Brötchen".[123] Die am 1. Februar 1982 eingeführte Preisreform bewirkte jedoch, daß sich die Regale in den Geschäften zu füllen begannen und die Wirtschaftsreform die ersten Schritte tun konnte. Baka und Krasiński wichen Begegnungen mit der Bevölkerung und öffentlichen Auftritten nicht aus, fürchteten sich nicht vor dem Austausch von Meinungen und offenen, ja scharfen Polemiken. Dieses Vorgehen stieß auf Widerstand, war Ziel verschiedener Attacken und Verleumdungen. Ich war bestrebt – anscheinend ziemlich erfolgreich –, Baka und Krasiński zu unterstützen und zu decken.

---

[123] Krasiński hatte behauptet, eine Preiserhöhung allein reiche völlig aus, damit über Nacht alle in den Geschäften alles kaufen könnten, u. a. eben knusprige Brötchen. (Auskunft von Jaruzelski gegenüber dem Übersetzer)

Professor *Władysław Baka:*

Nach Übernahme des Premierministeramtes dachte Wojciech Jaruzelski darüber nach, ob er den Vorsitz der Kommission für Wirtschaftsreformen übernehmen solle; bis dahin war der Premier Chef der Kommission gewesen – das galt als ungeschriebenes Gesetz. Der General beschloß, diese Aufgabe beispielsweise nicht Mieczysław Jagielski anzuvertrauen, der damals Vizepremier und für Wirtschaftsfragen verantwortlich war, und ebenfalls nicht Józef Pińkowski.

Ich beschwor den General eindringlich, diese Aufgabe zu übernehmen und erinnerte an die negativen Erfahrungen der 70er Jahren, als viele wertvolle Initiativen auf der Strecke geblieben waren, eben weil der Premier nicht Vorsitzender der Kommission für die Verbesserung der Funktionsfähigkeit der Wirtschaft war. Heute, sagte ich, sei diese Frage noch viel wichtiger. Man könne eine Reform von so umwälzender Bedeutung nicht leiten, wenn man nicht an der Quelle sitze, sich nicht an der Schaffung der Grundlagen und Prinzipien dieser Reform beteilige. Heute könnten viele Ideen dem Regierungschef als unverständlich und deshalb von vornherein zum Scheitern verurteilt erscheinen.

Ich gebe zu, daß ich auch persönlich, aus gewissermaßen subjektiven Motivationen heraus, daran interessiert war, daß der General „ja" sagte. Es war doch offensichtlich, daß mit Jaruzelski als Vorsitzendem und W. Baka als Sekretär der Kommission für mich die Möglichkeit am größten war, sowohl auf die Gestaltung als auch auf die Durchführung der Reform Einfluß zu nehmen.

Während des Gesprächs legte ich dar, wie die Kommission zusammengesetzt sein sollte. Der General interessierte sich am meisten für Professor Czesław Bobrowski. Er wußte, daß dieser der Hauptautor des Dreijahresplans 1946-1948 sowie der Thesen des Wirtschaftsrats (Oktoberreform 1956 bis 1958[124]*) gewesen war. Wir sprachen auch über andere Personen, die in die Kommission berufen werden sollten, u. a. über Professor Ludwik Bar, den Promotor der Idee der Arbeiterselbstverwaltung, sowie über Jerzy Bukowski, Leopold Gluck, Zofia Morecka, Józef Popkiewicz und Krzysztof Porwit. Ein Teil der Mitglieder der Kommission war dem General schon von früher her bekannt, u. a. Jerzy Albrecht, Stanisław Albinowski, Stefan Bratkowski, Józef Pajestka und Antoni Rajkiewicz.*

Der General brachte auch seine Befriedigung darüber zum Ausdruck, daß sich viele Personen aus der „Solidarność" an der Vorbereitung der Reform beteiligten (Jan Mujżel, Cezary Józefiak. Witold Treciakowski, Jerzy Dietl). Er fragte, wie die offiziellen Beobachter des Landesausschusses der „Solidarność", Ryszard Bugaj und Waldemar Kuczyński, zu den Reformen stünden.

---

[124] Demokratische Reformen, nach den Unruhen im Jahre 1956 durch Władysław Gomułka eingeführt, der vierzehn Jahre später durch vergleichbare Unruhen selbst zu Fall kam (s. auch Anm. 4 und 121).

Am 25. März fand die erste Sitzung der Kommission unter Leitung von Jaru-
zelski statt. Das war knapp eine Woche nach den sogenannten Bydgoszczer
Ereignissen. Das Land stand vor einem Generalstreik, die Spannung stieg von
Stunde zu Stunde.

Zur Eröffnung der Sitzung sagte der General unumwunden: „Ich weiß, wie
bedrohlich die gesellschaftspolitische Situation ist. Wir werden nichts ignorie-
ren, was zur Lösung des Konflikts beitragen könnte. Dennoch können alle noch
so dramatischen Ereignisse uns nicht von unserer Hauptaufgabe ablenken –
der Wirtschaftsreform. Ich bin Soldat und kenne mich in der Wirtschaft nicht
aus. Den Vorsitz dieser Kommission habe ich nicht ohne inneren Widerstand
übernommen. Man hat mich davon überzeugt, daß das für die Reform am
besten sei. Ich rechne auf die Hilfe der Kommission bei der Lösung der
Probleme. Ich kann Ihnen versichern, daß es keine Tabus geben wird – auf die-
sem Forum können sogar die unkonventionellsten Vorschläge und Konzeptionen
vorgelegt und beraten werden. Nur inhaltliche Gründe werden entscheiden."

Gleich zu Beginn der Diskussion protestierte Cezary Józefiak gegen die
Änderungen, die das Präsidium unter Leitung von Pińkowski in den von der
Kommission im Dezember des Vorjahres verabschiedeten Text über die „Grund-
lagen der Reform" eingebracht habe. Der General reagierte sofort: „Vom heu-
tigen Tage an wird keine Person und kein Gremium mehr das Recht haben,
irgendwelche Änderungen oder Korrekturen an den von der Kommission akzep-
tierten Dokumenten vorzunehmen. Nur die Kommission selbst wird zu solchen
Änderungen berechtigt sein."

In einem Interview mit mir im Juni 1981 („Polityka" Nr. 23) fragte mich
A. Mozołowski: „Die Veröffentlichung der ‚Grundlagen der Reform' hat eine
Welle der Kritik hervorgerufen, an der sich nicht nur Wirtschaftsfachleute und
Publizisten „von außen" beteiligten, sondern auch Mitglieder der Kommission
selbst, also Mitautoren des Entwurfs. Heute äußern sich selbst die erbittertsten
Kritiker – auch Dr. Cezary Józefiak, der seinerzeit demonstrativ ein votum se-
paratum zu den ‚Grundsätzen' vorlegte – anerkennend über Richtung und Art
der Arbeit an der neuen Version dieses Dokuments. Wie kommt das?" Ich ant-
wortete: „Warum stellen Sie diese Frage nicht Józefiak selbst?" Mozołowski
erklärte: „Das habe ich bereits getan. Seine Antwort war: ‚Die Kommission hat
einen anderen Vorsitzenden bekommen.'"

Konnte es ein besseres Zeugnis für den General in seiner neuen Rolle als
Vorsitzender der Kommission für Wirtschaftsreformen geben?

Im Jahre 1980 war ein berühmter Industrieller, der amerikanische Mil-
liardär Armand Hammer, bei uns zu Gast. Ich traf mich mit ihm. Obwohl
er schon sehr alt war, sprudelte er vor Energie. Er war ein Kunstmäzen und
versuchte damit zu imponieren, welche Bekannten er unter Staatsmännern
hatte. Er erzählte mir von seinen Begegnungen mit Lenin. Er sprach auch
über seine Freundschaft mit Reagan, der gerade die Wahlen gewonnen hatte und „sicher vieles bewirken wird". Als ich im Verlauf des Gesprächs auf

die Arbeiterselbstverwaltung zu sprechen kam, faßte er sich an den Kopf: „Wie bitte, Arbeiterselbstverwaltung? Wissen Sie was, ich würde in meinen Unternehmen keinen einzigen Tag lang Arbeiterselbstverwaltungen dulden..."

Das Schlagwort „Selbstverwaltung" wurzelte tief in der Tradition der polnischen linken Intellektuellen. Es hatte doch schließlich Abramowski, Kelles-Krauz, Wojciechowski und Marian Rapacki[125] gegeben ... Der größte Teil der damaligen politischen Führung Polens – die Partei mehr, die Regierung weniger – war für den Aufbau und die konstruktive Tätigkeit von Selbstverwaltungsorganen. Ich persönlich hatte auf dem Weg zur Anerkennung der Selbstverwaltung viele Widerstände zu überwinden. Später habe ich diese Widerstände größtenteils gebrochen. Kania nahm hier eine viel eindeutigere Haltung ein. Auch in späteren Jahren betrieb er als Vorsitzender des Sejm-Ausschusses für Fragen der Arbeiterselbstverwaltung ihre Entwicklung und Stärkung mit viel Herz und Engagement. Ich versuchte, ihn dabei zu unterstützen. In diesem Zusammenhang erachte ich unsere Treffen mit den Vorsitzenden der Arbeiterräte vieler führender Industriebetriebe in den 80er Jahren als nützlich. Diese Treffen fanden breiten Widerhall in der Presse. Schließlich war die Einstellung der Regierung zur Selbstverwaltung im ganzen gesehen positiv.

Gleichzeitig unterstellte die „Solidarność" uns ständig ganz entgegengesetzte Absichten. Die Selbstverwaltung wurde beinahe als Allheilmittel für alle Schwierigkeiten des Landes propagiert. Vor diesem Hintergrund entflammte auch der Streit darüber, ob die Direktoren von der Selbstverwaltung gewählt oder durch ein Belegschaftsorgan ernannt werden sollten. Man fand schließlich eine rationale Kompromißlösung. Aber zu dieser Zeit kam es zu einem scharfen Konflikt um die Besetzung des Direktorenpostens der Polnischen Luftfahrtgesellschaft LOT. Das war nicht die Zeit für Scherze, vor allem in Angelegenheiten, die die Interessen unserer Verbündeten tangierten.

Praktisch hatte Polen damals nur vier ausschließlich zivil genutzte Flughäfen. Die übrigen waren Militärobjekte, die von der LOT mitbenutzt wurden. Die Flughäfen und die militärischen Flugdienste bildeten ein wichtiges Element in der Infrastruktur der Landesverteidigung und damit indirekt auch des Warschauer Pakts. Der Kandidat für den Posten des Direk-

---

[125] Edward Abramowski, 1868-1918, Politiker, Mitbegründer der Polnischen Sozialistischen Partei sowie Gründer des Instituts für Psychologie in Warschau. Forschungsarbeiten auf dem Gebiet des Unterbewußtseins. – Kazimierz Kelles-Krauz, 1872-1905, sozialistischer Politiker und Funktionär der Polnischen Sozialistischen Partei, Theoretiker des historischen Materialismus. – Stanisław Wojciechowski, 1869-1953, Mitbegründer der Polnischen Sozialistischen Partei, im wiedergegründeten Polen Innenminister (1919-22) sowie von 1922-26 Staatspräsident. Durch den Staatsstreich Piłsudskis (s. Anm. 131) zum Rücktritt gezwungen. – Marian Rapacki, 1884-1944, Politiker und Gesellschaftswissenschaftler, propagierte den Genossenschaftsgedanken.

tors der Fluglinie LOT mußte also gewisse Voraussetzungen erfüllen. Die Selbstverwaltung benannte als Kandidaten Bronisław Klimaszewski. Er war, wohlgemerkt, der Sohn von Mieczysław Klimaszewski, Professor an der Jagielloński-Universität in Kraków und seinerzeit Rektor dieser Hochschule, sowie Mitglied des Staatsrats. Mit Rücksicht auf die inneren und äußeren Widerstände war er damals als Kandidat schwer zu akzeptieren. Ein scharfer Streit entbrannte. Am 9. Juli rief die LOT einen Warnstreik aus. Man mußte also Stärke demonstrieren: Es wurden die „Red Berets"[126] nach Kraków entsandt. Neben dem Warschauer Flughafen gab es demonstrative Militärbewegungen. Das machte Eindruck. Der Konflikt fand eine für die damalige Zeit optimale Lösung. Zum Direktor wurde ein erfahrener Militärführer, Luftwaffengeneral Józef Kowalski, ernannt, der damals Kommandant der Luftwaffen-Hochschule in Dęblin, der berühmten „Schule der Adler", war.

Heute ist klar zu erkennen, daß die „Solidarność" die Selbstverwaltung instrumentalisierte. Unter dem Schlagwort „Selbstverwaltung" wurde immer häufiger eine Schwächung der staatlichen Strukturen verstanden. Schlimmer noch – indem man den Betriebsleitungen die Hände band, wurde objektiv auch die Wirtschaft geschwächt. Am 14. März 1991 hörte ich in der Fernsehsendung „Klincz", die Selbstverwaltung sei ein Relikt der kommunistischen Zeit. Dabei ist es doch noch gar nicht so lange her, daß man uns am „Runden Tisch" eine negative Einstellung zur Selbstverwaltung und Schmälerung ihrer Rolle vorwarf. Heute ist alles klar. Für die „Solidarność" war die Selbstverwaltung nur ein Übergangsstadium. Nennen wir sie „das geringere Übel". Heute ist dieses Stadium schon abgeschlossen, oder besser gesagt: wird abgeschlossen, durch die Privatisierung, durch den Übergang zu einem anderen System. Meiner Meinung nach müssen all diejenigen, die sich aktiv an der Selbstverwaltung beteiligt haben, einen schalen Geschmack im Mund zurückbehalten: „Der Mohr hat seine Schuldigkeit getan." Ich verstehe, daß in der modernen Wirtschaft der Manager die dominierende Rolle spielen muß. Trotzdem muß der gesellschaftliche Faktor berücksichtigt werden. Auch auf diesem Gebiet kennt die Welt wertvolle Erfahrungen. Beispielsweise Japan, aber auch Schweden und Frankreich. Das ist natürlich nicht dasselbe, was man bei uns unter „Selbstverwaltung" versteht, aber es gibt einige ähnliche Elemente. In Japan, in einer großen Fabrik für Elektrogeräte in Osaka, habe ich sehr interessante Lösungsmöglichkeiten auf diesem Gebiet kennengelernt. Meiner Meinung nach wäre es sehr schlecht, wenn unser gemeinsam gewonnener Erfahrungsschatz auf dem Gebiet der Selbstverwaltung verkäme. In einigen Betrieben ist er doch schon in Fleisch und Blut übergegangen und muß erhalten bleiben. Zur Zeit sind Bemühungen im Gange, die Arbeitervertretung aus dem System der

[126] Eliteeinheit der Fallschirmjäger nach dem Vorbild der amerikanischen „Green Berets". (Auskunft von Jaruzelski gegenüber dem Übersetzer)

Betriebsverwaltung wieder herauszudrängen. Zwar wurden der Belegschaft in den Staatsbetrieben, die im Zuge der Privatisierung verkauft wurden, einige Sitze im Aufsichtsrat garantiert, aber nur für eine Übergangszeit. Die neuen Besitzer – die Hauptversammlung der Aktionäre – beginnen ihre Arbeit routinemäßig mit einer Satzungsänderung, mit der sie die Belegschaftsvertretung auf eine Stimme in dem über zehn Mitglieder zählenden Aufsichtsrat reduzieren. Was bringt es schon, daß ein Wald von Händen mit „Nein" stimmt, wenn dahinter nur einige wenige Prozent der Aktien stehen? Immer stiller ist es auch um das einst von vielen Funktionären der „Solidarność" lancierte Konzept der Arbeiteraktien geworden. Die Arbeiterdemokratie wird konsequent und ohne, daß irgend jemand dagegen protestierte, von der Logik des Kapitals verdrängt.

Am 5. Mai 1981 wurde der „Bericht zur Lage der Wirtschaft" veröffentlicht. Am selben Tag wurde dieser Bericht zusammen mit dem Regierungsprogramm über Maßnahmen zur Stabilisierung und Informationen über den Verlauf der Wirtschaftsreformen dem Sejm vorgelegt. Er war in wirtschaftswissenschaftlicher Fachsprache und nicht allgemeinverständlich abgefaßt. Er hatte seine Schwächen. Trotzdem kam sein Grundgedanke – eine drohende Wirtschaftskatastrophe – eindeutig und gut verständlich zum Ausdruck.

Es ist schwer zu verstehen, warum die politischen und intellektuellen Eliten, auch die „Solidarność", sowie viele „Hurra-Erneuerer" aus dem Lager der Regierung, der PVAP und der anderen Parteien[127] usw. so viel Energie darauf verwendeten, den Bericht zu desavouieren, auf daß seine dramatische Botschaft – die Notwendigkeit gemeinsamer Anstrengungen zur Rettung dessen, was noch zu retten war – einfach nicht zur öffentlichen Meinung durchdränge. Wahrscheinlich haben die Bakterien einen solchen Selbsterhaltungstrieb. Und wir – die Polen im Jahre 1981? Es genügt, die Presse jener Tage zu lesen, um wieder Bitterkeit zu empfinden.

Trotzdem schenkten wir den kritischen Signalen gebührende Aufmerksamkeit. Die zweite Version des Berichts wurde von einem Autorenkollektiv unter Leitung von Professor Czesław Bobrowski erstellt. Ich bezog mich darauf in meiner Rede vor dem Sejm am 12. Juni 1981.

Professor Bobrowski ist eine große Autorität nicht nur auf wissenschaftlichem und wirtschaftlichem, sondern auch auf politischem und moralischem Gebiet. Ich habe außerordentliche Achtung vor ihm. Viele wertvolle Meinungen und Ratschläge verdanke ich ihm. Als jemand, der zum Sozialismus der vergangenen Epoche in Opposition stand, erklärte er sich bereit, dem Wirtschaftsbeirat vorzustehen, den wir nach Einführung des Kriegsrechts beriefen. Der Professor nahm an den wichtigsten Sitzungen der Regierung teil und legte dort seinen Standpunkt dar. Der Wirtschaftsbeirat spielte eine sehr nützliche Rolle. Er hatte das Recht, seine Meinun-

[127] S. Anm. 113.

gen zu veröffentlichen, und diese waren nicht selten kritisch, standen im Widerspruch zur Haltung der Regierung. Ich bedauere, daß wir von ihnen nicht immer klugen Gebrauch gemacht haben.

Aus heutiger Sicht bin ich der Meinung, daß der Streit um den „Bericht zur Lage der Wirtschaft" Ersatzcharakter hatte. Man konnte die Regierung antreiben, ihr Säumigkeit und sogar bewußte Verschleierung der Wahrheit vorwerfen. Wenn dagegen für ein solches Dokument ein unabhängiger Mensch mit im In- und Ausland unbestrittener Autorität verantwortlich zeichnete, wurde es still. Sicher deshalb, weil die grundlegenden Thesen des Papiers nicht geändert wurden, da man sie nicht ändern konnte!

An dieser Stelle ein Hinweis: In der „Gazeta Wyborcza"[128] vom 1. Februar 1992 beklagte Józef Kuśmierek in einem Artikel unter der Überschrift „Landsmann, wer sagt dir die Wahrheit?", daß die Polen von der Regierung permanent nicht darüber informiert würden, in welchem Zustand sich das Land befinde. „Die Regierungen Jaroszewicz, Babiuch, Pińkowski, Jaruzelski, Messner und Rakowski", schreibt er, „konnten einen solchen Bericht nicht erstellen, denn ein der Verurteilung Entronnener wird sich nicht selbst die Anklageschrift schreiben." Da haben wir ein Beispiel für ein kurzes, oder besser gesagt „selektives" Gedächtnis.

Die Wirtschaftsprobleme führten zu einer drastischen Polarisierung der Gesellschaft. Die einen sagten: „Unter Gierek wußte man, woran man war, man hatte etwas, aber jetzt hat man nichts mehr."[129] Die anderen klagten die Regierung an, warfen ihr absurde Dinge vor, z. B. daß sie Lebensmittel massenweise in die UdSSR exportiere, oder daß sie diese Lebensmittel heimlich horte bzw. sie sogar absichtlich vernichte. Wieder andere verfielen in den Zustand einer katastrophalen Frustration. Auch darüber sprach ich am 10. April im Sejm. Wie man weiß, wurden mir von den erbetenen 90 ruhigen Tagen nur wenige gewährt. Ich hatte um Aussetzung der Streikaktionen für wenigstens eine gewisse Zeit gebeten, um eine Atempause für die geplagte Wirtschaft, um die Möglichkeit, die Löcher zu stopfen und die gerissenen Fäden der Kooperation neu zu knüpfen. In seiner Entschließung brachte der Sejm seine Beunruhigung zum Ausdruck und appellierte an die Bevölkerung, die Streikaktionen für zwei Monate auszusetzen. Leider verhallte dieser Appell ungehört.

Am 12. Juni hielt ich meine dritte Rede im Sejm innerhalb von vier Monaten. Ungeschminkt schilderte ich die bedrohliche Situation. Es ging mir um eine Veranschaulichung nicht nur der dramatischen wirtschaftlichen Situation, sondern auch ihrer gesellschaftlichen Folgen – der sich

[128] Erste unabhängige Tageszeitung mit hoher Auflage nach der Wende 1989. Der „Solidarność" nahestehend, Ausrichtung gemäßigt konservativ. Chefredakteur Adam Michnik (s. Anm. 202). Der Name („Wahlzeitung") rührt daher, daß diese Zeitung zunächst als Wahlkampfzeitung der „Solidarność" herauskam.
[129] Der Originalsatz „Jak tam za Gierka było, to było, ale było, a teraz jak jest, tak jest, ale nie ma" stellt ein Wortspiel dar, das nicht hundertprozentig ins Deutsche übertragbar ist.

mit lawinenartiger Geschwindigkeit verschlechternden sozialen Situation. Niemals hat irgend jemand diese Bewertungen oder die Richtigkeit der von mir genannten Fakten und Argumente in Zweifel gezogen. Mir schien, daß jeder denkende Mensch, der die Realität nüchtern beurteilte, verstehen müßte, daß Polen diesen Weg nicht weitergehen konnte. Im ersten Quartal 1981 stieg das unentschuldigte Nichterscheinen am Arbeitsplatz auf fast 90 % an. Durch den Produktionsrückgang kam es bei der Belieferung des Marktes mit Waren zu einem Einbruch von über 6 %. Gleichzeitig stieg das finanzielle Einkommen der Bevölkerung um mehr als 20 %. Täglich wurden fast 1,5 Milliarden Złoty ausgezahlt, die durch Waren, Dienstleistungen usw. nicht gedeckt waren. Das Ergebnis dieser Entwicklung war in jedem Fall garantiert – keine Macht der Welt hätte hier gegensteuern können.

Angesichts des wirtschaftlichen Niedergangs appellierte ich in meiner Rede vor dem Sejm: „Ich wende mich an alle Werktätigen mit der Bitte, von Lohnforderungen Abstand zu nehmen, wenigstens bis Ende dieses Jahres."

„Die gesellschaftspolitische Situation", sagte ich weiter, „ist äußerst bedrohlich, gefährlich instabil. Der Beschluß des Hohen Hauses vom April wurde nicht mit dem gebührenden Respekt zur Kenntnis genommen. Damit drängt sich übrigens eine Frage auf: Welche verfassungsmäßigen Rechtsmittel will das Hohe Haus noch einsetzen, um die Durchführung seiner eigenen Beschlüsse zu gewährleisten, und wann gedenkt es, diese Mittel einzusetzen?"

Leider verhallten auch diese Worte ungehört. Das dramatische Warnsignal blieb wieder ohne Echo. Streiks, Streikbereitschaft, Protestaktionen – jeden Tag dasselbe aufs neue. Der Ball auf der polnischen „Titanic" ging weiter.

KAPITEL 16

Ungeordnete Gedanken

Ich kann dieses Buch nicht ohne eine Reihe von Anmerkungen und Abschweifungen sowohl allgemeiner als auch detaillierterer Natur schreiben. Möge der Leser mir dies verzeihen. Ich habe doch so viel erlebt und gesehen, daß gewisse Spekulationen, Vergleiche und Assoziationen einfach unumgänglich sind. Einige von ihnen werden es erlauben, besser zu verstehen, wodurch die Ausrufung des Kriegsrechts bedingt war – wenn nicht in politischer, so doch, wie ich glaube, in psychologischer Hinsicht. Eine Verklärung der Vergangenheit liegt mir fern. Es gab die Verbrechen des Stalinismus. Es gab schwere Krankheiten und Entstellungen, viel menschliches Leid. Die Möglichkeiten des real existierenden Sozialismus hatten sich erschöpft. In seiner damaligen Form war er zum Untergang verurteilt. Aber das heißt nicht, daß er eine verbrannte Erde zurückgelassen hätte. Ich kann nicht schweigen, wenn die vergangenen 45 Jahre schwarz in schwarz gemalt werden. Das Gerechtigkeits-, ja sogar das Anstandsgefühl gebieten es, den Millionen von Polen Tribut zu zollen, die unser Land aufgebaut und entwickelt haben. Das verächtliche Abtun dieser Periode ist ein zweischneidiges Schwert. Viele Jahre lang wurden die zwanzig Jahre zwischen den beiden Weltkriegen einseitig negativ bewertet. Das war ein schwerer Fehler, für den das vergangene System politisch und moralisch bezahlt hat. Die gegenwärtige Staatsmacht wiederholt diesen Fehler.

Übrigens hat es sich bei der Majestät der offiziellen Politik und dem Heiligenschein der herrschenden Propaganda eingebürgert, das heutige Polen für die unmittelbare Fortsetzung der II. Republik zu halten. Wenn man das schon so sieht, dann muß man auch hundertprozentig ehrlich sein. Wir erben schließlich alles – nicht nur das Gute, sondern auch das Schlechte.

Meine „goldene Jugendzeit" bestand aus eben jenen Vorkriegsjahren. Ich sehe sie wie durch eine rosa Brille. Es war die Zeit, als Polen nach Erlangung der Unabhängigkeit ein neues Leben aufbaute. Es wurde viel, sogar sehr viel erreicht. Daran muß man mit Respekt denken. Aber es gab auch viel Schlechtes. Wenigstens einige Beispiele: Wie viele Menschen kamen durch die Kugeln von Polizei und Militär um, wie viele Dörfer wurden unterworfen,[130] wie viele Demonstrationen zerschlagen? Und der Staatsstreich vom Mai 1926[131] mit 379 Toten (darunter 164 Zivilpersonen) und Tausenden von Verletzten? Und wie viele politische Gefangene gab es?

[130] Gemeint ist die Niederschlagung von Bauernunruhen unter Piłsudski. (Auskunft von Jaruzelski gegenüber dem Übersetzer)
[131] Staatsstreich durch Józef Piłsudski (s. Anm. 7), der zum Rücktritt von Premier Witos und Präsident Wojciechowski führte.

Im Jahre 1939 erschien das letzte statistische Jahrbuch vor dem Krieg. Ihm kann man entnehmen, daß 1938 rechtskräftige Verurteilungen wegen folgender Verbrechen erfolgten: Verbrechen gegen den Staat – 3755 Personen, davon wegen Standesvergehen – 2945. Mehr noch, es gibt in dieser Statistik sogar eine so eigentümliche Kategorie wie Verurteilungen wegen Verbrechen „gegen die Freiheit". Deswegen wurden 18765 Personen verurteilt. Schließlich 2823 Personen, die der „Beleidigung von Volk und Staat" für schuldig befunden wurden. Wir hatten lichte Perioden in unserer Geschichte, an die wir mit Stolz denken. Aber es gab auch dunkle. Irgend etwas folgt uns wie ein unheildräuender Schatten. Die verächtliche Bezeichnung „polnische Wirtschaft" oder das französische „betrunken wie ein Pole", endlich das schwedische „polska Rickstag" – polnisches Parlament, das sind Begriffe, die lange vor den vierzig Nachkriegsjahren entstanden. Ähnlich verhält es sich mit den in Amerika gängigen, beleidigenden „Polish jokes".[132]

Das erwähnte statistische Jahrbuch aus der Vorkriegszeit zeigt auch, daß 23,1 % der Bevölkerung im Alter von über 10 Jahren völlige Analphabeten waren (unter den Frauen waren es fast 28 %). Ich erinnere mich, daß es im 5. Infanterieregiment, in dem ich an den Fronten des 2. Weltkrieges meine militärische Laufbahn begann, über 10 % Analphabeten gab. Genug der traurigen Statistiken. Sie beweisen, daß, als wir den Aufbau unseres Landes begannen, nicht nur die Reihen der Fachleute arg gelichtet waren, sondern auch ein großer Teil der Menschen weder lesen noch schreiben konnte.

Was berichtet uns eine unumstrittene Autorität wie Eugeniusz Kwiatkowski, der Gründer des Zentralen Industriebezirks (COP) und Gdynias?[133] In dem Buch „Verzerrte Proportionen" zeichnete er ein trauriges Bild Polens, seiner Rückständigkeit vor den Teilungen[134] und seines Hinterherhinkens hinter dem Westen in der Zeit zwischen den Kriegen. Er gebrauchte sogar folgende Definition: „Es gab das Europa B, das vom Europa A mit unverhohlener Abneigung und Verachtung behandelt wurde." Das Vorkriegspolen war also nicht eine „schöne Uhr aus reinem Gold", die nur „von der Kommune kaputtgemacht wurde".[135] Es ist auch nicht so, daß wir,

[132] „Polska rickstag" – Bezeichnung für ein chaotisches Parlament. „Polish jokes" – Witze, in denen man sich über die Polen in erniedrigender Weise lustig macht. – Der Ausdruck „polnische Wirtschaft" ist in Polen so gängig, daß er von Jaruzelski ohne Übersetzung gebraucht werden konnte!

[133] Unter dem „Zentralen Industriebezirk" versteht man ein Industriegebiet, das Teile der Wojewodschaften Kielce, Lublin und Rzeszów umfaßte. – Eugeniusz Kwiatkowski, 1888-1974, poln. Wirtschaftspolitiker, führend beteiligt sowohl an der grundlegenden Neugestaltung der Stadt und des Hafens Gdynia sowie an der Schaffung des Zentralen Industriebezirks.

[134] Die drei polnischen Teilungen: Aufteilungen des Territoriums der Polnischen Republik zwischen Rußland, Preußen und Österreich in den Jahren 1772, 1793 und 1795 (im Jahre 1793 ohne Beteiligung Österreichs).

[135] In Polen ist „komuna" eine verächtliche Bezeichnung für das kommunistische Polen.

hätte es den Sozialismus nicht gegeben, jetzt dastünden wie Schweden oder Frankreich. Unsere Ausgangssituation war anders. Daran sollten diejenigen denken, die jetzt so enthusiastisch das Schlagwort von der „Rückkehr nach Europa" verbreiten. Wie aber war das Polen der Nachkriegszeit? Wie zerstört? Man schätzt, daß, wenn man die Preise des Jahres 1939 zugrunde legt, die 18 Staaten der Anti-Hitler-Koalition (ohne die UdSSR und Polen) materielle Verluste in Höhe von 53 Milliarden Dollar erlitten haben, Polen allein aber 16,9 Milliarden Dollar! Diese Verluste mußten in harter Arbeit wettgemacht werden. Überall blickte einen das Elend an. Dabei hatten wir den größten (oder fast den größten) Bevölkerungszuwachs in Europa sowie eine gewaltsame Urbanisierung zu verzeichnen. Viele Menschen wechselten ihren Wohnsitz, zogen mehrere Hundert Kilometer weit weg – vom Land in die Städte, von Osten nach Westen und von Westen nach Osten, schließlich auch von Süden nach Norden. Gerade im Norden mußte man die neugewonnene Küstenregion von über 500 km Länge besiedeln. Vor dem Krieg hatten wir kaum 70 Kilometer Küstenstreifen, die Halbinsel Hela nicht mitgerechnet. Piłsudski selbst kam nicht weiter als bis Toruń. Ich erinnere mich an meine Schulausflüge, die uns nach Kraków, Gniezno, Sandomierz, sogar ins Zaolzie-Gebiet[136], aber nicht an die Ostseeküste führten. Das Meer sah ich zum erstenmal im Frühjahr 1945. Der polnische Soldat kämpfte sich mit besonderer Tapferkeit, mit einer Art innerem Antrieb an die Küste vor. Gdańsk, Kołobrzeg, Szczecin – das waren für uns Meilensteine auf dem Weg zu einem neuen Polen. Die Zerstörungen dort waren schrecklich. Elbląg war zu 65 % zerstört, Szczecin und Gdańsk zu 50 % und die historische Altstadt von Gdańsk sogar zu 90 %. Ihr Wiederaufbau und Ausbau ist auch eine Legitimation der letzten 45 Jahre. In den frühen Morgenstunden des 13. März 1945 erreichten wir nach erbitterten Kämpfen in der Nähe des Szczeciner Haffs die Ostsee. Am 15. März, einige Kilometer östlich von Dziwnówek, feierte mein 5. Regiment seine Vermählung mit der See. Über der Ostsee wurde die rot-weiße Flagge aufgezogen. Der Oberfeldwebel Jan Pakuliński warf einen Trauring hinein und sprach: „Ich nehme Dich, Ostsee, zu unserem ewigen Besitz." Diesen Augenblick werde ich niemals vergessen. Und dann die ersten Siedler, die, noch in Soldatenuniform, pflügten und säten und so das Polentum in dieser Gegend festigten. Später habe ich einige Jahre lang in Szczecin gedient. Ich hege eine sentimentale Verbundenheit mit dieser schönen Stadt und ihren Bewohnern. Es tut mir ein wenig leid, daß in dem neuen politischen System Vertreter der so bedeutenden Stadt Szczecin nicht annähernd so viele führende Posten erhalten haben wie die der Stadt Gdańsk.[137]

---

[136] S. Anm. 106.

[137] Hier spielt Jaruzelski darauf an, daß der aus Gdańsk stammende Wałęsa seine Kampfgefährten reichlich mit führenden Posten versorgte, was natürlich auf Kosten der Vertreter anderer Regionen ging. (Auskunft von Jaruzelski gegenüber dem Übersetzer)

Ich komme noch einmal auf das Nachkriegselend zurück. Heutzutage ist es nicht Mode, sich zur Herkunft aus einer armen Familie zu bekennen. Es ist gut, das Zbigniew Bujak in seinem Buch „Przepraszam za ‚Solidarność'" („Entschuldigung für ‚Solidarność'") offen schrieb, daß sein Vater sieben Geschwister hatte, daß sie vor dem Krieg unter elenden Bedingungen lebten. Auch Wałęsa verhehlt nicht, daß er aus einer armen Familie kommt. Es gibt doch viele unter ihnen, die ihre Qualifikation und ihren Arbeitsplatz eben jenen Betrieben verdanken, von denen viele heute sagen: „Wozu wurden sie eigentlich gebaut?" Ohne diese Fabriken würden sie heute noch im Elend leben und auf dem übervölkerten Land wohnen. Kaum jemand erinnert sich noch daran, daß die Organisation „Służba Polsce" („Dienst für Polen")[138] Hunderttausenden eine Chance eröffnet, eine Qualifikation gegeben hat. Viele Jahre lang wurden zusätzliche Punkte vergeben, wurden für die Arbeiter- und Bauernjugend Kurse zur Vorbereitung aufs Studium organisiert. Oft wurden gegenüber dieser Arbeiter- und Bauernjugend die Kinder aus der Intelligenz benachteiligt,[139] besonders diejenigen, deren Eltern man auf so kränkende Weise vorwarf, in der Heimatarmee gekämpft zu haben, obwohl unter den in Polen herrschenden Bedingungen solche Restriktionen weniger rigoros und brutal angewandt wurden als in anderen Ländern des sozialistischen Lagers. Die Funktionäre verschiedener politischer Parteien, die aus der „Solidarność" hervorgegangen sind, sind doch Leute, die gerade in Volkspolen[140] ihre Ausbildung erhielten ...

Ich spreche darüber ohne Komplexe. Wenn wir in Polen das Vorkriegssystem gehabt hätten, würde es auch mir wesentlich besser gehen. Ich hätte nicht so viel durchmachen, nicht so viel Kummer und so viele Demütigungen erdulden müssen. Meine Eltern konnten es sich leisten, mir einen guten Start ins Leben zu ermöglichen. Sechs Jahre lang konnte ich mich in einem renommierten Gymnasium bilden. Das kostete 250 Złoty im Monat – beinahe drei Monatslöhne eines Arbeiters. Aber vielleicht waren unter den Bauernburschen, die barfuß und in löchrigen Hosen herumliefen und die ich von ferne beobachtete, fähigere Menschen als ich. Sie konnten jedoch nur vier Volksschulklassen besuchen. Vor dem Krieg konnten die meisten von ihnen diese Hürde nicht überspringen. Nur vereinzelt schafften einige von ihnen den Aufstieg. Gleiche Startchancen im Leben sind ein Schlüsselelement gesellschaftlicher Gerechtigkeit.

Der größte polnische Reformer der Staatsfinanzen, Władysław Grabski,[141] hat uns keine Hoffnungen auf schnellen materiellen Fortschritt ge-

[138] Poln. Jugendorganisation in der Nachkriegszeit. Keimzelle des späteren polnischen Pfadfinder-Verbandes.
[139] Gemeint ist, daß Arbeiter- und Bauernkinder bei den Aufnahmeprüfungen für die Hochschulen einen Punktebonus erhielten. (Auskunft von Jaruzelski gegenüber dem Übersetzer)
[140] Offizielle Bezeichnung für das kommunistische Polen.
[141] Władysław Grabski, 1874-1938, poln. Politiker, von 1923-25 Premier und Finanzminister. Führte u. a. eine Währungsreform durch.

macht. In seinen „Gedanken über die Republik" schrieb er: „Beim Wettbewerb der Nationen auf den Gebieten der Arbeit und der Wirtschaftskultur sind wir nicht unter den Vordersten ... wir sind wie eine Ansammlung von Menschenmaterial, das sich nicht besonders gut für das Wirtschaftsleben eignet." Und an anderer Stelle: „Wenn in Polen mehr Leute so arbeiten könnten und wollten wie diese Tschechen, dann müßten wir uns nicht unter der Last von Mißernten, schlechten Handelsbilanzen und Wirtschaftskrisen beugen."

Das ist eine schwere, vielleicht eine zu schwere Anklage. Man sollte sie jedoch beachten, sie auf jeden Fall im Gedächtnis behalten, weil man dann vielleicht zu einer milderen Beurteilung der 45 Nachkriegsjahre kommt. Natürlich sind wir verpflichtet, uns darüber Gedanken zu machen, was man zusätzlich hätte tun können. Natürlich hätte man mehr tun, besser und klüger handeln können. Die falschen wirtschaftlichen Doktrinen waren ein Hemmschuh. Unsere gesellschaftlich-moralische Philosophie aber auch. Jeder Arbeitsplatz war gesichert, für Ferienkolonien, Kinderkrippen, Bibliotheken, Philharmonien, billige Bücher und schließlich für den Sport wurde viel Geld aufgewendet. Das war eine große Belastung für unser finanzielles und wirtschaftliches Potential. Aber verdient das alles nur Verachtung? Wird das heutige Extrem mit umgekehrtem Vorzeichen sich nicht schrecklich rächen?

Bei der Bewertung der Geschichte kann man sich nicht nur einer Version bedienen – das Leben ist vielgestaltig. Einiges muß man als Erbe weitertragen, anderes muß man abwerfen, einiges muß man ändern, einiges neu erschaffen. Nur eine solche Zusammensetzung verleiht dem historischen Prozeß Kontinuität.

Das menschliche Gedächtnis ist eine erstaunliche Maschinerie. Es tilgt all das, von dem wir nichts wissen und an das wir uns nicht erinnern wollen. Aber das, was ich als „unbewußte Enthistorisierung" bezeichnen würde, ist doch ein sehr schlechter Ratgeber. Das ist überdies nicht nur ein historisch-moralisches, sondern auch ein praktisches Problem. Die vernichtende Beurteilung der 45 Nachkriegsjahre fand ihr Pendant in der idealisierenden Beschreibung der Vorkriegszeit. Hier erhielt der Kampf gegen die „Kommune"[142] einen neuen Impuls. Sie war es, die diese schöne Vergangenheit und die noch schönere Zukunft zugrunde gerichtet hatte. Für die Jugend war das Grund genug, auf die Barrikaden zu gehen. Es war eins der Leitmotive vor dem 13. Dezember.

Heute gießt die Leugnung der 45 Nachkriegsjahre auch Öl ins Feuer verschiedener antikommunistischer Schreihälse. Von dieser Desavouierung geht jedoch noch eine andere Botschaft aus. Sie stellt den Sinn der Anstrengungen von Millionen Menschen in Frage. Sie demobilisiert und demoralisiert, treibt die Menschen in Märtyrertum, Hoffnungslosigkeit und in das

[142] S. Anm. 135.

Gefühl, daß „in diesem Land nichts gelingen kann". Die junge Generation sieht nur einen „schwarzen Fleck" und bewertet deshalb die Arbeit ihrer Väter und Mütter kritisch – und das unabhängig davon, auf welcher Seite der Barrikade diese Väter und Mütter einst standen. Die jungen Menschen fragen wieder: Wo seid ihr gewesen? Wo war das Volk? Denn wenn es Menschen gegeben hat, die mit der damaligen Realität einverstanden waren, die an den Märschen und Aktionen zum 1. Mai teilnahmen, die die Bauten des Sozialismus hochzogen, die vom „Regime" Titel und Ernennungen, Belohnungen und Beförderungen, Orden und Medaillen annahmen –, dann muß man entweder davon ausgehen, daß diese Menschen zum Kollektiv der Opportunisten gehörten, oder daß sie, ungeachtet ihrer oft scharfen Kritik am System, bestimmte Werte dieses Systems guthießen. Viele Menschen wissen diese Werte auch heute noch zu würdigen, und sei es auch nur im Unterbewußtsein.

Aber unser Volk war und ist doch sowohl seinem Wesen nach als auch in der Mehrheit seiner Vertreter unparteilich. Dieses Volk war es doch, das die gegenwärtigen gesellschaftlichen und wirtschaftlichen Strukturen Polens schuf. Man muß unser Land reparieren, ummöblieren, verbessern, aber man darf es nicht verleumden und zerstören.

Über unsere Fehler und unsere Schuld haben wir offen gesprochen, lange bevor wir die Macht abgaben. Was die Demokratie und die Bürgerrechte und -freiheiten betraf, lebten wir in tiefer Sünde. Das ist der Hauptgrund dafür, daß unsere Formation die Prüfung nicht bestanden hat. Der Sozialismus hat sich selbst das Grab gegraben, obwohl er in einem historisch kurzen Zeitraum Millionen Menschen aus Elend und Rückständigkeit herausgerissen hat. Der Fortschritt dieser Menschen war das große Verdienst des Sozialismus. Der Mangel an Freiheiten war seine Niederlage. Die Freiheit ist ein hohes gesellschaftliches Gut. Sie kann jedoch nicht Ersatz für alle anderen Mängel sein. Die „Utopie des kapitalistischen Paradieses" als Ersatz für die „Utopie des kommunistischen Paradieses" führt zu Enttäuschungen, zu bitteren Überraschungen. Deshalb ist es zu idealistisch anzunehmen, daß sich im „eigenen Haus" alles wie von Zauberhand ändern werde.

Meiner Meinung nach sind die christliche Gesellschaftslehre und die Idee des Sozialismus in ihrer modernen Auslegung nicht weit voneinander entfernt. Papst Johannes Paul II. sagte bei unserem Treffen auf dem Wawel[143] im Jahre 1983 zu mir: Möge dieses System „ein menschliches Gesicht" haben. Er sagte das wahrscheinlich deshalb, weil er den Kapitalismus mit unmenschlichem Gesicht schon kennengelernt hatte. Und vor dieser Art von Kapitalismus warnte er auch in seinen darauffolgenden Enzykliken „Laborem exercens", „Sollicitudo rei socialis", „Centesimus annus". Aus ihnen kann man wichtige Lehren ziehen. Wie man sieht, sind diese Lehren vielen der gegenwärtigen polnischen Politiker nicht allzu gut bekannt, sondern haben sich

[143] Königsburg in Kraków.

nur bei wenigen herumgesprochen. Die meisten sehen in diesen Enzykliken nur eine Kritik des „marxistischen Kollektivismus". Natürlich wird diese Kritik in den genannten Enzykliken entschieden und konsequent formuliert. Aber gleichzeitig will man nicht sehen, daß es dort auch eine Kritik des „liberalen Kapitalismus" gibt. Auch diese Kritik ist sehr hart. Aber wen kümmert das schon? Viele Politiker berufen sich ständig auf Johannes Paul II., bringen ihm viel Ehrfurcht entgegen, kümmern sich aber nicht sonderlich um die mahnenden Worte des Papstes.

An dieser Stelle möchte ich einige Anmerkungen zur politischen Kultur machen. Sie war leider noch nie unsere starke Seite und ist es auch heute nicht. Nicht umsonst spricht man vom polnischen Kessel in der Hölle, von der „Köterei", wie Wańkowicz[144] es ausgedrückt hat. Józef Piłsudski sagte: „Der Wettbewerb der Parteien war bei uns von Anfang unserer staatlichen Existenz an so schrullig und scharf und gleichzeitig von so vielen Lügen und Niederträchtigkeiten begleitet, daß sofort das zu entstehen begann, was ich als cloaca maxima bezeichnet habe. Jeder Mißbrauch, jede Niederträchtigkeit war recht, wenn sie nur von einem Mitglied der eigenen Partei begangen wurde, aber schlecht, wenn sie von einem Mitglied einer anderen Partei begangen wurde." Schade, daß gerade dieser Gedanke des Kommandanten von denjenigen, die sowohl seine Person als auch die Demokratie vergöttern, nie angeführt wird. In diesem Zusammenhang sollte man sich daran erinnern, daß Piłsudski seit seinem Staatsstreich im Mai 1926[145] den Weg der Einschränkung von Freiheit und Demokratie beschritten hat. Ähnlich Gomułka: Er begann mit einem „Tauwetter", aber dann verhärtete sich seine Politik immer mehr, bis es zu dem tragischen Dezember 1970 kam.[146] Wir gingen den umgekehrten Weg: vom Kriegsrecht zum „Runden Tisch", von der Einschränkung der Freiheiten zu immer weitergehenden Formen der Demokratie.

Ständig, bis an die Schmerzgrenze, kehre ich mit meinen Gedanken zu den qualvollen Tagen des Dezembers 1981 zurück. Unzählige Male habe ich mich gefragt, ob ich damals nicht mein eigenes „Ich", mein Lebens-„Credo" verleugnet habe. In mir kämpften zwei Haltungen, die ich seit frühester Kindheit in mir trage. Einerseits die Haltung, die ich zu Hause, durch die Familientradition, in der Schule, durch die Lektüre romantischer Bücher, bei der Pfadfindergruppe „Hauptmann Stanisław Żółkiewski"[147] (derselbe, der 1610 Moskau eroberte und 1620 bei Cecor umkam – o quam dulce et decorum est pro patria mori – o, wie süß und ehrenvoll ist es, für das Vaterland zu sterben) kennengelernt habe. Der Tag, an dem sich Żółkiewski aus Moskau zurückzog, wurde jetzt, wohlgemerkt, zum nationalen russi-

---

[144] S. Anm. 102.
[145] S. Anm. 131.
[146] S. Anm. 4.
[147] Stanisław Żółkiewski, 1547-1620, poln. Feldherr.

schen Feiertag erklärt. Im Warschauer Stadtteil Bielany, direkt an der Wand der Kamaldulenser-Kirche, befindet sich das Grab des Priesters Stanisław Staszic.[148] Sechs Jahre lang ging ich fast täglich mit meinen Kollegen dort vorbei. Ich erinnere mich nicht daran, beim Anblick dieses Grabes jemals starke innere Bewegung empfunden oder dort Blumen niedergelegt zu haben. Staszic war kein verlockendes Vorbild für die polnische Mentalität. Dafür war Romuald Traugutt[149] Zögling unserer Schule gewesen. Ein Held, ein Märtyrer, der von den Moskowitern aufgehängt worden war. Ich habe ein Foto, auf dem die Tochter, der Enkel und der Urenkel Traugutts zusammen mit unserem unvergeßlichen Erzieher, Priester Józef Jarzębowski, dem Autor des Buches über den Führer des Aufstands (gemeint ist Traugutt, Anm. d. Übers.), abgebildet sind. Auch ich bin auf diesem Bild zu sehen. Ich behandle es wie eine Reliquie.

Aber auch die zweite Haltung ist mir nicht fremd. Sie wurde mir durch meine bitteren Lebenserfahrungen eingebrannt, durch den Schock, den der junge Mann erlitt, der auf die Unbesiegbarkeit unserer Armee vertraute, darauf, daß wir bald in Berlin sein, daß die Verbündeten uns helfen würden. Der fast wie in einem Treibhaus aufwuchs und aus dieser Situation heraus den Weg der Niederlage durchschreiten mußte. Flucht, beinahe der Tod, Bedrohung. Im fremden Land, in der Verbannung – mörderische Arbeit, ein schweres Leben. Dann die Front, ihre Grausamkeiten und ihre Mühsal. Warschau, schreckliche Ruinen. Schließlich die Nachkriegszeit. Fehler, Dramen, aber vor allem Aufbau – und schließlich Zufriedenheit.

Also Romantismus und Positivismus. Kraftanstrengung und Verantwortung. Ich glaube, daß auch Kościuszko, Kozietulski, die „Szare Szeregi", Mickiewicz, Słowacki und *Załuski* notwendig waren – letzterer rehabilitierte „die sieben polnischen Hauptsünden".[150] Und auch Staszic, Asnyk, - Wielopolski, Marcinkowski und Aleksander Bocheński.[151] Aufbauende Ge-

[148] Stanisław Staszic, 1755-1826, poln. Priester, Gelehrter und Politiker, der sich nach den Teilungen besonders um das polnische Hochschulwesen in den okkupierten polnischen Gebieten verdient machte.

[149] Romuald Traugutt, 1826-64, poln. Freiheitskämpfer.

[150] Tadeusz Kościuszko, 1746-1817, poln. General, der sich auch im amerikanischen Unabhängigkeitskrieg Verdienste erwarb. Nach den polnischen Teilungen (s. Anm. 134) lebte er im Ausland und weigerte sich, in ein Polen unter fremder Herrschaft zurückzukehren. Starb in der Schweiz. – Jan Kozietulski, 1778-1821, poln. Militär, kämpfte u. a. auf seiten Napoleons. – „Szare Szeregi" (wörtl. übersetzt: „graue Reihen"): Bezeichnung für polnische Pfadfindereinheiten, die sich im Kampf gegen die Hitlerfaschisten hervortaten. U. a. Teilnahme am Warschauer Aufstand (s. Anm. 75). – Adam Mickiewicz, 1798-1855, und Juliusz Słowacki, 1809-49, größter poln. Dichter. – Zbigniew Załuski, 1926-78, Militär und Publizist, beschrieb in seinem Buch „Siedem polskich grzechów głównych" („Die sieben polnischen Hauptsünden") die hervorstechenden negativen Eigenschaften des poln. Nationalcharakters, wobei er gleichzeitig bemüht war darzulegen, daß diese negativen Eigenschaften bei aller Kritikwürdigkeit guten Ursprungs sind. (Auskunft von Jaruzelski gegenüber dem Übersetzer)

schichtsschreibung, aber auch die kritische historische Krakauer Schule.[152] Alles im rechten Maß.

Wir haben eine Vorliebe für die romantische Betrachtungsweise. „Der unumstrittene Sieg des Romantizismus", schreibt die Professorin Alina Witkowska, „der Martyrologie und des Heroismus als Bestandteile des polnischen Lebens haben zu einer gewissen Verzerrung des gesellschaftlichen Bewußtseins geführt und eine Neigung zu einer wenig elastischen Selbstreflexion geschaffen. Eine Reflexion, die nur Opfermut, Leidensfähigkeit, Kampf und Rebellion als wahrhaft menschenwürdig ansieht." Andererseits haben diese Haltungen uns geholfen, unser Los mit Würde zu tragen. Jeder von uns trägt einen Teil dieser Einstellungen in sich. Sie sind, würde ich sagen, schön und fotogen. Aber Romantizismus ohne eine Spur von Rationalismus wird zur Quelle von Unheil. Das haben wir mehrmals erfahren müssen. Wegen unserer übersteigerten romantischen Haltung wurden wir oft geschlagen, vernichtet und blieben letztendlich zurück. Durch den Novemberaufstand von 1830 verloren wir unsere relative Autonomie, unsere eigene Armee, unsere Rüstungsindustrie, der Sejm wurde aufgelöst, das polnische Bildungswesen abgeschafft, die Verfassung für ungültig erklärt. Beim Januaraufstand 1863[153] standen hastig zusammengewürfelte Einheiten – 25 000 schlecht bewaffnete Patrioten – einer regulären russischen Armee von 400 000 Soldaten gegenüber. Und wieder: Zehntausende Gefallener, nach Sibirien Verschleppter, in Europa Umherziehender, wirtschaftlich und kulturell Geschwächter. Und der Warschauer Aufstand im Jahre 1944?[154] Wir erlitten eine Niederlage – und machten einen Kult daraus. „Wir glaubten", schrieb kürzlich Professor Stefan Opara, „daß solche Aufstände etwas Ehrenhaftes, ein Vorbild für die Welt sind, daß sie zu einer geistigen Blüte des Volkes führen, und außerdem kann man die Schuld für die Niederlage immer auf jemand anders abschieben: in der Regel auf die Eroberer – denn sie haben nicht verloren, auf tatsächliche oder eingebildete Verbündete – denn sie haben nicht geholfen, und auf ‚Feiglinge und Verräter' unter den eigenen Leuten – denn sie haben gewarnt und wollten nicht umkommen."

---

[151] Stanisław Staszic s. Anm 148. – Adam Asnyk, 1838-97, poln. Lyriker. – Aleksander Wielopolski, 1803-77, Graf, konservativer poln. Politiker, dessen besonderes Anliegen die Polonisierung des Bildungswesens in den okkupierten polnischen Gebieten war. – Karol Marcinkowski, 1800-46, poln. Freiheitskämpfer, Stabsarzt, Teilnehmer am Novemberaufstand von 1830 und Förderer der Wissenschaften. – Aleksander Bocheński, geb, 1904, Essayist und Publizist, der katholischen Bewegung „PAX" (s. Anm. 157) nahestehend. Übersetzer der Memoiren von Retz und Saint-Simon.

[152] In der polnischen Historiographie gab es zwei Hauptrichtungen: die „Warschauer Schule", die eher zur Glorifizierung der Vergangenheit neigte, und die „Krakauer Schule", deren Vertreter sich mehr um Objektivität und Selbstkritik bemühten. (Auskunft von Jaruzelski gegenüber dem Übersetzer)

[153] S. Anm. 52.

[154] S. Anm. 75.

Und hier sind die Worte Norwids[155]: „Bei uns spricht man erst dann von Hingabe an eine Sache, wenn man bereit ist, alles für diese Sache zu verlieren ... Aber man begreift Hingabe noch nicht so, daß man bestrebt ist, alles für eine Sache zu erlangen. Und deshalb liegt alles in Schutt und Asche." Das ist eine Ansicht. Es gibt auch andere. Primas Stefan Wyszyński sagte: „Obwohl es in unserer Geschichte Schmerzen und Qualen gab, obwohl manchmal sehr viel Blut vergossen wurde, wie z. B. beim Warschauer Aufstand (...), obwohl es scheinen könnte, daß wir nichts erreicht haben, prägten diese Leiden und Opfer den Geist des Volkes und wurden sein unbestreitbares Eigentum. Deshalb verdammen wir sie nicht, sondern danken Gott, daß er dem Volk solche Stärke gegeben hat."

Immer kämpften in mir diese zwei Arten von Erfahrungen, diese zwei Denkweisen. So war es in allen wichtigen Momenten, in denen ich die schwersten Entscheidungen meines Lebens treffen mußte, wenn es abzuwägen galt, welches das größere und welches das kleinere Übel war.

Zum Schluß noch ein Gedanke. Wenn unsere Nation Rechenschaft vor sich selbst ablegt, sollte sie immer mit der eigenen Schuld, den eigenen Schwächen und Fehlern beginnen. Wenn wir dagegen die Gründe für unser ganzes Unglück hauptsächlich außerhalb unser selbst suchen, dann liegt darin gleichermaßen viel Messianismus wie Größenwahn. Natürlich weiß ich um alle äußeren Bedingungen der polnischen Teilungen – dieser schrecklichen Tragödie, von der unser Volk Ende des 18. Jahrhunderts betroffen wurde. Trotzdem muß man, wenn man von den Gründen für diese Tragödie spricht, mit den innerpolnischen Verhältnissen beginnen. Wie kam es, daß einer der einstmals größten Staaten Europas sich selbst degradierte, dem Zerfall und der Anarchie anheimfiel, zur leichten Beute für Räuber wurde?

Erinnern wir uns auch an die noch nicht allzulange zurückliegende bedrohliche Zeit, an das „bewußte Jahr". Unsere geopolitische Situation wurde vom Warschauer Pakt, von der Sowjetunion und Breschnew bestimmt. All das bedrohte, beschwerte, schuf eine gefährliche, unheilvolle Situation. Aber auch hier wollen wir wieder mit der Frage beginnen: Was haben wir selbst versäumt, worin besteht unsere Schuld, die Schuld der damaligen Staatsmacht wie auch die der „Solidarność", der Opposition? Dies alles sollte uns eine große Lehre sein, und das nicht, damit wir uns gegenseitig anklagen, sondern ganz im Gegenteil – damit wir uns besser verstehen lernen, Lehren aus der Vergangenheit ziehen.

Laßt uns die Vergangenheit nicht als Waffe im Kampf benutzen. Das wäre ein sehr gefährliches Unterfangen, das in Erziehung und Moral unabsehbaren Schaden anrichten und – was das Schlimmste wäre – die Gesellschaft entzweien, eine Vergeudung der Begeisterung und der Energie des Volkes darstellen würde, die heute doch so nötig sind.

[155] S. Anm. 56.

KAPITEL 17

Gefährliche Verbindungen

Am 13. Mai 11981 wurde Johannes Paul II. schwer verwundet. Am 28. Mai starb Primas Wyszyński. Das Attentat auf den polnischen Papst erschütterte unserer Gesellschaft zutiefst. Der Tod des Primas war für Polen ein riesiger Verlust. Wäre nicht das Attentat von Ali Agça gewesen, dann wäre Johannes Paul II. zweifelsohne persönlich zum Begräbnis des Kardinals gefahren, und ich hätte mich schon damals mit ihm getroffen.

Der Papst wurde auf dem Begräbnis von Kardinal Casaroli vertreten, einer großen Persönlichkeit des Vatikans. Ich traf mit ihm zusammen. Äußerlich war er unscheinbar, machte einen schüchternen Eindruck. Aber man spürte sofort seine intellektuelle Größe, die Meisterschaft des erfahrenen Diplomaten. Nach den einleitenden Höflichkeitsfloskeln – ich lobte etwas übertrieben die Polnischkenntnisse des Kardinals – schilderte ich ihm die schwierige Situation in unserem Land, die Bedrohungen, denen wir ausgesetzt seien, unseren guten Willen und unsere Versuche, einen gesellschaftlichen Konsens zu erreichen. Der Kardinal galt als Architekt der Ostpolitik des Vatikans. Das nutzte ich aus, um darauf hinzuweisen, wie gefährlich eine explosive Entwicklung in unserem Land für diese Ostpolitik werden könnte. Der Kardinal, der seine Worte und Argumente mit taktischem Geschick und viel Raffinesse wählte, brachte seine Besorgnis über den gesellschaftlichen Frieden und den Einfluß der Ereignisse in Polen auf die Situation in Europa und der Welt zum Ausdruck. Er fragte, wie man Polen helfen könne, und sagte, daß sich der Papst trotz seines schlechten Zustands infolge des Attentats lebhaft für das Schicksal seines Vaterlandes interessiere. Er wünschte uns, daß wir zu einer vernünftigen Lösung unserer Probleme gelängen. Das war ein nützliches Gespräch.

Die 30tägige Trauer, die die Kirche anläßlich des Todes des Primas angeordnet hatte, sollte zu einer Beruhigung der Emotionen führen. Das war leider nicht der Fall. Die Streikatmosphäre klang nicht ab. Es kam sogar zu schweren Zwischenfällen. Die Miliz konnte immer weniger auf die Unterstützung der Gesellschaft rechnen. Oft weigerten sich die Leute, als Zeugen vor Gericht aufzutreten, fürchteten sich vor Rache. Es kam mehrfach vor, daß man auf die Hilferufe eines festgenommenen Säufers oder sogar Verbrechers reagierte und diesen aus den Händen der Mitarbeiter der Sicherheitsorgane befreite. In Otwock zündete man eine Milizstation an und drohte, die Milizionäre zu lynchen. Erst das Eingreifen von Adam Michnik führte zu einer Entspannung der sehr gefährlichen Situation. Die tapfere Haltung, die er damals zeigte, veranlaßt mich zu einem Einschub. Es war, glaube ich, im März 1967 – damals war ich Generalstabschef –, als der damalige Verteidigungsminister, Marschall Marian Spychalski, sagte, die Parteiführung habe empfohlen, einige soeben von der Militärhochschule relegierte Aufrührer zum Militärdienst einzuberufen. Davon war u. a. Michnik betroffen. Ich rief meinen Stellvertreter für Fragen der Organisation und Mobilisierung, General Adam Czaplewski, zu mir und teilte ihm diese Empfehlung mit. Gut eine Woche später meldete mir der General, eine Einberufung Michniks sei unmöglich. Die militärärztliche Kommission hatte Michnik für wehruntauglich befunden. Warum? Weil er stotterte. Ich war empört. Das Stottern hinderte ihn nicht daran, auf Kundgebungen zu sprechen, die Volksmacht zu attackieren, machte ihm aber den Wehrdienst unmöglich? Doch schließlich gab ich Ruhe. Jahre später erzählte ich Michnik davon und fügte hinzu: „Jetzt können Sie mir vorwerfen, daß ich Sie der Möglichkeit beraubt habe, General zu werden."

Am 7. Mai wurden die Thesen für den IX. Parteitag der PVAP veröffentlicht. Für die damalige Zeit waren sie kühn und innovativ. Von „konservativ-dogmatischen Kreisen in Partei- und Staatsapparat" wurden sie mit Zweifeln, oft mit Mißfallen aufgenommen. Generell wurden diese Kreise damals sehr aktiv. Dies drückte sich z. B. in der am 15. Mai veröffentlichten Deklaration des Parteiforums beim Wojewodschaftskomitee Katowice aus, dessen ideologischer Führer Wsiewołod Wołczew war. „In der Partei machen sich in letzter Zeit starke Tendenzen bemerkbar, die auf die Zerschlagung und Zerstörung der Partei abzielen, ihren marxistisch-leninistischen Charakter untergraben, ihre Fähigkeit zur Verteidigung der sozialistischen Gesellschaftsordnung schwächen. Sie werden begleitet von einer wachsenden Welle des Revisionismus und Rechtsopportunismus, von der ideologischen Zerschlagung der Partei und dem Angriff auf ihre theoretischen Grundlagen wie auch von einer zunehmenden Aktivität innerparteilicher Fraktionen. Mit jedem Tag werden in der Partei liberal-bourgeoise und trotzkistisch-zionistische Tendenzen, Nationalismus, Agrarismus, Klerikalismus, Klassensolidarismus sowie die von der Rechten besonders kultivierten antisowjetischen Ansichten und Stimmungen immer stärker."

Zufall oder nicht, auf jeden Fall erschien am selben Tag in der Moskauer „Prawda" ein vernichtender Artikel über die „Solidarność". Es war also klar: Wer mit dieser Bewegung paktiert, wer in ihr einen Partner sucht – der ist ein bewußter oder unbewußter Verbündeter der Reaktion. Zur damaligen Zeit brachte ein Artikel in der „Prawda" die offizielle Meinung der sowjetischen Funktionäre zum Ausdruck. Der Artikel wurde von den Parteiorganen der anderen sozialistischen Staaten an prominenter Stelle nachgedruckt. Bald danach, am 28. Mai, meldete sich die sowjetische Nachrichtenagentur TASS mit einem ausführlichen Bericht über ein Treffen der Mitglieder des Forums Katowice zu Wort. Am 5. Juni veröffentlichte sie den nächsten Bericht zu diesem Thema und behauptete, das Forum in Katowice habe eine prinzipielle, marxistisch-leninistische Bewertung der

Lage im Land vorgenommen. Da ist es nicht verwunderlich, daß wir von diesem Moment an einen noch härteren Schlag erwarteten. Er kam sofort, noch am selben Tag ...

An eben jenem 5. Juni traf in Warschau ein offizieller Brief des ZK der KPdSU an die Mitglieder des Zentralkomitees der PVAP ein. Nicht an das Politbüro, nicht an den Ersten Sekretär, sondern an alle Mitglieder des ZK. Das war ein deutliches Mißtrauensvotum gegen die Parteiführung. In diesem Brief lasen wir u. a.: „Über den revolutionären Errungenschaften des polnischen Volkes hängt eine tödliche Bedrohung ... Die endlosen Zugeständnisse gegenüber den antisozialistischen Kräften und ihren Forderungen haben dazu geführt, daß die PVAP Schritt für Schritt dem Druck der inneren Konterrevolution nachgibt, die sich auf ausländische Unterstützung und imperialistische Diversionszentren stützt. Gegenwärtig ist die Situation mehr als gefährlich, da sie das Land an einen kritischen Punkt gebracht hat –, eine andere Bewertung kann man nicht abgeben ... Wir legen großen Wert auf die Feststellung, daß Stanisław Kania, Wojciech Jaruzelski und andere polnische Genossen uns in allen Fragen zugestimmt haben. In Wirklichkeit aber bleibt alles beim alten, und an der Politik der Zugeständnisse und Kompromisse werden keinerlei Korrekturen vorgenommen. Eine Position nach der anderen wird geräumt. (...) Das sozialistische, das brüderliche Polen werden wir in der Not nicht alleinlassen, wir werden nicht zulassen, daß ihm Schaden zugefügt wird."

Übrigens war dieser Brief in Polen schon vorher inoffiziell im Umlauf. Mir wurde gemeldet, daß Vertreter des Stabs der Vereinigten Streitkräfte des Warschauer Pakts polnische Offiziere mit seinem Inhalt bekanntmachten und sogenannte Konsultationen durchführten. Sie wandten sich u. a. an die stellvertretenden Verteidigungsminister Józef Urbanowicz, Florian Siwicki, Tadeusz Tuczapski sowie an den Chef der Politischen Hauptverwaltung der Polnischen Volksarmee, Józef Baryła, und dessen Stellvertreter. Unter Berufung auf Breschnew gaben sie bissige Kommentare zu dem erfolglosen Kampf der polnischen Führung gegen die antisozialistische Opposition ab. Der gesunde Teil des Parteiaktivs – so argumentierten sie – insbesondere Militärs, müßten sich von dieser Politik distanzieren. Sie griffen auch einige Funktionäre aus dem Partei- und Staatsapparat an.

Übrigens gab es schon seit einiger Zeit verschiedene „Konsultationen" durch die Verbündeten. Einige Ereignisse und Fakten waren bis jetzt einer breiteren Öffentlichkeit unbekannt. Erst das Interview mit General Jan Łazarczyk – dem Stabschef des Militärs in der Wojewodschaft Katowice –, das am 15. Dezember 1990 in der „Polityka" veröffentlicht und in dem Buch „Das zerschossene Bergwerk" (poln. „Rozstrzelana kopalnia", Anm. d. Übers.) von Jan Dziadul erwähnt wurde, wies auf viele interessante, ich würde sogar sagen: aufregende Tatsachen hin.

Die Offiziere der verbündeten Armeen versuchten, ihre polnischen Gesprächspartner davon zu überzeugen, daß das nächste Ziel der Attacken der

Opposition das Militär sein werde und sich der Verteidigungsminister, General Jaruzelski, bisher leider passiv verhalte. Es gab auch Erkundungen über die Stimmung in der Truppe. Man sondierte, ob gegen mich als Minister eine Opposition möglich sei. Würde die Armee einen nicht vom Minister, sondern von irgend jemand anders gegebenen Befehl befolgen? Welche Reaktionen waren im Falle einer „Hilfe" von außen vom Offizierskorps zu erwarten?

In der Regel liefen die Organisatoren der Konsultationen gegen eine Wand. Die Generäle der polnischen Armee wiesen standhaft alle Versuche zurück, sie für andere als die von der politischen und militärischen Führung der Volksrepublik Polen bestimmten Ziele einzuspannen. Von vereinzelten Ausnahmen abgesehen, war das Offizierskorps loyal und verantwortungsbewußt.

Unsere führenden Militärs und andere Offiziere meldeten mir alles. Dies gilt in erster Linie für General Łazarczyk, aber auch für folgende Generäle: Krepski, Janczyszyn, Łozowicki, Rapacewicz, Łukasik und ganz besonders für die Leitung der Politischen Hauptverwaltung der Streitkräfte. Es gab jedoch ebenfalls – wenn auch vereinzelt – entgegengesetzte Tendenzen.

General *Florian Siwicki:*

Mitte des Jahres trug Marschall Viktor Kulikow immer drängender seine Forderung vor, daß wir uns damit einverstanden erklären sollten, Vertreter des Warschauer Pakts – und das hätte in diesem Fall bedeutet: Vertreter der sowjetischen Armee – in die Leitungen der Militärbezirke und der Teilstreitkräfte aufzunehmen. Unter anderem wurde gesagt, in einigen verbündeten Armeen befänden sich solche Vertreter sogar in den Divisionskommandos. General Jaruzelski und ich wiesen dieses Ansinnen nachdrücklich zurück.

Besonders aktiv bei dem Versuch, durch Überredung Druck auf die Mitarbeiter der zentralen Militärinstitutionen und der Militärbezirksleitungen auszuüben, waren der Vertreter des Oberkommandierenden der Vereinigten Streitkräfte des Warschauer Pakts bei der Polnischen Armee, General Schtscheglow und sein für die Luftwaffe zuständiger Stellvertreter, General Odinzew. Leider unterschieden sich beide unvorteilhaft von ihren Amtsvorgängern, General Alexander Kosmin und General Alexander Siwjonok; das waren Menschen gewesen, die die Verhältnisse bei uns verstanden, Mäßigung und Takt zeigten.

Die in Legnica stationierten, für Marine bzw. Luftwaffe zuständigen Stellvertreter des Oberkommandierenden der Vereinigten Streitkräfte des Warschauer Pakts, Admiral Michajlin und General Katritsch, sowie andere Offiziere benutzten die Kontakte mit unseren Offizieren und Soldaten, um die Stimmung und die psychisch-moralische Konstitution unserer Armee zu erkunden. Sie waren bestrebt, ihre polnischen Gesprächspartner von der Notwendig-

keit radikaler Maßnahmen gegen die Konterrevolution zu überzeugen. Außerdem machten sie verschiedene kritische Anmerkungen zu der ihrer Meinung nach zu zurückhaltenden Einstellung der Führung von Partei, Regierung und Militär gegenüber dem Feind. Unsere Soldaten nahmen in der Regel eine würdige Haltung ein. Sie diskutierten, widersprachen, in der Mehrzahl der Fälle sagten sie, das sei unsere innere Angelegenheit und ihre Vorgesetzten wüßten besser, was zu tun sei. Aber es gab auch „Jasager", die sich der Meinung der Verbündeten anschlossen. Auf ihre Meinung berief man sich – natürlich ohne Namensnennung – bei den weiteren Versuchen, Druck auf uns auszuüben.

Ich spreche darüber mit großem Bedauern. Zu den sowjetischen Verbündeten hatten wir doch viele Jahre lang gute, freundschaftliche Beziehungen unterhalten. Ich hatte auch persönliche Freunde unter ihnen. Aber in dieser Zeit ging einiges zu Bruch. Es gab sogar scharfe Auseinandersetzungen. Bei einem Kameradschaftstreffen erwiderte der Kommandeur der 20. Panzerdivision, Oberst Saczonek, auf die Äußerung eines Gastes, daß eine Intervention möglich sei, in diesem Fall würde die polnische Armee aktiven Widerstand leisten. Der Gesprächspartner war konsterniert, es kam zu einer scharfen Auseinandersetzung. Die Leitung der Vereinigten Streitkräfte des Warschauer Pakts verlangte von mir die Abberufung dieses Offiziers aus seiner Leitungsfunktion. Ich lehnte das ab.

Das XI. Plenum des ZK der PVAP stand bevor. Der Brief des ZK der KPdSU heizte die politische Atmosphäre weiter an. In gewissen Kreisen wurde offen die Meinung geäußert, daß Kania und Jaruzelski abtreten müßten.

An dieser Stelle ist ein Einschub notwendig. Aus Anlaß des 10. Jahrestages der Ausrufung des Kriegsrechts veröffentlichte die deutsche Tageszeitung „Junge Welt" ein Interview mit dem ehemaligen Botschafter der DDR in der Sowjetunion, Egon Winkelmann. Er behauptet, das Kriegsrecht sei eine Idee Erich Honeckers, des damaligen Staats- und Parteichefs der DDR, gewesen. Winkelmann erklärt, daß „Honecker seinen Plan am 16. Mai 1981 bei einem vertraulichen Treffen mit Leonid Breschnew und Gustav Husák unterbreitete. Er habe damals vorgeschlagen, daß in Polen Leute die Regierung übernehmen sollten, die bereit seien, den Ausnahmezustand auszurufen und die Konterrevolution zu bekämpfen. Dieses Projekt fand sofort die Unterstützung des damaligen sowjetischen Verteidigungsministers Dmitrij Ustinow ..."

Natürlich wußte ich nichts von dem Treffen von Honecker, Husák und Breschnew am 16. Mai. Vielleicht ist das eine der Sensationsmeldungen, von denen es in letzter Zeit so viele gibt. Interessant daran ist jedoch die Nachricht, damals habe angeblich der Plan bestanden, die polnische Führung durch Leute zu ersetzen, denen man sofortige Gewaltmaßnahmen zutraute. Der oben erwähnte Brief des ZK der KPdSU könnte eine Vorbereitung darauf gewesen sein.

Interessant waren, nebenbei gesagt, die Ausführungen Honeckers bei einem Gespräch mit Kania am 17. Februar im Jagdschloß Hubertusstock bei Berlin.

„Man braucht", sagte Honecker, „einen genauen Plan, und man muß wissen, in welchem Moment man gegen den Feind losschlagen muß. In unseren Plänen haben wir auch vorgesehen, in welchem Moment der Bedrohung wir die sowjetischen Genossen um Hilfe bitten werden. Zur Ausarbeitung solcher Pläne sehen wir uns durch die Ereignisse des Jahres 1953 bei uns sowie im Jahre 1956 in Ungarn gezwungen. Wenn Ihr wollt, können wir Euch diese Pläne zugänglich machen."

„Wir verfügen auch", fuhr Honecker fort, „über Materialien, die belegen, daß die USA einen langfristigen Diversionsplan gegen die sozialistischen Länder ausgearbeitet haben. Sein Hauptziel besteht darin, die sozialistischen Länder und die UdSSR zu entzweien. Was Polen betrifft, sieht dieser Plan die Instrumentalisierung der polnischen Emigranten in den USA vor. Wir besitzen auch Materialien westlicher Geheimdienste über die gegen unser Land gerichteten Bestrebungen der BRD."

Zurück zum Thema. Auch einige Wojewodschaftsleitungen trugen zur Verschärfung der Atmosphäre bei. Der damalige Erste Sekretär des Wojewodschaftskomitees der Partei in Katowice, Andrzej Żabiński, gab bei einem Treffen mit Funktionären des Verteidigungsministeriums und des Geheimdienstes eine Art Instruktion für das Verhalten gegenüber der „Solidarność" aus, die der offiziellen Linie des Zentralkomitees zuwiderlief. Damit fand er bei diesem Treffen Gehör. Die Angelegenheit erregte riesiges Aufsehen. Das machte einen fatalen Eindruck und untergrub das Vertrauen gegenüber den Absichten der Regierung. Einige Publikationen, u. a. das Bulletin der Warschauer Komitees der PVAP, ließen jede Mäßigung vermissen.

Die konservativen Kreise wurden zwar nicht stärker, aber dreister. Besonders in Katowice, aber auch in Warschau, Poznań und Wrocław, doch nicht nur dort. Es handelte sich um verschiedene Vereinigungen, Foren, Klubs und Gruppen. Ihre Aktivitäten wurden von einem Teil der Instanzen und des Apparats der Partei mit Sympathie aufgenommen.

An dieser Stelle möchte ich einige Worte über *Andrzej Żabiński* und *Stanisław Kociołek* sagen. Diese beiden waren fähige, verhältnismäßig junge, aber dennoch weit bekannte Parteifunktionäre. Sie waren sehr verschieden, wobei Kociołek mehr Erfahrung und größeres intellektuelles Format als Żabiński besaß. Andererseits hatten sie auch viele Gemeinsamkeiten. Beide waren ideologisch sehr prinzipienfest, und das bis zum Exzeß, bis zur Verbissenheit und Intoleranz. Aber sie gaben doch in der größten Parteiorganisation des Landes, man kann sagen: auf dem „Flaggschiff" der Partei, den politischen Ton und die Richtung an. Das Flagschiff glänzte. Und beim Zusammenstoß mit den extremen Kräften der „Solidarność" sprühte es Funken.

Katowice, Schlesien – das ist eine Region, vor der ich große Achtung habe. Ich bin mehrfach dort gewesen. Harte Arbeit, ein hartes Leben, großartige Menschen. Gleichzeitig machten sich jedoch in dieser Region die extremen Kräfte am stärksten bemerkbar. Das gilt sowohl für die „Solidarność" als auch für die Partei. All das kulminierte in der Atmosphäre vor dem XI. Plenum des Zentralkomitees der PVAP. Im Ergebnis kam es auf diesem Plenum zu einer Art Putschversuch. Daran dachte ich, nebenbei gesagt, auch im Dezember. Das Potential an Unzufriedenheit, das sich im ZK, in den Sicherheitsdiensten und in einigen Verwaltungs- und Militäreinheiten wegen des Mangels an entschiedenen Maßnahmen angestaut hatte, konnte sich in jedem Augenblick zu einer kritischen Masse verdichten. Und dann? Lieber nicht daran denken. Aber zurück zum XI. Plenum. Ein Gelingen jenes „Putsches" hätte zu gewaltsamen Veränderungen in der Partei- und Staatsführung führen können. Dann wäre es erstens zu einer Verschiebung des IX. Parteitags und zweitens zu einem radikalen Kurswechsel gekommen.

Es wäre sinnlos, wenn ich an dieser Stelle den Verlauf des Plenums detailliert beschriebe. Alle dort gehaltenen Reden wurden veröffentlicht. Rakowski, Kania, Kiszczak und andere haben sie in ihren jeweiligen Büchern beschrieben und kommentiert. Es gibt also reichhaltiges Dokumentationsmaterial. Aber einige Worte und Gesten sind mir besonders lebhaft in Erinnerung geblieben. Das gilt besonders für die Äußerung von General Sawczuk, in der dieser die Parteiführung mit einem Ertrinkenden verglich, der verzweifelt mit den Armen rudert. Auch die Stimme General Molczyks klang wie eine Dissonanz. Man kann fragen: Warum nahmen zwei Generäle so extreme Positionen ein? Der eine – Eugeniusz Molczyk – war stellvertretender Verteidigungsminister. Der andere – Włodzimierz Sawczuk – war kurz zuvor vom Posten des Leiters der Politischen Hauptverwaltung der Streitkräfte abberufen worden. Wie konnten sie so handeln, wo ich doch in Personalunion Premier und Verteidigungsminister war? Das war für mich sehr enttäuschend.

Molczyk – ein fähiger Offizier der Panzertruppen. Ich schätzte seine fachliche Kompetenz und seine Führungsqualitäten. Mit glücklicher Hand leitete er seine Division und seinen Militärbezirk. Es war keine große Überraschung, daß er auf dem Plenum eine sehr kritische Haltung einnahm. In verschiedenen Gesprächen sowie bei den Sitzungen des Militärrats des Verteidigungsministeriums hatte er sich als Verfechter eines harten Kurses gezeigt. Als die Spannung zunahm, wurde mir signalisiert, daß die Kreise, die eine gewaltsame Lösung erzwingen wollten, auf eben diesen Molczyk setzten. Ich möchte glauben, daß er damit nichts zu tun hatte. Deshalb klage ich ihn hier nicht an. Im Jahre 1973 mußte der Posten des Generalstabschefs neu besetzt werden. Sofort wurde der Vorschlag an uns herangetragen – an mich seitens der Leitung der Vereinigten Streitkräfte des Warschauer Pakts, an Kania sogar seitens des ZK der KPdSU –, diese

Funktion General Molczyk anzuvertrauen. Wir lehnten ab. Generalstabschef wurde General Siwicki. Da ich wußte, welch großes Vertrauen die Verbündeten zu Molczyk hatten, registrierte ich mit besonderer Aufmerksamkeit seine Feststellung, daß wir „die Situation aus eigener Kraft in den Griff bekommen müssen". Mir war klar, daß er über Informationen über die Möglichkeit einer Alternative verfügen mußte.

Sawczuk war ein Frontoffizier der ersten Stunde gewesen. Er arbeitete jedoch schon viele Jahre im Parteiapparat. Ein guter Organisator. Energisch, standfest, durchsetzungsfähig. Diese Eigenschaften entwickelten sich mit der Zeit immer mehr zu Starrheit, Streitsucht und Besessenheit. Das war besonders in einer politischen Funktion untragbar, vertrug sich nicht mit der Notwendigkeit, Menschen für sich einzunehmen und ausgleichend zwischen ihnen zu wirken. Deshalb betrieb ich seine Abberufung vom Posten des Leiters der Politischen Hauptverwaltung der Streitkräfte. Seine Verbitterung kann ich verstehen. Aber mit seiner Rede auf der Sitzung des Zentralkomitees hatte er eine Grenze überschritten, die er nicht hätte überschreiten dürfen.

Warum habe ich danach keine entsprechenden Konsequenzen gezogen? Beide hatten auf dem Parteiforum als Mitglieder des Zentralkomitees gesprochen. Es gibt einen Unterschied zwischen parteiinternen Angelegenheiten und solchen, die den Militärdienst betreffen. Außerdem bekenne ich mich dazu, daß es mir schwerfällt, Menschen fallenzulassen, mit denen ich lurch langjährigen gemeinsamen Militärdienst verbunden bin.

Die Äußerungen beider Generäle stimmten völlig überein mit vielen Stimmen ziviler Mitglieder des Zentralkomitees. Zygmunt Najdowski eröffnete die Kanonade. Dann sprachen andere. Aber die schärfste, die radikalste Rede hielt Tadeusz *Grabski*. Ich möchte nicht dahingehend verstanden werden, daß man es hier mit einer Art „schwarzer Hundertschaft" zu tun hatte. Ich halte ihn für einen Menschen mit ausgeprägt dogmatischer Orientierung. Diese entsprang aber eher seinen wirklichen Überzeugungen als einem Karrierestreben. Seine Rede auf dem ZK-Plenum im Jahre 1978, in der er sich kritisch mit der Politik Giereks auseinandersetzte, sei hierfür ein Beispiel. Diese Rede rief nervöse Reaktionen hervor, besonders bei Jaroszewicz. Er forderte, Grabski unverzüglich auf ein Nebengleis abzuschieben. Das geschah auch, allerdings erst einige Zeit später. Ich teilte nicht alle seine Bewertungen und Schlußfolgerungen. Aber ich achtete ihn für seine Haltung und für seinen Mut. Er geriet jedoch immer mehr auf die Abwege der Orthodoxie und der Fraktionsbildung. Ein schlagendes Beispiel dafür ist seine Rolle als geistiger Vater und Führer der Vereinigung „Rzeczywistość".[156] Menschen wie er wurden von den Verbündeten als „nastojaschtschije kommunisty" – „wahrhafte Kom-

---

[156] „Wirklichkeit". Orthodox-kommunistische Vereinigung, die auch eine Zeitung gleichen Namens herausgab. (Persönliche Auskunft von Jaruzelski gegenüber dem Übersetzer)

munisten" (russ. Ausdruck von Jaruzelski zitiert, Anm. d. Übers.) bezeichnet.

Stefan Olszowski. Ein geschickter Politiker. Als Taktiker besser denn als Stratege. Große Fähigkeit, verschiedene Dinge zu Ende zu bringen, meist aus kurzfristigen, oft ehrgeizigen Absichten heraus. Unterschätzte die Bedeutung grundlegender Prozesse. Das machte ihn zum Anhänger einer dogmatischen, sektiererischen Orientierung. Schade, denn er ist ein fähiger, intelligenter und dynamischer Mensch. Im Gegensatz zu Grabski, der immer mit dem Kopf durch die Wand wollte, konnte er sich den verschiedenen Situationen gut anpassen. Auf dem Plenum stand Olszowski mit Sicherheit den sogenannten prinzipiellen Bewertungen am nächsten. Er selbst lehnte sich jedoch nicht aus dem Fenster. Als klar wurde, daß nicht er, sondern Grabski den „Segen" der Verbündeten hatte und extreme Positionen nicht durchkommen würden, stellte er sich auf unsere Seite.

In den Pausen gab es Gespräche im Kreise der Mitglieder des Politbüros und des Sekretariats des Zentralkomitees. Kania, ich und schließlich noch einige Mitglieder der Parteiführung gaben ihre Bereitschaft zum Rücktritt zu erkennen. Die Mehrheit wandte sich allerdings gegen einen solchen Schritt. Zum eigentlichen Umbruch kam es jedoch bei den Beratungen im Saal. In diesem Zusammenhang will ich vor allem die Bedeutung der Rede General Józef Urbanowiczs unterstreichen.

Urbanowicz gehört zu den Menschen, die mir nahestehen. Bis heute denke ich mit herzlichen Gefühlen an ihn. Wesentlich älter als ich, mit einer komplizierten Biographie. Ein in Riga geborener Pole. Marinesoldat. Mitglied der Kommunistischen Partei Lettlands und gleichzeitig – wovon er mit Stolz sprach – Funktionär der polnischen Emigrantenorganisationen. Im Krieg in der sowjetischen Armee. Bei Moskau schwer verwundet. Danach Frontkämpfer in unserer Armee als für Politikfragen zuständiger stellvertretender Kommandeur der 4. Division „Jan Kiliński". Geachtet als tapferer Soldat und geliebt wegen seines väterlichen Führungsstils. So „einer von uns". Nach dem Krieg u. a. stellvertretender Kommandeur der Marineakademie. Später Chef der Politischen Hauptverwaltung und stellvertretender Verteidigungsminister. Urbanowicz konnte man am allerwenigsten die Haltung eines Kapitulanten unterstellen. Deshalb machten die Radikalen lange Gesichter, als er in seiner Rede die Führung verteidigte.

Ernst und großartig war die Rede von Barcikowski. Rakowski verteidigte entschieden die Linie der Verständigung und Erneuerung. Ein Teil des Auditoriums trampelte mit den Füßen – er war nicht ihr Liebling. Am schwersten wog jedoch die dramatische Stimme von Urbanowicz: „Leute, was macht ihr da?" ... Das war vor allem ein psychologischer Vorstoß. Er durchbrach eine Barriere. Von diesem Moment an begann sich die Situation im Plenum zu unseren Gunsten zu wenden. Ein vollständiger Sieg war dies trotzdem nicht. Mehr noch, die Kluft wurde noch deutlicher erkennbar.

Es besteht kein Zweifel darüber, daß das Plenum von außen und von innen beeinflußt wurde. Ich glaube, es wurden sozusagen zwei Programme vorgelegt. Das Maximalprogramm – tiefgreifende Änderungen in der Leitung von Partei und Regierung – bedeutete in der Konsequenz eine Wende entsprechend den im Brief der KPdSU ausgedrückten Erwartungen. Das Minimalprogramm bedeutete, daß der Parteiführung – insbesondere Kania und mir – eine Verhärtung des politischen Kurses aufgezwungen werden sollte. Wenn die „Solidarność" damals moderater aufgetreten wäre, uns die Hand entgegengestreckt hätte – vielleicht wäre unser taktischer Spielraum größer geworden. Gab es damals die Chance, eine Art patriotische Front der Vernunft und des Verantwortungsbewußtseins zu schaffen? Wahrscheinlich war diese Chance nicht groß. Wir schrieben schließlich nicht das Jahr 1956. Dennoch existierte eine solche Chance. Leider blieb sie ungenutzt. Im Ergebnis trieben die sich selbst beschleunigenden Prozesse des Mißtrauens uns immer weiter voneinander weg und mündeten schließlich in einen antagonistischen Gegensatz.

Jerzy Holzer stellt in seinem Buch über die „Solidarność" zu Recht fest, daß man den „Willen Moskaus" nicht völlig ignorieren konnte. Mit wahrscheinlich demselben Gedanken im Hinterkopf äußerte sich die Kirche. Am 9. Juni 1981 wandten sich die Bischöfe mit einem Brief an den Landesausschuß der „Solidarność"; darin riefen sie u. a. zur Mäßigung in den Forderungen und zur Vermeidung von Antisowjetismus auf.

Eine ähnliche Haltung nahm damals der Vorsitzende der Vereinigung „PAX",[157] Ryszard Reiff, ein. In einem Brief an mich schrieb er: „Der Kampf gegen den Antisowjetismus ist gleichbedeutend mit der Verteidigung der Unabhängigkeit. Das muß man deutlich herausstellen. Von allen Seiten hört man, daß das XI. Plenum und seine Ergebnisse das Land noch einmal gerettet hätten. Alle sind der Ansicht, daß, wenn es zu personellen Veränderungen an der Spitze gekommen wäre, die neuen Machthaber es sehr schnell auf eine Kraftprobe und damit auf eine scharfe Konfrontation hätten ankommen lassen, was mit Sicherheit nicht nur die Periode der Suche nach politischen Lösungen beendet, sondern es auch unmöglich gemacht hätte, eine Internationalisierung der Lösung der polnischen Krise zu verhindern."

Dieser Bewertung kann man nur zustimmen. Gleichzeitig kann man mit Befriedigung feststellen, daß die Linie der Partei beibehalten wurde. Die Kräfte und Tendenzen, die den Kurs der Erneuerung unterstützten, erwiesen sich als stark genug. Ihnen war es zu verdanken, daß die Parteitagskampagne nicht gestört wurde und zu einem guten Ende gebracht werden konnte.

[157] „PAX": Katholische Laienorganisation, gegr. 1945, trat vor 1989 für eine Verbindung von Patriotismus, Katholizismus und Sozialismus, weltanschaulichen Pluralismus, Dialog und Zusammenarbeit mit dem Staat bei Anerkennung der führenden Rolle der PVAP ein. Von der Kirche mit kritischer Distanz betrachtet. 1993 Neugründung unter der Bezeichnung „Civitas Christiana".

Im Frühjahr, besonders im Vorfeld des IX. Parteitags, fand auch in den Streitkräften eine lebhafte und im ganzen gesehen konstruktive Parteidiskussion statt. Im Zuge der Rechenschafts- und Wahlkampagne wurden alle Ersten Sekretäre der Militärbezirks-Parteikomitees und der Teilstreitkräfte sowie 80 % der Sekretäre der Parteikomitees in den taktischen Verbänden ausgewechselt. Die Parteiinstanzen und -sekretäre wurden gewissermaßen zu Opfern der allgemein kritischen Atmosphäre der damaligen Zeit. Ein großer Teil der einfachen Parteimitglieder sah in ihnen die Personifizierung der Schwächen, die in der zweiten Hälfte des Jahres 1980 und im Vorfeld des Parteitags gebrandmarkt wurden. Das war einigen dieser Funktionäre gegenüber regelrecht kränkend. Im ganzen hat es der Armee jedoch genützt. Es kamen neue Leute, die den Erwartungen ihres Umfeldes besser entsprachen.

Auf der Konferenz des Warschauer Militärbezirks zur Vorbereitung des Parteitags, an der ich teilnahm, fand eine hitzige Diskussion statt. Dennoch erhielt ich in geheimer Abstimmung fast alle Stimmen – 238 von 241 gültigen Stimmen. Der Zweitplazierte – der Kommandeur des Wehrbezirks, General Oliwa, der sich großer Achtung und Popularität erfreute – erhielt 164 Stimmen. Die übrigen bekamen noch weniger Stimmen. Das war doch ein Vertrauensbeweis für mich. Ich konnte mich bei der Leitung der Armee nicht nur auf formale Kriterien, die sich aus meinem Rang ergaben, stützen, sondern auch auf gesellschaftliche Zustimmung. Diese Zustimmung wurde damals vom Parteikollektiv in hohem Maße zum Ausdruck gebracht. In dieser Form konnten die Militärs verschiedener Ebenen und Ränge ihre Einstellung gegenüber ihren Vorgesetzten zum Ausdruck bringen. Ich will an dieser Stelle nicht auf die Frage eingehen, ob es grundsätzlich richtig oder grundsätzlich falsch war, daß die Partei in der Armee tätig wurde. Es war eine andere Zeit und ein anderes System. Heute erlaubt die parlamentarische Demokratie eine bessere Lösung in Form der apolitischen Haltung der Armee. Dies gilt natürlich nur dann, wenn diese Haltung aufrichtig ist.

KAPITEL 18

Warum haben sie sich abgewandt?

Ich wäre nicht ehrlich mir selbst gegenüber, wenn ich an dieser Stelle nicht einige Anmerkungen machte über die Mitglieder jener Partei, der ich fast mein ganzes Erwachsenenleben lang angehört und an deren Spitze ich einige Jahre gestanden habe.

Oft habe ich Film- und Fernsehberichte über die jährlichen Wallfahrten der Bergleute nach Piekary Śląskie[158] gesehen. Der Anblick der Arbeiter, die in der Prozession einherschritten, machte großen Eindruck auf mich. Diejenigen, die in traditioneller Kluft in der ersten Reihe marschierten, hatten immer staatliche Auszeichnungen auf der Brust, unter anderem den „Orden des Arbeitsbanners",[158] denn in dieser Berufsgruppe wurde er am häufigsten verliehen. Ich glaube, ein großer Teil der Teilnehmer an diesen Wallfahrten gehörte der PVAP an. Diese Menschen sahen keinen Widerspruch zwischen ihrem Glauben und der Mitgliedschaft in der Partei. Es konnte doch keiner von ihnen darauf rechnen, als Belohnung für diese Mitgliedschaft einen leichteren Arbeitsplatz oder bessere Gummistiefel zu bekommen.

Wenn ich heute höre, wie vom Rednerpult des Sejm herab von „käuflichen Verrätern, Knechten Rußlands"[160] geredet wird, fühle ich keinen Zorn in mir, obwohl er berechtigt wäre. Eher empfinde ich Trauer und Scham darüber, daß ein Pole seine Landsleute so leicht verunglimpfen kann. Diese Verunglimpfungen treffen doch auch jene Bergleute, die sich unter dem Heiligenbild in Piekary Śląskie weder ihrer Parteibücher noch der ihnen von der Volksmacht verliehenen ebenso hohen wie verdienten Auszeichnungen schämten.

Bei dieser Gelegenheit will ich eine Anmerkung machen. Anfang 1977 erhielten einige Mitglieder der damaligen Staatsführung ein 35 Seiten umfassendes Dokument mit dem Titel „Memoriał", das vom 21. Dezember 1976 datierte, also schon nach den Ereignissen in Radom und Ursynów verfaßt und von Leszek Moczulski unterzeichnet worden war. Es schien mir ein ernsthaftes und interessantes Dokument zu sein. Das damalige System der Machtausübung wurde kritisch bewertet, es wurden oppositionelle, aber konstruktive Vorschläge gemacht. Moczulski ging es u. a. darum, daß die

[158] Schlesischer Wallfahrtsort, Marienheiligtum.
[159] Hohe Auszeichnung im kommunistischen Polen.
[160] Mit diesen Ausdrücken beschimpften die konservativen Parteien im Sejm vor allem den heutigen Staatspräsidenten Kwaśniewski, der seine politische Laufbahn als Jugend- und Sportminister unter Jaruzelski begonnen hatte. Durch diese Diffamierungen, mit denen auch Kwaśniewskis Wahlplakate beschmiert wurden, sollte letzterer als Präsidentschaftskandidat unmöglich gemacht werden.

Prozesse der Polarisierung „nicht unkontrollierbare Formen annehmen", daß „die Änderungen zwischen den Polen der Staatsmacht und der Gesellschaft" auf evolutionäre Weise vor sich gingen. Am wichtigsten war jedoch, daß Moczulski fest und nüchtern auf dem Boden der Realität stand. Die folgenden Auszüge aus diesem Dokument mögen davon Zeugnis ablegen: „Der evolutionäre Wandlungsprozeß muß von ausschließlich polnischen Oppositionszentren aus gesteuert und geleitet werden, und wenn es einerseits möglich, ja notwendig und erforderlich ist, innerhalb des sozialistischen Lagers, besonders mit der UdSSR, zu Absprachen zu kommen, so darf man andererseits irgendwelchen nicht polnischen Kräften außerhalb des sozialistischen Lagers keinen Einfluß geben ... Es ist einfach objektiv notwendig festzustellen, daß es in den vergangenen Jahrzehnten einen riesigen Fortschritt auf allen Gebieten gegeben hat, wobei die positivsten, dynamischsten Prozesse in der Wirtschaft in der ersten Hälfte der 70er Jahre stattfanden.

An die Stelle des alten, in Klassen und Schichten gespaltenen Volkes ist eine neue, prinzipiell einheitliche Gesellschaft getreten ...

... In Polen gibt es keine ihrem Wesen nach antisozialistische Opposition – und zwar deshalb nicht, weil es für eine solche Opposition keine gesellschaftliche Basis gäbe. Zwar gibt es Einzelpersonen, die vielleicht von einer Ablösung des Sozialismus durch den Kapitalismus träumen, aber diese Menschen sind so wirklichkeitsfern, daß sie nichts zustande bringen können ... Es sind sich doch praktisch alle darüber einig, daß eine Wiederbelebung des Kapitalismus in Polen ebenso wahrscheinlich erscheint wie eine Ersetzung des elektrischen Lichtes durch Holzscheite. Die Behauptung, die polnische Gesellschaft sei sozialistisch, ist kein propagandistischer Slogan.

Im übrigen fehlen die materiellen und organisatorischen Voraussetzungen für eine Rückkehr des Kapitalismus. Wer braucht denn eine Reprivatisierung der Fabriken, und wer würde sich mit einem solchen Schritt einverstanden erklären? Man sollte noch hinzufügen, daß die polnische Gesellschaft sehr elitär eingestellt ist und allen Gruppen, die ein wesentlich über dem Durchschnitt liegendes Einkommen erzielen, mit offenem Unmut begegnet. Alle Krauter und Hersteller eleganter Lederwaren sind dem gesellschaftlichen Empfinden moralisch verdächtig. Was soll man da erst über wirkliche Kapitalisten sagen? In der gegenwärtigen Situation gibt es für das Entstehen einer wie auch immer gearteten antisozialistischen Opposition keinerlei materielle, gesellschaftliche und gesellschaftspsychologische Basis."

Indem ich das obige Zitat anführe, möchte ich Moczulski nicht dafür kritisieren, daß er seine Meinung geändert hat. Jedermann hat das Recht dazu. Was ich ihm dagegen verüble, ist die Maßlosigkeit, mit der er seine heutigen Positionen vertritt.

Durch die Reihen der Polnischen Arbeiterpartei und der Polnischen Vereinigten Arbeiterpartei gingen ungefähr fünf Millionen Polen. Das waren überwiegend einfache Werktätige, denen ihr Parteibuch keinerlei Privilegien verschaffte, im Gegenteil – oft erlegte es ihnen zusätzliche Verpflichtungen auf. Sie strömten in die Partei, weil sie das Bedürfnis hatten, in ihr mitzu-wirken, aus Motivationen, die man als Gemeinschaftsgeist und Patriotismus bezeichnen könnte.[161] Welche Karriere konnten schon Bergleute und Spinnerinnen, Eisenbah-ner und Buchdrucker, Stahlschmelzer und Besitzer einiger Hektar sandigen Bodens machen? Junge Ingenieure, schlecht bezahlte Ärzte und Lehrer? Betrachten wir andererseits, wie viele hervorragende Vertreter von Wissenschaft und Kultur, Journalismus und Sport es in der Partei gab. Sie haben der Partei mehr Nutzen und Glanz gebracht als die Partei ihnen. Viele von ihnen sprangen unterwegs ab. Dennoch hinterließen auch sie in der Partei ihre Spuren. Aber es gab auch viele, die bis zuletzt in der Partei blieben. Selbst dann, als sie bereits schwach war, als sie an Einfluß verlor, als sie so schmerzhafte Einbrüche bei den Wahlen erlitt. Sie blieben also nicht aus Karrieregründen. Dafür ist ein sinkendes Schiff nicht der beste Platz.

Und die anderen? Die Sekretäre, die Angestellten aller Ebenen, die Di-rektoren und die sogenannte Nomenklatura? Heute werden sie sogar von hohen Rednertribünen aus in Bausch und Bogen als „Teufelsbrut" bezeich-net. Aber das waren doch sehr unterschiedliche Menschen. Natürlich gab es unter ihnen Bürokraten und Dummköpfe, Karrieristen und arrogante Typen, ja sogar Kanaillen.

Für einen unserer schwersten Fehler halte ich unsere zu wenig durch-greifende und rigorose Kaderpolitik. Trotzdem waren die ehrlichen, klugen und effektiv arbeitenden Menschen in unserer Partei bei weitem in der Mehrheit. Ohne sie wäre der – mit Schwierigkeiten und Hemmnissen be-haftete, aber stetig vorwärts gehende – Reformkurs, mit dem wir inner-halb des sozialistischen Lagers Pionierarbeit leisteten, nicht möglich gewe-sen. Wenn sie außerdem alle nur Durchschnittsmenschen gewesen wären, die lediglich für ihre Treue zur Partei mit guten Posten belohnt wurden – wie ist es dann zu erklären, daß heute so viele ehemalige Mitglieder der PVAP ein Beispiel für Erfindungsreichtum und Leistungsbereitschaft geben? Einige sagen, das seien die Seilschaften der Nomenklatura, die zu allen Zeiten im warmen Nest gesessen hätte. Solche gab es zweifelsohne. Aber bilden sie die Mehrheit? Nein. Die Mehrheit der sogenannten Ehe-maligen bilden Menschen mit hoher Qualifikation, die gute Arbeit gelei-stet haben. Keinerlei politische Epitheta und Exorzismus-Rituale ändern etwas an dieser Wahrheit, die durch das Leben täglich neu dokumentiert wird.

[161] Die Polnische Arbeiterpartei („Polska Partia Robotnicza") war eine 1942 auf Initiative der Komintern gegründete kommunistische und prosowjetische Partei. Am 15. 12. 1948 schloß sie sich mit anderen linksstehenden Parteien zur Polnischen Vereinigten Arbeiterpartei (PVAP, „Polska Zjednoczona Partia Robotnicza", abgek. „PZPR", s. Anm. 3) zusammen, wobei, wie bei der Zwangsvereinigung von SPD und KPD in der sowjetischen Besatzungs-zone, alle nicht eindeutig prosowjetischen Kräfte kaltgestellt wurden.

Aber ich bin vom Hauptthema abgewichen. In der Tat kann man das Drama des Jahres 1981 nicht verstehen, wenn man diese Periode als Schachspiel zwischen einer kleinen Führungsgruppe und dem Rest des Volkes begreift. Dieses Volk bestand doch auch aus Millionen von Polen – wenn man ihre Familienmitglieder dazurechnet, sogar aus vielen Millionen –, die, unabhängig davon, ob sie zu dieser oder jener Partei oder Organisation gehörten oder überhaupt nirgendwo Mitglied waren, Anhänger oder Sympathisanten des damaligen Gesellschaftssystems waren und ihre guten Gründe dafür hatten, sich vor einem schockierenden „Ende der Welt" zu fürchten, vor dem Ende ihrer Welt, ihrer unvollkommenen, ja kranken Welt, an deren Aufbau sie sich jedoch ehrlich, mit guten Absichten und in staatsbürgerlicher Gesinnung beteiligt hatten. Mehr noch – bis zum heutigen Tag leisten sie einen wertvollen Beitrag, der Polen zugute kommt.

Es erhebt sich die Frage: Warum begann die Partei, die sich seit 1956 weit vom Stalinismus entfernt und in vieler Hinsicht Pionierarbeit geleistet hatte, wofür sie in der internationalen Arbeiterbewegung geachtet wurde, schwach zu werden, Einfluß und Vertrauen in der Gesellschaft zu verlieren? Es mußte so kommen, da die Doktrin von der führenden Rolle der Partei in Kraft blieb. Mangel an Demokratie rächt sich früher oder später. Wir hatten gelernt, daß die Partei regiert. Es war uns aber entfallen, daß sie sich erfolgreicher um wirkliche Partner, Verbündete und vor allem Anhänger bemühen muß. Unsere Sprache, unsere Angebote verströmten deutlich den modrigen Geruch des Anachronismus. Außerdem machte sich jenes Phänomen bemerkbar, das ich am liebsten mit einem medizinischen Begriff als „Debilisierung" der Staatsmacht bezeichnen möchte, d. h. ihr schrittweiser Übergang in den Zustand der Unzurechnungsfähigkeit.

Im August 1980 wurden nicht nur die Funktionäre und Aktivisten, sondern auch viele einfache Parteimitglieder plötzlich bestimmter Instrumente beraubt, die sie so viele Jahre lang für unfehlbar gehalten hatten. Man wußte doch, daß man sich zu allererst an dieses oder jenes Parteikomitee wandte, wenn es in der Brigade, im Produktionsbereich, im Betrieb etwas Schlechtes gab. Und jetzt mußte man auf einmal die Dinge selbst in die Hand nehmen, oft Schikanen und Spott ertragen, Rechte verteidigen, um deren Verteidigung sich früher die zentral gelenkte Propaganda gekümmert hatte.

Die Partei war wie ein Magnet, der Späne verschiedener Gestalt und Beschaffenheit anzog, wenn sie sich nur ein wenig magnetisieren ließen. Dieser Magnet zog also einerseits die beruflich und gesellschaftlich aktivsten und dynamischsten Menschen an, andererseits auch Einzelpersonen und Gruppen, die bewußt oder unbewußt kollektive Unterstützung forderten, obwohl sie ihrem Wesen nach nicht innovativ veranlagt waren.

Wann immer sich plötzlich Überbelastungen ergeben, bilden sich zwei psychologische Typen, zwei Einstellungen heraus. Die einen reagieren mit

Passivität und Rückzug. Die anderen wandeln sich unter dem Druck der Frustration zu extremen Personen, die nur auf den ersten Blick aggressiv wirken, weil sich in Wahrheit hinter diesem Gebaren im Unterbewußtsein eine Selbstverteidigungshaltung verbirgt. Aus diesen zwei Kategorien rekrutierte sich der größte Teil der innerparteilichen Opposition.

Viele Vertreter dieser Strömung wurden durch doktrinäres Verhalten, durch eine wortwörtliche Interpretation des Marxismus-Leninismus in eine oppositionelle Haltung getrieben. Es waren dies Vertreter einer Generation, die nach gesellschaftlichem Vorwärtskommen strebte, sich am aktivsten am Wiederaufbau des Landes, seiner zivilisatorischen Entwicklung beteiligte. Nicht selten waren sie davon überzeugt, nach einem ungewöhnlichen Lebenslauf, einer herausgehobenen Position im Leben zu streben. Mir liegen jedoch Vereinfachungen fern. Zu den „harten" Vertretern der Partei gehörten auch Menschen, die keinerlei Veranlassung hatten, die alte Ordnung zu verteidigen, sondern sich einfach durch die „Solidarność" beleidigt, gedemütigt und eingeschüchtert fühlten. In ähnlicher Weise gab es unter den extremen Kräften in der „Solidarność" oft Menschen, die Kränkungen erdulden mußten oder mit der Seelenlosigkeit und Arroganz des Partei- oder Verwaltungsapparates Bekanntschaft gemacht hatten.

Die Tatsache, daß viele talentierte, geborene Arbeiterfunktionäre sich auf der „anderen Seite" wiederfanden, betrachte ich als eine der größten Schwächen und Niederlagen unseres Systems der Machtausübung. Menschen wie Bujak, Frasyniuk[162] und natürlich Wałęsa waren unabhängig von ihren Führungsqualitäten immer „scharfe", harte Menschen gewesen. Auf jeden Fall waren sie für die damaligen „protokollarischen Normen" zu streitsüchtig. Sie alle haben ihre Tätigkeit unter den Bedingungen des Sozialismus begonnen. Ich glaube nicht, daß irgend ein aufgeklärter Arbeiter ein geborener Gegner der Idee des Sozialismus sein konnte. Die Mehrheit von ihnen kam aus armen Arbeiter- und Bauernfamilien. In der Volksrepublik Polen bekamen sie eine Ausbildung, konnten sie beruflich und gesellschaftlich vorwärtskommen. Wenn jemand sie zu Antikommunisten gemacht hat, dann waren das am ehesten wir. Und wenn ich „wir" sage, dann denke ich nicht nur an bestimmte Menschen, sondern hauptsächlich an Inhalt und Form des gesellschaftlichen Lebens in Polen.

Bei den Beratungen, Treffen und Besprechungen mit Parteisekretären und Wojewoden stellte ich oft die Frage: Warum sind diese Leute nicht auf unserer Seite? Sie waren nicht auf unserer Seite, weil sie sich in der Regel aus der Masse heraushoben. Und für ihre Ausdrucksweise, ihren Mut und ihre Kritik wurden sie bestraft. Entsetzlich stark war der Druck, alle

---

[162] Zbigniew Bujak und Władysław Frasyniuk, beide geb. 1954, Chefs der „Solidarność" in der Region Masowien bzw. Niederschlesien, nach Ausrufung des Kriegsrechts im Untergrund aktiv, dann inhaftiert. Nach 1989 parteipolitische Betätigung. Beide seit 1991 Sejm-Abgeordnete.

„gleichzumachen". Deshalb schlugen diese Leute sich auf die andere Seite. Dort fanden sie einen anderen Rückhalt, eine andere Philosophie.

Ich habe über dieses Thema mit Zbigniew Bujak gesprochen – wenn ich mich recht erinnere, fand dieses Gespräch Anfang 1990 statt. Er sagte mir: „Wir waren oft aufgebracht durch das Verhalten des Parteiapparats, der Verwaltung, in den Betrieben, in den Gemeinden, in den Städten. Wir waren machtlos. Das führte zu Aufstand und Protest, zwang uns dazu, nach anderen Werten zu suchen."

Aus ähnlichen Gründen verließen viele reformfreudige Mitglieder die Partei, darunter die Intellektuellen aus dem Kreis um den Klub „Doświadczenie i Przyszłość". So verloren wir viele wertvolle, kluge Menschen. Sie fehlten uns, als wir sie am nötigsten gebraucht hätten – als die Frage einer Reform für Polen zu einer Frage von „Sein oder Nichtsein" wurde.

Professor *Janusz Reykowski:*

Man ist der Meinung, daß das Bewußtsein für die Notwendigkeit von Reformen allgemein verbreitet war. Ich kann dieser Ansicht kaum zustimmen. Das, was sich in Polen wirklich änderte, waren die Erwartungen.

Ich kann zwei Hauptlinien der Entwicklung ausmachen.

Die erste ist mit dem Fortschritt im Erziehungswesen verbunden. In den 35 Nachkriegsjahren wuchs die Zahl derjenigen, die eine weiterführende Schule absolviert hatten, wohl um mehr als das Zehnfache, und die der Hochschulabsolventen um mehr als das Fünfzehnfache. Das bedeutet, daß eine große neue Bevölkerungsgruppe entstanden war, die über den Tellerrand des eigenen Hauses, des eigenen Dorfes und der eigenen Nachbarschaft hinausblickte, deren Leben sich – wenn man so sagen darf – auf einer größeren Bühne abspielte. Bei den Angehörigen dieser Bevölkerungsgruppe erstreckte sich das jedem Menschen eigene Streben nach Subjektivität, nach Einfluß auf die Umgebung, nach einem selbstbestimmten Leben auf einen größeren Problemkomplex, auch auf die politische Sphäre, und drückte sich durch die Forderung nach politischen Freiheiten aus. Diesen Bestrebungen stellte sich die autoritäre, monozentrische politische Ordnung entgegen. Das führte zu Widerstand und dem Verlangen nach Änderungen.

Die zweite Entwicklungslinie ist mit dem materiellen Fortschritt der Massen verbunden. Lange Zeit war dieser Fortschritt hauptsächlich eine Art Verwirklichung des „ideologischen Versprechens", daß ein System geschaffen werden solle, welches die gesellschaftliche Gerechtigkeit zu garantieren hatte. Man konnte glauben, daß dieses Ziel erreicht sei, solange die Menschen eine Verbesserung ihres Lebensstandards wahrnahmen. Aber das stimmte schon in der zweiten Hälfte der 70er Jahre nicht mehr. Es nahm also das Gefühl zu, die gesellschaftliche Ordnung sei ungerecht und betrügerisch und erfülle nicht die elementaren Versprechen. Gleichzeitig konnten sich immer mehr Menschen davon überzeugen, daß in anderen Ländern, wo freie Marktwirtschaft und Demokratie herrschten, die Menschen viel besser lebten als in Polen.

Hier haben wir es also mit zwei großen Strömungen der Unzufriedenheit mit der herrschenden Ordnung zu tun, obwohl die verschiedenen Gesellschaftsgruppen unterschiedliche Prioritäten hatten. Für die einen war der Mangel an Demokratie am wichtigsten (und am elementarsten), für andere war es die Tatsache, daß die Ideale der gesellschaftlichen Gerechtigkeit nicht verwirklicht wurden. Die „Solidarność" führte diese beiden Strömungen unter ihrem Dach zusammen, ohne sich dessen bewußt zu sein, daß diese beiden Bestrebungen – unter bestimmten Bedingungen – miteinander in Konflikt geraten konnten, denn bei der Verwirklichung der Freiheit kann man sehr wohl auf die Verwirklichung der Prinzipien der Gerechtigkeit verzichten und vice versa. Aber in der romantischen Periode des Kampfes gegen das System kam dieser Zielkonflikt niemandem zum Bewußtsein. Mehr noch, den Intellektuellen unter den Teilnehmern an den Streiks vom August 1980 gelang es, die anderen davon zu überzeugen, daß die Fragen von „Brot" und „Freiheit" untrennbar miteinander verbunden sind (was sicher eine Wahrheit ist, aber nur eine Teilwahrheit).

Das, womit wir es zu tun hatten, wird man jedoch kaum als Erreichen eines gesellschaftlichen Bewußtseins von hohem Niveau bezeichnen können. Das war allenfalls ein negatives Bewußtsein – man gab sich Rechenschaft darüber, daß das System die Erwartungen der Menschen nicht erfüllte und daß grundlegende Änderungen notwendig waren. Aber ein positives Bewußtsein – was und wie geändert werden sollte – war meiner Meinung nach allenfalls in Ansätzen vorhanden.

Der Mangel an einem solchen positiven Bewußtsein liegt heute offen zutage. Neulich hörte ich eine Rede von Professor Paczkowski, einem Mitglied der Akademie der Wissenschaften. Er meinte, die polnische Intelligenz sei mindestens zweimal in diesem Jahrhundert von den von ihr selbst bewirkten Änderungen überrascht worden. Es habe sich gezeigt, daß die Wirklichkeit jeweils völlig anders war, als man gedacht hatte. Diese Überraschung zeugt von einem begrenzten Verständnis der Natur gesellschaftlicher und politischer Mechanismen. Die Intelligenz hat die Neigung, die Gesellschaft unter dem Blickwinkel von Wertekategorien zu betrachten und nicht unter dem Blickwinkel der realen Kräfte und objektiven Prozesse.

Über die Situation der Intelligenz in entscheidenden geschichtlichen Momenten macht Norwid eine interessante Aussage: „Ich habe an den Diktator (Chłopicki[163]) geschrieben und ihn gefragt, was die polnische Intelligenz macht." Antwort: „Die polnische Intelligenz sitzt auf einem hohen Roß." Darauf Norwid: „Wenn sie auf einem hohen Roß sitzt, steht sie nicht mit beiden Beinen auf dem Boden." Das ist bis heute aktuell.

Diese Sünde wird meistens den schöpferischen gesellschaftlichen Kreisen zugeschrieben. Ich kann also sagen, daß diese Kreise auch uns Steine in den Weg gelegt haben, wodurch dann letztendlich die Ausrufung des Kriegs-

---

[163] Józef Chłopicki, 1771-1854, poln. General.

rechts notwendig wurde. Ich weiß, daß das provokativ klingt. Ich hegte und hege viel Sympathie für diese Gesellschaftsschicht, für die Menschen der Kultur und der Kunst. Ich kenne und würdige ihre großen Verdienste um die Verbreitung patriotischer, humanistischer und ästhetischer Werte im Leben des Volkes. Trotzdem waren die für diese Gesellschaftsschicht so kennzeichnenden Emotionen oft stärker als Vernunft und Verantwortungsbewußtsein. Es ist eine Sache, ein Feuer anzuzünden, aber es ist eine andere, es weiter anzufachen, wenn es sowieso schon brennt.

Außerdem muß man ehrlich sein, und darum war es unterschiedlich bestellt. Ich erinnere mich an ein Treffen mit einer Gruppe führender Vertreter von Verbänden der Kulturschaffenden, an dem ich Mitte 1981 gemeinsam mit Rakowski teilnahm. Im Verlauf der Diskussion stellte einer von ihnen – ein Musiker – die Behauptung auf, Polen sei eine „kulturelle Wüste". Ich war mir der Unvollkommenheit der damaligen Kulturpolitik bewußt, besonders verschiedener Einschränkungen, Verbote und geradezu idiotischer Dinge. All das stimmte. Aber es stimmt auch, daß Polen in diesen so vielgeschmähten 45 Jahren zu einer kulturellen Macht geworden war. Neulich war ich in einem Konzert unserer Nationalen Philharmonie. Vor kompetenten Leuten sprach ich über ihre Errungenschaften, ihre Erfolge. Jemand erinnerte daran, daß das Philharmonische Orchester nach dem Kriege viele Dutzend Male im Ausland gewesen sei, aber in der Zeit zwischen den Weltkriegen nur ein einziges Mal. Ich fragte, wo. Die Antwort war ebenso überraschend wie bezeichnend – hatte doch diese eine Auslandsreise nach ... Danzig geführt!

Ich bewundere die Eloquenz und das Engagement von Jerzy Waldorff.[164] Viele Jahre lang habe ich gelesen und gehört, wie er die Regierung dafür rügte, daß sie sich u. a. zu wenig um die Entwicklung der musikalischen „Infrastruktur" Polens kümmere. Auch jetzt lese ich seine wie immer interessanten Feuilletons in der Zeitung „Polityka". Und was zeigt sich da? Wozu brauchen wir in Polen 20 Symphonieorchester? Es genügen vier. Jawohl – vier.

Jahrelang wurde die Staatsmacht von den Wissenschaftlern und Kulturschaffenden unter Druck gesetzt: mehr, mehr, mehr ... Heute wird die sogenannte Staatswirtschaft heftig dafür kritisiert, daß sie finanziell über ihre Verhältnisse gelebt habe. Auch das stimmt. Aber mögen sich auch diejenigen an die Brust schlagen, die damals Forderungen stellten, heute aber – obwohl uns natürlich kulturelle Verödung droht – gegenüber den Forderungen anderer taub sind.

---

[164] Jerzy Waldorff, geb. 1910, Publizist und Musikkritiker, außerdem Autor von Feuilletons in der Zeitung „Polityka" und in dem Magazin „Wprost" („Geradeheraus"), das in Aufmachung, Inhalt und Funktion dem deutschen „SPIEGEL" vergleichbar ist (s. auch Anm. 328).

KAPITEL 19

Leben auf Kredit

Im Jahre 1981 bereiteten uns unsere Nachbarn eine Reihe unangenehmer Überraschungen mit langfristigen Folgen. Wie kam es dazu? Als die Emotionen in der Öffentlichkeit zunahmen, kamen vor diesem Hintergrund nicht nur bedrohliche, sondern verrückte Ideen auf. In Flugblättern, die von einigen regionalen oder Betriebszellen der „Solidarność" unterzeichnet waren, wurde zum Boykott des Baus einer Hochspannungsleitung aufgerufen, die das sowjetische Kraftwerk im ukrainischen Chmelnizki mit Polen und weiter mit der Tschechoslowakei und Österreich verbinden sollte. In dem erwähnten Flugblatt wurde unter dem Vorwand der Revanche für eine angeblich unausgeglichene Handelsbilanz mit der UdSSR „ein Trennen der Erdölpipeline und ein Absperren der Ventile in Płock" sowie eine Blockierung der Eisenbahngleise für sowjetische Transporte in die DDR vorgeschlagen. Die Leitung der „Solidarność" distanzierte sich von solchen Parolen, sah in ihnen zufällige Extratouren ohne Bedeutung. Dennoch – „die Worte flogen als Spatz los und kamen als Ochse zurückgetrampelt". Vielleicht war das der berühmte Tropfen, der das Faß zum Überlaufen brachte, vielleicht war es auch nur ein Vorwand, jedenfalls wurde festgestellt, daß das Territorium Polens zu einem „seismischen", also unsicheren Gebiet geworden sei, auf dem man keine Zusammenarbeit mit Perspektive gestalten könne. Auf die Folgen brauchte man nicht lange zu warten.

Die große Gasleitung aus der UdSSR in die EG-Staaten – ein Jahrhundertgeschäft – nimmt einen eigenartigen Verlauf. In der Ukraine führt sie beinahe rechtwinklig nach Süden und durch die Tschechoslowakei nach Westen. Nach Polen führt nur ein enger Abzweig. Die Entscheidung über die Änderung des Verlaufs der Gasleitung wurde in eben jenen Tagen getroffen. Die entsprechenden Investitionsverträge und der finanzielle Aufwand folgten. Das Projekt der Einrichtung einer Fährverbindung Klaipeda-Świnoujście wurde fallengelassen. (Anm. d. Übers.: Klaipeda ist der heutige Name des ehemaligen Memel.) Die Sowjetunion und die DDR trafen die Entscheidung, daß der Fährhafen in Mukran auf Rügen gebaut werden sollte, buchstäblich von Grund auf. Wir wurden nicht einmal an der Realisierung dieses Projekts beteiligt. Die sich daraus ergebenden Verluste sind groß und werden weiter zunehmen. Man schätzt, daß wir schon im ersten Betriebsjahr dieser Linie rund 100 Millionen Dollar verloren haben. Heute, wo die Route Rügen-Klaipeda von acht Fähren bedient wird, entgehen uns 30 % des Transits vom Gebiet der ehemaligen DDR, vor allem in die baltischen Staaten und nach Rußland. Die Verluste werden noch größer werden, wenn die Fähren Baltijsk und Kaliningrad anlaufen. Zurück zum Jahr 1981:

Damals wurde die Route des Transitverkehrs aus Österreich, der Tschechoslowakei und Ungarn, der bis dahin über den Hafen Szczecin-Świnoujście lief, nach Hamburg und Rostock umgeleitet. In den späten 80er Jahren waren unsere südlichen Nachbarn und die Skandinavier nur teilweise zu einer Korrektur bereit.

Jetzt, da die EG-Staaten eine vollständige Integration untereinander anstreben und sich auf den östlichen Märkten etablieren, vervielfachen sich die Verluste, die sich aus der Einschränkung des Transitverkehrs durch Polen ergeben. In diesen Angelegenheiten gibt es keine Verjährung. Im Jahre 1981 kam es ebenfalls zu einer Schuldenanhäufung, die uns an den Rand des Ruins brachte. Bei gutem Willen der Gläubiger hätte man irgendeine Lösung suchen können. Aber die Herzen der Banker sind für fremde Bedürfnisse wenig empfänglich. Ich wundere mich deshalb nicht, daß die westlichen Geschäftsleute in den Verhandlungen eine zunehmend harte Linie fuhren. Wir hatten doch 1981 rd. drei Milliarden US-Dollar an Zinsen und rd. sieben Milliarden US-Dollar an Kapitalraten zu zahlen.

Hier haben wir es mit einem Paradox zu tun. Der politische Westen begeisterte sich enthusiastisch für das polnische Experiment. Der finanzielle Westen ließ sich von dem Verlustrisiko und den geringer werdenden Gewinnaussichten abschrecken. Bei uns dagegen herrschte 1981 folgendes Denkmuster vor: Der Westen lobt und unterstützt uns, der Osten tadelt uns, bedroht uns und macht uns das Leben schwer. Die Wirklichkeit war komplizierter. Nach dem August 1980 gingen die gesellschaftspolitischen Änderungen in Polen in die vom Westen gewünschte Richtung. Man hätte meinen sollen, daß wir dafür beträchtliche Unterstützung erhielten. Von wegen. Je lauter der Chor der Schöngeister wurde, die begeistert die Verwirklichung der polnischen Freiheitswünsche besangen, desto stärker ging der Handel zurück, desto schwieriger wurden die Finanzbeziehungen.

Ich komme noch einmal auf die Kohlefrage zurück. Heutzutage sagt man, daß Erdöl die Welt regiert. Polen wurde damals von der Kohle regiert. Als es zu einem Einbruch beim Import von Versorgungsgütern aus dem Westen kam, wurde die Kohle zu unserem einzigen Exporttrumpf. Leider konnten wir diesen nicht ausspielen. Wir mußten unseren Binnenmarkt retten und büßten dafür zeitweise die nächstgelegenen Absatzmärkte, vor allem Skandinavien, ein. Die Geschichte kehrte zu ihrem Ausgangspunkt zurück. Unsere Kohle war dort seit Mitte der zwanziger Jahre ein ständiger Absatzfaktor gewesen. Wir eroberten diese Länder während des Kohlestreiks in Großbritannien im Jahre 1926. Für seine Kohle konnte Polen in Schweden u. a. Kanonen für die Batterie auf der Halbinsel Hela kaufen, die sich 1939 so schön ins Buch der Geschichte eingeschrieben hat ...[165] Von dort bekamen wir auch Lizenzen für die berühmten Bofor-Fliegerabwehrkanonen.

[165] Diese Batterie hatte 1939 den deutschen Aggressoren am längsten Widerstand geleistet. (Auskunft von Jaruzelski gegenüber dem Übersetzer)

Und die Folgen der langen Blockade der Fleischexporte nach Großbritannien aus dem Hafen Gdynia ... Seit Jahren lagerten wir dort traditionsgemäß eine gewisse Menge Speck. Wie schwer es ist, Konzessionen für den Export von Lebensmitteln in die EG-Staaten zu bekommen, sehen wir heute ganz deutlich bei unseren nächsten Schritten Richtung Europa. Dabei haben wir doch für den Erlös dieser Exporte andere, billigere, unbearbeitete Fleischsorten importiert. Natürlich in viel größeren Mengen, um die auf den Bezugsscheinen eingetragenen Mengen abdecken zu können. Die Blockade führte zur Nichteinhaltung von Terminen und zu einem mindestens zeitweisen Verlust von Marktsegmenten.

Auch der RGW[166] war keine Organisation mit philanthropischen Zielen. Vom 2. bis 4. Juli 1981 nahm ich in meiner Eigenschaft als Premier an der RGW-Sitzung in Sofia teil. Ständig wurde ich gefragt, wann Polen seinen Export- und Kooperationsverpflichtungen nachkomme, ob man bei der Erstellung der Bilanzen noch mit diesen Lieferungen rechnen könne. Diese Situation war für mich geradezu demütigend. Trotzdem: So entschieden mißmutig und kritisch sich die RGW-Länder gegenüber den politischen Entwicklungen unseres Landes auch verhielten, so waren die Wirtschaftsbeziehungen doch lange Zeit eine geschützte Sphäre. In unserer Gesellschaft hatte sich das Denkmuster eingebürgert, daß wir beim Handel mit der UdSSR die Verlierer seien, daß wir betrogen, ja ausgebeutet würden. Das war 1981 einer der Propagandaschlager der Opposition. Ich behaupte nicht, daß beim Handel mit der UdSSR immer alles günstig war. Das lag in erster Linie an Fehlern des Systems. Der Transferrubel war krank, das Verrechnungssystem unzulänglich. So konnte niemand ganz zufrieden sein. Wir kauften Erdöl und Gas zu Preisen weit unter Weltmarktniveau. Gleichzeitig dachten wir, daß wir z. B. für Schiffe und Erzeugnisse der Leichtindustrie höhere Preise bekommen müßten. Und wie war es wirklich? Welche Volkswirtschaft verlor und welche gewann, erfuhren wir erst, als wir auf Weltmarktpreise und die Umrechnung in Dollar umgestiegen waren.

Vor einigen Jahren berichtete mir unser ehemaliger Botschafter in der UdSSR, Jan Ptasiński, über ein sehr interessantes Ereignis. Gegen Ende der 60er Jahre hatte das Institut für Konjunktur und Preise eine Expertise über den Handel mit der UdSSR erstellt. Daraus ging hervor, daß für Polen ein Austauschmodell, wie wir es in den Jahren 1990-1991 bekamen, günstiger gewesen wäre. Gomułka schlug Breschnew und Kossygin ein solches Modell vor. Sie nahmen es mit Mißtrauen auf, denn sie befürchteten einen Präzedenzfall, der prinzipielle Änderungen des ganzen Verrechnungssystems im RGW hätte nach sich ziehen können. Trotzdem gaben sie dem Drängen Gomułkas nach. Der sowjetische Handelsminister Iwan Patolitschew wurde beauftragt, erste Kalkulationen und Anträge zu erstellen. Während Pato-

---

[166] Der Rat für Gegenseitige Wirtschaftshilfe, abgek. „RGW", auch „COMECON" genannt, war das sozialistische Gegenstück zur EG. 1991 aufgelöst.

itschew daran arbeitete, stand die polnische Botschaft in direktem Kontakt mit ihm. In einem bestimmten Moment zeigte sich, daß es für uns sehr unvorteilhaft gewesen wäre, wenn man die polnischen Vorschläge akzeptiert hätte. Ptasiński fuhr nach Warschau und unterrichtete Gomułka davon. Ich brauche wohl nicht zu schildern, mit welcher Nervosität die Ausführungen des Botschafters aufgenommen wurden. Gomułka ging es um die polnischen Interessen. Er empfahl Ptasiński also, diese Sache in Moskau „abzublasen". Wir mußten viel Überzeugungsarbeit leisten, um Patolitschew mit Appellen an seine internationalistischen Empfindungen dazu zu bringen, daß die sowjetische Seite von diesen Plänen Abstand nahm.

Das alles heißt natürlich nicht, daß man Anlaß hätte, die Wirtschaftsbeziehungen mit dem Osten nur zu loben. Sie waren schließlich von einer Erbsünde belastet – von der doktrinären Orientierung auf den Vorrang der Schwerindustrie sowie anderen Beschränkungen und Anachronismen. Aber das ist Geschichte. In den Jahren 1980 und 1981 begannen die RGW-Länder jedoch, nicht ohne offenes, hartnäckiges Drängen seitens der UdSSR, sich grundsätzlich ihrer Verpflichtungen gegenüber Polen zu entledigen. Andererseits waren unsere Bemühungen, in die Beziehungen zu diesen Ländern wieder einen normalen Rhythmus hineinzubringen, ergebnislos. Schon im Mai 1981 begann die UdSSR darauf zu drängen, die beiderseitigen Lieferungen zu bilanzieren und auszugleichen. Und das waren keine kleinen Größen. Im ersten Quartal 1981 lieferten wir statt 5,5 Millionen Tonnen Kohle nur 620 000 Tonnen. Außerdem führte der Rückgang unserer Exporte in die DDR zu schweren Erschütterungen in ihrer Wirtschaft, es wurden Interventionskäufe in den kapitalistischen Ländern notwendig. Daraufhin warnte man uns, daß ein Rückgang bei Importen aus der DDR drohe. Wenig später – am 5. Oktober – übergab mir der Botschafter der DDR, Neubauer, einen dramatisch formulierten Brief des Ministerpräsidenten Willy Stoph. Er konstatierte einen Einbruch bei den Lieferungen aus Polen, besonders bei der Kohle. Angesichts der Kredite, die wir früher aus der DDR erhalten hatten, war das eine besonders peinliche Mahnung. Und da gab es noch einen Aspekt unserer Handelsbeziehungen zu den sozialistischen Staaten. Die Lieferungen aus Polen im Rahmen des Handels und der sonstigen Kooperation sollten doch nicht in Regierungsgebäuden, sondern in den Betrieben und auf dem Markt landen. Deshalb wirkte sich die Verschlechterung der Beziehungen auf die Meinung der Belegschaften und auf die gesellschaftliche Stimmung in der DDR aus.

Viclen Polen schien es, als ob uns alle anstarrten wie die „Morgenröte der Freiheit". Unterdessen konnte der durchschnittliche Tscheche, Ungar, DDR-Bürger, von den Russen ganz zu schweigen, nicht mehr verstehen, was bei uns vorging. Man begriff noch, daß wir Schwierigkeiten hatten, Hilfe erwarteten. Aber das Verständnis endete dort, wo die Störungen begannen, die mit dem Ausbleiben der Lieferungen aus Polen zusammenhingen. Man hörte und las von einem Streikfestival in unserem Land, ja, sah es im Fernsehen mit eigenen Augen. Also nahmen die Verärgerung und die öffentlichen Ausfälle gegen uns zu. Im Ergebnis schlug es auf uns zurück, daß wir in einer Zeit, in der wir weitgehend auf Kosten unserer Nachbarn gelebt hatten, uns eine Mentorenrolle ihnen gegenüber angemaßt, sie schulmeisterlich darüber belehrt hatten, wie sie mit ihren innenpolitischen Problemen fertig werden sollten.

Polen war Vorreiter bei den demokratischen Veränderungen. Leider aber gerieten wir auch in den Ruf der Sorglosigkeit, Unehrlichkeit und Schlampigkeit. Kádár und die Ungarn hielten sich bei der Kritik an Polen am meisten zurück. Auch Rumänien wich etwas von der allgemeinen Linie ab. Ceauçescu war einem inneren Zwiespalt ausgesetzt. Einerseits war ihm das, was in Polen vor sich ging, außerordentlich unangenehm. Andererseits überwog sein Drang, Moskau wieder einmal „auf der Nase herumzutanzen". Deshalb auch reagierte Ceauçescu umgehend, als eine Welle der Kritik an den polnischen Kulturschaffenden durch die Presse unserer Nachbarländer ging. Er schickte eine Delegation des rumänischen Schriftstellerverbandes nach Polen, die einen neuen Vertrag über die Zusammenarbeit mit dem polnischen Schriftstellerverband unterzeichnen sollte. Jan Józef Szczepański[167] erwähnt diese Tatsache in seinem Buch „Kadenz" geradezu mit Rührung.

An dieser Stelle möchte ich eine Anmerkung allgemeiner Natur machen. Es herrschte die Meinung vor, daß Rumänien keine Intervention drohe, obwohl Ceauçescu in mehrfacher Hinsicht die Rolle des Hechts im Karpfenteich spielte. Das ist einfach zu erklären. Die Lage dieses Landes stellte kein großes geostrategisches Problem dar. Man kann geradezu sagen, daß der Warschauer Pakt auch ohne Rumänien hätte existieren können. Ohne Polen dagegen nicht. Auch gab es gegenüber Rumänien nicht den prinzipiellen Vorbehalt, daß zersetzende innenpolitische Prozesse im Gange seien. Die Opposition war vollkommen geknebelt. Die Partei hielt das Heft fest in der Hand. Mit einem Wort, es herrschte Ordnung im Land. Und der Aufbau des Sozialismus ging voran. Und Ceauçescus diverse Bockigkeiten? Nun ja, die waren schon ärgerlich, schufen jedoch niemals eine Situation, die ein ernsthaftes Eingreifen, gar eine Intervention notwendig gemacht hätte.

Nach der Ausrufung des Kriegsrechts wurden wir vom Westen sehr hart behandelt. Derselbe Westen tolerierte jedoch viele, viele Jahre lang die drastische Einschränkung der Bürgerrechte und das rücksichtslose diktatorische Regime, die in Rumänien auch eine Art Kriegsrecht schufen. Mehr noch, der „Conducator"[168] wurde mit Komplimenten überhäuft. Er bekam einen Adelstitel des britischen Imperiums und viele andere Ehren und

---

[167] Jan Józef Szczepański, geb. 1919, Schriftsteller, 1980-83 Vorsitzender des Polnischen Literatenverbandes („Związek Literatów Polskich", abgek. „ZLP"), 1989-90 Vorsitzender des nach der 1983 erfolgten Auflösung des ZLP neugegründeten Schriftstellerverbandes („Stowarzyszenie Pisarzy Polskich").

[168] „Conducator" („Führer") war der selbstverliehene Titel Ceauçescus.

Orden. Ich erinnere mich an den Besuch Henry Kissingers in Warschau im Jahre 1990. Er besuchte mich im Belvedere. Wir sprachen u. a. über die Beziehungen zwischen Polen und dem Westen. Ich sagte zu ihm: „Denken Sie daran, wie vor Jahren Präsident Nixon und Ceauçescu auf den Straßen Bukarests zusammen einen rumänischen Volkstanz tanzten. Wahrscheinlich war damals schon bekannt, mit wem man es bei Ceauçescu zu tun hatte, wie sein Regime aussah. Aber auf diese Weise wurden seine Nadelstiche gegenüber Moskau belohnt." Polen gegenüber wurden andere Maßstäbe angelegt. Ich will darüber nicht im Ton einer beleidigten Schönen sprechen. Die Politik hat ihre Gesetze – man muß darüber offen und ehrlich reden.

Am 4. und 5. Juli war der sowjetische Außenminister Gromyko in Warschau zu Gast. Die Presse berichtete über sein „Treffen mit Stanisław Kania und Wojciech Jaruzelski". Bei dem Treffen sei es zu einem „intensiven Gedankenaustausch über verschiedene Aspekte von beiderseitigem Interesse" und einige allgemeine Fragen gekommen. Eine rätselhafte und deshalb verdächtige Formulierung.

Gromyko war ein sehr erfahrener Politiker, der damals eine außerordentlich starke Position in der sowjetischen Führung hatte. Er war einer der Architekten und Regisseure der sowjetischen Außenpolitik nach dem Zweiten Weltkrieg und mit vielen westlichen Partnern gut bekannt. Da er ein harter und unnachgiebiger Politiker war, nannte man ihn in diplomatischen Kreisen „Mister Njet". Er hatte ein „steinernes" Gesicht und einen etwas schiefen Mund. Aber er konnte gut zuhören. Wenn er „aus sich herausging", war er sogar sympathisch.

Die Gespräche dauerten insgesamt 11 Stunden. Von unserer Seite war Kania die ganze Zeit dabei, meistens auch ich. Gromyko sollte der Führung der Volksrepublik Polen im Auftrag Breschnews die Bewertungen und Vorschläge der sowjetischen Führung überbringen. Das war zweieinhalb Monate nach dem Besuch Suslows, der in Moskau die Hoffnung übermittelt hatte, daß „der Konterrevolution Einhalt geboten werde", und einige Tage vor dem IX. Parteitag. Gromyko hatte also zweifelsohne den Auftrag, uns entsprechend „zu unterstützen".

Der Tenor seiner Ausführungen: In Polen sei eine konterrevolutionäre Bedrohung entstanden. Die Fäden würden vom Westen gezogen. Dem müsse eine Abfuhr erteilt werden. Das könne nur eine marxistisch-leninistische Partei tun. Ihre Tätigkeit dürfe sich nicht auf Worte und Deklarationen beschränken. Die „Solidarność" sei zu einer politischen Partei geworden. Ihr Hauptziel sei die Machtergreifung. Das sei nicht so sehr an den sprunghaften Erklärungen abzulesen, die vor allem Wałęsa abgebe, sondern an den konkreten Aktivitäten. Die polnischen Behörden träten dem nicht entschieden genug entgegen. Das KOR sei das Gehirn. Durch diese Organisation steuere der Imperialismus die Entwicklung in Polen. Die Führer der KPN seien immer noch auf freiem Fuß. Kein Staat könne es sich erlauben, daß eine Organisation, die auf den Sturz der Staatsmacht abziele, frei und ungestraft agieren könne. Die innenpolitische Situation in Polen werde immer komplizierter, politische Forderungen nähmen zu. Die Staatsmacht lasse sich auf Zugeständnisse ein, um die Streiks zu beenden. Man dürfe sich nicht fürchten und müsse „die Durststrecke der verschärften Situation durchschreiten", einen Umschwung herbeiführen. Jede Revolution müsse sich verteidigen. In Frankreich habe es die Guillotinen gegeben. Auch das revolutionäre Rußland habe sich verteidigen können. Polen brauche einen effektiven Plan für solche Maßnahmen. Es gebe Möglichkeiten, ins Herz der Konterrevolution zu treffen.

Im allgemeinen zeige sich ein düsteres Bild, die Gefahren seien heute größer als gestern. Man müsse entschieden und effektiv handeln. Die Staatsmacht müsse die Staatsmacht bleiben. Die Partei müsse marxistisch-leninistisch sein. Es wäre eine Katastrophe, wenn sie sich zu einer sozialdemokratischen Partei wandelte. Notwendig seien die Einheit der Partei und die Geschlossenheit ihrer Führung. Man müsse persönliche Animositäten zurückstellen. (An dieser Stelle rechtfertigte und verteidigte Gromyko unter Hinweis auf den Brief des ZK der KPdSU an das ZK der PVAP diejenigen, die auf dem XI. Plenum des ZK der PVAP die Parteiführung kritisiert hatten.) „Ihre Äußerungen", meinte er, „waren vielleicht zu emotional, aber das sind ideologisch sehr gefestigte Menschen, man darf sie nicht kränken, sondern muß ihnen gegenüber Großmut zeigen und darf sich nicht an ihnen rächen!" Ich weiß nicht, warum er das sagte, niemand hatte eine solche Absicht.

In Polen würden die Errungenschaften der Vergangenheit, aber auch die führende Rolle der PVAP untergraben. Ihre horizontalen Strukturen würden zerschlagen. Es gehe nicht an, daß sich die regionalen Organisationen den höheren Instanzen nicht unterordneten.

Die Bauern-„Solidarność" sei eine noch nicht vollständig ausgebildete Kulaken-Partei.[169] Ihre Legalisierung sei ein Fehler gewesen. Der sozialistische Sektor auf dem Land sei in Gefahr. Die polnische Politik gegenüber den Bauern werde sich früher oder später rächen. Die Bauern würden ihre Erzeugnisse nur noch zu von ihnen diktierten Bedingungen verkaufen wollen. Nur eine vergesellschaftete Landwirtschaft garantiere das Überleben. Ohne die Kolchosen hätte die Sowjetunion den Krieg nicht überstanden.

In den Massenmedien gebe es keine positiven Veränderungen. Die sozialistische Ideologie werde attackiert. Es würden Theorien darüber in Umlauf gebracht, daß sie sich für Polen nicht eigne. Darüber werde u. a. in der Warschauer Universität gesprochen. Man berufe sich auf Keynes, Mille und

---

[169] „Kulaken" – eigentliche Bedeutung „Fäuste" – war in der sowjetischen Propagandasprache das Schimpfwort für Großbauern.

Ricardo.[170] Warum seien Problemlösungen, die den Tschechen, Ukrainern und Georgiern recht seien, den Polen nicht billig? Alle sozialistischen Länder seien über die Situation in Polen sehr beunruhigt. Was bei uns geschehe, berühre die gemeinsamen Interessen. Mit großer Trauer sprach er auch über die Schändung sowjetischer Gräber und Denkmäler.

Gromyko unterstrich, daß die weitere Entwicklung der wirtschaftlichen Zusammenarbeit davon abhängen werde, wie Polen sich darstelle. Wenn Polen von einer marxistisch-leninistischen Partei regiert werde, könne es auf Hilfe rechnen. Wenn jedoch der IX. Parteitag eine zufällige Führung hervorbringe, wenn die Prinzipien untergraben würden – wenn sich dadurch die Beziehungen, u. a. die Wirtschaftsbeziehungen, radikal änderten –, was solle dann aus Polen werden?

Die Menschen in der Sowjetunion wollten die Polen zu Freunden haben. Der Sozialismus sei die einzige Staatsform, die die Unabhängigkeit Polens und die Sicherheit seiner Grenzen wirklich garantieren könne. Die innenpolitische Rückversicherung durch Verträge und Abkommen mit der „Solidarność" habe ihre Grenzen. Diese seien der Warschauer Pakt und die bilateralen Abkommen.

Mancher wird sagen: Das war doch offene Erpressung. Aber dieses Wort hat keinen Sinn, wenn es aus dem historischen Kontext herausgerissen wird. Für eine solche Fragestellung hatten wir übrigens ein bewährtes Rezept. Ich habe schon früher darauf hingewiesen, daß Stanisław Kania und ich bei allen Gesprächen mit den Verbündeten konsequent waren. Wir warben stets um Verständnis für unsere spezifischen historischen und gegenwärtigen, inneren und äußeren, wirtschaftlichen, politischen und psychologischen Bedingungen. Auch diesmal argumentierten wir: Die Situation sei ungewöhnlich kompliziert. Die gesellschaftliche Unzufriedenheit habe Massencharakter angenommen. Die „Solidarność" greife an. Aber kein Feind könne so viel Schaden anrichten wie eigene Fehler, und die habe es in den vergangenen Jahrzehnten zuhauf gegeben.

Unsere wirtschaftliche Lage sei katastrophal. Das Volkseinkommen gehe zurück. Der Markt sei wie leergefegt. Diese Situation setze der Staatsmacht und der Partei zu und werde gegen sie verwendet. Das Bündnis und die Zusammenarbeit mit der Sowjetunion hätten für Polen vorrangige Bedeutung. Die UdSSR sei unser wichtigster Wirtschaftspartner. Auf diesem Gebiet hofften wir auf weitere Hilfe. Die polnische Krise habe internationale Maßstäbe angenommen. Der daraus resultierenden Verantwortung seien wir uns bewußt.

Polen sei nicht Südamerika. Die Wiederherstellung des Vertrauens in die Partei sei eine Schlüsselfrage. Die Vorbereitungen auf den IX. Parteitag verliefen gut. Die Situation in der Partei komme in Ordnung. Aber in den Reihen der Partei gebe es auch Personen, die ihre eigene, auf die Unter-

[170] Britische Wirtschaftstheoretiker.

grabung der Autorität der Zentralorgane abzielende Politik verfolgten. Für diese Zwecke werde auch der Brief des ZK der KPdSU instrumentalisiert. Wir hätten ihn sehr ernst genommen und verstünden die dahinter stehenden Intentionen. Das XI. Plenum des ZK habe dies zum Ausdruck gebracht. Auf ihm sei die Parteiführung scharf, bis hin zum Versuch ihrer Auswechslung, kritisiert worden. Das sei eine geplante und organisierte Operation gewesen. Diejenigen, die sie inspiriert und realisiert hätten, hätten der Partei geschadet. Es werde jedoch keinerlei Rache an ihnen geben. Leider habe es auch andere ungesunde Erscheinungen gegeben. Einige sowjetische Militärs aus dem Stab der Vereinigten Streitkräfte des Warschauer Pakts hätten sich in letzter Zeit verstärkt in unsere inneren Angelegenheiten eingemischt und dabei de facto unsere Generäle und Offiziere zur Illoyalität gegenüber dem Verteidigungsminister und Premier aufgefordert. Das könne nicht geduldet werden.

Gromyko distanzierte sich davon und sagte, das seien eigenmächtige Aktionen unverantwortlicher Offiziere gewesen.

Wir mäßen die Situation nicht nur daran, ob es Konflikte gebe oder nicht. Maßstab sei auch, inwieweit wir imstande seien, unsere eigenen Beschlüsse umzusetzen. Hauptaufgabe sei also die Wiederherstellung und die Gewährleistung eines normalen Funktionierens von Staat und Wirtschaft. Den diversen antistaatlichen Exzessen würden wir entgegentreten. Die „Solidarność" sei vorwiegend eine Jugendbewegung. Deshalb sei sie empfänglich für extreme Parolen. Notwendig sei Verständnis für die spezifischen polnischen Probleme, mit denen wir zu ringen hätten. Insbesondere müsse man die Empfindlichkeit der Polen hinsichtlich ihrer Unabhängigkeit und der Rolle der Kirche berücksichtigen. Wir hofften auf gesellschaftliches Verständnis für unsere Politik. Unsere innenpolitischen Probleme würden wir aus eigener Kraft in den Griff bekommen.

Trotz dieser Argumente spürten wir, daß das Leben in Polen in der Zange zwischen der politischen Macht des Ostens und der wirtschaftlichen des Westens nur noch durch einen immer höheren Kredit in Gang gehalten werden konnte, dessen Preis nicht nur in Dollar und Rubel bestand. Der Preis konnte auch viel höher sein.

Zusammenfassend kann man sagen, daß das Gespräch mit Gromyko sehr wichtig war. Wir hatten den Eindruck, daß er, obwohl er nach diesem Gespräch unsere Situation und vor allem die Tendenz unserer Vorbereitungen auf den IX. Parteitag etwas besser begriff, seine Zweifel, Vorbehalte und Befürchtungen nicht loswerden konnte. Die Erwartungen an uns blieben hoch. Dennoch waren wir weiterhin nicht glaubwürdig genug und wurden immer schwächer.

KAPITEL 20

Eine Mauer des Mißtrauens

Im Januar 1983 erschien in der Emigrantenzeitschrift „Aneks"[171] ein interessantes Interview mit einem anonymen Gesprächspartner unter dem bezeichnenden Titel: „Der Krieg hätte nicht sein müssen." Eben darauf hatte ich seinerzeit gezählt, auf diesen Gedanken hatte ich bis zum 12. Dezember 1981 immer wieder gezählt. In einer meiner ersten Reden im Sejm am 10. April 1981, also kurz nach den Ereignissen in Bydgoszcz, hatte ich gesagt: „Unser Staat, unser ganzes Volk haben wieder einmal am Rande des Abgrunds gestanden. Wie oft kann man am Abgrund stehen? Welche Garantie gibt es, daß man nicht einmal hineinfällt?" Und weiter: „Kürzlich haben wir einen dramatischen Konflikt, eine schwere Erschütterung durchlebt. Sie haben die Verhältnisse verschärft, aber vielleicht gleichzeitig eine neue, große, unwiederbringliche Chance eröffnet. Von dieser hohen Tribüne aus appelliert die Regierung an alle – laßt uns versuchen, diese Chance zu nutzen, von neuem Vertrauen, Nähe und Zusammenarbeit aufzubauen." Und schließlich: „Wir wissen, daß es immer noch Mißtrauen gegenüber der Staatsmacht gibt. Die Staatsmacht ihrerseits hat allerdings auch Grund, mißtrauisch zu sein. Man muß also diese verfluchte Mauer zum Einsturz bringen und zu allererst das Verbindende sehen. Wir sind bereit zu Gesprächen, zu sachlichen Verhandlungen, zur operativen Klärung und Entspannung der strittigen Fragen."

Ich sagte das aus tiefster Überzeugung und ehrlichen Herzens. In meinen damaligen Ansprachen, Erklärungen und Gesprächen kann man viele ähnliche Erklärungen finden. Es half nicht viel. Gegenseitige Verdächtigungen – das war der „Tenor" der damaligen Zeit. In jedem Wort, in jeder Handlung der Staatsmacht suchte man irgendwelche teuflischen Absichten. Andererseits vermuteten auch wir in jeder Handlung oder Erklärung der „Solidarność" einen Hinterhalt, eine Bedrohung, eine Gefahr. So wurden wir schließlich alle zu Sklaven des Verdächtigungssyndroms. Das aber ist ein schrecklicher Wurm, der sich in Herzen und Hirnen festbeißt.

Man unterstellte der damaligen Staatsmacht – und diese Meinung kursiert übrigens bis zum heutigen Tage –, sie warte nur auf einen Vorwand, eine Gelegenheit, um außerordentliche Maßnahmen zu ergreifen. Das ist Unsinn. Ich war überzeugt, daß man, solange auch nur der kleinste Funken einer Chance oder Hoffnung glimme, nicht resignieren dürfe. Kania, ich und ein bedeutender Teil unserer Führungskader fürchteten uns wirklich vor extremen Lösungen. Im übrigen mahnten und warnten die Erfahrungen der

---

[171] Erschienen von 1973-90 in London.

Jahre 1956 und 1970.[172] Gewaltsame Lösungen sind ein Drama für die Gesellschaft, die Staatsmacht, den Staat. Wer will sich eine solche Last, eine solche Verantwortung auf die Schultern laden? Der pure Selbsterhaltungstrieb warnt vor solchen Maßnahmen. Also stemmten wir uns gegen den Druck, der uns dazu bringen wollte. Deshalb ist die Legende von einem „Vorwand" einfach naiv, sowohl unter politischen als auch unter psychologischen Gesichtspunkten.

Doch auch wir verstanden die gemäßigten Äußerungen, die sich auf unbestreitbare Wahrheiten beriefen, nicht immer richtig zu entziffern. Da ist z. B. ein von Adam Michnik unter der Überschrift „Zeit der Hoffnung" verfaßter Artikel, der in der September-Ausgabe 1980 des „Informationsbulletins" der Organisation KOR erschien: Michnik schrieb damals ganz realistisch: „Die Wahrheit ist, daß dieses Land ohne einen Vertrag zwischen der Gesellschaft und dem Staat nicht regiert werden kann. Wahr ist auch, daß dieser Staat trotz aller anderslautenden Sonntagsreden nicht souverän ist. Wahr ist weiterhin, daß die Polen die Tatsache der Beschränkung ihrer Souveränität durch die staatlichen und ideologischen Interessen der UdSSR in ihre Überlegungen einbeziehen müssen. Wahr ist schließlich, daß die einzigen von der UdSSR akzeptierten Regenten Polens die Kommunisten sind und daß nichts auf eine Änderung dieser Situation in der nächsten Zukunft hindeutet. Was ist daraus zu schlußfolgern? Daraus ist zu schlußfolgern, daß jeder Versuch, gegen die Gesellschaft zu regieren, in eine Katastrophe münden muß; daraus folgt ferner, daß jeder Versuch des Sturzes der kommunistischen Staatsmacht in Polen ein Attentat auf die Interessen der UdSSR ist. So ist die Realität. Sie muß einem nicht gefallen, aber man muß sie zur Kenntnis nehmen. Ich weiß, daß nicht wenige meiner Kollegen mir den Vorwurf machen werden, ich hätte die Forderungen nach Unabhängigkeit und Demokratie fallengelassen. Darauf antworte ich mit aller Ehrlichkeit: Ich glaube nicht, daß es in der gegenwärtigen Situation möglich wäre, den Durchbruch zu Unabhängigkeit und Parlamentarismus zu schaffen. Ich glaube, daß wir unsere Unabhängigkeit von innen heraus organisieren können, daß wir dann für Unabhängigkeit und Demokratie arbeiten, wenn wir eine immer besser organisierte, immer funktionsfähigere, immer wohlhabendere Gesellschaft werden, die Europa und die Welt um neue Werte bereichert, die Toleranz und Humanismus pflegt ... Dies alles müssen wir der Staatsmacht abringen, es von ihr erzwingen, denn noch nie hat ein Volk seine Rechte geschenkt bekommen. Aber laßt uns bei diesem Abringen und Erzwingen daran denken, daß man nicht das in Stücke reißen darf, was der polnische Staat ist, ein Staat ohne Souveränität, aber ein Staat, ohne den unser Schicksal unvergleichlich beschwerlicher wäre."

Das waren wohlabgewogene Worte. Andere äußerten sich ähnlich. Lech Wałęsa war oft unausgeglichen, aber in der Regel gemäßigt. Leider gewan-

[172] In diesen Jahren fanden in Polen Volksaufstände statt.

nen extreme Tendenzen ganz entschieden die Oberhand. Die Destabilisierung der Wirtschaft und der staatlichen Strukturen nahm immer bedrohlichere Ausmaße an.

Darüber hinaus tauchte in der zweiten Hälfte des Jahres 1981 ein Phänomen auf, das in klarem Widerspruch zu den Verpflichtungen stand, die die „Solidarność" im August 1980[173] eingegangen war. Als ihr Ableger, neben ihr, vor allem aber unter ihrem Schirm entstanden Organismen, die sich als Keime einer Partei definierten. Auf der Grundlage sogenannter Netze – unmittelbar miteinander zusammenarbeitender Betriebszellen der „Solidarność" – wurde im August 1981 ein Statut veröffentlicht, das mit dieser Bewegung einer „Polnischen Partei der Arbeit" („Polska Partia Pracy") verbunden war. Im September entstand eine andere Organisation mit klarer rechter Ausrichtung – der „Klub für den Dienst an der Unabhängigkeit" („Klub Służby Niedpodległości"). Im Dezember 1981 gründete man dann den Klub der Selbstverwalteten Republik „Freiheit, Gerechtigkeit, Unabhängigkeit" („Klub Samorządnej Rzeczypospolitej ‚Wolność, Sprawiedliwość, Niepodległość'") – den Keim der nächsten Partei. Hier bildete das KOR die Grundlage.

Aus dem Blickwinkel der heutigen Zeit – wo sich Dutzende von Parteien und Parteichen um einen Platz im Parlament bewerben – mögen die damaligen Befürchtungen lächerlich erscheinen. Leider waren sie jedoch in jener Zeit, besonders in Verbindung mit dem Schlagwort von einer Herausdrängung der PVAP aus den Betrieben, geradezu schockierend. Eines der Hauptargumente für die Intervention in der Tschechoslowakei im Jahre 1968 war die Gründung einer sozialdemokratischen Partei gewesen. In unserem Fall stellte sich angesichts der mächtigen „Solidarność", die darüber hinaus die verschiedensten Organisationen unter ihrem Dach vereinte, ganz allgemein die Frage des Staatsaufbaus, des Gesellschaftssystems. Und dazu kamen noch verschiedene Versuche der Infiltrierung von Armee, Miliz, anderen Organen der Staatsmacht ...

Die stärkste Neigung zu Extremen, zu Dummheiten zeigen die Menschen im Zustand großer Furcht oder des Übermuts. (Apropos Furcht und Übermut. Bei einer Regierungssitzung bemerkte ich, daß alle zehn, zwanzig Minuten einer der Minister diskret aus dem Saal gerufen wurde. Ich begann sogar zu scherzen, ob es vielleicht eine ministerielle Diarrhö-Epidemie gäbe. Der Grund war jedoch ein anderer. Rulewski[174]war in die Ministerratsbehörde gekommen und wollte mit einigen Ministern sprechen. Und zwar einzeln. Sie verließen also die Sitzung und ließen sich höflich auf diese Gespräche ein. Diese entgegenkommende Behandlung wünsche ich den heuti-

---

[173] Damals wurde das Verhältnis zwischen Regierung und „Solidarność" auf eine vertragliche Grundlage gestellt (s. Anm. 18).

[174] Derselbe Rulewski, dessen Verhalten Anlaß für den Zwischenfall in Bydgoszsz war (s. Kap. 8: „Rückschlag in Bydgoszcz").

gen Gewerkschaftern.) Zur damaligen Zeit war der erste Stand die Staatsmacht, der zweite die „Solidarność". Beim Zusammenstoß dieser zwei Stände mußte es zu einer Tragödie kommen. Eben diese drohte uns. Wenn eine der beiden Seiten kapitulieren mußte, konnte von einer wirklichen Verständigung nicht die Rede sein. Dies verstanden, wie ich glaube, die Autoren des am 22. September veröffentlichten offenen Briefes von 35 Intellektuellen. Sie appellierten an die „Solidarność" und an die Staatsmacht, alles zu unterlassen, was die Spannung erhöhen könnte. „Es besteht immer noch die große Chance einer nationalen Wiedergeburt, die große Chance von Bündnisbeziehungen mit unseren Nachbarn, die große Chance, eine Volksrepublik Polen zu schaffen, die bei Wahrung der sozialistischen Prinzipien des Staatsaufbaus Reformen durchführt, die zu Demokratie und Selbstverwaltung sowie dazu führen, daß dem Volk seine Souveränitätsrechte zurückgegeben werden. Wer das nicht versteht, wer diese Chance verspielt und den Weg der Konfrontation beschreitet, ist kein Freund des polnischen Volkes."

Dieser Brief war u. a. unterzeichnet von Czesław Bobrowski, Kazimierz Brandys, Stefan Bratkowski, Andrzej Drawicz, Tadeusz Drewnowski, Kazimierz Dziewanowski, Władysław Findeisen, Gustaw Holoubek, Jerzy Jedlicki, Adam Kersten, Jan Malanowski, Karol Małuczyński, Henryk Samsonowicz, Stanisław Stomma, Klemens Szaniawski, Andrzej Szczypiorski, Jan Józef Szczepański, Jerzy Turowicz, Andrzej Wajda ... Sehr prominente Namen. Wenn ich sie heute lese, packt mich das schiere Grauen: Welche bodenlose Dummheit hat nur derjenige an den Tag gelegt, der auf die Liste der zu internierenden Leute die Namen von Menschen besten Willens und von solchem intellektuellen und humanistischen Format setzte wie Andrzej Drawicz, Andrzej Szczypiorski, Klemens Szaniawski ... Ich kann mir nicht verzeihen, daß eine solche Barbarei geschehen konnte. Doch zurück zu dem Aufruf. Er wurde zweifelsohne in gutem Glauben verfaßt. Aber es gab schon eine Pattsituation. Wir faßten diese Erklärung also als eine Art Dekoration auf, die die blanke Gefährlichkeit der Situation verschleiern sollte. Die Staatsmacht legte damals keine allzu große Phantasie an den Tag. Und ganz allgemein hatte die Partei die Neigung, sich durch die Intellektuellen beleidigt zu fühlen, wenn sie irgendwelche Kritik äußerten. Mochten sie Bücher schreiben, Filme drehen, komponieren, malen – Hauptsache, das alles geschah fernab der Politik. Aber auch die „Solidarność" war von diesem Brief nicht sonderlich begeistert. Der beste Beweis dafür ist, daß sich in ihrer Tätigkeit „kein Jota" zum Besseren wendete. Das heißt nicht, daß dieser Brief ohne Echo geblieben wäre. Er hatte Bedeutung als Argument dafür, daß es trotz allem Kräfte, Autoritäten gab, die eine solche Haltung repräsentierten. Für mich jedoch wurde dieser Brief zu einem Impuls zur Schaffung des Rates für Nationale Verständigung, zur Einberufung des „Dreiertreffens".[175]

Bis heute wirft man uns vor, die Vereinbarungen von Gdańsk, Szczecin und Jastrzębie, die 1980 unterzeichnet wurden, nicht eingehalten zu haben.

Dieser Kritik kann man kaum zustimmen. Am 7. September 1981 listete die Presse Punkt für Punkt auf, was erreicht worden war. Darunter gab es nichts, dessen man sich hätte schämen müssen. Viele Verpflichtungen waren ganz oder zum Teil erfüllt worden. Einige Forderungen waren jedoch unerfüllbar. So erwies sich z. B. die im Abkommen von Szczecin vorgesehene Lösung der Wohnungsprobleme innerhalb von fünf Jahren einfach als Luftschloß. Als die Produktion von Kohle, Zement und vielen Stahlsorten zurückging, wurde langsamer und deshalb weniger gebaut.

Es wäre gut, heute ein Resümee dieser Vereinbarungen zu ziehen. Was ist aus ihnen geworden? Außerdem sollte man die Forderungen unter die Lupe nehmen, die zwar wegen gewisser Vorbehalte auf Regierungsseite nicht in die Abkommen aufgenommen wurden, jedoch keineswegs aus dem Schlagwort-Register der „Solidarność" verschwanden. Warum werden sie heute nicht mehr verkündet? Damals bekam ich oft Resolutionen und Erklärungen verschiedener Zellen der Gewerkschaft, in denen z. B. ein voller Inflationsausgleich oder eine laufende Anhebung der sozialen Mindestabsicherung gefordert wurden. Warum wird diese Forderung heute von niemandem erhoben, wo doch sogar im Sejm erklärt wird, daß das Kriegsrecht die wirtschaftliche Krise vertieft habe?

Und wie sieht die Wahrheit aus? Es tönt mir noch in den Ohren – auf eine Wohnung muß man 30 Jahre warten! Mit diesen Worten wurde die Staatsmacht permanent in den Massenmedien, auf Versammlungen, in Briefen und Gesprächen attackiert. Die Wahrheit aber sieht so aus: im Jahre 1981 wurden 187 000 Wohnungen übergeben, im Jahre 1982 – 186 100, im Jahre 1983 – 195 800, im Jahre 1984 – 195 900, im Jahre 1987 – 191 400, im Jahre 1988 – 189 600, im Jahre 1991 aber nur noch 133 000! Und für das Jahr 1992 wurde eine noch niedrigere Zahl prognostiziert! Und warum hört man jetzt keine Klage darüber, wie viele Jahre man auf eine Wohnung warten muß? Anscheinend kann man im „eigenen Haus" ohne eigene Wohnung auskommen.

Die Liste der an unsere Adresse gerichteten Vorwürfe war natürlich lang. Sie enthielt u. a. Fragen der Pressefreiheit, der Zensur und des Zugangs zu den Massenmedien. Diese Forderungen konnte man nicht von einem Tag auf den anderen erfüllen und das zugegebenermaßen nicht nur aus objektiven, sondern auch aus subjektiven Gründen. Unsere Hemmungen resultierten aus der Befürchtung, daß die Lösung dieser Probleme im Sinne der „Solidarność" hauptsächlich für einen Zweck ausgenutzt werden würde – für den politischen Kampf mit der Staatsmacht. Die grundlegenden Elemente des Abkommens wurden doch schon in Frage gestellt. Deshalb wollten wir einen Schritt nach dem anderen tun, um die Kontrolle über die Situation zu behalten. Ständig gab es darüber Gespräche. Die „Solidarność" war übrigens in dieser Hinsicht gar nicht so sehr benachteiligt.

[175] S. Kapitel 31.

Anfang April begann mit einer Auflage von einer halben Million die Zeitung „Tygodnik Solidarności" unter der Redaktion von Tadeusz Mazowiecki[176] zu erscheinen. Ich kenne ihn seit den 60er Jahren als Abgeordneten, der unmißverständlich seine katholische weltanschauliche Orientierung und sein sich daraus ergebendes gesellschaftliches Wertesystem betonte. Er gehörte zu der damals in Polen noch ziemlich schwachen Bewegung von Anhängern einer nachkonziliaren Erneuerung der Kirche. Innerhalb dieser Bewegung vertrat er den personalistischen Flügel, der sich auf die Ideen von Emmanuel Mounier[177] berief. Den Personalismus zeichnet eine große Sensibilität für gesellschaftliche Probleme aus – ein Charakterzug, den ich an Mazowiecki bemerkte. Er erkannte übrigens die Bedeutung „eines Zusammenwirkens von Gläubigen und Ungläubigen, das auf die Stärkung und Schaffung gemeinsamer gesamtgesellschaftlicher Werte gerichtet ist". In der Arbeit „Scheideweg und Werte" schrieb er, daß sich „in Polen eine neue Chance für die Entwicklung von Beziehungen zwischen ihnen" eröffne.

Er galt als einer der einflußreichsten Berater der „Solidarność". Die Informationen, die ich über ihn erhielt, waren jedoch unterschiedlich. Einige sagten, er sei ein sehr unangenehmer, sturer und heftiger Verhandlungspartner, andere dagegen meinten, daß er zwar hart, aber scharfsinnig sei und nach konstruktiven Lösungen suche. Nach über zehn Monaten der Zusammenarbeit mit ihm als dem Premierminister der ersten „Solidarność"-Regierung teilte ich die letztgenannte Ansicht. Ich weiß das intellektuelle und ethische Format von Tadeusz Mazowiecki, seine große Kultiviertheit, seine Konsequenz und sein Verantwortungsgefühl zu schätzen. Ganz gleich, welche anderen Meinungen mir auch jetzt noch zu Ohren kommen – ich werde ihn immer in guter Erinnerung behalten.

In November erschien nach dem „Tygodnik Solidarności" das zweite gesamtpolnische Presseorgan der Gewerkschaft – „Solidarność" –, eine gesellschaftspolitische Wochenzeitung. Sie startete mit einer Auflage von 250 000 Exemplaren. Dazu muß man sagen, daß zu jener Zeit alle Zellen der „Solidarność" riesige Mengen aller möglichen Zeitschriften, Bulletins, Flugblätter, Plakate, Proklamationen und Erklärungen herausgaben, die übrigens meist in angriffslustigem Ton gehalten waren. Durch die Rundfunkstationen drangen die Inhalte dieser Veröffentlichungen fast in jeden Betrieb. Auch der „Solidarność" selbst war der Zugang zu Funk und Fernsehen nicht verwehrt. Wałęsa trat ebenfalls dort auf. Nur die Sendezeit mußte noch vereinbart werden. Vertreter der „Solidarność" und des Episkopats

[176] Tadeusz Mazowiecki, geb. 1927, führender „Solidarność"-Vertreter, 1981-82 interniert, von Oktober 1989 bis Dezember 1990 Premierminister, Gründer der „Demokratischen Union" („Unia Demokratyczna", abgek. „UD").
[177] Emmanuel Mounier, 1905-1950, franz. Philosoph, Begründer der philosophischen Schule des Personalismus.

wurden zur Mitarbeit im Programmbeirat des Rundfunkkomitees eingeladen. Władysław Loranc, der damalige Vorsitzende des Rundfunk- und Fernsehkomitees, wandte sich in dieser Angelegenheit zweimal schriftlich an das Präsidium des Landesausschusses der „Solidarność". Beide Briefe blieben unbeantwortet, denn die „Solidarność" hatte ihre eigene, unumstößliche Konzeption zur sogenannten Vergesellschaftung von Funk und Fernsehen. Wie man weiß, ist diese Konzeption bis heute nicht realisiert worden, obwohl die Gewerkschaft am „Runden Tisch" verbissen darum kämpfte. Ein starkes Propagandasprachrohr fand die „Solidarność" auch in den polnischsprachigen Sendungen ausländischer Sender, allen voran „Radio Free Europe", das einen sehr breiten Hörerkreis hatte, nach eigenen Schätzungen dieser Station war er sogar größer als der des Polnischen Rundfunks.

Häufig ist von unserer Aversion gegen die „Solidarność" die Rede. Mit Recht. Die die Wirtschaft lähmenden Prozesse erschwerten u. a. die Umsetzung der Abkommen von Gdańsk, Szczecin und Jastrzębie. Alarmierende Signale gingen von verschiedenen Beratungen und Fernsehkonferenzen mit den Ersten Sekretären, Wojewoden und Direktoren aus. Ich erinnere mich an die Rede Professor Jerzy Kołodziejskis, des Wojewoden von Gdańsk, eines um Kompromiß und Dialog bemühten Menschen, der bei den Vertretern der Organe von „Solidarność" Vertrauen genoß. Dieser kluge und verantwortungsbewußte Mann sprach mit großer Sorge davon, wie die Bremsen versagten, wie all das zu Bruch gehe, was für die Funktionsfähigkeit von Verwaltung und Wirtschaft von entscheidender Bedeutung sei. Ähnlich, wenn auch in der Regel bedeutend schärfer, äußerten sich viele andere Personen.

Es war ein großes Unglück, daß die gemäßigten Kräfte auf beiden Seiten keine gemeinsame Sprache fanden, keinen Dialog miteinander anknüpfen konnten. Die Schwäche dieser Kräfte, unsere Schwäche, lag vielleicht auch darin, daß der Extremismus auf beiden Seiten bereits alle terrorisierte, wodurch Kompromißlösungen erschwert wurden. Zu eben dieser Schlußfolgerung kommt der Autor des eingangs zitierten Interviews in „Aneks" im Januar 1983. Auf die Frage: Wäre das Kriegsrecht vermeidbar gewesen, und wenn ja, wodurch? antwortete er: „Von 1971 bis zum Moment der Ausrufung des Kriegsrechts hat die Staatsmacht gegenüber der Gesellschaft ständig Zugeständnisse gemacht, sowohl in den Vereinbarungen von Gdańsk als auch später ..."

Und weiter: „Die ‚Solidarność' mußte, um existieren zu können, vor allem ein bestimmtes Feld erobern. Und das tat sie. Dieses Feld war breit genug für vernünftiges Handeln, das der Gesellschaft sehr viel geben konnte. Der nächste Schritt wäre gewesen, eine exakte Trennlinie zwischen dem eigenen Besitzstand und dem der Staatsmacht zu ziehen und diese Trennlinie selbst zu respektieren. Doch diesmal tat die ‚Solidarność' etwas ganz anderes: Ohne sich Rechenschaft darüber zu geben, was sie bereits erkämpft hatte, stürmte sie weiter vorwärts.

Das ist immer am leichtesten. Die ‚Solidarność' hatte ein Machtbewußtsein und einen Missionsdrang, wie er der Staatsmacht in dieser Phase fehlte. Die ‚Solidarność' glaubte, daß ‚uns alles gebührt' (...) Demgegenüber war die Staatsmacht geneigt, etwas abzugeben, aber zweifelsohne nicht alles; verlangt wurde jedoch von ihr, nahezu alles abzugeben."

Soweit „Aneks". Ich möchte mich noch schärfer ausdrücken. Meiner Meinung nach fehlte es uns damals an Phantasie, um den Horizont der langfristigen politischen Entwicklungen zu ermessen, darauf hinzuweisen, durch welche Vorgehensweisen, in welchen Zeiträumen, unter welchen Bedingungen er erreicht werden kann, und über dieses Thema ein ernsthaftes Gespräch mit den gemäßigten Kräften innerhalb der „Solidarność" zu führen. Leider rafften auch sie sich nicht zu konstruktiven Initiativen auf. Vielleicht war das auch alles unter den damaligen innen- und vor allem außenpolitischen Bedingungen nicht realistisch. Aber die Zeit verging, die Spannung wuchs, „die letzten Brücken wurden abgebrochen".

Ich war damals Anhänger eines evolutionären Prozesses. Das ist ein zwar langsamerer, dafür aber weniger risikoreicher Weg der Veränderungen. Ich fand es bedauerlich und tadelnswert, daß die Gegenseite für unseren guten Willen zu Reformen völlig unempfänglich war. Gleichzeitig ärgerten mich Entwicklungen auf unserer Seite, die unsere Reformen verwässerten oder uns sogar kompromittierten. Damit meine ich die Arbeit verschiedener Instanzen, Institutionen und Behörden, die sich durch Bürokratie, Seelenlosigkeit und Trägheit auszeichnete.

Man möge mich nicht falsch verstehen. Ich habe bereits darauf hingewiesen, daß das Verwaltungspersonal in Staat und Wirtschaft größtenteils aus anständigen und arbeitsamen sowie hoch, oft sogar sehr hoch qualifizierten Menschen bestand. Kränkende Verallgemeinerungen liegen mir fern. Die polnische Redensart, daß ein Löffel Teer den Geschmack eines ganzen Honigfasses verdirbt, ist jedoch schon mehrere Hundert Jahre alt.

Viele dieser ehrlichen, gewissenhaften Menschen waren tagtäglichen Pressionen ausgesetzt. Wie oft wurde die Auswechslung eines Direktors erzwungen! Wie oft drohte man, den Direktor in einer Schubkarre aus dem Betrieb zu fahren. Man verlangte sogar – und das ist schon ein Kuriosum – z. B. von einem Genossenschaftsvorsitzenden in Jasło, daß er die Stadt verlassen solle. Wie oft forderte man von einem Direktor, einem Schichtleiter, einem Vorarbeiter, daß er bei Strafe des Arbeitsplatzverlustes sofort sein Parteibuch zurückgeben solle. Die Verbissenheit nahm auf beiden Seiten zu. Das hatte sowohl moralische als auch wirtschaftliche Auswirkungen.

Die Äußerungen, die seit einigen Monaten von verschiedenen „Solidarność"-Funktionären zu hören waren, erzeugten unter den Parteimitgliedern das Gefühl persönlicher Bedrohung. So verkündete z. B. am 20. Mai 1981 der Vorsitzende der „Solidarność" in der Werkzeugmaschinenfabrik in Zawiercie, Bogdan Krakowski, daß man „eine Million Partei-bonzen, die sich kompromittiert haben, aufhängen muß". Am 6. Juni 1981 schlug in Jastrzębie auf einem Volksfest Tadeusz Jedynak, ein Mitglied des Landesausschusses, vor, daß die Sensenmänner der Reihe nach „Ordnung machen" sollten – im „Weißen Haus",[178] in den Wojewodschaftskomitees, den Wojewodschaftsverwaltungen ... In der Stoßdämpfer-Fabrik „Polmo" in Krosno wurde zehn Tage lang nur deshalb gestreikt, weil Józef Topolski – der Vorsitzende der Branchengewerkschaft der Metallarbeiter in diesem Betrieb – „es sich erlaubt hatte", eine mit den Ansichten der „Solidarność"-Zelle der Fabrik nicht übereinstimmende Losung aufzuhängen. Der unbot-mäßige Branchengewerkschafter wurde in einer Schubkarre aus dem Betrieb gefahren.

Das Schlagwort „das Parteibuch aufessen", Definitionen wie „rote Spin-nen", Galgenzeichnungen – all das mußte bei vielen Menschen Angst um ihr Leben und um ihre Familie auslösen und bei ihnen Gedanken an Selbst-verteidigung entstehen lassen. Heute – aus der Distanz betrachtet – glau-be ich, daß das möglicherweise eine Überreaktion war. Vielleicht waren diese Drohungen nur unverantwortliche Entgleisungen. Aber selbst wenn es so war, mußten diese Entgleisungen in der damaligen erhitzten Atmo-sphäre doch nervöse Reaktionen auslösen. Wenn man jemandem nur oft genug droht, dann wird er diese Drohung schließlich ernst nehmen.

Im Herbst 1981 gab es Aufrufe, die Parteibücher abzugeben, als Zeichen dafür, daß man mit der PVAP gebrochen hatte. Denjenigen, die das taten, wurde „eine Amnestie für ihre Schuld" versprochen. Ich habe gelesen, daß schon einige Monate vorher Andrzej Rozpłochowski angekündigt hatte: „Diejenigen, die sich ihres Parteibuchs nicht entledigen, sollten sich mit Salz und Pfeffer eindecken, um das Parteibuch würzen zu können, bevor sie es aufessen." Diese Beispiele kann man sicher nicht verallgemeinern. Aber es gab einfach zu viele davon. Sie summierten sich und schufen eine Atmosphäre der Bedrohung. Auch die andere Seite reagierte nervös. Nicht immer verstanden wir, daß hinter solchen Parolen oft irgendwelche Bege-benheiten, lange zurückliegende Verletzungen, Kränkungen, Enttäuschun-gen standen.

Das Machtbewußtsein der „Solidarność" war einfach maßlos. Aber so merkwürdig es auch klingen mag, sie litt gleichzeitig unter einem Be-drohungskomplex. Deshalb reagierte sie auf bestimmte Dinge, auch, wenn sie drittrangig waren, „überproportional". Unsere Sprache, unsere Rhetorik, verschiedene traditionelle politische Symbole verursachten bei der „Soli-darność" geradezu Hautausschlag. Auch ich hatte eine vergleichbare Aller-gie, wenn auch gegen andere Dinge. Ich bin mir der historischen Rolle der „Solidarność" bewußt. Später habe ich viele wunderbare Menschen ken-nengelernt, die zu ihrer „alten und jungen Garde" gehörten. Trotzdem habe

[178] Gemeint ist der Amtssitz des polnischen Staatspräsidenten.

ich immer noch ein – wenn auch schwächer werdendes – Gefühl des Un-
behagens, wenn ich auf die von einer Fahne überwölbten Buchstaben
blicke.[179] Ich glaube, daß dieses Gefühl einmal ganz verschwinden wird.
Trotzdem kann ich mich sogar heute noch nicht von verschiedenen alten –
wenn auch nicht rationalen, sondern emotionalen – Assoziationen befreien.
Und das geht, glaube ich, nicht nur mir so.

In welchem Maße drohte dieses explosive, aus verschiedenen Kom-
ponenten zusammengesetzte Gemisch zu explodieren? Alles lief in diese
Richtung. Dies um so mehr, als die Trennungslinien nicht vertikal, sondern
horizontal verliefen – durch alle Milieus, Schichten und Gruppen unserer Gesellschaft. Sie trennten die nächsten Nachbarn, Arbeitskollegen,
Freunde, ja sogar Familienmitglieder. In Erinnerung geblieben ist mir die
Tragödie von Oberst R. Ich kannte ihn persönlich. Er hatte tapfer in der
Heimatarmee gekämpft,[180] wurde später Offizier in der polnischen Armee
und hatte verantwortungsvolle Positionen inne. Bei einer politischen Auseinandersetzung, bei der es zu Handgreiflichkeiten kam, erschoß er zufällig seine Tochter und danach in höchstem Schockzustand auch seinen
Schwiegersohn. Noch heute erschüttert mich dieses Drama zutiefst.

Welche politischen Folgen hatte diese Atmosphäre? Sie waren eigentlich offensichtlich: Wenn die Politik des Dialogs und der Verständigung,
der Reformen und Erneuerungen die Tendenzen zur Konfrontation nicht
eliminiert, nicht zur politischen und wirtschaftlichen Stabilisierung führt –
ist diese Politik dann vielleicht falsch? Vielleicht erfordert sie Änderungen?
Der Kern der Sache lag darin, daß die „Solidarność" zu schnell zu viel erreichen wollte. Deshalb war sie der Meinung, daß die Staatsmacht ihr zu
langsam zu wenig gab. Leider kann man das Rad der Geschichte nicht zurückdrehen.

In der Politik wirken verschiedene Mechanismen. Manchmal sagt man
– und das klingt geradezu zynisch, machiavellistisch – daß die Politik nicht
ethisch zu sein braucht. Ich konnte mich davon überzeugen, daß das ein
grundfalscher Ansatz ist. Wer nach der Philosophie handelt „Der Zweck
heiligt die Mittel", wird früher oder später die Konsequenzen zu tragen

---

[179] Gemeint ist hier das Emblem der „Solidarność" (s. auch Anm. 359).

[180] Bei der Heimatarmee („Armia Krajowa") handelte es sich um eine von der Londoner
Exilregierung aufgestellte Partisanentruppe, die sowohl gegen die deutschen Okkupanten
als auch gegen die sowjetischen Truppen kämpfte. Sie spielte eine führende Rolle beim
Warschauer Aufstand (s. Anm. 75). Ihr Oberbefehlshaber Tadeusz „Bór" Komorowski
(1895-1966) wurde von den Deutschen gefangengenommen, aber nicht hingerichtet. Nach
dem Krieg verließ er Polen, weil er nicht unter dem Kommunismus leben wollte, und engagierte sich in der polnischen Emigrantenbewegung. – Im Gegensatz dazu war die Volksarmee („Armia Ludowa") eine von den Sowjets aufgestellte und politisch entsprechend
ausgerichtete Partisanentruppe. – Bereits während des Zweiten Weltkriegs kam es zwischen „Heimatarmee" und „Volksarmee" in Polen selbst zu Kämpfen, die Polen an den
Rand eines parallel zum Weltkriegsgeschehen tobenden Bürgerkriegs führten. Auch nach
dem Krieg gingen diese Kämpfe noch einige Zeit weiter.

haben. Das trifft auf uns zu, auf die Zeit, in der wir verschiedene hochtönende Parolen von uns gaben, das Leben aber oft anders aussah. Das betrifft aber auch die damalige Opposition. Sie sang das Loblied der Streiks, der Selbstverwaltung, der Gleichheit. Als sie an die Macht kam, schlugen diese Losungen auf sie selbst zurück. Es ist kurzsichtig, den Menschen einzuimpfen, daß die Regierung kann, aber nicht will, daß sie hat, aber nicht gibt. Diesen Weg beschreitet man nicht ungestraft. Dafür muß man bezahlen. Dasselbe gilt, wenn man den Weg des Hasses wählt und sich von ihm entflammen läßt.

Dieses ganze Kapitel ist den subjektiven Faktoren auf beiden Seiten gewidmet. Die Schuld war geteilt. Aber wie soll man sie abwägen? Hier werden mit Sicherheit auch die Historiker unterschiedlicher Meinung sein. Was mich betrifft, so teile ich die Ansicht von Professor Krzysztof Skubiszewski,[181] der am 17. Juli 1989 auf einer Sitzung des Konsultationsrates sagte: „Überlassen wir die Bewertung den Historikern. Denjenigen Historikern, die ehrlich sind und das ganze Spektrum der damaligen Ereignisse überblicken." Wobei berücksichtigt werden muß, wie jede der beiden Seiten die jeweils andere gesehen hat, wie sie sie dämonisierte, wie oft sie falsch verallgemeinerte.

Zur farbigeren Darstellung will ich aus dem Bereich meiner militärischen Erfahrungen ein Beispiel dafür anführen, wozu Simplifizierungen führen. Die Inspektoren kontrollieren die Waffen. Einer von ihnen sagt: Die Waffen der Kompanie sind schmutzig – Karabiner Nr. 1387 ist nicht gereinigt. Der zweite Inspektor: Die Waffen sind sauber, nur der Karabiner 1387 ist nicht vollständig gereinigt. Jeder der beiden sagt auf seine Weise die Wahrheit. Das ist in etwa den Verallgemeinerungen vergleichbar, von denen ich spreche.

Bei der Suche nach Verständigungsmöglichkeiten waren wir wahrscheinlich flexibler. Bisweilen fingen wir jedes Signal mit großer Hoffnung auf ... Nicht zufällig sprachen wir von einem Arbeiterflügel in der „Solidarność", auf den wir sehr naiv unsere Hoffnungen setzten. Aufmerksam hörten wir auf die Stimmen, die die radikalen Stimmungen in der „Solidarność" zu dämpfen versuchten. Man kann sagen, daß wir dabei auf eine Minimalisierung ihrer Rolle hofften. Jawohl – Minimalisierung in dem Sinne, daß sie auf das in den Vereinbarungen vom August und September festgeschriebene Maß zurückgestutzt würde. Und auch das war für die damalige Zeit gar nicht wenig. Durch diese Vereinbarungen wurden einer unabhängigen, selbstverwalteten Gewerkschaft riesige Möglichkeiten eingeräumt. Aber die Gewerkschaft wollte diese Möglichkeiten allzu gewaltsam ausweiten. Wir jedoch wandten bei unserem Bestreben, die Gewerkschaft in einem rationalen Rahmen zu halten, nicht immer die richtigen Mittel und Methoden an. Dadurch konnte bei der „Solidarność" zeitweise

---

[181] Polnischer Wissenschaftler, geb. 1926, von 1989-93 Außenminister.

der Eindruck entstehen, es handele sich nur um eine Etappe auf dem Weg zu ihrer Liquidierung oder völligen Majorisierung.

Solche Absichten hatten wir nicht. Ich erinnere daran, daß während des ganzen Jahres Versuche unternommen wurden, einen „Runden Tisch" von Gewerkschaften und Regierung zu schaffen. Jedesmal wurde diese Initiative unter mehr oder weniger fadenscheinigen Vorwänden zurückgewiesen; es hieß, andere Gewerkschaften hätten keine moralische Berechtigung, seien unwürdig, sich mit der „Solidarność" an einen Tisch zu setzen. Das waren Ausflüchte. In Wirklichkeit herrschte die Befürchtung vor, daß jeder „Runde Tisch" seiner Natur nach zur Mäßigung, zum Kompromiß neige. Und das bedeutete natürlich eine Bremsung des Impetus, der Offensive, die doch zur größten Stärke, zum Haupttrumpf der „Solidarność" geworden war. Eine Lösung der Konflikte auf der Grundlage von Gesprächen und Verhandlungen hätte nach Meinung der Radikalen die Möglichkeiten der Gewerkschaften eingeengt. Für sie wäre eine Bremsung des Impetus der Tod gewesen. Für uns dagegen wäre ein weiteres Zurückweichen der Tod gewesen.

Im Spätherbst 1981 war auf der Skala der Vorurteile und des Mißtrauens der Höhepunkt erreicht. Das Denken trat in den Hintergrund, die Emotionen in den Vordergrund. Wahrscheinlich sind wir von Natur aus stimmungsbetonte Menschen. Darauf wies schon Józef Piłsudski hin, als er schrieb: „Die Polen sind kein organisiertes Volk. Deshalb haben bei ihnen Stimmungen größere Bedeutung als Überlegung und Argumente. Die Kunst, die Polen zu regieren, besteht demnach darin, daß man bei ihnen die richtigen Stimmungen anfacht." Und wieder einmal hatte der Kommandant seinen heutigen Claqueuren auf den Schlips getreten. Ihrer Meinung nach wurde ihnen alles, was in der Mentalität der Polen schlecht ist, von der „Kommune"[182] eingeimpft.

Zum Abschluß dieser ungeordneten Überlegungen noch eine Abweichung. Im Herbst 1980 sagte Stanisław Kania in Gdańsk, die Partei müsse Demut zeigen. Diese Äußerung wurde übrigens von sogenannten prinzipiellen Parteivertretern kritisiert. Unberechtigterweise, wie ich glaube. Wir hatten die Pflicht, ein Maximum an Selbstkritik an den Tag zu legen. Deshalb hatte diese Äußerung nicht nur politische, sondern auch moralische Bedeutung. Noch treffender aber waren wahrscheinlich die Worte von Zofia Makowska – Mitglied des Zentralkomitees, Lehrerin aus Warschau –, man brauche „weder Demut noch Hochmut". Wir brauchten uns nicht dafür zu entschuldigen, daß wir leben. Unserer wirklichen Errungenschaften brauchten wir uns nicht zu schämen. Aber man muß ehrlich sagen, wo es Fehler gab, was schlecht gemacht wurde. Also – weg mit dem Hochmut. Leider sind Hochmut und Arroganz auch im gegenwärtigen öffentlichen Leben Polens anzutreffen – wahrscheinlich sind diese Eigenschaften erblich.

[182] S. Anm. 135.

Ich erinnere an die kalten Worte Katharinas II. „Über Sieger sitzt man nicht zu Gericht." Das gilt also auch für die heutigen Sieger. Natürlich war das vergangene System krank, hatte sich überlebt, wurde überwunden. Aber die moralischen Rechtfertigungen können verschieden sein. Wir hatten zur Verteidigung unserer Position die unseren, und unsere damaligen Gegner hatten ihre moralischen Grundlagen. Alles übrige wird die Zeit zeigen, die Geschichte bewerten.

Professor *Janusz Reykowski:*

Das politische Lager, das in Polen gesiegt hat, versucht allen die Ansicht auf-zuzwingen, daß nur es selbst alles moralische Recht auf seiner Seite habe und daß das untergegangene System nichts als Verachtung verdiene. So ein schwarz-weißes Bild von der Welt ist nichts Ungewöhnliches. Ganz allgemein ist das Abwägen zwischen Gut und Böse eine Sache, die vielen Menschen Schwierigkeiten bereitet.

Ein fundamentales Problem, das der „real existierende Sozialismus" zu lösen versuchte, war die soziale Sicherung der Massen in einem Land mit niedrigem Volkseinkommen. In einem solchen Land müßte eine Güterverteilung nach Marktmechanismen unausweichlich zu einer tiefen Verarmung der Massen führen. Das sozialistische System versuchte, die Voraussetzungen für gesellschaftliches Vorankommen zu schaffen – Hebung des Bildungsniveaus der untersten Schichten, berufliches Vorankommen sowie Beseitigung der Ursachen für extreme Armut. Grundlegend war, daß dieses System jedem eine Beschäftigungsmöglichkeit garantierte.

Aber derselbe Mechanismus, der die gesellschaftlichen Prozesse und die Verteilung der Güter so genau regulierte, regulierte auch den Produktionsprozeß. Und obwohl er in einer bestimmten Phase die Voraussetzungen für eine beschleunigte Kapitalkonzentration schuf, wurde er mit der Zeit, bei zunehmender Komplizierung der Produktionsprozesse, immer leistungsunfähiger.

Es besteht ein enger Zusammenhang zwischen einer monozentristischen Staatsorganisation und der Funktionsweise dieses Staates auf den Gebieten der Produktion und der Güterverteilung. Es ist wohl kaum falsch zu behaupten, daß dieser Staat seine sozialen Aufgaben nicht hätte erfüllen können, wenn er andere Konstruktionsregeln, die sich auf das freie Spiel der Kräfte gründeten, übernommen hätte. In diesem Fall hätten die wirtschaftlich stärksten Gruppen die für sie günstigsten Problemlösungen dem Rest der Gesellschaft aufgezwungen.

Obwohl diese Überlegung eine gewisse Zeit lang nur hypothetischen Charakter hatte, können wir uns heute schon auf Erfahrungen berufen. Die Prozesse, die bei uns auf Gebieten wie dem Bildungswesen, dem Gesundheitswesen, dem Wohnungsbau und der Verbreiterung kultureller Aktivitäten vor sich gehen, zeigen, daß sich die Lebensbedingungen vieler Randgruppen der

Gesellschaft schnell verschlechtern, während gleichzeitig die reichen Schichten immer besser „bedient" werden.

In den Kreisen der Staatsmacht wurde man sich seinerzeit immer mehr des Konflikts zwischen den Freiheitsbestrebungen eines bedeutenden Teils der Gesellschaft und den Forderungen des monozentristischen Systems, das diese Bestrebungen blockierte, bewußt. Es gab Versuche, einen Ausweg aus der Krise zu finden und diesen Freiheitsbestrebungen trotzdem zu widerstehen; das geschah jedoch nur, um eine Destabilisierung des Systems zu verhindern. Man bemühte sich also, die Bürgerrechte zu stärken, aber nicht auf die führende Rolle der Partei zu verzichten, wollte Marktmechanismen einführen, die Pauperisierung der Massen aber vermeiden. Das waren jedoch Dilemmata, für die man keine gute Lösung finden konnte.

Man könnte sagen, daß die Staatsmacht auf diese Weise ihre eigenen Interessen verteidigte. Das ist eine Binsenweisheit. Jede Staatsmacht verteidigt ihre Interessen und muß dies tun; nicht nur deshalb, weil das in der Natur der gesellschaftlichen Gruppen liegt (und ein Kollektiv von Menschen, die Macht ausüben, wird zu einer solchen Gruppe), sondern auch, weil das eine unabdingbare Voraussetzung für die Wahrnehmung ihrer Funktionen in der Gesellschaft ist. Die alles entscheidende Frage ist jedoch, welche großen gesellschaftlichen Gruppen durch den Erhalt des jeweiligen Machtsystems gewinnen und welche verlieren. Lange Zeit gewannen die plebejischen Massen. Aber ihre Vorteile verringerten sich in dem Maße, in dem die wirtschaftliche Funktionsfähigkeit des Systems nachließ. Deshalb wurde ein Systemwechsel unausweichlich.

Das bedeutet jedoch nicht, daß ein Gesellschaftssystem, das sich um das Vorankommen der Massen kümmert, das sich bemüht, die Kultur, das Bildungswesen, das Gesundheitswesen und die Wohnungspolitik von der Diktatur des Marktes freizuhalten, keinerlei moralische Existenzberechtigung hätte. Es geht darum, daß in der damaligen Phase der Gesellschaftsentwicklung die Verwirklichung dieser Werte zu unauflöslichen Widersprüchen führte.

Es gibt noch ein Moment, das man bei der Beurteilung dieser Problematik – in moralischer Hinsicht – berücksichtigen muß: die Einstellung der Verteidiger des damaligen Systems. Die Beschädigung der Staatsstrukturen wird zu einer großen Gefahr für alle Bürger dieses Staates. Für Revolutionäre, die von der Idee der Freiheit beherrscht sind, zählt nichts anderes. Diejenigen jedoch, die sich für den Staat verantwortlich fühlen, müssen sich darüber im klaren sein, zu welch großer Gefahr für das gesellschaftliche Leben jede gewaltsame Änderung wird, welches Zerstörungspotential sie mit sich bringt. Und wieder nimmt die These, die früher einen ziemlich abstrakten Charakter hatte, im Lichte der Erfahrungen im Europa des Jahres 1991 ganz neue Dimensionen an.

Aber auch in diesem Fall gibt es keine einfache Wahrheit. Die Beibehaltung des existierenden Systems bedeutete Einverständnis mit der Vergewaltigung bestimmter für das gesellschaftliche Leben grundlegender Werte. Deshalb hatten diejenigen, die nach seiner Änderung strebten, auch gewichtige moralische

Argumente auf ihrer Seite. Dies betrifft vor allem die Funktionäre der demo-
kratischen Opposition, die große persönliche Opfer gebracht haben, um diese
Veränderungen herbeizuführen. Es erstaunt nicht, daß sie sich angesichts des-
sen die Bewunderung und die Achtung der öffentlichen Meinung erworben
haben.

Neulich sagte jemand zu mir: „Unabhängig von Ihren subjektiven Absichten
war ein Teil der Gesellschaft der Ansicht – und ist es noch –, daß Sie die
alte Ordnung verteidigen wollten ..." Das ist, gelinde gesagt, eine Übertreibung. Natürlich, wir verteidigten die damalige Gesellschaftsform, aber vor
allem den real existierenden Staat, seine Souveränität, so beschränkt sie
auch sein mochte. Dies alles jedoch nicht im Namen der „alten Ordnung".
Und das ist ein Unterschied. Wir nahmen wirtschaftliche, politische und
gesellschaftliche Reformen in Angriff. Eine ganz andere Frage ist, inwieweit
diese Reformen schnell, tiefgreifend und konsequent waren, inwieweit sie
uns gelangen und ob das unter den damaligen Umständen überhaupt vollständig möglich war.

KAPITEL 21

Gemeinsame Sorgen

Am 8. Juli gab der Zentralrat des Polnischen Episkopats bekannt, daß Johannes Paul II. den damaligen Bischof der Diözese Warmia[183], Józef Glemp, zum Erzbischof von Gniezno und Warschau und damit zum Primas von Polen ernannt habe. In der von Stanisław Kania, Henryk Jabłoński und mir unterschriebenen Gratulationsdepesche brachten wir „die tiefe Überzeugung zum Ausdruck, daß der Primas bei der Fortsetzung des Werkes seines großen Vorgängers alles das weiterentwickeln wird, was das polnische Volk eint und dem Vaterlande dient. In diesem Augenblick braucht Polen einen solchen, insbesondere einen einigenden Rückhalt." Einige Tage später, am 11. Juli, stattete mir der neue Primas im Ministerratsamt einen Besuch ab. Ich sprach ihm persönlich meine besten Wünsche aus. Der Primas äußerte sich zufrieden darüber, daß dieses Treffen zustande gekommen war. Außerdem fügte er hinzu – und das ist mir im Gedächtnis geblieben: „Ich glaube, der Heilige Vater ist darüber auch sehr erfreut." Ich erkundigte mich nach der Gesundheit des Papstes. Der Primas meinte, die Lebensgefahr sei vorbei, aber der Genesungsprozeß werde noch einige Zeit dauern. Die Verletzungen seien sehr schwer gewesen.

In dem offiziellen Kommuniqué heißt es, es seien „die wichtigsten aktuellen Probleme des Landes angesprochen worden, darunter die Sicherung des inneren Friedens, der vernünftige Fortgang des Erneuerungsprozesses und die Überwindung der Krisensymptome, aber auch die Hauptprobleme bei der Ausgestaltung der Beziehungen zwischen Staat und Kirche". Das Gespräch dauerte über eine Stunde, und danach posierten wir für ein gemeinsames Foto.

Die Ernennung Józef Glemps zum Erzbischof – zum Metropoliten von Gniezno und Warschau und Primas von Polen – wurde mit einiger Überraschung aufgenommen. Man fragte, warum gerade dieser junge Bischof? Es gab schließlich bekanntere Persönlichkeiten, darunter auch Kardinäle. Deshalb wurde diese Ernennung als Erfüllung des letzten Willens des verstorbenen Primas interpretiert. Man sagte, Primas Glemp werde das Werk seines großen Vorgängers fortsetzen.

Wir tauschten uns über die Situation im Lande aus. Wir bekräftigten die Bedeutung und die Notwendigkeit des Aufbaus eines gesellschaftlichen Konsenses, die Sorge um den inneren Frieden, um die Lebensbedingungen der Bürger. Die Kirche, versicherte der Primas, werde sich nicht auf die Ebene

---

[183] Heutige Bezeichnung für das ehemalige Ermland, ein Gebiet zwischen dem Frischen Haff und der Masurischen Seenplatte.

reiner Politik ziehen lassen, obwohl sie die nationalen Probleme zu ihren vorrangigen Aufgaben zähle. Wir sprachen über verschiedene negative Erscheinungen im Land, über die sich verschlechternde Wirtschaftssituation. Mir sind die Worte des Primas im Gedächtnis geblieben, die Kirche müsse überall dort präsent sein, wo es Böses gebe, um es mit Gutem zu überwinden. „Man muß sogar in die Behausungen des Bösen gehen, um dort Gutes zu tun." Später sagte der Primas in einem Interview: „Die Kirche kann sich weder in der Opposition engagieren noch politische Kollaboration betreiben. Sie muß sich die Freiheit bewahren, das Böse zu bekämpfen und das Gute zu unterstützen – unabhängig davon, wo sich das eine oder das andere zeigt." Wir waren uns einig, daß die Beziehungen Staat – Kirche weiter normalisiert werden müßten. Viele Dinge gehörten zum Bereich unserer gemeinsamen Sorgen. Das gelte vor allem für die Situation der polnischen Familie, um die Bekämpfung von Pathologien jeder Art. Ich sagte dem Primas, daß ich mich bemühen würde, operative Informationen über Bedrohungen, über verschiedene Probleme, die Aufmerksamkeit verdienten, zu erhalten. Mit dieser Aufgabe wurde der Vizepremier Jerzy Ozdowski betraut. Er wurde später oft vom Primas empfangen und wurde so zu einer Art „Bindeglied" zwischen dem Primas und mir. Je näher der Dezember rückte, desto alarmierender wurden die Nachrichten, die er dem Primas überbrachte. Der Primas nahm sie mit großem Ernst und großer Sorge entgegen.

Wir stellten einen Überblick über die Prozesse, Ereignisse und Fakten, die uns beunruhigten, zusammen. Der Primas äußerte sich verschiedentlich negativ über die Tätigkeit der Staatsmacht, besonders auf lokaler Ebene. Ich meinerseits erwähnte verschiedene Priester, die ostentativ Politik betrieben. Übereinstimmend kamen wir zu dem Schluß, daß das eine wie das andere schlecht sei. Einig waren wir uns auch in der kritischen Bewertung der Tätigkeit des KOR. Heute bin ich der Meinung, daß das eine zu einseitige Bewertung war. Ich charakterisierte die Haupttendenzen der Erneuerung des Staates und in diesem Zusammenhang die wichtigsten Diskussionspunkte, die sich in der Partei im Vorfeld des IX. Parteitages entwickelten.

Der Primas vertrat in einigen Angelegenheiten, so bezüglich der Gründe für verschiedene gefährliche Erscheinungen, Meinungen, die mehr oder weniger stark von den meinigen abwichen. Das ist selbstverständlich. Das Wichtigste ist jedoch, daß es den Willen zum gegenseitigen Verstehen und die gemeinsame Absicht zum Handeln im Geist des Dialogs, im Namen des übergeordneten Wohls, gab.

Es stimmt, daß sich Glemp äußerlich sehr stark von Kardinal Stefan Wyszyński unterscheidet. Im Kontakt und im Gespräch mit ihm konnte man jedoch feststellen, daß auch er von Ernst und Besonnenheit geprägt war. In seiner Art zu reden und zu argumentieren zeigte sich deutlich das von seinem Vorgänger geschulte Staatsverständnis. Das muß Menschen mit verschiedener Weltanschauung, verschiedener Ausrichtung einander näherbringen und verbinden.

Von diesem ersten, dem Kennenlernen dienenden Gespräch, bei dem wir einander diskret beobachteten, nahm ich einen sehr guten Eindruck mit. Sofort empfand ich Sympathie für den Primas und gewann die Überzeugung, daß ich auf Verständnis und Unterstützung von seiner Seite rechnen könne. Außerdem nahm er mich durch seine Bescheidenheit, seine Ruhe und seine Sachlichkeit für sich ein. Mit der Zeit wurden daraus Achtung und Vertrauen.

In den vielen Gesprächen, die ich später mit dem Primas führte, gab es außer den Eckpunkten, die die neuralgischen Fragen des Landes betrafen, mehrfach Raum für persönliche Anmerkungen, Erinnerungen und Informationen. Mein Wissen über ihn und das, was Menschen, die ihn kannten, sagten, ergänzten einander.

Als Professor Benon Miśkiewicz Minister für das Hochschulwesen wurde, erfuhr ich, daß er in Inowrocław Schulkamerad von Primas Glemp gewesen war. Sie waren in dieselbe Klasse gegangen. Er erzählte mir, daß der Primas zu den sehr fleißigen und gewissenhaften Schülern gehört und anderen oft geholfen habe. Schon damals habe er sich übrigens durch Ruhe, Selbstbeherrschung und Solidität ausgezeichnet. Später wurde Minister Miśkiewicz mehrfach vom Primas zur Besprechung von Angelegenheiten empfangen, die Staat und Kirche gemeinsam interessierten. Ich weiß, daß diese Gespräche in einem sehr sachlichen und gleichzeitig kollegialen Klima stattfanden.

Ich möchte an dieser Stelle, wo von der Kirche die Rede ist, auf einige Dinge eingehen, die mit ihrer Tätigkeit zusammenhängen. Der Episkopat äußerte sich damals gern zu verschiedenen gesellschaftlichen Fragen. Er unterstützte u. a. die Idee der Arbeiterselbstverwaltung. In einer Erklärung des Zentralrats des Episkopats hieß es, daß „die erwartete Bildung von Strukturen, die den Arbeitern Eigenverantwortung für ihre Arbeitsstätten geben, für die Überwindung der Krise notwendig ist". Nun, die Arbeiterselbstverwaltung hatten sich damals sowohl die „Solidarność" als auch die Kirche auf die Fahnen geschrieben. Man kann nicht umhin festzustellen, daß diese Fahnen heute völlig eingerollt sind.

Im September[184] schrieb die Kirche einen von der gesamten Presse veröffentlichten Brief an die Regierung, in dem darauf hingewiesen wurde, wie schlecht es den Menschen gehe. Gegenwärtig seien immer mehr Menschen vom Elend bedroht. Heute ist eine solche Kritik der Kirche an der Staatsmacht leider viel weniger zu hören als seinerzeit. Was mögen die Gründe dafür sein? Ich glaube, die Kirche hat sich in eine doppelgesichtige, „moralische" Konzeption der Politik verstrickt. Sie hat vor allem eine Front im Auge – diejenige des Kampfes zwischen dem „Bösen" und dem „Guten". Dadurch behandelt sie andere politische und gesellschaftliche Konflikte als zweitrangig. Ähnlich war es mit der „Solidarność". Sie wurde an dieser Hauptfront absorbiert und kümmerte sich wenig um die Interessen einzelner Berufsgruppen und gesellschaftlicher Milieus. So war es möglich, die sozia-

[184] Gemeint ist hier der September des Jahres 1991.

len Fragen als Teil des Konflikts der Wertesysteme zu begreifen. Heute gilt das als nicht opportun, denn nach den Veränderungen, die stattgefunden haben, haben sich die Interessenkonflikte in den Vordergrund geschoben. Das führte zur Zerschlagung der einstmals einheitlichen politischen Lager. Trotzdem wird nach wie vor eine „moralistische" Konzeption der Politik vertreten. Konflikte und gesellschaftliche Unzufriedenheit werden dem dämonischen Wirken der „anderen" – der Fremden, der politisch Andersdenkenden zugeschrieben.

In den Jahren 1980-1981 bemühte sich der Episkopat – obgleich mit unterschiedlichem Erfolg –, mäßigend, beruhigend zu wirken, die Menschen von aufreizenden und extremen Aktionen abzuhalten. Leider nicht immer erfolgreich. Die Stimme der Kirche wurde dann gern gehört, wenn sie Bestrebungen unterstützte, die gegen die Staatsmacht gerichtet waren. Dagegen waren ihre Möglichkeiten im allgemeinen überall dort begrenzt, wo sie sich bemühte, zu bremsen und zu mäßigen.

In dem Maße, in dem sich die Krise verschärfte, machte die Kirche mit Blick auf die außenpolitischen Rahmenbedingungen keinen Hehl aus ihrer Besorgnis, daß die Ausfälle der Opposition zu weit gehen könnten. Nachdrücklich rief sie die Gläubigen zur Mäßigung auf. Man kann sagen, daß sie mit dem Herzen auf seiten der „Solidarność" stand, der Verstand ihr jedoch Zurückhaltung gebot. Schließlich aber büßten die Appelle der Kirche zur Verständigung und ihre Warnungen vor einer weiteren Anarchisierung jede Wirkung ein. Dies um so mehr, als ein Teil der jungen Geistlichen – oft nannte man sie „die Leutnants der Kirche" – ebenfalls radikale Ansichten vertrat. In einem Teil der Kirche hielt die Politik Einzug. Dadurch verlor auch der Episkopat Einfluß auf den Gang der Ereignisse.

Bei dieser Gelegenheit möchte ich erwähnen, daß man zu jener Zeit begann, die Jahrestage verschiedener schmerzlicher Ereignisse im Nachkriegspolen sehr feierlich zu begehen: Poznań, die Küste, Radom.[185] Natürlich in kirchlichem Rahmen. Ich verneige mich vor den an diesen tragischen Orten errichteten Denkmälern. Ich will jedoch auch offen sagen, daß man, wenn man diese Dinge schon auf moralische Ebene hebt, sich nicht einer selektiven Moral bedienen darf. Besonders heute, da das ehemalige „Regime" gestürzt ist, kann man nicht auf moralischer Ebene Volkspolen und die II. Republik[186] einander gegenüberstellen. Denn auch das Gewissen der II. Republik ist mit schweren Sünden belastet. Aber es gab und gibt keine entsprechenden Denkmäler, keine Gedenkfeiern für die in Kraków und Tarnów, Warschau, Bochnia und anderen Städten getöteten Menschen.

---

[185] S. Anm. 31.
[186] Gemeint ist die nach dem Ersten Weltkrieg gegründete Polnische Republik, im Unterschied zu der I. Republik, der Adelsrepublik, deren Untergang Ende des 18. Jh. zu den polnischen Teilungen und damit zum Verschwinden Polens von der europäischen Landkarte führte.

Und es gibt keine Denkmäler für die Opfer der Befriedungsmaßnahmen in den südpolnischen Wojewodschaften Rzeszów, Przeworsk, Limanów, Brzozowsk, Jarosław, ganz zu schweigen vom östlichen Kleinpolen ... [187] In der Zeit zwischen den Kriegen fielen über 1000 Menschen den Kugeln von Polizei und Militär zum Opfer. Wenn schon nicht die Politiker, so müßte wenigstens die Kirche eine Ehrung jener Opfer verlangen. Dann fände das Gedenken an die tragischen Ereignisse der Nachkriegszeit stärkere moralische Unterstützung.

Zurück zu Primas Glemp. Er hat das Odium häufig schwerer Vorwürfe seitens bestimmter Teile der damaligen Opposition auf sich genommen. Ich weiß, daß man in einigen Kreisen sogar bissig vom „Genossen Glemp" sprach. So reden nur Dummköpfe, die nicht wissen, wieviel sie selbst dem Primas, seinem Mut und seiner Besonnenheit zu verdanken haben –, sowohl in der Zeit vor als auch nach Ausrufung des Kriegsrechts. Der neue Primas verstand es, die extremistischen Kreise der „Solidarność" entschieden zur Vernunft aufzurufen, was natürlich nicht bedeutet, daß seiner Meinung nach die Staatsmacht im Recht gewesen wäre. Er war schließlich gegenüber dem System kritisch eingestellt und machte keinen Hehl daraus. Er war sich jedoch dessen bewußt – wie übrigens viele andere Bischöfe, wie die westlichen Journalisten und wie auch wir –, daß eine so große Bewegung wie die „Solidarność" neben vielen wertvollen Einzelpersonen auch eine große Zahl frustrierter, „besessener" und unausgeglichener Menschen nach oben gespült hatte. Vor ihnen mußte man sich in acht nehmen.

Ich möchte an dieser Stelle sofort sagen – womit ich wieder in die Zukunft vorauseile –, daß ich wenigstens in einem bestimmten Moment Mitleid mit dem Primas empfand. Er hatte sich in den ersten Dezembertagen sehr scharf dagegen gewandt, daß der Sejm die Regierung mit Sondervollmachten für die Winterzeit ausstattete. Bei einem unserer nächsten Treffen, als die Emotionen sich schon gelegt hatten, sagte ich scherzhaft zu ihm: „Praktisch haben Sie das Kriegsrecht eingeführt. Wenn das Gesetz über die Sondervollmachten verabschiedet worden wäre, wäre es vielleicht nicht zum Kriegsrecht gekommen." So etwas konnte man natürlich nur in scherzhaftem Ton vorbringen. Wahrscheinlich waren die Dinge damals schon zu weit gediehen. Auch der Primas stand unter starkem Druck. Er war überzeugt, daß, wenn der Sejm das Gesetz verabschiede, ein Generalstreik ausbrechen und es zu Unruhen kommen werde. Das wollte er Polen ersparen. So begründete er mir gegenüber sein Handeln. Vielleicht hatte er Recht. Aber wer weiß – vielleicht hätten wir auch nach Verabschiedung des Gesetzes irgendwie ohne Kriegsrecht durch den Winter kommen können. Vielleicht hätte es die Chance einer politischen Lösung gegeben. Heute läßt sich schwer beurteilen, „was gewesen wäre, wenn".

[187] An diesen Orten fanden Aufstände gegen das autoritäre Regime Piłsudskis statt (vgl. Anm. 7 und 131).

Jerzy Kuberski:

Der Episkopat begann sich um so mehr für General Jaruzelski zu interessieren, je mehr dessen politische Bedeutung wuchs. Das heißt, daß dieses Interesse seinen Höhepunkt erreichte, als der General, der bereits Premierminister war, zusätzlich Erster Sekretär der PVAP wurde. Das Interesse konzentrierte sich vor allem auf die Frage, welche politische Richtung der General einschlagen würde. Die politischen Bewegungen des Generals wurden besonders unter zwei Aspekten beobachtet; ich würde allerdings noch einen dritten nennen.

Der erste Aspekt war, daß der General niemals etwas gesagt oder geschrieben hatte, womit er die Kirche attackierte. Der zweite Aspekt war die Meinung der ehemaligen Lehrer und Klassenkameraden des Generals vom Gymnasium der marianischen Priesterbruderschaft. Die einen wie die anderen charakterisierten ihn wesentlich stärker als Humanisten denn als Militär. Der dritte Aspekt schließlich ist der Lebensweg Jaruzelskis und seiner Familie – Verbannung nach Sibirien, Soldat, Frontkämpfer in Polen. Ich habe viele Gespräche geführt, in denen dieser Aspekt hervorgehoben wurde. Es wurde gefragt: Stimmt das, war das auch mit Sicherheit so? Damals bemühte man sich um ein möglichst vollständiges Charakterbild des Generals: Wer ist er, was kann er sich leisten? Wie könnten die Ergebnisse seiner Politik aussehen? Welche Absichten hat er? Verbirgt sich nicht etwas anderes dahinter? Ist das so ein gewöhnlicher Militär? Die Gespräche darüber waren häufig äußerst tiefgehend.

Unter den Bischöfen wurde mit Respekt erwähnt, daß der General strikt auf Alkohol verzichtet. Ich erinnere mich, wie Bischof Kazimierz Majdański, Oberhirte der Diözese Szczecin-Kamień Pomorski, ehemaliger KZ-Insasse, ein äußerst kultivierter und gelehrter Mensch und hervorragender Kenner der Familienproblematik, unterstrich, daß der General in seiner Zeit als Divisionskommandeur in Szczecin den Wiederaufbau der Kathedrale der Stadt gefördert habe. Dort erinnert man sich bis heute daran, daß er auch als junger Mensch keinen Tropfen Alkohol trank und Soldat im wahrsten Sinne des Wortes war, mit allen Tugenden, die man diesem Berufsstand zuschreibt. Man sprach auch von den Verdiensten General Jaruzelskis um die Westgebiete, von seiner Teilnahme am Kampf um ihre Befreiung, davon, wie er sich um die wirtschaftliche Entwicklung dieser Gebiete kümmerte. Dort spürt man, daß auch durch die militärische Besiedlung[1188] sehr wichtige soziologische Prozesse vor sich gingen, die das Polentum in diesen Gegenden stärkten.

Die Geistlichkeit hatte viele Jahre lang Vorbehalte gegen die Staatsmacht – meines Erachtens zu Recht – weil sie beinahe als Gesellschaft zweiter Klasse behandelt wurde. Das saß der Kirche wie ein Dorn im Fleisch. Deshalb erhoffte man von Jaruzelski eine Milderung oder Überwindung dieser Situation. Diese Hoffnung wurde nicht enttäuscht.

[1188] Nach Auskunft Jaruzelskis gegenüber dem Übersetzer ist hier die Ansiedlung von Offizieren aus Ostpolen in diesen Gebieten gemeint. Sie sollten erstens in den ehemaligen deutschen Gebieten das Polentum stärken und zweitens dort die polnische Armee aufbauen.

Seitens der Staatsmacht handelte es sich dabei nicht um einen Flirt. Jaruzelski war sich dessen genau bewußt, daß die Verständigung mit der Kirche Voraussetzung für die Beherrschung der Situation in Polen und überhaupt für die Entwicklung des Landes war. So wurden bereits im Herbst 1980 die Priesteramtskandidaten vom Wehrdienst befreit; das war immer ein Stein des Anstoßes zwischen Regierung und Episkopat gewesen. Abgeschafft wurden auch alle Beschränkungen beim Bau sakraler Gebäude und überhaupt beim sogenannten Kleinbauwesen. Im Jahre 1981 wurden 331 Genehmigungen für den Bau sakraler Gebäude erteilt, und 1982 wurden 200 Heiligtümer fertiggestellt! Die nächste Entscheidung betraf Erleichterungen für die Tätigkeit der Priesterseminare. Das waren oft formale, aber wichtige Dinge; es ging dabei um die Begrenzung der Einmischung des Staates in kirchliche Angelegenheiten.

Es war im allgemeinen eine sehr wichtige Periode für die Beziehungen zwischen Staat und Kirche. Dazu kam natürlich eine Tatsache von grundlegender Bedeutung: Zum erstenmal in der Geschichte hatten wir einen polnischen Papst. Es ging darum, daß in seinem Heimatland die Beziehungen zwischen Staat und Kirche nicht von Gegensätzen geprägt sein durften. Der Papst hob sein Polentum immer hervor, ließ unsere Probleme niemals in den Hintergrund treten. In dieser Situation bedeutete die Verbesserung der Beziehungen Staat – Kirche auch eine Hinwendung zum Papst. Das kam in den Anordnungen, die ich als Chef des Amtes für Glaubensfragen und später als Vertreter der polnischen Regierung beim Vatikan vom General erhielt, deutlich zum Ausdruck.

Polen war immer ein Land der Paradoxe. Schauen wir uns eins von ihnen an. Der Sohn einer armen Arbeiterfamilie, Absolvent eines Gymnasiums mit dezidiert weltlicher, sozialistischer Ausrichtung, Mitglied der damaligen Jugendorganisation, wurde Primas von Polen. Dagegen wurde der Sproß einer Adelsfamilie, Schüler eines von Priestern geführten Gymnasiums, Ministrant und Mitglied der „Sodalicja Mariańska",[189] Erster Sekretär der Kommunistischen Partei. Ich spreche natürlich von Kardinal Józef Glemp und von mir selber. Kein Wunder, daß viele Ausländer von dem Land fasziniert sind, in dem solche Paradoxe möglich sind. Ich glaube, daß dieses konkrete Paradox dem gegenseitigen Verständnis und der schrittweisen Normalisierung der Beziehungen zwischen Staat und Kirche zugute gekommen ist.

---

[189] Im Jahre 1563 gegründete katholische Organisation, die den Marienkult propagiert.

KAPITEL 22

Verständigung und Kampf

Vom 14. bis 21. Juli fand der IX. Parteitag statt. Eine große Chance, die sowohl genutzt als auch vertan wurde. Stanisław Kania beschreibt in seinem Buch ausführlich die Vorbereitungen auf den Parteitag, seinen Verlauf und seine Ergebnisse. Dazu hat er jedes Recht. Er war der Hauptarchitekt dieses weittragenden politischen Ereignisses und der politischen Linie, die dort verfolgt wurde. Ich will mich hier auf Beobachtungen und Reflexionen beschränken. Als Vorsitzender des Ministerrats war ich damals besonders an der wirtschaftlichen Problematik interessiert.

Professor *Władysław Baka:*

Ein wichtiges Ereignis war die Ausarbeitung von Wirtschaftsdokumenten für den IX. Parteitag. Auf der Sitzung der Wirtschaftskommission im Mai unter Leitung des Generals führten wir eine breite Diskussion darüber. Zu dieser Sitzung wurden auch Leute eingeladen, die weder Mitglied der Kommission noch mit der Ausarbeitung von Dokumenten befaßt waren, aber früher bereits mit wirtschaftlichen Reformvorschlägen hervorgetreten waren. Unter ihnen war auch Leszek Balcerowicz, der unseren Entwurf sehr positiv bewertete. Er meinte, die Grundlagen der Reform seien richtig, warnte aber davor, daß das Programm durch die Verwaltungsstrukturen aufgeweicht werden könnte. Dann forderte er die Schaffung institutioneller Hindernisse gegen die Rückkehr der Praktiken der Kommandowirtschaft. Ich teilte diese Auffassung voll und ganz. Auch die Kommission war derselben Ansicht.

Ende Mai sollte das Dokument fast fertig sein. Auf der Sitzung der Kommission akzeptierte der General die weitreichenden Konzeptionen und Ideen. Sie gingen noch über die Beschlüsse vom Januar, die bereits solche Befürchtungen bei unseren Nachbarn ausgelöst hatten, hinaus. Es wurde eine Redaktionsgruppe unter meiner Leitung berufen, die dem Dokument seine endgültige Fassung geben sollte. Das waren schwere Tage für uns, denn die Wirtschaftsreform war aufs engste mit rein politischen Fragen verknüpft. Es fand nämlich das XI. Plenum des Zentralkomitees statt, auf dem die Linie Kanias und Jaruzelskis frontal angegriffen wurde. Unsere Arbeit, unser Schicksal hingen in hohem Maße davon ab, welche Beschlüsse dort getroffen werden würden. Glücklicherweise waren die Beschlüsse für uns befriedigend. Nach dem Plenum hatte ich ein Gespräch mit dem General. Er ermutigte mich, die Ausarbeitung des Dokuments so schnell wie möglich zu Ende zu führen, damit es schon offiziellen Charakter bekomme und auf dem IX. Parteitag als offizielles Wirtschaftsprogramm verkündet werden könne.

Ich ließ damals die Befürchtung durchblicken, daß ein solches Dokument vom Politbüro nicht akzeptiert werden würde, vom Zentralkomitee ganz zu schweigen. Und hier muß ich mich zu einer Art politischem Schwindel bekennen. Der General las das Dokument durch und sagte, daß wir damit wirklich Schwierigkeiten bekommen könnten. Daraufhin schlug ich so nebenbei vor, daß die Version, die wir vor der Erstellung der endgültigen Version dem Politbüro vorgelegt hatten, als angenommen gelten sollte. Die endgültige Version dagegen solle das Politbüro gar nicht zu sehen bekommen ... Der General meinte: „Na gut, aber Kania muß das Dokument doch sehen." Ich rief den Ersten Sekretär an und sagte, es wäre gut, wenn er sich das Dokument ansähe. Dabei bemühte ich mich, die Änderungen, die wir angebracht hatten, zu bagatellisieren. Stanisław Kania sagte: „Lassen Sie uns einen zeitlichen Rahmen dafür festlegen." Ich schlug eine halbe Stunde dafür vor. Noch heute sehe ich vor mir, wie ein verzweifelter Kania die Thesen ein übers andere Mal liest und sagt: „Aber das ist ja Konterrevolution!" „Aber", sagte er schließlich, „wir machen es so." So haben wir gewissermaßen mit Erlaubnis des Generals und Kanias, unter Umgehung von Politbüro und Zentralkomitee, dem IX. Parteitag das Dokument „Tendenzen der Wirtschaftsreform" vorgelegt.

Wenn man die Dokumente analysiert, die dem Parteitag vorgelegt wurden, wird deutlich, daß dieses Dokument sich grundsätzlich von allen anderen unterscheidet. Es geht weit über rein wirtschaftliche Fragen hinaus. Es bringt neue Definitionen der Rolle des Sejm, der Kommunalparlamente, der Rolle der Partei in der Wirtschaft und damit in der Gesellschaft überhaupt. Man kann also sagen, daß das auch ein politisches Paket war. Da im Sejm Reformtendenzen vorherrschten, fand das Dokument dort eine Aufnahme, die es im alten Zentralkomitee mit Sicherheit nicht gefunden hätte. Wir hatten eine regelrechte neue Systemqualität erreicht.

In gewissen Kreisen des Parteiaktivs, aber auch von der Mehrheit der kommunistischen und Arbeiterparteien wurde der IX. Parteitag der PVAP mit großen Vorbehalten aufgenommen. Zweifel rief u. a. die Linie von „Verständigung und Kampf" hervor. Sie stellte im Ergebnis ein ideologisches Plazet für die Existenz von Bereichen des öffentlichen Lebens dar, die sich der Kontrolle durch die PVAP praktisch entzogen. Der Parteitag segnete die Konzeption eines neuen Gesellschaftssystems ab, dessen Kern darin bestand, daß es die führende Rolle der Partei bewahrte, aber gleichzeitig die Autonomie anderer Kräfte anerkannte und eine Partnerschaft mit ihnen anstrebte, besonders, was die Gewerkschaften betraf. Trotz Streit und Polemik kam es zu einem Kompromiß, dessen Grundlage jedoch, wie der weitere Gang der Ereignisse zeigen sollte, brüchig war. Das ändert allerdings nichts an der Tatsache, daß man den IX. Parteitag als den demokratischsten und ertragreichsten aller Parteitage der PVAP betrachten muß.
Auf eben diesem Parteitag wurde die Kommission berufen, die sich mit der Klärung der Frage befassen sollte, warum die Krise bisher so verlaufen war,

wie sie verlaufen war, die sogenannte Kubiak-Kommission. Eben damals begann die Idee einer nationalen Verständigung deutliche Konturen zu gewinnen. Man sprach sich für die Ausarbeitung eines neuen Kommunalwahlrechts aus sowie dafür, die Wirtschaftsreform beschleunigt auf den Weg zu bringen. Ganz allgemein gesagt, war der Parteitag ein Signal, daß die Partei sich änderte, ein Genesungsprozeß im Gange war.

Andrzej Czyż*:

An die eigentlichen Beratungen des Parteitags erinnere ich mich weniger. Stärker ist bei mir die Erinnerung daran, was im Rudniew-Saal des Palastes der Kultur und Wissenschaft geschah, der für die Mitarbeiter der Antragskommission reserviert war. Dort kamen rd. 120 Delegierte zusammen. Im Namen ihrer Delegationen[190] trugen sie Meinungen, Standpunkte und Vorschläge zur Lösung der polnischen Probleme vor, die im allgemeinen vorher auf den Delegiertenversammlungen in den Wojewodschaften diskutiert worden waren. In dieser Situation war es nicht leicht, einen Konsens zu finden.

Ich leitete die Arbeit des Arbeitssekretariats der Antragskommission. Unsere Aufgabe bestand darin, die Entwürfe für die einzelnen Absätze des Programms zu sammeln, nötigenfalls zu bearbeiten und sie auf der Sitzung der Kommission vorzulegen. Ausgangsmaterial waren Ausarbeitungen, Anträge und Vorschläge aus verschiedenen Vereinigungen, die teilweise auf dem Parteitag selbst vertreten waren, teilweise an seiner Vorbereitung in Wojewodschaften, Städten und Betrieben mitgewirkt hatten. Insgesamt gingen ungefähr 100 solcher Ausarbeitungen bei der Antragskommission ein (diejenigen nicht mitgerechnet, die während der Diskussion über die Thesen der Parteitagsmaterialien in riesigen Mengen hereinkamen). Am längsten dauerte die Bearbeitung der Anträge zur Wirtschafts- und Gesellschaftspolitik. Ihre Schlußredaktion wurde – unter besonders reger Beteiligung von Dr. Afeltowicz aus Wrocław, dem damaligen Vorsitzenden der Polnischen Wirtschaftsgesellschaft – um zwei Uhr nachts vor dem letzten Tag des sich sowieso schon hinziehenden Parteitags abgeschlossen. Trotzdem wurden die Drucker in der Marszałkowska-Straße mit ihrer Arbeit rechtzeitig fertig, und der Text dieses umfangreichen Dokuments lag am Morgen auf den Tischen der Delegierten im Kongreßpalast. Ich sah den Vorsitzenden der Antragskommission, Professor Hieronim Kubiak, erleichtert aufatmen.

* Andrzej Czyż – 1981 Stellvertretender Leiter der Ideologieabteilung des ZK der PVAP.

Professor *Hieronim Kubiak* spielte auf dem Parteitag wirklich eine sehr wichtige Rolle. Übrigens begegnete ich ihm dort zum ersten Mal. Wenn er

[190] Gemeint ist, daß diese Delegierten bestimmte Gruppen (z. B. Regionen, Berufsgruppen) der Parteitagsdelegierten repräsentierten.

seine Pfeife im Mund hatte,[191] sah er aus wie ein strenger Schiffskapitän aus einer Erzählung von Joseph Conrad.[192] In Wirklichkeit aber war er ein milder, warmherziger Mensch. Ein sehr guter Gesprächspartner und Redner. Organisation und Führungsaufgaben waren dagegen nicht gerade seine Steckenpferde. Ausgeprägt reformorientiert. Wurde, ähnlich wie Mieczysław Rakowski, Jerzy Wiatr, Andrzej Werblan, Zbigniew Kamecki und andere von konservativen Kreisen scharf bekämpft. Den Weg zum 13. Dezember ging er, wie die meisten von uns, nicht mit „Luftsprüngen", sondern mit sehr schweren Schritten. Auch für ihn war das Kriegsrecht das geringere Übel. Er empfand darüber aber sicherlich mehr Schmerz als andere, die ein „dickeres Fell" hatten.

An dieser Stelle möchte ich einige Worte über Professor *Jerzy Wiatr* sagen, für den ich viel Sympathie und Respekt empfinde. Meine Sympathie für ihn hat wiederum mit der Armee zu tun. Professor Wiatr[193] hat sich jahrelang als Soziologe mit der Armee beschäftigt und ist mit sehr interessanten Texten und Vorträgen zu diesem Thema hervorgetreten. Wir hatten uns schon seit Jahren öfter getroffen. Und der Respekt? Er war einer von jenen Intellektuellen, die von Kräften der Beharrung innerhalb der Partei bekämpft wurden, und zeichnete sich durch die Kühnheit seiner Reformansätze aus. Darin war er immer konsequent. Unabhängig von der jeweiligen politischen Konjunktur bleibt er den Grundwerten der Linken treu. Eine interessante und gewinnende Persönlichkeit.

Andrzej Czyż:

Um auf den Kernpunkt des Beschlusses zurückzukommen: Die meisten Kontroversen rief der einleitende Absatz hervor, in dem es um die Entstehung und die Bewertung des Charakters der polnischen Krise ging. Schließlich wurde der Vorschlag von Dr. Bachórz aus Gdańsk angenommen. Auf einen kurzen Nenner gebracht, hieß es darin, daß man es hier weder mit einer von parteiinternen Faktoren verursachten Krise noch mit dem Kampf zweier Mafias um die Macht zu tun habe. Es handele sich vielmehr um eine Krise der Machtausübung, eine Vertrauenskrise und eine Krise des Wirtschaftssystems, das nicht reformiert worden und deshalb ineffektiv und außerstande sei, die gesellschaftlichen Bedürfnisse zu befriedigen. Eine solche Bewertung eröffnete den Weg zu einem Programm tiefgreifender und prinzipieller Reformen.

[191] Hieronim Kubiak, geb. 1934, Wissenschaftler und Politiker. 1981-83 Vorsitzender der Kommission zur Untersuchung der Gründe für die gesellschaftliche Krise in der Volksrepublik Polen.

[192] Joseph Conrad, geb. 1857 im damaligen Ostpolen als Józef Konrad Korzeniowski, wanderte nach England aus und wurde einer der großen englischsprachigen Erzähler. Gest. 1924 in der Grafschaft Kent.

[193] Jerzy Wiatr, geb. 1931, Soziologe, Prof. an der Universität Warschau, Forschungsgebiete politische Soziologie und Theorie der Gesellschaftsentwicklung.

Ich glaube, der Grundsatzbeschluß des IX. Parteitags ist und bleibt ein Zeugnis des aufrichtigen Strebens nach wesentlichen, einschneidenden Reformen. Er schlug Änderungen vor, die für die damalige Zeit und die damaligen Umstände kühn und neu waren.

Der Parteitag sprach sich für die Linie der Verständigung aus, verkündete ein partnerschaftliches Verhältnis zu allen Gewerkschaftsflügeln und akzeptierte die grundlegenden Prinzipien der Reform, die sich auf Selbständigkeit, Selbstfinanzierung und Selbstverwaltung der Unternehmen gründeten.

Dennoch lassen sich in der Rückschau mindestens zwei grundlegende Einschränkungen im Denken des Reformflügels der PVAP ausmachen. Die erste besteht im krampfhaften Festhalten an der These von der führenden Rolle der Partei, oder, mit anderen Worten, in der mangelnden Bereitschaft zum Verzicht auf das politische Machtmonopol. Die zweite Einschränkung liegt in der Prämisse der andauernden Dominanz des Staatseigentums. Man brauchte mehrere Jahre, um sich über die Fruchtlosigkeit eines derart begrenzten Reformprogramms klar zu werden.

Dieser Parteitag war nicht nur inhaltlich, sondern auch von seiner Szenerie her anders als alle vorausgegangenen. Es war für alle, besonders aber für die ausländischen Gäste, schockierend, daß im ganzen Saal Mikrofone herumstanden. Wer wollte, trat an eins dieser Mikrofone und sagte auch Dinge, die nicht immer „linientreu" waren. Der Parteitag hatte auch seine finsteren Kulissen; das waren Kämpfe unterschiedlicher Art am Rande des Parteitags – Schmähschriften und Schmähreden, die sich gegen Leute verschiedener politischer Orientierung richteten. Dadurch kam es bei den Wahlen zu den Parteigremien zu sogenannten Flügelkämpfen.

Ich hielt mich für einen Vertreter der „Mitte". Innerlich stand ich jedoch den reformorientierten Kräften näher. Die intellektuelle Speerspitze der Erneuerung, alle diejenigen, die die Zeichen der Zeit wirklich erkannten, verdienen Anerkennung und Achtung. Schrittweise näherte ich mich ihnen an. Und die Konservativen, die Dogmatiker? Es wäre eine große Vereinfachung, sie alle über einen Kamm zu scheren. Man kann sie in drei Kategorien aufteilen. Die erste – das waren die Verkrusteten, Starrköpfigen, für die die Doktrin eine Sammlung von Rezepten war, ein „heiliges Feuer", das man um jeden, sogar um den höchsten Preis hüten mußte. Die zweite Gruppe bildeten die phantasielosen, feigen Karrieristen. Viele von ihnen wenden sich heute mit dem Habitus des Neugetauften und mit hochmütiger Miene angewidert von ihrer Vergangenheit ab. Wann und wie werden sie die nächste Kehrtwendung vollziehen, die nächste Maske aufsetzen? Schließlich die dritte Kategorie, die ich – so komisch es sich anhören mag – als aufgeklärte Dogmatiker bezeichnen möchte. Das waren Menschen, die nach gesellschaftlicher und philosophisch-moralischer Bestätigung ihrer althergebrachten politischen Optionen suchten. Auch wenn sie zu spät kamen, sich irrten, kann man sie achten, ihnen vertrauen.

An dieser Stelle ein Einschub: Bis zum Jahre 1956 wurde Dogmatismus als Beweis für Stärke, für Gesundheit angesehen ... Dementsprechend galt Revisionismus als Aussatz, Pest, Cholera oder dergleichen. In den Jahren 1957-1980 hatte mehr oder weniger offiziell die einst von Gomułka gegebene Definition Gültigkeit: „Dogmatismus ist Grippe, Revisionismus Tuberkulose." In den Jahren 1980-1989 galt zunächst das eine wie das andere als Grippe. Der Kurs in Richtung tiefgreifender Reformen wurde jedoch allmählich immer stärker und siegte schließlich vollständig.

Seinerzeit bezeichneten wir die Dogmatiker, die Konservativen oft als „revolutionäre Rezensenten" oder „Schreibtischrevolutionäre". Sie fanden für ihre Ansichten keine breite Unterstützung; vor allem waren sie nicht imstande, Kontakt zu ihren eigenen Milieus zu knüpfen. Dagegen gelang es ihnen, ihre Ratlosigkeit, ihre Komplexe, ihre Unzufriedenheit und ihre Forderungen nach oben, in die Parteispitze zu tragen. Ihre Erfolglosigkeit an der Basis versuchten sie durch lautes Geschrei an der Spitze zu kompensieren.

Barcikowski hat sie treffend so charakterisiert: „Ein starker Berg als Heilmittel gegen einen schwachen Grund". Der Berg muß standhaft, entschieden, kämpferisch sein, und wir werden bewerten und kritisieren, wenn unsere Erwartungen nicht erfüllt werden.

In der Partei begannen sich damals die sogenannten Horizontalstrukturen bemerkbar zu machen. Ihr wichtigstes Ziel war eine weitgehende Dezentralisierung des innerparteilichen Lebens. Die „Horizontalen" wurden bei einem Teil der Parteiintellektuellen, in Akademiker- und Studentenkreisen zu einer populären Bewegung, vor allem in Toruń, von wo sie ihren Ausgang nahmen. Einer ihrer geistigen Väter war Wojciech Lamentowicz, damals Oberassistent an der Hochschule für Gesellschaftswissenschaften. Auch Andrzej Werblan sympathisierte mit diesen Kreisen. Kania und das Politbüro waren der Meinung, daß aufgrund der Tätigkeit dieser Leute eine Desintegration der Partei drohe. Im übrigen ist es interessant, daß diese Bewegung in der „Solidarność" keine Unterstützung fand. Kuroń erklärt in seinen Erinnerungen, daß man solche Unterstützung nicht zeigen wollte, um die „Horizontalen" nicht dem Vorwurf auszusetzen, eine „Agentur" der „Solidarność" innerhalb der Partei zu sein.

Heute betrachte ich diese Dinge mit etwas anderen Augen. Wahrscheinlich haben wir einen Fehler gemacht, fehlten uns Mut und Geduld. Die Parteiführung fand den Schlüssel nicht, der es erlaubt hätte, gewisse – untypische, der damaligen Organisations- und Funktionsform der Partei zuwiderlaufende – Formen der Adaption der „Horizontalen" für die Zwecke der Partei zu entwickeln. Ich glaube, daß man die Horizontalstrukturen als einen Faktor betrachten kann, der half, die verkrusteten Strukturen zu zerschlagen, die schon längst nicht mehr kreativ und nützlich waren. Aber wer weiß, vielleicht wäre das auch der sprichwörtliche Tropfen gewesen, der das Faß der Bedrohung zum Überlaufen gebracht hätte – wie 1968 in der Tschechoslowakei.

Im ganzen gesehen, siegte auf dem Parteitag eine zentristische Orientierung. Ich möchte mir nicht ex post das Gewand eines radikalen, begeisterten Reformers anziehen, der mit dem Partei-„Beton" kämpfte wie der Hl. Georg mit dem Drachen. Das ist heute bei vielen Memoirenschreibern und politischen Schwätzern in Mode. Jahrelang pflegte man scherzhaft zu sagen: „Wir werden so verbissen um den Frieden kämpfen, daß kein Stein auf dem anderen bleibt." Man hatte den Eindruck, daß einige „Reformer" den Sozialismus an diesen Punkt bringen konnten. Ich war ein Anhänger tiefgreifender Veränderungen, aber ihm Rahmen des damaligen Gesellschaftssystems. Sie sollten nicht zu seiner Schwächung, sondern zu seiner Genesung und Stärkung dienen. Das entsprach übrigens den Absichten der überwiegenden Mehrheit der Delegierten. Mir begegnete auf dem Parteitag viel Wohlwollen. Bei den Wahlen zum Zentralkomitee erhielt ich von allen Mitgliedern der Parteiführung die höchste Stimmenzahl: 1615 von 1909 gültigen Stimmen. Danach folgten Zofia Grzyb mit 1476, Jerzy Romanik mit 1461, Zbigniew Michałek mit 1433 und Kania mit 1335 Stimmen. Auch meine Rede wurde sehr positiv aufgenommen. In ihr hieß es u. a., daß „ein Ausweg aus der Krise nur durch tiefgreifende wirtschaftliche Reformen möglich ist, deren Fahrplan schon geschrieben wurde". Ich sprach von der Notwendigkeit, eine „wirkliche Selbstverwaltung" zu entwickeln, von der Unumkehrbarkeit der „sozialistischen Erneuerung". Aber auch von der sich aus der Verfassung ergebenden Verpflichtung, den Staat vor dem Zerfall, das Volk vor einer Katastrophe zu bewahren. Ich erinnerte schließlich daran, daß in Anbetracht der internationalen Lage unsere innenpolitische Situation, unsere politische Geschlossenheit und Kondition sowie die Notwendigkeit, die Krise aus eigener Kraft zu überwinden, keine unwichtigen Faktoren seien. Letzteres betonte ich in meinen öffentlichen Reden, ganz zu schweigen von verschiedenen Beratungen, Treffen und Gesprächen, geradezu mit Besessenheit. Da Presse, Funk und Fernsehen im Jahre 1981 meine Reden – ob sie nun im Sejm oder an anderen Orten gehalten wurden – verbreiteten, wurden diese Gedanken einer breiten Öffentlichkeit bekannt. Die Resonanz war – vor allem bei der Opposition – leider schwach. Dabei waren doch auch dies verzweifelte Warnungen. Wenn ich von „eigenen Kräften" sprach, dann gab ich auf diese Weise geradezu mit dem Holzhammer zu verstehen, daß eine andere, hundertmal schrecklichere Alternative drohte. Aber ich predigte tauben Ohren!

Heute betrachte ich diese Dinge mit etwas anderen Augen. Die überaus deutlichen Aussagen von Kania, mir und anderen sollten die „Solidarność" warnen und gleichzeitig gegenüber unseren Nachbarn und in den eigenen Reihen als Beweis für unsere Standfestigkeit und Entschlossenheit dienen. Ich weiß nicht, ob das die beste Methode war. Vielleicht machte diese Rhetorik, besonders zu Anfang, einen gewissen Eindruck in den gemäßigten Kreisen der „Solidarność". Aber die extremistischen Kreise kümmerten sich nicht darum. Ganz im Gegenteil, auf sie wirkte diese Rhetorik wie Sporen auf ein galoppierendes Pferd. Außerdem gewannen unsere Verbündeten und unsere prinzipiellen Genossen immer mehr den Eindruck, daß das eine Art Bluff sei, daß wir aus scharfen Worten einen Wandschirm für unsere opportunistische Politik bauten. Es war also wieder einmal schlecht – egal, wie man es machte. Die „Solidarność" leistete solchen Bewertungen Vorschub. Wie sonst soll man die Streiks erklären, die die Begleitmusik zu diesem Parteitag bildeten? Oder die Hungermärsche? Erstaunlicherweise fanden sie zu der Zeit statt, als die Ernte auf Hochtouren lief. Diese Hungermärsche waren ein eindeutiges Zeichen für politische und moralische Manipulation. Das Schlagwort „Hunger" als erster Schritt zur Macht – das ist ein alter Gedanke Bakunins, des Vaters des Anarchismus. Am 25. Juli fand in Łódź ein Marsch von mehreren tausend Frauen statt. Ich liebe die Poesie von Julian Tuwim.[194] Einige Zeilen von ihm habe ich gut behalten, u. a. folgenden Ausschnitt aus dem Gedicht „Kwiaty polskie" („Polnische Blumen"):

Bałuckie limfatyczne dzieci
Z wyostrzonymi twarzyczkami
(Jakby z bibułki sinoszarej
Wyciął ich rysy nożyczkami),
Upiorki znad cuchnącej Łódki.
Z zapadłą piersią, starym wzrokiem,
Siadając w kucki nad rynsztokiem,
Puszczają papierowe łódki
Na ścieki, tęczujące tłusto
Mętami farbek z apretury –
I płyną w ślad nędzarskich jachtów
Marzenia, a za nimi – szczury.

Baluter[195] lymphatische Kinder,
Gesichtchen von spitzer Schwere,
(Wie ausgeschnitten aus fahlem
Seidenpapier mit der Schere),
Gespenster der stinkenden Łódka[196].
Mit hohler Brust, greisen Blicken,
Am Rinnstein, mit krummem Rücken,
Lassen Papierkähnchen fahren
Auf Abwässern der Appreturen,
Den schillernden, farbensatten –
So fahren die Elendsjachten
Der Träume, nach ihnen – Ratten.[197]

---

[194] Julian Tuwim, 1894-1953, poln. Dichter, schrieb besinnliche Lyrik in nationaler und humanistischer Tradition.

Übrigens wurden die „Hungermärsche" auch in rd. einem Dutzend anderer Städte organisiert: Tomaszów Mazowiecki, Radomsko, Bełchatów ... Außerdem fand auf den Straßen von Łódź eine Demonstrationsfahrt von Autobussen mit eingeschaltetem Licht statt. Das war ein Protest gegen die „Unfähigkeit der Regierung", gegen die „Aushungerung des Volkes". Die Staatsmacht wurde u. a. ständig verdächtigt, heimlich Lebensmittel zu horten. Es wurde das Gerücht verbreitet, das ZK der PVAP habe seinen Mitgliedern die geheime Weisung erteilt, auf eigene Faust Lebensmittel zu horten oder zu vernichten. Noch heute wiederholt Zbigniew Bujak in seinem Buch den Unsinn von einer angeblich von der Staatsmacht gezielt geplanten Aushungerung der Stadt Żyrardów. Gleichzeitig gibt er zu, daß die „Solidarność" das nicht beweisen konnte, obwohl sie überall ihre Leute hatte. Wenn dem Menschen Essen, Kleidung und Seife fehlt, ist er bereit, alle, selbst die unmöglichsten Nachrichten zu glauben.

Ich wollte mich über das Fernsehen an die Menschen wenden mit dem Aufruf: „Leute, denkt nach! Gießt kein Öl ins Feuer!" Das wäre jedoch genauso „erfolgreich" gewesen wie die Fernsehansprache von Babiuch im Jahre 1980. Deshalb nahm ich von diesem Gedanken Abstand. Was hätte ich damals den geplagten Frauen sagen können, die sich häufig spontan diesen Demonstrationen angeschlossen hatten? Etwa, daß wir eine negative Handels- und Zahlungsbilanz hatten? Ich konnte nur eines tun – mit aller Energie und Entschlossenheit die Bemühungen zur Rettung der zerfallenden Wirtschaft fortsetzen.

Die Zeit Ende Juli, Anfang August war durch erhöhte Spannungen und verstärkte Protestaktionen gekennzeichnet. Sie schwächten die Ergebnisse des IX. Parteitages, verdunkelten seine im ganzen positive Botschaft. Ich wiederhole – eine für die damalige Zeit reale Chance wurde vertan. Das war gleichzeitig Wasser auf die Mühlen derjenigen Partei- und Staatsfunktionäre, die dem alten Denken verhaftet waren. Sie bekamen ein mächtiges Argument in die Hand: Eine Verständigung ist nicht möglich. Sie ihrerseits lieferten, indem sie die Reformen de facto in Frage stellten oder sie auf kosmetische Änderungen zu reduzieren suchten, den Radikalen in der „Solidarność" ein Argument: Der Sozialismus ist nicht reformierbar. Leider war es schon damals in Polen so, daß jede sich abzeichnende Chance zur Besserung sofort von beiden Seiten hintertrieben wurde. Das ist eine weitere Seite der „polnischen Hölle".

In der „Solidarność" wurde dieser Parteitag damals unterschiedlich bewertet. Ein Teil – vor allem die Parteimitglieder in der „Solidarność" – schöpfte Hoffnung aus ihm. Vielleicht würde es nun innerhalb der „Solidarność" keine Positionskämpfe mehr geben. Aber so dachte wohl nur eine

[195] Bałuty – Armenviertel in Łódź (Łódź = Boot).
[196] Łódka – Fluß in Łódź (= Bötchen)
[197] Übersetzung des Gedichts von Karl Dedecius.

Minderheit. Auf jeden Fall nicht die entscheidenden Leute. Die gehörten einer anderen Strömung an. Diese Strömung erblickte mit Beunruhigung in dem Parteitag eine Chance für Sozialismus und Partei. Für eine sich reformierende Partei. Und für einen ebenfalls reformierten Sozialismus, der jedoch Sozialismus bleiben würde. Das paßte vielen Funktionären der „Solidarność" gar nicht ins Konzept. Man kann sich überlegen, wie sich die Dinge entwickelt hätten, wenn damals in der „Solidarność" eine andere Haltung, eine andere Linie gesiegt hätte. Wenn folgende Denkweise die Oberhand gewonnen hätte: Laßt uns den Kräften der Erneuerung, auch wenn sie vielleicht noch keine klare und konsequente Konzeption entwickelt haben, entgegenkommen. Geben wir ihnen etwas Zeit. Dadurch wird Polen seine Glaubwürdigkeit als stabiles und verantwortungsbewußtes Land, das keine Bedrohung für seine Verbündeten darstellt, zurückgewinnen. Leider war das die nächste Situation, die nicht angemessen genutzt wurde. Die Funktionäre der „Solidarność" bieten dafür eine eigenartige Erklärung an. In den Jahren 1956 und 1970 vertraute man der Staatsmacht – und was kam dabei heraus? Warum sollte es jetzt anders kommen?

Die damaligen Ereignisse waren doch eine große, eigentlich spontane Explosion. Im Ergebnis kam es beide Male zu Änderungen in der Politik des Staates – die übrigens jeweils schon früher herangereift waren. Nach einiger Zeit allerdings „normalisierte" sich alles wieder – obwohl es nie wieder ganz so wurde wie zuvor.

In den Jahren 1980-1981 hatte wir es mit einer grundlegend anderen Situation zu tun. Eine Explosion gab es zwar auch. Ebenso Veränderungen in den oberen Rängen der Staatsmacht. Alle weiteren Ereignisse waren jedoch beispiellos. Es entstand eine gesellschaftlich-politische Organisation mit vielen Millionen Mitgliedern. Sie wurde von der an Stärke zunehmenden Kirche unterstützt. Die Staatsmacht erkannte diese Organisation an, kokettierte sogar teilweise mit ihr. Früher hatte niemand von Opposition geredet. Es gab praktisch keine nennenswerte Opposition. Jetzt gab es sie, und sie wurde sogar zu einem anerkannten Machtfaktor. Aber – wie ich schon mehrmals gesagt habe – die „Solidarność" war zu schnell, und wir waren zu langsam. Die „Solidarność" fiel radikalen Kräften anheim, hörte nicht auf vernünftige Stimmen. Wir unsererseits schafften es nicht, uns von den konservativen Kräften zu trennen und eindeutig auf die Reformer zu setzen. Ich korrigiere mich: Wir schafften es nicht nur nicht, sondern es war uns wahrscheinlich auch weitestgehend objektiv unmöglich. Die Verhältnisse waren nicht so. Auch aus diesem Grunde war der Parteitag eine Art Kompromiß. Es ging darum, eine möglichst breite und gleichzeitig erneuerte Plattform für die Anhänger der verschiedenen Richtungen zu schaffen. Aber das sind heute nur noch Gedankenspiele. Eins ist offensichtlich – der Parteitag hat seine Aufgaben nur zum Teil erfüllt. Dennoch wurde er zu einem historischen Ereignis von weittragender Bedeutung. Er war für die Reformkräfte auf Jahre hinaus Zeugnis und Inspiration. Es ist bis heute das moralische Recht eines bedeutenden Teils der polnischen Linken, sich auf ihn zu berufen.

Daß sich die historischen und systemimmanenten Bedingungen radikal änderten, das ist schon eine andere Sache. Deshalb ist es nicht fair zu sagen, die ehemaligen PVAP-Mitglieder hätten sich nur „umgeschminkt". Wenn dem so ist, dann hat sich die Elite der „Solidarność" noch stärker umgeschminkt. Der Weg von Egalitarismus und Arbeiterselbstverwaltung zur jetzigen Politik der „Solidarność" stellt eine geradezu halsbrecherische Pirouette dar.

Der IX. Parteitag wurde vom Westen sehr aufmerksam beobachtet. Die „Washington Post" schrieb in ihrer Ausgabe vom 27. Juli 1981: „Die Partei nahm eine positive Haltung zu dem von den Arbeitern vor Jahresfrist verkündeten Grundsatz ein, daß alle Macht von unten ausgehen müsse. Keine andere kommunistische Partei hat bisher etwas Vergleichbares gewagt ... Unter allen regierenden kommunistischen Parteien ist die polnische kommunistische Partei die einzige, die den Willen ihrer Mitglieder repräsentiert. Das ist ein Umbruch, dessen Folgen in Polen und anderswo noch jahrelang zu spüren sein werden."

Die westdeutsche Zeitung „Die Welt" stellte fest, daß „die Zusammensetzung des neuen Politbüros zeigt, daß der gemäßigte Reformkurs in Polen fortgesetzt werden wird. Das neue Politbüro, das ebenso wie der Erste Sekretär des Zentralkomitees zum ersten Mal in geheimer Wahl bestimmt wurde, ist in ausgewogener Weise mit zentristischen, reformorientierten und konservativen Kräften besetzt."

Hier noch ein Zitat aus der „Washington Post": „Viele glauben, daß die „Solidarność" und die Partei sich nach dem Parteitag gemeinsam an die Lösung der wirtschaftlichen Probleme machen können ... Dies ist jedoch wahrscheinlich eine Vereinfachung. Die eine Richtung verkündet die Notwendigkeit von Verzicht und Reformen, die andere will Privilegien für die Arbeiter. Es wurden größere Freiheiten erkämpft. Und wer will jetzt den Arbeitern befehlen, für weniger Geld mehr zu arbeiten?" Diese vor so vielen Jahren von der „Washington Post" aufgeworfene Frage hat an Aktualität nichts eingebüßt. Das Gesellschaftssystem hat sich verändert, die Staatsmacht hat sich verändert, aber die Spuren dieser „Privilegien" sind, vor allem auf psychologischem Gebiet, bis heute feststellbar. Diejenigen, die im Jahre 1981 die Menschen zum Streik, zu einem Festival der sozialen Forderungen aufriefen, müssen heute mit diesen Folgen leben. Regungen, wie sie für den homo sovieticus typisch sind, haben auch die Antikommunisten infiziert.

Die westliche Presse beobachtete, wie ich sagte, diesen Parteitag mit großem Interesse. In den sozialistischen Ländern dagegen gab es nur lakonische Informationen am Rande. Das ist verständlich. Die offizielle Propaganda konnte nicht Inhalte lancieren, die dort geradezu verfemt waren. Auch aus diesem Grund waren die ausländischen Delegationen, die zum IX. Parteitag kamen, nicht hochrangig besetzt.

Notabene führte ich damals mehrere Gespräche mit dem aus Vietnam angereisten legendären General Giap.[198] Er blieb nach dem Parteitag noch einige Tage und hielt sehr interessante Vorträge über den Partisanenkrieg. Trotz seiner Verdienste als Soldat nahm er innerhalb der vietnamesischen Führungshierarchie eine untergeordnete Stellung ein.

Zusammenfassend möchte ich über den Parteitag folgendes sagen: Die „Solidarność", die aus dem Protest gegen Ausfälle seitens der Staatsmacht entstanden war, wurde zu einer offensiven Kraft, zu einer mächtigen gesellschaftlichen und politischen Bewegung. Die Partei antwortete darauf, unter verschiedenen Widerständen und Hemmnissen, mit einer schrittweisen Demokratisierung, insbesondere mit einer Liberalisierung der Wirtschafts- und Gesellschaftspolitik. Die Regierung traf Dutzende von Entscheidungen, um diese Parteitagslinie umzusetzen. Auf beiden Seiten wurden jedoch die radikalen Strömungen stärker. In der „Solidarność" gewannen diejenigen Kräfte immer mehr an Einfluß, die nach dem Sturz des Gesellschaftssystems und nach der Machtergreifung strebten. In der Partei verhärteten sich die Kräfte der Beharrung immer mehr. Und über all dem hing wie eine dunkeldrohende Wolke der außenpolitische Faktor. Fürwahr eine dramatische Situation!

[198] Vo Nguyen Giap, geb. 1910, vietnam. General, errang 1954 den berühmt gewordenen Sieg über die franz. Kolonialtruppen bei Dien Bien Phu. Verteidigungsminister (bis 1980), Oberbefehlshaber der Streitkräfte, stellvertretender Ministerpräsident der Demokratischen Republik Vietnam sowie Mitglied der obersten Parteigremien der KP.

KAPITEL 23

Verschiedene Gesichter

Im Zusammenhang mit dem IX. Parteitag drängt sich die Erinnerung an zwei Namen auf, die für extrem entgegengesetzte Parteiflügel und -milieus standen: Stefan Bratkowski und Albin Siwak. *Bratkowski* ist ein hochgebildeter Mensch, eine schillernde und umstrittene Persönlichkeit. So merkwürdig es klingen mag – er ist Pragmatiker, Positivist und Romantiker in einer Person. Seinerzeit war er ein sehr bekannter und politisch einflußreicher Mann. Das erste Mal besuchte er mich in der Klonowa-Straße, als ich Verteidigungsminister war. Das war im Herbst 1980. Wir tauschten uns über die Situation, ihre besorgniserregende Entwicklung aus. Die Meinungsverschiedenheiten zwischen uns waren sehr gering. Wir waren beide davon überzeugt, daß man für die neue Gewerkschaftsbewegung einen Freiraum in der Gesellschaft schaffen könne und müsse. Wir fanden auch Gelegenheit, historische und militärische Themen anzuschneiden. Bratkowski kennt und liebt diese Thematik.

Danach hatten wir noch einige andere Kontakte, bei denen die Unterschiede zwischen uns in der Bewertung bestimmter Phänomene schon größer waren. Ich versuchte, ihn von der Lauterkeit der Absichten der Partei- und Staatsführung zu überzeugen. Man dürfe die Fehler und Schwächen des Partei- und Verwaltungsapparates nicht dämonisieren und schon gar nicht verallgemeinern. Er dagegen sagte: „Die ‚Solidarność' strebt nicht nach der Machtübernahme. Sie will ein Reformfaktor sein, aber innerhalb des sozialistischen Gesellschaftssystems." Radikale Tendenzen, Exzesse verschiedener Art versuchte er offensichtlich herunterzuspielen. „Sie sind", sagte er, „hauptsächlich auf falsches Verhalten der Staatsmacht, besonders auf regionaler Ebene, zurückzuführen."

Besonders gespannt waren die Beziehungen zwischen Stefan Bratkowski und Stefan Olszowski, die sich wahrscheinlich einmal sehr nahe gestanden hatten. Sie kritisierten einander heftig in aller Öffentlichkeit. Übrigens war Bratkowski, wie auch Professor Henryk Samsonowicz, einem wahren Trommelfeuer seitens des Warschauer Parteikomitees der PVAP ausgesetzt. Heute wirkt das lächerlich und kleinlich. Damals konnte es als Beleg für Prinzipientreue gelten.

Der offene Brief Bratkowskis an die Partei, den er im Frühjahr 1981 schrieb, wurde vom Politbüro kritisch aufgenommen. Anfang Juli forderte Bratkowski erneut die Erfüllung der „Minimalforderungen des Parteitags". Heute, aus der Distanz, bin ich der Meinung, daß der Autor in vielem Recht hatte, leider in größerem Maße, als das damals akzeptiert und realisiert werden konnte.

Aus dem Buch „Solidarność 1980-1981. Genese und Geschichte" von Professor *Jerzy Holzer*:[199]

Der offene Brief von Bratkowski, dem Vorsitzenden der Polnischen Journalistenvereinigung, „An meine Mitgenossen", fand ein sehr starkes Echo. Bratkowski beschrieb „als einfaches Parteimitglied" die Situation als „Krise der letzten Chance für diejenigen, die unsere Partei vom Weg der Verständigung abbringen und die Gesellschaft in eine unabwendbare Katastrophe treiben wollen ..." Bratkowski erklärte, daß man das Land nicht im Konflikt mit nahezu der ganzen Partei und fast der ganzen Gesellschaft, unterstützt nur von einem kleinen Teil des Staatsapparates, regieren könne. „Unsere Sturköpfe haben kein Programm außer dem der Konfrontation und Desinformation ... Ich kann keinen einzigen Vorschlag ausmachen, der über die Verteidigung der eigenen Positionen, über den eigenen Aufstiegsdrang hinausginge ... Sie versuchen, die Gesellschaft zu Verhaltensweisen anzustacheln, die die Anwendung von Gewaltmaßnahmen rechtfertigen."

Bratkowski nannte als positive Vertreter der Partei Kania, Barcikowski und „die Regierung General Jaruzelskis" und rief dazu auf, sie um der möglichen und notwendigen Verständigung willen zu unterstützen, denn Polen ist „ein Land von über alle Maßen ruhigen Menschen, die vernünftige Wege aus der Katastrophe suchen werden." ...

Am 11. Juli erhob Bratkowski noch einmal seine Stimme. Er definierte die „Minimalforderungen des Parteitags" – 25 Bedingungen, deren Erfüllung es erlauben würde, einen Lösungsweg für die polnischen Probleme zu finden. Diese Bedingungen waren: Abrechnung der Partei mit ihrer Vergangenheit, Verurteilung und Entfernung von Gegnern der gesellschaftlichen Verständigung, Anerkennung der Vielgestaltigkeit der sozialistischen Traditionen und volle Chancengleichheit für Gläubige innerhalb der Partei, demokratische und notwendigenfalls geheime Entscheidung von Personal- und Sachfragen, Einführung des Systems der demokratischen Rotation, Beschränkung der Rolle des Parteiapparats, Verbot der gleichzeitigen Übernahme von Funktionen sowohl in Staat als auch in Partei, keine Weisungen der Partei mehr an den Staatsapparat und die gesellschaftlichen Organisationen, Abschaffung der Nomenklatura, d. h. der Listen von Positionen, die von Parteiinstanzen besetzt werden, Anerkennung der Prinzipien von gesamtgesellschaftlicher Verständigung und Selbstverwaltung als Grundlage der Politik, Erweiterung des Staatsapparats um Vertreter aller gesellschaftlichen Kräfte, Anerkennung des Prinzips der Höherrangigkeit von Vertretungsorganen und Änderung des Wahlsystems, Unterstützung der Wirtschaftsreform und Betrauung von anerkannten Fachkräften mit der Realisierung dieser Reform, Akzeptanz der dauerhaften Existenz von

---

[199] Jerzy Holzer, geb. 1930, Historiker, Publizist, Prof. an der Universität Warschau. Zusammenarbeit mit KOR (s. Anm. 43). Arbeiten über die neueste dt.-poln. Geschichte und über die „Solidarność".

Privathandwerkern und Privatbauern, Anerkennung der Unabhängigkeit der
Justiz sowie der Notwendigkeit der Kontrolle von Organen der öffentlichen
Ordnung durch Vertretungsorgane und die Staatsanwaltschaft, Schaffung von
Bedingungen für die Glaubwürdigkeit der Massenmedien und Einschränkung
der Zensur.

Ein Teil dieser Forderungen fand seinen Niederschlag in den Beschlüssen des
Parteitags, im weiteren Vorgehen von Partei und Regierung. Im ganzen
jedoch waren diese Texte ihrer Zeit voraus, ihre Realisierung lag jenseits der
damaligen Möglichkeiten, ähnlich wie die Veröffentlichungen des Diskus-
sionskreises „Doświadczenie i Przyszłość" („Erfahrung und Zukunft"). Ich
erinnere mich an den besonders interessanten dritten Bericht dieser Organisation, der u. a. von Stefan Bratkowski, Cezary Józefiak, Jan Malanowski, Jan
Strzelecki, Jerzy Szacki, Klemens Szaniawski und Andrzej Wielowieyski
unterzeichnet war. Die Reaktion der Parteiführung auf Äußerungen dieser
Art war eher unwillig und vereinfachend und stieß dadurch viele denkende
Menschen wie Bratkowski ab. Andererseits hätten er und viele andere
Intellektuelle innerhalb und außerhalb der Partei mehr bewirken können,
wenn sie den Absichten der Partei, den realen Bedingungen, unter denen die
Partei handeln mußte, und der unruhigen Situation, die die Partei zu durch-
leben hatte, mehr Verständnis entgegengebracht hätten.

Man sagte Bratkowski Mythomanie nach. Er hatte etwas von einem
Don Quichotte, und zwar in der guten Bedeutung dieses Wortes. Ein sehr
ehrgeiziger Mensch mit entsprechenden Emotionen. Im ganzen gesehen
habe ich eine wohlwollende Meinung von ihm. Bis heute ist er sich selbst
treu geblieben. Immer nahm er Demokratie, Toleranz und Bürgerfreiheiten
sehr wichtig. Alles, was diese Werte bedroht oder ihnen widerspricht, stößt
auf seine Kritik. Nach dem Siege der „Solidarność"-Kräfte setzte Bratkowski jedoch die Latte der politisch-moralischen Forderungen gegenüber
denen, die jetzt an der Macht waren, deutlich niedriger an.

Und wie bewerte ich Siwak? Über *Siwak* muß ich mehr sagen, nicht nur,
was seine Persönlichkeit betrifft. Er gehörte doch zu einer Gruppe echter
Arbeiter, die in die Parteispitze aufstiegen. Diese Praxis begann im Herbst
1980. Damals gehörten zum Politbüro als Vertreter der Arbeiterschaft:
Zygmunt Wroński aus der Landmaschinenfabrik Ursus und Gerard Gabryś,
ein Bergmann aus Schlesien. Auf dem IX. Parteitag wurden folgende vier
Personen ins Politbüro gewählt: Zofia Grzyb aus dem Betrieb „Radoskór",
der Bergmann Jerzy Romanik, Jan Łabęcki von der Werft in Gdańsk, der
später durch Stanisław Kałkus aus dem Betrieb „Cegelski" ersetzt wurde,
und Albin Siwak, ein Vorarbeiter vom Bau. Sie spielten eine nützliche
Rolle, indem sie der Parteiführung die alltäglichen Probleme nahebrachten,
auf die Situation in den Betrieben hinwiesen und die anderen Mitglieder
der Parteiführung für diese Probleme sensibilisierten. Ich jedenfalls hörte
ihnen immer sehr aufmerksam zu.

Eine so wesentliche Beteiligung von Arbeitern an der Tätigkeit von Politbüro und Zentralkomitee war eine praktische Umsetzung der Doktrin von der Rolle der Arbeiterklasse. Aber in der damaligen Situation war das gleichzeitig eine Antwort auf die massenhafte Unterstützung der „Solidarność" durch die Arbeiter, denn schließlich wollte man auf diese Weise den Führern der „Solidarność" Arbeiterpersönlichkeiten aus der Partei entgegensetzen. Zu ihnen gehörte zweifellos Albin Siwak.

Hat er diese Erwartung erfüllt? Eher nicht. Objektiv gesehen hatte die Partei keine Chance, die „Solidarność" bei ihren sozialen Forderungen für die Arbeiter zu „überbieten". Auch subjektiv, d. h. im Hinblick auf den intellektuellen und charakterlichen Zuschnitt Siwaks, bestand diese Möglichkeit nicht. In Verbindung mit einer hohen politischen Position stellten seine Charakterzüge eine eigenartige, gelegentlich sogar gefährliche Mischung dar.

Das Temperament ging mit Siwak durch, sein Hochmut war maßlos. Er vertrat extreme, sektiererische Ansichten. Insbesondere Rakowski und Kubiak konnte er nicht leiden. Es kam vor, daß er Schläge „unterhalb der Gürtellinie" austeilte. In seinen Reden, die er emotional, feurig hielt, übertrieb er oft, ja bluffte er sogar.

Einige seiner Redetexte wurden von Ryszard Gontarz und anderen Personen ähnlicher politischer Ausrichtung geschrieben. Es scheint, daß er oftmals schlicht und einfach ihr Werkzeug gewesen ist. Über solche Menschen wie ihn kann man sagen: Er spricht aus, was er denkt, ja er spricht sogar mehr, als daß er denkt. Es wäre jedoch eine kränkende Vereinfachung, wenn man es bei dieser Charakterisierung Siwaks beließe. Man kann ihm auch positive, respektgebietende Charakterzüge nicht absprechen, vor allem Ideenreichtum, Mut und Konsequenz. Zweifellos war er ein fähiger Arbeitertribun und Polemiker. Gegen bürokratische Exzesse und menschliche Kränkungen war er allergisch. Das ließ er besonders in späterer Zeit erkennen. Als Vorsitzender der ZK-Kommission für Eingaben und Beschwerden zeigte er viel Herz und Energie. Lange noch war er ein „Aushängeschild" unserer arbeiterfreundlichen Orientierung. Diese Orientierung war keinesfalls künstlich und von Zweckdenken bestimmt.

Die verschiedenen schmerzlichen Konflikte – 1956, 1970 und in den 80er Jahren – sind eine Sache. Eine andere sind die Absichten der Staatsmacht. Wir wollten wirklich eine den Arbeiterinteressen nahestehende Staatsmacht sein. Und wahrscheinlich haben wir in dieser Richtung einiges geleistet. Wenn ein Arbeiter etwas sagte, nahmen wir es mit besonderer Aufmerksamkeit zur Kenntnis. Daher auch die verschiedenen Treffen, Beratungen und Konsultationen in eben diesem Milieu. Sie waren zweifelsohne sowohl von einem Gefühl der Verbundenheit als auch von Befürchtungen geprägt. Eine krasse Illustration dafür ist die zynische Redensart: „Ob man liegt oder steht, die Staatsmacht zahlt immer, weil sie sich fürchtet."

In meinem Fall war das auch eine Art persönlicher Komplex. Rührt er von meiner Abstammung her? Zweifellos, vielleicht sogar unbewußt. Hatte ich doch auch selbst erfahren, wie harte körperliche Arbeit schmeckt. Heute verstehe ich viel besser, daß man der Arbeiterklasse nicht schmeicheln darf. Man muß sie einfach achten. Letztes Jahr sah ich im Fernsehen, wie irgendein wohlbeleibter Herr Hochwohlgeboren sagte: „Das Salz der Erde müssen die Geschäftsleute sein und nicht etwa die Leute in Arbeitsjacken und Gummistiefeln." Dem kann ich nicht zustimmen. Jedes Extrem dieser Art ist nicht nur irrational, sondern unmoralisch. Jawohl, unmoralisch. Was für einen Sinn sollte es haben, eine Einteilung in Bessere und Schlechtere vorzunehmen? Jeder hat seinen Platz in der Gesellschaft. Die Geschäftsleute brauchen die Leute in Arbeitsschürzen und Gummistiefeln. Und umgekehrt. Und der Intellektuelle, und der Bauer, der sät? „Das Salz der Erde" sind alle Menschen, die ihre Bürgerpflicht gewissenhaft erfüllen – unabhängig davon, zu welchem Milieu sie gehören. Punkt, Schluß, basta. Niemals werde ich die Überzeugung aufgeben, daß die Arbeiterklasse ein wichtiger Teil der Gesellschaft ist. Man muß jedoch zugeben, daß der Fehler meines politischen Lagers darin bestand, daß man die Arbeiterklasse idealisierte, ja, daß man sie verbal als eine Art „kollektiven Prometheus", der das Volk in eine bessere Welt führt, in geradezu sakralen Rang erhob.

Und ich habe noch einen Komplex, der wahrscheinlich ebenfalls mit meiner Herkunft zu tun hat. Diesen Komplex habe ich gegenüber den alten kommunistischen Funktionären und Mitgliedern der Polnischen Arbeiterpartei, besonders gegenüber denen aus der Vorkriegszeit. Ich habe diesen Komplex sozusagen auf diejenigen übertragen, die gewissermaßen ihren Kampfgeist und ihre Prinzipientreue geerbt hatten. Ich bin mir bewußt, daß das ein Fehler ist, daß ich den Ansichten und der Rhetorik dieser Leute gelegentlich zuviel Beachtung geschenkt habe, sie nicht entschieden genug aus den Leitungsgremien der Partei entfernt habe.

Bei der Unterstützung der Reformkräfte hätte ich mehr Mut zeigen, weiter gehen müssen. Damals gab es jedoch eine Tendenz zur Vermeidung von Kollisionen innerhalb der Parteiführung, zur Schaffung einer Basis, die eine richtige, operative Vorgehensweise erlaubte.

Die Situation „an der Spitze" spiegelte bis zu einem gewissen Grade die Situation der ganzen Partei wider – mit ihren zwei fundamentalen und gleichzeitig miteinander im Widerstreit stehenden Grundlagen: Massencharakter und monolithische Einheit. Man war der Ansicht, die Partei sei um so stärker, je größer sie sei. Das war nicht richtig. Eine Massenpartei – noch dazu, wenn sie viele Jahre an der Macht ist – wird von Leuten verwässert, die zufällig oder der politischen Konjunktur wegen zu ihr gestoßen, nicht wirklich mit ihr verbunden sind. Praktisch sind sie kein aktiver, schöpferischer Faktor, sondern Ballast. Am wichtigsten ist nicht die Zahl der Mitglieder, sondern der Grad der gesellschaftlichen Unterstützung. Das ist uns zu spät klargeworden. Auch der monolithische Charakter ist von zweifelhaftem Wert. Er führt zu einer künstlichen Verkleisterung der Meinungsverschiedenheiten und Besonderheiten, lähmt die Initiative und schafft so eine ungesunde Situation. Die Beine kann man drillen, den Kopf nicht.

Die „Solidarność" war damals eine vielfarbige und deshalb auch vielstimmige Bewegung, oft „platzte einem geradezu das Trommelfell" von dem Krach, den sie schlug. Ich erinnere mich an viele Meldungen und Informationen über die extreme Haltung von Leuten wie Rozpłochowski, Kopaczewski, Kosmowski, Sobieraj und anderer, die ich hier jetzt nicht namentlich nenne. Einige von ihnen – wenn auch leider nicht alle – haben sich geändert, sind, deutlich ausgedrückt, klüger geworden. Ein Teil von ihnen nimmt jetzt im Parlament oder sogar in der Regierung hohe Posten ein. Ich will ihnen deshalb die „Kinderkrankheit" des Extremismus nicht vorwerfen. An dieser Stelle nur ein Ausschnitt aus dem Buch von Jerzy Holzer, in dem er über die Rede von Jurczyk am 25. Oktober in Trzebiatów berichtet: „Er vergaloppierte sich in seinem Radikalismus", schreibt Holzer, „indem er verlangte, daß die Leute, die für die verbrecherische Politik der Vergangenheit verantwortlich seien, vor ein Tribunal gestellt und zu Strafen bis hin zum Tod durch den Strang verurteilt werden sollten. Dieser politische Stil entsprach sicher nicht den Vorstellungen der Mehrheit der Gesellschaft. Scharf, wenn auch oberflächlich, kritisierte Jurczyk die Wirtschaftsbeziehungen Polens zur Sowjetunion. Der erstaunlichste Abschnitt in seiner Rede war die an die Adresse der polnischen kommunistischen Führer gerichtete Beschuldigung, jüdischer Abstammung zu sein."

Ich weiß nicht, woher Jurczyk das hatte. Von einem gemeinsamen Gespräch am 10. März hatte ich ihn als ruhigen Menschen in Erinnerung. Heute beobachte ich ihn im Fernsehen als einen Gewerkschaftsführer, der sich aus der Politik heraushält. Damals aber konnte es uns nicht gleichgültig lassen, daß in Trzebiatów ein Mensch sich auf diese Weise äußerte, der auf dem „Solidarność-"Kongreß der Hauptrivale von Wałęsa gewesen war. Wałęsa erhielt 55 % der Stimmen, Jurczyk 25 %, die restlichen Stimmen verteilten sich auf Rulewski und Gwiazda. Man kann also sagen, daß 45 % des Leitungsaktivs der „Solidarność" auf Personen entfielen, die Ansichten vertraten, die für die damalige Zeit radikal waren. Das war für uns ein sehr bezeichnendes Signal.

Die interne Differenzierung der „Solidarność" wurde von uns falsch beurteilt. Es herrschte ein „Schubladendenken" vor: Das Schlimmste sind KOR und – „außer Konkurrenz" – die „Konföderation für ein Unabhängiges Polen"; etwas weniger schlimm sind die Ratgeber und Experten, und das Beste an dieser „Solidarność" ist ihr Arbeiterflügel. Es geht mir hier nicht darum, daß es in jedem dieser „Solidarność"-Flügel Menschen gab, die nicht in dieses „Schubladendenken" paßten. Die ganze Einschätzung als solche war falsch. Gerade der radikale Arbeiterflügel der „Solidarność" wurde in der zweiten Hälfte des Jahres 1981 zum stürmischsten, am weitesten vorpreschenden, praktisch nicht mehr steuerbaren und deshalb gefährlichsten Flügel der „Solidarność". Einige Parteifunktionäre stießen deshalb folgenden Stoßseufzer aus: Sollen sie doch einige Jahre lang den wahren Kapitalismus genießen, mit Arbeitslosigkeit und anderen Plagen ... So ist es dann ja auch gekommen.

Aus heutiger Sicht relativieren und ändern sich viele Bewertungen verschiedener Personen. Jetzt, mit größerer zeitlicher und emotionaler Distanz, habe ich verschiedene Bücher, Publikationen und Materialien wieder oder zum erstenmal gelesen – sowohl solche, die Bewertungen von unserer Seite enthalten, als auch solche, die sich auf mündliche oder schriftliche Äußerungen unserer damaligen Gegner beziehen. Heute liest und sieht man das alles oft mit anderen Augen, vor allem mit mehr Tiefgang, ohne die Vorurteile und Emotionen, die uns in den vergangenen Jahren begleiteten. Es ist eben so, daß man im Kampf nur die Fäuste, nicht aber die Augen des Gegners sieht. Jede Seite hatte ihre Argumente, jede Seite hatte auch ein gewisses Recht, den jeweiligen Gegner negativ zu beurteilen. Das waren leider häufig oberflächliche Beurteilungen – Mißtrauen und Verdächtigungen waren sozusagen vorprogrammiert und deformierten natürlich das Gesamtbild. Aber so war es, und das muß man heute ehrlich zugeben. Einer der Gründe dafür war die große Unzulänglichkeit unserer Informationen über die Einstellung der Gesellschaft zu unserer Politik. Im allgemeinen drangen nur die schärfsten Formulierungen zu uns durch. In ihnen war nichts von den rationalen Voraussetzungen der „rezensierten" Ansichten zu finden. Ihre Urheber wurden dämonisiert. Dadurch wurde es schwer, die andere Seite zu verstehen, geschweige denn, ihr entgegenzukommen. Viele Vorurteile entstanden, zumindest, was unser Verhältnis zu Kuroń und Michnik betraf. Wir hielten sie für die Personifizierung des politischen Übels. Ich selber habe mich lange Zeit mit idiotischem Trotz gegen ihre Teilnahme am „Runden Tisch" gesperrt. Diese Haltung hatte ihre Geschichte, die bis an den Anfang der 60er Jahre zurückreicht. Später gab es die Ereignisse von 1968 und 1976. 1980 und Anfang 1981 war Kuroń in programmatischer und organisatorischer Hinsicht einer der wichtigsten „Schrittmacher" der „Solidarność". Noch zum Zeitpunkt der Vorfälle in Bydgoszcz trug er stark zu ihrer Radikalisierung bei. Auch später äußerte er „scharfe" Gedanken. Als jedoch die Streitlust alle Grenzen zu sprengen drohte, erhob er warnend seine Stimme. Unter anderem wandte er sich gegen die „Botschaft an die Werktätigen Osteuropas".[200]

Ich erinnere mich, daß ich im Herbst 1981 in Helenów bei Warschau eine Sitzung des Militärrats des Verteidigungsministeriums leitete. Man spielte uns eine Kassette mit einem Interview zu, das *Kuroń* dem schwedischen Fernsehen gegeben hatte. Der Interviewer fragte ihn: „Nun gut,

---

[200] S. Seite 294. („Botschaft an die Werktätigen Osteuropas").

aber was ist, wenn eine Situation entsteht, in der die Staatsmacht sowjetische Truppen zu Hilfe ruft?" Darauf Kuroń: „Dann hängen wir diese Staatsmacht auf!" Vielleicht lag hier eine Übertreibung des Übersetzers vor. Auf jeden Fall nahm die Generalität diese Äußerung mit Entsetzen zur Kenntnis. Schade, daß mir 1981 nicht andere Äußerungen Kurońs übermittelt wurden, die er in Ursus machte, als er dazu aufrief, „sich von Haß- und Rachegedanken freizumachen". Neulich sagte Kuroń wieder im Sejm zu einem Gefängnisarzt: „Herr Gefängniswärter, du wirst hängen."[201] Aber heute weiß ich doch, daß er keiner Fliege etwas zuleide tun kann. Er ist von Natur aus ein sensibler und gütiger Mensch. Gleichzeitig kann er im Eifer des Gefechts etwas sagen, was dann an ihm hängenbleibt. Temperament und Geradlinigkeit sind seine Stärken, die sich allerdings in einigen Fällen auch als Schwäche erweisen. Aber nicht immer. Ich kenne niemanden, der so aufrichtig wie er Wahrheiten ausspricht, die für die damalige Opposition, die „Solidarność", unbequem sind. Er war es doch, der im Fernsehen sagte, daß „in den Jahren 1980-1981 die Streiks letzten Endes auf den Sturz der Staatsmacht abzielten" und daß „am Runden Tisch wir es waren, die die Regierung betrogen, konsequent und bis zum Ende" (Quelle: „Przegląd Tygodniowy"). Kuroń ist eine Persönlichkeit, die nicht mit normalen Maßstäben zu messen ist. Ein Veteran der fortschrittlichen Opposition, ein Citoyen aus Fleisch und Blut, ein talentierter, dynamischer Politiker.

Und dann *Michnik*.[202] Tadeusz Konwicki[203] findet in seinem kürzlich erschienen Buch „Abendröte" schöne Worte über ihn. Er ist natürlich ein hervorragender, politisch und moralisch hochstehender Intellektueller. Sehr mutig. Fürchtet sich nicht, auch gegen einen starken Strom zu schwimmen. Eine Art puritanischer Demokrat, obwohl als ideologischer Visionär stärker denn als politischer Funktionär und Taktiker.

Es waren eben Kuroń und Michnik sowie Menschen ähnlicher politischer Gesinnung, die seit Jahren für fundamentale demokratische Werte gekämpft hatten. Sie strebten entschlossen ihre Ziele an und fürchteten sich dabei nicht vor schmerzlichen Folgen ihres Handelns für sie selbst. Michnik

[201] Poln.: „Panie klawisz, będziesz pan wisiał." Wortspiel, das als solches nicht ins Deutsche übertragbar ist, sondern nur sinngemäß wiedergegeben werden kann.
[202] Adam Michnik, geb. 1946, Historiker, Essayist, Publizist; in den 60er Jahren einer der Führer der unabhängigen Studentenbewegung, im März 1968 inhaftiert. Seit 1977 aktiv im KOR (s. Anm. 43). Seit 1980 Berater der „Solidarność", seitdem mehrfach wieder inhaftiert. 1989 Teilnehmer des Runden Tischs. Seit 1989 Chefredakteur der „Gazeta Wyborcza" (s. Anm. 128). Sejm-Abgeordneter. 1996 mit dem Journalistenpreis der Organisation für Sicherheit und Zusammenarbeit in Europa ausgezeichnet. Heute Duzfreund General Jaruzelskis (vgl. SPIEGEL 11/1996/S. 176).
[203] Tadeusz Konwicki, geb. 1926, Schriftsteller und Filmregisseur. Im Zweiten Weltkrieg Kämpfer in der AK (s. Anm. 180). Seine Arbeiten haben vor allem das Problem der Moral in Kriegszeiten, die Auswirkungen von Kriegen auf das gesellschaftliche Bewußtsein sowie die Beschreibung des Lebens im kommunistischen Polen zum Thema.

sagte z. B., wenn man den Gang der Ereignisse bremsen müsse, dann mit Rücksicht auf die realen Gegebenheiten, auf die geopolitische Situation Polens, und nicht etwa, weil man mit dem bestehenden Gesellschaftssystem einverstanden sei. Also eine „taktische" Taube und ein „strategischer" Falke. Entschieden lehnten er und seine Mitstreiter den Kommunismus und den real existierenden Sozialismus ab. Obwohl sie aus ihm hervorgegangen waren, suchten sie einen ganz anderen Weg. Daher kam die besonders scharfe Reaktion der Staatsmacht auf die Anhänger des KOR; diese Reaktion steht in der Tradition der kommunistischen Bewegung, wie sie sich seit der Zerschlagung der II. Internationale herausgebildet hat.[204] Wir glaubten, sie wollten uns „links überholen" und die Arbeiterklasse dabei als Kanonenfutter gebrauchen. Das Ergebnis war, daß das KOR und die Staatsmacht versuchten, sich gegenseitig die Arbeiter aus den Händen zu reißen. Dabei war das KOR zunächst erfolgreicher, aber nicht für lange.

Michnik schrieb im Dezember 1983 aus dem Gefängnis einen äußerst scharfen Brief an General Kiszczak, der mit den Worten endet: „Ich wünsche mir, daß ich – da es mir in Otwock gelungen ist, einigen Ihrer Untergebenen zu Hilfe zu eilen und ihnen das Leben zu retten – dann, wenn Sie bedroht sein werden, ebenfalls zur Stelle sein und Ihnen zu Hilfe eilen werde." Das ist Michnik, wie er leibt und lebt. Ebenfalls im Gefängnis unterstrich er in seinem Buch „Diese Zeiten ..." die wichtigen Worte: „Haß erzeugt Haß. Gewalt erzeugt Gewalt. Das ist unsere Meinung. Deshalb lehnen wir Haßgefühle und Gewaltmethoden ab. Ganz bewußt."

Mit Aufmerksamkeit beobachte ich, daß nun, da das damalige Gesellschaftssystem untergegangen ist, Michnik, Kuroń und ihresgleichen konsequent die Verwirklichung der humanistischen Werte von Toleranz und Demokratie anstreben. Und umgekehrt. Leider werden oft diejenigen, die in der Vergangenheit viel weniger oder überhaupt nicht zu leiden hatten, zu den radikalsten und blutrünstigsten Fanatikern.

Früher konnte man der Ansicht sein, daß die „Kommune" die „Futtertröge" verteidigt, während die „Schönen und Edlen" nur eine Änderung des Systems wollen, nichts weiter, keine eigennützigen Interessen verfolgen. Heute, nach drei Jahren, kann man andere Szenen beobachten – man verabschiedet sich offiziell von bodenständigen Motivationen, und gleichzeitig zieht man sich klammheimlich in seinen Sessel zurück, „dorthin, wo die Konfitüren stehen".

Lech Wałęsas Ausspruch: „Ich will nicht, aber ich muß", klang wie ein

---

[204] Nach Auskunft von Jaruzelski gegenüber dem Übersetzer ist hiermit die Tradition der Kommunisten gemeint, mit Repressionsmaßnahmen gegen sozialdemokratische Kräfte vorzugehen, da sie ebenfalls linke Positionen vertreten und insofern eine unerwünschte Konkurrenz für die Kommunisten darstellen. Die II. Internationale spaltete sich in einen kommunistischen und einen sozialdemokratischen Teil. Der kommunistische Teil unter Führung Lenins wurde dann zur III. Internationale.

Scherz, sogar sympathisch.[205] Wenn dagegen heute andere Leute ihre „Sendung" so begründen, dann klingt das abstoßend, ja zynisch. Mir kommen hier die Worte des hervorragenden französischen Historikers und Politikers Alexis de Tocqueville ins Gedächtnis, der Mitte des vorigen Jahrhunderts sagte: „Wenn viele Konservative die Regierung nur zur Bewahrung verschiedener Gratifikationen und Posten verteidigten, dann muß ich sagen, daß viele Oppositionelle sich ausschließlich deshalb zum Angriff auf die Regierung entschlossen, weil sie sich diese Posten und Gratifikationen selbst unter den Nagel reißen wollten." Eine kluge, immer noch aktuelle Aussage.

Daher kommt meine Achtung vor Menschen, die nicht Ehrungen hinterherjagen, die sich über persönliche Verletzungen erheben können, die sich selbst treu bleiben. Damals blieben sie sich selbst treu, indem sie unser System entschieden bekämpften. Heute bleiben sie sich treu, indem sie an den Werten festhalten, für die sie gekämpft haben.

[205] Im Gegensatz zu Jaruzelski fanden die meisten Polen diese Äußerung keineswegs sympathisch, sondern sahen darin eine für das ganze Land peinliche Äußerung eines Mannes, von dem alle Welt wußte, daß er sich nach dem Präsidentenamt gedrängt hatte. Verschlimmert wurde diese Peinlichkeit noch dadurch, daß Wałęsa diesen Satz falsch aussprach. Im seit jeher besonders spottlustigen und rebellischen Kraków wurden 1991 – also schon zur Amtszeit Wałęsas als Präsident – T-Shirts verkauft, auf denen dieser Ausspruch Wałęsas in einer an seine falsche Aussprache angepaßten Schreibweise („Nie chcem, ale muszem" anstatt „Nie chcę, ale muszę") aufgedruckt war, desgleichen sein Ausspruch „Ich werde Präsident sein" („Będem prezydentem" anstatt „Będę prezydentem"). Und noch im Präsidentschaftswahlkampf 1995 warb einer der Kandidaten für sich mit der Umkehrung dieses Zitats: „Nie muszę, ale chcę." („Ich muß nicht, aber ich will.")

KAPITEL 24

Ein abgebrochener Dialog

Am 26. Juli veröffentlichte das Zentralamt für Statistik einen Bericht über die wirtschaftliche Entwicklung im 1. Halbjahr. Die Situation wurde als schier ausweglos geschildert. Am nächsten Tag begann ein beinahe hysterischer Ansturm auf die Geschäfte. Die Menschen kauften im wahrsten Sinne des Wortes alles auf. In aller Eile gaben sie ihre „Notgroschen" aus. Zur selben Zeit wurden die ersten Auswirkungen der Entscheidungen spürbar, die die westlichen Banken im Juni getroffen hatten. Niemand wollte uns mehr auch nur für eine Viertelstunde einen Dollar leihen. Die garantierten Kreditlinien waren vollständig ausgeschöpft. Übrigens hatte der amerikanische Außenminister Alexander Haig am 19. Juli in einem Interview für den Fernsehsender ABC die Meinung geäußert, eine harte Finanzpolitik werde es erlauben, eine Bresche in die sowjetische Dominanz über Osteuropa zu schlagen. Mit einem Wort – das in einer Wirtschafts- und Gesellschaftskrise versinkende Polen wurde noch abhängiger von der inneren Opposition.

Zu dieser Zeit schätzten wir die vom Rückgang unserer Exporte in den Westen verursachte Abnahme des Imports auf über 24 %. Dabei entsprach unsere Exportstruktur immer weniger den Gegebenheiten. Der Import von für das Funktionieren der Industrie notwendigen Versorgungsgütern fiel sogar um 40 %. Der Staat mußte immer mehr Devisen für die Rettung des zugrunde gehenden Marktes, für Interventionskäufe ausgeben. Das war eine ökonomische Absurdität, aber eine gesellschaftliche Notwendigkeit. Ein Teufelskreis schloß sich. In der Landwirtschaft kündigte sich das nächste Krisenjahr an. Die Zucht war stark von Importen abhängig, besonders vom Futtermittelimport. Im Jahre 1980 kam dieser Import zum Erliegen. Die Schweinefleischproduktion brach ein. Die Auswirkungen dieser Entwicklung machten sich immer drastischer bemerkbar.

Gleichzeitig ging die Arbeit an der Wirtschaftsreform weiter. Deren Ankündigung wurde jedoch vor allem als ein neuer Versuch der Preiserhöhung aufgefaßt. Diese war natürlich unvermeidlich. Seit Herbst 1980 stimmte die Relation zwischen Arbeitslohn und Produktivität gar nicht mehr. Das führte zu heftigen Marktverwerfungen. Alle wollten die Wirtschaftsreform, aber nach den Regeln des real existierenden Sozialismus: mit seiner Gesellschaftspolitik, seinem sozialen Schutz, mit vollem Inflationsausgleich und also praktisch ohne Preiserhöhung. Das war auch die Haltung der „Solidarność". Damals hätte niemand auch nur im Traum an eine „amerikanische" Preisfreiheit gedacht. Die Gewerkschaft änderte ständig ihre Konzepte, ihre Verhandlungsführer und deren Vollmachten. Oft wurde das, was schon vereinbart zu sein schien, von neuem zum Gegenstand von Kontroversen.

Finanzminister Marian Krzak vereinbarte mit dem Landesausschuß der „Solidarność" eine Aufstellung der Produkte, deren Preise freigegeben werden sollten. Einige Tage später argumentierte er: Wenn schon vereinbart wurde, daß die Preise für Obst und Gemüse nicht mehr staatlicher Kontrolle unterliegen sollen, dann müssen sich die Preise ihrer Veredelungsprodukte ebenfalls am Markt bilden. Endlich erreichte man einen Konsens. Aber die Freude darüber hielt nicht lange an. Noch in derselben Nacht zog Bogdan Lis das Plazet der „Solidarność" telefonisch zurück mit der Begründung, dadurch würden die Privathaushalte zu stark belastet. So wurde der Ausdruck „die Marmelade des Ministers Krzak" nach einiger Zeit zum Synonym für Dinge, über die man sich nicht vollständig einigen konnte.

Ein noch größerer Reinfall erwartete Vizepremier Obodowski. Er legte Andrzej Wielowieyski einen Entwurf zur Entflechtung der Monopolstrukturen und Einführung freier Einkaufspreise in der Landwirtschaft vor. Für die damaligen Zeiten war dieser Plan revolutionär. Er verabschiedete sich von der Kommandowirtschaft, die durch ein Dekret aus den 50er Jahren den Staat zum obligatorischen Zwischenhändler machte. Für die Einführung der Reform – und die Abschaffung der Bezugsscheine – war das von grundlegender Bedeutung. Nachdem das Projekt diskutiert worden war, viele Verbesserungen und Präzisierungen erfahren hatte, wurde es schließlich angenommen. Einige Tage später zog Tadeusz Mazowiecki im Namen der „Solidarność" die Zustimmung des vormaligen Verhandlungsführers wieder zurück. Man war zu der Ansicht gelangt, daß eine solche Ausweitung der Marktgesetze den Konsum gefährlich drosseln würde.

Die „Solidarność" hatte ihre Schwierigkeiten mit der Unterstützung einer Reform, die den Menschen Opfer abverlangte. Das Beste, das Sicherste war der Angriff: Die Regierung verzögert die Reformen, sie tut nichts. Ich verstehe das. Schließlich war ein Kampf im Gange. Die „Solidarność" wollte ihre Basis, ihre Popularität nicht einbüßen. Ich glaube, daß heutzutage ihre ehemaligen und gegenwärtigen Funktionäre ein ähnliches Problem haben. Wie soll man wirtschaftlichen Radikalismus und soziale Erwartungen miteinander vereinen? Ich will diesen Gedanken hier nicht vertiefen. Das Leben gibt täglich selbst die Antwort auf diese Frage.

Streit gab es auch um die Preise für Alkohol und Zigaretten. Hier kam es aufgrund des Mangels an Devisen für den Einkauf von Zigarettenpapier und Filtern zu einem Produktionseinbruch. Wer erinnert sich heute noch daran, daß damals Tabak für „Gedrehte" lose verkauft wurde? Mich aber erinnerte das an die Kriegszeit. In Sibirien und an der Front drehten die Raucher aus Zeitungen sogenannte Ziegenbeinchen, in die sie Machorka hineinschütteten. Ich weiß noch, daß sogar die Zeitungen in mehr oder weniger „leckere" eingeteilt wurden. Wie jede Ware, die man lange aufbewahren konnte, wurden auch Zigaretten massenweise zum Kauf- und Spekulationsobjekt. Die Regierung entschied sich, den Tabakpreis zu erhöhen. Für alle Fälle informierten wir die Führung der „Solidarność" im voraus über unser Vorhaben. Es wurden sogar klärende Gespräche geführt. Und dann im September der Zigarettenkrieg. Massenproteste gegen dieses Projekt. Die Minister Krzak und Krasiński kamen zu dem „Solidarność"-Kongreß, um eine Einigung zu erzielen – was ihnen letztendlich auch gelang, u. a. dank der rationalen Haltung von Jan Rulewski.

An dieser Stelle möchte ich einige persönliche Überlegungen einschieben. Ich war als Feind von Alkohol und Nikotin bekannt. Zwar habe ich niemals ein Gelübde abgelegt, keinen Alkohol zu trinken, aber ich kann Schnaps einfach nicht ausstehen. Das ist vielleicht ein organischer Widerstand. Allenfalls trinke ich ein Gläschen Wein. Sowohl in der Armee als auch in anderen mir unterstehenden Institutionen bekämpfte ich den Alkoholmißbrauch. Mit wechselndem Erfolg, versteht sich. Urban schrieb in seinem „Alphabet": „Der Präsident – Abstinenzler in einem trinkenden Land." Natürlich halte ich den Alkoholismus für ein Unglück, eine Plage, die die polnische Gesellschaft seit Jahrhunderten heimsucht. Gleiches gilt für die Nikotinsucht. Aber eben damals begann ich zu rauchen. Der Streß, die Spannungen, die ungeheure psychische Überlastung bewirkten, daß ich zu Zigaretten griff. Dabei „halfen" mir Rakowski und Malinowski. Diese süchtigen Raucher saßen bei den Sitzungen des Ministerrats neben mir und boten mir freundlich Zigaretten an. Ich rauchte sehr viel, wurde gar zum Kettenraucher. Mein „Zigarettenabenteuer" nahm ein schlechtes Ende. Im September 1984 fand im Sportstadion von Chełm die Verleihung der Offizierspatente an der Offiziershochschule der Raketen- und Artillerietruppen statt. Ich hielt dort eine Rede. Auf einmal erlitt ich einen starken, mich beinahe erwürgenden Hustenanfall, verlor die Stimme. Ich brachte kein Wort mehr heraus, so daß ich meine Rede nicht zu Ende führen konnte. Das alles geschah unter den Augen Tausender von Menschen, vor Fernsehkameras, die glücklicherweise nicht direkt übertrugen. Seitdem habe ich keine Zigarette mehr in den Mund genommen.

Aber zurück zum Zustand der polnischen Wirtschaft im Jahre 1981. Gleichzeitig mit dem Heranreifen der Konzeption für eine Wirtschaftsreform tauchte das Problem der Arbeitslosigkeit auf. Nach Schätzungen von Experten waren davon nahezu 800 000 Menschen betroffen. Das war damals von der Wirtschaftsdoktrin her und – wie ich meine – moralisch untragbar. So dachte übrigens auch die überwältigende Mehrheit der Gesellschaft. „Thatcherismus" oder „Reaganomics" fanden damals in Polen nicht allzu viele Befürworter, wenn man einmal von Herrn Korwin-Mikke[206] und seinem engsten Freundeskreis absieht. Unterdessen drohten bei jeder Variante einer Wirtschaftsreform Entlassungen. Deshalb übten buchstäblich alle Seiten – die Gesellschaft, die Politiker, die Intellektuellen – zunehmenden Druck auf die Regierung aus, irgendwelche Lösungsvorschläge auszuarbeiten und vorzulegen. Vollbeschäftigung und Angst vor Arbeitslosigkeit – das waren die

---

[206] Janusz Korwin-Mikke, geb. 1942, Politiker, gründete 1989 die „Union für Realpolitik" („Unia Politiki Realnej").

Obsessionen unseres Gesellschaftssystems. Deshalb der ständige Hunger nach Investitionen, beschleunigten Veränderungen des Wirtschaftssystems, der nicht immer rational und wirtschaftlich begründet war. Wir wollten die Reform so human wie möglich gestalten. Die Alten sollten eine angemessene Rente erhalten. Die Schulabgänger sollten die Gewißheit haben, Arbeit zu bekommen. Die Entscheidung über Frühverrentungen erwies sich als verfrüht. Trotzdem konnte unter den damaligen Voraussetzungen, angesichts der Prognosen für die wirtschaftliche Entwicklung, und in der damals herrschenden Atmosphäre keine andere Lösung gefunden werden. Oft denke ich darüber nach, welche Welle von Anklagen über uns zusammengeschlagen wäre, hätte die Arbeitslosigkeit das prognostizierte Ausmaß erreicht. Solche Fragen rumoren vor allem heute in mir, wo die Arbeitslosigkeit auf über zweieinhalb Millionen angestiegen ist und weiter wächst.

Den sozialen Fragen, insbesondere der Situation der Kinder und Familien, schenkten wir größte Aufmerksamkeit. Als Beleg dafür hier ein Auszug aus meiner Rede vor dem Sejm am 10. April: „Wir müssen", sagte ich, „alles tun, damit die jüngsten Mitglieder der Gesellschaft, die Kinder, am wenigsten unter den Schwierigkeiten, mit denen wir zu kämpfen haben, leiden müssen. Die spezifische Situation in der Gewerkschaftsbewegung bringt es mit sich, daß die Verantwortung für die Erholung von Kindern und Jugendlichen in den Ferien heutzutage hauptsächlich zu den Obliegenheiten der Verwaltung zählt. Für die hiermit verbundenen Maßnahmen wird die Regierung eine besondere zentrale Koordinierungsstelle einrichten." Dadurch kamen im Jahre 1981 über drei Millionen Kinder und Jugendliche in den Genuß von Ferienkolonien und -lagern, die vom Bildungsministerium, aber auch von anderen Institutionen, Betrieben und verschiedenen Organisationen eingerichtet worden waren. Noch 1989 war diese Zahl ähnlich hoch. Dagegen fiel sie laut Statistik des Bildungsministeriums 1990 auf rd. 600 000. 1991 stellten das Bildungsministerium und das Zentralamt für Statistik die Erhebung dieser Zahlen ein. Nach nur schwer zugänglichen Quellen lag die Zahl der Kinder, die in Ferienkolonien fuhren, unter 300 000. Das ist ein um 90 % niedrigerer Wert als zehn Jahre zuvor.

In dieser Zeit wurde auch der bezahlte Erziehungsurlaub eingeführt. Das war die Umsetzung des 21. Punktes des Abkommens von Gdańsk. Über die wirtschaftlichen Folgen dieser Entscheidung hat es nie irgendwelche Schätzungen gegeben. Aber selbstverständlich lastete man der Regierung alles an, was im Lande geschah. Alles Tun, alles Unterlassen, sogar die Gerüchte. Das ist keine Ironie. Von der ermüdeten Gesellschaft konnte man kaum erwarten, daß sie die Informationen, die sie erhielt, nach „richtig" und „falsch" einstufte. In ihrem täglichen Leben jedoch erfuhren die Menschen nur eine Wahrheit. Auf dem Markt gab es fast nichts mehr, häufig noch nicht einmal Brot. In einer solchen Situation fällt jedes Gerücht auf fruchtbaren Boden. Die Situation heizte die Spekulationen an. In den Geschäften leere Regale und auf den Basaren Überfluß, natürlich zu Schwarzmarktpreisen. Die Menschen erregten sich besonders bis zur Weißglut darüber, daß die Spekulanten defizitäre Waren aufkauften, darunter auch subventionierte Waren, um sie dann für einen vielfach höheren Preis wieder loszuschlagen. Man forderte eine harte Bestrafung dieser Spekulanten. Ich selbst erhielt kategorische Briefe dieses Inhalts. Die Vorwürfe an die Adresse der Regierung häuften sich. Ich berief deshalb eine Sonderkommission für den Kampf gegen die Spekulation unter Leitung von Vizepremier Stanisław Mach. Natürlich konnte auch diese Kommission das Problem nicht beseitigen. Diese Maßnahme war nur ein administrativer Notbehelf. Wirtschaftliche Gesetzmäßigkeiten lassen sich nicht umgehen. Und die Geschäfte waren einfach leer.

Am 4. August 1981 rief ich den Operativen Anti-Krisenstab ins Leben. An seiner Spitze stand Vizepremier Janusz Obodowski – vom Aussehen her etwas mephistophelisch, in Wirklichkeit aber geschätzt wegen seiner Direktheit, seiner Geradlinigkeit und seines Humors. Ein solide ausgebildeter und erfahrener Wirtschaftswissenschaftler. Praktisch oblag ihm die Koordinierung der Wirtschaftstätigkeit der Regierung. Bajbakow nannte ihn scherzhaft „Genosse Anti-Krise". Er war zuvor ein guter Minister für Arbeits-, Lohn- und Sozialfragen gewesen. Zeichnete sich durch Energie und organisatorisches Geschick aus. In den damaligen schwierigen Zeiten waren das sehr wichtige Eigenschaften. Sein Nachfolger auf diesem Posten war Professor Antoni Rajkiewicz – ein hervorragender Kenner der Gesellschaftspolitik. Ein sensibler Mensch voll innovativer Einfälle.

Der Operative Anti-Krisenstab – wie übrigens auch der wenig später geschaffene Landwirtschaftsstab unter Leitung von Vizepremier Malinowski –, war ein aus der Not geborener, außerordentlicher Versuch zur Bewältigung der Krise. Die Sitzungsprotokolle des Stabs spiegeln die Dramatik jener Tage wider. Die Interventionskäufe von Zahnpasta, Seife, Waschpulver, Medikamenten ... Entscheidungen über Bewirtschaftungsmaßnahmen. Verteilung der Reserven.

Der von der gesellschaftlichen Unzufriedenheit ausgehende Druck war riesig. Und ständig wurde die Regierung für Langsamkeit, Unfähigkeit und Ineffektivität kritisiert. Es kam die bekannte Anekdote auf: Es weht ein starker Wind, ein Sturm. Und da ist eine Schlucht, über die ein Seil gespannt ist. Auf diesem Seil geht ein Geiger und spielt. Die Leute beobachten ihn und sagen: „Also, ein Paganini ist das nicht."

Es kam die nächste Protestwelle. Blockade des Kreisverkehrs an der Stelle, wo die Aleja Jerozolimskie und die Marszałkowska-Straße sich kreuzen, mitten im Herzen der Hauptstadt. Streiks in den Wojewodschaften Białystok, Zielona Góra, Skierniewice, Sieradz und Chełm. Streikbereitschaft im Bergwerk „Piast". Das ist die Bilanz eines einzigen Tages, genauer gesagt des 3. August.

Die Protestaktionen waren vor allem eine Folge der Psychose, daß die Staatsmacht nichts tue und die verzweifelten Menschen aus Sorge um ihre

Existenz Druck auf die Regierung ausüben müßten. Die Logik dieser Aktionen war mehr als deutlich. Jeder lokale Streik bekam landesweite Bedeutung und rief breite gesellschaftliche Emotionen hervor, die immer häufiger politisch gefärbt waren.

Die Situation im Lande spitzte sich so sehr zu, daß ein Treffen des Komitees des Ministerrats für Gewerkschaftsfragen mit dem Präsidium des Landesausschusses der „Solidarność" unumgänglich wurde. Die erste Gesprächsrunde begann am 3. August, die zweite am 6.

Professor *Władysław Baka:*

Mir war die Leitung der Gruppe für Wirtschaftsreformen zugefallen. Mein Verhandlungspartner war Stefan Kurowski. Das Gespräch am 6. August verlief konstruktiv. Innerhalb von fünf Stunden einigten wir uns über alle Fragen. Ich betone das, weil immer wieder behauptet wird, die Regierungsseite habe künstlich Probleme und Schwierigkeiten aufgetürmt. Wir formulierten eine gemeinsame Erklärung. In ihr stellten beide Seiten fest, daß die Standpunkte hinsichtlich der endgültigen Ausgestaltung der Wirtschaftsreform sich angenähert hätten. Die Regierung werde sich bemühen, schnellstmöglich Bedingungen zu ihrer Umsetzung zu schaffen. Dieses Teildokument unterzeichneten wir. Auch in den anderen Gruppen bemühte man sich um die Lösung der Probleme. Hauptreferent war natürlich Mieczysław Rakowski, der die Gespräche leitete. Ich informierte den General über den Verlauf der Gespräche über die Wirtschaftsreform. Ich wußte, wie viel ihm an einem positiven Ausgang dieser Gespräche lag.

Gegen 24 Uhr war der Entwurf der gemeinsamen Erklärung unterschriftsreif. Im letzten Augenblick änderte die „Solidarność"-Delegation ihre Meinung und legte nur eine kurze Mitteilung vor.

Totenstille trat ein. Wir waren einfach starr vor Entsetzen. Niemand hatte damit gerechnet.

Mir ist bis heute nicht klar, welcher Mechanismus damals wirkte. In der so wichtigen Frage der Wirtschaftsreform gab es doch keinerlei Gegensätze, keine Schwierigkeiten, die der Unterzeichnung eines Abkommens im Wege gestanden hätten.

Wiesław Górnicki*:

Ich habe über diese Gespräche, die einen sehr eigenartigen Moment in meinem Leben darstellten, Notizen gemacht.

Jerzy Urban und ich arbeiteten mit unseren Partnern von der „Solidarność" – unter ihnen Zbigniew Bujak, Władysław Siła-Nowicki und noch jemand – den Entwurf einer gemeinsamen Erklärung aus. Ich schrieb ihn persönlich auf der Schreibmaschine und brachte die von den bevollmächtigten Sprechern der

„Solidarność" verkündeten Änderungen an. Es ging in diesem Dokument um wichtige Angelegenheiten; u. a. sollten Vertreter der „Solidarność" das Recht erhalten, die Lebensmittellager zu inspizieren.

Niemals werde ich das sprachlose Entsetzen vergessen, das sich unser sechs Minuten vor Mitternacht bemächtigte. Als Rakowski sagte, daß die bevollmächtigten Vertreter beider Seiten über die gemeinsame Erklärung Einigkeit erzielt hätten und es jetzt Zeit sei, sie zu verlesen, erhob sich blitzartig Andrzej Celiński, der damalige Sekretär des Landesausschusses, und verlas einen Text aus zwei Sätzen, aus dem hervorging, daß wir keine Einigung erzielt hätten.

Schade, daß es damals im Saal keine Fotografen gab. Das wäre wahrscheinlich das „Jahrhundertbild" aus Polen geworden. Wie auf Kommando sahen Rakowski und Wałęsa einander an. Sie wußten nicht, was los war, und dann, wieder wie auf Kommando, drehten beide mit einer fast identischen Bewegung den Kopf in Richtung ihrer Berater. Ich glaube, so wie Rakowski Urban und mich irgendeines Schwindels oder einer Schlamperei verdächtigte, so auch Wałęsa seine Bevollmächtigten. Dann wurde es still, und ein müder Rakowski sagte: „Dann gibt es ja nichts mehr zu besprechen."

* Wiesław Górnicki – Publizist, 1981 Hauptmann, Berater des das Komitee des Ministerrats für Gewerkschaftsfragen leitenden Vizepremiers.

Wiesław Górnicki. Persönlich lernte ich ihn zum erstenmal Anfang Dezember kennen – und das gleich im Guten wie im Bösen, für viele Jahre. Denn so war damals die Zeit. Zuvor hatte ich schon viele seiner Publikationen und einige seiner Bücher gelesen. Deshalb wußte ich, daß er ein großes journalistisches Talent ist. Außerdem ein Globetrotter, der überall dabei gewesen war, wo es heiß herging, sogar in bleihaltiger Luft. Als ich ihn näher kennenlernte, merkte ich, daß er unwahrscheinlich belesen war und über ein geradezu enzyklopädisches Wissen zu fast jedem Thema verfügte, das jederzeit abrufbar war. Bevor er mein Berater wurde, wußte ich bereits, daß er Charakter gezeigt und sich im Jahre 1968 nicht der offiziellen Linie angeschlossen hatte, wofür er die Konsequenzen in Form der Abberufung von seinem journalistischen Posten in den Vereinigten Staaten zu tragen hatte.[207] Geraume Zeit später erfuhr ich aus nachrichtendienstlichen Quellen, daß amerikanische Nachrichtendienste erfolglos versucht hatten, ihn anzuwerben. Er war auch couragiert genug, entgegen der Mehrheitsmeinung in seinen Kreisen öffentlich Partei für den Journalisten Tadeusz Samitowski[208] zu ergreifen. Kurz gesagt, das Verhalten eines Ehrenmannes, eines Offiziers. Deshalb hielt ich es nicht nur für sachlich, sondern auch für moralisch ge-

---

[207] Nach Auskunft Jaruzelskis gegenüber dem Übersetzer kam es 1968 in Polen zu einer Welle des Antisemitismus, die Górnicki mutig anprangerte.

[208] Dieser Journalist hatte einen Funktionär der „Solidarność" aus Olsztyn des Machtmißbrauchs beschuldigt, woraufhin die „Solidarność" ihn als Diversanten anprangerte und ihm vorwarf, die Kampfkraft der Gewerkschaft gegenüber der Staatsmacht zu schwächen.

rechtfertigt, ihn als Offizier der Reserve „einzuberufen", indem ich ihm eine zeitlich begrenzte Aufgabe übertrug. Er nahm diese Berufung mit großem Ernst, ich würde sogar sagen, mit einer Spur Snobismus auf. Ein ideenreicher Mensch. Er betonte immer – was heutzutage nicht so häufig ist – seine Herkunft aus einer einfachen Arbeiterfamilie. Eindeutig und prinzipientreu, wenn es um die polnische Staatsräson, um unsere internationale Position ging. In dieser Hinsicht setzte er als Berater besonders starke Akzente. Fleißig, loyal. Ich schätzte den kritischen Charakter seiner Anmerkungen und Vorschläge. Sie waren mir selbst dann noch hilfreich, wenn sie extreme, gelegentlich sogar nervöse Urteile enthielten. Er war eben sehr emotional, impulsiv und deshalb bei einigen Leuten umstritten. Ich würde sagen, ein Bündel von Nerven und grauen Zellen. An die Zusammenarbeit mit ihm erinnere ich mich mit herzlichen Gefühlen.

In der Nacht vom sechsten auf den siebten August saß ich in meinem Arbeitszimmer im „Fünfer" und wartete geduldig auf den Ausgang der Gespräche. Man hielt mich auf dem laufenden. Ich freute mich, daß alles positiv verlief. Für mich waren diese Gespräche eine Sache von äußerster Wichtigkeit, die eine große Chance bot. Endlich kam Rakowski. Er legte mir den Text vor, den die beiden Delegationen gemeinsam erarbeitet und vertraulich abgestimmt hatten. Ich brachte einige unbedeutende inhaltliche Änderungen an, übrigens nur in dem Teil, der die Position der Regierung betraf. Post factum haben Holzer und andere „Solidarność-Autoren erklärt, der Grund dafür, daß die gemeinsame Erklärung nicht akzeptiert wurde, habe darin gelegen, daß irgendwelche Änderungen vorgenommen worden seien. Wie ich schon sagte, waren die Änderungen wirklich geringfügig. Aber selbst wenn unsere Verhandlungspartner der Meinung waren, daß die Änderungen von dem Vereinbarten abwichen, hätten sie doch sagen können: „Wir hatten einen anderen Text vereinbart und bitten um Wiederherstellung des status quo ante." Oder „Warum so?" oder „Warum nicht anders?" So geht man vor, wenn man guten Willens ist. Leider wurde in diesem Fall ein Vorwand gesucht. Anscheinend war auch Wałęsa davon überrascht. Bis heute kann ich nicht verstehen, daß ausgerechnet Andrzej Celiński so handelte. Ich hielt und halte ihn für einen gemäßigten, verantwortungsbewußten Menschen. Offensichtlich wurde er vor eine Situation gestellt, gegen die er machtlos war. Anders kann ich mir das nicht erklären. Dies um so mehr, als Celiński einige Tage zuvor auf einer Sitzung des Landesausschusses eine drastische Bewertung der inneren Verfassung der „Solidarność" abgegeben und die Neigung zu hysterischem Radikalismus kritisiert hatte. „Meiner Überzeugung nach", hatte er gesagt, „ist die Zahl der begnadeten Leute groß, dieser heutzutage so fürchterlich mutigen Leute, die noch vor einem Jahr in ihren Wohnungen saßen und keinen Pieps von sich gaben."

Rakowski, Baka und Urban kamen sehr verbittert von diesem Gespräch zurück. Ich hatte verstanden, daß die andere Seite nicht kompromißbereit war. Der Abbruch der Gespräche war zu einem Zeitpunkt erfolgt, an dem dem Land neue, vernichtende Streiks drohten, darunter auch regionale Generalstreiks, sowie besonders eine an Sabotage grenzende Exportblockade. Der Landesausschuß konnte keine vernünftige Erklärung dafür finden, daß es zum Abbruch der Gespräche mit der Regierung gekommen war. Die folgenden Erklärungen widersprachen einander. Aber die Situation war schon außer Kontrolle geraten. Ganz Polen wurde von einer Demonstrationswelle heimgesucht. Die Dinge entwickelten sich gefährlich schnell. Die Tatsache, daß man unverrichteterdinge wieder auseinandergegangen war, erschwerte die weitere Zusammenarbeit. Eine neue psychologische Barriere entstand. Wieder war eine Chance zum Aufbau gegenseitigen Vertrauens vertan worden, und das Mißtrauen wuchs. Diese Atmosphäre herrschte auch auf der Beratung mit den Direktoren der größten Industriebetriebe, die ich am 19. August abhielt. Sie waren für eine schnelle Reform und in diesem Zusammenhang dafür, die Produktionsvereinigungen durch freiwillige Zusammenschlüsse zu ersetzen.[209] Es bedrückte sie jedoch eine Forderungspsychose, die oft das Handeln von Managern hemmt. Sie verlangten eine Verteidigung ihrer Position.

Nach vielen Jahren kehren meine Gedanken zu jener Augustnacht zurück. Ständig frage ich mich, warum damals die gemeinsame Erklärung nicht unterzeichnet wurde. Zweifelsohne war das ein Ergebnis der Fraktionsbildung innerhalb der „Solidarność". Dies bestätigte ihr ein bald darauf stattfindender Kongreß. Die Radikalen hatten offensichtlich erkannt, daß ein Dialog und noch mehr ein Kompromiß mit der Staatsmacht die Dynamik – einen der größten Trümpfe der „Solidarność" – schwächen konnte. Aber wenn schon Dynamik, dann mußte etwas geschehen, man mußte streiken, protestieren, fordern. Keinesfalls aber Abkommen unterzeichnen.

Ich rechnete darauf, daß nicht alle Mitglieder der „Solidarność"-Führung den Abbruch der Gespräche akzeptieren würden. Daraus schöpfte ich etwas Hoffnung. Es kam zur nächsten Probe. Minister Ciosek fuhr nach Gdańsk zu Beratungen mit dem Landesausschuß. Seine Anwesenheit wurde im großen und ganzen positiv kommentiert, man unterstrich, daß die Regierung „sogar einen Minister" geschickt habe. Am nächsten Tag jedoch, d. h. am 12. August, beschuldigte der Landesausschuß in einem Beschluß die Regierung „der bewußten Verzögerung der Wirtschaftsreform" und lastete ihr die gesamte Verantwortung für die sich verschärfende Wirtschaftskrise an.

Ebenfalls am 12. August traf sich Stanisław Kania mit Primas Glemp. Ihre gemeinsame Erklärung war bezeichnend. „Es wurde die übereinstimmende Meinung zum Ausdruck gebracht, daß Polen heute nichts so nötig braucht

---

[209] Die „Produktionsvereinigungen" waren Branchen-Dachorganisationen, die in Warschau residierten und durch wirtschaftlich unsinnige Anweisungen den Betrieben das Leben schwermachten. Sie sollten jetzt durch freiwillige, nach wirtschaftlichen Gesichtspunkten handelnde Zusammenschlüsse ersetzt werden.

wie einen nationalen Konsens, inneren Frieden, aufopferungsvolle Arbeit und gutes Wirtschaften." Sogar ein politischer Laie mußte verstehen, daß der Primas Polens eine solche Erklärung nicht unterschrieben hätte, wenn er nicht wirklich beunruhigt gewesen wäre. Diese Sorge teilte der Zentralrat des Polnischen Episkopats in seiner Erklärung vom 17. August: „Die gegenwärtige sowohl wirtschaftliche als auch moralische Krise kann nur durch gemeinsame Anstrengungen des ganzen Volkes überwunden werden. Wir rufen inständig zu besonnenem Handeln, zum Verzicht auf das Schüren von Emotionen und zur Inangriffnahme von Aufgaben auf, die für das ganze Volk und den ganzen Staat von übergeordneter Bedeutung sind." Konnte man das in der Kirchensprache noch klarer ausdrücken?

Die Kirche bemerkte die Bedrohung, die von den sich häufenden Konflikten, Protestaktionen und Streiks ausging. Sie verschärften nicht nur die innenpolitische, sondern auch die außenpolitische Situation Polens. Der Abbruch des Dialogs bedeutete, daß die politische, gesellschaftliche und wirtschaftliche Krise sich weiter vertiefte. Am 26. August wandte sich Primas Józef Glemp bei den Marienfeierlichkeiten in Częstochowa an 150 dort anwesende Pilger mit den Worten: „Das polnische Volk braucht Frieden." Mit Blick auf den bevorstehenden Jahrestag des Beginns des Zweiten Weltkrieges am 1. September bat er die ganze Gesellschaft um 30 Tage Frieden und Arbeit ohne Spannungen. Er fand kein Gehör.

Die hier beschriebenen Konflikte wurden von unseren Streitkräften aufmerksam verfolgt. Die Chefs der Zentralinstitutionen, die Kommandeure der Militärbezirke und der Waffengattungen gaben Bewertungen und Schlußfolgerungen ab. Auf einer Sitzung des Militärrats des Verteidigungsministeriums am 2. August 1981 wurde mit großer Beunruhigung über die Situation in Polen gesprochen. Es wurden ernsthafte Spannungen, besonders außerhalb der großen Zentren, signalisiert. Es gab Informationen über den kalten Empfang unserer Schiffe in Leningrad, über die kritische Haltung der Verbündeten zu den Vorgängen bei uns.

Ich informierte die Militärkader über die Sitzungen von Politbüro und Regierung. Die Situation sei ernst. Unser Handlungsspielraum werde immer enger. Der Offensive der Opposition müsse man mit einer politischen Gegenoffensive begegnen, aber auch mit Maßnahmen administrativer Gewalt zur Erzwingung der Ordnung. Deshalb seien verstärkte Patrouillen auf den Straßen erforderlich. Verschärfung des Kampfes gegen den Alkoholismus. Wenn die Situation in einigen Städten außer Kontrolle geriete, wenn es Symptome für äußerste Spannung gäbe, dann müsse man einen demonstrativen Aufmarsch des Militärs ins Werk setzen, um zu warnen und zu disziplinieren. Ich informierte den Militärrat auch darüber, daß die Gespräche mit der „Solidarność" in den nächsten Tagen beginnen sollten. Damals ahnte ich nicht, welch unglückliches Ende sie nehmen würden. Ohne Produktionsanstieg und Preisreform würde sowohl die Zusammenarbeit mit dem Westen als auch diejenige mit dem Osten den Bach hinuntergehen. Die Situation sei sehr bedrückend. Um so mehr müsse das Militär ein Beispiel für bürgerliche Verantwortung und Disziplin geben. Im August kam Marschall Kulikow nach Polen. Dreimal war er bei mir: Am 6., 8. und 12. August. Also unmittelbar nach den Ereignissen an dem Kreisverkehr in Warschau, dem Abbruch der Gespräche zwischen Regierung – „Solidarność" und den Hungermärschen. Er sagte mir, daß er auch in der Tschechoslowakei und der DDR gewesen sei, wo er sich mit den Verteidigungsministern, aber vor allem mit Husák und Honecker getroffen habe. Sie hätten große Beunruhigung über die Situation in Polen geäußert. In der DDR fänden Manöver der Gruppe der Sowjetischen Streitkräfte und der Nationalen Volksarmee statt. An ihnen beteiligten sich fünf Armeen der Landstreitkräfte und eine Armee der Luftstreitkräfte. Aufgabe: Operationen auf dem östlichen Kriegsschauplatz, also in unserer Richtung. Am 8. August war Kulikow bei polnischen Militäreinheiten zu Gast. „Die Kader", sagte er, „sind beunruhigt über die Situation. Ein großer Teil von ihnen spricht sich für entschiedenere Aktionen aus."

„Ich möchte Sie nicht erschrecken", fuhr er fort. „Aber ich bin nicht hergekommen, um den Ausbildungsstand einzelner polnischer Soldaten zu begutachten, sondern um mich über die Verfassung der polnischen Armee, des verbündeten Polen im allgemeinen zu informieren. Das steht im Zusammenhang mit der Sicherheit des ganzen Bündnisses. Breschnew und Ustinow sind beunruhigt. Sie wissen, daß es in Polen an Fleisch und vielen anderen Dingen mangelt. Aber was soll werden, wenn es an Brennstoff mangelt?! Dann werden wir ja sehen, wie ihr damit zurechtkommt. Offensives Handeln tut not. Streiks in der Rüstungsindustrie sind nicht hinnehmbar. Es muß gehandelt werden. Die gesunden Kräfte werden das vorbehaltlos unterstützen."

Am 12. August sprach Kulikow von Manövern im Militärbezirk Schlesien. Er führte dort eine Reihe von Gesprächen. Nach seinen Worten nahmen die Divisionskommandeure der polnischen und tschechischen Streitkräfte und der Nordgruppe der Streitkräfte eine prinzipielle Haltung ein. Kulikow berief sich auf den Besuch bei General Fabrikow, bei dem er beunruhigende Signale erhalten habe. Die Konterrevolution handle rechtswidrig und schaffe eine breite Front von Gegnern der Staatsmacht: die Arbeiter- und die Bauern-„Solidarność", das KOR und die Konföderation für ein Unabhängiges Polen. Man brauche einen genauen Angriffsplan, eine Kampfmethode. Auf militärischem Gebiet sei erhöhte Alarmbereitschaft erforderlich. Es gehe darum, die Grundlagen des Warschauer Pakts zu sichern und die Verteidigung des Sozialismus zu garantieren. Als es in Sowjetrußland eine sehr schwere Zeit gegeben habe, habe Lenin vor Gewaltanwendung nicht zurückgeschreckt.

Auch ich habe mich mehrmals auf Lenins Worte berufen. Nicht bei allen seiner Aussprüche sollte man das Gesicht verziehen oder sie vergessen. Es sind darunter bestimmte universale Wahrheiten, die sogar von seinen

Feinden anerkannt werden. In diesem Fall fiel es mir jedoch schwer, die Situation im revolutionären Rußland als vergleichbar mit derjenigen im Polen des Jahres 1981 zu betrachten. Deshalb versuchte ich auch in fast allen Gesprächen mit den Verbündeten, ihnen unsere Erfahrungen, unsere Geschichte, Kultur und Mentalität nahezubringen. Polnische Bedingungen erforderten polnische Lösungen. Wir fühlten am besten, was bei uns notwendig sei und was niemals durchgesetzt werden könne. Man hörte uns zu, einige Botschaften kamen an, andere nicht. Deshalb mußte man häufig wieder von vorn beginnen. In diesem Gespräch jedoch erwähnte ich die inakzeptablen Aussagen einiger Vertreter des Oberkommandos des Warschauer Pakts, besonders die General Katritschs. Kulikow teilte meine Meinung. Er nannte ihn einen „Dummkopf", einen „Schwätzer". Natürlich tauchte Katritsch danach nicht mehr in Polen auf. Jedenfalls habe ich ihn nie in Warschau gesehen. Vielleicht war er in Legnica oder einer anderen sowjetischen Garnison.

Am 26. August fand die nächste Sitzung des Militärrats statt. Es herrschte ein scharfer Ton vor. Es wurde gesagt, daß die Offizierskader die Handlungen der „Solidarność" entschieden negativ bewerteten und von uns Gegenmaßnahmen erwarteten. Immer häufiger werde die Ansicht geäußert, daß man ohne Ausnahmezustand nicht mehr zurechtkommen werde. „In der 6. Luftlandedivision würde kein Soldat abseits stehen, wenn es zu demonstrativen Maßnahmen zur Aufrechterhaltung der Ordnung käme." Unsichere Kantonisten dagegen seien die Schulen für Reserve-Unteroffiziere und ein Teil der jungen technischen Kader. Aber auch dort beginne man in unserem Sinne umzudenken.

Ich stellte fest, daß nach einer gewissen Zeit der Trägheit und Ratlosigkeit die notwendigen Entscheidungen getroffen worden seien. Sie seien bei der Gesellschaft auf Verständnis gestoßen. Man müsse verschiedenen Exzessen entgegentreten und für Ordnung sorgen. Man gebe der Staatsmacht die Schuld für die schlechte wirtschaftliche Situation, aber die „Solidarność" unternehme nichts, um sie zu verbessern. Sehr bezeichnend sei die Frage der Kohleförderung. Man müsse aber immer daran denken, daß wir jetzt auch den Preis zu zahlen hätten für die Unfähigkeit und die Fehler der Staatsmacht in früheren Zeiten. Deshalb seien heute so viele Leute gegen uns. Die Militärstäbe der Wojewodschaften, die Wojewodschaftsparlamente und die Militärräte müßten alle bürokratischen Ausfälle melden, die zur Minderung des Vertrauens der Gesellschaft gegenüber der Staatsmacht führen. Vor allem aber müßten wir uns um die Kondition des Militärs kümmern. Das Wichtigste seien Disziplin und ein richtiger Schulungsrhythmus. Ich wußte, daß man sich hier keinerlei Laxheit erlauben durfte. Das verstanden auch die Soldaten geradezu instinktiv. Von ihrem Verantwortungsbewußtsein hing das Schicksal Polens in hohem Maße ab.

KAPITEL 25

Am Strand der Krim

Am 14. August fuhr ich mit Kania auf die Krim. Wir hegten ein gewisses Maß von – wie sich zeigen sollte verfrühtem – Optimismus. Der IX. Parteitag war vorbei, das II. Plenum des ZK der PVAP nach dem Parteitag erfolgreich verlaufen.

Die Krim. Ein malerischer Ort. Zum ersten Mal war ich dort Anfang der 60er Jahre mit meiner Frau. Damals verbrachten wir unseren Urlaub gemeinsam mit Marschall Spychalski und seiner Frau. Das Urlaubszentrum für Militärs lag neben dem großen Felsen „Medwedj Gora" („Bärenberg"), dem berühmten Aju-Dag.[210] Mickiewicz erwähnt ihn in einem seiner Sonette über die Krim. Wir erhielten Besuch vom damaligen sowjetischen Verteidigungsminister Roman Malinowski. Als ich an der Reihe war, einen Toast auszubringen, imponierte ich wahrscheinlich ein wenig, indem ich einige Zeilen von Mickiewicz deklamierte: „Lubię poglądać wsparty na Judahu skale ..." („Ich liebe es, an Judahs Fels gelehnt, aufs Meer zu sehen".)[211]

Die Krim, auf die wir jetzt kamen, war immer noch schön und sonnig, aber „dieselbe und doch nicht dieselbe". Auch die Situation war eine andere. Das Treffen fand in Nishnij Oreanda bei Jalta statt, in einem gemütlichen Pavillon direkt am Strand. Diese Szenerie und ein kurzer Spaziergang brachten nur kurzzeitige Entspannung. Die Gastgeber kamen schnell zur Sache. An dem Treffen nahmen außer Breschnew Tschernenko,[212] Gromyko und Russakow teil.

Nach einigen Höflichkeitsfloskeln verlas Breschnew einen Text. Angesichts der – wie er es ausdrückte – höchst komplizierten Situation müßten wir heute einige ungewöhnlich wichtige Probleme besprechen. Er habe sich neulich mit den Führern der sozialistischen Länder getroffen, die auf der Krim Urlaub gemacht hätten oder noch machten. Sie seien sehr beunruhigt. Alle fragten: Quo vadis, Polen? Darauf hätten wir gern eine Antwort. Man habe die Hoffnung gehabt, daß der IX. Parteitag zu einem positiven Ergebnis führen werde. Leider habe sich die Situation verschärft, der von der Konterrevolution ausgehende Druck werde stärker.

Seit den Streiks vom August und September seien 12 Monate vergangen, und die Partei werde immer schwächer, sei starken inneren Schwan-

---

[210] „Aju-Dag" heißt „Bärenberg" in der Sprache der Krim-Tataren.
[211] Deutsche Übersetzung entnommen aus: Poetische Werke Adam Mickiewiczs, übersetzt von Arthur Ernst Rutra, Bd. 1, München 1919
[212] Konstantin Ustinowitsch Tschernenko, 1911-85, sowjetischer Politiker, von Februar 1984 bis zu seinem Tode im März 1985 Generalsekretär der KPdSU.

kungen ausgesetzt. Die „Solidarność" habe in den Großbetrieben die Vorherrschaft errungen und greife nach der Macht. Es bestehe die reale Gefahr eines konterrevolutionären Umsturzes. Die antisozialistischen Kräfte würden immer aggressiver, Demonstrationen auf den Straßen und andere Exzesse untergrüben die Stabilität der Staatsmacht. Auch die Wirtschaft stehe kurz vor dem Zusammenbruch. Anstatt eines Regimes der Arbeit und der Disziplin gebe es Streiks. Die „Solidarność" zersetze gezielt die Wirtschaft, um unter Ausnutzung der in der Gesellschaft und der Arbeiterklasse herrschenden Unzufriedenheit an die Macht zu gelangen. Es würden jede Menge Verleumdungen gegen den Sozialismus, die Partei und die Sowjetunion in Umlauf gebracht, aber die Umtriebe des Feindes blieben ungestraft. Das werfe die Frage auf: Werde es zu einer Stärkung des Sozialismus kommen oder habe man es im Gegenteil mit einem Abdriften zu anderen Ufern zu tun? Man wisse von unseren Bemühungen. Es sei gut, daß einige Disziplinierungsmaßnahmen ergriffen worden seien, aber das sei bei weitem nicht ausreichend. Was bedeute „Erneuerung des Sozialismus"? Wo sei die Grenze, die der Gegner nicht überschreiten könne und dürfe? Wie würden die Massenmedien kontrolliert? Was könne man tun, um die Arbeiterklasse den Klauen des Feindes, den Führern der „Solidarność", zu entreißen? Die Schritte, die die Sowjetunion unternehme, seien von der Sorge um das verbündete sozialistische Polen getragen. Egoismus sei der Sowjetunion fremd. Das heutige Gespräch müsse ein Gespräch unter Freunden und deshalb sehr ehrlich sein. Darauf rechne die sowjetische Seite.

Kania ergriff das Wort. Wir handelten, sagte er, unter Bedingungen, die sich so schwierig ausnähmen wie nie zuvor und mit den ebenfalls schmerzhaften Erfahrungen anderer Parteien überhaupt nicht zu vergleichen seien, allenfalls mit den seinerzeitigen Ereignissen in Ungarn und der Tschechoslowakei. Und wir hätten es noch schwerer, weil schon einige Krisen hinter uns lägen. Außerdem habe es in jenen Ländern keine Wirtschaftskrise gegeben. Bei uns dagegen wirke sich die wirtschaftliche Krise verschärfend auf die politische Krise aus und beeinflusse die Stimmung der einfachen Leute. Die Unzufriedenheit der Arbeiterklasse sei übrigens auch die Handlungsbasis und die Erfolgsquelle für den Gegner – die „Solidarność".

Es gebe aber auch günstigere, positive Faktoren. So sei es nicht zu einem Zerfall der Partei gekommen – im Gegenteil, die Partei sammle ihre Kräfte und werde stärker. Desgleichen sei es nicht zu einem Zerfall der Staatsmacht gekommen, obwohl man einräumen müsse, daß es in einigen Betrieben eine Doppelherrschaft gebe. Armee und Miliz seien in guter Verfassung. In der Tschechoslowakei und Ungarn dagegen seien diese Kräfte bekanntlich in der Krisenzeit stark im Zerfall begriffen gewesen. Die Miliz sei jetzt personell stärker als noch vor einem halben Jahr. Der Konsolidierungsprozeß der Partei schreite voran, obwohl wir einige schwere Erschütterungen überstehen mußten. Zur ersten Erschütterung sei es gekommen, weil die Partei zu lange in der Vergangenheit gelebt und eine Tendenz zu ständiger

Selbstbezichtigung vorgeherrscht habe. Die zweite Erschütterung sei von den revisionistischen Horizontalstrukturen ausgegangen, die ebenfalls viel Unordnung gestiftet hätten.

Den Brief des ZK der KPdSU, den wir vor dem XI. Plenum unseres Zentralkomitees erhalten hätten, hätten wir sehr aufmerksam zur Kenntnis genommen. Schließlich sei es unter den Führungen der sozialistischen Staaten unstrittig, daß die KPdSU das Recht gehabt habe, sich zu äußern, und daß Anlaß bestanden habe, einen solchen Brief zu schreiben. Wir hätten den Delegierten des Parteitags die Wahl aller Mitglieder der Führungsspitze übertragen. Wir blieben dabei, daß der Parteitag einen guten Verlauf genommen habe. Daran ändere auch die nach dem Parteitag eingetretene Verschärfung der Situation nichts. Natürlich sei der Parteitag schwierig gewesen. Zwar seien Kocioł, Kurowski und Moczar nicht ins Zentralkomitee gewählt worden, Fiszbach und Klasa jedoch auch nicht.

In den Wojewodschaften seien im großen und ganzen gute Genossen gewählt worden, obwohl ein Teil von ihnen keinerlei politische Erfahrung habe und noch angeleitet werden müsse. Im Zentralkomitee hätten wir einen beträchtlichen Anteil an Arbeitern, Bauern und Militärs. 36 Mitglieder des ZK gehörten gleichzeitig der „Solidarność" an. Es handele sich in ihrer Mehrheit um verantwortungsbewußte, ideologisch gefestigte, ehrliche Parteimitglieder. Zofia Grzyb sei sogar ins Politbüro gewählt worden. Dieses Zentralkomitee sei steuerbar. Der beste Beweis dafür seien die Wahlen zum Politbüro, dessen Zusammensetzung wir als optimal betrachteten. Den Hauptbeweis dafür liefere aber das II. Plenum des Zentralkomitees. Ein so gutes Plenum habe es seit einem Jahr nicht mehr gegeben – Prinzipienfestigkeit, Kampfbereitschaft, keine einzige Stimme, die in der Vergangenheit gewühlt habe. Aus der Tatsache, daß es demokratisch gewählt worden sei, schöpfe das Zentralkomitee die Kraft und das Gefühl zur Erneuerung. Kania benutzte sogar folgende Formulierung: „Mit diesem Zentralkomitee kann man sogar in den Krieg ziehen." Natürlich dachte er dabei nicht an Kriegsrecht, sondern an Kampfbereitschaft und an die Fähigkeit, schwierige Entscheidungen umzusetzen.

Vor kurzem hätten die gesellschaftlichen Spannungen, insbesondere die Demonstrationen auf den Straßen, praktisch mit einer Kompromittierung der „Solidarność" geendet. Der Abbruch der Gespräche mit der Regierung und dem Komitee für Gewerkschaftsfragen durch die „Solidarność" habe gezeigt, daß die Staatsmacht eine konstruktive Kraft sei, die das Land aus der Krise führen wolle, während die Gegner Streitsucht demonstrierten. Das habe zu einer im ganzen gesehen für uns positiven Reaktion in der Gesellschaft geführt. Wir seien dabei, zum Gegenangriff überzugehen. In Zukunft würden wir uns verstärkt der Massenmedien bedienen. Das II. ZK-Plenum habe diese offensive Stimmung verstärkt.

Die Sympathie der Gesellschaft gehe langsam auf unsere Seite über. Der Landesausschuß der „Solidarność" habe den Beschluß gefaßt, daß zwei

Monate lang nicht gestreikt, an allen acht Samstagen gearbeitet und der geplante Sternmarsch abgesagt werden solle. Das bedeute nicht, daß sich die „Solidarność" geändert habe. Sie wolle nur zeigen, daß sie eine konstruktive Kraft sei. Aber das sei Taktik. Im allgemeinen erwiese sich unsere Handlungsweise, die darauf abziele, Sympathien von dieser Gewerkschaft abzuziehen, als richtig. Ein Teil der Arbeiter gehe zu den Branchengewerkschaften über. Das sei der Beginn eines Prozesses, der die Position der Branchengewerkschaften stärken werde.

Die Entwicklung der Privatbauern-„Solidarność" sei gebremst worden, ihr gehörten nur 12-13 % der Landbevölkerung an. Die Bauernvereine[213] würden stärker.

Der Kampf konzentriere sich jetzt auf die Ausgestaltung der Arbeiterselbstverwaltung. Gefährlich sei der Streit um die Eigentumsformen und den Wahlmodus für Betriebsdirektoren. Dank der Haltung, die wir auf dem IX. Parteitag eingenommen hätten, seien wir dem „Solidarność"-Kongreß in dieser Frage zuvorgekommen. Bald würden wir diese Angelegenheit auf dem III. ZK-Plenum entschieden in Angriff nehmen.

Bei den Wahlen zum Sejm hätten wir uns einer großen Gefahr ausgesetzt. Das könnten wir uns in diesem und im nächsten Jahr, 1982, nicht leisten. Dann würde nämlich die „Solidarność" die wirtschaftliche Situation ausnutzen. Gegenwärtig gebe es alles nur auf Bezugsschein. Wir müßten die Preise, die bis jetzt seit 1975 unverändert geblieben seien, erhöhen, hätten jedoch zwei Millionen Menschen mehr als in jenem Jahr zu versorgen, während gleichzeitig die Produktivität niedriger sei als damals. Weitere Probleme seien die Verschuldung, die Rückzahlung der Kredite und die hohen Zinssätze. Es gebe also in absehbarer Zukunft keine Möglichkeit zur Erhöhung des Lebensstandards. Der Schlüssel zur Lösung unserer Probleme liege in der Wirtschaft, in einer Stabilisierung des Lebensstandards, und sei es auch auf niedrigem Niveau, aber eine Stabilisierung müsse es geben.

Die Kirche bleibe in dieser Situation ein wichtiger Faktor. Das Treffen mit Primas Glemp sei positiv zu bewerten, wovon die nach dem Treffen veröffentlichte gemeinsame Erklärung zeuge. Die Kirche sei sich dessen bewußt, daß sie selbst viel verlieren könne, wenn sie nicht zur Milderung der gesellschaftlichen Konflikte und Gefahren beitrage.

In der Demokratischen Partei sei die Situation gut. In der ZSL sei sie dagegen schlechter. Die Jugendorganisationen hielten sich an die Richtung und die Vorgehensweisen, die man von ihnen verlange. Nichtsdestoweniger hätten wir in allen Hochschulen eine schwierige Situation, besonders wegen der Aggressivität der Unabhängigen Studentenvereinigung.[214] Wir müßten also die Kampfkraft der prosozialistischen Studentenorganisation stärken.

---

[213] Bauernorganisationen mit staatsnaher Ausrichtung, die ein Gegengewicht zur Bauern-„Solidarność" (s. Anm. 84) sein sollten.

Die Hochschulrektoren seien demokratisch gewählt worden – 20 % von ihnen seien Parteimitglieder, der Rest gehöre zur „Solidarność". Das sei beunruhigend. Die Intelligenz versuchten wir mit der Parole zu erreichen, die „Solidarność" führe in die nationale Katastrophe. Wir würden unsere Propaganda im Fernsehen und in der Presse ändern. Wenn nötig, würden wir administrative Maßnahmen ergreifen. Der Antisowjetismus beunruhige auch uns.

Der „Solidarność"-Kongreß stehe bevor. Wenn heute Wahlen zu den Gremien der „Solidarność" stattfänden, würden Gwiazda und andere extreme Kräfte dieser Bewegung zwar eine Niederlage erleiden, die Delegierten würden die schwierige wirtschaftliche Situation Polens aber ausnutzen, und das sei gefährlich.

Einige Investitionen müßten wir stoppen. Wir schlügen vor, daß die RGW-Staaten sich am Bau und später an der Nutzung der betroffenen Objekte beteiligten. Wir wollten dem Internationalen Währungsfonds beitreten, obwohl die Genossen Gromyko und Russakow dagegen seien. Wir bäten deshalb darum, eine Gruppe sowjetischer Wirtschaftsexperten sowie den Leiter der staatlichen sowjetischen Planungsbehörde, Bajbakow, nach Polen zu entsenden, um die Situation Polens auch im Kontext der anderen RGW-Staaten zu analysieren.

Nach Kania sprach ich. In einigen Fragen bestätigte, ergänzte und bekräftigte ich seine Ausführungen. Der Sejm habe das Programm der Regierung zur wirtschaftlichen Konsolidierung einstimmig angenommen. Das sei eine wertvolle Unterstützung seitens des Parlaments. In der Regierungsarbeit sei ich bestrebt, die Rolle der ZSL und der Demokratischen Partei sowie die Meinungen anderer Parteien zu berücksichtigen. Es seien einige neue Minister berufen worden, darunter vier Generäle, die in ihren Ressorts für mehr Disziplin und effektivere Arbeit sorgen sollten. Rechtsverletzungen würden wir nicht unbeantwortet lassen. So würden wir z. B. Streiks nicht bezahlen. Eine Wirtschaftsreform sei in Arbeit. Ich hätte einen Anti-Krisenstab sowie eine Kommission für den Kampf gegen die Spekulation eingesetzt; in beiden Gremien seien Militärs vertreten. Außerdem hätte ich gemeinsame Patrouillen von Miliz und Armee angeordnet. Wir seien uns der Bedrohungen bewußt, wüßten aber auch um die Gründe für die gesellschaftliche Unzufriedenheit, um die Fehler, die auf unserer Partei lasteten. Deshalb müßten wir Ruhe bewahren. In unserer Situation sei die Verteidigung erfolgversprechender als der Angriff.

Wir würden unsere Aufmerksamkeit auf den bevorstehenden Kongreß der „Solidarność" konzentrieren. Es bestehe die Befürchtung, daß der erste

[214] Die Unabhängige Studentenvereinigung („Niezależne Zrzeszenie Studentów") war eine 1980 gegründete und von Dezember 1981 bis September 1989 illegal agierende Vereinigung, die mit „Solidarność", KOR und KPN zusammenarbeitete und eine Ablösung des kommunistischen Systems anstrebte.

Jahrestag der Ereignisse vom August und September zu erhöhten Spannungen führen könne. Auch die Rädelsführer („glawari", russ. Zitat von Jaruzelski, Anm. d. Übers.) würden versuchen, das auszunutzen. Dennoch hätten in dieser Situation die Konföderation für ein Unabhängiges Polen und das KOR keinen entscheidenden Einfluß. Man könne sagen, daß es in der Partei Fraktionsbildungen gebe, das gelte jedoch ebenso für die „Solidarność", die keine einheitliche Bewegung sei.

Wir wüßten, daß es Störungen in der Rüstungsindustrie gebe. Wir würden versuchen, das zu ändern. Dabei rechneten wir auf Verständnis für Verzögerungen bei der Lieferung von Baumaschinen, Schiffen und Ersatzteilen für die „Kamas"-Lastwagen. Riesige Probleme bereite uns die Belieferung mit Lebensmitteln und deren Beschaffung. Der fatale Mechanismus der vergangenen zwölf Monate entfalte seine Wirkung. Aufgrund des Drucks von verschiedenen Seiten seien die Löhne gestiegen, wodurch es zu einer zusätzlichen Geldschwemme gekommen sei. Schließlich die freien Samstage, die geschwächte Arbeitsdisziplin, die Streiks und die Streikvorbereitungen. Wenn wir dazu noch die schlechte Ernte des Jahres 1980 hinzurechneten (40 % weniger Kartoffeln, 10 % weniger Getreide), dann würde das schlechte Ergebnis des Jahres 1981, besonders bei der Viehzucht, verständlich. Das Problem bestehe darin, daß die „Solidarność" uns einerseits wegen der schlechten Versorgungslage attackiere, andererseits nicht verstehe, daß diese Versorgungslage sich nicht bessern könne, wenn man weniger, schlechter und ineffektiver arbeite, aber mehr verdiene.

Wir bedauerten, daß der Antisowjetismus ein für unsere Verbündeten besorgniserregendes Ausmaß angenommen habe. Die besten Mittel dagegen schienen eine Erweiterung der Zusammenarbeit sowie weitere wirtschaftliche Hilfe zu sein. Wir bäten um Unterstützung der Anträge, die wir auf der bevorstehenden RGW-Sitzung einbringen würden, sowie um Durchsetzung der Beschlüsse, die dort gefaßt werden würden.

Des weiteren sprach ich über die wirtschaftliche Zusammenarbeit, über die Verschuldung und die Produktionshindernisse. Weil wir das Produktionspotential für Kunstdünger nicht ganz hätten ausschöpfen können, bäten wir um zusätzliche Gaslieferungen. Der Produktionseinbruch bei Kunstdünger im vergangenen Jahr wirke sich auf die Ernte dieses Jahres aus. Das gleiche gelte für die Importlieferungen im Rahmen der wirtschaftlichen Zusammenarbeit. Wir brauchten mehr Kunstkautschuk, Schienen, Wolle, Benzin, Erdöl, aber auch eine Stundung der Kredite. Maschinen im Wert von 2,5 Milliarden Złoty könnten wir nicht einsetzen. Es gehe also darum, diese Geräte mit vereinten Kräften zu nutzen, irgendwelche wirtschaftlichen Vereinigungen zu gründen. In der Chemie ergäbe sich daraus z. B. eine große Chance für die Landwirtschaft. Wir hätten Schwierigkeiten, unseren Verpflichtungen den Verbündeten gegenüber nachzukommen.

Was die Preise und die Bezugsscheine betreffe, so stünden wir vor dem Problem einer Preisänderung, ohne die wir das Dilemma des Marktes nicht beseitigen könnten. Wir dächten an den Winter, an die Kohle, an die Lebensmittel und das Transportwesen.

Dann sprach ich von der Armee. Sie befinde sich in guter Verfassung, und wir seien bemüht, daß sie eine stabilisierende Rolle spiele. Wir organisierten Treffen der Militärkader mit Vertretern der Gesellschaft und machten uns die Ergebnisse einiger Militärinspektionen zunutze. Die Situation sei schwierig, aber im allgemeinen hätten wir sie unter Kontrolle. Notwendigenfalls würden wir nicht davor zurückschrecken, den sozialistischen Staat auch durch Anwendung von Gewalt zu verteidigen.

Nach diesen Ausführungen gab es eine lange Pause. Zusammen sahen wir uns die Fernsehnachrichten an. Dann gingen die Beratungen weiter. Breschnew schaffte es, einen Text auszuarbeiten, zweifelsohne unter Berücksichtigung unserer Ausführungen.

Man konnte sehen, daß der Apparat hinter den Kulissen funktionierte. Vielleicht war der Entwurf des zweiten Redebeitrags von Breschnew schon früher ausgearbeitet, aber um die Reaktion auf Kanias und meine Ausführungen ergänzt worden. Sehr schnell merkten wir, daß diese Ausführungen Breschnew und seine Mannschaft nicht zufriedengestellt hatten.

Was sagte er? Zwar habe der IX. Parteitag bestimmte positive, aber auch viele negative Elemente gehabt. Zwar hätten die extrem rechten Kräfte nicht die Führung der Partei übernehmen können, aber gleichzeitig sei es zu schweren Verlusten gekommen, viele gute Kommunisten seien nicht wieder in die Parteiinstanzen, in das Zentralkomitee und die Parteikomitees niedrigerer Ebenen, gewählt worden.

Er bedauerte, daß in der Parteiführung viele gute Genossen fehlten, u. a. Grabski, Żabiński und Moczar. Wohlgemerkt, über letzteren war in der Vergangenheit in Moskau zumindest bissig geredet worden.

An dieser Stelle einige Worte über Mieczysław *Moczar*. Über viele Jahre hinweg war Moczar, übrigens aus verschiedenen Gründen, Objekt heftiger politischer Emotionen. In den Jahren 1980-1981 zeigte sich die Doppelgesichtigkeit seines Charakters. Einerseits war er ein durchsetzungsfähiger Mensch, dem es ständig in der Hand juckte, „Ordnung" zu machen. Oft sagte er in seiner kernigen Art: „Wie lange soll das mit diesem Saustall noch so weitergehen?" Dabei unterstrich er ständig, daß „die polnischen Minen von polnischen Minenspezialisten entschärft werden müssen". Andererseits war zu bemerken, daß ihm die Kraft der „Solidarność", ihre ostentative nationale Staffage imponierten. Er ergriff die Gelegenheit, Gierek und Jaroszewicz zu kompromittieren, um so wieder nach oben zu kommen, seine Position zu festigen. Deshalb beteiligte er sich vehement an der marktschreierischen Abrechnung mit der Vergangenheit. Es entstand eine Art Verurteilungs- und Verdächtigungspsychose. Neben vielen berechtigten Bewertungen und Anklagen gab es auch übertriebene Verallgemeinerungen und Menschen, die sich verletzt fühlten. Auf diese Weise kokettierte auch die „Solidarność".

Moczar ist eine sehr umstrittene Persönlichkeit. Von seinen Anhängern wird er glorifiziert, von seinen Gegnern in Grund und Boden verdammt. Meine Meinung – die Schwankungen unterworfen war – werde ich bei anderer Gelegenheit ausführlicher formulieren.

Zurück zum Monolog Breschnews. Die Sowjets seien sehr unzufrieden damit, daß auf Vorschlag Kanias 55 Aktivisten, Sekretäre unterschiedlicher Parteiebenen zur Parteischulung geschickt worden, aber nicht in die leitenden Parteigremien gewählt worden seien. Man müsse sich um die echten Kommunisten kümmern, die den Marxismus-Leninismus verteidigten. Das sei ein Kriterium der Parteilichkeit. In der polnischen kommunistischen Partei gebe es einen rechten und einen linken Flügel. Er verstehe, daß wir, die Genossen Kania und Jaruzelski, in der Mitte zwischen diesen beiden Flügeln stünden. Die Bedrohung der Partei komme von rechts. Der IX. Parteitag habe keine radikalen Änderungen gebracht, der Gegner gewinne an Boden. Partei und Staatsmacht seien auf dem Rückzug.

Der Prozeß gegen Moczulski sei zu einer Propagandaveranstaltung für dessen Ideen geworden. Es hätten sich keine Richter gefunden, die dem einen Riegel vorgeschoben hätten. Auch der Kompromiß mit der „Solidarność" bei der Besetzung des Direktorenpostens der Fluggesellschaft „LOT" sei ein Beleg für das Zurückweichen der Partei. „Wenn Ihr das ganze zivile Personal Eurer Fluggesellschaft durch Soldaten ersetzt hättet, dann wäre das ein Sieg gewesen" (statt dessen hätten wir, wie man weiß, nur den Direktor ersetzt).

Nun sei es genug der Zugeständnisse, meinte Breschnew, man müsse dem Volk klarmachen, daß die „Solidarność" für die entstandene Situation verantwortlich sei. „Ihr sprecht euch gegen Konfrontation aus, aber die ist in Wahrheit bereits da." Die Ereignisse seien schon bis auf die Straßen vorgedrungen. Vielleicht werde es zu Blutvergießen kommen. Und wer werde dafür die Verantwortung tragen? Die Revolution müsse die Konterrevolution mit Gewalt bekämpfen! Auf den Terror der Weißen müsse mit dem Terror der Roten geantwortet werden! So habe man Koltschak besiegt, so hätten Dzierżyński und Frunse gekämpft.

Die Tschechoslowakei, Ungarn. Dort habe es Ereignisse gegeben, die zu grundlegenden Änderungen geführt hätten. Im Jahre 1968 habe sich eine Gruppe tschechoslowakischer Kommunisten mit der Bitte um Entsendung sowjetischer Truppen an ihn gewandt. (Das war eine sehr pikante Information. Ich bedauerte, daß Breschnew keine Namen nannte. Seit diesem Zeitpunkt dachte ich noch intensiver darüber nach, wie wir uns gegen solche „Bittsteller" schützen könnten.) Heute sei die Situation in der Tschechoslowakei und in Ungarn gut, der Lebensstandard der Menschen befriedigend. Das sei der beste Beweis dafür, daß das Volk und die Arbeiterklasse von Gewaltanwendung in schwierigen Situationen profitierten. Die Sowjets unterstützten vernünftige Handlungen, es sei jedoch eine Illusion zu glauben, der Gegner wisse dies zu würdigen. Früher oder später werde man gegen ihn losschlagen müssen. Der Feind wolle in die Armee und die Sicherheitsorgane eindringen, und das bedeute eine Niederlage. Jetzt, nach dem Parteitag, sei der Moment günstig, aber man dürfe nicht zu spät kommen. Der Gegner sei auf Konfrontation aus und halte die Staatsmacht unter Spannung. Hinter dem Begriff der „Selbstverwaltung" verberge sich Anarchosyndikalismus. Wenn man vom Gemeineigentum abrücke, dann bedeute das den Übergang von den Prinzipien des Sozialismus zum Kapitalismus. Es gebe Keime sozialdemokratischer und bourgeoiser Oppositionsparteien. „Wir hörten von irgendsoeiner Arbeiterpartei und von Wahlen zum Sejm. In Eurem Brief schreibt Ihr, daß Ihr Euch nicht auf ‚Gruppeneigentum' einlassen würdet. Nun gut, aber wenn jemand wie Rakowski oder seinesgleichen sich damit einverstanden erklärt, werdet Ihr Euch dann wieder ihnen anschließen? Jetzt kann man die Massen noch mobilisieren und der Konterrevolution entgegentreten. Aber bald kann es zu spät sein. Ihr sagt selbst, daß Ihr es mit einer außerordentlichen Situation zu tun habt, warum also nicht außerordentliche, harte Maßnahmen ergreifen? Das ist die Pflicht von Kania und Jaruzelski nicht nur gegenüber dem eigenen Land, sondern gegenüber unserem ganzen Bündnis, dem Warschauer Pakt, der sozialistischen Staatengemeinschaft." Die Zeit werde immer knapper. Müsse man nicht schon das Kriegsrecht einführen? Wir könnten auf die Unterstützung der Bevölkerung rechnen, die von den Streiks genug habe. Übrigens gehe aus den Meinungsäußerungen, die zu den Sowjets drängen, darunter auch von Mitgliedern des Zentralkomitees der polnischen kommunistischen Partei, hervor, daß man unbedingt zum Gegenangriff übergehen müsse, daß wirklich nur noch ein paar Tage Zeit blieben.

In letzter Zeit klängen unsere Erklärungen etwas schärfer, aber immer noch sprächen wir von Verständigung und Kompromiß. Verständigung mit wem? Kompromiß mit wem? Entweder wir sie oder sie uns. Die Regierung setze die Rationen auf den Bezugsscheinen herab, und die „Solidarność" protestiere dagegen. Man müsse zeigen, daß die „Solidarność" lüge, daß alles in Ordnung käme, wenn der Kohleförderungsplan erfüllt würde. Mitglieder der „Solidarność" säßen in der Partei, im Zentralkomitee, im Politbüro. Und was unternehme die Partei im Vorfeld des „Solidarność"-Kongresses, damit dieser nicht zu einer weiteren Konsolidierung der konterrevolutionären Kräfte führe? Wir sprächen ständig von wirtschaftlichen Schwierigkeiten, dabei habe die Krise hauptsächlich politischen Charakter. Die Politik sei der Schlüssel zur Stabilisierung.

Man müsse die Autorität der Staatsmacht stärken, die Situation in den Massenmedien verbessern. Die Sowjets hätten uns große Hilfe geleistet, per Saldo rd. vier Milliarden Dollar in verschiedener Form. Trotzdem wüchse unsere Staatsverschuldung weiter und schädige so auch die sowjetische Wirtschaft. Kürzlich hätte die Sowjetunion auf einer Konferenz der Leiter der zentralen Planungsbehörden der sozialistischen Staaten vorgeschlagen, Polen zusätzliche Investitionsmittel zur Verfügung zu stellen.

Aber wir wollten hauptsächlich defizitäre Rohstoffe. Man sehe, daß wir kein Programm entwickelt hätten, um uns aus der Abhängigkeit vom Westen zu befreien.

Auch die UdSSR habe Schwierigkeiten, u. a. durch eine Dürreperiode. Es fehle an Getreide. Hier stellte Breschnew eine suggestive Behauptung auf – den Sowjets gehe es derart schlecht, daß sie die tägliche Brotration für Soldaten um 100 g hätten senken müssen. Entsprechend weniger Getreide müsse man importieren, und die so eingesparten Mittel würden uns als Finanzhilfe zugute kommen. Wenn man so etwas hört, hat man trotz allem ein trauriges, ja unbehagliches Gefühl. Hier eine kleine Abschweifung. Wir bekamen von den Sowjets ständig Sticheleien wegen unserer nicht kollektivierten Landwirtschaft zu hören. Es war halb so schlimm, daß diese Vorwürfe ideologisch-„didaktischen" Charakter hatten. Schlimmer war schon, daß wir sie jetzt um Getreide bitten mußten. Ich weiß, daß Gomułka sehr darunter litt, daß er die Sowjets Jahr für Jahr um 2-3 Millionen Tonnen Getreide bitten mußte und Chruschtschow, und später dann Breschnew zu ihm sagte: „Gut, aber wann wird die polnische Landwirtschaft endlich sozialistisch?"

Um den polnischen Bedürfnissen entgegenzukommen, fuhr Breschnew fort, wären die Sowjets schon bis an den Rand ihrer Möglichkeiten gegangen. Dennoch würden einige unserer Schulden bis 1985 gestundet. Auch würden wir Hilfe in Form von Waren erhalten. So werde man uns 100 000 t Getreide, 2 Milliarden Zigaretten, 20 000 Schachteln Streichhölzer, 7 200 t Baumwolle sowie eine gewisse Menge Chemikalien für die Industrie schicken. Die anderen sozialistischen Länder würden auch etwas bekommen. Die weitere Entwicklung der Beziehungen zwischen Polen und der Sowjetunion werde jedoch davon abhängen, welchen Weg Polen einschlage, davon, ob die Kommunisten alles Notwendige tun würden und ob es eine Einheit von Worten und Taten geben werde. Die Zeit sei gekommen, „krutyje mery" („harte Maßnahmen", russ. Zitat von Jaruzelski, Anm. d. Übers.) zu ergreifen.

Das Wichtigste sei jedoch, daß es den polnischen Kommunisten gelänge, die Arbeiterklasse auf ihre Seite zu ziehen. Die Arbeiterklasse zog sich wie ein roter Faden durch dieses Gespräch: höherer Lohn für die Arbeiter, bessere Bedingungen für die Arbeiter. Als ob wir über einen Zauberschatz verfügt hätten, aus dem man den Arbeitern immer mehr geben kann, während man anderen – z. B. den Bauern oder der damals kleinen Schicht der Privatunternehmer – etwas wegnimmt. Ich würde sagen, das waren doktrinäre Appelle, die sich natürlich nicht realisieren ließen.

Breschnew sprach auch über die internationale Situation. Die Vereinigten Staaten knüpften enge Beziehungen mit China an. Der Westen wolle Polen gegen die Sowjetunion aufstacheln. Man müsse dem Volk klarmachen, daß die Hauptbedrohung vom Imperialismus ausgehe. Die westlichen Kredite seien kein Geschenk, sondern eine „Kabale", eine Versklavung, ein Joch. Die Polen müßten entschieden handeln.

Nach solchen Tiraden fühlt sich der Mensch wie ausgepreßt. Außerdem hing an einem dünnen Faden ein Damoklesschwert über unserem Kopf, und man wußte nicht, wann es herunterfallen würde.

Wieder ergriff Kania das Wort. Er sagte, er habe den Worten Breschnews entnommen, daß wir die Erwartungen der Sowjets nicht erfüllten, den Versicherungen und Verpflichtungen nicht nachkämen. Wir hätten es sehr schwer, hätten aber dennoch gewisse Erfolge zu verzeichnen. Er stellte auch fest, daß er im Gegensatz zu den Behauptungen Breschnews Kociołek, Grabski, Olszowski, Kurowski, Żabiński und Moczar unterstützt habe, damit sie Parteitagsdelegierte werden konnten. Die Ergebnisse des Parteitags seien jedoch schon eine Folge der parteiinternen Kämpfe.

Wir hätten bis jetzt keine Gewalt angewandt, da wir vorsichtig seien. Um so tragischer wären die Folgen, die ein Einmarsch sowjetischer Truppen in Polen nach sich zöge. Damit würde man im übrigen dem Imperialismus in die Hand spielen. Wenn sich die Situation jedoch verschärfen würde, würden wir nicht zögern. Ein Abweichen Polens vom Weg des Sozialismus drohe nicht. Wir wünschten klarzustellen, daß wir den Sozialismus wie unsere Unabhängigkeit verteidigen würden. Man müsse aber noch einmal betonen, daß sich in Polen auch viel Nützliches tue. Dies sei die erste Periode in diesem Jahr, in der sich etwas zu unseren Gunsten entwickele. Kania bat um die Entsendung einer sowjetischen Delegation, die sich über unsere wirtschaftliche Situation informieren sollte. Er versicherte, wir würden alles für die Stärkung des Sozialismus und der Freundschaft mit der Sowjetunion tun.

„Ich zähle darauf, daß ihr in diesem Geiste handeln werdet", verkündete Breschnew zum Schluß.

Wir kamen von der Krim in gedrückter Stimmung zurück. Wahrscheinlich hatten wir in den Gesprächen einen taktischen Fehler gemacht. Indem wir die Bedrohung nicht genügend herausstellten, vertieften wir das Mißtrauen gegenüber unseren Absichten und Möglichkeiten. Wenn man von dem Zusammentreffen mit Ustinow bei den Manövern absieht, dann war der Besuch auf der Krim der letzte unmittelbare Kontakt mit Mitgliedern der sowjetischen Führungsspitze im Jahre 1981. Danach gab es nur noch Telefonate, Briefe und mündliche Botschaften, die von Botschafter Aristow und schließlich von Marschall Kulikow bei seinem Besuch übermittelt wurden.

Ich glaube, es gab drei Gründe dafür, daß nach unserem Besuch auf der Krim kein Interesse mehr an persönlichen Treffen bestand. Erstens hatte sich die körperliche Verfassung Breschnews und seiner engeren Umgebung verschlechtert. Zweitens hatten die Sowjets wohl erkannt, daß direkte Gespräche mit Kania und Jaruzelski nur mehr wenig Sinn hatten, mehr noch, daß sie in gewisser Weise den sowjetischen Warnungen „die Spitze abbrachen", weil sie in die unbequeme wirtschaftliche Thematik einmündeten.

Drittens zogen sie es vor, Vertreter, vor allem militärische Vertreter, für sich sprechen zu lassen. Deren Worte, die durch die Berufung auf die Führungsspitze gedeckt waren, sollten wir aufmerksamer zur Kenntnis nehmen, indem wir sie eindeutig mit einer Bedrohung der Interessen des Warschauer Pakts und der ganzen sozialistischen Staatengemeinschaft in Verbindung brachten.

Bei dieser Gelegenheit möchte ich einige Worte über meine persönlichen Kontakte zu Breschnew sagen – sowohl vor als auch nach dem Treffen auf der Krim.

Breschnew hatte sich noch nie durch glänzenden Intellekt ausgezeichnet. Er war jedoch ein erfahrener, kompetenter und energischer Partei- und Staatsfunktionär. Er repräsentierte und verteidigte im weitesten Sinne die Interessen des Apparats, der von den voluntaristischen Umtrieben Chruschtschows aufgescheucht worden war. Breschnew stand unter dem Einfluß des militärisch-industriellen Komplexes. Man muß jedoch seinem Bemühen um Entspannung und Normalisierung der Beziehungen zwischen dem Westen und dem Osten Gerechtigkeit widerfahren lassen. Das schlug sich u. a. in der KSZE-Schlußakte nieder, die 1975 in Helsinki unterzeichnet wurde. In der zweiten Hälfte der 70er Jahre begann jedoch der körperliche und geistige Verfall Breschnews. In seinen letzten Lebensjahren wurde er mehr und mehr zu einem feierlich auftretenden Statisten, obwohl er dadurch vielleicht noch bedrohlicher wurde. Die Gefahr bestand darin, daß man nicht voraussehen konnte, wie er letztendlich reagieren würde. Welche Emotionen würden dominieren? Welche Ratschläge würden ihn am meisten beeinflussen? Für meine Überlegungen, die ich vor dem 13. Dezember anstellte, war dieser Faktor von grundlegender Wichtigkeit. Dies um so mehr, als ich die wichtigsten Mitglieder der damaligen sowjetischen Führung kannte: Andropow, Gromyko, Suslow, Ustinow, später auch Tschernenko. Jahre später stellte sich heraus, daß gerade sie gemeinsam mit Breschnew, unter Umgehung des gesamten Politbüros und des Präsidiums des Obersten Sowjets, die Entscheidung zum Einmarsch in Afghanistan getroffen hatten.

Ich will es mir nicht zu leicht machen. Verstorbene können sich nicht verteidigen. Also muß man Mäßigung walten lassen. Die Triebfedern der Macht saßen vor allem im Apparat – in den ZK-Abteilungen. Dort gab es natürlich gebildete, kluge Menschen, zumindest den späteren Gorbatschow-Berater Georgij Schachnasarow. Aber nicht geringer war die Zahl der eingefahrenen, konservativen Vertreter, die besessen waren von dem Gedanken, daß sie die Rolle der Wächter des „heiligen Feuers" zu spielen hätten – und das nicht nur bei sich zu Hause, sondern, was schlimmer war, im ganzen sozialistischen Block. Die verschiedenen Bewertungen, Meinungen und Schlußfolgerungen, aufgrund derer die „großen Alten" ihre Urteile fällten, gingen größtenteils von ihnen aus.

Folgende Beobachtung soll die Rolle des Apparats des ZK der KPdSU illustrieren. In der ersten Hälfte der 70er Jahre hielt ich es für notwendig, die Dienstvorschriften des Militärs (der Militärpolizei, des Garnisonsdienstes, die Disziplin- und Musterungsvorschriften) grundsätzlich zu überarbeiten, ja eigentlich neu zu schreiben. Zu diesem Zweck studierte eine besondere Redaktionskommission unter Leitung des damaligen Stellvertretenden Generalstabschefs, General Władisław Mróz, alle möglichen Dienstvorschriften, sowohl die des polnischen Militärs vor dem Krieg als auch ausländische aus Ost und West. Eine langwierige Arbeit. Viele Veröffentlichungen erschienen, wir führten viele Konsultationen mit den Militärkadern durch, besprachen dieses Thema auf den Sitzungen des Militärrats des Verteidigungsministeriums. Dabei erfuhr ich, daß auch in der sowjetischen Armee an neuen Dienstvorschriften gearbeitet werde. Ich wandte mich also an Marschall Gretschko, den ich übrigens mochte und schätzte, mit der Bitte, uns die sowjetischen Entwürfe zugänglich zu machen. Er war einverstanden. Aber die Zeit verging. Ich wandte mich deshalb von neuem an den Marschall. Die Antwort war überraschend: „Die Dienstvorschriften befinden sich in der Verwaltungsabteilung des ZK und sind noch nicht akzeptiert worden." Da hat man sie, die bürokratische Macht des Apparats. Militärs von höchstem Rang und höchster Qualifikation mußten selbst in Angelegenheiten des soldatischen Einmaleins das Plazet der Parteifunktionäre einholen. Bei uns wäre das nicht denkbar gewesen.

Aber zurück zu Breschnew. Er war geradezu snobistisch stolz auf seinen „Generalsrang," ganz zu schweigen vom Titel eines „Marschalls", den er später erhielt. Von seinem in der Sowjetunion und anderen sozialistischen Ländern vielgepriesenen Buch über die Kämpfe im sogenannten Kleinen Land hielt ich persönlich nicht besonders viel. Ich schmeichle mir, daß wir es nicht zur historisch-professionellen „Bewaffnung" unserer Truppen verwendet haben. Ich weiß, daß man mir das übelnahm. Dennoch habe ich bei verschiedenen – übrigens zufälligen – Kontakten gespürt, daß Breschnews Einstellung zu mir von, ich würde sagen, Sympathie und nicht selten von einem hemdsärmeligen soldatischen Humor geprägt war. Ende 1980 begann sich das zu ändern. Das Verhältnis wurde immer schlechter. Sowohl Kanias als auch meine Aktien fielen ständig.

Einen Unterstützungsschub erhielt ich im Zusammenhang mit meiner Wahl zum Ersten Sekretär des ZK der PVAP. Ich bekam ein Gratulationstelegramm und einen Anruf. Der Ton war freundlich, man ging auf meine Laufbahn als Frontsoldat, auf die polnisch-sowjetische Waffenbrüderschaft sowie auf die Freundschaft und das Bündnis zwischen unseren Ländern ein. Gleichzeitig gab man der Hoffnung Ausdruck, daß wir es nicht zu einer Demontage des Gesellschaftssystems kommen lassen würden. Und wieder das weihevolle „Wir werden Polen in der Not nicht im Stich lassen". Bei dieser „Streicheleinheit" lief es mir eiskalt den Rücken herunter. Ich erwiderte, ich sei mir dessen bewußt, wie wichtig die Entwicklung in Polen für die Sowjetunion und für den ganzen Warschauer Pakt sei. Wir hätten es sehr schwer. Besonders schwierig sei es, die Menschen zu erreichen, wenigstens minimales Verständnis für unsere Politik zu finden. Und die Ankündigung einer Beschränkung der sowjetischen Lieferungen drohe für uns fatale Folgen zu haben. Ich dankte für die bisher geleistete Hilfe und bat gleichzeitig, unsere Bedürfnisse und unsere Zukunft nicht aus den Augen zu verlieren. An dieser Stelle des Gesprächs wich Breschnew aus und sagte, auch die Sowjets hätten es schwer, sie müßten sich alles vom Munde absparen. Das sowjetische Volk und die anderen sozialistischen Völker beobachteten die Ereignisse in Polen mit wachsender Unruhe. Sie könnten nicht verstehen, daß sie die Last derjenigen tragen müßten, die nicht arbeiten wollten und sie darüber hinaus noch anklagten und beleidigten. Das waren also ähnliche Akzente wie auf der Krim.

Ich sagte, daß wir auf dem Plenum des Zentralkomitees noch eine Initiative zur nationalen Verständigung eingeleitet hätten. In diesem Moment hörte ich im Hörer ein Murmeln: „... posmotrim, no s wragom nje legko dogoworitsja. No jesli udastsja ...“ („... wir werden sehen, aber es ist nicht leicht, mit dem Feind zu einer Übereinkunft zu gelangen. Wenn es aber gelingt...“ russ. Zitat von Jaruzelski, Anm. d. Übers.).

In der zweiten Novemberhälfte rief ich meinerseits in Moskau an, nachdem Botschafter Aristow mich darüber informiert hatte, daß die sowjetische Führung keine Wende zum Besseren erkennen könne. Es gebe sehr beunruhigende Signale, u. a. aus der Nordgruppe der Streitkräfte des Warschauer Pakts. Tatsächlich verschärfe sich die Situation. Die Idee einer nationalen Verständigung „komme offensichtlich nicht vom Fleck“. Gleichzeitig wußte ich, daß in der Sowjetunion die Arbeiten am Wirtschaftsplan für das Jahr 1982 weit fortgeschritten waren. Mir lag daran, daß die Ankündigung drastischer Begrenzungen bei den Lieferungen nach Polen nicht wahrgemacht würde. Natürlich begann ich das Telefongespräch mit Begrüßungsworten. Dann kam ich auf verschiedene Schwierigkeiten und Komplikationen zu sprechen. Breschnew, den sein Botschafter von meinem bevorstehenden Anruf unterrichtet hatte, hatte einen vorbereiteten Text vor sich liegen. Er las ab: „... ich habe vorausgesehen, daß aus der nationalen Verständigung nichts wird. Man kann nicht mit Vernunft seitens der „Solidarność“ rechnen. Sie will die Macht. Sie untergräbt die Position der Partei und des sozialistischen Staates. Hier ist die Hand des Westens, des Imperialismus, der Amerikaner zu erkennen. Die Nordgruppe der sowjetischen Streitkräfte fühlt sich bedroht“ (übrigens war ihr Kommandeur kurz zuvor bei mir gewesen). „Ihr nähert euch immer mehr der Katastrophe. Darauf machen wir noch einmal aufmerksam.“

Ich erklärte, was die Nordgruppe der Sowjetischen Streitkräfte betreffe, würden wir alles tun, damit es nicht zu Störungen komme. Mit dem Kommandeur dieser Gruppe hätte ich kürzlich über diese Fragen gesprochen. Auch in den Jahren zuvor habe es Zwischenfälle gegeben. Ich wollte sie nicht herunterspielen, glaubte aber, daß wir die Situation unter Kontrolle hätten. Immer wieder unterstrich ich, daß unsere Armee, unser Apparat in guter Verfassung seien. Wir würden es nicht zu einer Situation kommen lassen, die für den Warschauer Pakt, für unsere Verbündeten bedrohlich sei und ihre Sicherheitsinteressen berühre.

Nebenbei gesagt war die Nordgruppe der Sowjetischen Streitkräfte seit Jahren bei uns stationiert. Unsere Einheiten hatten mit ihr enge, freundschaftliche Kontakte, es gab gemeinsame Manöver, Sport- und Kulturveranstaltungen. Die Kommandeure der Gruppe waren meistens Russen. Ich erinnere mich an zwei Ausnahmen: die Generäle Chetagurow (ein Ossete) und Tankajew (ein Dagestaner). Und dann war da noch ein Stabschef der Gruppe – Risadinow, ein Tatar. Diese Leute schienen unsere Realität besser zu verstehen. Mir ist vor allem Tankajew in Erinnerung geblieben, mit dem ich viele Kontakte hatte.

Eigenartig war die Stimme Breschnews – dumpf, wie aus dem Grab, insbesondere am Telefon. Manchmal war es schwer, ihn genau zu verstehen. Er hatte irgendwelche Schwierigkeiten mit der Mundhöhle, wahrscheinlich hatte er eine Operation hinter sich. Überdies ließen sich bei seinen Reaktionen und Gedankengängen Störungen beobachten. All das machte den Kontakt mit ihm insgesamt nicht leichter. Aber das Wirtschaftsthema, das von mir immer wieder angeschnitten wurde, machte ihn sichtlich nervös.

Da also die Situation in Polen sich nicht besserte, bekam ich von Breschnew Enttäuschung, Unzufriedenheit und verstärkten Druck zu spüren. Nach der Einführung des Kriegsrechts war ich natürlich wieder besser angesehen. Aber nach und nach nahmen die Vorbehalte und Vorwürfe wieder zu, die mich übrigens bis in die Zeit von Gorbatschow begleiteten. Ich werde versuchen, sie später zu beschreiben.

Wenn ich schon etwas über Breschnew gesagt habe, ist es jetzt angebracht, den anderen Führern der sozialistischen Länder einige Sätze zu widmen. Ich habe mich immer bemüht, objektiv über sie zu urteilen. Ich kannte ihre im allgemeinen nicht wohlwollenden Aussagen über uns seit dem Dezember 1980. Ich kann allerdings in diesem Buch nicht umhin, ein gewisses moralisches, eigentlich aber psychologisches Element zu erwähnen, welches bewirkte, daß ich vielen von ihnen mit Respekt begegnete.

Janos Kádár war in den Gefängnissen von Rákosi[215] unmenschlich gefoltert worden. In unseren vielen Gesprächen hat er das mit keinem Wort erwähnt. Ich weiß nicht, wie das endgültige Urteil der Geschichte über ihn lauten wird. Es gab das Jahr 1956, es gab Repressionen. Es gab aber auch Reformen und die kluge Kádársche Losung: „Wer nicht gegen uns ist, der ist für uns." Er war ein bescheidener, sympathischer Mensch mit verhältnismäßig viel Verständnis für Menschen mit anderen politischen Ansichten. Die Umstände, die Kádár zwangen, den Schöpfer der ungarischen Wirt-

---

[215] Mátyás Rákosi, 1892-1971, kommunistischer ungarischer Politiker. Verantwortlich für Massenrepressionen in Ungarn.

schaftsreformen, Rezso Nyers,[216] kaltzustellen, sind mir nicht bekannt. In den Gesprächen mit mir hat Kádár jedoch keinen Hehl aus seiner Achtung für ihn gemacht. Im ganzen gesehen hatte Kádár von allen Führern der sozialistischen Staaten das meiste Verständnis für uns. Er war mit Andropow befreundet. Ich wußte, daß er bestrebt war, unsere Argumente in einem günstigen Licht darzustellen.

Bei unseren Treffen in den Jahren 1982 und 1983 sagte er mir unumwunden, daß Polen von einer Intervention bedroht gewesen sei. Bis zum 13. Dezember habe eine entsprechende Entscheidung nur noch an einem seidenen Faden gehangen. In der sowjetischen Führung habe es in dieser Frage keine Einigkeit gegeben. Die Waagschale habe sich jedoch immer mehr zu unseren Ungunsten geneigt. Die Entscheidung hätte jeden Augenblick fallen können. Kádár hat diese Ansicht übrigens öffentlich geäußert, nur in etwas „protokollarischerer" Form, beim Treffen mit der Belegschaft der Nowotki-Betriebe im Jahre 1983.

Erich Honecker. Mein Verhältnis zu ihm entwickelte sich gut. Ich bemerkte von seiner Seite sogar eine gewisse Sympathie. Ich hörte jedoch, daß er nach jedem Treffen mit mir mit Moskau telefonierte und dabei nicht immer eine für uns günstige Bewertung der Gespräche abgab.

Ich wußte, daß Honecker gegenüber den Änderungen in Polen sehr negativ eingestellt war, und das nicht nur vor, sondern auch nach der Einführung des Kriegsrechts. Trotzdem begegnete ich ihm nicht mit Ablehnung. Er hatte unter Hitler zehn Jahre im Lager gesessen und bereits Jahre des Kampfes hinter sich, als ich noch zur Schule ging. Ich weiß nicht, ob irgendeiner der jetzigen westlichen Politiker vergleichbare Erfahrungen hinter sich hat. Mir scheint, nicht einmal Konrad Adenauer war frei von dieser Reaktion, wenn er mit dem SPD-Vorsitzenden Kurt Schumacher sprach, der während der ganzen Hitlerzeit im Konzentrationslager gesessen hatte. Und dann gab es noch etwas, was ich nie vergessen konnte. Vielleicht ist es nicht so wesentlich, aber für mich war es wichtig. Ihm war es zu verdanken, daß in Berlin ein Denkmal entstehen konnte, das einen polnischen Soldaten und einen deutschen Antifaschisten zeigte. Honecker legte dort regelmäßig Kränze nieder. Ich weiß nicht, wer das jetzt tut.

Gustav Husák war ein ruhiger, kultivierter Mensch, aber innerlich gebrochen. Als Politiker war er hart, zählte zu den Kräften der Beharrung. Ich wußte, welche Information über die Situation in Polen er seiner eigenen und der sowjetischen Partei zukommen ließ. Das hätte für mich eigentlich ausgereicht, um mit ihm in unterkühltem Ton zu sprechen. Das brachte ich jedoch nie über mich. Auch Husák hatte 10 Jahre im Gefängnis zugebracht, wenn auch nicht unter Hitler. Ein solcher Lebenslaufs veranlaßte mich, mich zu mäßigen und mit kritischen Bemerkungen zurückzuhalten.

---

[216] S. Anm. 122.

Todor Schiwkow. Wie ein polnisches Sprichwort sagt: „Stary, ale jary".[217]
Er hielt stark am alten Regime fest, explodierte aber andererseits geradezu vor den verschiedensten mehr oder weniger ausgereiften Erneuerungsideen. Energisch, dynamisch, von sprudelndem Humor. Sein Lachen, das an das Wiehern eines Pferdes erinnerte, war wahrscheinlich kilometerweit zu hören. Im ganzen ein sympathischer Mensch. Auch er hatte eine große Vergangenheit in der revolutionären Bewegung und als Partisan.

Auf jeden Fall möchte ich meine politische Meinung deutlich von meinem persönlichen Verhältnis zu diesen Menschen abgrenzen, die wesentlich älter waren als ich und deren Charakter, deren Treue zu ihren politischen Ideen durch harte Lebenserfahrungen geformt worden waren.

Und deshalb möchte ich an dieser Stelle auch nichts über Ceauçescu sagen. Es ist wahr, er war eine finstere Erscheinung, aber angesichts des barbarischen Urteils, das an ihm vollstreckt wurde, enthalte ich mich jedes Kommentars.

---

[217] Im Deutschen fehlt ein Sprichwort mit entsprechender Aussage. Sinn etwa: „Alt, aber voll dabei.

KAPITEL 26

Eine Schlinge wird zugezogen

In der zweiten Hälfte des Jahres 1981 stand Polen völlig allein. Die sozialistischen Länder betrachteten das polnische Experiment nicht nur als gefährlich, sondern als geradezu unzurechnungsfähig. Als es in unseren Geschäften nur noch Essig zu kaufen gab, konnte man in Ungarn, der DDR und der Tschechoslowakei problemlos Nahrungsmittel – Fleisch und Wurstwaren – kaufen. Auf die Gründe dafür will ich an dieser Stelle nicht eingehen. Auch die Wirtschaft unserer Nachbarn war ineffektiv. Aber es ging um die gesellschaftliche Wahrnehmung, darum, wie man sich zu den Veränderungen in Polen stellte. Eine gute Illustration dafür ist folgende Anekdote von zwei Hunden. Der eine schleicht sich über die Grenze in die Tschechoslowakei, um sich sattfressen zu können. Der andere schleicht sich nach Polen, um nach Herzenslust bellen zu können. Es blieb jedoch nicht nur bei Spott. Im Jahre 1981 riefen die meisten sozialistischen Länder ihre Studenten und Doktoranden aus Polen zurück. Im Personenverkehr wurden strenge Beschränkungen eingeführt. Die Tschechoslowakei verschärfte die Vorschriften für den kleinen Grenzverkehr. Die Folgen, vor allem für die Bewohner einiger polnischer Grenzdörfer, waren drastisch. Sie konnten schlicht und einfach ihre Felder nicht mehr bestellen, die seit den Zeiten Kaiser Franz Josephs auf der anderen Seite der Grenze lagen. Die DDR schickte 20 000 polnische Arbeiter nach Hause.

Unsere sozialistischen Partner begannen penibel die Verluste aufzulisten, die ihnen dadurch entstanden, daß Polen seinen bi- und multilateralen Verpflichtungen nicht nachkam. Kann man ihnen das vorwerfen? Aus welchem Grund sollten sie helfen, die Wirtschaft eines Landes aufrechtzuerhalten, das ihrer Meinung nach auf den völligen Zerfall zusteuerte, als Wirtschaftspartner mit jedem Tag unglaubwürdiger wurde und zu allem Überfluß – so jedenfalls sah man das in diesen Ländern – Propaganda gegen sie machte?

Ich erhielt eine vertrauliche Information über eine Rede von Harry Tisch, dem damaligen Vorsitzenden des Gewerkschaftsbundes der DDR. Bei einem Treffen mit dem Gewerkschaftsaktiv sagte er in derbem Ton: „Die Polen sind genial im Erfinden von Ausflüchten, um nicht arbeiten zu müssen. Leider haben sie noch keine Methode gefunden, um besser zu arbeiten." Das war keine vereinzelte Meinung. Die Botschaften der sozialistischen Länder analysierten sorgfältig die wirtschaftliche Situation Polens. Aufgrund dieser Analysen schickten sie an ihre Zentralen Warnungen, für das Jahr 1982 mit Polen keinerlei wichtige Abkommen zu schließen.

Ähnlich war die Haltung in den kapitalistischen Ländern. Die Motive waren natürlich unterschiedlich, aber sowohl im Osten als auch im Westen sprach man von Hilfe für Polen – unter der Bedingung, daß wir unsere innenpolitische Situation stabilisierten. Im internationalen Handel gibt es keine Sentimentalität. Das ist auch heute deutlich zu erkennen. Aber das alles war nur das Vorspiel, übrigens nicht unerwartet für jeden, der nicht blind und taub war. Es gab viele Erklärungen und Publikationen. Vor allem prophezeiten sie einen bevorstehenden Schlag gegen uns – warnende Akzente gab es in den Gesprächen mit Suslow, Gromyko und Breschnew.

Das erste ernste Signal erreichte uns am 20. August. Eine Delegation unserer Planungskommission unter Leitung ihres Direktors Alfred Siennicki war in der sowjetischen Planungsbehörde „Gosplan" zu Gast. Ein Mitarbeiter von „Gosplan", Nikolaj Worow, erklärte, die Sowjetunion werde ihre Erdöllieferungen nach Polen 1982 um vier Millionen Tonnen kürzen. Gekürzt würden auch die Baumwollieferungen. „Die sowjetische Seite", sagte Worow, „kann keine langfristigen Verpflichtungen eingehen, da es aufgrund der instabilen politischen Situation nicht sicher ist, ob Polen seinerseits seinen Verpflichtungen nachkommen wird."

Bald danach, am 9. September, begannen in Moskau die Gespräche über den sowjetisch-polnischen Handelsaustausch für das darauffolgende Jahr. Unsere Delegation wurde von Stanisław Długosz angeführt, einem erfahrenen Diplomaten und Wirtschaftswissenschaftler, dem stellvertretenden Leiter der Planungskommission. Die sowjetische Seite erklärte: Da Polen gegenüber der UdSSR eine negative Handelsbilanz habe, könne der Handelsaustausch 1982 nur auf der Grundlage eines vollen Zahlungsausgleichs unter Berücksichtigung des Ausgleichs des Vorjahressaldos erfolgen. Das bedeutete eine unerhört drastische Reduzierung der Lieferungen, die weit über die Ankündigungen vom 20. August hinausging. Zweifelsohne waren das schon die Konsequenzen der ersten Runde des „Solidarność"-Kongresses. Und so sah das Angebot aus:

	Von der polnischen Seite für 1982 beantragt	Von der UdSSR am 9.09.1981 zugesagt
Erdöl in Millionen t	13,1	4,1
Autobenzin in Tausend t	600	–
Flug- und Beleuchtungsbenzin in Tausend t	180	–
Getriebeöl in Tausend t	1800	–
Erdgas in Milliarden m³	5,3	2,8
Phosphorrohstoffe P_2O_5 in Tausend t	250	100
Roheisen in Tausend t	1400	700
Nickel in Tausend t	6,8	3
Aluminium in Tausend t	53	18

	Von der polnischen Seite für 1982 beantragt	Von der UdSSR am 9.09.1981 zugesagt
Zellulose in Tausend t	137	82
Papier in Tausend t	45	20
Baumwolle in Tausend t	105	70
Tee in Tausend t	3	–
Käse in t	750	–
Fischkonserven in Millionen Dosen	3	–
Kühlschränke in Tausend Stck.	200	–
Tragbare Schwarz-Weiß-Fernseher in Tausend Stck.	50	–
Farbfernseher in Tausend Stck.	50	–
Traktoren T25A in Tausend Stck.	10	–

Diesmal wurde noch deutlicher als am 20. August erklärt, daß diese Haltung nicht nur durch die Nichterfüllung unserer Lieferverpflichtungen, sondern auch durch die sich verstärkende antisowjetische Kampagne maßgeblich beeinflußt wurde.

Es war klar, daß es sich hierbei nicht um eine Eigeninitiative der Mitarbeiter von „Gosplan", sondern nur um eine Entscheidung der sowjetischen Führungsspitze handeln konnte. Eine Art Ultimatum – die Ankündigung einer Wirtschaftsblockade. Wir wußten, daß die polnische Wirtschaft völlig gelähmt werden würde, käme es wirklich zu solch drastischen Beschränkungen. Das wäre eine Katastrophe gewesen. Auf diese Weise kann man einen Staat zum Einsturz bringen – ohne einen einzigen Panzer, ohne einen einzigen Schuß. Damals wurde mir auch folgende Redensart hinterbracht: „Es brauchen keine Panzer zu sein – es genügen Banken." Dies um so mehr, als im Falle einer Umsetzung der sowjetischen Ankündigungen mit Sicherheit auch andere Staaten, insbesondere die DDR und die Tschechoslowakei, diesem Beispiel gefolgt wären. Heute, wo selbst eine leichte Drosselung der Gaslieferungen durch Moskau in Polen solche Unruhe auslöst, fühlen wir uns an die Angst erinnert, die wir damals hatten.

Die Ankündigung dieser Beschränkungen war also eine weitere Reaktion auf die Entwicklungen in Polen. Sie richtete sich praktisch gegen uns, die Staatsmacht, die nicht herrscht, die nur toleriert, sich alles gefallen läßt usw.

Ich telefonierte mit dem sowjetischen Premierminister Tichonow. Er sprach mit mir wie üblich in höflichem, aber kaltem Ton. Er sagte nicht, daß die sowjetischen Maßnahmen eine Strafe für unsere Sünden seien, denn über solche Dinge spricht man gewöhnlich nicht so offen. Er erklärte jedoch: „Wir haben selbst so viele Schwierigkeiten, und Ihr liefert dies und jenes nicht. Wir müssen auf die öffentliche Meinung in unserem Lande Rücksicht nehmen". Ich bat Tichonow um einen Besuch des Vizepremiers und Chefs der zentralen sowjetischen Planungsbehörde „Gosplan", Bajbakow, in Polen.

Bajbakow kam am 25. September zu mir. Mir lag viel an dem Gespräch mit ihm. Er war sehr kompetent und außerdem ein sympathischer, fröhlicher Mensch. Ich hatte den Eindruck gewonnen, daß er Polen gegenüber sehr wohlwollend eingestellt war. Manchmal unterstrich er mit einer gewissen Befriedigung, daß seine Familie irgendwelche polnischen Wurzeln habe. Wir nannten ihn deshalb oft scherzhaft „pan Bajbakowski".[218] Überhaupt war es in einigen sowjetischen Kreisen üblich, einen snobistischen Stolz zu hegen, wenn man wenigstens eine polnische „babuschka"[219] hatte. Das tat übrigens im Gespräch mit mir auch Marschall Gretschko. Diese Sympathie für Polen hatte aber noch eine andere Note, nämlich die einer gewissen Leichtlebigkeit. Das geht natürlich nicht auf Dostojewski zurück. Eher schon auf Puschkin. Mir ist folgende Strophe in Erinnerung geblieben:

Französisch sprach er recht manierlich,
Es ging ihm leicht von Mund und Hand,
Masurka tanzt' er elegant.
...
Was braucht es mehr fürs Etikett:
„Begabt und ausgesprochen nett!"[220]

Das ist natürlich aus „Eugen Onegin". Aber dieses Paris mit Masurka-Tänzen, ein Bild des Leichtsinns ...?[221]

Bei dem Treffen mit mir hatte Bajbakow bereits einige Gespräche und Reisen nach Schlesien und, glaube ich, auch nach Bełchatów hinter sich.

[218] „Pan" ist die polnische Entsprechung für „Herr".
[219] Russ. für „Großmutter".
[220] Deutsche Übersetzung entnommen aus „Alexander Puschkin: Jewgenij Onegin – Ein Roman in Versen" von Rolf Dietrich Keil, Wilhelm Schmitz Verlag in Gießen 1984, 2., unveränderte Aufl., S. 15.
[221] Jaruzelski spielt hier darauf an, daß in den russischen Adelskreisen zu Zeiten Puschkins die französische Sprache und Kultur tonangebend waren und Puschkin diesen Zustand in der Figur des dandyhaften Eugen Onegin personifizierte. Die Masurka wiederum ist ein polnischer Tanz, und die Polen sind den Franzosen in ihrer Mentalität, die auch eine gewisse Leichtigkeit beinhaltet, ja durchaus ähnlich. Diese Mentalität ist den Russen zwar nicht eigen, hatte aber für gewisse Kreise in Rußland offenbar zu allen Zeiten etwas Anziehendes. Darauf bezieht sich auch die Bemerkung, daß die Neigung gewisser russischer Kreise zu Polen eher mit Puschkin als mit Dostojewski zusammenhänge. Dostojewski gilt als der Repräsentant der dunklen, abgründigen Seite der russischen Seele, während Puschkin eher für Lebensfreude und Leichtigkeit steht.

Er teilte die Ansicht, daß sich unsere Wirtschaft in einem dramatischen Zustand befinde. Er erzählte von seinem Aufenthalt in der Tschechoslowakei 1968 und auf Kuba im schwierigen Jahr 1970. Die Situation Polens sei jedoch unvergleichlich komplizierter. Die Produktion sei, u. a. aufgrund des Energiemangels, deutlich zurückgegangen. Besonders schmerzlich mache sich das im Bergbau, in der Chemieindustrie und im Bauwesen bemerkbar. Das führe übrigens zur Desorganisation der Wirtschaft insgesamt. „Was hat es für einen Sinn, daß wir Euch Rohstoffe liefern", meinte Bajbakow, „angesichts des Mangels an Energie und Kohle könnt Ihr damit ja doch nichts anfangen." Der Produktionseinbruch im Bergbau beeinflusse den Export grundlegend. Früher hätten wir rund 26 Millionen Tonnen gefördert, jetzt nur noch 8 Tonnen. Das schlage übrigens auch auf den Import zurück. Man erwarte also, daß wir unseren Lieferverpflichtungen bei Kohle und Schwefel nachkämen. Die sowjetische Seite hätte selbst Schwierigkeiten, es habe eine Mißernte gegeben, sie müßten Millionen Tonnen Getreide kaufen.

Ich bat Bajbakow auch um Anschubhilfe für unsere Industrie. Es ging mir dabei um die Lieferung verschiedener Materialien und Komponenten, die wir bis dato aus den kapitalistischen Ländern bekommen hatten. Er versprach mir, darüber mit den Vertretern der anderen RGW-Staaten zu reden, aber die hätten es selbst schwer. Außerdem würden zusätzliche Lieferungen nichts nützen, wenn Arbeitsdisziplin und Produktivität zurückgingen. Dieses Argument zog sich wie ein roter Faden durch alle Gespräche: Wenn nicht Ruhe und Disziplin einkehren, wenn die politische Lage sich nicht stabilisiert, dann wird die Wirtschaft nicht vom Fleck kommen. Das hätte Bajbakow mir nicht sagen müssen. Ich sprach das für uns wichtigste Thema an – die Lieferungen im Jahre 1982. Bajbakow wich aus. Ich fühlte, daß noch keine politischen Entscheidungen gefallen waren. Mit einer Änderung der Lage konnte man nicht rechnen. Das war doch Repression, ein Umstand, der uns zwingen sollte, entschiedener vorzugehen. Wir verabschiedeten uns freundschaftlich. Trotzdem gab sich keiner von uns der Illusion hin, daß dieser Besuch eine fühlbare Erleichterung hatte bringen können. Die Situation änderte sich bis Mitte Dezember 1981 nicht. Die jetzigen Kritiker des Kriegsrechts, die davon nicht betroffen sind, sind bestenfalls naiv. Der Westen hätte uns doch nicht gerettet. Das bestätigen auch die heutigen Erfahrungen, wo wir doch schon, wie man sagt, auf einer ganz anderen Seite der Welt sind. Auf einer Pressekonferenz unter Beteiligung des tschechischen Präsidenten Havel und des ungarischen Premiers Antall am 6. Oktober 1991 sagte Präsident Wałęsa: „Wir können nicht blind auf den Westen rechnen. Als wir gegen das kommunistische System kämpften, gab es dafür Mittel. Heute geht es um das Schicksal unserer Demokratien. Die Zukunft Europas ist bedroht, aber der Westen drückt sich vor seiner Verantwortung. Nur widerwillig engagiert er sich beim wirtschaftlichen Aufbau der sozialistischen Länder. Das ist eine kurzsichtige Politik." Ähnliche Vorwürfe formulierte Wałęsa im Februar 1992 auf der Sitzung des Europarats in Straßburg. Ich verstehe die Verbitterung des Präsidenten. Seinerzeit habe ich selbst noch schärfer reagiert. Heute sehe ich diese Problematik mit etwas anderen Augen. Natürlich kommt der reiche Westen uns mit Wohlwollen entgegen, hilft uns auch in gewissem Umfang. Es wäre jedoch naiv, damit zu rechnen, daß irgend jemand ein fast vierzig Millionen zählendes Volk „huckepack" ins gelobte Land des Wohlstands trägt. Immer noch sind wir mehr oder weniger bewußt der Meinung, daß, wenn wir der Welt schon Kościuszko und Pułaski, Chopin und Marie Skłodowska-Curie, den Warschauer Aufstand und Monte Cassino, Maximilian Kolbe und den polnischen Papst geschenkt haben, Gold nur so vom Himmel auf uns herabregnen müsse.[222] Diese Illusionen hegte übrigens auch die an die Macht drängende Opposition. Leider sind die Regeln, die die Politik und vor allem das Kapital regieren, ziemlich nüchtern. Darüber sollte man sich nicht wundern. Man investiert in stabilen Ländern. Dort, wo es um Realität und nicht um Wolkenkuckucksheime geht. Da, wo man vor allem an die Zukunft denkt, anstatt in der Erinnerung an die Vergangenheit zu schwelgen.

Zwischen dem 10. und 21. August und dem 19. und 23. September kam eine Delegation unter Leitung des Vorsitzenden des Technischen Komitees der Vereinigten Streitkräfte des Warschauer Pakts, General Iwan Fabrikow, nach Polen. Sie besuchte 14 Rüstungsbetriebe. Die Ergebnisse wurden mir in einem Bericht mit Datum vom 23. September 1981 mitgeteilt. Um dem Dokument größere Bedeutung zu verleihen, war es außer von General Fabrikow auch vom Stabschef der Vereinigten Streitkräfte, General Anatolij Gribkow, unterzeichnet worden, der mir damals ebenfalls einen Besuch abstattete. Aus diesem Besuch sowie dem Bericht ging folgendes hervor:

„... die Situation in der Rüstungsindustrie ist instabil. Die Zusammenarbeit kommt zum Erliegen. Es fehlt an Materialien und verschiedenen Teilen zur Produktion von: Panzern T-72, Transportfahrzeugen, Geschossen, elektronischen Geräten, darunter Radarortungsgeräten, Steuersystemen für Luft- und Panzerabwehrraketen, Zielgeräten usw. Bei einigen Waffenarten,

---

[222] Kazimierz Pułaski, 1746-79, General, große Verdienste im amerikanischen Unabhängigkeitskrieg, in diesem Krieg auch gefallen, als amerikanischer Nationalheld anerkannt. – Fryderyk Franciszek Chopin, 1810-49, größter poln. Komponist. – Marie Skłodowska-Curie, 1867-1934, Physikerin, entdeckte zusammen mit ihrem Mann Pierre Curie, 1859-1906, im Jahre 1898 die radioaktiven Elemente Polonium und Radium. Für diese Entdeckung erhielten beide 1903 gemeinsam mit Becquerel den Nobelpreis. – Monte Cassino: Name eines Berges und des auf ihm gelegenen Klosters zwischen Rom und Neapel. Im Zweiten Weltkrieg von deutschen Truppen besetzt und in einer der blutigsten Schlachten dieses Krieges von Soldaten der Armee von General Anders' eingenommen. Heute befindet sich dort ein polnischer Soldatenfriedhof. – Maximilian Kolbe, 1894-1941, Franziskanerpater, Gründer eines Klosters in Polen und einer Missionsstation in Nagasaki. Ging als KZ-Häftling freiwillig für einen zum Tode verurteilten Mithäftling in den Hungerbunker. 1982 heiliggesprochen.

so z. B. bei Panzern und bei Raketen des Typs ‚Strzał-2‘, beträgt die Lieferverzögerung 19–20 Monate; die Produktionspläne für das Jahr 1982 enthalten beunruhigende Reduzierungen;

… die ‚Solidarność‘ will die Kontrolle und die Entscheidungsgewalt in der Rüstungsindustrie an sich reißen. Sie torpediert zentrale Entscheidungen und geht auf Konfrontationskurs mit der Staatsmacht. Die Arbeitergruppen sind ständigem Druck seitens der ‚Solidarność‘ ausgesetzt. Es fehlt an entschiedenem Widerstand gegen die Willkür der ‚Solidarność‘. Auf diese Weise entsteht der Eindruck, daß sich die Partei- und Verwaltungsorgane machtlos fühlen. Dadurch geraten die Zusammenarbeit mit den verbündeten Armeen und die planmäßigen Waffenlieferungen an sie in Gefahr. Das alles fügt der Sicherheit der ganzen sozialistischen Koalition schweren Schaden zu.“

Tatsächlich hatte ich in dieser Angelegenheit schon früher alarmierende Meldungen hinsichtlich der Versorgung unserer Armee bekommen. Lieferverzögerungen gab es bei Ersatzteilen und Fertigbauteilen in Höhe von 20 %, bei Panzern sogar von 60 % und bei Radarortungssystemen von 75 %. Letzteres konnte zu einer ernsthaften Bedrohung vor allem für die Luftabwehr unseres Landes werden.

Gribkow sagte weiter, daß er in Polen viele Gespräche geführt habe. Die Konterrevolution habe ihre wahren Absichten enthüllt. Und dann kam ein bedeutungsschwerer Satz: Die Konterrevolution führe die Pläne der USA aus, deshalb müsse man mit einem Schlag gegen die Armee und die Sicherheit rechnen. Dafür gebe es bereits deutliche Anzeichen. Die „Solidarność“ versuche vor allem die Schulen für Unteroffiziere der Reserve zu infiltrieren. In sogenannten Selbststudiumszirkeln[223] bearbeite sie die angehenden Rekruten, damit sie als Soldaten der „Solidarność“ zur Verfügung stünden. Den Reservisten erteile sie vor der Einberufung zum Manöver Instruktionen.

Außerhalb der großen Städte sei die „Solidarność“ dabei, die Macht zu übernehmen. Kuroń habe angeblich erklärt, daß die Kommunisten in Polen keine Existenzberechtigung hätten. Diese konkrete Äußerung war mir zwar nicht bekannt, aber damals war ich überzeugt, daß man Kuroń die schlimmsten Gedanken und Worte zutrauen konnte. Rulewski, meinte Gribkow weiter, müsse verurteilt werden. Die Kirche stehe auf seiten der „Solidarność“. Er sei in zehn von elf Divisionen des Militärbezirks Schlesien gewesen. Man sei sich der Bedrohung bewußt und bereit, jeden Auftrag zu erfüllen. Er habe mit einem zuverlässigen Regimentskommandeur gesprochen. Man habe dessen Kind in der Schule geschlagen, seine Frau leide unter dem psychischen Druck.

---

[223] Poln. „koły samokształceniowe“. Nach Auskunft von Jaruzelski gegenüber dem Übersetzer handelte es sich um Zirkel, die von der „Solidarność“ gegründet worden waren, um unter dem Deckmantel von Bildungskursen Propaganda für die „Solidarność“ zu betreiben und zu erreichen, daß die zukünftigen Soldaten den Geist der Rebellion in die Armee hineintrügen.

Gribkow, ein erfahrener General, ein harter, gefühlloser Mensch, drückte nicht nur seine Meinung, sondern auch die seiner Vorgesetzten aus. Dort, wo es um rein innenpolitische Angelegenheiten ging, beunruhigten mich seine „Berichte" weniger. Schlimmer waren Fragen, die unsere Bündnisverpflichtungen berührten. Das war schon kein Vorwand mehr, sondern ein wirkliches Problem, besonders, was die Produktion und Lieferung von Rüstungsgütern anging.

Ich erinnere mich, daß im September eine Diskussion über den sogenannten „Solidarność"-Entwurf für eine Wirtschaftsreform im Gange war. Dort wurde auch erörtert, ob es zweckmäßig sei, die Produktion von Rüstungsgütern einzustellen. Man kann sich vorstellen, wie angesichts des an Intensität zunehmenden Rüstungswettlaufs eine solche „spontane Umstrukturierung" aufgenommen worden wäre.

In den 70er Jahren ging die Hälfte der von uns exportierten Produkte und Dienstleistungen auf dem Rüstungssektor, vor allem Reparaturdienste, in die UdSSR. Knapp ein Drittel entfiel auf die übrigen Staaten des Warschauer Pakts. Der Rest verteilte sich auf andere Länder. Im Jahre 1980, besonders aber 1981, bekamen wir ernsthafte Schwierigkeiten bei der Erfüllung von Verträgen. Davon waren Luftwaffe, Marine, die Panzerproduktion sowie Reparaturdienste betroffen. In den Werften lagen sowjetische Tender, Lazarett-, Landungs- sowie hydrographische Forschungs- und Schulschiffe, die dort repariert werden sollten. Der Arbeitsfortgang war unbefriedigend. Gribkow informierte mich darüber, daß der Oberkommandierende der Sowjetischen Flotte, Admiral Gorschkow, 50 Schiffe, die in Polen hatten repariert werden sollen, nicht ausliefern werde. „Wir müssen", sagte er, „für diese Schiffe andere Werften finden."

Es gab auch ein anderes, sagen wir sekundäres Problem. Die Zahlungsbedingungen im Rüstungshandel waren für uns im allgemeinen günstig. Wir importierten aus der Sowjetunion hauptsächlich die modernsten, wirkungsvollsten Waffen, „raffinierte" Geräte, die wir selbst aus wirtschaftlichen und technologischen Gründen nicht hätten herstellen können (z. B. Raketen verschiedener Bauart und moderne Kampfflugzeuge). Heute sind diese Geräte – auf Dollarbasis gerechnet – sechs- bis achtmal so teuer. Übrigens müßten wir, wenn wir Waffen dieses Typs im Westen kaufen wollten – was jetzt politisch möglich wäre –, noch mehr zahlen. Wir wurden damals also in gewisser Weise von der UdSSR mitfinanziert. Wichtig war dabei außerdem, daß der Import von Rüstungsgütern durch Polen sich mit dem Export die Waage hielt. Mehr noch, unsere Importe erlaubten es uns, aus den Lieferungen in andere, vor allem arabische Länder große Vorteile zu ziehen. Kaum jemand weiß außerdem, daß die wichtigsten polnischen Kriegsschiffe – der Zerstörer „Warszawa" und die Unterseeboote – seit Jahren für „Spottpreise" von der UdSSR gepachtet wurden. Ich weiß nicht, wie das in Zukunft sein wird.

Wir hatten also die „Chiffren" von Długosz und den Bericht von Fabrikow. Vom 4. bis 12. September 1981 fanden auf dem Territorium der

Ukraine, Belorußlands und der baltischen Sowjetrepubliken sowie in der Ostsee, also unweit von Polen, Manöver der sowjetischen Armee unter dem Codenamen „Sapad-81" statt. Ihr Umfang war riesig. Zehntausende Soldaten, Waffen und Gerät verschiedenster Art, vor allem Panzer, Flugzeuge und Schiffe waren daran beteiligt. Die Manöver wurden von Marschall Dmitrij Ustinow persönlich geleitet. Als Verteidigungsminister der Volksrepublik Polen wurde ich zu dem Manöver eingeladen. Bei dieser Gelegenheit hatte ich mit Ustinow ein Gespräch von grundlegender Bedeutung. Es fand auf einem Militärflugplatz in Belorußland statt. Nach der Landung blieben wir im Hubschrauber. Das Gespräch dauerte fast zwei Stunden. Die übrigen Verteidigungsminister umrundeten währenddessen den Hubschrauber. Sie warteten ungeduldig. In den Aussagen Ustinows bemerkte ich alte und neue Akzente. Die alten Akzente betrafen die katastrophale Situation in Polen. Halbherzige Maßnahmen würden nicht helfen. Eine gewaltsame Konfrontation sei unausweichlich. Jeder Tag füge dem Land neuen Schaden zu. Energisches Handeln sei vonnöten. Und was waren die neuen Akzente? Eine breitere politische und strategische Sichtweise.

Ustinow hatte keine Fronterfahrung. Sein ganzes Leben lang hatte er in der Rüstungsindustrie gearbeitet. Die Macht des militärisch-industriellen Komplexes der Sowjetunion war u. a. sein Werk. Sie war für ihn nicht nur Beruf, Erfahrung, sondern auch Passion. Das war in jedem Gespräch zu spüren. Diesmal jedoch merkte ich, daß er von dem sich verschärfenden Rüstungswettlauf stärker beunruhigt war als sonst. Dessen Belastungen bekam die Sowjetunion immer stärker zu spüren. Ustinow sprach mit Besorgnis davon, daß die Regierung Reagan bei der gegenwärtigen Rivalität zwischen den USA und der UdSSR danach strebe, das Gleichgewicht auszuhebeln, um dann von einer Position der Stärke aus die Bedingungen zu diktieren. Das sei gefährlich für alle. Dabei wies er auf die enge Verbindung zwischen den USA und Westdeutschland hin. Er wollte mir gewissermaßen zu verstehen geben, daß man in diesem Kontext die polnischen Interessen im Auge haben müsse, die empfindlichen Schaden nehmen könnten. Wir redeten miteinander ungeschminkt über die Situation in den fortgeschrittenen Bereichen der Rüstungstechnik, besonders über Technologie und Elektronik zur Führung eines sogenannten radioelektronischen Krieges: Funkverbindungen, Fernmelde-, Führungssysteme, Systeme zum Entdecken und Leiten von Waffen und Kampfmitteln und solche zum Niederhalten der feindlichen Systeme usw. Es wurde auch über Präzisionswaffen gesprochen. In diesem Kontext fielen bittere Bemerkungen über die Schwierigkeiten und Verzögerungen in der polnischen Rüstungsindustrie.

Ustinows Beunruhigung hatte noch einen anderen Grund. „Die Sowjetunion und damit", wie er wiederholt betonte, „unsere ganze Staatengemeinschaft befindet sich infolge der Ausweitung der Bedrohung in einer schwierigen Situation." Die Amerikaner erhöhten die Waffenlieferungen an die afghanischen Rebellen. Präsident Reagan, der nach seinem Amtsantritt durch die Ankündigung einer stärkeren Unterstützung für Taiwan für eine Abkühlung der Beziehungen zu Peking gesorgt hätte, habe Mitte 1981 plötzlich die Fronten gewechselt. Vizepräsident Bush, der in den 70er Jahren amerikanischer Missionschef in Peking und danach CIA-Direktor gewesen sei, habe Reagan davon überzeugt, daß man zu Nixons und Carters Politik, China und die Sowjetunion mit allen möglichen Mitteln gegeneinander auszuspielen, zurückkehren müsse. Anfang Juni habe sich Bush auf den Philippinen mit asiatischen Staatschefs getroffen und dabei gesagt, daß die Entwicklung freundschaftlicher Beziehungen zu Peking eines der Hauptziele der Politik der USA auf diesem Kontinent sein werde. Bald danach sei der amerikanische Außenminister Alexander Haig, bis vor kurzem NATO-Oberbefehlshaber, nach Peking gereist. Resultat: eine gemeinsame Erklärung, in der die Amerikaner China als „befreundeten Staat" anerkannten. Dies bedeute im diplomatischen Sprachgebrauch eine politische, wirtschaftliche und militärische Vorzugsbehandlung. Anderthalb Monate später, sofort nach dem Besuch einer dreißigköpfigen chinesischen Spitzendelegation in Washington, hätten die Rüstungslieferungen begonnen. Sie hätten u. a. Panzer, Luftabwehrraketen, Radarortungssysteme, darunter auch für die Zielsteuerung von Raketen, verschiedene Arten von Geschossen inklusive Geräte zu ihrer Herstellung sowie funkelektronische Aufklärungssysteme, die u. a. an der Grenze zur UdSSR stationiert worden seien, umfaßt. Die sowjetische Regierung habe darauf mit einer scharfen Erklärung reagiert, die am 1. Juli von der Presseagentur TASS veröffentlicht worden sei.

Bush. Im Gespräch mit Ustinow erschien er als dämonische Person, ehemaliger Chef des CIA, einer der Hauptmotoren der gegen den Warschauer Pakt gerichteten Aktionen. Nach der Unterredung mit Ustinow sah ich Bush zweimal, aber nur aus der Ferne, bei den Begräbnissen von Breschnew und Andropow. Wir sahen einander finster an. Schließlich trafen wir uns 1987 und 1989. Ich kann von einer angenehmen Überraschung berichten. *Bush*[224] ist ein kluger und sympathischer Mensch. Es ist charakteristisch, daß er zwar ein harter Gesprächspartner ist, aber gleichzeitig ein so einnehmendes Wesen hat, daß dadurch alle noch so kontroversen Fragen in einem milderen Licht erscheinen. Außerdem habe ich eine Schwäche für Kriegsteilnehmer, und er war doch im Zweiten Weltkrieg ein tapferer Pilot.

„Wir sind uns", sagte Ustinow, „der Versuche des Imperialismus bewußt, uns einzukreisen und letztendlich an die Wand zu drücken. Erst Afghanistan und jetzt China. Vor diesem Hintergrund gewinnt die Ent-

---

[224] George Bush, geb. 1924, amer. Politiker, Teilnehmer am 2. Weltkrieg und am Vietnamkrieg, 1970-72 UNO-Botschafter, 1975-76 CIA-Chef, 1981-88 Vizepräsident der USA, 1989-92 Präsident.

wicklung in Polen eine neue Bedeutung. Wenn eine viele Millionen Mitglieder zählende ‚angeblich gewerkschaftliche' Organisation vom Westen nicht nur politisch inspiriert wird, sondern auch noch große finanzielle Mittel und Ausrüstungsgegenstände wie Sender, Druckmaschinen, Transportmittel usw. erhält; wenn zu dieser Organisation regelmäßig westliche Delegationen entsandt werden; wenn eine antisowjetische Haltung aufkommt – dann wird Polen dadurch zu einem ‚Brückenkopf', der jederzeit gegen den Warschauer Pakt genutzt werden kann."

Ich dachte damals an die Stammtischstrategen, die der Meinung waren und sind, daß man nicht an zwei Fronten kämpfen könne. Natürlich, man sollte keine neuen Fronten eröffnen. Aber wenn sie schon da sind? In diesem Fall muß man die Sache von einer anderen Warte betrachten. Könnten die Sowjets langfristig mehrere gleichzeitige „Schwachpunkte", Bedrohungsstellen tolerieren? In einer solchen Situation muß man, solange dazu noch Zeit ist, wenigstens einen der Schwachpunkte ausmerzen. An China kam man nicht heran. Wie schon abzusehen war, würde Afghanistan zu einer Verstrickung führen. Am gefährlichsten war Polen – die Hauptachse von Westen nach Osten. Ustinow erinnerte an den bekannten Ausspruch Stalins: „Durch Polen sind Napoleon, der deutsche Kaiser und Hitler nach Rußland gekommen. Jedesmal drohte eine tödliche Gefahr. Auch deshalb wünschen wir uns ein stärkeres und freundschaftlicheres Polen."

Der historische Kontext war ein Menetekel, selbst im Gespräch zwischen Menschen, die sich seit Jahren kannten. Ich hatte Ustinow in Suchumi im Kaukasus näher kennengelernt, als ich dort mit meiner Familie Urlaub machte. Er erholte sich in Sotschi. Eines Tages besuchte er uns mit Tochter, Sohn, Schwiegertochter und Enkeln. Es war eine sehr sympathische Begegnung. Wie die Russen eben sind – herzlich, gastfreundlich. Ich erinnere mich besonders daran, wie der Sohn Ustinows, ein Hochschuldozent auf dem Gebiet der Elektronik, auf dem Klavier bravourös einige Stücke von Chopin spielte. Mein Verhältnis zu Ustinow war jedoch nicht so herzlich wie das zu Marschall Gretschko – einem alten Soldaten und Heerführer aus Fleisch und Blut.

Apropos Kaukasus. An Georgien und die Georgier habe ich die besten Erinnerungen. Sie sind spontan, fröhlich und außerordentlich gastfreundlich. Damals lernte ich zwei georgische Generäle näher kennen – Samson Samsonowitsch Tschekowani und Schalwe Iljitsch – an den Familiennamen des letzteren erinnere ich mich nicht mehr. Ihr Nationalstolz und ihre Distanz zur sowjetischen Realität waren deutlich spürbar. Daraus machten sie gar keinen Hehl. Deshalb war ich von den späteren Ereignissen auch keineswegs überrascht. Gleichzeitig schmerzt mich die Tragödie der Völker des Kaukasus.

Bei dem Manöver „Sapad-81" war ich nur für einen Tag. Ich beobachtete einige beeindruckende Operationen der Landungstruppen und führte Gespräche mit den Verteidigungsministern des Warschauer Pakts. Sie verzogen das Gesicht über die Situation in Polen. Vor kurzem erinnerte mich der damalige Oberleutnant Stepnowski daran, daß ich seinerzeit zu dem tschechoslowakischen Verteidigungsminister Dzur wütend sagte: „Martin, willst Du, daß wir noch einmal bei Euch einmarschieren?"[225] Eine Zeitlang ließ man mich in Ruhe.

Dann die Ostsee. Ein sowjetischer Flugzeugträger, der senkrecht startende und landende JAK-30-Flugzeuge trug – auf der ganzen Welt die einzigen senkrecht startenden Flugzeuge, mit Ausnahme der britischen „Harrier". Ich glaube, Ustinow hatte mich auf dieses Schiff eingeladen, um mich stärker zu beeindrucken. Er wollte mir wahrscheinlich zu verstehen geben, daß die Sowjetunion trotz der schwieriger werdenden Rivalität mit Amerika gar nicht so schlecht dastünde.

Nach über zehn Stunden kehrte ich nach Warschau zurück.

Ich führte Dutzende von Gesprächen mit unseren Verbündeten. Wenn man dazu noch die Gespräche Kanias und vieler anderer Mitglieder der Partei- und Staatsführung sowie der verbündeten Parteien hinzurechnet, sind es wahrscheinlich Tausende von Gesprächen gewesen. Ich habe mich bemüht, einige der charakteristischsten zu schildern, die im Hinblick auf Rang und Kompetenz der Gesprächspartner am maßgeblichsten waren. In der zweiten Jahreshälfte verlagerten sie sich immer mehr auf die militärische und die Bündnisebene. Es gab auch verschiedene Briefe und Botschaften, die durch den Botschafter übermittelt wurden. Es würde zuviel Zeit in Anspruch nehmen, diese Gespräche alle einzeln zu charakterisieren. Deshalb beschränke ich mich auf einige zusammenfassende Sätze. Beinahe jeder Gesprächspartner wies gleich zu Anfang darauf hin, daß er im Namen oder mit der Vollmacht des Zentralkomitees, Breschnews, Tichonows, Ustinows, Gromykos oder einer anderen Person spreche, je nach Rang und Person des Adressaten. Das sollte zweifelsohne den Bewertungen, Warnungen und Suggestionen, mit denen im Grunde genommen Druck ausgeübt werden sollte, mehr Gewicht verleihen. Was waren die Hauptpunkte der Kritik an Polen?

Erstens eine Offensive der Konterrevolution, eine Bedrohung für den Sozialismus. Zweitens ein krasser Antisowjetismus und damit ein Angriff auf die politischen, wirtschaftlichen und militärischen Interessen der sozialistischen Länder und des Warschauer Pakts insgesamt. Drittens eine Defensivhaltung von Staat und Partei, die einer Niederlage gleichkomme. Schließlich viertens, daß die Verbündeten sich nicht einverstanden erklären könnten mit einer politischen Situation, die ihre Sicherheit untergrabe, daß politische Mittel nicht ausreichten und endlich entschiedenes Handeln notwendig sei. Solche Signale gab es immer häufiger. Es war ein heißer Herbst.

---

[225] Im Jahre 1968 waren polnische Truppen an der Intervention in der Tschechoslowakei beteiligt. Angesichts der Tatsache, daß den Polen nun selbst eine Intervention der anderen Staaten des Warschauer Pakts drohte, war das natürlich eine sehr pikante Bemerkung.

General *Florian Siwicki:*

Im September 1981 fand auf den weiten Territorien der Ukraine, Belorußlands und der baltischen Sowjetrepubliken das große Manöver „Sapad-81" statt. Zu ihm wurden die Verteidigungsminister der Mitgliedsstaaten des Warschauer Pakts sowie Gruppen von Offizieren der verbündeten Armeen eingeladen. Auch von uns waren Vertreter dabei, die mir später Meldung erstatteten. Die große Militärmaschinerie hatte ungeheure Kraft und Funktionsfähigkeit demonstriert. Bei der Manöverkritik kam der Verteidigungsminister der UdSSR, Marschall Ustinow, auf die Situation in Polen zu sprechen. Er behauptete, daß sich der Imperialismus der Ereignisse in unserem Land bediene, um das sozialistische System zu demontieren. In dieser Situation sei die Besorgnis um das Schicksal des Sozialismus begründet. Die Verbündeten würden das sozialistische Polen in der Not nicht allein lassen. Ich meinte, man bemühe sich nachzudenken und sich nicht von Emotionen leiten zu lassen, die Standpunkte beider Seiten anzuhören, aber das werde angesichts der mit jedem Tag zunehmenden Schwäche des Staates sowie der sich ausbreitenden Anarchie und der zur Konfrontation führenden Spannungen immer schwieriger. Dabei waren wir uns bewußt, daß die Truppen des Warschauer Pakts in organisatorischer und operativer Hinsicht imstande waren, angesichts so bedrohlicher Ereignisse in Polen einzugreifen.

Schließlich waren in nicht allzu großer Entfernung von unseren Grenzen insgesamt einige Dutzend sowjetische, tschechoslowakische und DDR-Divisionen der Landungs- und Luftlandetruppen in fast voller Mannschaftsstärke stationiert. Dadurch konnte ohne große Mobilisierung oder andere allzu auffällige Vorbereitungen eine Intervention in Gang gesetzt werden. In voller Kenntnis der Tatsachen behaupte ich, daß diese Divisionen innerhalb weniger Stunden nach Befehlsausgabe hätten in Marsch gesetzt werden können und daß sie innerhalb von 24 Stunden 250–300 km weit hätten vordringen können. Das waren ihre realen Manövriermöglichkeiten. Die entsprechenden Marschrouten standen seit langem fest. Später erfuhren diese Möglichkeiten eine praktische Bestätigung, als in der Nacht vom 12. auf den 13. Dezember 1981 unsere 4. Mechanisierte Division unter schwierigen winterlichen Bedingungen auf vereisten Wegen in einem Marsch von über zehn Stunden von der Oder her auf Warschau vorrückte.

Ich blieb mit General Siwicki in ständigem Kontakt. Wir kennen uns seit 1943, als wir beide die Infanterie-Offiziersschule in Rjasan besuchten. Seit Jahren sind wir befreundet. Ich hatte Vertrauen zu seinen soldatischen Kenntnissen und Fähigkeiten. Auch für ihn waren der Militärdienst und die Armee immer der wichtigste Lebensinhalt. Als ich Premierminister wurde, übte er unter Beibehaltung seiner bisherigen Funktion als Generalstabschef de facto die Funktion des Verteidigungsministers aus. Dieser Aufgabe war er in der damaligen schwierigen Situation voll gewachsen.

Was war seinerzeit der Hauptgrund für die nervöse Reaktion der sowjetischen Führung? Am 6. August hob Präsident Reagan den von seinem Amtsvorgänger Carter verhängten Produktionsstop für die Neutronenwaffe wieder auf. Mitte September begann der amerikanische Außenminister, General Haig, in West-Berlin mit einer Reihe von Gesprächen mit den Verbündeten. Er verlangte von ihnen eine beschleunigte Umsetzung des NATO-„Doppelbeschlusses" von 1979, d. h. die Stationierung amerikanischer „Pershing-II" und „Cruise Missiles" in den westeuropäischen Staaten sowie eine „Verhärtung" der Politik gegenüber Osteuropa.

Fast einen ganzen Monat lang – vom 5. September bis zum 3. Oktober – fanden auf dem Territorium Dänemarks Manöver US-amerikanischer Truppen unter dem Codenamen „American Express" statt. Ihr Hauptzweck bestand darin zu überprüfen, ob die USA blitzartig Truppen in die Ostseeregion schicken könnten. Vom 14. bis 24. September hatte es große Manöver der NATO unter dem Codenamen „Autumn Forge" gegeben. Ihr Plan sah den Ersteinsatz taktischer Nuklearwaffen auf dem Territorium der Länder an der Schnittstelle zwischen NATO und Warschauer Pakt, also vor allem Polens und der DDR, vor.

Am 2. Oktober beschloß Präsident Reagan das in der Geschichte der Vereinigten Staaten größte Rüstungsprogramm für strategische Waffen einer neuen Generation, das bis zum Jahre 2005 laufen sollte und mit einigen Billionen Dollar veranschlagt war. Bald darauf folgte die Strategische Verteidigungsinitiative (SDI), also der Bau eines Antiraketensystems.[226] Zunächst wollte er die Zahl der interkontinentalen MX-Raketen erhöhen und mit dem Bau eines neuen, mobilen Raketentyps, eines strategischen Tarnbombers (Stealth) sowie weiterer U-Boote, die mit „Trident"-Raketen bestückt sein sollten, beginnen. Die sowjetischen Reaktionen darauf waren scharf. In der offiziellen Erklärung von TASS hieß es: „Die Entscheidung des amerikanischen Präsidenten vergrößert die Gefahr, daß ein Atomkrieg ausbricht."

An dieser Stelle möchte ich einige Fakten nennen. Vom Generalstab erhielt ich immer beunruhigendere und pessimistischere Einschätzungen der sich verschlechternden internationalen militärisch-politischen Situation. Gleichzeitig berichtete man mir von wachsendem Druck seitens der Verbündeten. Den sowjetischen Politikern und Marschällen wurde immer klarer, daß die Wirtschaft der UdSSR im Wettbewerb mit der reichen westlichen Welt die wachsenden Verteidigungsausgaben nicht tragen konnte. Das erhöhte die Sensibilität gegenüber allem, was unsere Zuverlässigkeit als Bündnispartner in Frage stellen konnte. Ich versuchte, diese Befürchtungen zu entkräften. „Es gibt bestimmte Bereiche unserer Wirtschaft", sagte ich am 10. April bei einer Sitzung des Sejm, „in denen Zuverlässigkeit, Sicherheit und Disziplin den höchsten Anforderungen entspre-

---

[226] Dieses Programm wurde auch unter der Bezeichnung „Star Wars" („Krieg der Sterne") bekannt.

chen müssen. Dazu gehören u. a. das Transportwesen, insbesondere der Bahntransport, das Fernmeldewesen, die Energiesysteme, Öl- und Gasleitungen sowie die Rüstungsindustrie. Im Hinblick auf ihre besondere Bedeutung für unser Land, seine Verteidigungsfähigkeit sowie das Bündnis müssen wir uns vor allen Dingen um sie kümmern. Die Streitkräfte fühlen sich mitverantwortlich für das störungsfreie Funktionieren dieser Systeme."

Weiter sagte ich: „Grundlegende Bedingungen für das Funktionieren der Staatsorgane, für die Stabilität der Wirtschaft und für die Einhaltung unserer internationalen Verpflichtungen müssen gewährleistet sein. Wer dem zuwiderhandelt, untergräbt die Glaubwürdigkeit unseres guten Willens, schwächt das Vertrauen in unsere Fähigkeit, die schwierigen Probleme der Verteidigung und Erhaltung des Sozialismus aus eigener Kraft lösen zu können. Das aber ist ein übergeordnetes Ziel, dem sich alle verantwortungsbewußten und patriotischen Kräfte unseres Volkes verpflichtet fühlen müssen."

Übrigens sagte ich auf dem XI. Plenum des ZK: „Der Platz Polens in Europa und unsere Position innerhalb des Warschauer Pakts schaffen einen besonderen Grad nationaler und internationaler Abhängigkeiten. Deshalb stellt das, was bei uns geschieht – die Destabilisierung Polens –, eine Bedrohung des Gleichgewichts in einem viel größeren Rahmen dar. In dieser Hinsicht kann Europa nicht tatenlos zusehen. Nicht umsonst wurden in dem Brief des sowjetischen Zentralkomitees die Sicherheit der Grenzen unseres Staates und seine Unabhängigkeit so stark betont. Die Sicherheitsgarantien für diese Grenzen wurden doch für ein ganz bestimmtes, sozialistisches, befreundetes Polen abgegeben. Es ist erstaunlich, daß diese Überlegung so schwer in die Köpfe vieler unserer Landsleute hineinzubekommen ist, die doch so sensibel sind für die Unverletzlichkeit unserer Grenzen und für unsere Unabhängigkeit."

Konnte man sich noch klarer, noch unmißverständlicher ausdrücken? Um das Verstehen war es dagegen schlecht bestellt.

KAPITEL 27

Botschaft aus Oliwa

Am 30. August fand in der Offiziershochschule von Koszalin die Überreichung der Offizierspatente statt. Diese schöne, mich stets bewegende Zeremonie hatte diesmal einen besonderen Akzent. Ich sagte also: „Wie lange soll der Fieberanfall noch dauern, von dem der Organismus unserer Gesellschaft und unserer Wirtschaft geschüttelt wird? Mit neuen und alten Vorwürfen, endlosen Forderungen, beißenden Schriften, Plakaten und Worten kann man die Staatsmacht terrorisieren, die Stimmung anfachen, nicht aber Wohnungen heizen, Häuser bauen und Menschen satt machen. Ständige Verneinung führt zu nichts ...“ Und weiter: „Unser Land befindet sich an einem kritischen Punkt; der Kongreß der „Solidarność“ steht bevor. Alle erwarten eine Antwort darauf, ob es zu einer konstruktiven Zusammenarbeit oder zur Konfrontation kommen wird ...“

Diese Worte hatten Gewicht. Dazu kamen die äußeren Umstände – ich sprach doch vor frischgebackenen Offizieren, die in geschlossener Formation bewaffnet vor mir standen. Das macht immer Eindruck. Diesen Eindruck wollte ich auch diesmal hervorrufen.

Die Entstehung eines unabhängigen Gewerkschaftsbundes war im damaligen System eine Ungeheuerlichkeit. Aufgrund der Versicherung, daß die „Solidarność“ nicht den Sturz des bestehenden Systems betreiben werde, wurde sie anfangs von uns und um uns herum hingenommen. Wir erinnerten uns an Wałęsas Worte in dem Warschauer Gericht, das den Unabhängigen Gewerkschaftsbund „Solidarność“ registrierte: „Wir stellen den Sozialismus nicht in Frage. Mit Sicherheit wollen wir nicht zum Kapitalismus zurück und werden nicht irgendwelche westlichen Vorbilder kopieren, denn wir sind hier in Polen und wollen polnische Lösungen finden. Der Sozialismus ist kein schlechtes System und soll bestehenbleiben, aber unter Kontrolle. Daran müssen sich die Gewerkschafter in vollem Umfang beteiligen. Schreiben Sie bitte, daß wir keine politischen Programme verfassen oder gar realisieren werden.“ Ich glaube, Wałęsa meinte das damals ehrlich. Das war der allgemeine Stand des gesellschaftlichen Bewußtseins.

Aus den Vereinbarungen von Gdańsk und später aus dem Statut der „Solidarność“ ging hervor, daß der Unabhängige Gewerkschaftsverband „Solidarność“ nicht die Rolle einer politischen Partei spielen, sondern im Rahmen der Verfassung und des sozialistischen Gesellschaftssystems handeln werde. Das erschien glaubwürdig. Mehr noch, in dem Protokoll der Anträge und Forderungen, das nach dem Treffen des betriebsübergreifenden Streikkomitees und einer Regierungskommission in Szczecin unterzeichnet wurde, heißt es eindeutig, daß die neuen, selbstverwalteten Gewerkschaften „sozialistischen Charakter haben werden". Vor unseren Augen untergruben und zerstörten das Leben und die Praxis diese Hoffnung immer mehr. Selbst in den von der „Solidarność" im Vorfeld ihres Kongresses herausgegebenen Dokumenten fanden sich noch prosozialistische Akzente. Auf dem Kongreß selbst blieb von diesen jedoch nichts übrig. In dem dort verabschiedeten Programm tauchte das Wort „Sozialismus" kein einziges Mal auf. Wir aber hatten zu diesem Wort eine fast religiöse Beziehung. Das war also keine rein formale Frage. Sie zeugte von der politischen Ausrichtung der Gewerkschaft. Wie kam es zu diesen Änderungen? War es Druck von seiten der radikaler werdenden Basis? Oder eine politische Umorientierung in der Führungsspitze der Gewerkschaft? Oder Inspiration von außen? Bis heute weiß ich es nicht.

Die „Solidarność" war eine allumfassende Bewegung, ein Konglomerat. Im politischen Bereich spielte ihr Arbeiterflügel eine bedeutende, manchmal geradezu reaktionäre, rückständige Rolle. Im gesellschaftlichen und wirtschaftlichen Bereich war die „Solidarność" linkspopulistisch. Das alles wurde durch national-religiöse Schlagworte und Symbole nach außen getragen. Diese Verbindung gab der „Solidarność" ungeheure Kraft, die in den Großbetrieben wahrscheinlich am deutlichsten zu spüren war. Wir hatten diese seinerzeit als Bastionen des Sozialismus bezeichnet. Jetzt wurden sie zur stärksten Waffe der „Solidarność", zum Rammbock gegen das System. Und wie sieht es heute aus? In eben diesen Betrieben ist der Widerstand gegen Veränderungen, die sich gegen dieselben Leute richten, am stärksten. Das ist ein großes politisches und in gewisser Weise moralisches Problem.

Paweł Chocholak:

Der Kongreß der „Solidarność" wurde zu einer Eruption offen vorgetragener politischer Forderungen und der Meinung, die Macht liege auf der Straße, man brauche sie nur zu ergreifen. An dem Kongreß nahm als Vertreter der Regierung vereinbarungsgemäß Minister Stanisław Ciosek teil, der eine an die Delegierten gerichtete Botschaft des Komitees des Ministerrates für Gewerkschaftsfragen verlas; diese Erklärung war von Vizepremier Rakowski unterzeichnet. Sie wurde sehr kühl, aber ohne Zwischenfälle aufgenommen.

Ciosek wollte in seinem Vortrag darlegen, was wir von der Gewerkschaft erwarteten – nämlich Unterstützung für das Programm der Regierung zur Überwindung der Krise und des Programms für die Wirtschaftsreform, Abbau der Spannungen und anderer Hindernisse für das gesellschaftliche und wirtschaftliche Leben. Er erwähnte außerdem die Regeln für gewerkschaftliche Tätigkeit, die auch die Verpflichtung beinhalteten, daß sich die Gewerkschaft nicht als politische Partei betätigt. Diese Formulierung kam bei den Delegierten – zumindest bei der Mehrheit – schon nicht mehr an.

Eindeutig zeichnete sich der politische Charakter der Gewerkschaft ab. Das bedeutet nicht, daß die „Solidarność" zu einer monolithischen Organisation ge-

worden wäre. Das war sie nur eine Zeitlang – und auch nur im Konflikt mit der
Staatsmacht, im Kampf um ihren Platz in der Gesellschaft. Ich hatte den
Eindruck, daß die Funktionäre der „Solidarność" ihrerseits die Partei und das
ganze staatliche System als eine Art Monolith betrachteten, als eine große, orga-
nisierte Kraft, innerhalb derer eine klare Aufgabenteilung herrsche. Der Faktor
des gegenseitigen Mißtrauens, des gegenseitigen Nichtverstehens, ja der gegen-
seitigen Furcht hatte auf den Gang der Ereignisse ungeheuren Einfluß. Ich
könnte von vielen Situationen erzählen, in denen ein regelrechtes Durcheinander
oder Mißverständnisse innerhalb des Regierungslagers von der anderen Seite als
Spiel aufgefaßt wurden, in dem die einen eine begütigende, auf die Lösung der
Probleme durch Kompromisse abzielende Rolle spielten, während die anderen
auf Konfrontation aus waren und Konflikten den Boden bereiteten.

Der Kongreß begann mit einer feierlichen Messe in der Kathedrale von
Oliwa.[227] Primas Józef Glemp hielt vor den Delegierten eine Predigt, in der
es hauptsächlich um den Begriff des Dienens ging – Dienst für Gesellschaft,
Volk und Vaterland. „Das Vaterland verlangt, daß wir ihm dienen." Es ging
also um eine Art Hingabe, Opfer, und dazu war innerer Frieden notwendig.
Zum Ende seiner Predigt sprach der Primas den Wunsch aus, „daß der
Kongreß zu den erwarteten und ersehnten Früchten des Friedens und der
Ordnung in Polen führt". Wie sich herausstellen sollte, nahmen sich nicht
alle Delegierten diese Worte zu Herzen.

Was die auf dem Kongreß herrschende Atmosphäre, den Inhalt und den
Ton vieler Äußerungen, die dort fielen, betrifft, erhielten wir verschiedene,
größtenteils beunruhigende Signale. Mir sind die Ovationen in Erinnerung
geblieben, mit denen der pensionierte General Mieczysław Boruta-Spiecho-
wicz empfangen wurde. Er trat als Ehrengast in voller Galauniform auf.
Diesen tapferen Offizier, der sich bei Rarańcza militärische Verdienste erworben hatte und Kompanieführer im Regiment von Michał Żymierski[228]
gewesen war, hatte ich zum erstenmal in der zweiten Hälfte der 50er Jahre
in Szczecin getroffen, und ich war ihm danach mehrmals wiederbegegnet. Ich
schätzte ihn wegen seiner militärischen Laufbahn und seines Charakters. Ich
wußte jedoch auch, daß seine Denkweise ziemlich extrem, ja archaisch war.
Seine Stimme wirkte als Aufruf „zum Kampf".

Jerzy Holzer schreibt von beunruhigenden Phänomenen, die sich während des Kongresses abzeichneten. „Dazu sind nicht nur die radikalen Reden
und Beschlüsse zu zählen. (...) Am wichtigsten war, daß dieser Radikalismus
das Ergebnis falscher Einschätzungen war, wie denn auch die scharfen

---

[227] Stadtteil von Gdańsk.
[228] Michał Żymierski (eigentl. Michał Łyżwiński), 1890-1989, poln. Militär, seit 1945 Marschall, 1944–49 mitverantwortlich für die Repressionen gegen die „Heimatarmee" und in
diesem Zusammenhang an Todesurteilen beteiligt (s. Anm. 245). 1953-55 inhaftiert. Seit
1974 Ehrenvorsitzender des ZBoWiD (s. Anm. 231).

Auseinandersetzungen innerhalb der „Solidarność" Ergebnis falscher Einschätzungen waren. Das Gefühl der Stärke, der Optimismus, das gelegentlich geradezu demagogische Tamtam waren für die Gesellschaft keine gute Vorbereitung auf die schwierige Zukunft, zu der die bevorstehenden drei Monate zu werden drohten."

Einstellungen und Handlungen, die bis dato nur für den radikalen Flügel der Gewerkschaft charakteristisch gewesen waren, wurden nach dem Kongreß zur offiziellen Haltung der „Solidarność".

Es ist bezeichnend, daß Lech Wałęsa – dieser legendäre Arbeiterführer – auf dem Kongreß nur mit knapper Mehrheit zum Vorsitzenden gewählt wurde. Das band ihm in der komplizierter werdenden Situation die Hände und schränkte seinen Handlungsspielraum ein. Der gemäßigte Flügel wurde auf dem Parteitag stark geschwächt. Es zeichnete sich eine Krise im Vertrauen zu den rational denkenden Funktionären und Beratern der Gewerkschaft ab. Die Gegner von Verständigung und Dialog trugen den Sieg davon. Die Demagogie wurde auch zu einer Waffe beim Begleichen von Rechnungen innerhalb der „Solidarność". Einig schien man sich nur im Willen zum Kampf gegen die Staatsmacht zu sein.

Es lohnt sich, kühlen Kopfes die Dokumente zweier Kongresse – des IX. Außerordentlichen Parteitags der PVAP und des Kongresses des Unabhängigen Gewerkschaftsverbandes „Solidarność" – durchzulesen und einen Katalog der Gemeinsamkeiten und Unterschiede aufzustellen, um zu sehen, wer koalitionsfähig war und wer nicht. Dem Ergebnis eines solchen Vergleichs sehe ich gelassen entgegen.

Paweł Chocholak:

Die Abneigung gegen Kontakte zwischen Parteizellen und Vertretern der Opposition war auf beiden Seiten gleich groß. Sie resultierte aus der Vorgehensweise der „Solidarność", die von jeher nur Kontakte auf Staats- und Verwaltungsebene anerkannt hatte. Ausnahmen bildeten lediglich die Kontakte von Krystyna Dąbrowa in Kraków mit der Regionalverwaltung und von Tadeusz Fiszbach mit der „Solidarność" in Gdańsk.

Allgemein kann man sagen, daß die Partei und die „Solidarność" über die Massenmedien miteinander sprachen.

An dieser Stelle will ich ein paar Worte über einige einflußreiche Funktionäre und Berater der Gewerkschaft anfügen. Eine Gruppe von Beratern, mit der man sich am häufigsten traf, bestand aus Bronisław Geremek, Tadeusz Mazowiecki und Władysław Siła-Nowicki. Karol Modzelewski nahm an diesen Sitzungen zunächst als Pressesprecher, später ebenfalls als Berater teil. Andrzej Stelmachowski vervollständigte die Gruppe als Spezialist für landwirtschaftliche Probleme. Manchmal stießen auch noch Jan Olszewski und Wiesław Chrzanowski hinzu. Dieses Beratergremium hatte während der ganzen Periode 1980/81, zumindest aber bis zum Oktober, starken Einfluß auf die Gewerkschaft, gestal-

tete ihre Konzeptionen und beeinflußte sowohl die Art und Weise, wie interne Probleme gelöst wurden, als auch Methoden und Inhalt des Dialogs mit der Staatsmacht. Man gewann den Eindruck, daß es sich um eine Gruppe ähnlich denkender Menschen handelte, die eng zusammenarbeiteten. Eigentlich präsentierten sich alle in den Gesprächen als kompromißbereite Menschen, die die Bedingungen, unter denen die Regierung arbeitete, verstanden, sich bemühten, auf die radikalen Funktionäre mäßigend einzuwirken und auf Zusammenarbeit mit der Staatsmacht eingestellt waren.

Das einflußreichste Mitglied dieser Gruppe war zweifelsohne Bronisław Geremek. Unter den Funktionären der „Solidarność", die besonders eng mit dem Katholizismus verbunden waren, löste er deswegen Unmut aus, so daß man ihn auf dem Kongreß nicht in den Landesausschuß der „Solidarność" wählte.

Auf den Kongreß der „Solidarność" reagierte das Politbüro der Partei am 16. September 1981 mit folgender Erklärung: „Der erste Kongreß der ‚Solidarność' hat in weiten Kreisen der Bevölkerung großes Interesse gefunden und große Hoffnungen geweckt. Diese Hoffnungen wurden enttäuscht. Verlauf und Beschlüsse des ersten Teils des Kongresses erhoben abenteuerliche Tendenzen und Phänomene in der ‚Solidarność', die bis dahin nur extreme Strömungen zu sein schienen, in den Rang eines offiziellen Programms dieser ganzen Organisation. ... Dazu konnte es kommen, weil sich auf dem Kongreß nicht die Linie des Aufbaus einer neuen, selbstverwalteten Gewerkschaft durchsetzte, die im Einklang mit den Vereinbarungen von Gdańsk und Szczecin, dem registrierten Statut und den damals abgegebenen Erklärungen gestanden hätte. Stattdessen siegte die Linie des Aufbaus einer oppositionellen politischen Organisation, sich ein klares Ziel gesetzt hat: Machtergreifung und Änderung des gesellschaftlichen und politischen Systems in Polen."

Der frühe Morgen jenes 16. September ist mir in Erinnerung geblieben. Der auf dem „Solidarność"-Kongreß beschlossene Text wurde mir vorgelegt. Ich kritzelte einige nervöse Anmerkungen an den Rand. Ich empfand Bedauern, Enttäuschung. Aber bald beruhigte ich mich wieder. Trotz allem konnten wir nicht vom eingeschlagenen Weg abweichen. Wenn ich übrigens diesen Text heute lese, bin ich geradezu erstaunt, daß er bei uns seinerzeit solche Reaktionen hervorrief. Ohne die damaligen Emotionen betrachte ich diese Sache jetzt mit anderen Augen. Ich sehe in diesem Text nicht nur politische Ziele und Berechnungen, sondern auch die „Kinderkrankheit" einer unkontrollierten Euphorie, die sich in der Regel mit dem Alter legt. Das konnten wir damals jedoch nicht so sehen. Zu Recht empörte uns dagegen der grob gestrickte Instrumentalismus. „Ja" zum Sozialismus – aber laßt uns die Menschen mit populistischen Phrasen auf unsere Seite ziehen. „Nein" zum System – aber laßt uns seine sozialistischen Losungen und Werte übernehmen. Also nach dem Motto: Wasch' mir den Pelz, aber mach' mich nicht naß. Genau wie heute, da viele Leute gern den Kapitalismus hätten, aber mit den gesellschaftlichen Errungenschaften des Sozialismus.

Wenn ich jenes Programm des Unabhängigen Gewerkschaftsverbandes „Solidarność" durchlese, finde ich darin Forderungen, von denen sich die heutige „Solidarność"-Staatsmacht mitten ins Herz getroffen fühlen könnte. „Wir werden die Einführung eines Teuerungszuschlags, die Erweiterung des Personenkreises, der Erziehungsgeld bekommt, und die weitere Erhöhung des Familiengeldes sowie die Anerkennung eines sozialen Minimums als Richtschnur der Einkommenspolitik verlangen." Oder: „Der Preisanstieg sowie die Höhe des entsprechenden Ausgleichs müssen mit der Gewerkschaft abgestimmt werden. Wir fordern eine grundsätzliche Erhöhung der Mittel für soziale Unterstützungsmaßnahmen." Oder: „Die Wirtschaftsreform bringt die Gefahr großer Ungleichheiten zwischen den Betrieben und Regionen bei den Löhnen und Sozialleistungen mit sich. Wir müssen Bedingungen für die Milderung dieser Ungleichheiten schaffen." Oder: „Notwendig ist eine Reform des Lohnsystems, die jedem ein angemessenes Einkommen und gleichen Lohn für gleiche Arbeit garantiert. Unter den Bedingungen der Wirtschaftsreform muß das bedeuten, daß der Staat in Absprache mit den Gewerkschaften ein garantiertes, im ganzen Land einheitliches Lohnniveau festlegt, das einen Durchschnittswert der einzelnen Berufe und Funktionen darstellt, unabhängig von der wirtschaftlichen Situation des jeweiligen Unternehmens." Oder: „Die gegenwärtige Politik der Regierung, die die Kultur und das Bildungswesen in einen katastrophalen Zustand geführt hat, muß geändert werden." Natürlich hat sich in den vergangenen Jahren vieles geändert. Aber waren dies die Änderungen, die die Delegierten des 1. „Solidarność"-Kongresses im Sinn hatten?

Kürzlich las ich von neuem die Resolution, die am 6. Oktober 1981 auf dem Treffen der Vertreter der Betriebe der „Solidarność"-Region Masowien verabschiedet worden war. Darin wird folgendes gefordert: „Schnelle Erfassung und Veröffentlichung des Anstiegs der Lebenshaltungskosten seit Januar dieses Jahres (unter Berücksichtigung verdeckter Erhöhungen) und sofortige Einführung eines Teuerungszuschlags für diesen Zeitraum; Aussetzung aller Preiserhöhungen bis zum Inkrafttreten des von den Gewerkschaften bestätigten Teuerungsausgleichssystems; Akzeptierung des Grundsatzes, daß die Ausgleichszahlungen zu Lasten des Staatshaushalts und nicht zu Lasten der Betriebe gehen; Festsetzung, laufende Anpassung und Garantie einer sozialen Minimalabsicherung der Arbeiter" usw. Für den Fall, daß diese Forderungen nicht erfüllt werden sollten, droht die Gewerkschaft mit der Anwendung „aller Protestformen einschließlich des Streiks". Ich sehe mir diesen Text an und denke: Ist das alles etwa schon „Schnee von gestern"?

Die von dem Kongreß der „Solidarność" beschlossene „Botschaft an die Werktätigen Osteuropas" wurde im Osten als Provokation, im Westen als schwerer politischer Fehler bewertet. Wie Nicolas G. Andrews, der ehema-

lige stellvertretende Botschafter in den USA, in seinen „Erinnerungen"
schrieb, „lieferte diese Botschaft Moskau und den Regierungen der anderen
sozialistischen Länder ein zusätzliches Argument für Kritik sowohl an der
Handlungsweise der „Solidarność", als auch an der polnischen Staatsmacht
wegen ihrer zu großen Toleranz gegenüber der Gewerkschaft". Andrews hatte recht. Außerdem führte diese Botschaft zu einer Verstärkung der Repressionen gegen die innere Opposition in den übrigen sozialistischen Ländern.

Wir waren damals überrascht von dem Mangel an Vorsicht bei denjenigen, die dieses Dokument verfaßt bzw. beeinflußt hatten. Wieder wurde
unsere Situation komplizierter. Mit der Geduld unserer Verbündeten ging es
zu Ende und mit unserer Wirtschaft auch. Nur die Rohstoff- und Material-
lieferungen aus der UdSSR und den anderen sozialistischen Ländern hielten
unsere Wirtschaft mit Mühe und Not am Leben.

Die Jahre sind dahingegangen. Diejenigen, die diese Botschaft damals
verfaßten und verabschiedeten, tragen heute stolz den Kopf hoch. Sie haben
das Recht dazu, in gewisser Weise waren sie ihrer Zeit voraus. Damals aber
war das – brutal ausgedrückt – politische Sabotage, die die Suche nach einer
Formel, welche unsere Bündnispartner hätten akzeptieren können, erschwerte. Diese Handlungsweise ist also einerseits als moralischer Mut und visionäre Begabung zu werten; andererseits setzte sie unser Land einer neuen
Gefahr aus. Ein ausländischer Beobachter kommentierte das so: „Die Polen
sind in ihrer überwältigenden Mehrheit Antikommunisten und können die
Russen nicht leiden. Im allgemeinen haben sie jedoch so viel Sinn für die
Staatsräson, daß sie diese Gefühle nicht laut äußern. Auf dem Kongreß
jedoch verloren viele Delegierte ihren politischen Instinkt und zeigten ihre
russenfeindliche Einstellung immer deutlicher, wobei sie häufig kein Blatt
vor den Mund nahmen."

In dieser Zeit verfaßte der sowjetische Botschafter ein Dokument, in dem
er penibel die diversen antisowjetischen Äußerungen und Exzesse auflistete.
Er teilte sie in Kategorien ein: „Verbreitung von Flugblättern in russischer
Sprache" (es ging um Schriftstücke, die an die in Polen stationierten sowjetischen Soldaten adressiert waren), „provozierende antisowjetische Losungen", „Rowdytum", „Schändung von Denkmälern". Beinahe in jedem Gespräch zwischen Vertretern der polnischen Regierung und der sowjetischen
Streitkräfte wurden solche Tatsachen erwähnt. Mehrfach wurden die ständig in Polen lebenden Generäle Afanassij Schtscheglow und Vitalij Pawlow
in dieser Angelegenheit bei mir vorstellig.

Am 17. September überreichte der sowjetische Botschafter Stanisław
Kania und mir eine schriftliche Erklärung des ZK der KPdSU und der
sowjetischen Regierung. Wurde dieser Jahrestag bewußt gewählt? Auf jeden
Fall war das pikant.[229] Die höchsten sowjetischen Funktionäre forderten von
den polnischen Behörden „radikale Schritte", um der antisowjetischen Kam-

---

[229] S. Anm 45.

pagne ein Ende zu setzen. Man unterstrich, daß es sich dabei nicht um vereinzelte Exzesse von Rowdys handele, sondern um koordinierte Aktionen, die alle Bereiche des gesellschaftlichen und politischen Lebens erfaßt hätten. Der Kongreß der „Solidarność" wurde als „Tribüne, von der herab Verleumdungen und Schmähungen gegen unseren Staat geschleudert wurden", bezeichnet. Man betonte, daß der Antisowjetismus den Beziehungen zwischen unseren Ländern Schaden zufüge und im Widerspruch zu den Bündnisverpflichtungen der Volksrepublik Polen stehe. Die Verfasser stellten die Frage: „Warum wurden von offizieller polnischer Seite bisher keine entschlossenen Schritte zur Beendigung der feindlichen Kampagne gegen die UdSSR unternommen?" In der damaligen Situation war das eine der schwersten denkbaren Beschuldigungen.

Ungefähr zur selben Zeit rief Andrzej Rozpłochowski, einer der führenden Funktionäre der „Solidarność", aus: „Wenn wir zuschlagen, dann werden die Glocken des Moskauer Kreml die polnische Nationalhymne spielen." Das erinnerte mich – natürlich in grotesker Form – an ein Lied der polnischen Kavallerie vor dem Kriege: „Lance do boju, szable w dłoń, bolszewika goń, goń, goń!" („Lanzen, Säbel her zum Strauß, Bolschewiken raus, raus, raus!")

Ich möchte hinzufügen, daß damals beim Zentralkomitee der PVAP, bei der Regierung, dem Verteidigungsministerium, aber auch bei Privatpersonen, vor allem bei Kriegsteilnehmern, Massen von Briefen sowjetischer Kriegsveteranen – vor allem von Teilnehmern an den Kämpfen in Polen – eintrafen, deren Autoren große Beunruhigung über das weitere Schicksal des brüderlichen Polen und der sozialistischen Staatengemeinschaft ausdrückten. Nach einiger Zeit fanden wir heraus, daß diese Briefe zum großen Teil nicht spontan, sondern auf Anweisung geschrieben worden waren.

Es war, wenn ich mich recht erinnere, Ende Oktober, Anfang November, als ich wieder einmal Besuch vom Kommandeur der Nordgruppe der Sowjetischen Streitkräfte in Polen, General Sarudin, erhielt; er kam als Leiter einer sowjetischen Militärdelegation zu mir. Ich kannte ihn gut. Ein tapferer Frontsoldat. Sarudin hatte mir bisher immer Freundschaft und Sympathie entgegengebracht. Diesmal war er finster, wie zugeknöpft. Er machte mir vorschriftsgemäß Meldung und sagte, daß die ihm unterstehenden Soldaten und Offiziere sowie deren Familien sich in Polen bedroht fühlten, daß Dinge geschähen, die man nicht hinnehmen könne. Er überreichte mir schriftliche Informationen zu diesem Thema. Natürlich waren die darin beschriebenen Vorgänge häßlich.

In den Gesprächen mit den Verbündeten versuchte ich diese Vorgänge immer herunterzuspielen, als Randerscheinungen hinzustellen und statt dessen das zu betonen, was für unsere freundschaftlichen Beziehungen am wichtigsten war. Andererseits bemühte ich mich, vor allem als Soldat, unsere Verbündeten zu verstehen. Die damaligen höheren Offizierskader waren doch größtenteils Frontsoldaten. Viele von ihnen hatten in Polen gekämpft. Das betraf z. B. Marschall Kulikow, der seinerzeit als Stabschef einer Panzerbrigade an der Befreiung von Gdańsk beteiligt gewesen war, oder auch den stellvertretenden KGB-Chef Tschebrikow, der als Bataillonskommandeur die Kämpfe um Bielsko-Biała miterlebt hatte. Solche Erlebnisse vergißt man nicht. Man behält die Gefallenen, die auf polnischer Erde verwundeten Kampfgefährten im Gedächtnis. Alles, was dieses Gedenken erniedrigt und schändet, verursacht doppelten Schmerz. Aber auch doppelte Wut, mit allen sich daraus ergebenden Konsequenzen.

Der Unabhängige Gewerkschaftsverband „Solidarność" war als unerwünschtes Kind der Staatsmacht zur Welt gekommen. Aber da das Kind nun einmal da war, fand man sich damit ab. Dieses Kind wuchs schrecklich schnell heran, und alle Nase lang warf es seine Geschwister zum Fenster hinaus und stellte seine Eltern in die Ecke. Schließlich versuchte es, seine Eltern zu entmündigen und bei der Gelegenheit gleich noch die Nachbarn zu erschrecken. Das mußte ein schlechtes Ende nehmen. Moral: Großwerden muß man in „normalem" Tempo. Alle künstlichen Beschleunigungen, alle großen Sprünge sind im allgemeinen nicht gut für die Gesundheit. Alles kommt zu seiner Zeit. Wieder bediene ich mich eines bekannten russischen Sprichworts: „Tische jedesch, dalsche budesch." (Wörtl.: „Je langsamer du fährst, desto weiter kommst du.")

Die 1. Runde des „Solidarność"-Kongresses war damals für uns eine Erschütterung, beinahe eine Kriegserklärung. Es gab verschiedene Sitzungen, Beratungen und Treffen. Die einen – und sie waren in der Mehrheit – sprachen mit Bitterkeit von den enttäuschten Hoffnungen auf Verständigung. Andere erinnerten mit grimmiger Genugtuung an ihre eigenen Warnungen vor der „Solidarność". Am 8. September zogen wir auf der Sitzung des Politbüros eine erste Bilanz des „Solidarność"-Kongresses. Schon am 13. September tagte der Nationale Verteidigungsrat. Die Stimmung war gleichzeitig bedrückt und entschlossen. Die Diskussion war heiß. Scharfe Äußerungen. Die Situation wurde als ungewöhnlich bedrohlich charakterisiert. Man sagte: „Die ‚Solidarność' strebt nach Zersetzung der staatlichen Strukturen, versucht sich zu einer über der Staatsmacht stehenden Kraft aufzuschwingen. In nächster Zeit muß man mit einer Erpressung des Sejm, der Infiltration von Armee und Miliz, der Lähmung der Tätigkeit der Betriebsdirektoren und einer neuen Streikwelle, u. a. in den Druckereien, rechnen." Und das alles angesichts der extremen Beunruhigung der Verbündeten. Politische Methoden hätten versagt. Es sei die Zeit für grundsätzliche Entscheidungen gekommen. Sie könnten auf verschiedene Weise umgesetzt werden. Entweder „schleichend", in dem Maße, in dem die Streikaktionen eskalieren. Oder aber radikaler, mit allen Attributen des Kriegsrechts. Notwendig sei also die Unterzeichnung entsprechender Dokumente. Das allein wäre schon eine Mobilisierung. Für die konkrete Vorbereitung würden die Ausführungsorgane sieben bis neun Tage benötigen. Das Kriegsrecht würde eine zügige Umsetzung der Wirtschaftsreform erlauben und dem Staat eine solide Funktionsgrundlage geben.

Wir standen also am Rubikon. Die Entscheidung hing am seidenen Faden. Niemand sehnte sich danach. Gleichzeitig aber war allen klar, daß es nicht mehr lange so weitergehen konnte.

Kania erinnerte an die Pflicht zu strenger Geheimhaltung. Die Hauptrichtschnur müsse die Einigung des Volkes unter dem Banner des Sozialismus sein. Die Gruppe, die die „Solidarność“ steuere, habe ein bestimmtes Ziel – Nivellierung der Ergebnisse des IX. Parteitages, Verschärfung der Schwierigkeiten. Der Westen setze auf die schleichende Konterrevolution. Es gebe dort politische Kreise, die auf eine Explosion rechneten, welche nicht nur Polen, sondern auch die Sowjetunion in Verwicklungen stürzen würde. Jede Entscheidung müsse unter dem Gesichtspunkt unserer internationalen Verantwortung gefällt werden. Sollte das Kriegsrecht eingeführt werden, würde es zunächst zu einer Lähmung der „Solidarność“ und schließlich zu einer Umgestaltung dieser Organisation führen, durch die die „Solidarność“ zu einer echten Gewerkschaft würde. In der nächsten Zeit müsse man ein großangelegtes Gespräch mit der Arbeiterklasse führen, also eine politische Offensive starten. Es müsse um die bessere Versorgung des Marktes und vor allem um ein besseres Wirtschaften mit den vorhandenen Gütern gekämpft werden. Dem Recht müsse seine Funktionsfähigkeit zurückgegeben werden. Das Innenministerium solle einen Plan für schrittweise Repressionen aufstellen, die auch Inhaftierungen beinhalteten. Vorbereitung der Partei, einschließlich der Ausgabe von Waffen an die Funktionäre. Die Vorbereitungen für die Einführung des Kriegsrechts müßten weitergehen. Übergang von der Planungsbereitschaft zur Handlungsbereitschaft.

Kurz gesagt, Kania schloß die Einführung des Kriegsrechts nicht aus und zeigte die Richtung für weitere Aktionen auf. Gleichzeitig wollte er diese Notwendigkeit vermeiden. Er fürchtete, unsere Handlungen könnten eine Intervention auslösen, könnten – wie er es ausdrückte – „Auslöser“ einer Kettenreaktion sein. Wenn die Situation jedoch eine Grenze überschreite, jenseits derer die Interessen des sozialistischen Staates berührt würden, dürfe man vor Entscheidungen nicht zurückschrecken.

Ich stellte fest, daß sich die Konfrontation sehr verschärft habe. Trotzdem sei es kein Fehler gewesen, daß wir bis jetzt nicht zu außergewöhnlichen Maßnahmen gegriffen hätten. Damit hätten wir unseren guten Willen gezeigt. Wenn diese Entscheidung unumgänglich sei, sei es wichtig, sie aus eigener Kraft zu treffen.

Man müsse alles vermeiden, was als Provokation unsererseits verstanden werden könnte. Wir müßten uns um die Unterstützung der Menschen bemühen, denen die Interessen des Staates am Herzen lägen, Schwankende auf unsere Seite ziehen und diejenigen neutralisieren, die gegen uns seien. Von außerordentlicher Wichtigkeit sei die Haltung der Kirche. Ich äußerte die Ansicht, daß sich die Kirche weiterhin dem Extremismus widersetzen werde.

Es gebe keinen Kampf ohne Feuervorbereitung. Und das hieß in diesem Fall: Propaganda. Man dürfe es nicht dazu kommen lassen, daß Funk und Fernsehen unter die Kontrolle des Gegners gerieten. Die Autorität der leitenden Kader in den Betrieben müsse gestärkt werden. Gleichzeitig müsse man dort, wo die Abberufung von Direktoren, die sich kompromittiert hätten, unumgänglich sei, dies so früh wie möglich tun und nicht warten, bis diese Direktoren unter dem Druck der „Solidarność" ihre Sessel räumten. Die Taktik des aktiven Streiks stelle eine Machtergreifung in der Wirtschaft dar. Das Rowdytum nehme zu. Die Staatsmacht müsse Staatsmacht bleiben. Die Ehre von Hymne und Flagge müsse geschützt werden. Eine politische und administrative Offensive sei nötig.

Man kann sagen, daß wir damals alle die Luft anhielten. Entscheidungen waren nicht gefallen. Immer noch regte sich Hoffnung in unseren Herzen.

Am Abend des 13. September tagte der Militärrat des Verteidigungsministeriums. Dort informierte ich über die Haltung des Nationalen Verteidigungsrats. Die Redebeiträge der Ratsmitglieder waren sehr scharf. Es wurde gesagt, daß es keine Zugeständnisse mehr geben dürfe. Wenn wir uns jetzt zurückzögen, könnten die Kader das Vertrauen in die Führung verlieren. Auch die Wehrpflichtigen verlangten von uns, daß wir Ordnung machten. Die Disziplin der Reservisten sei gut. Es müßte entschlossen gehandelt werden. Man müsse die Extremisten, aber auch diejenigen, die den gegenwärtigen Zustand verschuldeten, also ehemalige Mitglieder der Staatsführung, einsperren. In der „Solidarność" hätten die radikalen Kräfte gesiegt, sie seien auf eine Konfrontation aus. Sie hätten uns den Krieg erklärt. Müßten wir jetzt nicht die Abkommen mit der „Solidarność" aufkündigen? „Radio Free Europe", die Pariser „Kultura",[230] BBC und Reuter schulten die Propagandisten der „Solidarność". Sie kämen in Kontakt mit Vertretern der Sonderdienste der NATO. Die Kader verlangten entschlossenes Handeln. Teilmaßnahmen brächten keine Ergebnisse. Man zog also die Schlußfolgerung, daß man den „Notstand" ausrufen müsse.

Ich faßte die Ergebnisse der Diskussion zusammen. Eine politische Entscheidung sei nicht gefallen. Es werde weiterhin verschiedene Handlungsmöglichkeiten geben. Wir seien uns der Bedrohung bewußt. Der Kongreß der „Solidarność" sei ein sehr bedrohliches Signal gewesen. Wenn es zum Äußersten komme, sei es das Wichtigste, den Konflikt mit eigenen Kräften zu beherrschen.

Am 17. und 20. September kam man auf den Sitzungen des Ministerrats zu der Bewertung, daß der Kongreß der „Solidarność" praktisch eine Ablehnung des Angebots zu konstruktiver Zusammenarbeit bedeute. Der Standpunkt der Regierung wurde veröffentlicht. Auf der Sitzung der Ersten Sekre-

---

[230] Seit 1947 in Paris erscheinende poln. Emigrantenzeitschrift.

täre der Wojewodschaften am 16. und 17. September war von der wachsenden Aggressivität der Gewerkschaft die Rede. Auch die Führungen der ZSL und der SD nahmen zu den Ergebnissen des Kongresses eine kritische Haltung ein und gaben entsprechende Erklärungen ab. Der Zentralvorstand des Verbandes der Kämpfer für Freiheit und Demokratie (Zarząd Główny Związku Bojówników o Wolność i Demokrację, im Folgenden „ZBoWiD")[231] warnte vor drohenden inneren Unruhen, zu denen der Beschluß des Kongresses der „Solidarność" führen könne.

Am 17. September kam es zu einem beispiellosen Treffen. Seitens des Episkopats nahmen daran teil: Erzbischof Józef Glemp, Kardinal Franciszek Macharski und Bischof Bronisław Dąbrowski. Von seiten der Regierung und der Partei waren vertreten: Stanisław Kania, Kazimierz Barcikowski und ich. Wir alle waren uns bewußt, daß sich die Situation ernsthaft kompliziert hatte. „Jetzt hat sich vieles verdunkelt", sagte der Primas, „aber man darf keine Tragödie daraus machen."

Die kirchliche Seite äußerte die Ansicht, daß die Mehrheit der Gesellschaft kein kapitalistisches Polen wolle, sondern einen Staat „für die Menschen". Auf der Staatsmacht laste das Odium der Vergangenheit. Um stark zu sein, müsse sie fühlen, was das Volk bewege, sich tief in die Stimmungen der Massen hineindenken. Sowohl in Gesprächen als auch in den Massenmedien, besonders im Fernsehen, gelte es, einander nicht zu reizen. In den Gottesdiensten, die keinen regierungsfeindlichen Charakter hätten, fänden die Menschen seelische Entspannung. Es sei sehr positiv, wenn, wie in Biała Piska, Vertreter der Staatsmacht gemeinsam mit der Bevölkerung an Messen teilnehmen. Schlecht sei es, daß es zu antisowjetischen Exzessen gekommen sei. Man solle aber nicht allzu viel davon reden, sondern lieber Konsequenzen ziehen. „Eine Apathie gibt es nicht", sagte Kardinal Macharski, „aber die Gesellschaft als Organismus ist geschwächt, anfällig für verschiedene Viren." Bischof Dąbrowski meinte, die junge Generation reagiere jetzt darauf, daß man sie in der Vergangenheit „gewaltsam niedergehalten hat". Die Kirchenvertreter betonten, daß die „Solidarność" auch Grund habe, voreingenommen zu sein. Die Bewegung sei noch nicht völlig ausgebildet, strebe aber im gesellschaftlichen und staatlichen Leben nach Änderungen, die den Erwartungen des Volkes entsprächen. Das KOR übe einen negativen Einfluß aus. Der Primas stellte fest, daß direkte Gespräche zwischen Staat und „Solidarność" von Nutzen wären.

Von den Regierungsvertretern ergriff Barcikowski als erster das Wort, danach Kania und schließlich ich. Es fiel die Bemerkung, daß der Kongreß der „Solidarność" praktisch eine Ablehnung der Linie der Verständigung gewesen sei. Unsere bisherigen Zugeständnisse hätten zu einem „Erfolgs-

---

[231] Im Jahre 1949 gegründete Vereinigung von Teilnehmern verschiedener Revolutions- und Unabhängigkeitskämpfe. Zwangsmitgliedschaft. 1990 umgewandelt in den „Bund der Kämpfer der polnischen Republik und der Ehemaligen Politischen Gefangenen".

rausch" geführt. Anarchistische Ansichten würden in die Gesellschaft hineingetragen – Einstellungen setzten sich fest, die die Stabilität des Staates dauerhaft untergrüben. Die Kirche solle keine Hoffnungen darauf setzen, daß antisozialistische Kräfte mit ihr liebäugelten. Die Staatsmacht vermeide es, über Themen zu sprechen, die für die Kirche unvorteilhaft sein könnten. Das müsse die Kirche zu würdigen wissen. Zwischen Staat und Kirche gebe es sowohl eine Sphäre der Zusammenarbeit als auch eine der Kollision. Die erste müsse man ausweiten, die zweite einengen. Das sei unsere ehrliche Absicht. Seit einem Jahr kämen wir den gesellschaftlichen Erwartungen entgegen, insbesondere den Forderungen der „Solidarność". Wir hätten uns auf zusätzliche Lohnzahlungen eingelassen und so den Markt ruiniert. Außerdem hätten wir uns mit arbeitsfreien Samstagen einverstanden erklärt. Das seien doch gesellschaftliche Verträge gewesen, die beide Seiten beträfen. Die „Solidarność" rede immer nur von Rechten, nie von Pflichten. Auch die Privatbauern-„Solidarność" habe es bei Versprechen belassen. Was sei aus der Ankündigung geworden: „Wenn Ihr uns zulaßt, dann werdet Ihr Brötchen mit Schinken essen"? In der Partei wachse die Neigung, auf die Handlungen der „Solidarność" zu reagieren. Wir lehnten Gespräche auch weiterhin nicht ab, schließlich sei ihr Abbruch nicht die Schuld der Vertreter des Staates. Wir warteten auf die Ergebnisse der zweiten Runde des „Solidarność"-Kongresses. Wir wollten politische Lösungen und strebten nach Verständigung. Aber wenn die „Solidarność" auf dem bisher von ihr eingeschlagenen Weg weitergehe, werde es zum Zusammenstoß kommen. Dann drohe eine Internationalisierung des Konflikts. Die Ankündigung drastischer Reduzierungen der sowjetischen Lieferungen für das Jahr 1982 sei ein ökonomisches Signal für die Situation, der wir entgegengingen.

„Was sollen wir dem Heiligen Vater sagen?" fragte man uns zum Schluß. „Die Staatsmacht ist voll guten Willens und wünscht, daß die Kirche ihren Einfluß geltend macht, um den gefährlichen Gang der Ereignisse zu stoppen." Wir glaubten an den guten Willen der Kirche. Aber wir sahen auch ihren Zwiespalt und waren uns dessen bewußt, daß ihr Einfluß auf die sich gefährlich zuspitzenden Ereignisse abnahm.

KAPITEL 28

In der Umklammerung

Als emotional „hochexplosiver Zündstoff" erwies sich 1981 das Problem der Souveränität Polens, genauer gesagt, ihrer Einschränkung. Ständig wurde gefragt: Gab es für Polen nach dem Zweiten Weltkrieg die Chance, als vollkommen unabhängiger Staat zu existieren, ohne sowjetischen Einfluß? Hier ist nicht der Platz, über Entstehung und Charakter der „Ordnung von Jalta" für Europa zu sprechen. Teheran, Jalta und Potsdam gehören zu jenen Knotenpunkten in der neuzeitlichen Geschichte, über die Historiker endlos diskutieren werden. Mich persönlich hat. niemand nach meiner Meinung zum Abkommen von Jalta gefragt. Dagegen mußte die Mehrheit der damaligen Politiker das Abkommen von Jalta wohl oder übel als gegebene Realität, als eine Art „Multiplikationstafel" hinnehmen – und das schon zu dem Zeitpunkt, als ich 20 Jahre alt war.[232]

Piłsudski und Dmowski[233] sahen sich der vor dem Ersten Weltkrieg von den mitteleuropäischen Mächten und der Entente geschaffenen Kräfteordnung gegenüber, Beck und Rydz-Śmigły[234] hatten es mit der durch das Münchener Abkommen geschaffenen Realität zu tun, auf die sie praktisch keinerlei Einfluß gehabt hatten. Nehmen wir einmal an, Präsident Raczkiewicz[235] hätte Jalta nicht anerkannt. Welche konkreten Vorteile hätten sich daraus für Polen ergeben?

Bei der in Jalta und Potsdam geschaffenen Ordnung handelte es sich nicht nur um eine spezifische Art der Beziehungen zwischen der UdSSR und

---

[232] Jaruzelski wurde 1923 geboren.

[233] Roman Stanisław Dmowski, 1864-1939, Politiker und Schriftsteller, trat vor 1920 für die Wiederherstellung des polnischen Staates mit ausschließlich friedlichen Mitteln ein und war ein Gegner des bewaffneten Unabhängigkeitskampfes. 1919 poln. Delegierter auf der Friedenskonferenz von Versailles, 1923 Außenminister.

[234] Józef Beck, 1894-1944, poln. Militär und Politiker, Kampfgefährte Piłsudskis und an dessen Staatsstreich (s. Anm. 131) beteiligt. Als Außenminister (1932-39) unterzeichnete er die Nichtangriffspakte mit der UdSSR (1932) und dem Dt. Reich (1934). In seiner Außenpolitik ging er von der Leitlinie Piłsudskis aus, daß sich nur ein starkes, vom französ. Bündnispartner unabhängiges Polen zwischen Dtl. und Rußl. behaupten könne. Mit den ultimativen Forderungen Hitlers nach Revision der dt.-poln. Grenzen scheiterte diese Politik. Nach der Niederlage Polens zu Beginn des 2. Weltkriegs flüchtete die poln. Regierung auf rumän. Gebiet, und Beck wurde mit anderen Regierungsmitgliedern interniert. Er starb in Rumänien. – Edward Rydz-Śmigły, 1886-1941, polnischer Marschall, der gegen die Deutschen kämpfte, in Rumänien interniert wurde, 1941 unter dem falschen Namen „Adam Zawisza" in das von den Deutschen besetzte Polen zurückkehrte und bald darauf starb.

[235] Władysław Raczkiewicz, 1885-1947, polnischer Politiker, seit 1939 Exil-Präsident.

den Ländern des Teils Europas, zu dem wir gehören. Sie war einfach ein Element, ein integraler Bestandteil der „Ordnung der Welt" nach dem Kriege. Weder 1948 bei der sowjetischen Blockade Berlins noch 1961 beim Bau der Berliner Mauer noch 1962 bei der sogenannten Kuba-Krise wichen der Westen oder der Osten, die Vereinigten Staaten oder die Sowjetunion auch nur im geringsten von den in Jalta und Potsdam getroffenen Vereinbarungen ab. Ebenso war es bei dem Einmarsch in Ungarn 1956 und in der Tschechoslowakei 1968. So war eben damals die Welt. Die existierende Ordnung zwang auch Polen ihre Spielregeln auf und bestimmte seinen Handlungsspielraum. Als Militär konnte ich nicht so tun, als ob ich das nicht wüßte.

Ich wurde genau 60 Jahre nach dem Ausbruch des letzten polnischen Volksaufstands geboren.[236] Man sollte meinen, dieser Zeitraum sei lang genug, um bei den folgenden Generationen die Erinnerung an die graue Vorzeit zu tilgen. Aber das war nicht der Fall. Meine Erziehung war nicht nur vom Kult um den Aufstand des Jahres 1863 geprägt, sondern auch vom Gefühl des Stolzes auf den unabhängigen polnischen Staat.

Ich gehöre zu einer Generation, in der man in vielen Dingen unterschiedliche Ansichten hatte, aber ein gemeinsames Axiom gab es doch: den gewonnenen, wieder zum Leben erweckten unabhängigen polnischen Staat: polnische Offiziere, polnische Richter und Polizisten, polnische Zeitungen und Verlage, polnische Schulen und Universitäten. Hatte doch noch die Generation meiner Eltern ihr Abitur in russischer oder deutscher Sprache abgelegt.

Und auf einmal die Niederlage. Ich befand mich mit meiner Familie in Litauen und erinnere mich noch genau an die schreckliche Verbitterung, welche die Polen ergriff, die in einem jener kleinen Bauernhäuser zusammengepfercht waren, die zum Asyl für Flüchtlinge wie uns geworden waren. Unter ihnen waren auch Offiziere – einige Namen sind mir im Gedächtnis geblieben: Major Nieżyński, Oberleutnant Grabowski, Rittmeister Nacwiliszwili – ein ehemaliger zaristischer Offizier, deren es viele in der polnischen Kavallerie gab. Ich hörte ihren Gesprächen aufmerksam zu. Mit welcher Leidenschaft, wie ergreifend klagten sie das Regime der nationalen Erneuerung,[237] die Militärführung und Rydz-Śmigły an. Damals verstand ich noch besser, welch hohen Wert ein eigener und vor allem ein sicherer Staat darstellt.

Ich erinnere mich, wie wir in der Schule im obligatorischen Gesangsunterricht folgendes lächerlich lobhudlerische Lied übten:

---

[236] Die Rede ist vom sogenannten Januaraufstand (s. Anm. 52).

[237] Poln. „sanacja", umgangssprachliche Bezeichnung für das Regime Piłsudskis (s. auch Anm. 7 und 131), das sich u. a. die moralische Gesundung („sanacja moralna") der polnischen Gesellschaft auf die Fahnen geschrieben hatte.

Marszałek Śmigły-Rydz,	Marschall Śmigły-Rydz,
Nasz drogi, dzielny wódz,	Unser teurer, tapferer Führer,
Gdy każe, pójdziem z nim	Wenn er es uns befiehlt,
	gehen wir mit ihm,
Najeźdźców tłuc.	Die Angreifer zu vernichten.
Nikt nam nie zrobi nic,	Niemand wird uns etwas tun,
Nikt nam nie weźmie nic,	Niemand wird uns etwas nehmen,
Bo z nami Śmigły, Śmigły,	Denn wir haben Śmigły, Śmigły
Śmigły-Rydz!	Śmigły-Rydz!

Durch solche „Werke", dadurch, daß man uns in die „Meeres- und Kolonial-liga"[238] einschrieb, und durch andere Demonstrationen der Stärke wollte man die Jugend, die Gesellschaft im allgemeinen davon überzeugen, daß Polen eine Großmacht sei.

Um so größer waren Verbitterung und Enttäuschung.

Später dann die Armee Berlings,[239] die Front, die Rückkehr in die Heimat. Ich habe noch den Brief, den ich am 21. April 1945 aus Głubczyce an der damals „heißen" Grenze zwischen Polen und der Tschechoslowakei an meine Mutter und meine Schwester schrieb, die noch in Sibirien waren.[240] Darin schrieb ich: „Jetzt, nach Kriegsende, sind viele schwere Probleme zu lösen. Und obwohl jeder diese Probleme in anderem Licht sieht, bleibe ich derjenige, der ich war, verstehe, daß ich verpflichtet bin, für Polen zu dienen und zu arbeiten, ganz gleich, wie Polen auch aussehen mag und welche Opfer von uns auch gefordert werden mögen."

Wie man sieht – ein schiefer Stil. Kein Wunder – sechs Jahre lang hatte ich nicht allzu viel Kontakt mit einer gepflegten polnischen Sprache gehabt. Aber am wichtigsten ist, daß ich damals wie heute den Dienst für den real existierenden polnischen Staat – für Polen, „wie es auch aussehen mag" – allem anderen überordne.

Ich verhehle nicht, daß eben dieses Motiv der Sorge um die – wie auch immer beschnittene und eingeschränkte – polnische Staatlichkeit eins der Schlüsselelemente war, die meine Handlungen und Entscheidungen in jenen dramatischen Monaten des Jahres 1981 beeinflußten.

Man sagt, wir hätten die Macht verteidigt. Das stimmt. Genauso war es am Anfang. Aber je mehr das Leben in Polen in Anarchie versank, je weiter

---

[238] Poln. „Liga Morska i Kolonialna", von 1928 bis 1939 existierende Organisation, die sich die Erforschung der Meere und die Gründung von Kolonien durch Polen zum Ziel gesetzt hatte. Ihre maritimen Traditionen werden von der 1981 gegründeten „Liga Morska" fortgesetzt.

[239] Zygmunt Berling, 1896-1980, General, im Zweiten Weltkrieg führende Funktionen innerhalb der in der UdSSR aufgestellten polnischen Armee. Abberufen, nachdem er um Unterstützung für den Warschauer Aufstand (s. Anm. 75) gebeten hatte. 1948-53 Kommandant der Generalstabsakademie.

[240] Die Familie Jaruzelski wurde, wie viele andere polnische Familien, nach dem Einmarsch der Sowjets im Jahre 1939 nach Sibirien verschleppt.

Polen in die wirtschaftliche Katastrophe schlitterte und je stärker der äußere Druck wurde – desto mehr ging es um die Verteidigung der Existenz der Gesellschaft und der Funktionsfähigkeit des Staates – eben jenes damals real existierenden Staates.

Die Geschichtswissenschaftler haben etwas gegen Fragestellungen nach dem Motto „Was wäre, wenn ...". Ein Politiker kann sich derartigen Überlegungen jedoch nicht entziehen. Ein Geschichtswissenschaftler schreibt über die Geschichte. Ein Politiker macht Geschichte und muß deshalb ihre Varianten und Folgen abwägen.

Stellen wir uns einmal folgende Situation vor: Im Jahre 1944 hätte die von Osten in vielhunderttausendköpfiger Stärke heranrückende Armee von General Anders[241] Polen befreit. In operativer Hinsicht wäre diese Armee der sowjetischen Militärführung unterstellt gewesen, aber politisch hätte sie treu und loyal zur Londoner Exilregierung gestanden. Was wäre aus der Aktion „Burza" („Sturm")[242], aus dem Warschauer Aufstand[243] geworden? Wäre dann die Gründung des „Polnischen Komitees zur Nationalen Gründung"[244] überhaupt möglich gewesen? Wie hätte der innenpolitische Kurs aussehen können? Wie weit- und tiefgehend wären die Reformen gewesen? Vielleicht wären uns dann Terror, Deportation und Bürgerkrieg[245] erspart geblieben? Vielleicht wäre das Verbrechen von Katyń nicht erst nach so vielen Jahren aufgeklärt worden?[246] Vielleicht ... ?

Gehen wir noch einen Schritt weiter. Nehmen wir an, eine starke Armee, die in Polen durch neue Kräfte, vor allem aus den Reihen der Heimatarmee, verstärkt worden wäre, hätte den Bug überschritten. Später hätten sich ihnen noch von Westen heranrückende polnische Streitkräfte angeschlossen. Keimzelle der zivilen Macht wären die unverletzt gebliebenen Strukturen des Polnischen Untergrundstaates geworden. Und schließlich hätten auf

---

[241] Władysław Anders, 1892-1970, kämpfte 1920 unter Piłsudski im polnisch-sowjetischen Krieg. Geriet 1939 in sowjetische Kriegsgefangenschaft. Stellte nach seiner Entlassung im Jahre 1941 in der Sowjetunion poln. Verbände auf. Nachdem er mit seinen Verbänden die Sowjetunion verlassen hatte, kämpften Anders und seine Soldaten an vielen Fronten des Zweiten Weltkriegs, u. a. in Nordafrika und Monte Cassino (s. Anm. 55). Nach dem Zweiten Weltkrieg war Anders einer der führenden Köpfe der poln. Emigration.

[242] Deckname für die Operationen der „Heimatarmee" (s. Anm. 180) gegen die deutschen Besatzer vor dem Warschauer Aufstand.

[243] S. Anm. 75.

[244] Poln. „Polski Komitet Wyzwolenia Narodowego". Organisation, die nach dem Zweiten Weltkrieg half, die kommunistische Herrschaft durchzusetzen, u. a. durch Terror gegen Andersdenkende.

[245] Nach Ende des Zweiten Weltkriegs kam es in Polen unter den ehemaligen Widerstandskämpfern gegen die deutsche Besatzung zu gewaltsamen Auseinandersetzungen zwischen moskautreuen Kräften und denjenigen, die schon während des Krieges sowohl gegen Hitler als auch gegen Stalin gekämpft hatten (s. Anm. 180). Zu den Terrormaßnahmen der Kommunisten gehörten u. a. Deportationen nach Sibirien.

[246] Die Schuld Stalins an diesem Massaker (vgl. Anm. 67) wurde von der Sowjetunion erst unter Gorbatschow offiziell eingestanden.

dem linken politischen Sektor Funktionäre den Ton angegeben, die der Sache der Demokratie, der Rechtsstaatlichkeit und der Menschenrechte treu ergeben gewesen wären. Unabhängig davon, wie sich das politische Leben auf der Linken entwickelt hätte, wäre das eine sozialistische Option gewesen, wie sie beispielsweise der Parteitag der Polnischen Sozialistischen Partei in Radom 1937 im Sinn hatte; in der Polnischen Arbeiterpartei hätte eine polnische Linie in dem Sinne geherrscht, wie sie zur damaligen Zeit Władysław Gomułka vertrat.

Hätte Stalin in diesem Fall freie Hand gehabt?

Vielleicht wurde eben damals, Ende 1942, Polens Chance, einen anderen Weg zu gehen, zerstört. Unumwunden schreibt General Władysław Anders in seinen Erinnerungen, daß er von Anfang an seine Soldaten aus Rußland habe herausführen wollen. Er sei von der nahen Niederlage der UdSSR überzeugt gewesen. Der Hauptgrund seien jedoch die Schwierigkeiten gewesen, die sich beim Aufbau einer Armee hinsichtlich Logistik und Versorgung ergaben. General Berling, der damals Kommandant einer Evakuierungsbasis in Krasnowodsk war, erzählte mir, daß er seinen Adjutanten zur „Erkundung" in den Iran geschickt habe. Es habe sich gezeigt, daß die dortigen britischen Waffenlager „aus allen Nähten platzten". Wäre es also nicht besser gewesen, die Versorgung zur Armee zu bringen anstatt die Armee zur Versorgung? Oder eine andere Variante – man hätte doch die „überschüssigen" Truppen evakuieren und den Rest in Rußland lassen können. Es kam anders. Die Geschichte versperrte uns den Rückweg.

Ich habe bereits mehrmals General Anders erwähnt. Er war ein tapferer Soldat, hervorragender Heerführer und glühender Patriot. Aber als Politiker versagte er. Es war allgemein bekannt, daß sein Verhältnis zu den Generälen Władysław Sikorski und Stanisław Mikołajczyk nicht das beste, ja von Konflikten geprägt war. Am 26. September 1946 beriet der Ministerrat der Regierung der Nationalen Einheit[247] über eine Liste von im Westen lebenden Personen, denen man die polnische Staatsbürgerschaft aberkennen wollte. General Anders stand nicht auf dieser Liste. Mikołajczyk als Vizepremier verlangte persönlich die Aufnahme von General Anders in diese Liste. Das war mehr als ein Fehler. Aber damals hegten viele von uns anderthalb Millionen nach Rußland deportierten und dort der Willkür des Schicksals ausgesetzten Polen großen Groll gegen General Anders.

Aber das ist nicht das Wichtigste. Das Problem, welches die Zukunft Polens am meisten belastete, war die Einstellung der Londoner Exilregierung zu den polnischen Grenzen. Man wollte sie unter allen Umständen wieder so

[247] Die „Regierung der Nationalen Einheit" (eigentl. „Provisorische Regierung der Nationalen Einheit", „Tymczasowi Rząd Jedności Narodowej") war eine aus Mitgliedern der Londoner Exilregierung und moskautreuen Kräften gebildete Übergangsregierung, die von Juni 1946 bis Februar 1947 amtierte. Sie stellte ihre Tätigkeit ein, nachdem die verfassungsgebende Versammlung eine reguläre Regierung bestimmt hatte.

haben wie vor dem Krieg. Der Westen unterstützte dies nicht – mehr noch, er übte auf die polnische Exilregierung Druck aus, um sie zur Übernahme der Position der UdSSR zu bewegen. Und so ist unsere Ostgrenze nun so, wie sie ist. Die Chancen, die es für eine andere Lösung dieser für Polen so wichtigen Frage durchaus gab, wurden jedoch verspielt.

Damals entstand ein politisches Vakuum, das Stalin bereitwillig ausnutzte. Die Westalliierten verschenkten praktisch die Möglichkeit, auf diesen Teil Europas die Prinzipien anzuwenden, die sie in der Atlantik-Charta[248] von 1941 proklamiert hatten. Der gravierende Fehler von Anders und der Londoner Exilregierung bestand also darin, daß sie diese Prinzipien in einem historischen Moment, an der wichtigsten Stelle, nicht einforderten. Danach konnte man nur noch in den Vorzimmern der Westmächte antichambrieren.

Und nicht nur damals. Wie so oft in unserer Geschichte fehlte es in der polnischen Politik an der elementarsten Vorsicht und Umsicht. Mut ohne Umsicht ist wie ein blindes, von der Tarantel gestochenes Pferd. Balzac schrieb in „Tante Lisbeth": „... man zeige einem Polen einen Abgrund, und er wird sich sofort hineinstürzen; er meint, er könne jedes Hindernis aus dem Weg räumen und immer Sieger bleiben." Diesen Abgrund konnten wir damals nicht bezwingen.

Ein etwaiger Widerstand seitens Roosevelts oder Churchills in Jalta hätte Stalin zu der Schlußfolgerung bringen können: Bitte sehr, gleich nach dem Ersten Weltkrieg habt Ihr Euch mit der Curzon-Linie als Ostgrenze Polens einverstanden erklärt, also einer Linie, die längs der Flüsse San und Bug verläuft und Belorußland aus ethnischen Gründen abtrennt. Möge also die Frage der polnischen Westgrenze offen bleiben.

Stanisław Grabski zitiert in seinem Buch „Auf neuem geschichtlichem Weg" die Worte, mit denen Churchill in Potsdam die polnische Delegation begrüßte: „Nach dem letzten Krieg ist Polen zu weit nach Osten vorgedrungen, jetzt will es zu weit nach Westen vordringen."

Nirgendwo gibt es auch nur den geringsten Beleg dafür, daß Roosevelt oder Churchill die Oder-Neiße-Linie als polnische Westgrenze oder die Abtretung von Pommern oder des am Westufer der Oder gelegenen Szczecin an Polen vorgeschlagen haben könnten. Ganz im Gegenteil, es ist

[248] Atlantik-Charta: Am 12.8.1941 auf einem amerikanischen Kriegsschiff zwischen dem amerikanischen Präsidenten Roosevelt und dem britischen Premier Churchill vereinbartes Programm über die Grundlagen der zukünftigen Weltordnung, z. B. territoriale Veränderungen nur aufgrund des Selbstbestimmungsrechts, freie Bestimmung jedes Volkes über seine Regierungsform, freier und gleicher Zugang zu den Rohstoffen der Erde, dauernder Friede, der ein Leben frei von Furcht und Not erlaubt. Der Atlantik-Charta schlossen sich später die übrigen Verbündeten, darunter auch die UdSSR, an. Die Atlantik-Charta wurde von den Alliierten als politische Erklärung der Kriegsziele aufgefaßt Ihre Anwendbarkeit auf Deutschland wurde abgelehnt. Die Atlantik-Charta wurde zur Grundlage der UNO.

bekannt, daß sie dieser Lösungsvariante heftigen Widerstand entgegensetzten. Nach ihren Vorstellungen hätte Polen, vielleicht mit einigen Korrekturen hinsichtlich des schlesischen Bezirks Opole, Pommerns, Danzigs und eines Teils Ostpreußens, eine geographische Gestalt annehmen können, die an das ein wenig vergrößerte Fürstentum Warschau erinnert hätte. Wir haben also für den Preis des Verlustes eines bestimmten Teils unserer Souveränität eine außerordentlich günstige Grenzfestlegung erhalten. Was das bedeutet, wird noch besser erkennbar, wenn man sich vergegenwärtigt, wie nahe einige Städte vor dem Krieg an der deutschen Grenze lagen: Gdynia 18 km, Gruzdiąz 20 km, Bydgoszcz 40 km, Częstochowa 30 km und Katowice 10 km.

Ich spreche hier von einer Sache, die für jeden nüchtern denkenden Polen klar sein muß. Dennoch sehen sich diejenigen, die diese Wahrheiten aussprechen, Beleidigungen ausgesetzt. Das mußte neulich sogar Czesław Miłosz[249] erfahren. In seinem Buch „Rok myśliwego" („Das Jahr des Jägers") hatte er nämlich zu schreiben gewagt: „Im Jahre 1945 hatten die polnischen Kommunisten recht: Polen konnte entweder in der von der Sowjetunion garantierten Form existieren oder überhaupt aufhören zu existieren. ... Keine aus freien Wahlen hervorgegangene Regierung hätte die Westgebiete vom Großen Bruder geschenkt bekommen. ... Polen wäre nur noch ein schmaler Landstreifen entlang der Wisła (Weichsel) gewesen, zu dicht besiedelt, um überleben zu können. Keine westliche Regierung wäre, wie Stalin, auf den Gedanken gekommen, Millionen Deutsche aus ihren seit Jahrhunderten angestammten Siedlungsgebieten auszusiedeln und dieses Territorium Polen zu geben. Man kann also sagen, daß Polen seine Existenz dem Willen und der Gnade Stalins verdankt." Für diese Worte überschüttete „Tygodnik Solidarności" Miłosz mit Vorwürfen.

Und noch etwas: 1981 mußten wir uns – unabhängig von der tragischen Bedrohung einer Internationalisierung der polnischen Frage – immer vor Augen halten, daß die UdSSR der einzig sichere Garant unserer Westgrenze war. Im Jahre 1959 besuchte Chruschtschow Szczecin, 1988 war Gorbatschow dort. Dagegen ist in der ganzen Nachkriegszeit nur ein einziger westlicher Staatsmann – nämlich General de Gaulle – bis Zabrze gekommen, das übrigens nur ganz wenige Kilometer von der polnischen Vorkriegsgrenze entfernt ist. Die anderen nahmen die Veränderung der Geographie nach dem Kriege gewissermaßen nicht zur Kenntnis. Die westlichen Staaten eröffneten noch nicht einmal Konsulate in Szczecin oder Wrocław; sie bevorzugten dazu die „unumstrittenen" Städte Poznań und Kraków.

---

[249] Czesław Miłosz, geb. 1911, Schriftsteller und Literaturhistoriker, Nobelpreisträger. Während der dt. Okkupation Untergrundkämpfer in Warschau. 1945-51 Kulturattaché in den USA und Frankreich. 1951 Emigration zunächst nach Paris, dann in die USA. 1970 amer. Staatsbürger, seit 1961 Professor für Slawistik in Berkeley/Calif.

Das war 45 Jahre lang unser neuralgischer Punkt. Das war auch der Preis, den wir zu zahlen hatten. Diese Grenze wurde von der Sowjetunion in Potsdam zunächst erzwungen, später garantiert. Aber das war ein Tausch „etwas gegen etwas". Nur ein im sowjetischen Einflußbereich verbleibendes Polen hatte diese Chance. Kein anderer sozialistischer Staat hatte ein Grenzproblem. Wir gewannen in dieser ungewöhnlich wichtigen Frage nur, indem wir im Warschauer Pakt blieben. Für „etwas" hatten wir „etwas" bekommen.

45 Jahre lang waren wir beschränkt souverän – das ist vorbei. Aber jetzt – möge es doch immer so sein! – hat Polen Grenzen, die wir in keiner anderen politischen Konstellation bekommen hätten. Was auch immer die Fehler der polnischen Linken sein mögen – dieses Verdienst kann ihr niemand mehr nehmen. Dabei sollte man nicht darauf spekulieren, daß wir ein kurzes Gedächtnis haben. Es ist schließlich noch nicht lange her, daß die erste „Solidarność"-Regierung große Anstrengungen unternehmen mußte, um unsere lebenswichtigen Interessen zu wahren. Wieviel nervlich belastende Situationen hatten wir am Jahreswechsel 1989/90 durchzustehen, als die DDR zu existieren aufhörte und die Haltung der Regierung der BRD immer noch zweideutig war.

Ich erinnere mich an zwei Reisen, die ich seinerzeit als Präsident entlang des Unterlaufs der Oder machte – von Kostrzyn nach Szczecin. Hunderte, Tausende von Menschen, denen ich begegnete, brachten ihre tiefe Besorgnis über ihre eigene Zukunft und die unseres Landes, der polnischen Westgebiete zum Ausdruck. „Herr General", wurde ich gefragt, „was wird aus uns werden?" Immer noch steht mir der große religiöse und patriotische Feiertag im Mai des Jahres 1990 in Siekerki an der Oder vor Augen. „Gastgeber" war Bischof Kazimierz Majdański, ehemaliger Häftling des KZ Dachau, der so viele Jahre für die Stärkung des Polentums in Westpommern gewirkt hatte. Bischof Majdański hielt eine schöne Predigt. Er sagte u. a.: „Das Westslawentum ist weit nach Westen vorgedrungen, jetzt reicht es bis zur Oder. Aber was wird die Zukunft bringen? Es gibt immer mehr Beteuerungen. Offensichtlich sind sie notwendig. Werden sie Bestand haben? Auf welches Fundament sind sie gebaut? Auf welches Fundament ist das dauerhafte Bestehen unseres so oft gekränkten Landes gebaut?" Der Bischof hatte dieselben Gedanken wie ich.

Diese Auffassung leitete mich auch 1981. Dies um so mehr, als wir Grund zu der Befürchtung hatten, daß die Situation in Polen in den politischen Kreisen Moskaus mehr als nur Ungeduld auslösen würde. Dort erhoben sich Stimmen, die forderten, den Deutschen weiter entgegenzukommen, unter Umgehung Polens. Mal waren diese Gesten an die DDR, mal an die BRD gerichtet. Nun – im Laufe der Jahre kann eine solche Entwicklung immer noch eintreten.[250]

[250] Für Jaruzelski ist die Befürchtung, Russen und Deutsche könnten sich wieder einmal auf Kosten der Polen einigen, heute noch genauso aktuell wie 1981.

Man muß also verstehen, daß wir, als nicht abzusehen war, in welche Richtung sich die Dinge entwickeln würden, die Pflicht hatten, die Regeln der polnischen Staatsräson zu beachten. Was die Souveränität betrifft, so kursierten zu diesem Thema zwei Auffassungen. Nach der offiziellen Auslegung waren wir ein vollständig souveräner Staat. Nach Meinung der Gegner des Gesellschaftssystems waren wir jeder Souveränität bar und von der UdSSR versklavt. Die Wahrheit lag – wie üblich – in der Mitte. Das änderte sich übrigens mit der Zeit.

Andrzej Werblan hat einmal geschrieben, daß Beschränkungen in der Souveränität von Staaten gewöhnlich entweder Anpassungs- oder Protektoratscharakter haben. Anpassungscharakter haben sie dann, wenn ein wirtschaftlich und politisch schwächerer Staat in seiner Politik die Interessen eines stärkeren Staates oder einer Gruppe stärkerer Staaten, bei denen es sich gewöhnlich um Nachbarstaaten handelt, berücksichtigen muß. Das ist heute eine ziemlich weitverbreitete Erscheinung. Diese Beschränkung ist in gewissem Maße freiwillig. Die Mißachtung der Interessen eines übermächtigen Staates zahlt sich nämlich in der Regel nicht aus. Das Attentat Pinochets auf die demokratisch gewählte Regierung Chiles hatte u. a. auch diesen Akzent.[251]

Schmerzhafter ist eine Beschränkung der Souveränität, die Protektoratscharakter hat. In diesem Fall sichert eine Großmacht ihre Interessen gegenüber einem schwächeren Partner, indem sie direkten Einfluß auf dessen politisches System, seine Rechts- und Gesellschaftsordnung und sogar auf die personelle Besetzung der Regierung des schwächeren Staates nimmt. In eben diesem Zustand der Abhängigkeit befand sich Polen nach dem Krieg. Übrigens nicht zum erstenmal in seiner Geschichte. Im 18. Jh. war es in einer viel schlimmeren Situation, obwohl heute von niemandem bestritten wird, daß das immer noch die 1. Republik war.

Seit dem Jahre 1956 gab es Änderungen zum Besseren. Allgemein kann man sagen, daß wir wesentlich mehr Souveränität hatten als andere Länder des sozialistischen Lagers. Das läßt sich an vielem ablesen: an der Stellung der Kirche, der Existenz einer privaten Landwirtschaft, dem Maß an Freiheit, das in Wissenschaft und Kultur herrschte, den zahlreichen Privatinitiativen, der aktiven Außenpolitik und der guten, starken Armee. All das wurde uns nicht geschenkt. In den Zeiten, in denen wir lebten, bestand die beste Formel für den Erhalt einer gewissen Unabhängigkeit in der Stärkung der inneren Verfassung unseres Landes – in gesellschaftlicher und wirtschaftlicher, politischer und militärischer Hinsicht. Je stabiler ein Land ist, je bessere Ergebnisse es auf allen Gebieten erzielt, desto größer ist seine Unabhängigkeit. Hätte sie noch etwas größer sein können? Vielleicht. Hätte

---

[251] Jaruzelski will nach seinen eigenen Worten damit sagen, daß die Politik der sozialistischen Regierung Allende in Chile nicht den Interessen der USA entsprach, weswegen die Vereinigten Staaten den Putsch in Chile inszenierten.

sie viel größer sein können? Unter den damaligen Umständen wage ich es zu bezweifeln.

Es erhebt sich die Frage: Wie mußten sich die Menschen verhalten, die in ferner Vergangenheit lebten? Große polnische Patrioten, die, ob sie nun im Verwaltungswesen oder in den Armeen der Erobererstaaten tätig waren, sahen, daß sich am status quo nichts änderte? Józef Piłsudski rechnete damit, daß Österreich-Ungarn und Deutschland siegen würden. Deshalb suchte er an ihrer Seite Autonomie für Polen zu erreichen. Erst mit der Zeit, angesichts des Kriegsverlaufs, kam er dazu, die volle Unabhängigkeit für möglich zu halten. Übrigens rechnete Roman Dmowski auf den Sieg Rußlands und der Westalliierten und ließ sich davon lange Zeit in seinen Handlungen für Polen leiten.

Viele führende Politiker des wiedererstandenen Polen – u. a. Witos, Daszyński und Korfanty[252] – saßen vorher in den Parlamenten der Erobererstaaten, und ein großer Teil der Militärkader wechselte von einem Tag zum anderen die Uniform. Und woher kamen die Kader in Diplomatie, Verwaltung, Wirtschaft und Schulwesen? Die fielen doch auch nicht vom Himmel. General Dowbór-Muśnicki, Oberst Rómmel, Stabskapitän Anders – sie alle hatten dem Zaren die Treue geschworen. General Szeptycki und Oberst Rozwadowski waren auf den österreichischen, Kommandeur Unrug auf den deutschen Kaiser vereidigt worden. Und wäre nicht der Erste Weltkrieg ausgebrochen, hätte es keine Revolutionen gegeben, wäre das alles nicht auseinandergefallen – dann hätten diese Offiziere weiterhin in denselben Armeen gedient wie ihre Vorgänger.

Die in Jalta geschaffene Einteilung in Einflußsphären konnte viele, viele Jahre bestehen bleiben. Dies war die ungeteilt vorherrschende Meinung in den politischen Zentren von Washington bis Moskau. Das mußten wir in unsere Überlegungen einbeziehen. Wenn man sich mit diesen politischen Gegebenheiten auf längere Frist einzurichten hatte, dann mußte man so handeln, um innerhalb dieser Gegebenheiten für Polen den besten Platz, die günstigste Position zu finden. Noch 1988 sagte Michail Gorbatschow zu dem damaligen Präsidenten der BRD, Richard von Weizsäcker, daß man über die deutsche Wiedervereinigung noch lange reden könne – vielleicht hundert Jahre. Das schockierte damals niemanden. Nicht die innenpolitischen Prozesse in Polen waren es, die dazu führten, daß das Urteil von Jalta 1989 für Polen seine Gültigkeit verlor; dazu trugen vor allem äußere Faktoren bei – ähnlich wie 1918. Das „neue Denken" in der globalen Politik Gorbat-

---

[252] Wojciech Adalbert Korfanty, 1873-1939, Politiker, war Führer der Polen-Fraktion im Dt. Reichstag und preuß. Landtag und trat für die Wiederherstellung eines selbständigen Polen bei Abtrennung der preuß. Ostprovinzen vom Dt. Reich ein. Leitete Anfang der 20er Jahre die Schlesischen Aufstände, die schließlich (am 20.03.1921) zu einer Volksabstimmung und zur Abtretung des oberschlesischen Industriegebiets an Polen führten. Als Gegner Piłsudskis war Korfanty 1930 inhaftiert und 1934-39 in der Emigration. Kurz vor seinem Tode kehrte er nach Polen zurück.

schows öffnete den Weg für diese Entwicklung. Das einzige, was wir mit Befriedigung feststellen können, ist, daß die von Polen ausgehenden Impulse hierbei eine wesentliche Rolle spielten.

Und wie war es nach der Einführung des Kriegsrechts um unsere Souveränität bestellt? Es entstand eine neue Situation. Wir hatten unseren Handlungsspielraum erweitert. Die Staatsmacht hatte bewiesen, daß sie existiert, daß sie die Kontrolle über die Ereignisse hat, daß das Gesellschaftssystem und der sozialistische Block nicht in Gefahr sind. Dadurch konnten wir nun leichter umstrittene Entscheidungen fällen, schrittweise verschiedene Reformen einführen. Auch wenn das den Verbündeten häufig nicht schmeckte.

Auf jeden Fall verlief das Gespräch, das Kania und ich im April 1981 mit Andropow und Ustinow in Brest führten, anders als mein zweites, ebenfalls streng geheimgehaltenes Gespräch mit Ustinow und Gromyko, das im April 1983 abermals in Brest stattfand. Bei diesem zweiten Gespräch konnte ich schon aus der Position dessen sprechen, der ohne „internationalistische Hilfe" ausgekommen war. Für diese Änderung erhielt ich eine Bestätigung. Michail Gorbatschow sagte mir, daß er die Einzelheiten meines zweiten Gesprächs in Brest kenne, daß er Respekt vor meiner harten Haltung habe. Durch diese Haltung konnte ich damals eigenständige Bewertungen und Problemlösungen in dem Umfang durchsetzen, in dem das damals möglich war.

Ein Polen ohne Souveränität – das war einer der Hauptvorwürfe. Er wurde begleitet von einem stürmischen Anwachsen nationaler Akzente in der Tätigkeit der Opposition. Eine interessante Analyse dieses Phänomens bringt Marcin Kula in seinem Buch „Nationale und Revolutionäre". Aber es gab noch einen anderen, mit Vorliebe erhobenen Vorwurf – den des Totalitarismus.

Unter unseren polnischen Bedingungen war dieser Vorwurf ziemlich seltsam, geradezu absurd. In dem von ihm herausgegebenen Sammelband „Die posttotalitäre Gesellschaft. Änderungsrichtungen" merkt Professor Andrzej Walicki völlig zu Recht an: „Wenn die Polnische Volksrepublik ein „durch und durch totalitärer" Staat gewesen wäre, dann wären offen oppositionelle Haltungen, ihre allgemeine Verbreitung und schließlich der Kompromiß am ‚Runden Tisch' sowie die friedliche Übergabe der Macht undenkbar gewesen, selbst in der schlimmsten wirtschaftlichen Situation." Dennoch hat die Theorie vom totalitären Charakter der verschiedenen Regierungen Volkspolens weiterhin Gültigkeit. Im Lager der Sieger besteht ein Bedürfnis nach Dämonisierung des kommunistischen Gegners. Warum?

Antwort auf diese Frage gibt der Autor der oben zitierten Arbeit. Die Dämonisierung dient der Selbstglorifizierung der „Kombattanten" und der Mythologisierung ihrer Verdienste. Im Lager der „Solidarność" und ihrer Nachfolger möchte man sich als die einzigen Akteure im erfolgreichen Kampf gegen den Totalitarismus verstehen. Und das, obwohl es viele Menschen gegeben hat, die den Totalitarismus in die Schranken wiesen, sich ihm widersetzten und ihn schließlich überwanden.

An dieser Stelle möchte ich ein weiteres Zitat aus dem Artikel von Professor Walicki anführen, also eines Menschen, den man kaum der Sympathie mit dem früheren System bezichtigen kann. Er schreibt, daß „sich Polen unter den vom General geführten Regierungen schnell vom ‚totalitären Modell' entfernte. Das war die Fortsetzung eines langen, komplizierten Prozesses, der mit dem Umbruch im Oktober 1956 begann (oder sogar mit dem diesem Umbruch vorausgehenden „Tauwetter")[253]. Das war aber auch eine deutliche qualitative Veränderung. ... Das Regime General Jaruzelskis hörte auf, vom „Aufbau des Kommunismus" zu sprechen, unterstrich, daß Grundlage der Zusammenarbeit im Rahmen des Staates nicht das Anstreben eines einheitlichen, gemeinsamen Ziels ist, sondern einzig und allein die Loyalität der Bürger und die Respektierung der Rechtsnormen – in diesem Zusammenhang war sogar von „sozialistischem Konstitutionalismus" die Rede. Niemand versuchte, alle Lebensbereiche zu politisieren, schon gar nicht das intellektuelle und kulturelle Leben ... Nach Einschätzung von Zbigniew Brzeziński war diese Periode der Übergang vom „kommunistischen Autoritarismus" zum „postkommunistischen Autoritarismus." In dem 1989 erschienenen Buch „The Grand Failure" behauptete Brzeziński, daß Polen unter den von Jaruzelski geführten Regierungen für die am weitesten fortgeschrittene Phase der Entfernung vom Totalitarismus stand.

Ich bin über das Jahr 1981 hinausgegangen und habe Meinungen zitiert, die mich in einem guten Licht erscheinen lassen. Das ist kein Verlust der Selbstbeherrschung. Eine künstliche Verschönerung meines Weges liegt mir fern. Wenn ich diesen Weg noch einmal gehen könnte – ich würde vieles anders machen, und ich glaube, ich würde es besser und klüger machen. Weshalb also diese Überlegungen zu Souveränität und Totalitarismus? Wo ist die Verbindung zum Kriegsrecht? Es gibt nur eine einzige Verbindung: Bei aller Dramatik dieses Ereignisses, bei all seinen für viele Menschen schmerzlichen Folgen – es hat uns nicht zurückgeworfen, es hat die Chancen, einen neuen Weg zu beschreiten, nicht blockiert. Unter einem größeren historischen Blickwinkel betrachtet, hat es diesen Weg sogar erst ermöglicht.

[253] Gemeint ist die Liberalisierung in der Sowjetunion und den anderen sozialistischen Ländern. Sie begann nach der Geheimrede Chruschtschows auf dem XX. Parteitag der KPdSU am 25. Februar 1956, in der Chruschtschow die Verbrechen Stalins anprangerte. Ihren Namen erhielt diese Periode nach dem Roman „Tauwetter" des Schriftstellers Ilja Ehrenburg.

KAPITEL 29

Achtung, es kommt ...

Im Juli gab es zwölf, im August neun Tage lang starke Beschränkungen bei den Energielieferungen für die Industrie. Das war durch das Wetter in keiner Weise gerechtfertigt. Der Sommer des Jahres 1981 war schön und heiß. Der Energiebedarf wurde durch die Urlaubszeit und noch mehr durch die Rezession offensichtlich reduziert. Dennoch verschlechterte sich die Lage immer mehr. Reparaturarbeiten in Kraftwerken verzögerten sich, Ersatzteile wurden knapp, die Kooperation brach zusammen. Die im Radio verbreiteten Berichte der Zentralen Energieversorgung erinnerten mich an die des Jahres 1939 – „Achtung, Achtung, es kommt ...". Im September 1981 gab es schon 17 Tage mit Stromabschaltungen. Das hatte schwere Folgen für die Produktion. Es häuften sich Unfälle, zu deren Behebung es entweder an Personen oder an Gerät mangelte.

Und in dieser dramatischen Situation brach der „Kohlekrieg" aus. Nach den Erklärungen der damaligen Opposition war er natürlich von der Regierung provoziert worden. Schließlich wolle meine Regierung das Volk nicht nur hungern, sondern auch frieren lassen. Schlimmer noch – es kursierte die Redensart, daß die Regierung „das Volk zu Säufern macht". Die ersten Beschuldigungen waren perfide, die letztere war einfach dumm. Im weiteren werde ich noch mehrfach auf die Frage der Kohleförderung zurückkommen. Das wird wahrscheinlich niemanden wundern. Über Jahre, ja über Jahrhunderte hinweg hatte sich in Polen eine spezifische Industriestruktur herausgebildet. Die Kohle als Energieträger ist die Grundlage der gesamten Wirtschaft. Damals war sie außerdem die einzige Devisenquelle, das größte Gut, über das das Land noch verfügte. Streiks in der Kohleindustrie konnten und können buchstäblich den Staat zersetzen, um eine Formulierung von Adam Michnik zu verwenden, die dieser in einer Fernsehsendung am 21. November 1990 gebrauchte. Wir führten eine monatelange Schlacht darum, daß die Bergleute – natürlich freiwillig – auch am Samstag arbeiteten. Die „Solidarność" entfesselte eine heftige Kampagne gegen den entsprechenden Gesetzesentwurf, der u. a. finanzielle Vergünstigungen für die Bergleute vorsah. Ich traf mich persönlich mit Vertretern der Bergarbeiter-„Solidarność", unter ihnen auch mit Professor Paweł Czartoryski, der damals ihr Berater war. Nebenbei gesagt – wieder ein „Witz der Weltgeschichte". Ich als Premier einer sozialistischen Regierung und ein Fürst Czartoryski[254] als Vertreter der Arbeiterinteressen!

[254] Die Czartoryskis waren ein bedeutendes polnisches Adelsgeschlecht.

Auch dieses Gespräch blieb ergebnislos. Zwar wurde erklärt, die „Solidarność" werde die Arbeiter zur Samstagsarbeit aufrufen, aber ohne irgendwelche zusätzlichen Leistungen oder Lohnzahlungen.[255] Dagegen werde es angesichts des bevorstehenden Winters einen Appell geben, an acht eigentlich arbeitsfreien Samstagen zu arbeiten, natürlich ohne Geld vom Regime und – so etwas hatte die Welt noch nicht gesehen! – unter der Bedingung, daß die Arbeiter die geförderte Kohle selbst verteilen und darüber entscheiden sollten, welchem Abnehmer sie zukommen solle. Die Führer der „Solidarność" waren zutiefst davon überzeugt, uneingeschränkte Macht über die Bergleute zu haben. Leider erzielte der Appell nicht die gewünschte Wirkung. Von Mai bis Mitte September sank die Produktion an den freien Samstagen stetig und pendelte sich schließlich auf einem Niveau von 100 000 bis 120 000 Tonnen ein.

Die Regierung konnte dem nicht länger tatenlos zusehen. Am 11. September 1981 wurde vom Ministerrat der Beschluß Nr. 199 verabschiedet. Für die Motive, die dazu geführt hatten, zeigte auch die Kirche Verständnis. Vizepremier Jerzy Ozdowski und Minister Czesław Piotrowski sprachen darüber mit dem Oberhirten der Diözese Katowice, Bischof Herbert Bednorz. Die Arbeit an den freien Samstagen blieb weiterhin vollkommen freiwillig. Dafür sah der Beschluß für diejenigen, die zur Arbeit an diesen Tagen bereit waren, einen zweieinhalbfachen Lohn vor. Diese zusätzlichen Geldmittel konnten auf gesonderten Konten, die man „Bergarbeiter-Sparbücher" nannte, angespart werden. Weiterhin wurde ein Beschluß über die Schaffung besonderer Ladenketten gefaßt, in denen man nur mit Schecks bezahlen konnte, die auf diese Sonderkonten ausgestellt waren. Wegen ihres guten, für die damalige Zeit sogar sehr guten Sortiments wurden diese Geschäfte vom Volksmund bald „Gewexe"[256] getauft.

Am 13. September brach eine Protestlawine los. Für die „Solidarność"-Zellen unter den Bergarbeitern, aber auch für andere Branchen dieser Gewerkschaft wurde der Beschluß Nr. 199 zum Stein des Anstoßes. Damals verhängte man ein weiteres Todesurteil über mich, diesmal wegen Spaltung der „Solidarność". Natürlich nahm ich das nicht ernst – ein Ausfall irgendwelcher Verrückter. Am wichtigsten war, daß am Samstag, dem 18. September, die Kohleförderung bedeutend anstieg – auf 230 000 Tonnen. Im Oktober und November betrug sie sogar 400 000 Tonnen.

Leider führte der 18. September, der sozusagen ein Hoffnungsbote war, auch zu einer gefährlichen Situation. Er wurde zu einem weiteren Schritt auf dem Weg zur „nationalen Nicht-Verständigung". Im Bergwerk „Kato-

[255] S. auch Anm. 72.
[256] Poln. Wortspiel. „Pewex"-Läden waren in Polen Geschäfte, in denen man für westl. Devisen Waren einkaufen konnte, die es in den staatlichen Geschäften nicht gab (vgl. die „Intershops" in der DDR). Die Ersetzung des ersten Buchstabens „P" durch „G" ist eine Anspielung auf das Wort „górnicy" (Bergarbeiter).

wice" fand ein Treffen der schlesischen „Solidarność" statt. Die Behauptung, daß dort der Beschluß Nr. 199 „angegriffen" wurde, wäre eine schamlose Untertreibung. Angegriffen wurden auch die Arbeiterräte, die sich für die Samstagsarbeit ausgesprochen hatten. Es wurde beschlossen, diese Arbeiterräte zu boykottieren. Öffentlich sprach man davon, daß es zweckmäßig sei, gegen diejenigen, die am Samstag arbeiteten, Gewalt anzuwenden. Die Konzeption eines „gezielten Ausverkaufs" gehörte noch zu den gemäßigteren Beschlüssen. Dabei ging es darum, bestimmte Waren in den „Gewexen" massenweise aufzukaufen, angefangen bei Kühlschränken und Waschmaschinen, „bis die Regierung keine mehr hat und der Beschluß zu Fall kommt". Durch welches Wunder dieser „Lebel"[257] – eine alte, noch aus dem 19. Jh. stammende Idee der Anarchisten – plötzlich in Schlesien wiederauflebte, ist mir schleierhaft.

Auf einer Veranstaltung sagte Lech Wałęsa: „Ich freue mich, daß Ihr verstanden habt, was ich seinerzeit meinte, als ich sagte, der Kampf habe erst begonnen. Die Regierung hat gesagt, daß die Lage schwierig ist und die „Solidarność" nur blockiere, also haben wir an die Arbeiter appelliert, an acht freien Samstagen zu arbeiten. Wir haben der Regierung einen Haufen Scheiße hingeworfen, mit der sie nichts anfangen konnte. Jetzt hat die Regierung diesen Haufen zurückgeworfen. Sie gibt uns Geld, und die „Solidarność" betreibt wieder Blockadepolitik. Laßt uns darüber nachdenken, wie wir der Regierung den Haufen Scheiße wieder zuschieben können. Laßt uns darüber nachdenken, wie wir die Regierung hinters Licht führen können."

Ich konnte einfach nicht glauben, daß dies Wałęsas Worte waren. Ich hatte in ihm einen gemäßigten und verantwortungsbewußten Menschen gesehen. Seine Rede wurde jedoch bald von der Presse veröffentlicht. Niemand aus Wałęsas Umgebung bestritt die Richtigkeit dieses Berichtes. Ich habe den Eindruck, daß sich Wałęsa unter den Bergleuten nicht allzu sicher fühlte und deshalb besonders radikale Positionen vertrat. War seine schockierende Rhetorik eine Art Taktik, eine Methode zur Vermeidung des „größeren Übels"?

Gegen Ende 1981 sah es in der Bergbauindustrie wie auf einem „Schlachtfeld" aus. Hatte 1980 die Kohleförderung 193 Millionen Tonnen betragen, konnte man 1981 allenfalls mit 163 Millionen Tonnen rechnen. Die exportierte Menge lag knapp über 15 Millionen Tonnen und war damals nur halb so hoch wie im Vorjahr. Die Statistik enthielt auch eine Rubrik mit der Überschrift „Notreserve". Hinter diesem Euphemismus verbarg sich ein Posten, auf den der Staat als strategische Reserve zurückgrei-

---

[257] Nach Auskunft von Jaruzelski gegenüber dem Übersetzer handelt es sich um einen mundartlichen schlesischen Begriff, der die Praxis bezeichnet, bestimmte Produkte gezielt aufzukaufen, damit sie nicht mehr zu haben sind, die wirtschaftliche Krise sich verschärft und dadurch radikale, anarchistische Gedanken einen fruchtbaren Boden finden.

fen konnte. Es handelte sich um eine Größenordnung von 376 000 Tonnen. Etwas mehr als die Hälfte der Fördermenge eines einzigen Tages! Wenigstens in dieser Hinsicht kann man sagen, daß das Kriegsrecht die Wirtschaft vor dem völligen Zusammenbruch bewahrt hat. Ich stand damals in ständigem Kontakt mit Piotrowski. *Piotrowski* ist ein energischer General mit Organisationstalent. Diese Qualitäten bewies er u. a. als langjähriger Chef der Ingenieurtruppen des Verteidigungsministeriums. Auch als Minister handelte er operativ. Das war damals besonders wichtig.

Die Winterreserven betrugen knapp 2,5 Millionen Tonnen, man hätte jedoch unbedingt mindestens 5 Millionen Tonnen benötigt. Die Kraftwerke arbeiteten „auf Sparflamme". Ich weiß nicht, ob es stimmt – aber man hat mir gesagt, daß auf einem hohen Gebäude des Kraftwerks „Dolna Odra" ein Beobachtungsposten eingerichtet wurde. Nicht einmal den Fernmeldeeinrichtungen und den telefonischen Informationen schenkte man noch Glauben. Man wartete buchstäblich auf jeden Transport, der auf ein Nebengleis fuhr.[258] Wenn er nicht pünktlich kam, mußte man die Kessel abschalten und die Anlagen sichern.

Ich erinnere mich auch noch an eine andere Information: Ein Direktor wurde vom Ministerium geradezu bestürmt mit der Frage, warum sein Elektrizitätswerk nicht mit voller Kraft arbeite. Er antwortete, daß Ministerium solle ihm nicht mit Telefonanrufen auf die Nerven gehen, sondern lieber aus den Zulieferbetrieben seines Werkes die Teile herauspressen, auf die er schon seit einer Woche warte. „Mit Gummis für Unterhosen kann ich kaputte Anlagen nicht zusammenbinden." An Gummi fehlte es, nebenbei bemerkt, auch. In der Energiewirtschaft war die unterste Grenze der Betriebsfähigkeit erreichen. Immer klarer wurde, daß sie den Winter ohne außerordentliche Maßnahmen nicht überstehen konnte.

Heute existiert dieses Problem nicht mehr, obwohl die Kohleförderung 1991 nur noch 140,3 Millionen Tonnen betrug. Die wirtschaftliche Rezession und der drastische Produktionseinbruch in der Industrie haben nicht nur die Rolle der Kohle, sondern mit ihr auch die Position der Kumpel geschwächt.

Rückblickend bin ich der Meinung, daß die Energiepolitik jener Zeit rational, im Endeffekt jedoch falsch war. Ein Paradox? Ja. Ich will es erklären. Damals empfahl ich, der Bevölkerung um jeden Preis Stromabschaltungen zu ersparen. Ich befürchtete Panik, Störungen in der kommunalen Wirtschaft, bedrohliche Folgen für Schulen, Krankenhäuser und Kinderkrippen, Vergeudung der Lebensmittelreserven in den privaten Kühlschränken usw. Das war moralisch richtig und psychologisch falsch. Von Stromabschaltungen in Betrieben wußten im allgemeinen nur deren Belegschaften. Die normalen Stadtbewohner lebten dagegen in der Überzeu-

---

[258] Die Nebengleise endeten in Fabriken, die mit Kohle beliefert wurden. (Auskunft von Jaruzelski gegenüber dem Übersetzer)

gung, daß die Energiewirtschaft grundsätzlich normal funktioniert. Anderslautende Warnungen fanden kein Gehör. Wer weiß, wenn ich damals entschieden hätte, daß der Strom für Privatverbraucher in großem Umfang – wenn auch nur kurzfristig – abgeschaltet werden muß, hätte das vielleicht das Denken der Menschen beeinflußt, es wäre ein Warnsignal, vielleicht sogar eine Therapie gewesen, es hätte den Menschen bewußt gemacht, wie bedrohlich die Situation war und auf was wir uns gefaßt machen mußten, wenn ... Vielleicht hätte eine solche Maßnahme die Gegner des Beschlusses Nr. 199 nachdenklich gemacht?

Wirtschaftliche Entscheidungen wirken mit zeitlicher Verzögerung. Das betrifft besonders die Landwirtschaft. Ihre Produktionszyklen sind nicht nur länger als die anderer Produktionszweige, sondern darüber hinaus auch noch den Gesetzen der Natur und der Biologie unterworfen, die sich nicht ändern lassen. Der Produktionseinbruch in der Landwirtschaft schlug auf die Stimmung der Gesellschaft und die Wirtschaft insgesamt zurück. Im Jahre 1980 ging die Kartoffelernte um 40 % und die Getreideernte um 10 % zurück – was zu fatalen Folgen für die Zuchtbetriebe 1981 führte. Die Entwicklung der Wirtschaft ähnelte bereits einem Film im Schnelldurchlauf. Obwohl seit dem 1. Juli neue, durchschnittlich um 64 % erhöhte Hersteller-Einkaufspreise galten, lief dieser Film zu langsam ab, kam praktisch zum Stillstand. Der Markt brach zusammen. Das für die Landwirtschaft gedachte Geld war nicht durch Waren abgedeckt. Es fehlte am Nötigsten: an Mistgabeln, Schaufeln, Ketten, Gummistiefeln, ganz zu schweigen von Dünger, Pflanzenschutzmitteln und schließlich Kohle, die damals doch so verzweifelt gebraucht wurde. Ein weiterer Rückgang der landwirtschaftlichen Produktion drohte. Wir trafen also die nächste von der Not diktierte Entscheidung über den sogenannten Koppelverkauf. Er erinnerte an den mittelalterlichen Tauschhandel. Gib mir ein Schwein – dann kriegst du dafür ein Traktorrad, einen Schrank oder z. B. eine Lore Kohle. Das Geld verlor seine Funktion. Es wurde also „Ware gegen Ware" gehandelt.

Ich war mir bewußt, daß dies der Logik der geplanten und teilweise sogar schon auf den Weg gebrachten Wirtschaftsreform widersprach. Sowohl bei den „Gewexen" als auch beim Koppelverkauf regulierten wir in erster Linie die Lieferung von Konsumartikeln. Hier durfte es keine Versorgungslücken geben. Ich wußte, daß diese Maßnahme eine weitere Außerkraftsetzung des Marktes war. Aber es gab keinen anderen Ausweg.

Auf dem Lande kam es damals nicht zu größeren Konflikten. Zwar gab es Spannungen, diese hatten jedoch andere Gründe. Die organisierten Interessenvertreter der Landwirtschaft – ZSL, der Landjugendverband, die Privatbauern-„Solidarność", die Bauernvereine[259] ... – verlangten eine Gleichbehandlung aller Sektoren und vor allem eine Parität zwischen den Einkaufspreisen und den Preisen für Industriegüter. Die Landbevölkerung reagierte ablehnend auf die Versuche, sie in verschiedene Protestaktionen einzubeziehen. So folgten z. B. nur 24 % der Bauern dem Aufruf, der Privatbauern-„Solidarność" beizutreten, um keine Grundsteuer mehr zahlen zu müssen. Dennoch stellten die Bauern immer mehr Forderungen an die Regierung. Sie warfen uns vor, daß wir die Streiks in der Industrie tolerierten, wodurch die Landwirtschaft notwendige Güter nicht erhalte. Man mache es sich sehr einfach. Könne ich es mir als Bauer leisten, die Pferde und Kühe nicht zu füttern, das Land nicht zu beackern, die Ernte auf den Feldern stehen zu lassen? Und warum könne der Arbeiter die Hände über dem Bauch zusammenfalten? Solche Fragen wurden mir von Bauern der Gemeinde Kałuszyn und der Landwirtschaftlichen Produktionsgenossenschaft Mienia in der Wojewodschaft Siedlce gestellt, die ich am 2. November im Rahmen eines meiner Besuche in der ländlichen Gegend besuchte.

Die Verbitterung der Bauern war berechtigt. Sie arbeiteten hart. Sie konnten sich nicht damit abfinden, daß in den Städten ständig Streikfestivals stattfanden. Das widersprach ihrer Arbeitsmoral, ihrem Verständnis der alten Redensart „Ohne Fleiß kein Preis". Die Landwirtschaft erwartete auch, daß die Regierung den lokalen Cliquen und Mafias, den Umtrieben der Dorfhäuptlinge und der Würdenträger in den Gemeinden, die sich so brutal aufführten wie die Gutsverwalter auf Junkerhöfen, ein Ende machen solle. Man rechnete damit, daß ich als General damit aufräumen würde. Ich war mir darüber im klaren, daß ich kaum wie ein mittelalterlicher Monarch „Gerechtigkeit herstellen" konnte. Trotzdem war die Situation auf dem Lande der Hauptgrund dafür, daß ich im Oktober das erste Kontingent der Regionalen Operationsgruppen dorthin schickte. Die allgemeine Atmosphäre wurde durch den immer deutlicher zutage tretenden Konflikt zwischen Land und Stadt noch verschlechtert. Mehrmals kam es dazu, daß Wojewoden landwirtschaftlicher Regionen Lebensmitteltransporte aufhielten, die für große städtische Ballungsgebiete bestimmt waren. Das war Willkür, Insubordination gegenüber der örtlichen Verwaltung. Diesmal richtete sich der Unmut der Arbeiter sowohl gegen die Landbevölkerung als auch gegen die Regierung, die nicht einmal ihren eigenen Verwaltungsapparat im Griff hatte. Die Arbeiter verlangten Lebensmittel, und die Landbevölkerung verlangte Zement, Kohle und Kunstdünger. An diesen Nebeneffekt des Streikfiebers in den Städten und in den Industriezentren erinnert sich heute kaum noch jemand.

An dieser Stelle einige Worte über die berühmten „Bauernvereine"[260]. Ende März 1981 fand der Landeskongreß des Zentralverbandes der Bauernorganisationen und -vereine statt. Der Verband erweiterte sein Programm um gesellschaftspolitische Fragestellungen. Vor diesem Kongreß war das ein typischer Wirtschaftsverband gewesen, und jetzt entwickelte sich daraus eine Organisation mit gesellschaftspolitischen Zielen, die deshalb auch

[259] S. Anm. 116.
[260] S. Anm. 114.

mit gewerkschaftlichen Rechten ausgestattet wurde. Ihr Vorsitzender war Józef Kozioł. Ein vernünftiger, energischer und erfahrener Mann. Ich schätzte ihn sehr. Unter den der „Solidarność" angehörenden Bauernfunktionären führte dagegen damals Jan Kułaj das große Wort. Man sagte von ihm, er sei so eine Art bäuerlicher Wałęsa. Er wurde seinerzeit von der Kirche empfohlen und stark unterstützt. Nach Einführung des Kriegsrechts wurde er interniert. Durch eine Intervention Roman Malinowskis, des Vizepremiers und Vorsitzenden der ZSL, kam er wieder frei. Er zog sich praktisch völlig aus der Gewerkschaftsarbeit zurück. Ich hatte Gelegenheit, ihn näher kennenzulernen. Im Jahre 1986 wurde er Mitglied des Konsultationsrats beim Staatsratsvorsitzenden. Ich fand es sehr wertvoll, daß in diesem Gremium der Leiter der nach Mitgliederzahl und Einflußgrad zweitgrößten „Solidarność"-Kraft vertreten war. Mein Eindruck war, daß er sich in der großen Politik aufrieb. Er wollte sich einfach in Ruhe seinem landwirtschaftlichen Betrieb widmen. Gleichzeitig hatte er staatsbürgerliches Verantwortungsgefühl. Das bewies er durch seine Teilnahme an der Arbeit des Konsultationsrates.

KAPITEL 30

Die nächste Schwelle

Vom 16. bis 18. Oktober tagte das IV. Plenum des ZK der PVAP. Es fand drei Monate nach dem IX. Parteitag und neun Tage nach Beendigung der ersten Runde des „Solidarność"- Kongresses statt. Im Referat des Politbüros sagte Stanisław Kania: „Wir möchten allen Organisationen und gesellschaftlichen Gruppen ein umfassendes Gesprächsangebot machen. Unerläßliche Bedingung ist dabei die Anerkennung der Unverletzlichkeit der Grundlagen der sozialistischen Verfassungsordnung und die Rücksicht auf das Bündnis. Wir stehen auf dem Standpunkt, daß bei dem Versuch, die heute in der Gesellschaft real existierenden Widersprüche zu überwinden, Dialog und Verständigung die Hauptmethoden sein müssen." Kania stellte weiter fest: „Die antisozialistischen Kräfte setzen bei der Verfolgung ihrer politischen Ziele auf eine Katastrophe der Wirtschaft und des Marktes ... Auch deshalb braucht diese Regierung die Legitimation und das Vertrauen unserer Partei und unserer Gesellschaft, um alle Mittel einsetzen zu können, deren sie zur Verteidigung des Sozialismus bedarf, um die Rechtsordnung wiederherzustellen, um die destruktiven Prozesse in der Volkswirtschaft aufzuhalten." Starke Worte.

Von einem bestimmten Zeitpunkt an wurde Kania immer stärker kritisiert. Auf dem IV. Plenum wurde u. a. gesagt: „Nach Meinung der einfachen Parteimitglieder fehlt es der Parteiführung an einer entschiedenen Konzeption zur Überwindung der politischen und wirtschaftlichen Krise. Die bisher unternommenen Schritte sind aktionistisch und unglaubwürdig; die Maßnahmen der Parteiführung und des Politbüros zur Umsetzung der Beschlüsse des IX. Parteitages bewerten wir äußerst kritisch; der Erste Sekretär muß energisch und effektiv agieren." Solche persönlichen Akzente gab es übrigens häufiger. Die Debatten verliefen sehr hitzig. Das rührte natürlich auch von einer Art Schock her, den der Verlauf des „Solidarność"-Kongresses in der Partei ausgelöst hatte. Außerdem brach Mitte Oktober die nächste Streikwelle los. Ihr gegenüber waren wir ratlos.

Unter diesen Umständen war die Situation, in der sich der Erste Sekretär befand, besonders schwierig. Seit August 1980 hatte Kania die damalige Linie der Partei hartnäckig und entschieden formuliert und durchgesetzt, sie gegen Druck von links und rechts verteidigt. Er war fest davon überzeugt, daß wir unsere polnischen Probleme aus eigenen Kräften lösen müßten. Es wurde ein schwerer Weg. Auf ihm gab es Erfolge aber auch Rückschläge. Ich weiß das gut, denn wir gingen diesen Weg gemeinsam, im Gleichschritt.

Kania verdient allgemeine Anerkennung. Obwohl er den größten Teil seines Lebens im Apparat gearbeitet hatte – zunächst in der Jugendorganisation, dann in der Partei –, vermochte er, über seinen Tellerrand hinauszublicken, die Fehler des Systems zu erkennen und sich an die Spitze der im Gange befindlichen Änderungen zu stellen. Er war klug, sachlich und konkret. Von Natur aus hart und stur, aber gleichzeitig heiter, einfach, natürlich und bescheiden. Er erweckte Sympathie und Vertrauen.

Ich sah, wie er rotierte. Mit seiner Losung „Wir werden den Sozialismus wie die Unabhängigkeit verteidigen" wachte er aufmerksam über die dominierende Position der Partei und ihre innere Geschlossenheit. Gleichzeitig war er ein Befürworter von Verständigung, Reformen und Erneuerung. Das war damals eine Mischung aus schwer miteinander zu vereinbarenden Bestandteilen. Kania fürchtete eine gesellschaftliche Explosion, wußte jedoch nicht so recht, wie er die Lawine der Ereignisse aufhalten sollte. Über zehn Jahre war er Leiter der Verwaltungsabteilung des ZK gewesen, danach Sekretär des ZK; auf diesem Posten befaßte er sich hauptsächlich mit Problemen des Innenministeriums und der Kirche – so hatte er sich große Erfahrung erworben. Dadurch hatte sich jedoch bei ihm die Angewohnheit oder vielmehr die Überzeugung herausgebildet, daß man viele Dinge in kleinem Kreise lösen könne. In der damaligen turbulenten Phase versagte diese Methode immer häufiger. Kania litt sehr darunter, daß der unbestreitbare Erfolg des IX. Parteitags, zu dem er einen so entscheidenden Beitrag geleistet hatte, nicht die erhofften Resultate gebracht hatte, daß die Welle der Spannungen, Streiks und Unruhen von Tag zu Tag wuchs. Und so kam ein Moment, in dem Kania einen wesentlichen Teil der Parteibasis nicht mehr auf seine Seite bringen konnte. Seine Versicherungen überzeugten die Verbündeten nicht mehr. Auch in den Reihen der Opposition fand er nicht den erhofften Widerhall. Seine Möglichkeiten, sein Führungspotential waren einfach erschöpft. Der Kongreß der „Solidarność" hatte die Situation dramatisch verschärft. Der sowjetische Druck wurde noch stärker. Das alles trug zu einer riesigen, fast unerträglichen psychischen Belastung Kanias bei. Die tägliche angespannte, nervenaufreibende Arbeit schwächte seine Widerstandskraft. Dieser Zustand verschärfte sich aus verschiedenen Gründen auf beunruhigende Art und Weise. In den letzten Wochen seiner Amtszeit kam es häufig vor, daß er in der zweiten Tageshälfte einfach nicht mehr arbeitsfähig war. Seine Familie, seine Freunde und Mitarbeiter sorgten sich sehr um ihn.

Zurück zum ZK-Plenum. Man kann sagen, daß die Diskussion ausuferte. Der Druck auf die Führung der Partei und den Ersten Sekretär war sehr groß. In dieser Situation beschloß das Politbüro auf einer eilig einberufenen Sitzung, vertrauliche Konsultationen durchzuführen. Die Mitglieder des ZK wurden, wenn ich mich recht entsinne, in zehn Gruppen aufgeteilt. Jede von ihnen wurde von einem Mitglied der Parteiführung geleitet. Die Diskussionen verliefen ungeordnet, es dominierte die Enttäuschung über die damalige Tätigkeit der Parteiführung und des Ersten Sekretärs. Man schlug mich für die Neubesetzung dieses Postens vor, obwohl auch andere Namen fielen, z. B. der von Olszowski.

In dieser Situation reichte Kania seinen Rücktritt ein. Es wurde darüber abgestimmt. Während die Stimmen ausgezählt wurden, saß ich mit ihm im Arbeitszimmer des Ersten Sekretärs. Er war sehr betrübt. Endlich kam der Vorsitzende der Wahlkommission herein und überbrachte uns das Ergebnis. Der Rücktritt war mit 104 Stimmen bei 79 Gegenstimmen angenommen worden.

Jetzt mußte ich meine Entscheidung treffen. Wie konnte und wie mußte sie aussehen? In diesem Zusammenhang möchte ich an die Sitzung des Politbüros am 5. September 1980 erinnern. Gierek war erkrankt. Wir trafen uns, um darüber zu diskutieren, wer seine Nachfolge als Erster Sekretär antreten solle. Kania schreibt in seinem Buch „Die Konfrontation aufhalten": „Mein Name wurde genannt. Ich meinerseits schlug vor, daß Wojciech Jaruzelski kandidieren solle, weil ich glaubte, er wäre auf diese Aufgabe besser vorbereitet. Er lehnte ab und unterstützte nochmals meine Kandidatur."

Ja, so handelte ich damals. Das war wenige Tage, nachdem man sich „von Pole zu Pole" verständigt hatte. Seinerzeit war die Losung „Sozialismus – ja, Auswüchse – nein" noch frisch. Der Appell „An die Arbeit!" weckte Zukunftshoffnungen. Die Partei war zwar schon nicht mehr „einig und kampfbereit", aber doch noch stark.

Aber wie war es jetzt – am 18. Oktober 1981? Genau umgekehrt. „Von Pole zu Pole" ging man sich an die Gurgel. Die Arbeit kam zum Erliegen. Die Partei lag in Trümmern. Und zu allem Überfluß noch die Nachbarn ...

In dieser Situation flüsterte der nackte Selbsterhaltungsinstinkt mir zu: „Funktion des Ersten Sekretärs nicht annehmen". Um so mehr, als ich diese Position unter viel günstigeren Bedingungen bereits einmal ausgeschlagen hatte. Wie ich bereits an anderer Stelle erwähnte, hatte ich mich lange gegen die Übernahme des Premierministerpostens gesträubt. Diesmal traf ich die Entscheidung schneller. Ich war mir dessen bewußt, welche Last ich mir da auf die Schultern lud. Aber ich konnte nicht ablehnen. In der damaligen Situation wäre das opportunistisch, geradezu feige gewesen.

Es mag unbescheiden klingen, aber damals hatte wahrscheinlich niemand so große Chancen wie ich, den Erwartungen zu entsprechen. Das bedeutete keinen Kurswechsel. Bezeichnend ist, daß im Namen des Politbüros Kazimierz Barcikowski – ein offenherziger Mensch, beim Abkommen von Szczecin einer der wichtigsten Unterzeichner auf Regierungsseite – meine Kandidatur vorschlug, daß ich vom Zentralkomitee mit nur vier Gegenstimmen gewählt wurde und daß in den Abschlußdokumenten des Plenums die Bevölkerung mit dem Beschluß und Appell „An die Werktätigen in Stadt und Land" aufgerufen wurde, den gefährlichen Gang der Ereignisse zu stoppen. Es wurde auch die Konzeption einer „Volksfront für

Verständigung und Zusammenarbeit" vorgelegt. Ich glaube, daß dieser Entschluß der ganzen Partei, ihren politischen Verbündeten und einem bedeutenden Teil der Gesellschaft das Gefühl größerer Stabilität gegeben hat. Er war auch ein Signal für die damalige Opposition. An der Spitze der Partei stand jemand, der einen starken Rückhalt hatte und gleichzeitig ein konkretes Angebot zu Dialog und Verständigung machte.

Auch der Primas Polens, Józef Glemp, sowie der „Solidarność"-Vorsitzende Lech Wałęsa nahmen meine Wahl positiv auf. Beide waren zu diesem Zeitpunkt im Ausland. Der Primas in Rom und Wałęsa in Paris. Mit warmer Dankbarkeit vernahm ich die Worte des Primas: „Möge Gott ihn segnen" und Wałęsas: „Es ist zwar schwer zu sagen, was der morgige Tag bringt, aber sicher können wir uns von Pole zu Pole verständigen, um so mehr, als ich bereits früher mit General Jaruzelski gute Gespräche geführt habe." Diese Äußerungen wurden von der Presse veröffentlicht.

Ich habe bereits von Kanias Buch „Die Konfrontation aufhalten" gesprochen. Dieses Buch ist im Grunde genommen ein politisches Selbstporträt. Es umfaßt den Zeitraum bis zu seinem Rücktritt vom Amt des Ersten Sekretärs. Kania behauptet, daß er, solange er an der Spitze der Partei stand, keine Notwendigkeit zur Einführung des Kriegsrechts sah. Das stimmt. Die ganze Zeit zählten wir auf politische Lösungen, auf Verständigung. Diese Hoffnungen hegten wir auch noch zwei Monate nach dem Rücktritt Kanias. Wenn heute jemand versucht, Kania irgendeiner anderen politischen Strömung zuzuordnen, macht er einen schweren Fehler. Mehr noch, er bringt Kania in eine zwielichtige Position, stellt ihn als Bluffer dar, der donnernde Reden hielt, von „allen Mitteln, die sich als notwendig erweisen" sprach, dafür konkrete Richtlinien vorgab – und im stillen bereits an Kapitulation dachte.

Ich kenne Kanias parteiliche Prinzipienfestigkeit, seine Furcht vor einer wirtschaftlichen Katastrophe und einer Intervention von außen. Deshalb bin ich überzeugt, daß er, wäre er am 12. Dezember noch im Amt gewesen, die Situation genauso beurteilt und genauso gehandelt hätte wie ich. Schließlich hatte er noch am 2. September auf dem III. ZK-Plenum gesagt: „Unsere Feinde verkünden, die Staatsmacht werde bestimmt nicht den Ausnahmezustand in Polen einführen. Ich möchte in aller Ruhe und Entschlossenheit erklären, daß die Staatsmacht zur Verteidigung des Sozialismus zu allen Mitteln greifen wird, die sich als notwendig erweisen."

Ich gebe zu, daß ich mich auf dem Posten des Ersten Sekretärs nicht allzu wohl fühlte. In dieser Hinsicht hatte Jan Lityński recht, der im „Przegląd Tygodniowy"[261] über mich schrieb: „Er ist ein innerlich tief zerrissener Mensch, der ständig das Gefühl hat, nicht am rechten Platz zu sein." Wenn man an der Spitze einer Partei steht, muß man ein Gefühl für

[261] Seit 1982 in Warschau erscheinende Zeitschrift für Gesellschaftspolitik und Kultur.

ihr Innenleben entwickeln. Was das betrifft, war Kania mir deutlich überlegen. Er war im Apparat großgeworden. Vielleicht hatte er es andererseits eben deshalb auch schwerer, denn gelegentlich muß man gegen die eigenen Leute vorgehen, und die kannte er schließlich allzu gut. Die innerparteiliche Arbeit, der Kontakt mit dem Apparat, mit den Ersten Sekretären der Wojewodschaftskomitees, mit denen man sich ohne viele Worte verständigen können mußte – das alles war sehr wichtig. Mir war es nicht gegeben, diesen – sagen wir – intimen Kontakt herzustellen, zu vollkommenem gegenseitigem Vertrauen und Verständnis zu gelangen. Ich wußte, daß es in den Korridoren des ZK von verschiedenen prinzipienfesten Verwünschungen der allzu nachgiebigen Politik des Ersten Sekretärs nur so summte. Das ist natürlich eine etwas zu starke Verallgemeinerung, denn es gab auch positive Beispiele. Außerdem möchte ich nicht alles auf das Innenleben der Partei zurückführen. Ohne Zweifel hätte man jedoch viel mehr tun müssen. Vor allem, wenn die Losung ertönte „Die Partei bleibt sich treu, aber sie ändert sich", oder auch, wenn gefordert wurde, daß die Partei eine dienende Rolle spielen solle. Es war doch ganze Jahrzehnte lang nur von der leitenden und führenden Rolle der Partei gesprochen worden. Das mußte man ändern, was leicht gesagt, aber schwer getan war. Das Regieren wurde zur zweiten Natur der Partei, genauer gesagt ihrer Instanzen, ihres Apparats. Wenn sie schon die führende Kraft sei, war die tief verwurzelte Überzeugung, dann habe sie auch das Recht zu unumschränkter Herrschaft – und damit basta! Die übrigen Aufgaben der Partei schienen dagegen zweitrangig zu sein, hatten anscheinend nur Hilfscharakter. Man glaubte, eine starke Partei sei Selbstzweck und nicht etwa ein Instrument zur Lösung der Probleme von Volk und Staat. Ich will diese Problematik hier nicht vertiefen. Sie ist ein Thema für sich. Auf jeden Fall ist die Niederlage des real existierenden Sozialismus vor allem eine Niederlage von Doktrin und Praxis der „führenden Rolle".

Die Basis der Partei war linksgerichtet, aber im Überbau waren rechte Einstellungen sehr verbreitet. Wenn das System demokratischer gewesen wäre, hätte es dieses Spektrum aushalten können. Ich glaubte damals und glaube noch heute an die Chance eines eben solchen demokratischen, humanen Sozialismus.

Außerdem war es ein schwerer politischer, psychologischer und rhetorischer Fehler, daß man bis zum Überdruß alles, was auch nur im entferntesten irgendwelche vereinzelten Züge von Sozialismus aufwies, als Sozialismus bezeichnete. Daher auch die große Enttäuschung. Karel Čapek[262] sagte: „Ich möchte den Politikern glauben können, daß sie mich wie die Eisenbahn zu dem Bahnhof fahren, für den ich eine Fahrkarte gelöst habe." Die Partei brachte die Gesellschaft nicht zum Bahnhof „Sozialismus". Wo-

---

[262] Karel Čapek, 1890-1938, tschechischer Schriftsteller, Autor von psycholog. Dramen und Science-fiction-Literatur pazifist. Ausrichtung.

hin werden wir mit der Fahrkarte fahren, die wir am 4. Juni 1989 gelöst haben?[263]

In der damaligen Zeit traten im Bewußtsein der Parteimitglieder theoretische Probleme in den Hintergrund. Es dominierten pragmatische Fragen, die von der Tagesaktualität diktiert wurden. Unter ihnen hatte die rätselhafte Kaderpolitik, die für die Umgebung oft unergründlich blieb, eine besondere Bedeutung. Ich versuchte das zu ändern, indem ich mir u. a. einige Erfahrungen aus meiner Militärzeit zunutze machte. Ich bin mir nicht ganz sicher, ob das richtig und vor allem effektiv war. Auf jeden Fall habe ich so manches Mal diese verschiedenen Spiele, Intrigen und Beziehungen erst mit großer Verspätung verstanden. In diesem Zusammenhang kann man mir einen Mangel an Phantasie vorwerfen. Dafür gibt es Gründe. Vor allem den, daß viele Menschen gekränkt wurden. Was sie auch taten oder sagten – wenn man sie negativ beurteilte, gab es kein Zurück – sie waren böse. Wenn man sie dagegen als unsere Leute anerkannte – dann waren sie in der Regel gut. Heute, nachdem ich viele Menschen näher kennengelernt habe, zeigt sich, daß man Sympathien und Antipathien häufig ganz anders hätte verteilen müssen. Ich verhehle nicht, daß das eine Schwäche sowohl des Systems als auch der Menschenführung war. Heute hat sich daran nicht allzu viel geändert – was natürlich keine Rechtfertigung für die damaligen Machthaber sein kann. Nach wie vor werden Personalfragen mittels der Kategorien „sie", „wir", „unser", „euer" entschieden. Präsident Theodore Roosevelt soll, als man ihn davon zu überzeugen suchte, daß irgendein südamerikanischer Führer keine Unterstützung verdiene, da er ein Schuft und ein Schwein sei, gesagt haben: „Schon, aber er ist unser Schwein." Das Festhalten an den eigenen Leuten belastete sowohl uns als auch die „Solidarność".

Nach der Wahl zum Ersten Sekretär bat ich um eine einstündige Pause. Ich sollte doch ohne Vorbereitung, sozusagen „aus dem Handgelenk" meine erste Rede als Erster Sekretär halten. Sie hatte keinen Programmcharakter. Im übrigen genügte der Beschluß. Ich unterstützte also das Angebot zur Verständigung. Gleichzeitig erklärte ich: „Wir haben die Konfrontation nie gesucht, sondern sind ihr ausgewichen. Auch heute sind wir nicht auf Konfrontation aus. Eines aber ist sicher: Die Möglichkeiten, gegenüber der anderen Seite nachzugeben, sind bereits erschöpft."

Das sollte die Partei und die Verbündeten beruhigen und die Opposition warnen. Wie die nächste Zukunft zeigen sollte, traten beide Wirkungen nicht ein.

Zwar wurde mir signalisiert, daß sich Wałęsa mit mir treffen wollte. Ich war jedoch der Ansicht, daß einem solchen Gespräch unter vier Augen ein Arbeitskontakt mit Rakowski vorausgehen müsse – dem Vorsitzenden der Regierungskommission für Gewerkschaftsfragen, um den die „Solidarność"

[263] An diesem Tag fanden in Polen Wahlen zum Sejm statt.

bisher immer einen Bogen gemacht hatte. Außerdem war bereits die Entscheidung des Landesausschusses der „Solidarność" bekannt, einen allgemeinen Warnstreik auszurufen. Unter diesen Umständen erschien mir ein Treffen unzweckmäßig. Vielleicht hatte ich auch unrecht.

Auf jeden Fall brachte das bald danach stattfindende, äußerst wichtige „Dreiertreffen" nicht die gewünschten Ergebnisse. Wie zum Hohn fand am 28. Oktober – dem Tag, an dem das V. ZK-Plenum tagte – der vom Landesausschuß der „Solidarność" angezettelte allgemeine Warnstreik statt. Auf diesem Plenum sagte ich zum wiederholten Male: „Im Namen des höchsten Guts, im Namen der Rettung des Volkes appelliert die Partei an die „Solidarność", an ihre realistischen Kräfte, sich konstruktiv zu verhalten, die Strciks auszusetzen und die ewige Verweigerungshaltung zu beenden. Viel Zeit bleibt nicht mehr. Diese Blockade muß abgebaut werden." Gleichzeitig sagte ich aber auch: „... die vom IX. Parteitag vorgegebene Generallinie ist richtig und wird Bestand haben, das Wichtigste ist jedoch ihre konsequente und erfolgreiche Umsetzung."

KAPITEL 31

Das Dreiertreffen

Vom 30. bis 31. Oktober fand eine Sejm-Sitzung statt. In den vorangehenden 12 Tagen tagten das IV. und das V. ZK-Plenum. In dieser Zeit gab es Dutzende, hunderte lokaler Streiks, Protestaktionen, Spannungen und Störungen. Schließlich am 28. Oktober der einstündige allgemeine Warnstreik.

Aber ich war doch schon Erster Sekretär des ZK. Angeblich hatte ich die gesamte Verfügungsgewalt, man erwartete viel von mir. In Wirklichkeit konnte ich nicht viel tun. Mein Arm war sozusagen nicht lang genug. Deshalb hatte ich ein fatales Gefühl. Das ließ ich mir jedoch nicht anmerken.

In meiner Rede vor dem Sejm charakterisierte ich die gesellschaftliche, politische und wirtschaftliche Situation. „Das Land hat einen kritischen Punkt erreicht. Die Wirtschaft zerfällt, die Strukturen des Staates werden von innen heraus zersetzt ... Willkür, Rechtsbruch, wilde Streiks gehören zum Lebensstil ... Immer häufiger herrschen in den polnischen Familien Mangel, das Gefühl der Ohnmacht und die Furcht vor dem, was der morgige Tag bringen wird. So kann man nicht weiterleben. Wie lange kann man die Zahl der Appelle und Aufrufe, Angebote und Warnungen noch ausdehnen? Wie oft kann man noch seine Bereitschaft zu Verständigung, Dialog und konstruktiver Zusammenarbeit bekunden?"

Damals erhielt ich viele Resolutionen, Bitten und Aufrufe des Inhalts, daß sich die Regierung erfolgreich dem – wie ich das in meiner Rede genannt hatte – „brudermörderischen Nervenkrieg" entgegenstellen möge. Ich sagte auch, daß gewisse extreme Kreise in der „Solidarność" praktisch dabei seien, eine Gegenmacht zur Regierung zu bilden. Sie mißbrauchten das Vertrauen unzähliger Mitglieder, die sich in ihrer Mehrheit nicht darüber im klaren seien, in welches Spiel sie hineingezogen würden. Ich warnte: Wer Wind säe, könne Sturm ernten.

Der Ältestenrat des Sejm reichte zu dieser Sejm-Sitzung einen Beschlußentwurf ein, der die Aussetzung der Streiks forderte. Ich kündigte an, daß ich den Sejm, falls man seinen Beschluß ignoriere, dringend darum bitten würde, einen Gesetzentwurf der Regierung über außerordentliche Maßnahmen im Interesse der Verteidigung von Bürgern und Staat auf den Weg der Gesetzgebung zu bringen.

Ideal wäre eine von möglichst breiten Bevölkerungskreisen mitgetragene Verständigungsformel gewesen. Ich schlug deshalb beim Präsidium der Regierung die Bildung eines Rates zur Nationalen Verständigung oder eines Gesellschaftlichen Konsultationsrates vor. Außerdem brachte ich ein weiteres Mal eine Initiative zur Berufung einer ständigen gemischten Kommission ein, die aus Vertretern der Regierung und aller Gewerkschaften bestehen sollte.

Besonders große Hoffnungen setzte ich auf den Rat für Nationale Verständigung. Seiner Einrichtung sollte die Berufung einer Kommission, einer Initiativgruppe vorausgehen. Sie sollte sich über die Zusammensetzung des Rates für Nationale Verständigung einigen. Dieses Gremium konnte schon eine getreue Widerspiegelung unserer differenzierten Gesellschaft sein. Im übrigen sollte der Rat Konzeption und Programm einer Nationalen Verständigungsfront ausarbeiten.

Wir schlugen vor, daß die Initiativgruppe aus sieben Personen bestehen sollte: Je ein Vertreter der PVAP, der ZSL und der SD, des Unabhängigen Gewerkschaftsverbands „Solidarność", der Branchengewerkschaften, ein Vertreter der kirchennahen Kreise und ein Repräsentant aus Wissenschaft und Kultur, die zweifelsohne ebenfalls „Solidarność"-orientiert waren. Diese Besetzung war übrigens in keiner Weise eine Vorentscheidung. Die Initiativgruppe sollte nämlich nach dem Konsensus-Prinzip arbeiten, also auf der Grundlage von Beschlüssen, die von allen Mitgliedern befürwortet wurden. Das sollte der erste Schritt sein.

Obwohl sich diese Prozedur auf den ersten Blick kompliziert ausnahm, war sie in Wirklichkeit einfach. Das wichtigste Ergebnis sollte die Berufung des Rates für Nationale Verständigung sein. Dieser sollte nicht nur Staffage sein, wie man uns später zu unterstellen versuchte, sondern eine seriöse, repräsentative gesellschaftspolitische Institution. Letztere sollte das Forum für einen offenen Dialog werden und nach Problemlösungen suchen, die den Herausforderungen der damaligen Zeit entsprachen. Wir setzten voraus, daß der Rat eine meinungsbildende Körperschaft sein werde, deren Zusammensetzung gleichwohl auf dem Gesetzgebungswege festgelegt werden sollte.

Von der Rednertribüne des Sejm aus richtete ich eine Einladung an die ZSL, die SD, die Gewerkschaften und an die gesellschaftlichen, wissenschaftlichen und kulturellen Organisationen. Ich unterstrich, daß ich auf Unterstützung meiner Initiative durch die Kirchenleitung zählte. Mit ihr hatte ich schließlich schon früher Gespräche geführt. Am 21. Oktober traf ich mich mit Primas Glemp, der meine Idee positiv aufnahm. Ich führte eine ganze Serie von Konsultationen durch: mit dem Vorsitzenden des Hauptkomitees der ZSL, Stefan Ignar und dem Vorsitzenden des ZK der SD, Edward Kowalczyk. Ich sprach mit der Führung des ZBoWiD, des ZNP, der Frauenliga und mit den Vorsitzenden des Verbandes der Sozialistischen Jugend Polens (ZSMP), des Pfadfinderverbandes (ZHP), des Sozialistischen Studentenbundes (SZSP), des Landjugendverbandes (ZMW) und des Demokratischen Jugendverbandes (ZMD). Schließlich mit verschiedenen Personen von hohem gesellschaftlichem Ansehen. Man braucht nur einmal die Zeitungen von damals in die Hand zu nehmen, dann kann man diese lange Liste vervollständigen, die von Aleksander Gieysztor angeführt wurde.[264]

An dieser Stelle möchte ich etwas vom Thema abweichen, um einige Sätze über den damaligen ZBoWiD zu sagen – eine Organisation, die mir als Kriegsteilnehmer sehr nahe stand.

Im Zusammenhang mit dem 42. Jahrestag des Ausbruchs des Zweiten Weltkriegs hatte ich viele Kontakte mit dieser Organisation. Am 28. August traf ich mich mit General Jan „Radosław" Mazurkiewicz aus Anlaß seines 85. Geburtstags. Unser Gespräch war von tiefer Sorge um unser Land geprägt. Im selben Geist verliefen Treffen mit anderen Kriegsteilnehmern. Viele von ihnen zeichnete ich für ihre Teilnahme am Verteidigungskrieg von 1939 mit Medaillen aus. Unter den Ausgezeichneten waren Kämpfer von allen Fronten, u. a.: Major Leon Pająk, Verteidiger der Westerplatte; Pfarrer Stanisław Owczarek, im September 1939 Kaplan; Witold Łokuciewski – Pilot, Teilnehmer an der Luftschlacht um England; Kazimierz Rusinek von den „Czerwone Kosynierze"[265] in Gdynia; Paweł Dąbek, Soldat der „Volksarmee", und Lesław Bartelski, als Soldat der „Heimatarmee" Teilnehmer am Warschauer Aufstand. Bei dieser Gelegenheit traf ich mich auch mit General Franciszek Skibiński, der sich im September 1939 sowie bei den Kämpfen in Westpolen als hervorragender Heerführer ausgezeichnet hatte, und schließlich mit General Berling, dem ersten Oberbefehlshaber, unter dem ich gedient habe. Alle waren sehr beunruhigt. Obwohl sie aus verschiedenen Gesellschaftsschichten kamen, sprachen sie sich alle für die Stabilität des Staates und gegen Anarchie aus. In vielen Gesprächen spürte ich Erstaunen darüber, daß ich als Premier den damaligen Zustand der Gesellschaft tolerierte.

Am 18. September erließ der ZBoWiD einen „Appell an das Volk", in dem es u. a. hieß: „Noch gibt es die Zeit und die Chance, eine Verständigung zu erreichen, deren übergeordnetes Ziel (...) sein wird, das Land aus der wirtschaftlichen und politischen Krise herauszuführen. Wir warnen vor der realen Gefahr eines völligen Zerfalls unserer Wirtschaft, vor inneren Kämpfen und einer Isolation unseres Staates ..."

Das war nicht der erste Appell aus den Reihen der Kriegsteilnehmer. Am 25. Juli hatten der Zentralrat und das Präsidium der Hauptverwaltung des ZBoWiD eine Deklaration zur Unterstützung der Beschlüsse des IX. Parteitages der PVAP herausgegeben. Deren entscheidende Passage lautete: „Damit Polen Polen bleibt, muß es ein sozialistisches Polen sein,

---

[264] Aleksander Gieysztor, geb. 1916, Wissenschaftler, 1980-91 Direktor des Königsschlosses in Warschau, 1990-92 Präsident der Akademie der Wissenschaften.

[265] Wörtl. übersetzt „Rote Sensenmänner". Es handelte sich um Freiwilligen-Einheiten, die zu Beginn des Zweiten Weltkriegs von der Polnischen Sozialistischen Partei zum Kampf gegen die Deutschen aufgestellt wurden. Sie waren schlecht, oft sogar nur mit Sensen bewaffnet. (Auskunft von Jaruzelski gegenüber dem Übersetzer)

das mit der Sowjetunion und den anderen sozialistischen Staaten brüderlich verbunden ist."

An dieser Stelle halte ich eine weitere kleine Abschweifung für nötig. Włodzimierz Sokorski, den ich einige Jahre später zum Brigadegeneral beförderte, war 1981 Vorsitzender des Zentralrats des ZBoWiD. Ihm war es im wesentlichen zu verdanken, daß sich in der oben erwähnten Erklärung des ZBoWiD folgender Passus fand: „Da wir auf die materiellen und geistigen Errungenschaften Volkspolens stolz und immer zu ihrer Verteidigung bereit sind, schlagen wir vor, ein Denkmal für die Polen zu errichten, die in den ersten Jahren nach dem Zweiten Weltkrieg im Kampf mit den Gegnern der polnischen Volksmacht gefallen sind."[266] Sokorski trug also zunächst zum Bau dieses Denkmals bei und später, als er – wie er selbst in seinem Buch schrieb – „den Kommunismus verraten hatte", zum Abriß eben dieses Denkmals. Auch solche Paradoxe hat uns die Geschichte beschert.

Ich verwandte viel Zeit darauf, für die Idee einer nationalen Verständigung zu werben. Gleiches gilt für meine Mitarbeiter. Der November war geradezu vollgestopft mit den verschiedensten Treffen und Gesprächen. Parallel dazu entwickelte sich die Offensive „an der Basis" auf verschiedenen Ebenen. Die Parteien, Genossenschaften, Gewerkschaften und autonomen Vereinigungen reagierten darauf positiv. Der sogenannte liberale Flügel der Partei begrüßte diese Idee geradezu enthusiastisch. Schließlich, und das ist besonders wichtig, war die Resonanz in der Gesellschaft lebhaft. Ich hatte also Grund anzunehmen, daß wir uns auf einem gangbaren Weg aus dem Labyrinth der Konflikte befänden. Von allen Seiten kam ein ermutigendes Echo. Mit einer Ausnahme. In der „Solidarność" blieb es merkwürdig still. Weder von der Spitze noch von der Basis dieser Organisation erhielt ich Signale, die von Interesse gezeugt hätten. Es gab allenfalls skeptische Bemerkungen am Rande. Das war ein ungutes Vorzeichen. Die von uns vorgeschlagene Konzeption für eine Verständigung ging ganz offensichtlich an den Erwartungen und Plänen der „Solidarność"-Funktionäre vorbei.

Aber die Situation der Wirtschaft erforderte dringend konkrete Stabilisierungsmaßnahmen. Sie wurde für uns zu einer Frage von „Sein oder Nichtsein". Der Gesellschaft drohte unvorstellbares Leid, vor allem angesichts des bevorstehenden Winters. Dem konnte man nur auf zweierlei Art und Weise begegnen; entweder mit Verständigung und vermehrten Arbeitsanstrengungen oder mit außerordentlichen Disziplinierungsmaßnahmen.

Für mich gibt es keinen Widerspruch zwischen der Konzeption einer Verständigung und der Tatsache, daß im Sejm ein Gesetzentwurf über

---

[266] Anm. d. Übers.: Mit den „Gegnern der Volksmacht" waren hier die Polen gemeint, die nach dem Zweiten Weltkrieg gegen die Errichtung eines kommunistischen Systems in Polen kämpften. Das Denkmal sollte also die polnischen Kommunisten ehren.

außerordentliche Vollmachten für die Regierung eingebracht wurde. Alles lag klar auf der Hand. Ich schlug ein Dreiertreffen Glemp-Wałęsa-Jaruzelski vor. Mit großer Hoffnung ging ich in dieses Gespräch. Ich kannte die Absichten des Primas und rechnete auf Verständnis seitens des „Solidarność"-Vorsitzenden. Ich hoffte, daß wir eine Art „innenpolitische Revolution" aushandeln könnten.

In einer vertraulichen Absprache wurde der Termin für das Treffen auf den 4. November festgelegt. Ich weiß nicht mehr, um wieviel Uhr es begann, aber es war schon dunkel. Der Primas und der Gewerkschaftsvorsitzende erschienen gemeinsam in der Regierungsvilla in der Parkowa-Straße. Es mußte also vorher ein Gespräch zwischen beiden im Amtssitz des Primas in der Miodowa-Straße gegeben haben. Ein gutes Zeichen, dachte ich. Ich wußte die vermittelnde und mäßigende Rolle der Kirche zu schätzen. Wir setzten uns; es gab Kaffee, Tee und etwas Gebäck. Allgemein pflegte ich Gäste nicht zu verwöhnen. Ich dankte dafür, daß man meine Einladung angenommen hatte.

Zu Beginn des Gesprächs charakterisierte ich die Situation im Lande. Vor allem ging ich auf den Zerfall der Wirtschaft ein. Dafür nannte ich objektive, aber auch subjektive Gründe. Ich sprach von dem scharfen politischen Kampf, den Symptomen der Anarchie und der aufgeheizten Stimmung in der Gesellschaft. Ich will an dieser Stelle auf meine Ausführungen nicht detaillierter eingehen. Die Bewertung, die ich in diesem Gespräch abgab, ähnelte derjenigen, die ich einige Tage zuvor dem Sejm vorgetragen hatte.

Besonders stark betonte ich die außenpolitischen Probleme, die bedrohliche Formen annahmen. Wir hätten verschiedene Warnungen und Proteste erhalten, die u. a. damit zusammenhingen, daß Polen seine Handelsverträge nicht erfülle, antisowjetische Exzesse zunähmen und die Glaubwürdigkeit Polens als Bündnispartner geschwächt sei. Ich informierte meine Gesprächspartner über die drohende drastische Reduzierung von Lieferungen aus der Sowjetunion. Diese Informationen wurden aufmerksam zur Kenntnis genommen. Die Schwierigkeiten und Bedrohungen wurden nicht unterschätzt. Wałęsa aber sah den Hauptgrund dafür in den alten und neuen Sünden der Staatsmacht. Die neuen Sünden bestünden in einer zu langsamen Umsetzung der Wirtschaftsreformen und in einer negativen Einstellung zur „Solidarność", vor allem auf den unteren Verwaltungsebenen.

Ich bestritt diese Vorwürfe, die ich schon aus anderen Quellen kannte, nicht, machte jedoch darauf aufmerksam, daß es im System der Machtausübung positive Veränderungen gebe. Die Reformen seien unumkehrbar. Der IX. Parteitag habe den Willen zu ihrer Fortsetzung eindrucksvoll bestätigt. Die Kräfte der Beharrung in der Partei und die extremen Tendenzen in der „Solidarność" verstärkten sich gegenseitig. Ich könnte viele Beispiele dafür nennen, wie der Regierung, vor allem im wirtschaftlichen Bereich, Knüppel zwischen die Beine geworfen würden. Sicher gebe es auch in den Organen der Staatsmacht Menschen, die fehl am Platz seien. Wir würden sie nach und nach entfernen, aber die „Solidarność" bestünde auch nicht nur aus Engeln. Selbst in ihren Leitungsgremien gebe es Leute mit „psychopathischen Deviationen". Wenn man also eine Säuberung der Kader durchführe, müsse das auf beiden Seiten geschehen.

Der Primas zeigte Verständnis für die Argumente beider Seiten. Mit der ihm eigenen Ruhe sagte er, daß man verbinden und dem Konsens, der Verständigung dienen müsse. Er stellte aber auch fest: „Herr Premier, es gibt Informationen von den Bischöfen und Priestern, daß viele Vertreter der Staatsmacht sich nach wie vor der alten Methoden bedienen." Danach sagte er, an den „Solidarność"-Vorsitzenden gewandt, daß die Haltung eines Teils der „Solidarność"-Funktionäre ebenfalls Anlaß zu Besorgnis gebe, auch in moralischer Hinsicht. Er erwähnte u. a. die Problematik der Geschiedenen.

Wałęsa bestätigte, daß man einen Ausweg aus dieser Situation suchen müsse. Die „Solidarność" wolle weder die Staatsmacht oder das Gesellschaftssystem zum Einsturz bringen noch den Warschauer Pakt unterminieren. Die Einstellung einiger kommunaler Behörden sei jedoch besorgniserregend. Bei der „Solidarność" handele es sich um eine breite, dezentralisierte Bewegung, die nicht immer beherrschbar sei. Die Staatsmacht müsse ihre Basis stärker beeinflussen. Vor allem aber hätten die Menschen ein sehr schweres Leben.

Bei diesem Gespräch wurde uns – wie übrigens auch bei vielen anderen Gesprächen auf den unterschiedlichsten Ebenen – vorgeworfen, daß wir schlecht regierten. Die Schlangen vor den Geschäften seien lang, die Versorgungslage fatal, es fehle an vielen Waren. Wir unsererseits unterstrichen daraufhin immer, daß diese Lage entstanden sei, weil die „Solidarność", entgegen früheren Versprechen und Verpflichtungen, die wirtschaftlichen Prozesse behindere (u. a. bei der Kohleförderung) und die Disziplin in Gesellschaft und Produktion schwäche. Wir drehten uns immer im Kreise gegenseitiger Vorwürfe und hatten das Gefühl, daß im Grunde genommen keiner von uns über Mittel verfügte, diese Situation grundlegend zu ändern. Die Quadratur des Kreises. Nur gemeinsam konnte man aus ihr ausbrechen. Aber wie? Gegenseitiges Mißtrauen und Verdächtigungen seitens der sich zusehends radikalisierenden Basis – sowohl bei der „Solidarność" als auch bei der Staatsmacht – erschwerten eine Kompromißlösung.

Nichtsdestoweniger hielten wir es alle für notwendig, einen Grundstein zu legen, auf dem sich eine Verständigung über die Lösung der wichtigsten Probleme des Landes errichten ließ. Dieser Grundstein sollte der Rat für Nationale Verständigung sein. Diese Initiative wurde vom Primas mit weitgehender, vom „Solidarność"-Vorsitzenden mit verhaltener Zustimmung aufgenommen. Man befürchtete vor allem, dieser Rat könne zu einer neuen Form der Nationalen Einheitsfront werden.[267]

Wałęsa merkte darüber hinaus an, daß es besser wäre, zunächst die strittigen Fragen zu klären und erst dann den Rat für Nationale Verständigung ins Leben zu rufen. Ich versuchte, meine Intentionen darzulegen. Der Rat solle keine Fiktion sein, denn eine Fiktion löse keine Probleme. Polen stehe am Rand einer Katastrophe. Um diese zu verhindern, sei selbstverständlich das partnerschaftliche Zusammenwirken aller gesellschaftlich relevanten Kräfte notwendig. Ich bedauerte, daß es aufgrund des Widerstandes seitens der „Solidarność" bisher noch nicht einmal möglich gewesen sei, Vertreter aller Gewerkschaften an einem Tisch zu versammeln. Das Fehlen eines wirklichen Dialogs, mache eben die Lösung vieler umstrittener Probleme unmöglich. Logischer sei es also, zunächst ein entsprechendes Forum zu bilden, um dieses dann für die erforderlichen Vereinbarungen und Problemlösungen zu nutzen.

Ich schlug die Einrichtung einer Gruppe, eines Initiativausschusses vor, der Vorschläge für die personelle Zusammensetzung und die weitere Tätigkeit des Rates für Nationale Verständigung vorlegen solle. Seitens der Staatsmacht sei Kazimierz Barcikowski zu entsprechenden Kontakten bereit. Der Primas nannte als Vertreter der Kirche Bischof Bronisław Dąbrowski. Wałęsa sah sich nicht in der Lage, aus dem Stegreif einen Vertreter der „Solidarność" vorzuschlagen. Damals wunderte ich mich darüber. Bald aber verstand ich die Gründe für seine Zurückhaltung. Zum Zeitpunkt des „Dreiertreffens" war seine Position innerhalb der Gewerkschaftsführung noch nicht allzu gefestigt. Ihm waren also in gewisser Weise die Hände gebunden. In Gdańsk hatte ihn Jan Rulewski mit den Worten verabschiedet: „Du fährst mit einem Geschenk zum Präsidenten – Żyrardów, Tarnobrzeg, vielleicht auch Zielona Góra." Rulewski spielte damit auf Wałęsas Absicht an, die Streikaktionen in diesen Städten einzudämmen. Nach Rulewskis Meinung war es jedoch wichtig, daß diese Streikaktionen weitergingen und Wałęsa die Möglichkeit gaben, den Preis für Zugeständnisse hochzutreiben. Wie Wałęsa in seinen Erinnerungen schreibt, hat er darauf entgegnet: „Mir wird entweder von ihnen oder von Dir der Kopf abgeschlagen werden, Jan." Ein anderer „Solidarność"-Funktionär, Jan Łużny, hatte vorgeschlagen, Wałęsa solle überhaupt nicht zu dem Dreiertreffen fahren: „Soll doch Jaruzelski zu uns kommen." Zygmunt Rolicz schlug sogar vor, den Vorsitzenden auszuwechseln. Für seinen gemäßigten Kurs bezahlte Wałęsa nicht nur mit einem äußerst knappen Ergebnis bei seiner Wahl zum Vorsitzenden, sondern auch mit dem zunehmenden Widerstand radikaler Gewerkschaftskreise gegen seine Politik des Dialogs und Kompromisses.

[267] „Front Jedności Narodu", Organisation, unter deren Dach die PVAP alle gesellschaftlichen Kräfte für ihre Ziele einspannen wollte. Im Deutschen wird diese Erscheinung mit dem Begriff „Volksfront" umschrieben.

In seinem Buch „Weg der Hoffnung" gibt Wałęsa zu, daß der Landesausschuß ihm als Vorsitzendem überhaupt das Recht bestritt, mit mir
Gespräche zu führen. Man war der Ansicht, daß er ausschließlich Positionen vertreten dürfe, die vom Landesausschuß abgesegnet seien. Solche
Positionen gab es jedoch nicht. Als Wałęsa auf dem Rückweg nach Gdańsk
war, faßte der Landesausschuß einen Beschluß, in dem der Sinn des bisherigen Gesprächs überhaupt in Frage gestellt und mit einem Generalstreik
gedroht wurde. Am Morgen des 5. November informierte der Minister Kuberski den Primas, den er bei dessen Abflug nach Rom auf dem Flughafen
verabschiedete, über beunruhigende Signale aus Gdańsk. Der Primas war
überrascht und besorgt. Er hätte gern eingegriffen, aber bis zum Abflug blieben nur noch 20 Minuten. Da kam der Zufall zu Hilfe. Durch Nebel verzö-
gerte sich der Start um zwei Stunden. Rasch kehrte der Primas in seinen
Amtssitz zurück. Er schickte ein Telegramm an Wałęsa, in dem er ihm „für
die Anwesenheit bei dem Dreiergespräch in Warschau" dankte. Das trug
zur Milderung des Inhalts der letzten vom Landesausschuß der „Solidarność" abgegebenen Erklärung bei, nahm ihr aber nichts von dem Kampfgeist, den sie atmete.

Trotz dieser ungünstigen Signale leitete ich die nächste Konsultations-
runde ein. Die Kirche schlug ihren Vertreter für den Initiativausschuß vor:
Andrzej Micewski. Die ZSL hatte Bolesław Strużek, die SD Jan Paweł
Fajęcki nominiert, und der Wissenschaftsbereich sollte durch Aleksander
Gieysztor vertreten werden. Von unserer Seite sollte Barcikowski teilnehmen. Aber diese Personalvorschläge wurden ständig geändert. Verschiedene Namen machten die Runde. Beispielsweise seitens der Kirche – schon
mit dem Gedanken an den zukünftigen Rat für Nationale Verständigung,
seinen Status und sein Programm – Stanisław Stomma, Andrzej Wielowiejski, Stefan Sawicki, Michał Pietrzak und Jerzy Turowicz. Die ZSL
brachte Dyzma Gałaj ins Gespräch.

Die „Solidarność" dagegen ließ sich mit der Benennung ihres Vertreters
Zeit. Es gab Stimmen, denen zufolge man an Jan Olszewski dachte. Wir
dachten zunächst, die „Solidarność" brauche Zeit, um sich abzustimmen.
Deshalb schlugen wir vor, die Initiativgruppe solle ihre Arbeit ohne den
Vertreter der „Solidarność" aufnehmen, für den ein Platz freigehalten wer-
den sollte. Dem stimmte jedoch die Kirche nicht zu. Später stellte sich her-
aus, daß die „Solidarność" einfach eine andere Konzeption verfolgt hatte.
Der Rat für Verständigung sollte von der „Solidarność", der Kirche und
der Regierung gebildet werden, also von Kräften, die jeweils einen
Sonderstatus in der Gesellschaft hatten. Ganz allgemein mangelte es an
Herz für diese Initiative. Man favorisierte eher die Einberufung eines
Gesellschaftlichen Wirtschaftsrates. Das wäre ein Gremium mit ausge-
prägterem Arbeitscharakter gewesen, das mithin den Rat für Nationale
Verständigung nicht ersetzen, sondern gewissermaßen neben ihm existie-
ren sollte. Die Suche nach Lösungen stockte immer mehr. So war die ver-

fluchte Logik der damaligen Zeit. Jeder fürchtete, vom anderen hintergangen zu werden. Fast jeder Vorschlag wurde als Hinterhalt, als Schwächungs- und Täuschungsversuch der anderen Seite aufgefaßt. Trotzdem kann ich mit Recht behaupten, daß die Staatsmacht wirklich nach Verständigung strebte. Das war unsere Chance, ja ich würde sagen: unsere Flucht nach vorn. Aus verschiedenen, sowohl innen- als auch außenpolitischen Gründen konnten wir uns jedoch nicht allzuweit vorwagen. Das hätte ebenfalls mit einer Niederlage geendet. Die „Solidarność" dagegen fühlte sich stark. Ihr schien ein Kompromiß mit einem schwächer werdenden Partner kein gutes Geschäft zu sein. Viele radikale Funktionäre rechneten damit, daß die Staatsmacht „vom Baum fallen werde wie ein fauler Apfel". Man müsse nur kräftig genug schütteln. Das konnte bereits in der zweiten Dezemberhälfte der Fall sein.

Man wirft mir vor, daß die Idee eines Rates und einer Front der Nationalen Verständigung „zu enigmatisch", ohne klar umrissene Strukturen und Kompetenzen gewesen sei. Es ist wahr, die Struktur war nicht klar definiert, und eine Kompetenzverteilung gab es nur in Ansätzen. Diese Fragen sollten von den zukünftigen Partnern ausgehandelt werden. Die Hauptintention war jedoch die Berufung des Rates eben zu dem Zweck, die besten Formen der Verständigung so zu definieren und schließlich zu realisieren, daß sie für diejenigen, denen es wirklich um Verständigung ging, nachvollziehbar waren.

Diese Konzeption wurde allgemein als wichtiger Schritt auf dem Weg zum inneren Frieden anerkannt. Ich hatte die ZSL und die SD, die Genossenschaften und gesellschaftlichen Organisationen sowie viele herausragende Vertreter von Wissenschaft und Kultur konsultiert. Wir konnten den Standpunkt der „Solidarność" nicht akzeptieren, der auf eine Degradierung, ja eigentlich auf eine Ausschaltung aller anderen Gesprächspartner hinauslief.

Man darf also nicht die Gegebenheiten der damaligen Zeit außer acht lassen. Die verbündeten Parteien[268] fanden nach und nach zu einem politischen Standpunkt. Die Annahme des Konzepts der „Solidarność" hätte eine Mißachtung unserer politischen Partner und der übrigen Gewerkschaften bedeutet. Ihnen gegenüber hatte die Partei bereits Fehler gemacht, um so weniger konnte sie sich jetzt auf die von der „Solidarność" gestellten Bedingungen einlassen.

Es gab noch einen anderen Aspekt. Obwohl die „Solidarność" eine Gewerkschaft war, kümmerte sie sich im allgemeinen weniger um die soziale Problematik. Politische Ziele traten bei ihr immer mehr in den Vordergrund. Zu jener Zeit betonte sie z. B. besonders die Frage der territorialen Selbstverwaltung, der Wahlen zu den Kommunalparlamenten. Aber diese Probleme konnte man doch nicht in einem Zirkel klären, aus dem Vertreter

[268] S. Anm. 113.

der anderen politischen Bewegungen ausgeschlossen waren. Das wurde auf der Sitzung des Kooperationsausschusses von PVAP, ZSL und SD am 11. November mit Nachdruck betont.

Sie war eine der wichtigsten Sitzungen dieses Ausschusses. Wir trafen uns in einem außergewöhnlichen geschichtlichen Moment. Seitens der PVAP nahmen an dieser Sitzung Kazimierz Barcikowski, Zbigniew Michałek, Mieczysław Rakowski und Marian Woźniak teil. Vertreter der ZSL waren: Roman Malinowski, Józef Kukułka, Ryszard Nowak, Jerzy Szymanek und Waldemar Winkiel. Die SD war durch Edward Kowalczyk, Alfred Beszterda, Józef Eljasiewicz, Jan Fajęcki, Józef Musioł und Marek Wieczorek vertreten. In dieser großen Runde wurde deutlich, daß sich zwischen uns eine echte Zusammenarbeit zu entwickeln begann. Ich schilderte die gegenwärtigen Anstrengungen, die Idee der Verständigung umzusetzen.

Den Parteiführungen der ZSL und der SD war sehr daran gelegen, bei dieser Initiative nicht nur eine zweitrangige Rolle zu spielen. Roman Malinowski, der vor kurzem Stefan Ignar an der Spitze der ZSL abgelöst hatte, hielt die Erarbeitung einer Struktur für die Front der Nationalen Verständigung für eine außerordentlich wichtige Angelegenheit. Das von dem Rat zu verabschiedende Programm solle das eines polnischen Kompromisses werden. Er versicherte, die ZSL werde alles in ihrer Macht stehende tun, um zum Gelingen dieses Unternehmens beizutragen. Auch der Vorsitzende des Zentralkomitees der SD, Edward Kowalczyk, unterstützte diese Idee mit Nachdruck. Er betonte vor allem die Notwendigkeit, den inneren Frieden zu stärken, zu einem besseren Verständnis der polnischen Staatsräson beizutragen sowie auf die junge Generation mit einem überzeugenden Programm zuzugehen. Wir waren alle überzeugt, auf einem guten Weg zu sein.

Die Idee einer Front für nationale Verständigung wurde in dieser Zeit zum wichtigsten politischen Thema, zum Gegenstand einer lebhaften Diskussion in der Presse und auch – im Gefolge eines Briefes des Politbüros an die Grundorganisationen der Partei – innerhalb der Partei. Wir taten alles, um diese Diskussion auf eine möglichst solide Basis zu stellen. Aber es wollte uns nicht gelingen ...

Den Kern des Problems hat Rakowski in einer langen, am 1. Dezember in der „Trybuna Ludu" veröffentlichten Stellungnahme erläutert. Zuerst müsse man den Rat und die Front für Nationale Verständigung schaffen. Das würde uns erlauben, die Probleme, denen wir uns gegenübersähen, anzupacken und erfolgreiche Lösungen herbeizuführen. Die „Solidarność" dagegen wolle, daß erst die Lösung der Probleme zu einer Front der Verständigung führen solle. „Ich weiß nicht", sagte Rakowski, „ob es ein Zeichen von gutem Patriotismus ist, wenn sich die ‚Solidarność' weniger um die Belange von Staat und Gesellschaft kümmert, als vielmehr darum, sich einer Mitverantwortung zu entziehen, um sich nicht mit unpopulären, aber notwendigen Entscheidungen zu ‚bekleckern'".

Einige Zeit davor, am 19. Oktober, als ich das Amt des Ersten Sekretärs übernommen hatte, hatte eine Sitzung des Militärrats stattgefunden. Man gratulierte mir und wünschte mir alles Gute. Ich bedankte mich, aber ohne jede Freude. Mir war bewußt, welch schwere Bürde dieses Amt bedeutete. Ich sprach davon, daß die Situation extrem schwierig sei. Eine breitere Einbindung der Armee in das gesellschaftliche, wirtschaftliche und politische Leben sei notwendig. Wenn das Haus brenne, dürfe es nicht am Soldaten fehlen. Dafür müsse man eine gesellschaftlich akzeptierte Form finden. Dabei dachte ich vor allem an eine Mobilisierung der Regionalen Operationsgruppen. Die Entwicklung sei sehr beunruhigend. Der Beschluß des IV. Plenums bevollmächtige uns, alles Notwendige zu unternehmen. Entweder eine ultimative Operation oder andere Varianten, die zuvor vom Sejm gebilligt werden müßten. Dabei schwebte mir der Entwurf eines Sondergesetzes vor, das Streiks in der Winterperiode verbot. „Achten wir darauf, daß die Autorität des Militärs keinen Schaden nimmt." Die Diskussion war erregt, wie schon bei der vorangegangenen Sitzung.

Danach folgten Beratungen mit Vertretern der Regionalen Operationsgruppen. An ihnen nahmen auch Vertreter von Partei und Regierung teil, u. a. Minister Ciosek, aber auch der damalige Kanzleichef des Zentralkomitees, Andrzej Barzyk, sowie Vertreter der Ministerien, die mit wirtschaftlichen Fragen zu tun hatten. Es ging darum, den Mitgliedern der Regionalen Operationsgruppen das notwendige Wissen über Gesellschaft und Wirtschaft zu vermitteln. Sie sollten zur Beseitigung verschiedener Deformationen in der Tätigkeit der kommunalen Behörden beitragen und ganz allgemein der Gesellschaft helfen. Wir informierten sie auch über die Idee der nationalen Verständigung und ermunterten sie, diese überall in Polen den Menschen nahezubringen.

Die nächste Sitzung des Militärrats des Verteidigungsministeriums fand am 9. November statt. Obwohl ich nach Übernahme der Funktion des Ersten Sekretärs noch weniger Zeit hatte, leitete ich diese Sitzung. Ich wollte die Führungskader der Streitkräfte persönlich über das „Dreiertreffen" informieren. Damals glaubte ich noch an eine reale Chance zur nationalen Verständigung. Ich hatte jedoch Informationen, daß dieses Treffen in einigen Kreisen des Militärkaders mit gemischten Gefühlen aufgenommen worden sei. Das bestätigten im übrigen auch einige Mitglieder des Militärrats. Man sagte, die bisherigen Reaktionen auf die Initiativen der Staatsmacht seien nicht ermutigend. Weiterhin informierte man mich darüber, daß die Situation landesweit sehr schlecht sei. Man beklage die ständigen Rechtsbrüche, die Ohnmacht der Behörden sowie den Zerfall der Wirtschaft, der sich auch auf die Versorgung des Militärs mit materiellen und technischen Gütern auswirke. Obwohl die von General Mieczysław Obiedziński geleitete Zentrale Quartiermeisterei sowie die Technische Hauptverwaltung mit General Zbigniew Nowak an der Spitze und die diesen Institutionen nachgeordneten Dienste personell zwei-, ja dreifach verstärkt worden seien, gäbe es in den

Kasernen immer häufiger Schwierigkeiten. Die Unzufriedenheit darüber beschränke sich schon nicht mehr nur auf die Kader, sondern habe auch die Wehrpflichtigen erfaßt. Ein Mitglied des Militärrats meinte, das Militär sei ein gesunder Organismus. Einzelne Mißstände könne es selbst beheben. Ein anderer sagte, die neuen Rekruten würden sich nicht zur „Solidarność" bekennen. Sie saugten jedoch alle Informationen begierig auf. Darin unterschieden sie sich vorteilhaft von der vorangegangenen Rekrutengeneration. Das war eine sehr interessante, ja bezeichnende Bewertung.

Ich faßte zusammen: Immer noch sei die Zeit schwierig und gefährlich. Wir unternähmen Schritte im Sinne des IX. Parteitags und des IV. Plenums. Das Treffen mit dem Primas und Wałęsa habe viele überrascht, sei aber begründet gewesen. Wir müßten zu unserem Wort stehen, Vertrauen in der Gesellschaft aufbauen. Daher auch die praktische Initiative zur Schaffung einer Verständigungsfront. Wir müßten das Gesetz des Handelns an uns reißen. Wichtig wäre auch, daß die Kirche sich beteilige und ihre Ansichten darlege. Die Erklärungen Wałęsas eröffneten eine gewisse Chance. Gleichzeitig machten sich extreme Kräfte deutlich bemerkbar. Sie müßten unbedingt isoliert werden. Die Gesellschaft dürste nach Frieden. Das gehe aus Meinungsumfragen hervor. Jede Spannung diene den Extremen, der Friede dagegen diene besserer Arbeit. Notwendigenfalls würden wir uns an den Sejm wenden mit der Bitte, ein Gesetz zu verabschieden, das Streiks im Winter verbiete.

Ich sei der Meinung, daß ein solches Gesetz Unterstützung in der Gesellschaft finden werde. Jeder unserer Schritte müsse von der Ehrlichkeit der Staatsmacht Zeugnis ablegen. Der Staat erleide heute starke Verluste, weil seine Vertreter sich oft kompromittiert hätten. Das werde von den Regionalen Operationsgruppen bestätigt. Das Schlagwort von einer Nationalen Verständigungsfront müsse glaubwürdig werden. Das sei keine Verteidigung der Staatsmacht, sondern eine Verteidigung Polens.

Die Verständigungsfront sei de facto eine Front zur nationalen Errettung.[269] Wir wollten sie auf eine breite Grundlage stellen. Der Rahmen dafür werde jedoch vom Gesellschaftssystem, von der nationalen Sicherheit und vom inneren Frieden vorgegeben. In dieser Angelegenheit strebten wir eine breit angelegte Konsultation an.

Was die Regionalen Operationsgruppen betreffe, so müsse die Gesellschaft wissen, daß der Vorsitzende des Ministerrats die Resultate der Arbeit dieser Gruppen überwache und überall im Lande die Situation in der Verwaltung beobachte. Dort habe sich ein reicher Erfahrungsschatz angesammelt. Man müsse die nächste Operation vorbereiten, die zum Ziel habe,

---

[269] Der Militärrat, der nach Ausrufung des Kriegsrechts die Macht in Polen übernahm, nannte sich denn auch „Militärrat zur Nationalen Errettung".

in einigen hundert großen Industriebetrieben verschiedene Mißstände auszumerzen. Sie müsse sich auch auf die Funktionsfähigkeit des Transportsystems, des Fernmeldewesens und der Zivilverteidigung erstrecken. Es gehe u. a. darum, uns als zuverlässiges Mitglied des Warschauer Pakts zu erweisen. Soeben hätte ich eine Note des Verteidigungsministeriums der UdSSR erhalten, in der sich dieses über unkorrektes Verhalten gegenüber Soldaten der Nordgruppe der Sowjetischen Streitkräfte beschwert habe. Die Gesellschaft müsse spüren, daß dort, wo das Militär sei, Ordnung herrsche, daß sich die Streitkräfte in besonderer Weise für das Schicksal des Landes verantwortlich fühlten.

Die Jahre vergingen, vieles änderte sich. Man konnte auf die damals zunichte gemachte Initiative zurückkommen. Im Jahre 1989 führte die „Solidarność" nicht nur mit PVAP, ZSL und SD Gespräche, sondern auch mit katholischen Laienorganisationen – PAX, ChSS und PZKS – sowie mit der OPZZ,[270] die in gewisser Weise an die Stelle der Branchengewerkschaften getreten war. Später bildeten sie eine Koalition im Parlament, der auch die Fraktionen von ZSL und SD angehörten.

Am 25. November 1990, also am Tag der Präsidentschaftswahlen, stellten mir die mich belagernden Journalisten die Frage: Was halten Sie für Ihre größte politische Niederlage? Ich antwortete: den Umstand, daß es im Herbst 1981 nicht zu einer nationalen Verständigung gekommen ist. Diese Meinung habe ich bis heute nicht geändert. In Krisensituationen kann man das Land nur durch gemeinsames Handeln retten und aus der Krise führen.

Die Behauptung, die Staatsmacht habe die Opposition mit Gesprächen geködert, gleichzeitig aber heimlich Vorbereitungen für das Kriegsrecht getroffen und die Entscheidung über seine Einführung bereits zu einem früheren Zeitpunkt gefällt, hält einer seriösen Überprüfung nicht stand. Unter welchen Umständen hätte man das für glaubwürdig halten können? Doch nur dann, wenn die „Solidarność" Bereitschaft zur Beteiligung am Rat für Verständigung gezeigt, aber die Praxis erwiesen hätte, daß das Angebot der Staatsmacht falsch und hinterhältig war. Nichts dergleichen geschah. Unser Angebot wurde nicht angenommen. Aber es war doch ernst gemeint, von Verantwortungsbewußtsein getragen, und hätte weitreichende Konsequenzen haben können. Wurden die Absichten der Staatsmacht mißdeutet?

[270] ChSS: „Chrześcijańskie Stowarzyszenie Społeczne" („Christliche Gesellschaftliche Vereinigung"), von 1957 bis 1989 existierende Vereinigung, die auch Abgeordnete im Sejm hatte. – PZKS: „Polski Związek Katolicko-Społeczny" („Polnischer Katholischer Gesellschaftsverband"), 1981 gegründete, aus der Spaltung einer anderen Organisation hervorgegangene katholische Laienvereinigung. – OPZZ: „Ogólnopolskie Porozumienie Związków Zawodowych" („Gesamtpolnischer Gewerkschaftsverband"), prokommunistische Organisation, im November 1984 als Gegengewicht zur „Solidarność" ins Leben gerufen. Beteiligt am „Runden Tisch".

Die „Trybuna Ludu", die als Parteiorgan die offizielle Meinung wiedergab, schrieb am 9. Dezember: „Es unterliegt keinem Zweifel, daß ein Rat für Verständigung, selbst wenn er über keinerlei exekutive Vollmachten verfügen sollte, allein dadurch, daß er sich als Emanation der wichtigsten politischen Kräfte konstituierte und seine Tätigkeit aufnähme, zur höchsten politischen Autorität werden würde, der sich niemand entgegenzustellen wagen würde; der Rat würde auf jeden Fall konstruktive Ergebnisse erzielen, und wären sie noch so gering. Allein die Tatsache, daß jemand an einem Runden Tisch Platz nimmt, zwingt ihn dazu, Stellung zu den Tagesordnungspunkten zu beziehen. ... Es ist nicht ausgeschlossen, daß der Sejm der nächsten Legislaturperiode nach einem im Rat für Nationale Verständigung vereinbarten demokratischen Verfahren gewählt wird, dann die Funktion eben jenes Rates übernimmt und dadurch dessen weitere Existenz überflüssig macht." Die Formulierung „ein im Rat für Nationale Verständigung vereinbartes demokratisches Verfahren" traf genau das, was Jahre später am „Runden Tisch" vollbracht wurde. Ich wage zu behaupten, daß das Prinzip der 35 %[271] bereits damals innen und außen akzeptiert worden wäre. Auf jeden Fall wäre es den Versuch wert gewesen.

Dadurch, daß Polen im Jahre 1981 als sozialistischer Staat zerfiel, verhärtete sich die Front der Gegner von Veränderungen innerhalb des Warschauer Pakts. Wenn es die Möglichkeit gehabt hätte, sich nicht durch eine Schocktherapie, sondern schrittweise zu erneuern, wäre es vielleicht zum Ansporn und Beispiel für andere geworden. Wir hätten die Lokomotive für Veränderungen des ganzen Systems werden können, wenn wir nicht so schnell gefahren wären. Doch zurück auf den Boden der Tatsachen.

Mußten wir erst das Kriegsrecht durchmachen, diese schwierigen Jahre, um zum Ausgangspunkt zurückzukommen? Ich will die Vorwürfe nicht nur an eine Seite richten. Heute bin ich der Meinung, daß ich damals entschlossener, kühner hätte handeln können. Doch ich kann nicht den Vorwurf akzeptieren, es habe mir an gutem Willen gemangelt. Ich kannte die Alternative, vor der ich stand: entweder Verständigung oder aber eine Entscheidung, deren überaus schwere Last ich bis an mein Lebensende zu tragen hätte.

Nicht nur Wałęsas Manövrierspielraum, auch der meinige wurde immer stärker eingeengt. In den Regierungsreihen im weitesten Sinne wurde das Murren lauter: Man kann nicht immer nur zurückweichen, man muß entschlossen und prinzipientreu handeln. Jeder von uns mußte die Kräfteverteilung seiner eigenen politischen Basis in seine Überlegungen einbe-

---

[271] Bei den Verhandlungen am „Runden Tisch" zwischen Regierung und „Solidarność" 1989 wurde u. a. vereinbart, daß bis zur Abhaltung der ersten freien Wahlen die Regierung 65 %, die der „Solidarność" nahestehenden Parteien 35 % der Parlamentssitze erhalten sollten. (Auskunft von Jaruzelski gegenüber dem Übersetzer)

ziehen. Im ganzen jedoch halte ich die bloße Tatsache, daß es zu dem „Dreiertreffen" kam, sowie die Möglichkeiten, die es eröffnete, für einen politischen und psychologischen Erfolg. Dieses Treffen belebte die Chancen einer Verständigung. Ich erinnere mich daran, daß die von mir vorgeschlagene gemeinsame Erklärung, die dann über die Massenmedien verbreitet wurde, in der Gesellschaft mit großer Zufriedenheit und Hoffnung aufgenommen wurde. In dieser Erklärung wurde das Treffen als „nützlich und gleichzeitig als Vorbereitung für weitere inhaltliche Konsultationen" bewertet. Leider hat die weitere Entwicklung der Dinge diese Hoffnungen zunichte gemacht. Wir Polen haben irgendein merkwürdiges Pech oder vielleicht eher ein eigentümliches „Talent", Erfolge in Niederlagen zu verwandeln.

KAPITEL 32

Zwischen Hammer und Amboß

In der zweiten Hälfte des Jahres 1980 und während des ganzen Jahres 1981 stand die polnische Außenpolitik vor drei Hauptaufgaben: Erstens die finanzielle und materielle Unterstützung der Volkswirtschaft durch die Partner sowohl des RGW als auch des Westens sicherzustellen. Zweitens sowohl im Westen als auch im Osten um Verständnis für unsere Innenpolitik zu werben. Drittens der sowohl vom Westen als auch vom Osten betriebenen Instrumentalisierung und Ausnutzung Polens in der sich verstärkenden Konfrontation zwischen den beiden politisch-militärischen Blöcken entgegenzuwirken.

Józef Czyrek erzählt*:

Waren diese Ziele unter den damaligen Bedingungen erreichbar? Wir hofften es, obwohl es nicht an Warnungen vor übertriebenem Optimismus fehlte. Über viele dieser Ziele war schon gesprochen und geschrieben worden. Dennoch weiß niemand etwas von der Warnung, die wir von der Premierministerin Großbritanniens, Margaret Thatcher, erhielten. Im März 1981 besuchte ich offiziell die britische Hauptstadt. Die Frau Premierministerin empfing mich in ihrem Amtssitz in der Downing Street. Mit Aufmerksamkeit und unverhohlenem Interesse hörte sie meinem Bericht über die Lage in Polen zu. U. a. sagte ich, daß wir angesichts unseres gegenwärtigen Bemühens, schwierige Gegensätze auf dem Wege eines Kompromisses mit der Gewerkschaft „Solidarność" zu überwinden, die Hoffnung hätten, daß sich die innenpolitische Situation weiterhin günstig entwickle.

Margaret Thatcher knüpfte an diese Äußerung an. Ohne jegliche diplomatische Schönfärberei sagte sie unumwunden, daß sie angesichts ihrer eigenen Erfahrungen mit den britischen Gewerkschaften unseren Optimismus nicht teile, obwohl sie uns natürlich Erfolg wünsche.

In den letzten Monaten des Jahres 1980 mehrten sich innerhalb des Warschauer Pakts die beunruhigten, kritischen und warnenden Stimmen gegenüber Polen. Dabei tat sich neben der UdSSR die Führung der DDR besonders hervor. Unter Ausnutzung unserer Schwäche versuchte sie, zum zweitwichtigsten Staat des Warschauer Pakts nach der UdSSR zu werden. Trotz unserer Proteste begann sie mit der Politik der „Quarantäne", indem sie den visafreien Reiseverkehr zwischen unseren beiden Ländern einseitig aufkündigte. In die Fußstapfen der DDR trat bald darauf die Tschechoslowakei.

Im Januar 1981 kam ich in meiner Eigenschaft als Außenminister zu einem offiziellen Besuch nach Moskau. Im Gespräch mit Gromyko unterstrich ich

mehrfach, daß man nicht zulassen könne, daß die wirtschaftliche und gesellschaftliche Krise zu einem politischen Konflikt werde, in dem die Opposition
die Grundlagen des Sozialismus untergrübe. Die gegen Polen sowie direkt oder
indirekt gegen unsere Führung gerichtete Kritik verstärkte sich nach der Entscheidung über die Einberufung des IX. Außerordentlichen Parteitages der
PVAP. Die Quintessenz war der Brief des ZK der KPdSU an das ZK der PVAP
im Juni, der sich im Kern gegen Stanisław Kania und Wojciech Jaruzelski richtete.

Die Reden, die auf dem Parteitag zu außenpolitischen Fragen gehalten
wurden, waren in beinahe orthodoxer Parteisprache gehalten und boten keinerlei Angriffsflächen für verschärfte Kritik. Dagegen rief die vom Parteitag
proklamierte Linie der sozialistischen Erneuerung, des Dialogs, der Verständigung und der Reformen bei den meisten Delegationen aus den anderen sozialistischen Ländern große Beunruhigung hervor und wurde mit vielen Vorbehalten aufgenommen. Aus den Korridorgesprächen mit Delegationsmitgliedern
weiß ich, daß sie die Kräfteverteilung in der neuen Parteiführung negativ
bewerteten, da in dieser Parteiführung ihrer Meinung nach „liberale und revisionistische Reformer" das Übergewicht hatten. Dort hörte ich zum ersten Mal
aus den Reihen der sowjetischen Delegation den Ausspruch, Jaruzelski sei ein
liberaler General.[272]

Als trotz der gemäßigten Haltung Lech Wałęsas die zusehends radikaler
werdende Führung der „Solidarność" zu der Taktik überging, Vereinbarungen
zu ignorieren, offenbarte sich das Paradox des polnischen Dramas in seinem
ganzen Ausmaß. Da standen dann – wenn auch aus einander diametral entgegengesetzten Motivationen – gewissermaßen die sozialistischen Länder in
einer Front mit der „Solidarność" gegen die Linie des IX. Parteitages.

Der Westen unterstützte die „Solidarność", wenn auch dabei das Engagement der einzelnen Länder unterschiedlich stark war. Würde er die Dramatik
unserer Situation verstehen? Wie würde er sich dazu stellen? Erkannte er die
bedrohlichen Szenarien der möglichen Ereignisse, und war er sich der Folgen
einer Internationalisierung der polnischen Krise für Europa bewußt? Würde er
bereit sein, mäßigenden Einfluß auszuüben, und wenn ja, schlösse das auch die
Bereitschaft ein, Polen in wirtschaftlichen Fragen entgegenzukommen, dabei
zu helfen, den vor allem bei Lebensmitteln aus den Fugen geratenen Markt
wieder in den Griff zu bekommen?

Nach Gesprächen mit Stanisław Kania und Wojciech Jaruzelski wurde
beschlossen, möglichst bald in Gespräche mit unseren wichtigsten westlichen
Partnern einzutreten.

Am 17. August wurde ich vom französischen Premierminister Mauroy empfangen. Er schuf eine Atmosphäre des Wohlwollens und der Aufrichtigkeit und
bekundete freundschaftliche Gefühle gegenüber Polen. Eine Einladung des
Premiers Jaruzelski nahm er an und schlug vor, das Treffen solle Mitte Dezem-

---

[272] Das Wort „liberal" hatte im sowjetischen Sprachgebrauch einen negativen Akzent.

ber 1981 in Warschau stattfinden. Was unsere wirtschaftlichen Forderungen betraf, sagte er eine positive Prüfung zu. Er teilte unsere Beunruhigung über das sich verschlechternde Klima zwischen West und Ost. Aber das war nicht das Interessanteste an diesem Gespräch.

Mauroy legte sehr offen seine persönliche Auffassung über die Beziehungen der sozialistisch geführten französischen Regierung zu Polen dar. In Anlehnung an meine Informationen über den IX. Parteitag und die inneren und äußeren Bedrohungen für unser Land stellte er fest, daß Frankreich zu Polen nicht nur privilegierte, sondern sehr enge Beziehungen haben sollte. Frankreich beginne nach der kürzlich erfolgten Übernahme der Regierung durch die Sozialisten selbst einen Prozeß der Erneuerung. Polen habe durch die Anerkennung des Gewerkschaftspluralismus und die Proklamation der Politik der sozialistischen Erneuerung auf dem IX. Parteitag einen ähnlichen Weg beschritten. Deshalb müßten wir uns gegenseitig helfen. Das wäre nicht nur für unsere beiden Länder von Vorteil. Frankreich im Westen und Polen im Osten könnten gemeinsam den Weg für eine sozialistische Umgestaltung Europas ebnen. Es gehe um einen demokratischen, modernen Sozialismus, aber eben doch um den Sozialismus. Um dieses Zieles willen sei die französische sozialistische Partei eine Koalition mit der kommunistischen Partei eingegangen, obwohl man in vielen Fragen unterschiedlicher Meinung sei. Wir in Polen müßten mit der „Solidarność" kooperieren, die zwar eine uns gegenüber kritisch eingestellte Bewegung sei, nichtsdestoweniger aber nach einer Erneuerung des Sozialismus strebe.

Während ich Mauroy zuhörte, erwachte in mir wieder die Hoffnung auf Verständnis und Unterstützung für unser Land in der internationalen Arena. Ich betonte, wie wichtig die Haltung der sozialistischen Partei und der Regierung Frankreichs nicht nur für den Westen, sondern auch für den Osten sei. Ich fragte Mauroy, ob diese Haltung der Führung der „Solidarność" bekannt sei, die gerade den ersten Kongreß ihrer Organisation vorbereitete. Wenn auf diesem Kongreß die Kräfte der Konfrontation siegten, die sich weder um die außenpolitischen Bedingungen Polens noch um die innenpolitischen Kosten der Verwirklichung ihrer Politik scherten, könne das zu einem Unglück, zu einer Niederlage für die Linie der sozialistischen Erneuerung führen. Mauroy nahm diese Ausführungen mit großem Ernst zur Kenntnis. Er versprach, baldmöglichst den französischen Außenminister nach Warschau zu entsenden. Ich verstand, daß er über diese Fragen auch mit der Führung der „Solidarność" reden werde.

*   Józef Czyrek – 1981 polnischer Außenminister, seit dem 21. Juli 1981 Mitglied des Politbüros des ZK der PVAP.

Das Jahr 1981 war nicht günstig für Staatsbesuche in Polen, besonders nicht für solche von westlichen Politikern. Man beobachtete uns lieber aus der Ferne und machte sich Gedanken darüber, wie alles wohl enden werde.

Sehr aktiv waren dagegen die Botschaften. Einige Botschafter statteten mir Besuche ab, um zu erfahren, wie ich die Situation bewertete. Ich erinnere mich u. a. an den Besuch des Botschafters der USA, Meehan, kurz nach meiner Wahl zum Premierminister. Ich bekräftigte die in meiner Rede vor dem Sejm dargelegten Absichten der Regierung und fragte ihn – ebenso wie die Botschafter Frankreichs, Großbritanniens und der BRD –, wie er über einen Zahlungsaufschub für unsere Schuldenzinsen denke. Wir verstanden uns gut. Mit einer Ausnahme. Der amerikanische Botschafter fragte mich, wie meine Bemerkung zu verstehen sei, daß „Polen nicht das trojanische Pferd der sozialistischen Staatengemeinschaft sein wird". Ich antwortete ihm, diese Frage müsse er an Homer richten. Es ging schließlich ganz einfach darum, daß Polen in dieser schwierigen Zeit nicht zum Austragungsort für die Konflikte zwischen den Blöcken werden durfte.

Ein wichtiges Ereignis war der Besuch des Vizekanzlers und Außenministers der BRD, *Hans Dietrich Genscher*. Die Deutschen waren, wie üblich, die ersten. Leider fügte es sich so, daß ich meinen Gast am 20. März, also am Tag nach den Ereignissen in Bydgoszcz, empfing. Ich hatte noch keinen genauen Überblick über die dortigen Ereignisse, aber der Vorgeschmack des Skandals war schon zu spüren. Deshalb betonte ich unsere Erwartung, daß der Westen zu einer ruhigen Verwirklichung der Wirtschaftsreformen beitragen werde. Dazu sei wirtschaftliche Hilfe erforderlich. Genscher wußte den Zusammenhang zwischen Politik und Wirtschaft richtig einzuschätzen. Wir waren uns einig, daß die Ereignisse in Polen nicht für einen Streit zwischen den Blöcken oder zur Ausübung von Druck gegen unser Land ausgenutzt werden dürften. Ich wies auch darauf hin, daß eine Mäßigung der Propagandatätigkeit erforderlich sei. Schließlich sendeten die „Deutsche Welle" und vor allem „Radio Free Europe" vom Territorium der BRD aus. Dieses Thema spielte übrigens in allen meinen Gesprächen mit Genscher eine Rolle, und deren gab es mehrere. Übrigens habe ich diese Gespräche in guter Erinnerung behalten. Genscher ist ein erfahrener Politiker.

An dieser Stelle eine kleine Abweichung. Genscher hat eine spezifische Art, Gespräche zu führen. Er hört dem Gesprächspartner mit so großer Aufmerksamkeit zu, daß bei diesem der Eindruck entsteht, Genscher stimme ihm zu. Kurze Zeit später trägt er dann in taktvoller Form seine eigenen Argumente vor. Genscher wiederholte den bekannten Standpunkt des Westens, daß man die Veränderungen bei uns mit Interesse und Zustimmung beobachte. Gleichzeitig sorge man sich um diese Veränderungen, insbesondere im Hinblick auf eine mögliche Intervention von außen. Man bemühe sich zu helfen. Insbesondere kündigte Genscher die Gewährung eines Kredits in Höhe von 150 Millionen Mark für den Kauf von Waren und Materialien an. Außerdem sprachen wir über verschiedene Probleme im Zusammenhang mit der damaligen politischen und militärischen Situation in Europa und der Welt. Übrigens waren fast alle westlichen Staatsmänner im

Gespräch mit mir bemüht, meine Meinung „als General" zu diesen Themen zu erfahren. Insgesamt war das Gespräch mit Genscher sachlich und konstruktiv. Nach seinem Besuch in Polen sagte er in einem Interview für das Fernsehen der BRD u. a.: „Wir sind daran interessiert, daß das polnische Volk, seine Führung und seine gesellschaftlichen Kräfte ihre Probleme aus eigener Kraft auf dem Weg der Erneuerung, den sie eingeschlagen haben, lösen können."

Jetzt, da ich dieses Buch schreibe, drängt sich mir folgender Gedanke auf: Wieviel haben wir alle, im Westen wie im Osten, durch die in Jalta beschlossene Aufteilung der Welt verloren, und zwar nicht nur in politischer und wirtschaftlicher, sondern auch in psychologischer und moralischer Hinsicht. Wir waren von Feindseligkeit und Mißtrauen wie vergiftet. Sowohl im Westen als auch im Osten betrachtete man alles, was auf der jeweils anderen Seite der Elbe geschah, mit Mißtrauen. Ich gebe zu, daß auch ich viele Jahre lang die BRD in einem solch einseitig negativen Licht gesehen habe. Dafür hatte ich gewisse Gründe, aber doch nicht für das Maß an Mißtrauen, das ich hegte. Erst im Herbst 1991 kam ich zum ersten Mal in den westlich der Elbe gelegenen Teil Europas, nach Baden-Württemberg. Ich fuhr dorthin aufgrund einer privaten Einladung zusammen mit meiner Frau, die Germanistin ist. Trotz des privaten Charakters dieser Reise wollten sich viele lokale Politiker, Geschäftsleute und Journalisten mit uns treffen. Ich hatte auch Kontakte mit einfachen Menschen, unter anderem mit Arbeitern einiger Betriebe, die ich besuchte. Überall wurden wir freundlich, nicht selten sogar herzlich aufgenommen. Dabei war doch die Laufbahn des polnischen Generals mit der dunklen Brille gut bekannt. Das bewegte mich. Je früher man solche Erfahrungen macht, desto besser.

Józef Czyrek:

Am 18. August sprach ich mit Hans Dietrich Genscher, der in Bad Reichenhall Urlaub machte. Mein Gastgeber folgte meinen Ausführungen erholt, entspannt, mit Wohlwollen und Aufmerksamkeit. Sein Standpunkt: „Ihr müßt aus eigener Kraft, ohne Einmischung von außen einen Ausweg aus der Krise finden. Die BRD ist an der Stabilisierung der Lage in Polen interessiert. Eine Verschärfung der Lage in Eurem Land könnte sich ungünstig auf die internationalen Beziehungen auswirken." Die Regierung der BRD, des größten westlichen Wirtschaftspartners Polens, werde unsere wirtschaftlichen Forderungen wohlwollend prüfen. Genscher schlug vor, unser Gespräch bei der UNO-Generalversammlung in New York fortzusetzen.

Mit einem gewissen Optimismus, den ich auch gegenüber Stanisław Kania und Wojciech Jaruzelski bekundete, kehrte ich nach Hause zurück.

Vor der UNO-Generalversammlung flog ich nach Kuba. Fidel Castro stellte die Nachrichten, die er über die Situation in Polen hatte, aufmerksam mei-

nen Bewertungen gegenüber. Deutlich zufrieden zeigte er sich über die In-
formation, daß es möglich sei, den Konflikt auf dem Wege des Dialogs und
der Verständigung zu überwinden. Er fragte, ob die „Solidarność" Zugang zu
Waffen habe. Meine Antwort, daß sie keinen solchen Zugang habe und auch
nicht danach strebe, nahm er mit deutlich sichtbarer Erleichterung auf. An-
scheinend hatte er aus anderen Quellen gegenteilige Informationen erhalten.
Im ganzen gesehen war es ein gutes, von Wohlwollen getragenes Gespräch. Im
Gegensatz beispielsweise zur DDR war Kuba nicht daran interessiert, daß
die Entwicklung in Polen auf eine Konfrontation hinauslief. Kuba fürchtete
eine „Afghanisierung" Polens. Das hätte eine „Internationalisierung" des
Konflikts bedeutet, mit bedrohlichen Folgen insbesondere für Kuba. Ich wei-
gerte mich, in unsere gemeinsame Erklärung einen Passus aufzunehmen, in
dem die Regierung der USA wegen der Nutzung der amerikanischen Militär-
basen auf Guantanamo scharf kritisiert worden wäre. Meine Gastgeber nah-
men diese Weigerung gelassen, sogar mit einem gewissen Verständnis zur
Kenntnis.

Auf der UNO-Generalversammlung war die Verschlechterung der Bezie-
hungen zwischen Ost und West deutlich spürbar. Die wichtigsten strittigen
Probleme waren Afghanistan und die Raketenstationierung in Europa. Ich
hielt ganz bewußt eine Rede im Geiste der prinzipiellen Verteidigung der
Politik der Staaten des Warschauer Pakts. Nach dieser Rede war man wieder
stärker geneigt, unserer Behauptung Glauben zu schenken, wir seien gewillt,
unsere innere Krise aus eigener Kraft, ohne Einmischung von außen und ohne
propagandistischen Druck seitens des Westens zu überwinden. Der Osten
nahm diese Versicherungen wörtlich. Der Westen sah darin eine Verteidigung
gegen Einmischung und Druck von seiten unserer Verbündeten.

In meinen Gesprächen mit über 30 Außenministern – vorwiegend aus
KSZE-Staaten – korrigierte ich die unterschiedlichen Interpretationen meiner
Rede nicht, denn schließlich ging es uns darum, jede äußere Einmischung zu
vermeiden. Ich argwöhnte jedoch, daß es gewissen Kräften im Westen recht
gewesen wäre, wenn es zu einer Konfrontation zwischen Polen und der
Sowjetunion gekommen wäre. Ich spürte die Bereitschaft, Polen – ähnlich wie
im Jahre 1956 Ungarn – auf den Scheiterhaufen der Konfrontation zwischen
den Blöcken zu stoßen. Das war für unser Volk und unseren Staat das denk-
bar schlimmste Szenario, das bei einer Ausnutzung der polnischen Krise hätte
eintreten können.

Grundlegende Bedeutung maß ich den Gesprächen mit Vertretern der bei-
den Supermächte bei. Am 22. September traf ich mich mit dem amerikani-
schen Außenminister Alexander Haig. Ich kannte ihn nicht und fürchtete,
seine Sichtweise der polnischen Problematik werde eine „generaltypische"
Schwarzweißmalerei sein. Ich ging davon aus, daß gerade er die Situation in
Polen für das Kräftespiel mit der Sowjetunion instrumentalisieren wolle.
Selbst wenn es so war, ließ er sich das nicht anmerken. Auf Fragen der pol-
nisch-sowjetischen Beziehungen ging Haig nicht ein; er beschränkte sich dar-

auf, uns zu wünschen, daß wir unsere Krise auf dem Wege der Verständigung aus eigener Kraft überwinden könnten. Ich informierte ihn über die Situation in Polen, insbesondere über die Wirtschaftssituation, und versicherte, daß wir alles tun würden, um unsere Kontroversen und Gefahren mit politischen Mitteln zu überwinden. Wenn sich das allerdings als unmöglich erweisen sollte, könne die Anwendung außerordentlicher Mittel unumgänglich werden. Wir müßten deshalb dem Destabilisierungsprozeß des Staates Einhalt gebieten. Haig erwiderte, daß in diesem Fall die Vereinigten Staaten ihre Politik überdenken müßten. Ähnlich wie Frankreich und die BRD sagte er eine Prüfung unserer wirtschaftlichen Anliegen zu. Im großen und ganzen ein sachliches, ernstes Gespräch.

Am nächsten Tag traf ich mich in der sowjetischen UNO-Vertretung mit Außenminister Gromyko. Er führte mich in einen speziellen, abhörsicheren Raum. Da wußte ich, daß dies ein Gespräch von besonderer Bedeutung sein würde. Und so kam es. Gromyko hörte meinen Informationen ungeduldig zu. Ohne Höflichkeitsfloskeln ging er in die „Offensive". Noch nie hatte ich ihn so aufgeregt und mit erhobener Stimme sprechend erlebt. Er stellte fest, daß die sowjetische Führung die Situation in Polen anders bewerte und andere Vorstellungen von der Überwindung der Krise habe als wir. Er habe kein Verständnis für unsere Politik gegenüber der „Solidarność" und der Kirche. Die polnische Führung lade eine große Verantwortung auf sich, wenn sie auf die antisozialistischen und antisowjetischen Umtriebe der Opposition nicht reagiere. Polen habe schließlich im Warschauer Pakt besondere strategische Bedeutung. Niemand könne und dürfe zulassen, daß diese Bedeutung erschüttert werde. Wie könnten wir gleichgültig zusehen, wie der fanatisierte Feind sich anschicke, uns an den Straßenlaternen aufzuhängen, und das auch noch öffentlich ankündige. Wir seien blind und taub.

Er sprach in scharfem Ton, ließ mich kaum zu Wort kommen. Schockierend war für mich nicht so sehr der Inhalt seiner Worte, der vom sowjetischen Standpunkt aus verständlich war, als vielmehr Stil und Ton. Ich reagierte kurz und, wie mir scheint, ruhig. Ich sagte: „Von der auf dem IX. Parteitag verkündeten Linie des Dialogs und der Verständigung können und wollen wir nicht abweichen. Wenn dagegen unserem Staat der wirtschaftliche Zerfall und die Anarchisierung des politischen und gesellschaftlichen Lebens droht, werden wir zu außerordentlichen Maßnahmen greifen müssen. Diese Notwendigkeit muß jedoch möglichst breiten Bevölkerungskreisen nahegebracht werden, weil unsere Handlungen sonst unabsehbaren Schaden anrichten könnten. Auch aus diesem Grunde muß man weiter nach politischen Lösungen suchen."

Ich war nach dieser Unterredung sehr niedergeschlagen. Ich erinnere mich nicht mehr daran, ob mir meine Mitarbeiter den Entwurf der Sowjets für eine gemeinsame Erklärung über dieses Gespräch zur Genehmigung vorlegten. Angesichts des Gesprächsinhalts hatte die Feststellung, daß es notwendig sei, „alles zu tun, was für die weitere Stärkung des Warschauer Pakts und der sozialistischen Staatengemeinschaft erforderlich ist", einen besonders deut-

lichen, warnenden Charakter; unter normalen Bedingungen hätte ich einer sol-
chen Bemerkung keinerlei Beachtung geschenkt.
   Damals drängte sich mir noch ein anderer Gedanke auf. Gromyko war
doch noch vor nicht allzu langer Zeit, genauer gesagt, Anfang Juli, in War-
schau gewesen. Er hatte lange Gespräche mit dem Ersten Sekretär und dem
Premier geführt und harte Kritik geäußert. Aber man hatte mit ihm sachlich
reden können, einigen Argumenten hatte er sich nicht verschlossen. Das hat-
te sich grundlegend geändert. Der Druck eskalierte. Es blieb nur noch die
Frage, ob dies die vorletzte oder schon die letzte dramatische Etappe der
Eskalation war.

Am 9. Oktober kam der französische Außenminister Claude Cheysson nach
Warschau. Ich empfing ihn. Das Gespräch drehte sich um die Situation in
Polen. Er war bereits mit Czyrek zusammengetroffen, ich brauchte also nur
noch einmal die wichtigsten Probleme hervorzuheben. Ich sprach von unseren Hoffnungen, aber auch von unseren ständig zunehmenden Befürchtungen. In diesem Kontext wies ich auf die Bedeutung der Beziehungen zu
Frankreich und seiner sozialistischen Regierung hin. Der Gast zeigte Verständnis für unsere Situation, wünschte uns eine glückliche Lösung der
Probleme und betonte die wohlwollende Haltung Frankreichs. Er unterstrich jedoch gleichzeitig, wie übrigens alle westlichen Gesprächspartner,
die Notwendigkeit, die polnischen Probleme ohne Einmischung von außen
zu lösen. Wir sprachen auch über den für Dezember geplanten Besuch des
französischen Premierministers Mauroy. Dieser Besuch kam, wie man weiß,
nicht zustande. Ich erhielt also nicht den historischen Säbel, den man als
Geschenk vorgesehen hatte. Das war übrigens meine geringste Sorge. Bei
dieser Gelegenheit eine interessante Kleinigkeit am Rande. Im Herbst 1989
stattete mir Herr Mauroy, damals schon in seiner Eigenschaft als Generalsekretär der Sozialistischen Partei Frankreichs, einen Besuch im
Belvedere ab. Es gab ein Abendessen mit Vertretern der Parlamentsfrak-
tionen. Der Gast brachte einen Toast aus, bei dem in jedem zweiten Satz
die Worte „Sozialismus" und „sozialistisch" vorkamen. Als ich die Teilnehmer des Treffens verabschiedete, fragte ich den Abgeordneten Michnik:
„Haben Sie gehört, wie Mauroy über den Sozialismus sprach?" Michnik
entgegnete darauf humorvoll: „Er weiß nicht, wovon er spricht." Ich glaube jedoch, er wußte es sehr genau. Er dachte wohl daran, daß die gesellschaftlichen und humanistischen Werte des Sozialismus unsterblich sind.

Józef Czyrek:

In den Gesprächen mit dem französischen Außenminister Cheysson wandten
wir uns einigen neuen Elementen in der Innen- und Außenpolitik Polens zu.
Unsere Position innerhalb des Warschauer Pakts habe sich weiter verschlech-
tert. Die Beschlüsse des IX. Parteitags hätten die ideologischen Vorbehalte

gegen die Linie der sozialistischen Erneuerung vertieft. Obwohl wir mehrfach versucht hätten, die „Solidarność" zur Mäßigung gegenüber unseren Nachbarstaaten zu bewegen, habe ihr Kongreß durch seinen Appell an die Werktätigen Osteuropas die Situation in radikaler Weise verschärft.

Auch unsere wirtschaftliche Situation verschlimmere sich. Der Boykott der freiwilligen Samstagsarbeit der Bergleute durch die „Solidarność" drohe zu einer Energiekrise im Winter und zu einem Zusammenbruch des Kohleexports zu führen. Eine neue politische Initiative werde vorbereitet – die Schaffung einer „Front für Verständigung und Zusammenarbeit", aber wir wüßten nicht, wie die „Solidarność" darauf reagieren werde.

Bezeichnend war in diesem Zusammenhang die Rede, die Cheysson bei einem Empfang hielt. Er sagte u. a.: „Das Recht Polens auf bessere Lebensbedingungen, zur selbständigen Bestimmung seines Schicksals ohne äußere Einmischung und unter Respektierung seiner Besonderheit ist unantastbar ... Diese Evolution muß natürlich ohne Störung des internationalen Gleichgewichts in allen seinen Aspekten, für das beide Länder wichtige Bestandteile sind, vor sich gehen." Interessant war auch, wie er auf der Pressekonferenz den Besuch zusammenfaßte: „In unseren beiden Ländern spielen sich Entwicklungen von historischer Tragweite ab; in Frankreich ist vor kurzem die Linke an die Regierung gekommen ... Sozialisten und Kommunisten haben ihre Kräfte gebündelt. In Polen haben wir es mit tiefgreifenden Veränderungen, mit einem sehr schwierigen, einzigartigen politischen Experiment zu tun. Die Polen müssen ihre Probleme selbst lösen. Wir sind loyale Partner in den jeweiligen verschiedenen Bündnissen und Gesellschaftssystemen, denen wir angehören. Unsere Modelle sind unterschiedlich, aber beide suchen wir unseren eigenen Weg ... Frankreich beabsichtigt, die verschiedenen Formen der Hilfe für Polen fortzusetzen, darunter auch Kredite und Lebensmittellieferungen. Wir hoffen jedoch, daß auch Euer Export steigt, daß Ihr anfangt, die Disproportionen auszugleichen. Wir warten auf die polnische Kohle, die wir so dringend brauchen und deren Export Polen dringend benötigte Einnahmen bringen kann."

Cheysson machte keinen Hehl aus seiner Beunruhigung über die Verschärfung der Krise in Polen. Da er sich mit Lech Wałęsa treffen wollte, fragte er mich, welche Fragen in einem solchen Gespräch unserer Meinung nach am wichtigsten seien. Ich antwortete ihm, am wichtigsten sei, daß die „Solidarność" auf den Weg des Dialogs und der Verständigung zurückkehre und daß in der Wirtschaft die destruktive Streikwelle zum Stillstand komme, vor allem der Boykott der Samstagsarbeit im Bergbau.

Von dem Treffen in Gdańsk brachte Minister Cheysson keine guten Nachrichten mit. Die Führung der „Solidarność" verstand zwar die Bedeutung der Probleme, über die er mit ihr sprach, sah aber angesichts der aktuellen Situation keine Möglichkeit, diese Probleme zu lösen. Das galt auch für die Frage der Kohleförderung. Wir hatten den Eindruck, daß Cheysson von den Resultaten seiner Mission enttäuscht war.

Eine Schlüsselfrage war für uns die Hilfe für die geplagte, am Boden liegende Wirtschaft. Die Zurückhaltung des Westens hatte verschiedene Gründe, deren wichtigster darin bestand, daß das Chaos und die Spannungen bei uns immer schlimmer wurden und die Streikaktionen kein Ende nahmen. Wie die Polnische Presseagentur am 24. September 1981 aus Wien berichtete, wandte sich der österreichische Bundeskanzler Bruno Kreisky mit einem Appell an die polnischen Arbeiter, in dem er die Notwendigkeit unterstrich, daß unser Staat seine vertraglichen Verpflichtungen gegenüber anderen Staaten, darunter auch gegenüber Österreich, erfülle. Österreich habe Polen beträchtliche Kredite gewährt, die in Form von Kohle- und Energielieferungen zurückgezahlt werden müßten. Kreisky meinte, der Zustand der polnischen Wirtschaft, die gegenwärtig nur mit halber Kraft arbeite, müsse zur Hauptsorge der polnischen Gewerkschafter werden. Er fügte hinzu, daß Freiheit und wirtschaftliches Chaos sich gegenseitig ausschlössen. In einem bankrotten Staat könne niemand die Freiheit erlangen.

Kreisky äußerte – übrigens nach Informationen der westdeutschen Presseagentur DPA – ferner die Ansicht, es gebe im Westen Menschen, denen kein Risiko auf Kosten Polens zu hoch sei. Sie sähen es gern, wenn unser Staat noch schneller auf einen offenen Konflikt zuschlitterte. Diese Situation könne man vermeiden, wenn die Freiheiten in Polen Schritt für Schritt erweitert würden und die Versorgungslage nicht zu immer neuen Verzweiflungsausbrüchen führe.

Der Bundeskanzler der BRD, Helmut Schmidt, sagte am 24. September: „Man muß hoffen, daß sich alle Polen bewußt sind, wie wichtig Vernunft und Mäßigung für einen guten Ausgang des polnischen Experiments sind."

Die Tragik der damaligen Zeit bestand darin, daß wir immer mehr zum Objekt, zum Bauern im Schachspiel zwischen den Blöcken, in der Konfrontation zwischen Westen und Osten wurden. Viele Gesprächspartner signalisierten uns, daß die politische und wirtschaftliche Destabilisierung in Polen die Aufrechterhaltung der Friedensordnung in Europa bedrohe. Im Herbst 1981 waren viele westliche Politiker der Meinung, daß in Polen die Macht „auf der Straße liege". Man informierte mich darüber, daß der gegenüber Polen freundschaftlich eingestellte italienische Botschafter Mario Favale gesagt habe: „Ihr seid so schwach, daß Ihr praktisch nur eine Regierung von Gnaden der ‚Solidarność' seid." Die anderen Botschafter gebrauchten zwar diplomatischere Formulierungen, verschonten uns aber ebenfalls nicht mit entsprechenden Bemerkungen.

In dieser Situation, insbesondere angesichts des Verlaufs und der Ergebnisse des „Solidarność"-Kongresses, hielten wir eine Reise unseres Außenministers Czyrek in den Vatikan zu Papst Johannes Paul II. für notwendig. Unsere damaligen Kontakte mit dem Episkopat waren lebhaft. Wir waren jedoch der Meinung, daß der polnische Papst auch Informationen direkt von der Staatsmacht erhalten sollte. Damals herrschte die Überzeugung, daß die wichtigste nicht-geistliche Informationsquelle des Papstes der Redakteur Jerzy Turowicz und seine nächste Umgebung seien. Wir dagegen waren der Ansicht, daß eine auf diese Weise übermittelte Nachricht möglicherweise einseitig gefärbt sein könne. Heute, da ich über Ausrichtung und Redlichkeit der von Turowicz geleiteten Zeitung „Tygodnik Powszechny" besser unterrichtet bin, glaube ich, daß unsere damaligen Befürchtungen zu weit gingen.

Józef Czyrek:

Am 13. und 14. Oktober weilte ich zu einem Arbeitsbesuch im Vatikan. Von Stanisław Kania und Wojciech Jaruzelski hatte ich folgende Instruktionen erhalten: den Papst allseitig über die drastisch zunehmenden Bedrohungen zu informieren und ihn um seine Hilfe bei ihrer Überwindung zu bitten. Es ging um eine Rückkehr auf den Weg des Dialogs, um die Initiative zur Schaffung einer nationalen Front für Verständigung und Zusammenarbeit als Alternative zu der drohenden Konfrontation und ihren internationalen Konsequenzen. In diesem Zusammenhang sollte ich auch auf die schwieriger werdenden Beziehungen Polens zu seinen Verbündeten und die Möglichkeit eingehen, daß die UdSSR ihre für uns lebenswichtigen Lieferungen von Energieträgern (Erdöl, Gas) drastisch reduzieren würde. Schließlich sollten unsere Bemühungen um Aufnahme in den internationalen Währungsfonds sowie um Lebensmittel und Kredite von unseren westlichen Partnern, die wir u. a. zur Tilgung der Auslandsschulden verwenden wollten, ein Thema sein. Ich sollte den Papst bitten, unsere Anstrengungen in der internationalen Arena mit seiner großen Autorität zu unterstützen.

Johannes Paul II. empfing mich in seiner Sommerresidenz Castel Gandolfo. Dort erholte er sich von dem verbrecherischen Anschlag. Sein Gesicht war noch vom Leiden gezeichnet, er war geschwächt, aber seine Konzentrationsfähigkeit, seine schnellen Reflexe und seine Fähigkeit, sofort den Kern der Dinge zu erfassen, verließen ihn keinen Augenblick. Das Gespräch dauerte fast zwei Stunden.

Der Papst stellte meinen Informationen Bewertungen gegenüber, die er aus anderen Quellen erhalten hatte. Bei einigen Ausführungen von mir nickte er zustimmend, bei anderen drückte sein Gesicht Verwunderung oder ungläubiges Staunen aus. Er vertiefte die Informationen und Bewertungen, indem er viele Fragen stellte. Sie zielten vor allem darauf zu erkunden, ob die wirtschaftliche und politische Situation in Polen wirklich so ernst sei, daß ein Zusammenbruch drohe. Gebe es wirklich die reale Gefahr einer Intervention von außen? Er betonte seine positive Einstellung zur „Solidarność" als einer authentischen Arbeiterbewegung, die sich die Verteidigung der Menschenrechte und des Rechts auf Arbeit, der nationalen Identität und der Solidarität unter den Menschen zum Ziel gesetzt habe. Er wünschte den Behörden und der „Solidarność", daß es ihnen gelingen möge, die Konflikte auf der Basis dieser Werte zu lösen. Er verbarg nicht seine Besorgnis und meinte, die Kirche werde alle Anstrengungen unterstützen, die auf Dialog und Verständigung gerichtet seien. Außerdem informierte er mich darüber, was der Westen unternehme, um Polen wirtschaftlich zu helfen.

Während meines Aufenthalts in Rom führte ich auch Gespräche mit Premierminister Spadolini und meinem italienischen Amtskollegen Colombo. Sie machten keinen Hehl aus ihrer Besorgnis über die Situation in und um Polen. Außenminister Colombo äußerte in einer Presseerklärung: „Mit großem Interesse, aber auch mit Unruhe und Besorgnis verfolgen die Italiener die Entwicklung in Polen, einem für Europa und die Beziehungen zwischen West und Ost sehr wichtigen Land."

Während des Besuchs von Józef Czyrek in Italien erschien in der „Prawda" ein Artikel unter der Überschrift „Die ‚Solidarność' drängt an die Macht". Dieser Artikel bestätigte im Kern die Gültigkeit der sogenannten Breschnew-Doktrin, denn dort hieß es: „Die Bewahrung der revolutionären Errungenschaften des polnischen Volkes ist nicht nur seine innere Angelegenheit, sondern sie betrifft unmittelbar die lebenswichtigen Interessen aller Länder und Völker, die den Weg des Sozialismus gewählt haben." Übrigens stellten Korrespondenten des BRD-Magazins „DER SPIEGEL" am 3. November 1981 bei einem Interview Breschnew die Frage: „Dürfen wir davon ausgehen, daß auch von seiten der Sowjetunion eine Normalisierung der Situation in Polen in engem Zusammenhang mit der Erhaltung des Friedens in Europa gesehen wird?" Breschnew antwortete: „Ohne Zweifel – in engem Zusammenhang mit der Aufrechterhaltung des Friedens und – wie ich hinzufügen möchte – mit der Erhaltung der Position, die das sozialistische Polen in Europa einnimmt."[273] Das Interview im SPIEGEL erschien im Vorfeld von Breschnews Besuch in Bonn. Dieser Besuch fand vom 22. bis 25. November statt. Er intensivierte den Zusammenhang zwischen den Ereignissen in Polen und der „deutschen Frage". In dieser Zeit entfalteten auch die Vertriebenenverbände verstärkte Aktivitäten. Bonn wollte die eventuellen Chancen für eine Wiedervereinigung ausloten. Man spekulierte darüber, ob Moskau überhaupt bereit sei, die Existenz einer Opposition in Polen zu dulden, und wenn ja, in welchem Umfang. Breschnews Antwort war negativ. Er wollte das Prinzip der Nichteinmischung in die inneren Angelegenheiten auf die Beziehungen des Westens zu Polen angewandt wissen, machte aber gleichzeitig keinen Hehl daraus, daß das Schicksal unseres Staates eng mit der sozialistischen Staatengemeinschaft verbunden sei.

Ähnlich klang die gemeinsame Erklärung, die am 4. November 1981 nach dem Treffen der Sekretäre für Ideologiefragen und internationale Beziehungen der kommunistischen und Arbeiterparteien der Mitgliedsstaaten des Warschauer Pakts in Moskau veröffentlicht wurde. „Die Vertreter der

---

[273] Deutsche Übersetzung des Zitats entnommen aus „DER SPIEGEL", Nr.45/1981, S. 63.

Bruderparteien", hieß es in dieser Erklärung, „bekräftigen ihre Solidarität mit allen sozialistischen Patrioten Polens, die gegen die volksfeindlichen Kräfte der Konterrevolution und der Anarchie in Polen und für eine ungestörte Entwicklung der Volksrepublik Polen als untrennbarer Bestandteil der sozialistischen Staatengemeinschaft kämpfen".

Józef Czyrek:

Vom 10. bis 13. November 1981 hielt ich mich zu einem Staatsbesuch in Österreich auf. Ich führte Gespräche mit Kanzler Kreisky, Außenminister Paar und anderen führenden Persönlichkeiten des Landes.

Diesen Gesprächen maß ich besondere Bedeutung bei, hatte doch Außenminister Paar bei der UNO-Generalversammlung in New York darum gebeten, zu Gesprächen mit den westlichen Staaten über die Organisierung vielseitiger internationaler Wirtschaftshilfe für Polen bevollmächtigt zu werden. Dabei berief er sich auf Kanzler Kreisky und dessen Sondierungsgespräche in der BRD, Italien und den USA. Natürlich brachte ich unsere Unterstützung für diese Initiative zum Ausdruck. Nach Paars Worten war die Sache auf einem guten Weg. Aber in Verbindung mit der Verschlechterung der Lage in und um Polen sei beschlossen worden, mit der Entscheidung über internationale Wirtschaftshilfe für Polen zu warten. Ihre Realisierung würde wesentlich, wenn auch nicht ausschließlich, vom weiteren Gang der Ereignisse abhängen. Paar wollte nicht preisgeben, wer der „Bremser" dieser Initiative war. Kanzler Kreisky äußerte sich kritisch zur Politik der „Solidarność"-Führung. Er bezeichnete sie schlicht und einfach als politisches Abenteurertum, das zu einer wirtschaftlichen und politischen Katastrophe sowie zu einer weiteren Verschlechterung der internationalen Beziehungen führen werde. Er bezweifelte, daß eine Bewegung dieses Charakters zu Verständigung, Zusammenarbeit und gemeinsamer Verantwortung für das Land imstande sein werde. Die Möglichkeit einer Beschränkung oder gar völligen Einstellung der polnischen Kohlelieferungen nach Österreich beunruhigten ihn, denn diese Lieferungen waren ein wichtiger Posten in der österreichischen Energiebilanz. Kreisky nahm die Einladung des Premiers Jaruzelski zu einem Besuch in Polen an. Er brachte die Befürchtung zum Ausdruck, daß die Beziehungen zwischen West und Ost für längere Zeit in einen neuen kalten Krieg einmünden könnten, der die Situation vieler Länder, insbesondere Polens, außerordentlich komplizieren könnte. Ich kann heute nicht umhin festzustellen, was für ein kluger und weitsichtiger Politiker Kreisky war.

Nächstes Ziel meiner Reisen war London. Am 20. November 1981 führte ich Gespräche mit dem Außenminister Großbritanniens, Lord Carrington. Ich schätzte ihn als einen gewandten, Polen gegenüber wohlwollend eingestellten Politiker. Er hörte mir aufmerksam zu, stellte viele Fragen, sagte aber selbst nicht viel. Hauptthema waren Wirtschaftsfragen. Ich versuchte herauszufinden, welche Chancen die Initiative des österreichischen Außenministers Paar zur Organisierung vielseitiger Hilfe für Polen habe. Ohne Erfolg. Ich fühlte geradezu körperlich, daß um Polen herum etwas Ungutes geschah. Carrington brachte zwar seine Unterstützung für unsere Bemühungen zum Ausdruck, „die politischen und wirtschaftlichen Probleme zu lösen und aus der Krise, in der Polen sich befindet, herauszukommen", aber seine Körpersprache drückte Pessimismus aus.

Über diese Gespräche informierte mich Józef Czyrek. Er ist ein vernünftiger, bedächtiger, bescheidener Mensch und ein erfahrener Diplomat. Selbst in den schwierigsten Fragen beweist er großes Verhandlungsgeschick. Die polnische Staatsräson verteidigt er konsequent. Zuerst als stellvertretender Außenminister und später als Außenminister hat er einen wesentlichen Beitrag zur Entwicklung der Beziehungen zum Vatikan und zur BRD geleistet. Seine Fähigkeiten zur Koalitionsbildung erwiesen sich bei den Gesprächen mit Bronisław Geremek und Andrzej Stelmachowski als sehr wertvoll; diese Gespräche wurden ein Meilenstein auf dem Weg zum „Runden Tisch".

Es war nicht leicht – und in vielen Fällen geradezu unmöglich –, die Ziele zu erreichen, vor die sich die polnische Außenpolitik 1981 gestellt sah. Die Sowjetunion und andere Verbündete wollten nicht auf Polen als sozialistischen Staat, der im Warschauer Pakt eine Schlüsselstellung einnahm, verzichten. Der Westen seinerseits wollte nicht die Möglichkeit verspielen, Polen aus der Abhängigkeit von Moskau und aus der sozialistischen Koalition herauszulösen. Der Osten wollte nicht, daß wir zum Truppenübungsplatz für häretische Reformen würden. Für den Westen hingegen waren wir damals bereits Truppenübungsplatz für den Zersetzungsprozeß des Kommunismus.

KAPITEL 33

Ungenutzte Chancen

Seit Oktober liefen die Beratungen über Rechtsvorschriften, die die neuen Prinzipien des Wirtschaftssystems regeln sollten. Sie wurden den Gewerkschaften, den gesellschaftlichen Organisationen, den wissenschaftlich-technischen Verbänden, den Hochschulen sowie den hundert größten Betrieben zur Meinungsbildung vorgelegt. In solch wichtigen Fragen hielten wir eine breite Konsultation für notwendig – selbst wenn es dadurch zu gewissen Verzögerungen kommen sollte. Durch die Presse ging eine ganze Welle von Veröffentlichungen über die vorgesehenen Änderungen des Wirtschaftssystems. Das war eine komplizierte Materie. Wir wollten sie umfassend und vorsichtig erörtern, um es nicht zu willkürlichen Entscheidungen der Art kommen zu lassen, wie sie in den 70er Jahren so schwer auf der polnischen Wirtschaft gelastet hatten.

Die Verhandlungen mit der „Solidarność", die u. a. durch Jacek Merkel und Grzegorz Palka vertreten wurde, dauerten an. Ihre Stellungnahmen erhielten wir jedoch erst am 23. November. Zu spät, da die neuen Rechtsakte am 1. Januar 1982 in Kraft treten sollten. Bis zum Schluß gaben wir die Hoffnung nicht auf, daß es gelingen werde, die Differenzen zu überwinden und zu einer Verständigung zu kommen. Die wiederaufgenommenen Gespräche mit der „Solidarność" waren ein wichtiger Schritt in diese Richtung.

Am 19. November fand im Ministerrat ein organisatorisches Treffen statt. Die Regierungskommission wurde von Professor Jerzy Bafia angeführt. Es wurde beschlossen, baldmöglichst Gespräche in erweitertem Kreis aufzunehmen. Hinsichtlich der Wirtschaftsstruktur waren drei Punkte von grundlegender Bedeutung. Einer davon war die Schaffung eines Gesellschaftlichen Rates für die Volkswirtschaft. Bei eben diesem Treffen stellte Grzegorz Palka in ultimativer Form fest, daß die Schaffung eines solchen Rates Bedingung für eine konstruktive Haltung der „Solidarność" gegenüber dem gesamten Wirtschaftspaket der Regierung sei.

Die Idee eines Wirtschaftsrates wurde zum erstenmal am 15. Oktober von Grzegorz Palka bei Gesprächen einer Verhandlungsgruppe des Landesausschusses der „Solidarność" mit einer Arbeitsgruppe des Ministerratskomitees für Gewerkschaftsfragen ins Spiel gebracht.

Grzegorz Palka*:

Der Rat sollte zwar von Regierung und Gewerkschaft ins Leben gerufen werden, nichtsdestoweniger aber von ihnen unabhängig sein und proportional zur

Größe der Gewerkschaften besetzt werden. Vertreter der Selbstverwaltungs-organe wurden zur Mitarbeit eingeladen. Ziele waren die gemeinsame Gestal-tung der Wirtschaftspolitik und der effektive Einfluß auf die Wirtschaftsre-form. Zu den Kompetenzen des Rates sollte die Kontrolle über die Tätigkeit der Regierung und der nachgeordneten Verwaltungsebenen gehören; diese sollte dadurch gewährleistet werden, daß der Rat das Recht erhielt, Informationen und Erklärungen zu verlangen und Zugang zu Informationen aufgrund dersel-ben Grundsätze zu erhalten, die auch für die Regierung und die Wirtschafts-einheiten galten. Die Wirtschaftseinheiten und die Ministerien sollten also ver-pflichtet werden, umfassende Informationen zu erteilen und Dokumente zu-gänglich zu machen.

Zu den wichtigen Vollmachten des Rates sollte ein Vetorecht gegen fehler-hafte Entscheidungen der Regierung gehören, wenn über diese Entscheidungen im Rahmen des Konsultationsprozesses keine Einigung erzielt werden konnte. Außerdem sollte ein Mechanismus geschaffen werden, aufgrund dessen die Ge-sellschaft bei unüberbrückbaren Meinungsverschiedenheiten zwischen Regie-rung und Gewerkschaften darüber entscheiden können sollte, welche Variante in der Wirtschaftspolitik oder bei den Wirtschaftsreformen zu realisieren sei. Der Rat sollte Zugang zu Funk und Fernsehen haben, um unpopuläre Entschei-dungen erläutern und seine Meinungen und Bewertungen zur Wirtschafts-politik verbreiten zu können. Außerdem war es notwendig, dem Rat das Recht zur Einbringung von Gesetzesinitiativen zuzuerkennen, damit der Sejm nicht nur mit Gesetzesentwürfen der Regierung befaßt wurde, sondern jeweils ver-schiedene Gesetzesentwürfe zur Auswahl vorliegen hatte. Alternativ dazu wur-de eine Verpflichtung der Regierung vorgeschlagen, Gesetzesentwürfe mit dem Rat abzustimmen oder dem Sejm alternative Entwürfe zu präsentieren, die vom Rat ausgearbeitet worden waren. Ein sehr wichtiger Punkt war die Bestimmung, daß der Rat aufgelöst werden könne, wenn die Gesellschaft zu dem Schluß kom-me, daß er seine Aufgabe erfüllt habe. Dabei ging es darum, daß man den Rat nicht einfach deshalb würde auflösen können, weil er der Regierung unbequem geworden war. (Bulletin von Gewerkschafts- und Betriebsdokumenten, Nr. 45 vom 13. Oktober 1981.)

* Grzegorz Palka – 1981 Funktionär der „Solidarność" in der Region Łódź.

Unsere Seite fürchtete sich vor einer solchen Variante, besonders vor einer Paralysierung des Entscheidungsfindungsprozesses. Ich glaube, wir haben damals zu wenig Mut gezeigt. Unsere Befürchtungen gegenüber dem Rat waren wahrscheinlich übertrieben. Meiner Meinung nach hätte man anstel-le eines Vetorechts des Rates gegen Entscheidungen der Regierung ein an-deres Verfahren finden können, das dem Rat die Möglichkeit gegeben hät-te, durch offizielle Rechtsmittel auf die Entscheidungen der Regierung zu reagieren. Schließlich hätte man dem Rat eine Kontrollfunktion einräumen können. Schon früher hatte die Gewerkschaft das Recht zur Durchführung von Kontrollen in Lagern, Betrieben usw. erhalten. Sie hatte jedoch ernsthafte Schwierigkeiten, von diesem Recht Gebrauch zu machen. Am 9. November stellte Wałęsa bei einem Treffen mit Bergarbeitern in Kraków fest, daß die Gewerkschaft die 300 Kontrollmandate nicht ausgeübt habe.[274] Was den Streit um den Gesellschaftlichen Rat für die Volkswirtschaft anbetrifft, sehe ich heute klarer, welcher Fluch in der damaligen Zeit das gegenseitige Mißtrauen, die gegenseitigen Verdächtigungen waren. Der weitere Gang der Ereignisse zeigt jedoch, daß selbst irgendein Kompromiß auf diesem Gebiet keine Chance für eine generelle Lösung der Probleme geboten hätte.

Professor *Władysław Baka:*

Am 27. November fanden im Ministerratsamt Gespräche mit der Verhandlungsgruppe der „Solidarność" statt, die von Jacek Merkel und Grzegorz Palka angeführt wurde und der außerdem folgende Personen angehörten: Witold Trzeciakowski, Andrzej Stelmachowski, Jerzy Eysymont, Andrzej Topiński und Aleksander Jędryszczak. Auf der anderen Seite des Tisches saßen die Vizeminister der mit Wirtschaftsfragen befaßten Ressorts und Experten des Büros des Regierungsbevollmächtigten für Gewerkschaftsfragen. Professor Zdzisław Sadowski und ich fungierten gemeinsam als Gastgeber.

An dieser Stelle eine kleine Ergänzung. Professor Zdzisław Sadowski ist ein hervorragender Wissenschaftler, in jeder Hinsicht ein Mensch von großem Format. Seine Berufung auf den Posten eines stellvertretenden Ministers und Chefs der Verwaltung für Reformfragen war ein weiterer Beweis dafür, wie ernst wir diese Problematik nahmen. Sowohl damals als auch in späteren Jahren hat Professor Sadowski viele wertvolle theoretische und praktische Beiträge zur Wirtschaftsreformpolitik der Regierung geleistet. Zurück zu den Ausführungen von Professor Baka:

Jacek Merkel sagte zu Beginn: „Der Landesausschuß erwartet, daß die Regierung dem Sejm keinerlei Gesetzesentwürfe zur Einführung der Wirtschaftsreform (über die Preise, das System der Unternehmensfinanzierung, die Besteuerungsgrundlagen, das Bankrecht usw.) vorlegen wird, die nicht zuvor von der ‚Solidarność' akzeptiert wurden." Ich wies darauf hin, daß wir die einschlä-

---

[274] Nach Auskunft von Jaruzelski gegenüber dem Übersetzer handelte es sich um folgendes: Zwischen Regierung und „Solidarność" war vereinbart worden, daß die „Solidarność" das Recht erhalten sollte, 300 Geschäfte zu überprüfen, um festzustellen, ob man von staatlicher Seite Waren in die Geschäfte brachte oder sie vor der Bevölkerung versteckte, um sie nur den „oberen Zehntausend" zugute kommen zu lassen. Dieses Recht wurde von der „Solidarność" nicht wahrgenommen, und Wałęsa warf seinen Mitstreitern vor, Rechte, die in Verhandlungen mit der Regierung erstritten worden waren, aus unerfindlichen Gründen nicht wahrzunehmen.

gigen Gesetzesentwürfe bereits am 16. Oktober nach Gdańsk übermittelt, bis dato aber keinerlei Reaktion des Landesausschusses der „Solidarność" erhalten hätten. „Die ‚Solidarność'", stellte Merkel fest, „ist eine große Gewerkschaft. Sie braucht sehr viel mehr Zeit, um einen Beschluß über die Annahme der Gesetzesentwürfe zu fassen. Wir müssen deshalb eine gesamtgewerkschaftliche Konsultation zu diesen wichtigen Fragen durchführen."

Diese Worte fordern einen Kommentar heraus. Jacek Merkel war damals, wie man sieht, kein enthusiastischer Anhänger einer beschleunigten Arbeit an der Wirtschaftsreform. Heute werden ganz andere Reformen beschlossen, ohne daß die Gewerkschafter um ihre Meinung gefragt würden. Aber damals herrschten andere Zeiten und andere Bedingungen. Vielleicht konnte Merkel nicht anders handeln. Wie komme ich zu dieser Vermutung? Ich habe mich zweimal mit ihm getroffen. Das erste Mal, als er Kandidat für den Posten des Kanzleichefs beim neugewählten Präsidenten Wałęsa war, und das zweite Mal, als er Minister für Verteidigung und Staatssicherheit war. Er ist mir als kluger und verantwortungsbewußter, offener und sympathischer Mensch in Erinnerung geblieben. Wieder erteile ich Professor Baka das Wort:

Diese Bedingung konnten wir nicht akzeptieren. Sie hätte eine Verschiebung des Starts der Wirtschaftsreform um mindestens einige Monate bedeutet. Es wäre ein Vakuum im System entstanden: Das alte System hätte nicht mehr existiert, und die Einführung des neuen Systems wäre durch uns verzögert worden. Das hätte nur zu einem Ergebnis führen können, nämlich zum völligen Zusammenbruch der Wirtschaft. Dies legte ich dar und führte weiter aus: „Wir sind für alles offen und erklären unsere Bereitschaft, jeden einzelnen Artikel in den Gesetzesentwürfen zu ändern, wenn Sie nur eine bessere Variante vorschlagen." W. Trzeciakowski sorgte für eine entspanntere Atmosphäre, als er erklärte, an den ehrlichen Absichten der Gastgeber dieses Treffens werde nicht gezweifelt. „Wir verstehen Ihre Argumente", sagte er, „aber Sie müssen auch die unsrigen verstehen. Wir müssen neue Prinzipien für die Zusammenarbeit zwischen der Regierung und einer Gewerkschaft mit über 10 Millionen Mitgliedern entwikkeln. Das, was zur Zeit geschieht, wird man kaum als Partnerschaft bezeichnen können." Trzeciakowski kam auch auf verschiedene inhaltliche Fragen zu sprechen. Es begann eine wirklich interessante, professionelle Diskussion. Sofort, gewissermaßen aus dem Stegreif, erklärte ich meine Bereitschaft, bestimmte Vorschläge zu prüfen. Bei anderen war ich dagegen der Ansicht, daß sie Gegenstand einer vertieften Analyse sein sollten, die von gemeinsamen Arbeitsgruppen der Regierung und der Gewerkschaft vorgenommen werden müßten. Mir schien, daß diese Haltung die Unterstützung unserer Gesprächspartner fand.
Breiten Raum nahm die Frage des sogenannten Systemprovisoriums ein. Auf die Vorwürfe der „Solidarność"-Vertreter, dieses Provisorium weiche von der Linie der Reformen ab und sei ein durchsichtiges Manöver zum Erhalt des

status quo, erwiderte Zdzisław Sadowski: „Diese Vorwürfe sind nicht sachlich zu begründen. Eben weil wir die komplizierte Wirtschaftsreform bereits am 1. Januar 1982 beginnen wollen, ist es notwendig, den Behelfsbeschluß des Ministerrats über die Prinzipien der Unternehmenstätigkeit im Jahre 1982 (also das sogenannte Systemprovisorium) zu akzeptieren, dessen Existenz in dem Augenblick beendet sein wird, in dem die Gesetzesentwürfe zur Wirtschaftsreform in Kraft treten. Es wird jedoch garantiert – und diese Verpflichtung sprechen wir hier und heute aus –, daß gleichzeitig mit dem Beschluß der Regierung über das Systemprovisorium dem Sejm das ganze Paket der Gesetzesentwürfe zur Wirtschaftsreform vorgelegt werden wird, und zwar in der von der „Solidarność‘ zuvor akzeptierten Form.“

Ich meinerseits unterstrich, daß einer genauen gesellschaftlichen Kontrolle dieses ganzen Prozesses unter wesentlicher Beteiligung der „Solidarność“ nichts im Wege stünde. Ich hoffte, daß man diese Vorschläge aufgreifen würde, daß eine Diskussion darüber in Gang käme. Da wandte sich J. Merkel an eines der Mitglieder der Verhandlungsgruppe mit der Bitte, eine Erklärung vorzulesen, die folgenden Inhalt hatte: „Die Verhandlungsgruppe der „Solidarność‘ ist der Meinung, daß es verfrüht wäre, wenn die Regierung dem Sejm die Gesetze über die Wirtschaftsreform in ihrer gegenwärtigen Gestalt vorlegen würde, da zwischen diesen Entwürfen und den Erwartungen der Gesellschaft beträchtliche Differenzen bestehen. Angesichts der Bedeutung der Wirtschaftsreform darf die Regierung die Gesetzesentwürfe dem Sejm erst vorlegen, wenn unsere Gewerkschaft sie akzeptiert hat ... Nachdem sich die Verhandlungsgruppe mit der Regierung ausgetauscht und die Informationen über deren Korrekturen an den Ministerratsbeschlüssen über die Prinzipien der Unternehmenstätigkeit für das Jahr 1982 zur Kenntnis genommen hat, hält die Verhandlungsgruppe es für unumgänglich, daß diese Beschlüsse beim nächsten Treffen der einzige Tagesordnungspunkt sind.“

J. Merkel und ich verabredeten, daß sich beide Delegationen in derselben Zusammensetzung am 4. Dezember um neun Uhr im Ministerratsamt treffen sollten.

Zu diesem Treffen kam es nicht.

In der am 4. Dezember von der „Solidarność“-Führung in Radom beschlossenen Erklärung heißt es statt dessen: „Das sogenannte Systemprovisorium für das Jahr 1982 bedeutet praktisch den Erhalt des alten Wirtschaftssystems und lädt gleichzeitig den Unternehmen und ihren Belegschaften die Verantwortung für die Beschlüsse auf, die in den Händen der Zentralorgane liegen. Das ist gleichbedeutend mit einer Annullierung der Wirtschaftsreform und der vom Sejm bereits verabschiedeten Gesetze über die Selbstverwaltung der Unternehmen und beschwört außerdem die Gefahr zahlreicher Unternehmensinsolvenzen und Lohnkürzungen herauf. Gleichzeitig mit dem Provisorium sollen von der Regierung beschlossene Preiserhöhungen in Kraft treten. Der Gesellschaft wird befohlen, den Preis für Reformen zu bezahlen, die es nicht gibt. Wir werden die Werktätigen entsprechend den gesetzlichen Bestimmungen der Ge-

werkschaft und unter Anwendung aller im Gewerkschaftsstatut vorgesehenen Mittel vor den Folgen solcher Preiserhöhungen, Betriebsschließungen und Lohnkürzungen schützen."

Ich frage mich: Warum dieser Frontwechsel? Der Verlauf der Verhandlungen am 27. November sowie die Vereinbarung über deren Fortsetzung am 4. Dezember hatten doch in keiner Weise auf eine solche Entwicklung hingedeutet. Woher rührte diese auf Konfrontation ausgerichtete, populistische Rhetorik? Welche Kräfte und Mechanismen, welche Bestrebungen und Absichten machten es unmöglich, einen Konsens zu erreichen?

Sowohl die Verhandlungen mit der „Solidarność" im August als auch diejenigen im November hatten mich davon überzeugt, daß es auf gesellschaftlichem und wirtschaftlichem Gebiet keine Fragen gebe, über die man sich nicht hätte einigen können. Der „Runde Tisch" hätte sieben Jahre früher zusammentreten können. Wenn es dazu gekommen wäre, stünde Polen heute anders da.

Die Taktik der „Solidarność" war, schrittweise bestimmte Machtsegmente, jedoch keine Verantwortung zu übernehmen. Das zeigte sich damals am deutlichsten auf dem Gebiet der Wirtschaft. Angesichts eines riesigen Lochs im Staatshaushalt (das tägliche Defizit der Volkswirtschaft belief sich auf drei Milliarden Złoty, was im Jahr 800 bis 1000 Milliarden Złoty ausmachte) wurden immer noch Rückforderungen gestellt und alle Preiserhöhungen mit Streikdrohungen beantwortet.

Professor Wacław Wilczyński aus Poznań, der früher wegen seines Eintretens für Marktmechanismen häufig kritisiert worden war, veröffentlichte damals in der „Polityka" einen dramatischen Brief an die Berater und Experten der „Solidarność". Er verwies auf die Absurdität ihres Standpunktes bezüglich der Kosten der Wirtschaftsstabilisierung, der Möglichkeiten, ein Gleichgewicht auf dem Markt zu schaffen sowie der Erfüllung der Verpflichtungen gegenüber dem Ausland und stellte fest: „Es drängt sich die Vermutung auf, daß dieser Standpunkt nur gegenüber dem jetzigen Gesellschaftssystem, der jetzigen Regierung eingenommen wird und Ihr Euch unter anderen politischen Rahmenbedingungen sowohl mit Preiserhöhungen als auch mit völlig anderen politischen Mechanismen einverstanden erklären würdet. ..." „Ihr seid", schrieb er weiter, „nicht in den ersten Reihen derjenigen anzutreffen, die um eine Reform kämpfen, welche alle Werktätigen bei dem Versuch zusammenführen würde, ein rationales Wirtschaftssystem zu schaffen." Abschließend stellte er die Frage: „Wohin geht Ihr, was beabsichtigt Ihr? Erwartet Ihr, daß das sozialistische System zugunsten eines anderen Systems abdankt, in dem für Polen mit Sicherheit nichts garantiert wäre?" Das war damals noch keine rhetorische Frage. Heute liegt alles auf der Hand. Damals hätte sich schlicht und einfach niemand das Phänomen einer strukturellen, viele Millionen Menschen betreffenden Arbeitslosigkeit vorstellen können. Auslöser für den Streik in Gdańsk war die Entlassung von Anna Walentynowicz. Jetzt sind wir so weit gekommen, daß diese Frau in der oppositionellen Zeitschrift „NIE" ihr Leid klagt, während ihre ehemaligen Verteidiger wie ein Grab schweigen.[275] Da haben wir sie, die Ironie des Schicksals ...

Im Herbst 1981 sagten die Radikalen der „Solidarność" nicht unumwunden: „Wir wollen die Macht" oder: „Wir wollen das System ändern". Dafür gibt es einen einfachen Grund: Das gesellschaftliche Bewußtsein war damals ein völlig anderes als heute, von den geopolitischen Voraussetzungen ganz zu schweigen.

Erinnern wir uns, auch wenn das vielleicht wie philologische Archäologie aussieht. Solche Begriffe wie „Privatler", „Krauter" bezeichneten nicht einfach eine Art und Weise des Geldverdienens, sondern hatten in der Ohren der Gesellschaft einen regelrecht abfälligen Klang. Das Schlagwort „Privatisierung" oder „Reprivatisierung" fand sich damals in keinem einzigen ernstzunehmenden Programmentwurf der Opposition. Arbeiter, darunter auch „Solidarność"-Vertreter, fragten mich rundheraus, wann ich endlich diesem Privatler-Unwesen ein Ende machen würde. So sprach man damals in den Kreisen der Werktätigen. Warum erinnert sich heute niemand mehr daran? So waren damals der Stand des gesellschaftlichen Bewußtseins und die Einstellung zu den Grundlagen des Gesellschaftssystems, die – zumindest offiziell – von niemandem in Frage gestellt wurden. Die zaghaften Ansätze einer direkten Zusammenarbeit mit westlichem Kapital, die Prototypen der Joint ventures, die „Polonijny-Firmen",[276] wurden weithin als ein Synonym für leichtes Geldverdienen auf Kosten anderer angesehen.

Am 30. November 1981 verkündete der Ministerrat die Prinzipien der Unternehmenstätigkeit für das Jahr 1982 – und zwar in Form des sogenannten Systemprovisoriums. Das entsprechende Gesetzespaket wurde dem Sejm vorgelegt. Es sollte am 15. und 16. Dezember im Eilverfahren behandelt werden.

Am 26. Februar 1982, schon unter dem Kriegsrecht, verabschiedete der Sejm diese Gesetze. Sie regelten die Preise, das Planungssystem in Wirtschaft und Gesellschaft, die Finanzpolitik der staatlichen Unternehmen, die Besteuerung der vergesellschafteten Wirtschaftseinheiten, das Bankrecht, das Statut der Polnischen Nationalbank sowie das Recht, Außenhandel zu treiben. Am 1. März 1982 traten diese Gesetze in Kraft. Hinzuzufügen wäre noch, daß der Inhalt dieser Gesetze nicht von den Entwürfen abwich, die 1981 im Prinzip bereits mit der „Solidarność" vereinbart worden waren.

---

[275] „NIE" ist eine unmittelbar nach der Wende von dem in diesem Buch bereits erwähnten ehemaligen Pressesprecher Jaruzelskis, Jerzy Urban, gegründete Zeitschrift mit linkssatirischer und vor allem stark kirchenfeindlicher Tendenz (s. auch Anm. 28).

[276] Firmen mit Kapitalbeteiligung von Auslandspolen.

KAPITEL 34

Streiks und Warnungen

Das „Dreiertreffen" wurde auch als Treffen der letzten Chance bezeichnet. Wie wurde sie genutzt? Ich beziehe mich auf einen Artikel von Professor Jan Szczepański in der westdeutschen Wochenzeitung „Die Zeit". Darin berichtete der Professor, daß zwischen dem 5. und 28. November 1981 in Polen 105 unbefristete Streiks ausgerufen wurden, 196mal Streikbereitschaft verkündet wurde, weitere 115 Streiks angekündigt wurden und es zu 50 anderen Zwischenfällen kam.

Ich will hier nicht die ganze lange Liste der Ereignisse anführen, die damals Polen heimsuchten, den gewaltigen Anstieg der Spannungen, die Desorganisation in Betrieben, Hochschulen, im Verkehrswesen, im Handel usw. Die Gründe, aus denen gestreikt wurde, möchte ich nicht herabsetzen oder ableugnen. Die Krise verschärfte sich, die Menschen hatten es immer schwerer. Das ist ein verständlicher Anlaß zu Unzufriedenheit. Aber die Streiks trugen nicht im geringsten zur Lösung der Probleme bei. Ganz im Gegenteil, sie zogen das Land noch tiefer hinab, machten das Chaos noch größer. Konflikte ergaben sich aus den fadenscheinigsten, absurdesten Gründen. Wenn ich mich recht erinnere, streikte man z. B. gegen die Forderung, Personen zur Verantwortung zu ziehen, die Betriebsratswahlversammlungen boykottiert hatten, oder um einen kritischen Artikel über die Tätigkeit des Handels in die Zeitung zu bringen. Man besetzte ein Möbelgeschäft, weil ein neu eingerichteter Kredit für junge Ehepaare nicht realisiert werden konnte.[277]

In diesen Tagen erhielt ich auch ein kurioses Telegramm von einer Betriebskommission der „Solidarność" – wenn ich mich recht erinnere, aus einem Betrieb in Trzcianka. Ich wußte nicht einmal, was dort produziert wurde, aber das Telegramm war in scharfem Ton gehalten. Einige oder einige Dutzend Personen – denn ich glaube nicht, daß dieser Betrieb ein Industriegigant war – bestritten, daß der Sejm das Recht gehabt habe, mich zum Premier zu ernennen. Das war acht Monate, nachdem ich diese Funktion übernommen hatte. Also eine etwas verspätete Reaktion. Aber das ist noch längst nicht alles. Die Autoren der Depesche stellten außerdem nachdrücklich meine Wahl zum Ersten Sekretär der PVAP in Frage, weil sie nicht mit der „Solidarność" abgestimmt gewesen sei. Aus eben diesem Grund verkündeten die Autoren ihre Streikbereitschaft.

---

[277] Hier geht es darum, daß junge Ehepaare Kredite in Form von Gutscheinen erhielten, mit denen sie bestimmte Waren kaufen konnten. Der Protest richtete sich dagegen, daß diese Waren in den Geschäften nicht vorhanden und die Gutscheine somit nutzlos waren.

Auf meinem Schreibtisch stapelten sich Berichte über neue Arbeitsniederlegungen, Telexe, Proteste, Forderungen, darunter viele völlig gegen-
sätzliche. Streikbereitschaft, aktive Streiks, passive Streiks, Streiks in Verbindung mit Protestmärschen, Sitzstreiks, Bummelstreiks, Rotationsstreiks
und weiß der Himmel, was noch für Streikvarianten, füllten jeden Tag aus.
Die „Solidarność"-Region Masowien verfügte sogar – um die Worte von
Zbigniew Bujak zu gebrauchen – „über eine schlagkräftige Gruppe zur Organisation von Streiks, Kundgebungen und Demonstrationen, die mit Telefon-
und Funkverbindungen usw. ausgestattet ist". Eine Gruppe zur Streikbeen-
digung gab es natürlich nicht. Die polnische Wirtschaft und die malträtier-
te Gesellschaft mußten einen furchtbaren „Leidensweg" gehen. Gleichzeitig
verlangte man die Erhöhung der Pensionen und der Sozialleistungen sowie
bessere Arbeitsbedingungen. Andererseits rief man die Bauern auf, ihre
Steuern nicht zu zahlen und ihre Waren nicht auszuliefern.

Jetzt aber, zehn Jahre später, verdammt Jan Krzysztof Bielecki[278] in
einem Artikel in der „Polityka" vom 23. März 1991 die in der Gesellschaft
verbreitete Einstellung nach dem Motto: „... wir werden so lange streiken
und protestieren, bis die Regierung nachgibt ..." Er spricht davon, daß die
Menschen „diese Einstellungen unter dem Kommunismus gelernt" hätten.
Wer hat sie ihnen unter dem Kommunismus denn beigebracht?

Rationale Argumente, Appelle, diesen gefährlichen Prozeß aufzuhalten
oder zu unterbrechen, gingen ins Leere. Friedrich der Große hat angeblich
einmal gesagt: „Die Leute reden, was sie wollen, und ich mache, was ich
will." In unserem Fall müßte man diesen Ausspruch umkehren: Die Leute
machten, was sie wollten, und ich konnte reden, was ich wollte. Damals
behauptete man – und auch heute noch werden solche Meinungen vertreten –, daß die Regierung sich damals als Kassandra betätigt habe. Sie habe
die Situation gezielt dramatisiert, um für spätere radikale Lösungen einen
Vorwand und eine Rechtfertigung zu haben.

Man war auch der Ansicht, daß sich die Streikzeiten nicht allzu gravie-
rend auf die Staatsbilanz auswirken. Das ist eine zumindest unpräzise
Behauptung. Die negativen Auswirkungen von Streiks bestehen doch
nicht nur in Arbeitsunterbrechungen. Man muß sie in einem breiteren
Rahmen sehen. Haben Streikvorbereitungen oder der Zustand nach den
Streiks etwa keine negativen Auswirkungen? Und der ganze Komplex der
Nebenwirkungen? Die Lockerung der Produktionsdisziplin, die Störungen
in den technischen Abläufen, die Unterbrechung der Kooperation zwischen den Betrieben, die Lähmung der Betriebsleitungen, die Erhöhung
von Fehlzeiten, die Aufgabe des Arbeitsplatzes, nicht selten schlicht und

---

[278] Jan Krzysztof Bielecki, geb. 1951, Politiker, leitete nach Einführung des Kriegsrechts die
Untergrundtätigkeit der „Solidarność" im Raum Gdańsk. Von Januar bis Dezember 1991
Premier, 1992 bis Oktober 1993 Minister für Kontakte zur EU. Gründungsmitglied
(1989) und Vorstandsmitglied des Liberaldemokratischen Kongresses.

einfach Diebstahl und Verschwendung in den Betrieben. Kostet das alles etwa nichts? Es gab und gibt keine Streiks ohne Auswirkungen auf Wirtschaft und Gesellschaft. Außerdem hatten unter den damaligen Bedingungen die Situation und die Stimmungen vor allem in den Großbetrieben eine besondere Bedeutung. Ein Staatsunternehmen war gewissermaßen ein verkleinertes Abbild der Vorgänge im gesamten Gesellschaftssystem. Deshalb wirkten sich Streiks, Konflikte und Arbeiterproteste, zu denen sich in der Regel schnell politische Forderungen gesellten, auf das Leben der ganzen betroffenen Wojewodschaft, ja des ganzen Landes aus. Eigentlich war jede dieser Aktionen für uns eine Erschütterung, etwas Anormales, dem Wesen des Gesellschaftssystems Widersprechendes – kurz: ein Erdbeben. Nebenbei gesagt, ich habe einmal bei einem Aufenthalt in der japanischen Hauptstadt Tokio ein richtiges Erdbeben erlebt. Während eines Empfangs begannen plötzlich die Gläser auf den Tischen zu hüpfen, und der Kronleuchter begann zu schwingen. Das war ein unangenehmes, Nerven aufreibendes Gefühl. Die Japaner verhielten sich, als wäre nichts geschehen. Für mich war es dagegen ein ungewöhnliches Ereignis. So ähnlich wirkten auch die Streiks auf uns. Unsere Überempfindlichkeit in dieser Angelegenheit war natürlich von zweitrangiger Bedeutung. Das Wesentlichste war, daß die Streiks die wirtschaftliche Existenz des Landes bedrohten. Am 7. Oktober veröffentlichte das Organ der amerikanischen Hochfinanz, das „Wall Street Journal", einen Artikel mit der Überschrift „Die ‚Solidarność' rückt der Wirtschaft zu Leibe". In diesem Artikel hieß es u. a.: „Die ‚Solidarność' hat sich auf dem Gebiet der wirtschaftlichen Ideen genauso verhalten wie auf dem Gebiet der politischen Ideen: Sie hat einen Sturm ausgelöst und die öffentliche Meinung aufgerüttelt, ohne für die sich ständig verschlechternde wirtschaftliche Situation Lösungsvorschläge oder Konzepte anzubieten."

In den letzten Jahren habe ich die Ereignisse in den Ländern um uns herum aufmerksam verfolgt. In der ehemaligen DDR fanden Demonstrationen und Protestaktionen in der Regel nach der Arbeit und nicht auf dem Betriebsgelände statt. In Prag wurde ein angekündigter zweistündiger Streik der Verkehrsbetriebe abgesagt und in eine kostenlose Plakatklebe-Aktion umgewandelt. Dies geschah auf einen persönlichen Appell des damaligen Oppositionsführers und heutigen Präsidenten Havel hin. Die „samtene Revolution" war lediglich von einem Funk- und Fernsehboykott begleitet, der ... vom Sinfonieorchester ausgerufen wurde. Andere Länder, andere Sitten!

Unruhe und Angst in der Gesellschaft wirkten sich auf die öffentliche Sicherheit und Ordnung aus. Die Menschen fühlten sich weder zu Hause noch auf der Straße mehr sicher. Es gab brutale Schlägereien, Raubüberfälle, Diebstähle, Bandenwesen, Einbrüche; Frauen wurden die Handtaschen aus der Hand und der Schmuck vom Hals gerissen. Die Kriminalität überlagerte sogar andere Erschwernisse, mit denen die polnische Gesellschaft zu tun hatte. Auch der Unmut gegenüber den Strafverfolgungsorganen wuchs. Drastisch war insbesondere ein Zwischenfall in Radogoszcz. Im September wurden dort Milizionäre verprügelt, die nach einem Verkehrsunfall am Unfallort eingetroffen waren. Um der Situation Herr zu werden, wurden die Milizstreifen, vor allem in den großen Städten, durch Soldaten der Militärpolizei verstärkt. Diese Maßnahme minderte die Bedrohung durch die Kriminalität jedoch kaum.

Bedrohliche Zwischenfälle in den Strafanstalten – Revolten, Ausbrüche – riefen Empörung in der Öffentlichkeit hervor, so z. B. der Konflikt in der Untersuchungshaftanstalt Bydgoszcz. Die Strafgefangenen demolierten die Haftanstalt, 130 Häftlingen gelang der Ausbruch. Es fehlte auch nicht an Ereignissen, die heute nur noch Gelächter hervorrufen. Damals jedoch lösten sie Besorgnis aus, und seriöse Zeitungen berichteten darüber. Am 15. November 1981 brachen 11 Rückfalltäter aus dem Gefängnis in Załęż aus. In einer Depesche der Presseagentur PAP hieß es: „Sie kletterten auf die Spitze des 43 m hohen Schornstein des Kesselhauses, schlugen dort ihr Lager auf und begannen, von da aus ihre Forderungen zu diktieren. Sie forderten eine Revision nicht nur der gegen sie selbst ergangenen Urteile, sondern überhaupt aller in den Jahren 1970 bis 1981 verhängten Urteile, die Novellierung des Strafgesetzbuches sowie in vielen Fällen den Erlaß einer Amnestie bzw. die Abschaffung der sogenannten Erziehungsheime." Ich zitiere noch einen Satz aus dieser Depesche: „In die Haftanstalt kamen Vertreter der Zentralverwaltung für die Haftanstalten, die gemeinsam mit Vertretern der örtlichen Justizbehörden Verhandlungen mit den Gefangenen aufnahmen." Eine Welle von Rebellionen ging durch alle Strafanstalten des Landes.

Auch beim staatlichen Eisenbahn- und Busbetrieb gab es Störungen. Das hatte nicht nur innenpolitische Auswirkungen. Unsere Nachbarn reagierten immer schärfer. Deswegen bürdete ich unter anderem dem Militär die Aufsicht über die öffentlichen Verkehrsmittel auf.

Allein im Zeitraum zwischen dem 1. August und dem 22. September 1981 konfiszierte die Miliz 146 illegal erworbene Schußwaffen, 21 kg Dynamit, das aus Eisenbahnwaggons gestohlen worden war, sowie 106 Artilleriegeschosse.

Ich kehre zurück zur Beschreibung der wirtschaftlichen Situation. Vor kurzem habe ich verschiedene Tageszeitungen vom November 1981 durchgesehen – ein einziger Alptraum! Ich erinnere mich daran, daß wir in China Interventionskäufe von Schweinefleisch tätigten. Man mußte es geradezu aus der halben Welt einführen. Die Warschauer wunderten sich, daß Schweine so lange Beine haben. Man witzelte, solche Schweine könnten sich mit den Pferden von Służewiec messen.[279]Es fehlte an allem. In der

[279] Im Warschauer Stadtteil Służewiec befindet sich eine Pferderennbahn.

Wojewodschaft Katowice hatte man bis Ende November kaum zwei Drittel der für den Winter benötigten Kartoffeln eingelagert. Zbigniew Michałek informierte mich darüber, daß es möglicherweise schon im Februar 1982 kein Brot mehr geben werde. Aufkauf und Transport funktionierten nicht.

Von Tag zu Tag zog sich die Schlinge des Mangels enger zu – so sah damals das tägliche Leben aus. Die verzweifelten Versuche der Regierung, die kärglichen Lieferungen möglichst gerecht zu verteilen, sie dorthin zu leiten, wo sie am nötigsten gebraucht wurden, sie den Bedürftigsten zukommen zu lassen, waren wenig erfolgreich.

Damals gelangte der Beruf des sogenannten „Stehers" zu voller Blüte, d. h. eine Person, die nichts anderes tat, als Schlange zu stehen. Entweder kaufte diese Person etwas für sich selbst, oder sie verkaufte es zum doppelten Preis weiter, oder sie trat gegen Gebühr ihren Platz in der Schlange ab, wenn sie schon kurz vor dem Verkaufstresen stand. Die „Steher" standen, denn sie hatten Zeit. Aber was sollten die mit der Sorge um ihre Kinder belasteten Frauen tun, die nach der Arbeit etwas kaufen wollten? In den Geschäften leere Regale. Nicht genug damit, daß es an Waren fehlte, das wenige, was es gab, „wanderte" auf den Schwarzmarkt.

Die Bezugsscheine für Fleisch waren nicht mehr gedeckt. Auch die Bäckereien hatten immer größere Schwierigkeiten, ausreichende Mengen Backwaren zu liefern. Am 15. November besuchte ich eine Bäckerei in der Szwoleżerów-Straße. Ich erfuhr, daß die Mehlvorräte häufig nur für einen Tag reichten anstatt für zwei. Ich erinnere mich, daß es in Sibirien vorkam, daß meine Mutter anstelle der Brotration auf dem Bezugsschein rohen Teig brachte. Auch unsere Bäcker hatten es immer schwerer.

Der Winter nahte ... Schneefälle und Frost konnten die sowieso schon kaum noch lebensfähige Wirtschaft vollständig paralysieren. In der Hauptstadt sah es sehr schlecht aus. Es gab keine Möglichkeit, das Defizit an Wärmeenergie auszugleichen. Wegen fehlender Ersatzteile zogen sich die Reparaturen an Heizanlagen endlos hin. Es wurde beschlossen, daß vor allem die Wohnungen geheizt werden müßten. Ein spezieller Plan wurde ausgearbeitet, um Krankenhäuser, Wasserwerke und große Lebensmittelbetriebe vor Stromknappheit zu bewahren.

Wahrscheinlich kam in jenen Tagen die erschütternde Depesche der Nachrichtenagentur Reuter heraus, in der es hieß, drei Millionen Polen würden den Winter nicht überleben. Das war natürlich eine aus der Luft gegriffene Zahl. Aber das Gespenst von Hunger und Kälte war mehr als real. Viele Menschen – vor allem Alte, Kranke und Kinder – waren dadurch existentiell bedroht.

In dieser Zeit erhielt ich eine handschriftliche Nachricht, einen Brief des Ministers *Stanisław Ciosek*. Im Hinblick auf den drastischen Mangel vor allem an Wärme und Energie schlug er die Ausarbeitung spezieller Pläne zur Umsiedlung der in Ballungsgebieten lebenden Menschen vor. Es ging darum, sie vorübergehend umzugruppieren und dafür zu sorgen, daß sie ausschließlich in genau bezeichneten Gebieten konzentriert wurden. Nur diese Gebiete sollten beheizt und versorgt werden. Heute könnte man sagen: Panikmache. Nein – Ciosek ist ein dynamischer, agiler, dazu intelligenter und vernünftiger Mann. Daß er kein übervorsichtiger Mensch ist, hat er am „Runden Tisch" mehr als zur Genüge bewiesen. In dem von mir erwähnten Fall machte er mit der ihm eigenen Energie auf eine Bedrohung aufmerksam – auf eine ernste, reale Bedrohung. Und nicht nur er allein. Einige Zeit später las ich in der Zeitung „Życie Warzsawy" einen alarmierenden Artikel von Józef Kuśmierek unter der Überschrift „Die Kreissägen schärfen",[280] in dem ebenfalls radikale Vorbeugemaßnahmen vorgeschlagen wurden, u. a. ein dreistufiger Plan zur Evakuierung und Konzentrierung der Stadtbewohner. Diese Gefahren konnte ich nicht ignorieren.

Am 26. Oktober traten die regionalen Operationsgruppen des Militärs in Aktion. Sie wurden vor allem aufs Land und in Kleinstädte geschickt. Ich betrachtete diese Inspektionen als zusätzliche, unabhängige Quelle für Informationen über Probleme, Schwierigkeiten und Konflikte, die in diesen Gegenden auftraten. Diese Gruppen gingen aktiv gegen unwirtschaftliches Verhalten, Unfähigkeit der Behörden und regionalen Institutionen vor und wiesen geradezu mit dem Finger auf alles, was es noch zu tun gab. Ihre Tätigkeit löste einen Schock bei dem lokalen Klüngel, bei inkompetenten Bürokraten, Spekulanten und allen Krisengewinnlern aus. Niemand mag es, kontrolliert zu werden. Aber nicht nur die Vertreter der Staatsmacht auf der untersten Ebene fühlten sich bedroht, sondern auch einige ihrer Oberen in den Wojewodschaften. Im Ergebnis waren sie es, die Alarmsignale nach Warschau schickten, da sie aufgrund der Tätigkeit der regionalen Operationsgruppen ihr Prestige und ihre Autorität bedroht sahen und eine Desintegration der staatlichen Strukturen fürchteten. Das war ein eigentümlicher Kehraus. Er traf nicht die Opposition, sondern vor allem die Behörden. Diese Maßnahme war unsererseits auch eine Reaktion auf die Beschwerden der „Solidarność", daß es in der sogenannten Provinz – auf dem Lande, in den Gemeinden, den Kleinstädten – schlecht stehe, lokale Seilschaften jede Erneuerung behinderten. Durch die Tätigkeit dieser Gruppen wurden viele Parteisekretäre, Chefs und Direktoren abgelöst. Die Gesellschaft wurde über diese Maßnahmen ausführlich unterrichtet.

Ich stellte in etwa folgende Überlegungen an: Die gegenwärtigen Erschütterungen, Proteste und Forderungen nach Abrechnung lösen auf der mittleren und unteren Behördenebene in erster Linie eine Abwehrreaktion aus. Es heißt dort, die Feinde des Sozialismus würden jetzt ihre Rechnungen aufmachen, die Vorwürfe seien demagogisch oder verleumderisch, die einzig mögliche Antwort bestehe darin, „die Reihen zu schließen". In vielen Fällen war diese Reaktion berechtigt. Gerade in dieser Zeit gab es

---

[280] Nach Auskunft von Jaruzelski gegenüber dem Übersetzer wurde in diesem Artikel u. a. vorgeschlagen, Brennholz für den Winter zu horten.

„eine große Hexenjagd". Aber derselben Argumentation bedienten sich auch Leute, für die das Parteibuch oder der Posten nur ein Deckmäntelchen für ihre eigene Unfähigkeit oder gar Korruption war. Man mußte dafür sorgen, daß sie nicht in alle Ewigkeit in ihren Sesseln klebten und daß Kritik an ihnen nicht nur von seiten des damaligen Gegners, sondern auch aus ihren eigenen Reihen kam.

Man hat mir vorgeworfen, die Aufgabe dieser Gruppen sei es gewesen, die spätere Einführung des Kriegsrechts vorzubereiten. Natürlich kamen uns die Erfahrungen, die diese Gruppen machten, zugute. Aber dies war nicht der Zweck, zu dem sie in die Kleinstädte und die ländlichen Regionen geschickt wurden. Ihre Tätigkeit war eins der Mittel, die wir anwandten, um der Desorganisation in Wirtschaft und Handel, beim Aufkauf, bei den Dienstleistungen, den kommunalen Diensten usw. entgegenzuwirken. Zweitausend Offiziere erfuhren auf diese Weise, wie es im Alltagsleben der Polen wirklich zuging. Das war eine sehr wichtige Lektion. Am 19. November wurden die Gruppen aus den Kleinstädten und Dörfern abgezogen. Am 25. November wurde die zweite Staffel in die großen Ballungszentren und Industriebetriebe geschickt: mit dem gleichen Ziel.

Am 25. November besuchte ich die Städte Piotrków und Bełchatów. Ich sprach mit den Menschen. Sie brachten tiefe Besorgnis zum Ausdruck und fragten: Was soll werden? Ich traf mich mit den Erbauern des Kraftwerks „Bełchatów". Der erste Block war gerade erst in Betrieb genommen worden. Das nächste Mal fuhr ich 1988 dorthin, als der letzte, der zwölfte Block in Betrieb genommen wurde. Wider Willen drängt sich mir ein Gedanke auf: In Bełchatów wurde in den oft so einseitig bewerteten Jahren immerhin das größte Braunkohlekraftwerk Europas gebaut.

Vom 27. bis 28. November tagte das VI. Plenum des ZK der PVAP. Hauptthema sollte die die Reformierung der Wirtschaft sein, es wurde jedoch von der politischen Problematik überlagert. Nicht in den Referaten, aber in der Diskussion. Das war nicht Ausdruck eines vulgären Verständnisses vom Primat der Politik über die Wirtschaft, auch keine Suche nach politischen Begründungen für wirtschaftliche Entscheidungen. Der Grund war die real existierende Situation. Es wurde unterstrichen, daß die Wirtschaftsreform ohne politische und gesellschaftliche Stabilisierung reine Abstraktion bleiben werde. Wenn man das nicht berücksichtige – so sagte jemand –, werde man der Wirtschaftsreform ein viertes „S"[281] hinzufügen müssen: Selbstvernichtung des Staates. Kategorisch wurde verlangt, die Regierung mit Sondervollmachten auszustatten. Der Beschluß des Plenums verpflichtete die Parlamentsfraktion der PVAP, unverzüglich ein Gesetzgebungsverfahren für ein Gesetz „Über außerordentliche Handlungsvollmachten im Interesse des Schutzes der Bürger und des Staates" einzuleiten.

---

[281] Die ersten drei „S" lauteten: „Selbständigkeit, Selbstverwaltung, Selbstfinanzierung".
(Auskunft von Jaruzelski gegenüber dem Übersetzer)

Die Situation war schon so, daß die Regierung ihren verfassungsmäßigen Obliegenheiten ohne außerordentliche Vollmachten nicht mehr nachkommen konnte.

Auf dem Plenum beurteilte ich mit deutlichen Worten die derzeitige Lage: „Die Spannungen, die Konflikte, die gegen die Partei und das sozialistische System gerichteten Aktivitäten verschärfen sich. Summe und Tendenz all dieser gefährlichen Erscheinungen zeigen, daß der gegenwärtige Zustand nicht länger haltbar ist. Der Zerfallsprozeß muß aufgehalten werden. Sonst wird es unausweichlich zur Konfrontation, zu einer Art Kriegsrecht kommen." Diese und Dutzende anderer Warnungen sollten die erhitzten Köpfe abkühlen. Niemand kann mir vorwerfen, daß ich an die Menschen nicht appelliert, sie nicht davor gewarnt hätte, wie das alles enden könne. Es ist unehrlich, ja sogar unwürdig, heute erstaunt zu tun und zu behaupten, die Anwendung außerordentlicher Maßnahmen sei eine Überraschung gewesen. Zwar wurden die technischen, organisatorischen und militärischen Elemente des Kriegsrechts geheimgehalten. Aber das Kriegsrecht konnte für diejenigen keine Überraschung sein, die die Appelle, Warnungen und Aufrufe gehört hatten, die vom Sejm, vom IX. Parteitag, von den ZK-Plenen, von mir als Premier und anderen führenden Regierungsmitgliedern ausgegangen waren. Desgleichen die Erklärungen des Nationalen Verteidigungsrats und des Militärrats des Verteidigungsministeriums. In einigen kritischen Momenten hatte ich an einigen kritischen Orten sogar demonstrativ Truppen aufmarschieren lassen. Schließlich die allgemein bekannte Aussetzung der Entlassung älterer Einberufungsjahrgänge in die Reserve – war das nicht eine deutliche Form der Warnung?

Letztendlich war es möglich, uns einfach nicht zuzuhören. Die Mißachtung der Staatsmacht war ostentativ. Doch warum hörte man nicht auf die Kirche, den Primas, den Polnischen Episkopat? Warum schenkte man der Presse und den Rundfunkstationen des Auslands keinen Glauben, die diese Informationen ebenfalls verbreiteten? Ich glaube, es gab einfach zu viele Warnungen. Die radikalen Kreise der „Solidarność" wurden immun gegen sie. Man war der Ansicht, es gebe keinen Grund für Befürchtungen, denn diese Staatsmacht könne nur noch untergehen.

Wir wußten, wo Bartel den Most holt. Wir wußten, wie die Mitglieder des Führungskreises der „Solidarność" sich verhielten und was sie redeten, wenn sie nicht für die polnische Öffentlichkeit posierten, sondern unter sich, im Ausland oder in den Salons der westlichen Botschaften waren. Da wurden die alten polnischen Illusionen wiederbelebt, die unser Land schon so viele Male ins Unglück gestürzt hatten: Wir fangen an, und der Westen wird uns helfen. Es wäre interessant zu hören, wie die Vertreter der „Solidarność" ihre damaligen Gespräche heute darstellen würden. Was wurde über die äußere Bedrohung Polens gesagt? Hat man ihnen Hilfe versprochen? Rechtfertigte das ihr wachsendes Selbstbewußtsein?

Wir bedienten uns aber nicht nur öffentlicher Warnungen. U. a. traf sich Barcikowski mit Mazowiecki, Geremek[282], Olszewski und Chrzanowski[283] – Beratern der „Solidarność". Bei einem dieser Gespräche fragte ein Teilnehmer: „Na, was ist, drohen uns die Pelzmützen?" „Warum nicht die Schirmmützen?" gab Barcikowski schlagfertig zurück. Jahre später erinnerte Tadeusz Mazowiecki Barcikowski an dieses Wortgefecht und erwähnte scherzhaft, mit welcher Erleichterung er die Soldaten in den „Schirmmützen" registriert habe, als man ihn zur Internierung auf einen Truppenübungsplatz brachte.[284]

Bei dieser Gelegenheit eine Bemerkung zu unseren Soldatenmützen. Ende der 50er Jahre wurden im Militär neue Felduniformen eingeführt, darunter Kappen, die jedoch nicht viereckig waren, denn ihre Seitenecken waren abgeschnitten. Als ich Verteidigungsminister wurde, verfügte ich, sie zu viereckigen Mützen umzugestalten. So ist es bis heute geblieben. Nach einiger Zeit nannte man diese Mützen „Wojciech-Mützen". Die viereckige Militärmütze hatte in unserer Armee, eigentlich als Feldmütze, ja eine über zweihundertjährige Tradition.

Einige Worte über Kazimierz Barcikowski. Kurz gesagt, auf *Barcikwoski* ist Verlaß. Ein erfahrener Partei- und Staatsfunktionär. Nicht doktrinär, nicht dogmatisch, aber – und das könnte als Paradox erscheinen – prinzipienfest. Mutig in seinen Urteilen, originell, ja derb in seinen Aussagen. Vom Wesen her geradezu entnervend phlegmatisch, zuweilen jedoch auch aufbrausend. Die Kirche und die gemäßigte Opposition schenkten ihm Gehör, die Kräfte der Beharrung innerhalb der Partei aber bekämpften ihn. Lange haftete ihm das Etikett eines Revisionisten an. Wahrscheinlich habe ich dazu beigetragen, daß man ihn im In- und Ausland schließlich in Ruhe ließ. Im ganzen gehörte er jedoch zu den Trümpfen des Reformlagers der damaligen Staatsmacht.

Ich nehme den unterbrochenen Faden wieder auf. Ich will nicht verhehlen, daß wir mit Erstaunen registrierten, daß die „Solidarność" vom Kriegsrecht überrascht war. Das verstehen nicht einmal die Geschichtswissenschaftler. Micewski schrieb: „Kaum zu glauben, aber wahr. Das

---

[282] Bronisław Geremek, geb. 1932, Geschichtswissenschaftler, Politiker, Professor an der Warschauer Universität. 1983-87 Berater von Lech Wałęsa, Mitbegründer des „Runden Tisches". Seit 1989 Sejm-Abgeordneter, seit 1991 Fraktionsvorsitzender der UD.

[283] Wiesław Marian Chrzanowski, geb. 1923, Rechtsanwalt, Politiker, Professor an der Katholischen Universität Lublin. Im Zweiten Weltkrieg Kämpfer in der AK, 1954-58 inhaftiert. Berater der „Solidarność". 1989-94 Vorstandsmitglied in der Christlich-Nationalen Vereinigung, von Januar bis Dezember 1991 Justizminister, 1989-93 Sejm-Abgeordneter, von November 1991 bis Oktober 1993 Parlamentspräsident („Marschall des Sejm").

[284] Die „Pelzmützen" stehen hier als typisch russische Kopfbedeckung für russische Soldaten, die „Schirmmützen" dagegen für das polnische Militär. Gemeint ist also, daß die damaligen Oppositionellen eine Verhaftung und Internierung durch polnische Soldaten für das entschieden kleinere Übel, verglichen mit einem Eingreifen der sowjetischen Armee, hielten.

Aktiv der ‚Solidarność' hatte die Schwäche des im Land herrschenden Staats- und Gesellschaftssystems richtig erfaßt. Es begriff aber nicht, daß dieses System starke Rückendeckung im Staatsapparat im weitesten Sinne hatte (...) Die ‚Solidarność' gab sich ihrem Enthusiasmus hin und erlag dem Druck der Vertreter einiger politischer Gruppen innerhalb der Gewerkschaft. Alle wußten um die Realität, zogen es jedoch vor, sie zu ignorieren. Nationale Niederlagen und Tragödien haben in der polnischen Geschichte schon mehrmals zu Eruptionen von absolutem Irrationalismus geführt. Eine edle Idee – die Solidarität der ganzen Gesellschaft – ließ die Menschen die nationale und internationale Kräfteverteilung vergessen."

Heute kann man die damalige Staatsmacht ausnahmslos aller Dinge beschuldigen. Einige derzeitige Eliten haben das nötig. Wenn meine Stimme heute zu schwach ist, dann werden andere daran erinnern, daß 1981 die Wirtschaft an den Rand des Abgrunds getrieben wurde. Den Versuch, die Position Polens unter der damals herrschenden geopolitischen Kräfteverteilung zu erschüttern, kann man heute interpretieren wie man will. Aber 1981 hätten wir dafür den höchsten Preis zahlen müssen.

Die Beschlüsse des VI. Plenums fanden ein unterschiedliches Echo. Ryszard Reiff sah darin „die konsequente Fortsetzung der von der Parteiführung eingeschlagenen Taktik, den Gegner zu Fehlern zu verleiten, seine Wachsamkeit einzuschränken". Jerzy Holzer dagegen bewertete das VI. Plenum als „Donnerschlag". Leider wurde die Staatsmacht damals schon wie ein „verreckender Hund" behandelt. Sonst hätten die Dinge vielleicht einen anderen Verlauf genommen. Das zeigten die weiteren Ereignisse. Bekannt ist de Gaulle's Ausspruch aus dem Jahre 1958: „Die Macht nimmt man sich nicht mit Gewalt, man hebt sie vom Boden auf." Anscheinend war die „Solidarność" seinerzeit der Meinung, es handele sich nicht um eine gewaltsame Machtergreifung, sondern um das Aufnehmen einer schon am Boden liegenden Macht. Anders kann ich mir diese Verbindung von Arroganz und Sorglosigkeit nicht erklären.

Unabhängig von allen Bewertungen, Beschlüssen und Urteilen, die heutige und zukünftige Parlamente, Kommissionen und Tribunale formulieren werden, bleibe ich bei meiner Sicht der Dinge. Im Jahre 1981 waren die lebenswichtigen Interessen Polens einer tödlichen Bedrohung ausgesetzt. Übrigens war es nicht so, daß die einen verloren, während die anderen gewannen. Es war ein Spiel mit negativer Bilanz – alle verloren dabei.

Jeder, der den Gang der Ereignisse verantwortungsbewußt beurteilte, war sich im klaren darüber, was man im Falle äußerster Gefahr tun mußte. Als wir es dann schließlich taten, mangelte es im Wörterbuch von Doroszewski[285] schier an angemessenen Ausdrücken für die Handlungsweise der

---

[285] Der Sprachwissenschaftler und Lexikograph Witold Jan Doroszweski, 1899-1976, hat als Autor von Standardwörterbüchern der polnischen Sprache in Polen die Bedeutung, die in Deutschland Konrad Duden hat.

Staatsmacht und Jaruzelskis. Jaruzelski hatte „dem Volk das Rückgrat gebrochen", „die wahren Polen versklavt", „fremde Befehle ausgeführt", „einen polnisch-jaruzelskischen Krieg ausgerufen", „den Freiheitsdrang erstickt".

KAPITEL 35

Nicht verlöschende Brände

Am 2. Dezember 1981 wurde ein Sitzstreik in der Offiziershochschule für das Feuerlöschwesen[286] durch Ordnungskräfte gewaltsam beendet. Anlaß des Streiks war die Veröffentlichung eines Hochschulgesetzentwurfs gewesen. Der Ausbruch eines „Feuerherdes" in einer Hochschule, die Kader für eine paramilitärische Organisation ausbildete – denn einen solchen Charakter haben die Feuerlöschdienste fast überall –, sollte wahrscheinlich der nächste Test dafür werden, wie schwach die Staatsmacht inzwischen geworden war.

Den Streik in der WOSP organisierte die „Solidarność"-Region Masowien, unter der Leitung ihres stellvertretenden Vorsitzenden, Sewery Jaworski. Am 29. November kam er auf das Gelände der Schule und ging in das Arbeitszimmer des Kommandanten. Wörtlich sagte er: „Ich verhafte Sie. Sie haben hier sitzen zu bleiben."

Nach dem Sturm des Gebäudes der WOSP durch die Miliz verfügte die „Solidarność" scharfe Streikaktionen. Das war eine symptomatische Reaktion. Ein Zwischenfall wurde zum Vorwand genommen, um einen Konflikt auf das ganze Land auszuweiten. „Ich ordne höchste Alarmbereitschaft in den Regionalbüros an. Vorbereitungen zur Herstellung der Streikbereitschaft treffen." So klangen die ersten Sätze eines Telex, das an alle Regionalverbände geschickt wurde.

Bei dieser Gelegenheit eine Anmerkung. Wenn man die Presse jenes Tages liest, kann man eine kurze Notiz der Polnischen Presseagentur darüber finden, daß in London 70 Studenten gewaltsam aus dem Verwaltungsgebäude der Polytechnischen Hochschule entfernt wurden, wobei u. a. ein Tor mit einem Speziallastwagen der Polizei aufgebrochen wurde. Die Studenten hatten das Gebäude 10 Tage lang aus Protest gegen Pläne der Regierung, den Bildungsetat zu kürzen, besetzt gehalten. Trotzdem stand aus diesem Anlaß nicht ganz Großbritannien kopf. Das alles ist sehr traurig und lächerlich, auch jetzt noch, nach so vielen Jahren.

Bei der Aktion der Miliz in der WOSP wurden mehr Gewalt und stärkere Mittel angewandt, als erforderlich gewesen wären. In diesem Fall ging es darum, ein Warnzeichen zu setzen. Das nützte leider nicht viel. Ganz im Gegenteil, diese Aktion wurde zum unmittelbaren Anlaß für eine drastische Radikalisierung eines beträchtlichen Teils der „Solidarność"-Führung. Sie war ein sehr willkommenes Argument. Die Radikalisierung hielt auf diese und ähnliche Weise das gesamte Jahr über an. Mit der Zeit geriet dieser

---

[286] Im Folgenden wird die polnische Abkürzung „WOSP" verwendet.

Prozeß außer Kontrolle. Die realistisch denkenden, gemäßigten Kräfte wurden dadurch ins Abseits gedrängt.

Diese sich nun in den Vordergrund schiebenden „neuen Radikalen" – im Unterschied zu den radikalen Funktionären der Vergangenheit, wie es z. B. Andrzej Gwiazda und Anna Walentynowicz gewesen waren – hat Adam Michnik in seinem 1984 erschienenen Buch „Takie czasy" („Solche Zeiten") treffend charakterisiert:

„Ihr Radikalismus", schrieb er, „war nicht Ausdruck wohldurchdachter Haltungen unter Berücksichtigung der Realität und der Grenzen, die Polen gegeben waren. Von den Realitäten gingen Wałęsa und Kuroń aus – die anderen wollten dagegen nur die Atmosphäre anheizen. Deshalb gab es von ihrem Standpunkt aus eigentlich keinen Unterschied zwischen Experten und KOR-Mitgliedern, zwischen Mazowiecki und Kuroń, Gwiazda und Geremek. Die zu weiche Haltung Wałęsas war ihrer Meinung nach die Schuld der Experten, deren Einfluß er sich dem Vernehmen nach willenlos ergab. Die neuen Radikalen aber sahen die Macht schon auf der Straße liegen. Sie fühlten sich jedoch zu schwach, um sich nach ihr zu bücken. Das sollte Wałęsa für sie tun. Ihr Mangel an Erfahrung gab ihnen immer phantastischere Visionen ein, mit denen man auf der Grundlage von Wissen und gesundem Menschenverstand jedoch schwerlich polemisieren konnte, denn gerade Wissen hielten diese Leute für ein kompromittiertes Sammelsurium von Phrasen der vergangenen Epoche, und in gesundem Menschenverstand sahen sie einen Ausdruck von Furcht seitens der Intelligenz."

Wir hatten hinsichtlich der Positionen, die diese Radikalen vertraten, keinerlei Illusionen. Vielleicht hätte ich daraus Konsequenzen ziehen sollen. Keine wie auch immer gearteten „zentristischen" Lösungen werden solche Radikale je zufriedenstellen. In Zeiten von Spannungen und allgemeinem Aufruhr verderben es sich die Zentristen mit allen und ziehen in der Regel den kürzeren.

Ich weiß, welch schwierige Rolle Wałęsa in dieser Zeit zu spielen hatte. War sie doch in gewisser Hinsicht derjenigen ähnlich, die Kania und mir in unserem Lager zufiel. Auch Wałęsa war ein „Mann der Mitte". Er hat wahrscheinlich nicht vergessen, wie schwer diese Zeiten für ihn gewesen sind. Übrigens bemüht er sich auch heute, eine solche Rolle zu spielen – mal mit mehr, mal mit weniger Erfolg. Wir dagegen sahen damals in erster Linie die überraschende Sprunghaftigkeit seiner Haltungen. Einerseits kam das von seinen spontanen Äußerungen, die Reaktionen auf konkrete Situationen waren. Zweitens wollte sich Wałęsa, wie ich glaube, ganz bewußt einen breiten Manövrierspielraum erhalten. Morgens sagte er dieses, abends jenes. Darin konnte jeder etwas für sich finden. Die humoristische Quintessenz dieser Haltung ist sein später berühmt gewordener Ausspruch: „Ich bin dafür und sogar dagegen." In einer Fernsehsendung hörte ich dazu einmal den wie üblich scharfsinnigen Kommentar von Bronisław Geremek: „Darin besteht der Charme unseres Vorsitzenden."

Die zunehmende Radikalität im Handeln der „Solidarność" erreichte ihren Höhepunkt in Radom und anschließend in Gdańsk auf der Sitzung des Landesausschusses. Wałęsa gesteht in seinen Erinnerungen, daß er die Kontrolle über die Situation verlor. Folgerung: „Ich mache mich zum größten Radikalen, schließe mich der Mehrheitsmeinung im Saal an, um nicht von den Ereignissen überrollt zu werden ... In Radom ging ich, entgegen meinen Überzeugungen, aufs Ganze, um nicht abgehängt zu werden." Einmal hat er diese Haltung anschaulich erklärt: „Wenn man ein herumjagendes Pferd nicht stoppen kann, muß man aufsitzen und es so zu lenken versuchen." Nur daß dieses Pferd schon so außer Rand und Band geraten war, daß es sich nicht mehr lenken ließ. Hatte doch Seweryn Jaworski Wałęsa gerade gedroht: „Wenn Du auch nur einen Schritt zurückweichst, schlage ich Dir persönlich den Kopf ab." Wałęsa machte also eine Volte, um seinen Einfluß nicht zu verlieren. In Radom sagte er am 3. Dezember 1981 auf einem Präsidiumstreffen des Landesvorstandes der „Solidarność" mit den Vorsitzenden der regionalen Gewerkschaften und einer Expertengruppe: „Von Anfang an war klar, daß es zum Kampf kommen würde. Man darf jetzt einzig und allein solche Mittel wählen, die einem möglichst großen Teil der Gesellschaft diesen Kampf begreiflich machen. Ganz im Vertrauen, die Konfrontation ist unvermeidlich, und bei diesen Gesprächen geht es sowieso nur um Überlistung, wer wen, aber wir werden uns selber überlisten. Wir müssen sagen: ‚Wir lieben die Sowjetunion‘, aber ... wir müssen unsere Arbeit machen, indem wir vollendete Tatsachen schaffen und warten. Zur Konfrontation wird es kommen, doch das muß eine Konfrontation sein, von der wir nicht überrascht werden, aber sie ist unvermeidlich ... Keine Staatsmacht, kein Systemwechsel kommt ohne Gezerre an den Wangen aus..." Dieses Zitat wurde von einer Tonbandaufzeichnung abgeschrieben, deshalb der „zerrissene" Stil und die groben umgangssprachlichen Ausdrücke, in denen jedoch Suggestivkraft, Stärke und Authentizität mitschwangen.

Erstaunlich – denn es hatte doch am 1. und 2. Dezember in Warschau im Hotel „Solec" eine Sitzung des Präsidiums des Landesausschusses stattgefunden. Lech Wałęsa hielt von einem Hotelzimmerfenster aus eine improvisierte Rede an eine Gruppe von mehreren Hundert Menschen. Diese Rede war in ruhigem Ton gehalten. Er appellierte u. a. an Vernunft und Disziplin. Andererseits wissen wir, daß über dieser Sitzung – wie es Mieczysław Rakowski in seinen Memoiren ausdrückte – „der Geist bedingungslosen Kampfes schwebte".[287] Wie man sieht, verfiel ihm Wałęsa nicht sofort. Doch schließlich riß ihn die Strömung mit ... Das war also auch sein Drama – das Drama eines Menschen, der in diesem Fall wirklich „nicht wollte, aber mußte".[288]

[287] Eine entsprechende Formulierung konnte der Übersetzer in der deutschen Ausgabe von Rakowskis Buch (s. Anm. 85) deswegen nicht finden. Die Übersetzung des Zitats stammt also vom Übersetzer des vorliegenden Buches.
[288] S. Anm. 205.

Bei den Beratungen in Radom herrschte allgemein ein scharfer, ja streit-süchtiger Ton, und man faßte weitreichende Beschlüsse. Der Vorsitzende der Beskiden-Region, Kosmowski, sagte: „Man muß aufs Ganze gehen." Rulewski schlug vor, „der Regierung Jaruzelski das Vertrauensmandat zu entziehen und vorübergehend „eine Interimsregierung einzusetzen". Der Vorstandsvorsitzende der Region Radom, Sobieraj, riet: „Man muß mit den Wojewodschaftsbehörden Gespräche über die verschiedensten Themen führen, in den Gemeinden und Städten muß man unbedingt mit den Bauern diskutieren, sie auf die Vertreter der Gemeindeverwaltungen hetzen, sie sollen die Gemeindeverwaltungen an sich reißen." Bujak: „… wir fangen an, wie die Geier um einen Kadaver zu kreisen, na ja, vielleicht bewegt sich da noch etwas, aber wir wissen doch, daß wir diesem Kadaver im Grunde ge-nommen schon die Augen aushacken könnten." Bereits vorher hatte er ge-sagt, daß „eine besonders geschulte Gruppe von Arbeitern das Rundfunk-komitee[289] stürmen werde."

An dieser Stelle einige Worte über *Zbigniew Bujak*. In Radom befand sich Bujak unter lauter Radikalen. Er schwankte in seinem Verhalten. Gelegentlich zeigte er sich bemerkenswert gemäßigt. Er dachte rational. Aber in der Praxis ging oft das Temperament des Soldaten der Landungs-truppen mit ihm durch. Auch mein Verhältnis zum ihm war kompliziert. Heute empfinde ich große Achtung für ihn. Er kam aus einer sehr armen Familie, aber dank seiner Fähigkeiten, seiner Intelligenz und seiner kriti-schen Selbstbetrachtung arbeitete er sich – ohne formal ein Hochschulstu-dium abgeschlossen zu haben – auf ein hohes intellektuelles Niveau empor. Er verlor jedoch nicht den Kontakt zu seinen Wurzeln, bewahrte sich eine große Sensibilität für gesellschaftliche Probleme. Ich habe für ihn auch des-halb eine gewisse Schwäche, weil er ein guter Soldat war, ein Fallschirm-jäger. Ich gestehe, daß ich eine gewisse Befriedigung empfand, als man ihn während des Kriegsrechts vergeblich suchte und er ständig seine Verfolger in die Irre führte. Nach außen hin aber machte ich mich darüber lustig: „Da sehen Sie mal, was man bei den „red berets"[290] lernt. In den Jahren 1989-1990 traf ich mich zweimal mit ihm. Wir sprachen über viele Dinge, und eins kann ich sagen: Er ist kein Dutzendmensch. Wie man mir gesagt hat, ist Frasyniuk von ähnlichem Format. Ihn habe ich jedoch nicht persönlich kennengelernt.

Zurück zu den Ereignissen in Radom. Um es auf Altpolnisch auszu-drücken: „Sie benahmen sich dort wie von Sinnen." Scharfe, auf Kon-frontation bedachte Stimmen dominierten. Selbst diejenigen, die auf dem 1. „Solidarność"-Kongreß in Gdańsk noch einen gemäßigten Eindruck ge-macht hatten, wurden von der kämpferischen Atmosphäre angesteckt. Und das war doch schließlich der offizielle Standpunkt des Personenkreises, der

[289] Staatl. Aufsichtsbehörde.
[290] S. Anm. 126.

praktisch die Entscheidungen traf – der Landes- und Regionalführer der „Solidarność". Dieser Standpunkt besagte, daß die „Solidarność" insgesamt zur Organisation eines Generalstreiks verpflichtet sei, wenn die Regierung die von der „Solidarność" gestellten Bedingungen nicht annehmen oder gar das Streikrecht vorübergehend einschränken sollte. Auch gegen den Entwurf des Systemprovisoriums für 1982 wurde protestiert, wo doch ein Start der Wirtschaftsreform ohne dieses Systemprovisorium nicht denkbar war. Die Idee einer nationalen Verständigung wurde verworfen. Noch am selben Tag sagte Wałęsa auf einem Treffen in der Fabrik „Radoskór": „Es gibt keine Verständigung, denn es gibt niemanden, mit dem man sich verständigen könnte."

Wie sollte, ja wie mußte ich auf die Ereignisse in Radom und die Position, die dort eingenommen wurde, reagieren? Die klare und eindeutige Antwort der Staatsmacht verkündete der Pressesprecher der Regierung in einer am 7. Dezember veröffentlichten Erklärung: „Der Sejm der Volksrepublik Polen hat zweimal, am 26. März und am 31. Oktober, Beschlüsse verabschiedet, in denen er zu einer Aussetzung der das Land zugrunde richtenden Streikaktionen und der die öffentliche Ordnung störenden Unruhen aufrief. Am 18. November 1981 schließlich hat das Präsidium des Sejm analog zu seinem vorher gefaßten Beschluß erklärt, daß, wenn die Resolutionen und Appelle des Sejm keine Wirkung zeigen, dieser angesichts des Notstandes, zu dem es kommen kann, den Vorschlag prüfen wird, die Regierung mit den grundlegenden Handlungsvollmachten auszustatten, die die Situation erfordert. Diese Beschlüsse und Erklärungen blieben wirkungslos, wurden ignoriert. Gleiches gilt für den am 12. Februar im Sejm vorgetragenen Appell des Premiers, 90 Tage lang Ruhe zu bewah-ren und zu arbeiten, für weitere Appelle des Premiers vor dem Sejm am 24. September und am 30. Oktober 1981, für andere Aufrufe der Regierung sowie für Appelle der politischen Parteien und gesellschaftlichen Organisationen.

Da die Streiks und viele rechtsbrecherische Aktionen die Grundlagen der Gesellschaft und die Strukturen des polnischen Staates bedrohen, ergibt sich die Notwendigkeit, die Regierung mit den unabdingbaren Handlungsvollmachten auszustatten. In diesem Fall geht es um begrenzte Maßnahmen, und dies auch nur für die Winterperiode (bis zum 31. März 1982); und zwar in der Absicht, es nicht zu einer Konfrontation kommen zu lassen, zu verhindern, daß zu den äußersten Mitteln gegriffen werden muß. Die Regierung bittet den Sejm um diese Handlungsvollmachten, nachdem sie lange Zeit Appelle und eindringliche Bitten an die Gesellschaft gerichtet hat. Die ‚Solidarność' wendet sich gegen ein noch nicht existierendes, ja noch nicht einmal dem Sejm zur Beratung vorgelegtes Gesetz und droht mit einem allgemeinen Streik, falls die Regierung versuchen sollte, die Streiks einzudämmen ...‘'

In diesem Zusammenhang drängt es mich, noch einmal daran zu erinnern, daß der Gesetzentwurf dem Sejm seit dem 28. Oktober vorlag. Ich zögerte, ihn auf den Weg zu bringen. Das Parlament zählte ebenso wie die Regierung darauf, daß diese Vollmachten sich als überflüssig erweisen würden, daß es gelingen werde, zu einem normalen Wirtschaftsrhythmus zurückzukehren. Ich mache keinen Hehl daraus, daß die Einreichung des Gesetzentwurfs bereits im Oktober eine Form der Warnung sein sollte. Von Oktober bis Dezember hatte die „Solidarność" wahrlich Zeit genug, die Situation und die Absichten der Regierung vernünftig zu analysieren. Gleichzeitig gaben wir deutlich zu verstehen, daß wir, sollte die Idee einer Verständigung ein Fiasko erleiden, entschieden reagieren würden.

Ich bedaure, daß es schließlich nicht zur Verabschiedung dieses Gesetzes kam. Es war ein Versuch, die am Boden liegende Wirtschaft zu retten. Leider wog das entschiedene „Nein" der „Solidarność", die uns einen Generalstreik mit allen seinen Konsequenzen androhte, schwerer. Dies zog der Episkopat in Betracht, als er den Sejm von dieser Initiative abbringen wollte.

In einem an den Marschall des Sejm, den Ältestenrat und alle Abgeordneten gerichteten, im Namen des Episkopats von Primas Glemp und Bischof Bronisław Dąbrowski unterzeichneten Brief findet sich folgende Begründung: „Wenn im gegenwärtigen Augenblick ein Rechtsakt verabschiedet wird, der Protestaktionen bei Strafe der Anwendung administrativer Gewalt verbietet, dann droht eine gesellschaftliche Empörung, ein starker Druck der Basis auf die Gewerkschaftsführung, einen Generalstreik auszurufen. (...) Die Kirche, die sowohl das Wohl der Werktätigen als auch das des Staates im Auge hat und seit tausend Jahren das Los unseres gemeinsamen Vaterlandes im Guten wie im Bösen teilt, warnt den Sejm der Volksrepublik Polen davor, eine Entscheidung zu treffen, die sich auf das Schicksal unseres Landes tragisch auswirken könnte."

Solche Warnungen konnte man nicht mißachten.

In jenen heißen Tagen war in verschiedenen Kreisen der „Solidarność" eine triumphale, ja euphorische Stimmung zu spüren. Ciosek, ein Mann des Dialogs und der Verständigung, der viele Kontakte zur Gewerkschaftsspitze hatte, berichtete mir voller Besorgnis von arroganten Androhungen, wie z. B.: „Wir werden euch mit unseren Mützen zudecken."[291] Radom war keine allzu große Überraschung, obwohl ich nicht damit gerechnet hatte, daß die „Solidarność" dort so scharf auftreten und bis zum Äußersten gehen würde.

---

[291] Poln. Redensart. Sinn: Wir sind so viele, und ihr seid so wenige, daß wir euch allein mit unseren Mützen zudecken können.

KAPITEL 36

Streng geheim

Die Verbündeten betrachteten Polen als ein stark risikobehaftetes Gebiet. In den Prozessen, die in unserem Land vor sich gingen, sah man – nicht ganz ohne Grund – eine Gefahr für den ganzen Block, eine Schwächung seiner Stabilität und Einheit. Daher die aktive Einflußnahme, die – sagen wir – Indoktrinierungs- und Überredungsversuche.

Zu den gängigsten Methoden gehörten Versuche, Kania und mich bloßzustellen. In einigen Kreisen der Staatsmacht fand dies Gehör, stieß geradezu auf Wohlgefallen. Von mir wurde behauptet, ich sei ein verkappter Anhänger einer „Finnlandisierung" Polens.[292] Mein Ziel sei eine starke, vom Militär gestützte Regierung und eine schwache Partei, die keinerlei Einfluß auf die Politik des Staates habe. Alles, was zu einer Ausweitung der Demokratie führte, wurde als „Aushöhlung der Autorität der Regierung durch die Einsetzung verschiedener Komitees, Räte und Kommissionen" charakterisiert. Natürlich waren diese Warnungen mit meiner Herkunft verbunden. Es wurde sogar die „Information" in Umlauf gesetzt, mein Vater lebe in England und spiele dort eine verdächtige Rolle. Und so weiter ... Man versuchte auszuloten, wie sich die Generalität verhalten würde, wenn irgendeine nicht näher bezeichnete Kraft mich entmachten würde. Ich spürte, daß die mich völlig in Anspruch nehmende Regierungstätigkeit meine Kontakte zum Militär schwächte. In der damaligen Situation konnte das negative Auswirkungen haben. Damit begründete ich u. a. meinen Wunsch, das Amt des Premiers niederzulegen. Diesen Wunsch trug ich am 10. Juni auf einer Sitzung des Politbüros vor und wiederholte ihn am 18. Juni. Damals erwies sich dieser Schritt als nicht durchführbar.

General *Kiszczak**:

In meinem Buch „General Kiszczak erzählt – fast alles" beschrieb ich die wichtigsten Ereignisse und Überlegungen meines langen Lebens. Dabei konnte ich die Jahre 1980-1981 notwendigerweise nur kurz streifen. Dennoch habe ich viele Male versichert, daß eine Intervention von außen in Polen eine reale Gefahr war, ja unmittelbar bevorstand. Jetzt, wo ich die Möglichkeit habe, mich auf die Zeit vor dem Kriegsrecht zu konzentrieren, will ich versuchen, dieses Problem näher zu beleuchten.

---

[292] Dieses Schlagwort kennzeichnet die sowjetische Entspannungsdiplomatie, den Versuch der UdSSR – analog ihrer Politik gegenüber Finnland –, besonders die europäischen NATO-Staaten zu einer Politik des Wohlverhaltens ihr gegenüber zu verpflichten.

Nach meiner Berufung in das Amt des Innenministers sprach ich im Rahmen von Antrittsbesuchen bei den Milizkommandanten der größeren Wojewodschaften u. a. mit Oberst Gruba aus Katowice. Das Gespräch beschränkte sich nicht nur auf Fragen, die die Wojewodschaft betrafen. Gruba machte mit seinen offenen Äußerungen und seinem kühnen Denken einen guten Eindruck auf mich. Schon bei diesem ersten Gespräch übermittelte er mir eine Reihe wichtiger Fakten, die unsere Befürchtung bestätigten, daß die reale Gefahr einer Intervention fremder Truppen in Polen bestehe. Außerdem hatte Gruba aufgrund verschiedener Kontakte feststellen können, daß es in Polen – ähnlich wie 1968 in der Tschechoslowakei – eine Gruppe von Leuten gab, die geneigt waren, die Verbündeten im Warschauer Pakt um internationalistische Hilfe zu bitten. Er informierte mich auch über seine Gespräche mit den entsprechenden tschechischen Amtsträgern, u. a. mit dem Geheimdienstchef von Morawska Ostrawa, Oberst Kincel, der später Innenminister der Tschechoslowakei wurde. Sie verhehlten nicht, daß sie bereit seien, Polen zu „helfen" und schilderten auch, wie diese Hilfe aussehen werde: Ihre Truppen sowie Operationsgruppen des Geheimdienstes würden in grenznahe Wojewodschaften eindringen. Gruba meldete, die Vorbereitungen der tschechoslowakischen Armee auf einen Einmarsch in Polen seien mit bloßem Auge zu erkennen. Charakteristische Truppenbewegungen unterschiedlicher Intensität waren Ende 1980, aber auch im Frühjahr und im Spätherbst 1981 zu beobachten. Soweit ich weiß, hat Gruba in den letzten Jahren entsprechende Berichte in einigen schlesischen Zeitungen veröffentlicht.

Er meldete mir auch, daß der militärische Nachrichtendienst der Tschechoslowakei systematisch die Grenzregionen zu Polen und das dortige Wegenetz erkunde. Ihm, seiner Familie und seinen Kollegen habe man Zuflucht in der Tschechoslowakei angeboten, denn „die konterrevolutionären Kräfte könnten bei dem weniger aufgeklärten Teil der Arbeiterklasse Unterstützung finden, die in Racheakte gegen die Familien der politischen Funktionäre münden wird". Dabei berief man sich auf den damaligen Ersten Sekretär des Wojewodschaftskomitees Katowice, Andrzej Żabiński, für dessen Aufnahme angeblich auf tschechischer Seite schon eine Villa bereitgestellt worden war. Dabei waren die tschechoslowakischen Kollegen besonders beunruhigt von der Haltung eines Teils unseres Innenministeriums, u. a. von dem Versuch, in der Miliz eine Gewerkschaft zu gründen.

Die Obersten Gruba sowie Dudek aus Olsztyn, Biernaczyk aus Wrocław, Andrzejewski aus Gdańsk, Ochocki aus Legnica und einige andere meldeten mir Aktivitäten des zivilen und des militärischen Nachrichtendienstes der Sowjetunion (KGB und GRU) sowie der Stasi und des tschechoslowakischen Geheimdienstes SB. Meine Gesprächspartner nannten mir Namen und nachprüfbare Fakten. Für einige dieser Informationen konnte ich über militärische Kanäle Bestätigungen erhalten.

Zu bestimmten Zeiten waren besonders lebhafte Penetrationsversuche zu beobachten. Das galt für August und September 1980, für November und

Anfang Dezember 1980, für März und Anfang April 1981 sowie für November und Dezember 1981.

Besonders intensiv bemühte man sich herauszufinden, wie die industriellen Schlüsselbetriebe, die Verkehrsknotenpunkte sowie die Strom- und Wasserversorgungsnetze geschützt waren. Man konnte das so verstehen, daß diese Betriebe und Institutionen „ins Visier genommen wurden", da man sie im Interventionsfall zuallererst unter Kontrolle bringen mußte. Im Vordergrund stand jedoch, die Stimmung in bestimmten Gesellschaftskreisen zu erforschen, insbesondere in der „Solidarność", und zu versuchen, in der Bevölkerung eine positive Einstellung gegenüber der Sowjetunion zu erzeugen.

Mit großer Überraschung nahm ich die Meldung von Oberst Gruba über Vorgänge im November-Dezember 1981 auf. Er berichtete, daß – nach seinem Kenntnisstand und seinem Eindruck – Mitarbeiter des KGB, die, als Spezialisten getarnt, im Hüttenwerk Katowice arbeiteten, nicht nur die „Solidarność" ausforschten, sondern sogar in ihre Organisationsstrukturen einzudringen versuchten. Einer von ihnen, der Ingenieur Antoni Kuśnierz, wurde sogar ins Betriebskomitee der „Solidarność" im Hüttenwerk Katowice gewählt. Ich empfahl Gruba, beim Konsulat der UdSSR in Kraków zu intervenieren. Er sprach mit dem Generalkonsul Rudnow, wies ihn auf das eigenartige Verhalten einiger Bürger der UdSSR hin und verlangte, sie zurückzuberufen. Der Konsul gab eine unklare Antwort, meinte, das seien willkürliche Aktionen, er höre zum erstenmal davon, werde der Sache nachgehen, und es werde sich in dieser Angelegenheit jemand bei uns melden. Es meldete sich jemand – der Resident des KGB, Oberst Tolkunow. Er spielte mit offenen Karten: Gruba müsse größeres Verständnis für die sowjetischen Interessen in Polen aufbringen, denn man wisse nicht, wie sich die Situation entwickeln werde, deshalb müsse man auch die „Solidarność" zu einer positiven Haltung hinsichtlich einer möglichen „Hilfeleistung" bringen. Gruba verlangte entsprechend meiner Empfehlung die Abberufung des Ingenieurs Kuśnierz. Ich selbst konnte mich von meiner Position aus schon nicht mehr in diese Angelegenheit einschalten. Bald danach kam nämlich der 13. Dezember.

Nach Ausrufung des Kriegsrechts organisierte die „Solidarność" im Hüttenwerk Katowice einen Sitzstreik. Er wurde von Einheiten der Miliz und des Militärs beendet. Bald danach wurde dort ein zweiter Streik organisiert, der – o Wunder! – von eben jenem Ingenieur Kuśnierz angeführt wurde. Daraufhin drohte Gruba dem Residenten des KGB, er werde Kuśnierz verhaften lassen, wenn dieser nicht binnen weniger Stunden Ruhe gebe. Im letzten Moment wurde Kuśnierz in die UdSSR gebracht. Diese Sache ließ sich nicht restlos aufklären.

Sehr wesentliche, vernünftig interpretierte Informationen erhielt ich vom damaligen Kommandanten der Miliz in der Wojewodschaft Olsztyn, Oberst Kazimierz Dudek. Mit meinem Einverständnis unterhielt er Kontakte zur KGB-Leitung des Gebietes Kaliningrad, an deren Spitze Generalmajor Alexandrow stand. In der Gegend von Kaliningrad wimmelte es von Militäreinhei-

ten, die von August 1981 an auf volle Mannschaftsstärke gebracht wurden. Oberst Dudek berichtete von erhöhter Kampfbereitschaft dieser Einheiten, von Urlaubssperren für die Reservisten, maximaler Reduzierung des Urlaubs der Kader, von dem Verbot, die Garnisonen zu verlassen, sowie der Einstellung eines mobilisierten Reservisten als Polnisch-Dolmetscher.

Während der Zeit der Spannungen in Polen wurden – unter dem Deckmantel von Manövern – auf den zur polnischen Grenze führenden Straßen Truppen und Gerät (Panzer, gepanzerte Transportfahrzeuge, Artillerie) zusammengezogen. Die sowjetischen Kollegen, die Dudek nach dem Grund für diese Manöver fragte, entgegneten unumwunden, die Situation in Polen könne sich in eine für die sozialistische Staatengemeinschaft bedrohliche Richtung entwickeln. Die vom Westen inspirierte und aktiv unterstützte „Solidarność" werde immer antisowjetischer. Die sowjetischen Gesprächspartner nannten Beispiele für die Schändung von Gräbern und Denkmälern. Außerdem beriefen sie sich auf die berüchtigte Botschaft der „Solidarność" an die Werktätigen Osteuropas. Ihrer Meinung nach konnte und würde die UdSSR das nicht tolerieren. „Wenn ihr nicht selbst Ordnung macht, tun wir es. Wir werden Polen in der Not nicht im Stich lassen" u. dgl. m.

In der zweiten Hälfte des Jahres 1981 begannen sich das sowjetische Konsulat in Gdańsk in Person des Konsuls Seljonow sowie ein damals extra nach Olsztyn entsandter Mitarbeiter der Stasi im Range eines Obersten – der Name ist mir entfallen – verstärkt für die Situation zu interessieren. Beide zeigten besonderes Interesse für die Lage in der Wojewodschaft und versicherten, daß man bereit sei, Polen gegen die konterrevolutionäre Bedrohung militärische Hilfe zu leisten. Über diese Vorgänge wurde ich von Oberst Dudek auf dem laufenden gehalten.

Um den 20. Dezember 1981 herum trafen sich an der polnisch-sowjetischen Grenze General Alexandrow und sein Stellvertreter mit Oberst Dudek. Von polnischer Seite nahmen an diesem Treffen außerdem der stellvertretende Wojewodschafts-Kommandeur der Miliz, Oberst Gregorczyk, sowie der Kommandant der Offiziershochschule der Miliz, Oberst Stanisław Biczysko, teil. Es war ein langes und umfassendes Gespräch, in dessen Verlauf General Alexandrow feststellte, daß, wenn wir das Kriegsrecht nicht eingeführt hätten, die sowjetischen Truppen sowie Operationsgruppen des KGB um den 16. Dezember herum bereit gewesen wären, in Polen einzumarschieren, um eine Machtübernahme durch die Opposition zu verhindern. Dabei dachte er zweifelsohne an die möglichen Folgen einer für den 17. Dezember angekündigten Demonstration. In diesem Zusammenhang drückte er seine große Erleichterung darüber aus, daß die polnischen Behörden das Kriegsrecht eingeführt und auf diese Weise die sowjetische Seite vor sehr schmerzhaften Entscheidungen bewahrt hätten. Er berichtete auch, daß sich infolge der Stabilisierung der Lage in Polen die Atmosphäre im ganzen Gebiet Kaliningrad entspannt hätte.

---

* Czesław Kiszczak – Divisionsgeneral, Chef der Militärpolizei, seit 31. Juli 1981 Innenminister.

Schon in der zweiten Hälfte des Jahres 1981 legte ich mit General Kiszczak, der damals Chef der Militärpolizei des Verteidigungsministeriums (Abwehr und „Gendarmerie") war, fest, daß er die Absichten der Verbündeten in bezug auf Polen beobachten und analysieren solle. Er tat das sehr vorsichtig. Zu diesem Zweck benutzte er Offiziere, zu denen er volles Vertrauen hatte, sowie persönliche Bekannte unter den leitenden Mitarbeitern der militärischen Spionage- und Abwehrdienste der Mitgliedsstaaten des Warschauer Pakts.

Interessante Informationen erhielt er vom Kommandeur einer mechanisierten Division (dem ehemaligen stellvertretenden Chef des militärischen Nachrichtendienstes der Tschechoslowakei), General Vlk aus Karlovy Vary, vom Chef des militärischen Geheimdienstes der DDR, General Gregor, vom Chef des bulgarischen militärischen Geheimdienstes, General Zikulow, sowie vom ehemaligen Militärattaché der UdSSR in Warschau, Oberst Korschenkow, mit dem er auch nach dessen Abberufung aus Polen ziemlich engen Kontakt unterhielt. Sie alle meinten, die Führer der Staaten des Warschauer Pakts seien ungeheuer besorgt wegen der Entwicklung der Situation in Polen und fürchteten, daß sich die Nachbarländer „infizierten". Die Entwicklung der Lage zeige, daß die polnischen Behörden entweder nicht fähig oder nicht willens seien, der Konterrevolution aus eigenen Kräften Paroli zu bieten. Außer Worten und Gesten, die zur Beruhigung der Verbündeten gedacht seien, täten sie in der Praxis nicht viel. Mehr oder weniger offen informierte man Kiszczak darüber, daß die Entscheidung, Polen nach dem Muster der Tschechoslowakei im Jahre 1968 „Hilfe" zu leisten, in greifbare Nähe rücke. Darauf würden ausgewählte Militäreinheiten von Polens Nachbarstaaten, insbesondere der Sowjetunion und der Tschechoslowakei, vorbereitet. Korschenkow berief sich dabei auf hochrangige Kollegen aus der Hauptverwaltung der Aufklärung der sowjetischen Armee und aus dem Stab der Vereinigten Streitkräfte des Warschauer Pakts. Er sprach auch von einem direkten Gespräch mit Marschall Kulikow, der ihn unter Berufung auf seinen langjährigen Aufenthalt in Warschau als Experten für polnische Fragen angesprochen habe. Kiszczak war mit Korschenkow befreundet. In den vorangegangenen Jahren waren sie oft zusammen auf der Jagd gewesen. Korschenkow hatte sich mehrmals sehr kritisch über verschiedene Aspekte des gesellschaftlichen und politischen Lebens in der UdSSR geäußert. Er sprach vom Verlauf der Oktoberrevolution, von den Methoden, die Lenin anwandte, um die Macht zu erobern, und meinte sogar, Lenin sei nicht besser gewesen als Stalin. Kiszczak hatte mich über diese Aussagen informiert. Wir wußten nicht, wie wir sie deuten sollten. Sie sahen geradezu nach einer Provokation aus. Andererseits erweckte Korschenkow, der große Sympathie für unser Land zeigte, Vertrauen. Als er 1981 Polen besuchte, wies er uns warnend darauf hin, daß die sowjetischen Generäle und Marschälle sehr „kampfeslustig" seien. In ihren Augen sei ein Truppeneinmarsch die einzige Möglichkeit, in Polen für Ordnung zu sorgen. Eine Gruppe von „Falken" in der sowjetischen Armee informiere die sowjetische Führung in diesem Sinne und dränge auf eine entsprechende Lösung des Problems. Korschenkow war darüber entsetzt. Er meinte, eine „Gruppe von Greisen", die bar jeder Vorstellungskraft sei, bereite in Polen ein neues Afghanistan vor. Seine Kontakte waren gut. Er kannte – allerdings erst post factum – den Termin für einen eventuellen Einmarsch der Verbündeten in Polen: 8. bis 10. Dezember 1980. Ein Jahr später, Ende November 1981, informierte er uns in einem Telefongespräch über eine Hochfrequenzleitung in verschlüsselter, aber verständlicher Form darüber, daß die endgültige Entscheidung noch vor Ende Dezember 1981 getroffen werden müsse. Kiszczak gab mir diese Information weiter.

Über einen weniger ergiebigen, weil nicht „aus erster Hand" stammenden Informationsschatz verfügte der zu Kiszczak ebenfalls enge Beziehungen unterhaltende Chef der ungarischen militärischen Abwehr, General Mátuska. Als er Ende Oktober, Anfang November 1981 auf der Durchreise nach Warschau kam, nahm er Kontakt zu uns auf und informierte uns, daß die Entscheidung darüber, ob man in Polen einmarschieren solle, angeblich bevorstehe. Er war davon alarmiert und meinte, bei dem polnischen Temperament werde der Gang der Ereignisse ein anderer sein als 1968 in der Tschechoslowakei, vielleicht sogar schlimmer als in Ungarn 1956. Die politische und militärische Führung Ungarns war nach seinen Worten gegen einen solchen Schritt. Der Druck von sowjetischer Seite, vor allem der des Militärs, sei jedoch sehr stark.

Die Informationen und Warnungen Korschenkows fanden ihre Bestätigung in Gesprächen, die General Kiszczak mit hohen Offizieren des sowjetischen militärischen Geheimdienstes und des KGB führte, darunter mit dem Stellvertreter des damaligen KGB-Chefs Andropow, Krjutschkow, mit den Generälen Pawlow, Doschdalow und Gruschko sowie mit anderen sowjetischen Vertretern, zu denen er gute Beziehungen unterhielt. Natürlich herrschte in diesen Gesprächen ein anderer Ton, ein anderer Grad an Offenheit. Kiszczak meinte, daß insbesondere Krjutschkow und Pawlow Menschen seien, mit denen man vernünftig reden könne. Nichtsdestoweniger hielten sie es alle für erforderlich, „die Konterrevolution zu ersticken", was notwendigenfalls auch „brüderliche Hilfe" für Polen bedeutete. Einige Untergebene General Kiszczaks, der seit Juli 1981 Innenminister war, führten viele Gespräche mit in Polen akkreditierten Mitarbeitern der Nachrichtendienste der übrigen Staaten des Warschauer Pakts, vor allem der Sowjetunion, der DDR und der Tschechoslowakei. Sie machten sich auch die bilateralen Routinetreffen sowie zahlreiche Kontakte zu Vertretern grenznaher Wojewodschaften zunutze. Aus den Meldungen, die Kiszczak praktisch die ganze Zeit über von ihnen erhielt, ergab sich ein bedrohliches Bild:

- Die Verbündeten seien sich einig in einer extremen Bewertung der Lage in Polen, die in ihren Augen die Einheit des sozialistischen Lagers, seine Interessen in Verteidigung, Politik und Wirtschaft bedrohe. Die Konterrevolution, die polnische Opposition, werde finanziell, propagandistisch und politisch vom Westen unterstützt. Diese unterhalte auch direkte Kontakte zur Opposition in Ungarn, der Tschechoslowakei und der DDR, ermuntere sie zu Aktionen und statte sie mit Propagandamaterial aus.

- Man müsse nach Meinung der Verbündeten Druck auf die Polnische Vereinigte Arbeiterpartei ausüben, damit diese so schnell wie möglich die Ordnung wiederherstelle. Wenn die polnische Führung in der Zusammensetzung Kania – Jaruzelski und schließlich Jaruzelski persönlich nicht schnell und entschlossen handele, müsse man die „gesunden Kräfte" innerhalb der Partei, die eine Niederschlagung der Konterrevolution garantierten, maximal unterstützen.

- In den an Polen angrenzenden Militärbezirken würden die Einheiten personell ergänzt, die Besatzungen der Grenzübergänge würden ausgewechselt, die Kräfte der Abwehr und der militärischen Aufklärung verstärkt sowie Gruppen von Reservisten mit polnischen Sprachkenntnissen einberufen.

- Sehr aktiv seien Mitarbeiter der Geheimdienste, die unter verschiedenen Tarnungen (Konsulatsangestellte, Spezialisten auf einigen Baustellen, Schiffsreparaturwerkstätten usw.) in Kraków, Katowice, Wrocław, Szczecin und Gdańsk agierten.

- Man habe spezifische Kontakte verschiedener Mitglieder des Zentralkomitees der Partei zu Mitarbeitern einiger diplomatischer Vertretungen der Verbündeten bemerkt. Nach jedem ZK-Plenum erhalte das sowjetische Konsulat in Kraków Besuch von immer denselben Personen, insbesondere aus Katowice. Ähnliche „Besuche" fänden in der Botschaft der DDR in Warschau statt.

Es gab viele Quellen, viele Operationszellen, aus denen General Kiszczak Informationen erhielt. Aus verständlichen Gründen vermied man es, irgend etwas schriftlich niederzulegen. Die Quellen wurden sorgfältig verschleiert.

Einige Namen und Fakten sind General Kiszczak und mir jedoch im Gedächtnis haften geblieben. Vielleicht auch noch im Gedächtnis anderer Leute ...

General *Czesław Kiszczak:*

Interessante Informationen erhielt ich von Oberst Olgierd Darżynkiewicz, der später zum General befördert wurde. Er sprach sehr gut Russisch und kannte die Sowjetunion überhaupt sehr gut, wo er von 1940 bis 1943 als Holzfäller in der Taiga gearbeitet hatte. Ich war mit ihm seit 1945 befreundet und hatte volles Vertrauen zu ihm.

Mitte August 1981 nahm er eine Einladung zum Abendessen im Haus des sowjetischen Militärattachés, Oberst Rylow, an, der in der Jaworzyński-Straße wohnte. Er kam pünktlich, aber sein Gastgeber war nicht da – er wurde von dessen Sohn empfangen. Nach ungefähr 30 Minuten wurde Oberst Darżynkiewicz zum Telefon gebeten. Am anderen Ende war der Attaché, der ihm sagte, daß er noch in der Botschaft sei, sich vielmals für die Verspätung entschuldigte und ihn bat, noch auf ihn zu warten, da er mit ihm einige wichtige Angelegenheiten zu besprechen habe. Nach über einer Stunde kam der Attaché, völlig fertig mit den Nerven. Auf die Frage von Darżynkiewicz, was geschehen sei, entgegnete er, bekanntlich sei Marschall Viktor Kulikow wieder in Polen. Es sei zu einem scharfen öffentlichen Streit gekommen, was praktisch die baldige Abberufung Rylows aus Warschau und das Ende seiner Karriere als Geheimdienstler bedeute.

Folgendes war geschehen: Marschall Kulikow hatte während einer zweitägigen Beratung unter Teilnahme aller Botschaftsangestellten von jedem einzelnen detaillierte Informationen über die Lage in Polen sowie Schlußfolgerungen und Vorschläge verlangt. Des weiteren wollte er ihre Meinung zu einem Einmarsch sowjetischer Truppen in Polen hören. Jeder Mitarbeiter der Botschaft referierte über die Situation aus dem Blickwinkel seines Aufgabengebietes.

Die routinierten Diplomaten schilderten die Situation so, wie Kulikow, Anhänger einer schnellen und entschiedenen Lösung der polnischen Probleme, es hören wollte. Dabei waren sie bemüht, kein Risiko einzugehen und ihre Schlußfolgerungen dahingehend zu formulieren, daß man den weiteren Gang der Ereignisse genauestens beobachten, die endgültige Entscheidung von diesen Beobachtungen abhängig machen sowie Zeitpunkt und Art der Intervention optimal wählen müsse.

Als einer der letzten gab der Militärattaché seine Bewertung ab. Kulikow erwartete wahrscheinlich von ihm, daß er die bisherigen Vorträge irgendwie zusammenfasse und zu der eindeutigen Schlußfolgerung gelange, die verbündeten Truppen müßten in Polen einmarschieren, da es sonst zur Katastrophe komme. Sein Vortrag entsprach allerdings nicht den Erwartungen des Marschalls. Zwar teilte er die Meinung, daß die Lage in Polen sehr schlecht und der Sozialismus bedroht sei, unter Bezugnahme auf die Erfahrungen in Ungarn und der Tschechoslowakei sowie die Erfahrungen der Amerikaner in Vietnam und der Sowjets in Afghanistan sprach er sich jedoch gegen einen Einmarsch der Truppen des Warschauer Pakts in Polen aus. Das wurde sehr negativ auf-

genommen. Als er seine Schlußfolgerung mit weiteren Argumenten untermauerte, unterbrach ihn Marschall Kulikow brutal, bewertete seine Ausführungen mit Ausdrücken aus der Vulgärsprache und forderte ihn auf, unverzüglich den Beratungssaal zu verlassen. Besonders erzürnt war Kulikow über Rylows Feststellung, Polen sei nicht die Tschechoslowakei, und es werde zu ernsthaftem Widerstand und großem Blutvergießen kommen.

Botschafter Aristow verließ den Beratungssaal ebenfalls und versuchte, den hinausgeworfenen Attaché zu beruhigen. Nichtsdestoweniger wies er ihn darauf hin, daß er, Rylow, in Kenntnis des Standpunktes, den die Führung der UdSSR in der polnischen Frage einnehme sowie vor allem der „kämpferischen Natur" Marschall Kulikows sich nicht so heftig gegen eine Intervention der verbündeten Truppen hätte stellen dürfen, sondern seinen Standpunkt mit Vorsicht hätte vertreten müssen. Natürlich wurde dieser Attaché eiligst, nämlich schon in den ersten Septembertagen, aus Polen abberufen. Sein Nachfolger war General Chomenko, Vertreter eines harten Kurses. Er war sehr ungeniert und versuchte, seine Kompetenzen zu überschreiten. Schließlich wurde Chomenko nach einem Telefonat General Jaruzelskis mit Michail Gorbatschow wieder aus Polen abberufen.

Aber zurück zum Hauptthema. Zunächst einmal möchte ich einige Namen und Fakten offenlegen. Nicht alle meine Untergebenen, die in den vergangenen Jahren schwer zu leiden hatten, wollen ihre Identität preisgeben. Sie haben sich jedoch damit einverstanden erklärt, daß ich über die folgende Angelegenheit berichte.

Der Milizkommandant der Wojewodschaft Legnica, der damalige Oberst Marek Ochocki, war außergewöhnlich gut informiert über die Situation in der Leitung, im Stab und in einigen Einheiten der Nordgruppe der Sowjetischen Streitkräfte. Diese Informationen gab er detailliert an die Führungsspitze des Innenministeriums weiter. Nicht zuletzt dank seiner gewinnenden Umgangsformen hatte er Zugang zu vielen sowjetischen Generälen, einschließlich des Oberkommandos der Nordgruppe der Sowjetischen Streitkräfte. Bei der Beilegung der unterschiedlichsten Konflikte, insbesondere im Zusammenhang mit Rechtsverletzungen und Ordnungsverstößen durch sowjetische Soldaten, bewährte sich seine Zusammenarbeit mit dem Leiter der Abwehr und der Militärstaatsanwaltschaft der Nordgruppe der Sowjetischen Streitkräfte.

Oberst Ochockis patriotische Haltung war über jeden Zweifel erhaben. In Abstimmung mit mir aktivierte er seine Kontakte zu sowjetischen Generälen und höheren Offizieren. Aus einigen dieser Kontakte waren kameradschaftlich-familiäre Beziehungen geworden. Verschiedene Gelegenheiten – Geburtstage, Namenstage – wurden zum Anlaß genommen, Treffen und Empfänge zu organisieren. Der Bekanntenkreis Ochockis erweiterte sich um Generäle und Offiziere aus der Sowjetunion, der Tschechoslowakei und der DDR, die zum Stab Marschall Kulikows in Legnica gehörten. Eben dort wurde der Einmarsch der verbündeten Truppen in Polen organisatorisch und operativ vorbereitet.

Die tschechischen und ostdeutschen Generäle und Offiziere trugen außerhalb ihrer Kasernen Zivilkleidung. Der Abwehrchef der Gruppe brachte zu einem Treffen mit Ochocki die aus Moskau angereisten Leiter verschiedener Operationsgruppen des KGB mit. Bei vielen persönlichen Kontakten, Treffen und Empfängen lösten sich die Zungen.

Ochocki nutzte auch verschiedene lebhafte Kontakte zu seinen Kollegen aus der Tschechoslowakei und der DDR in den Grenzwojewodschaften aus. Er war öfter bei ihnen und konnte in bestimmten Abschnitten der Jahre 1980/81 mit eigenen Augen sehen, wie z. B. in der Region Hradec Kralove auf Wegen, die in Richtung Polen führten, Militäreinheiten Manöver durchführten. Ochockis Gesprächspartner aus den Armeen und den Geheimdiensten der Sowjetunion, der Tschechoslowakei und der DDR bestätigten, daß sie „in vollem Umfang gerüstet seien, um Polen brüderliche Hilfe zu leisten". Andere Quellen bestätigten die Meldungen Ochockis. Es fehlte nur noch eine entsprechende politische Entscheidung. Oberst Ochocki meldete mir u. a. persönlich, daß unzweifelhaft zwei Fallschirmregimenter aus dem Baltischen Militärbezirk der Sowjetunion nach Legnica verlegt worden seien.

Im Konsulat der DDR in Wrocław unterhielt Hans Gotsching regelmäßigen Kontakt zum Milizkommando in Legnica; er war III. Sekretär der Botschaft der DDR in Warschau und Mitarbeiter der Stasi. Er betrieb in Westpolen aktive Aufklärungsarbeit. Daraus machte er nicht den geringsten Hehl. Auch zum tschechoslowakischen Geheimdienstkommandanten in Hradec Kralove, Oberst Miroslav Blažek, hatte Oberst Ochocki Kontakt. Mehrmals signalisierte Blažek, daß sich die Vorbereitungen der tschechoslowakischen Truppen auf einen Einmarsch in Polen im fortgeschrittenen Stadium befänden. Für den Fall einer Intervention richtete er im Rahmen der „Hilfe" für befreundete polnische Familien Räumlichkeiten auf tschechoslowakischen Territorium her.[293]

Drei Tage nach Ausrufung des Kriegsrechts, d. h. am 16./17. Dezember 1981, war Blažek bei Ochocki. Er umarmte ihn herzlich und informierte ihn darüber, daß nun keine Notwendigkeit mehr zur Intervention in Polen bestehe, denn „Ihr habt Euch entschlossen, das Problem selbst zu lösen". Damals wurde auch die erhöhte Alarmbereitschaft aufgehoben, und die tschechoslowakischen Militäreinheiten zogen sich in ihre Kasernen zurück.

Über all das spreche ich einerseits mit großer Befriedigung, weil es uns gelungen ist, das Schlimmste zu verhüten, andererseits mit dem Gefühl der Dramatik, die durch die damalige Teilung der Welt in antagonistische Blöcke geschaffen wurde. Ich habe hier lang und breit über die Aufklärungsaktivitäten der Verbündeten gesprochen. Aber ich wußte auch, daß zur selben Zeit

---

[293] Nach Auskunft von Jaruzelski gegenüber dem Übersetzer hatten die orthodoxen tschechischen Kommunisten für ihre polnischen Gesinnungsgenossen Rückzugsquartiere für den Fall einer russischen Intervention vorbereitet, da man fürchtete, daß die „Solidarność" im Falle einer sowjetischen Intervention imstande sein würde, den Sowjets eine Zeitlang bewaffneten Widerstand zu leisten und dabei als besonders orthodox und „Solidarność"-feindlich geltende polnische Kommunisten umzubringen.

westliche Geheimdienste, besonders der USA und der BRD, Polen zu infiltrieren versuchten. Ebenso war mir der Umfang der politisch-propagandistischen und materiellen Hilfe des Westens für Polen bekannt. Das führte übrigens zu einer noch schärferen Reaktion des Ostens, einschließlich der Vorbereitung einer Intervention. Sie wäre eine Tragödie mit unvorstellbaren Folgen gewesen.

Die Signale aus den Informationsquellen Kiszczaks konnte man nicht mißachten. Ähnliche Signale kamen aus den Beobachtungsbereichen des Militärs, der Verwaltung und der Partei. Die Quantität konnte jeden Augenblick in Qualität umschlagen.

KAPITEL 37

Trügerische Szenarien

Oft wird gefragt: Auf welche Weise ist der Tonbandmitschnitt von den Beratungen der „Solidarność" in Radom in die Hände der Staatsmacht gelangt? Das ist kein Geheimnis. Er wurde von Eligiusz Naszkowski, dem „Solidarność"-Vorsitzenden der Region Piła, geliefert. Dieser ging später in den Westen. Nach einigen Jahren erklärte er öffentlich, daß er Doppelagent gewesen sei: Er habe innerhalb der „Solidarność" für den Inlandsnachrichtendienst der Volksrepublik Polen gearbeitet und innerhalb der Strukturen des Innenministeriums der Volksrepublik Polen für einen westlichen Nachrichtendienst. Das ist nicht das einzige Rätsel, oder besser gesagt, nicht die einzige Scharade, aus jener Zeit. Schließlich hat auch Ryszard Kukliński[294] den Amerikanern verschiedene Informationen geliefert. Sowohl Kukliński als auch Naszkowski gehörten wahrscheinlich zu den bestinformierten Personen der damaligen Zeit. Darüber, wie sich die Situation im Land entwickeln würde, hatten sie keine Illusionen – denn sie konnten sie nicht haben.

Die Stimmung in der Gesellschaft sowie das Potential und die Absichten der „Solidarność" kannten sie gut. Sie wußten auch, daß der Handlungsspielraum der Staatsmacht immer enger wurde, daß diese Staatsmacht andererseits jedoch noch über beträchtliche Mittel und Kräfte verfügte.

Als Naszkowski den Verlauf der Beratungen in Radom offenlegte, enthüllte er damit die auf Konfrontation angelegte Ausrichtung führender Kreise der „Solidarność", denen er mit seiner Warnung an die Staatsmacht einen schweren Schlag versetzte. Kukliński seinerseits waren die Pläne zur Einführung des Kriegsrechts bestens bekannt. Indem er sie dem Westen verriet, versetzte er der Staatsmacht einen Schlag. An die „Solidarność" gab er dagegen keine Information weiter. Ist das nicht interessant? Beide Herren leben heute im Westen und sind mit Sicherheit keine Gastarbeiter.[295]

---

[294] Ryszard Jerzy Kukliński, geb. 1930, Oberst, Agent des Geheimdienstes der USA; 1976-1981 Leiter der Strategischen Planungsabteilung, enger Mitarbeiter von General Jaruzelski; arbeitete seit 1970 mit der CIA zusammen und verriet dabei u. a. Geheimpläne der UdSSR für einen Angriff auf die NATO, den sowjetischen Plan für einen Einmarsch in Polen 1980 sowie den Plan zur Einführung des Kriegsrechts in Polen; im November 1981 von der CIA in die USA evakuiert und zum Berater im Außenministerium ernannt; in der Volksrepublik Polen 1984 von einer Kammer des Obersten Militärgerichts zum Tode verurteilt. Das Urteil wurde im Mai 1995 vom Obersten Gerichtshof Polens aufgehoben. („Nowa Encyklopedia Powszechna", Bd. 3, Państwowe Wydawnictwo Naukowe, Warszawa 1996)

[295] Das Wort „Gastarbeiter" wird im Originaltext als Lehnwort gebraucht.

Bei seinen Kollegen und Vorgesetzten hatte Kukliński einen guten Ruf. Er war intelligent und kompetent und verfügte in hohem Maße über die Qualitäten eines Stabsoffiziers. Außerdem war er politisch aktiv – vor seiner Flucht in den Westen war er Mitglied des Parteikomitees der Zentralinstitutionen des Verteidigungsministeriums. Diejenigen, die ihn näher kannten, sind der Meinung, daß er ein ungewöhnlich vorsichtiger, geradezu verschlossener Mensch war. Dennoch verstand er sich gut mit den Kollegen in seiner Umgebung. Als er plötzlich verschwand, wollte man zunächst nicht glauben, daß es sich dabei um Desertion handelte. Ein Mann mit so enger Verbindung zum Militär, zum politischen System konnte sich doch keinen Verrat erlauben. Man hat mir berichtet, daß einer seiner engsten Mitarbeiter in großer Runde sagte: „Ich verwette meinen Kopf darauf, daß Kukliński nicht desertiert ist."

Für die damals in Polen herrschenden Verhältnisse war Kukliński vermögend. Er besaß eine Villa und ein Auto. Das war nicht weiter verwunderlich und hing mit der Zeit zusammen, in der er in der Internationalen Kommission in Vietnam[296] Dienst tat. Ich glaube, daß er eben dort vom amerikanischen Geheimdienst angeworben wurde. In den letzten Jahren vor seiner Flucht war Hochsee-Segeln sein Hobby, u. a. nahm er an Törns teil, die in verschiedene westliche Häfen führten. Zweifelsohne wurde seine Agententätigkeit dadurch erleichtert.

Ich kannte ihn ziemlich gut, aber natürlich nur in dem Rahmen, den der unterschiedliche Dienstrang zuließ. Äußerlich hob er sich durch nichts von den anderen ab. Von der Erscheinung her eher sympathisch. Ein etwas blasser Blondschopf, knapp mittelgroß, ziemlich schlank, aber nicht allzu drahtig. So ein Beamter in Uniform, würde ich sagen. Ich schätzte seine Erfahrung, seinen Fleiß und die peinliche Genauigkeit, mit der er seinen Dienst als Stabsoffizier versah. Als sich herausstellte, daß er ein Verräter war, traf mich das auch persönlich. Er hatte mein Vertrauen enttäuscht.

Kuklińskis Desertion hatte jedoch schwerwiegende Folgen. Sie fügte dem ohnehin erschütterten Vertrauen unserer Verbündeten zu Polen weiteren Schaden zu. Kukliński verriet viele geheime Informationen und Dokumente aus dem Politischen Beratenden Ausschuß der Mitgliedsstaaten des Warschauer Pakts. Schließlich war er über die Operationspläne in bezug auf den Westen gut informiert. Ich bin überzeugt, daß seine Flucht aus Polen zu einem gefährlichen Leck für die bis dato bestgehüteten Geheimnisse der Verbündeten wurde.

Schon damals erinnerte mich diese Desertion an den vergleichbaren Fall des tschechoslowakischen Generals Szejna im Jahre 1968. Szejna, der Präsident Novotny[297] nahestand, nahm ebenfalls viele Geheimnisse nicht nur der Tschechoslowakei, sondern des ganzen Warschauer Pakts in den We-

---

[296] UNO-Kommission, die nach dem Ende des Vietnam-Krieges über die Einhaltung des Friedens wachen sollte.

sten mit. In Prag kursierte damals ein bitterer Witz. Angeblich hatte Novotny auf scharfe Vorwürfe sowjetischer Marschälle entgegnet: „Macht Euch keine Sorgen, ich bewahre Kopien aller dieser Dokumente in meinem Safe auf." Witz hin, Witz her, in jedem Fall vertiefte diese Desertion das Mißtrauen der Verbündeten gegenüber der Tschechoslowakei. Sie spielte deshalb auch eine Rolle bei den Gesprächen über eine Intervention.

In der zweiten Hälfte des Jahres 1981 nahmen die Versuche westlicher Geheimdienste, polnische Bürger anzuwerben, drastisch zu. Sie drangen in polnische Emigrantenkreise im Westen ein, infiltrierten die staatlichen Strukturen, die gesellschaftlichen und politischen Bewegungen. Reichweite und Intensität dieser Einflußnahme waren außerordentlich groß. Sie erstreckten sich nicht nur auf staatliche Verwaltungsorgane, sondern auch auf die Wirtschaft und verschiedene gesellschaftliche Organisationen. Ein beispielloser Zuwachs an Aktivitäten zeigte sich bei den Geheimdienst-Residenzen der diplomatischen Vertretungen. Sie wurden durch die erleichterten Kontakte zu Mitarbeitern von Betrieben und Institutionen, darunter auch von Rüstungsbetrieben, sehr begünstigt. Besonders aktiv waren die Geheimdienste der USA und der BRD. Ich glaube, daß der Westen über die Situation in Polen gut im Bilde war. Er mußte also damit rechnen, daß außerordentliche Maßnahmen ergriffen werden würden.

In der Politik sind nicht nur Fakten und Ereignisse wichtig, sondern es zählt auch all das, was hätte geschehen können, aber aus irgendwelchen Gründen nicht geschehen ist. Lassen wir also der Phantasie ein wenig freien Lauf. Denken wir darüber nach, warum der Westen schwieg, obwohl er wußte, worauf in den ersten Dezembertagen die Ereignisse in Polen hinauslaufen würden.

Professor Brzeziński rechnet es sich selbst und Präsident Carter als Verdienst an, daß die amerikanische Regierung, da sie die Informationen über eine 1980 geplante Intervention in Polen für glaubwürdig hielt, das in ihrer Macht Stehende tat, um diese Tragödie zu verhindern. Aus dem früher zitierten Buch und einer Reihe von Interviews mit Brzeziński geht hervor, daß er Präsident Carter veranlaßte, einen Brief zu schreiben, in dem er Breschnew vor einer bewaffneten Intervention in Polen warnte und verlangte, den Polen die Möglichkeit zu garantieren, die Krise aus eigener Kraft zu überwinden. So stellte es Brzeziński auch gegenüber dem Papst bei einem direkten telefonischen Kontakt dar.

Der amerikanische Publizist Carl Bernstein, der im Zusammenhang mit der Aufdeckung des „Watergate"-Skandals 1972 bekannt wurde, lieferte

---

[297] Antonin Novotny, 1904-75, tschechoslowakischer Politiker, im Zweiten Weltkrieg Häftling KZ Mauthausen. 1953-68 Erster Sekretär der tschechoslowakischen KP, 1957-68 Präsident. 1968 abgesetzt Die Proteste gegen seine orthodox-kommunistische Politik wurden zum auslösenden Moment des „Prager Frühlings".

neue Aspekte zu Kulkińskis Berichten. Am 24. Februar 1992 schrieb er in der Wochenzeitschrift „Time" wörtlich: „Kukliński wurde aus Polen herausgeschmuggelt, nachdem er den Westen davor gewarnt hatte, daß die Sowjetunion zu einer Intervention in Polen bereit sei, falls die polnische Regierung nicht das Kriegsrecht einführe."

Kukliński selbst gab in der in Paris erscheinenden polnischen Emigrantenzeitschrift „Kultura" den Inhalt der entscheidenden Meldung, die er den Amerikanern einen Monat vor Ausrufung des Kriegsrechts am 13. Dezember übermittelte, wie folgt wieder: „Da ich die militärischen Aktivitäten der Sowjets aus der Nähe beobachtete und sogar unmittelbar mit ihnen in Berührung kam, hatte ich niemals den geringsten Zweifel, daß die Sowjetunion bereit und in der Lage war, militärische Aktionen im Stil der Invasion in der Tschechoslowakei zu unternehmen ..."

Die Situation ähnelte also der des vorangegangenen Jahres, mit dem Unterschied, daß die Amerikaner inzwischen über einen unvergleichlich größeren Informationsschatz verfügten. Warum also reagierten sie nicht? Womit rechneten sie? Etwa damit, daß die Lage in Polen die UdSSR zu einer Intervention zwänge und auf diese Weise in Polen eine ähnliche Situation wie in Afghanistan entstünde, die die Kräfte der östlichen Supermacht überfordern würde?

Dazu Brzeziński: „Washington warnte weder die Staatsmacht noch die „Solidarność", da man befürchtete, daß die Enthüllung der Pläne zur Einführung des Kriegsrechts der Gesellschaft Zeit geben werde, sich auf eine bewaffnete Gegenwehr vorzubereiten. Dann hätte es zwangsläufig zu einem Bürgerkrieg kommen müssen, angesichts dessen eine sowjetische Intervention früher oder später unumgänglich geworden wäre." Brzeziński erklärt also das Schweigen Washingtons als Wahl des geringeren Übels.

Man könnte diese Erklärung akzeptieren, gäbe es da nicht die jüngsten Äußerungen Brzezińskis im „Express Wieczorny" vom 20. März sowie in der „Gazeta Wyborcza" vom 8. April 1992. Er warf General Dubynin vor, die Jahre durcheinandergebracht zu haben. Von den Gefahren des Jahres 1980 habe ich schon gesprochen. Als Kommandeur einer in Belorußland stationierten Division ist Dubynin eine zuverlässige Quelle für die Ereignisse des Jahres 1981. Zu diesem Zeitpunkt hatte Brzeziński schon knapp ein Jahr lang keinerlei Funktion mehr in der amerikanischen Administration. Er war eine Privatperson, Professor an der Universität Georgetown. In dieser Position hatte er, wie ich glaube, keinen Zugang zu streng geheimen nachrichtendienstlichen Materialien.

Glaubwürdiger sind in diesem Zusammenhang die Äußerungen von Professor Richard Pipes, der damals unter der Regierung Reagan als Mitglied des Nationalen Sicherheitsrats Berater für osteuropäische Fragen war. Pipes sagte am 12. Juni 1981 in einem Interview für den französischen Rundfunksender RFI: „Wir waren im Besitz von Informationen, die wir von Oberst Kukliński erhalten hatten. Aufgrund dieser Informationen hätten wir sowohl die polnische Regierung als auch Jaruzelski als auch die Russen vor den Folgen der Ausrufung des Kriegsrechts warnen können. Das geschah leider nicht. Offensichtlich hielt die Mehrheit unserer Staatsmänner das Kriegsrecht für das geringere Übel gegenüber einem Einmarsch der Sowjets." Und weiter: „Die von Kukliński gelieferten Informationen wurden nur sehr wenigen Personen zugänglich gemacht. Ich bezweifle, daß es in Washington mehr als sechs Personen gab, die davon wußten. Es gab keine undichte Stelle, durch die etwas an die Presse hätte durchsickern können. Die amerikanische Regierung war ganz einfach der Ansicht, daß die einzige Alternative zum Kriegsrecht eine sowjetische Intervention sei, ... daß die Russen selber eingreifen und sich die Lage dadurch drastisch verschlimmern werde."

Präsident Ronald Reagan, der damals gerade elf Monate im Amt war, verhielt sich dementsprechend. In seinen 1989 erschienenen „Erinnerungen" schreibt er: „Obwohl wir dem polnischen Volk deutlich machen wollten, daß wir in seinem Ringen um Freiheit hinter ihm standen, durften wir doch kein falsches Signal ausschicken (wie es die Vereinigten Staaten vor dem gescheiterten Aufstand in Ungarn 1956 nach Meinung mancher getan hatten) und die Menschen nicht zu der Annahme bewegen, wir würden im Fall einer Revolution auf ihrer Seite intervenieren. So sehr wir helfen wollten, gab es doch auch Grenzen für die Reaktionen, die unser Volk im Hinblick auf Polen unterstützen würde."[298]

Des weiteren zitiert Reagan in diesen Erinnerungen aus seinem Brief an Breschnew: „Dieses harte Durchgreifen (die Einführung des Kriegsrechts, W. J.) war nicht viel weniger als die militärische Intervention, vor der wir gewarnt hatten, und unsere Geheimdienste fanden heraus, daß das Ganze von Moskau aus angeordnet und inszeniert worden war und ... keinesfalls zu einer langfristigen Stabilität in Polen führen (werde), sondern im Gegenteil einen Prozeß einleiten (könnte), den weder Sie noch wir kontrollieren könnten."[299]

Aus diesen Äußerungen kann man ein gewisses amerikanisches Desinteresse in bezug auf die Einführung des Kriegsrechts oder sogar – wie aus dem Brief des amerikanischen Präsidenten an Breschnew hervorgeht – die Hoffnung auf eine Verbesserung der sowjetisch-amerikanischen Beziehungen herauslesen, wenn, um mit Reagan zu sprechen, „die Russen nicht intervenieren".

Auf jeden Fall kann ich sagen, daß ich Grund hatte anzunehmen, daß die verantwortlichen politischen Kreise des Westens – und damit meine ich in erster Linie die europäischen Staaten – unsere innenpolitischen Entwicklungen zwar ohne Enthusiasmus, aber mit Verständnis aufnehmen

---

[298] Übersetzung entnommen der deutschen Ausgabe von Reagans Memoiren „Ronald Reagan: Erinnerungen – Ein amerikanisches Leben", Propyläen Verlag Berlin 1990, S. 303.
[299] Ebenda.

würden. Das bestätigen spätere Äußerungen von Mitterand und Schmidt und das Gespräch, das letzterer am 13. Dezember mit Erich Honecker führte. Was dagegen die Vereinigten Staaten betrifft, verhält sich die Sache angesichts ihrer globalen Interessen komplizierter. Washington ging davon aus, daß die Entwicklung der Lage in Polen durch eine Intervention von Truppen des Warschauer Pakts beendet werden würde. Auf andere Varianten waren die Amerikaner nicht vorbereitet. Ich mache mir Gedanken darüber, ob sie Kukliński nicht so recht trauen konnten. Denn schließlich war die innenpolitische Lösung, also die Einführung des Kriegsrechts, laut späterer Versicherungen von Alexander Haig in seinem Buch „Caveat — Realism, Reaganism and Foreign Policy" für die Amerikaner eine völlige Überraschung. „Für diesen Fall", schreibt er, „waren keinerlei Vorkehrungen getroffen worden."

Die Vereinigten Staaten zogen also die polnische Variante bei der Überwindung der Krise überhaupt nicht in Betracht. Davon zeugt auch noch etwas anderes: die genaue Wiedergabe der von der Regierung Carter geplanten politischen und gesellschaftlichen Restriktionen im Falle einer Invervention im Dezember 1980. An dieser Stelle lohnt es sich, einen sehr eigenartigen Text zu zitieren. Es geht um den vom Büro Zbigniew Brzezińskis 1980 ausgearbeiteten Entwurf einer Erklärung des damaligen Präsidenten der Vereinigten Staaten, Jimmy Carter. Diese Erklärung sollte im Falle einer sowjetischen Intervention in Polen im amerikanischen Kongreß verlesen werden. Zu Beginn dieses Textes, der am 6. Dezember 1991 im „Tygodnik Solidarności" veröffentlicht wurde, heißt es: „An diesem Abend wende ich mich an alle Menschen auf der ganzen Welt, die das Schicksal Polens schmerzt. Wieder ist in diesem unglücklichen Land der Donner fremder Panzerkanonen, das Trampeln eisenbeschlagener Stiefel zu hören. Daran ändert auch die Tatsache nichts, daß diese Invasion von einem Teil der polnischen Behörden unterstützt, ja begrüßt wird. Wir sehen die Situation so, wie sie ist. Keinerlei juristische Scharaden können die Brutalität und den Zynismus dieser Aktion verschleiern."

Desweiteren werden in dem Text „reale Sanktionen" angekündigt, von der Einstellung der amerikanischen Getreidelieferungen an die Sowjetunion bis hin zum Landeverbot für Flugzeuge der sowjetischen Luftfahrtgesellschaft „Aeroflot". Am Ende des Redeentwurfs wird erklärt: „Wenn wir uns in der kommenden Woche mit unseren Freunden und Verbündeten zu Konsultationen treffen, wird eine unserer Hauptsorgen darin bestehen, daß sich dieser Konflikt nicht über die Grenzen Polens hinaus ausweitet."

Aus den Erinnerungen Reagans geht hervor, daß er die von seinem Vorgänger entworfenen Szenarien nicht um ein Jota veränderte. In der neuentstandenen Situation hatten sie jedoch jeden Sinn verloren. Die Bedingungen, unter denen der Präsident der USA die von seinem Vorgänger vor Jahresfrist vorbereitete Rede hätte halten können, waren nicht eingetreten.

Die Überzeugung, daß die Polen nicht imstande sein würden, aus eigener Kraft mit dem Konflikt fertigzuwerden, daß es letztendlich zu einer Intervention kommen würde, war jedoch so stark, daß die USA ganze zehn Tage warteten, bis sie Sanktionen gegen Polen verkündeten.

Nach wie vor macht es nachdenklich, daß es auf folgende Fragen keine klare Antwort gibt: Warum warnte Washington die „Solidarność" nicht, wo es doch so viele Informationen aus erster Hand hatte? Warum enthielt das Szenarium der Gegenmaßnahmen keinen Aufruf, Ruhe zu bewahren, da Schlimmeres drohe?

Das 1. Programm des Polnischen Fernsehens und die „Gazeta Wyborcza" brachten am 14. Januar 1992 ein Gespräch, das Jan Nowak-Jeziorański[300] mit dem ehemaligen Außenminister der USA, Alexander Haig, geführt hatte. Diese beiden Herren spielen die Rolle Kuklińskis zu der eines nahezu unbedeutenden, kleinen Agenten herunter, dessen Berichte nicht einmal der amerikanische Geheimdienstchef kannte. „William Casey (damaliger CIA-Chef, Anm. d. Übers.)", sagt Haig, „erfuhr von diesen Berichten erst nach der Krise, nach Einführung des Kriegsrechts." Das grenzt an Ironie. Kann man es für glaubwürdig halten, daß die führenden Persönlichkeiten Washingtons ausgerechnet in einer Periode wachsender Konfrontation, in einer äußerst angespannten Atmosphäre zwischen den Vereinigten Staaten und der Sowjetunion, als Polen ein besonders neuralgischer Punkt war, die laufend bei ihnen eintreffenden Berichte ihres Spitzenagenten nicht kannten? Haig behauptet, es sei so gewesen. Aus anderen Quellen ergibt sich ein gegenteiliges Bild.

Zbigniew Brzeziński hat wiederholt geäußert, daß Kukliński hohe Orden und Beförderungen verdiene. Diese Beurteilung des amerikanischen Spions findet sich auch in anderen Quellen. Das gilt z. B. für den bekannten amerikanischen Publizisten Bob Woodward, der in seinem Buch „Die CIA – geheime Kriege 1981-1987", in dem es um die geheimdienstlichen Operationen der Vereinigten Staaten und den CIA-Direktor William Casey geht, auch Kukliński erwähnt. Nach Woodward gehörte Kukliński zu den wertvollsten und am besten geheimgehaltenen Agenten der CIA, die auf einer speziellen, mit dem Codewort „Bigot" überschriebenen Liste stehen. Die Informationen dieser Agenten gibt der CIA-Chef nur an fünf Personen weiter: an den Präsidenten, den Vizepräsidenten, den Außenminister, den Verteidigungsminister und an den Sicherheitsberater, und zwar werden sie in besonderen Umschlägen eigenhändig übergeben.

Dies wird auch von dem bereits zitierten Professor Pipes bestätigt.

[300] Jan Nowak-Jeziorański (eigentl. Zdzisław Jeziorański), geb. 1912, Untergrundkämpfer, Publizist und Schriftsteller, im Zweiten Weltkrieg Mitglied der Londoner Exilregierung, Teilnehmer am Warschauer Aufstand, 1952-76 Mitarbeiter der poln. Sektion von „Radio Free Europe" in München, danach bis 1992 in der poln. Emigrantenbewegung in Amerika tätig.

Wem also soll man glauben? Wußten die Vereinigten Staaten wirklich nichts von den Vorbereitungen zur Einführung des Kriegsrechts? Woher diese Informationslücke?

Ich persönlich glaube den Ausführungen Richard Pipes und den früheren Äußerungen Zbigniew Brzezińskis, denen zufolge die Vereinigten Staaten es für unzweckmäßig hielten, die Staatsmacht oder die „Solidarność" zu warnen, da das ihrer Meinung nach zu noch schwerwiegenderen Konsequenzen hätte führen können. Hinzu kommt die schwer durchschaubare Angelegenheit um Eligiusz Naszkowski, zu der ich an dieser Stelle einige Bemerkungen machen muß.

Nowak-Jeziorański ist bestrebt, seine Variante der Unwissenheit auf höchster Ebene um jeden Preis zu beweisen. Neulich las ich eine Äußerung von ihm, daß der amerikanische Geheimdienst bereits im Dezember 1941 Informationen über den bevorstehenden Angriff der Japaner auf Pearl Harbor erhalten habe.[301] Dagegen hätten weder der Präsident noch die militärische Führung etwas davon gewußt. Hier haben wir es also mit einem ähnlich gelagerten Fall zu tun. Ich verstehe, daß man Personen auf niedrigeren Ebenen leichter etwas in die Schuhe schieben kann als der Staatsführung. Auch habe ich keinen Anlaß, den guten Namen des amerikanischen Geheimdienstes zu verteidigen. Ich rede von der Logik solcher Veröffentlichungen.

Nowak-Jeziorański hat mit der gleichen Selbstsicherheit erklärt, die Pläne zur Einführung des Kriegsrechts seien in Moskau von einer polnisch-sowjetischen Gruppe ausgearbeitet worden. Beide Informationen haben denselben Wert. Selbst Kukliński behauptet so etwas nicht, weiß er doch genau, daß diese Pläne in Polen von Polen ausgearbeitet und in die Tat umgesetzt wurden.

Zum anderen: Reagan, Haig, Brzeziński, Nowak und andere schreiben, daß die Sowjetunion mit aller Macht auf eine Lösung des Konflikts gedrängt habe. Wir haben nie verhehlt, daß es solchen Druck gab. Gegenüber unseren damaligen Gegnern haben wir deutlich und unmißverständlich von diesem Druck gesprochen. Auch der Kirche haben wir entsprechende Signale gegeben. Deshalb ist es einfach lächerlich, wenn entsprechende Berichte jetzt als „Enthüllung" präsentiert werden. Es ist doch ganz klar, daß die Sowjets von unseren Vorbereitungen des Kriegsrechts wußten. Da wir in den Warschauer Pakt eingebunden waren, dessen Vertreter bei uns im Land waren und wir Kontakt zur Führung der Vereinigten Streitkräfte des Warschauer Pakts hielten, wollten und konnten wir diese Vorbereitungen nicht verbergen. Dies um so mehr, als man

[301] Pearl Harbor: Flottenstützpunkt der USA auf Hawaii. Am 7.12.1941 gelang es den Japanern, mit einem kurz vor der Kriegserklärung an die USA durchgeführten Überraschungsangriff trägergestützter Kampfflugzeuge zahlreiche im Hafen von Pearl Harbor liegende amerikanische Kriegsschiffe zu versenken, u. a. acht Schlachtschiffe. Dabei gab es ca. 3500 Tote.

– wovon ich im übrigen bereits geschrieben habe – auf diese Vorbereitungen großen Wert legte, sie beschleunigen, radikalisieren wollte. Wesentlich ist, daß wir, indem wir unsere Verbündeten über diese Vorbereitungen, über unsere Entschlossenheit, den sozialistischen Staat zu verteidigen, informierten, die Drohung einer Intervention blockierten und schwächten. In der Tschechoslowakei verhielt man sich seinerzeit nicht so und zahlte dafür einen hohen Preis.

In den Äußerungen Haigs wie auch in den „Erinnerungen" Reagans taucht immer wieder folgende Behauptung auf: Den Vereinigten Staaten lag das Wohl Polens am Herzen. Ich glaube durchaus, daß dem so war. Dennoch wurde die „Solidarność" geopfert – sie wurde nicht informiert, nicht gewarnt. Denn wenn es im Gefolge unserer Bemühungen beim „Dreiertreffen" zu Vermittlungsgesprächen gekommen wäre, wenn das Angebot eines Rates für Nationale Verständigung angenommen worden wäre –, vielleicht hätten die Ereignisse dann einen anderen Verlauf genommen. Selbst eine Aussetzung der Streiks für die Winterzeit wäre möglich gewesen, wenn aus dem Westen entsprechende Hinweise gekommen wären. Warum war von dort kein Wort zu hören – „Hört mal, wir wissen, daß die Staatsmacht einen Schlag gegen Euch vorbereitet. Hört deshalb auf, Druck auszuüben, handelt ruhig und gemäßigt?"

Selbst für einen politischen Laien mußte es doch auf der Hand liegen, daß die Sowjetunion, der ganze Warschauer Pakt eine für sie so ungünstige Entwicklung der Situation in Polen nicht würden hinnehmen können. Der Westen hätte eine analoge Bedrohung für ihn selbst auch nicht toleriert.

Ich beziehe mich auf einen Ende 1981 erschienenen Artikel des „Stern"-Herausgebers Henry Nannen, in dem er folgendermaßen argumentiert: Man stelle sich einmal vor, in der BRD wäre eine schwere politische Krise entstanden. Die „Grünen", die Jugend, die Gegner von Atomraketen, die Pazifisten und Kommunisten hätten eine außerparlamentarische Opposition von 20 Millionen Menschen organisiert und, gestützt auf materielle und ideologische Hilfe aus dem Ostblock, beschlossen, das Gesellschaftssystem zu ändern und die Bündnisverpflichtungen gegenüber der NATO zu brechen. Dem hätte der Westen nicht tatenlos zugesehen. Mehr noch, falls die Bundesrepublik Deutschland die Anwesenheit verbündeter Truppen auf ihrem Territorium in Frage gestellt hätte, hätten die Militärführungen der USA, Frankreichs und Großbritanniens unverzüglich Gegenmaßnahmen einleiten können.

In seinem Buch „Die Nacht des Generals" schreibt Mérétik,[302] daß am 13. Dezember die Telefondrähte heißgelaufen seien. Haig, Cheysson, Genscher ... Ihre wichtigste Frage war: Sind sowjetische Panzer beteiligt? Haig, der sich zu diesem Zeitpunkt im NATO-Hauptquartier in Brüssel aufhielt,

[302] Französ. Journalist.

benutzte sogar Satelliten-Verbindungen, um sich von der Warschauer Botschaft der USA diese Vermutung bestätigen zu lassen. Er war wahrscheinlich überrascht, als der chargé d'affaires ihm sagte, daß fremde Panzer nicht zu sehen seien und man ihm im polnischen Außenministerium versichert habe, daß „die Maßnahmen der Behörden einen rein innenpolitischen Charakter haben".

Bis zum Schluß ging man davon aus, daß es zu einer Intervention kommen werde. Aber immer noch suchen wir nach eindeutigen Informationen darüber, was der Westen befürchtete und erwartete. Die Aussagen hierzu sind sehr widersprüchlich. Wenn man überall die „Hand Moskaus" erblickte, was angesichts der damaligen Teilung der Welt logisch war, dann mußte man konsequent sein.

„Unmittelbar vor Neujahr", schreibt Reagan, „ließen wir unseren Worten Taten folgen", womit er meinte, daß auch gegen die Sowjetunion Sanktionen verhängt wurden. Sie hatten jedoch einen völlig anderen Charakter. Während gegen Polen drastische Maßnahmen eingeleitet wurden, die jegliche finanzielle, wirtschaftliche und wissenschaftliche Zusammenarbeit verboten, wurden gegen die UdSSR selektive Schritte eingeleitet. Die Verhandlungen über einen langfristigen Vertrag über Getreidelieferungen wurden ausgesetzt; dennoch versiegte der Strom von Weizen und Mais von New Orleans nach Odessa niemals, und bereits im Frühjahr 1982 wurden die Verhandlungen über langfristige Lieferungen wieder aufgenommen. Die Farmer durften keine Verluste erleiden. Für sie waren schließlich jährliche Einnahmen von drei Milliarden Dollar aus dem Export in die UdSSR ein Fixposten. Aeroflot-Flüge von Moskau nach Washington wurden verboten, aber es gab bei der abnehmenden Zahl von Passagieren sowieso nur einen solchen Flug wöchentlich. Es wurde ein Embargo über den Verkauf amerikanischer Güter von besonderer wirtschaftlicher Bedeutung an die UdSSR verhängt, das sich auch auf Anlagen zum Bau von Erdöl- und Gasleitungen erstreckte. Doch dieses Verbot wirkte sich in erster Linie auf Verträge aus, die westeuropäische Firmen mit den Sowjets abgeschlossen hatten, während die Amerikaner selbst weniger tangiert waren. Betroffen waren vor allem bundesdeutsche und französische Firmen, die mit sowjetischem Gas über 20 % ihres Bedarfs an diesem Rohstoff decken wollten.

Vor diesem Hintergrund kam es übrigens zu einem ernsthaften Zusammenstoß zwischen den Amerikanern einerseits und den Deutschen und Franzosen andererseits, denn die damals im Bau befindliche Gasleitung hatte für die Amerikaner keine wirtschaftliche, sondern lediglich politische Bedeutung. Für die westeuropäischen Staaten dagegen stellte sie eine Chance dar, die Rezession zu überwinden und einige Industriezweige auszubauen. „Als ich unsere europäischen Verbündeten um Unterstützung für den Boykott bat", schreibt Reagan in seinen „Erinnerungen", „erlebte ich eine Enttäuschung. Sie waren bereit, den Russen gegenüber ihr Mißfallen kundzutun, aber in einer Form, die den Fortgang der Arbeiten an der Gasleitung nicht gefährden würde. Die Reaktion einiger unserer Verbündeten zeigte, daß ihnen Profit wichtiger ist als Prinzipien." (a. a. O., S. 308 f.)

Heute kann ich darüber ruhiger sprechen, als ich damals reagierte. Und das nicht nur, weil die Zeit die Emotionen mildert. Ich verstehe die Regeln der großen Politik jetzt einfach besser. Wenn wir Polen bei uns selbst nicht Ordnung schaffen konnten – warum sollte sich dann der Westen nicht um seine eigenen Interessen kümmern, warum sollte er die Situation nicht ausnutzen? Ich halte mich deshalb an die Worte Talleyrands: „Ich urteile nicht, ich verdamme nicht, ich berichte."

Ich glaube, an dieser Stelle sollte ich einige Zitate aus Artikeln der wichtigsten westlichen Presseorgane anführen, die in den ersten Tagen nach Einführung des Kriegsrechts erschienen.

Am 14. Dezember schrieb Anthony Lewis in der „New York Times": „Die Entscheidung General Jaruzelskis, mit dem Kriegsrecht zum Schlag gegen die ‚Solidarność' auszuholen, ist verständlich ... Die Gewerkschaft drängte auf eine Konfrontation mit der kommunistischen Regierung." Am 15. Dezember brachte der Leitartikel des Londoner „Guardian" die Meinung zum Ausdruck, daß „der General als angesehener Patriot und maßvoller Mensch angesichts der politischen Herausforderungen aus purer Verzweiflung gehandelt hat" ... Im selben Geist schrieb die amerikanische Zeitung „The Washington Post": „Der General selbst gilt als aufrechter Patriot. Selbstverständlich ist er weder ein Mädchen für alles noch ein Russe ... Solange er allem Anschein nach so viele Früchte des aufopferungsvollen Kampfes seines Volkes vor sowjetischer Rache schützt, solange verdient er den zurückhaltenden Respekt, dem man ihm bisher entgegengebracht hat." Ebenfalls am 15. Dezember schrieb der in Boston erscheinende „Christian Science Monitor": „Die zurückhaltende Reaktion des Westens auf die Ereignisse in Polen verdient Aufmerksamkeit und Lob. Eine hitzige Rhetorik würde es den Polen noch schwerer machen, rasch zu dem inneren Dialog zu kommen, der zur Beendigung der polnischen Krise so nötig ist."

Am Tag nach der Einführung des Kriegsrechts erschienen in der französischen Presse besonders viele Kommentare. Der „Figaro" schrieb: „Angesichts der Situation, in die das Land geraten war, konnte General Jaruzelski nicht anders handeln, als er es in der Nacht von Samstag auf Sonntag getan hat. Das war die letzte Chance für ein unabhängiges Polen." Und die „Aurore": „Wir können gewiß sein, daß General Jaruzelski diese schwere Entscheidung nicht leichten Herzens getroffen hat. Mit Sicherheit standen ihm keine anderen Mittel mehr zu Gebote, um die Krise, die das Volk in ein Blutbad hätte stürzen können, zu einem noch geringeren Preis in den Griff zu bekommen." Der „Parisien Libre": „Die einzige Rechtfertigung für General Jaruzelski liegt in der Alternative, vor der er stand: entweder seine eigene Miliz oder sowjetische Panzer."

Am 18. Dezember schrieb Theo Sommer, stellvertretender Chefredakteur der westdeutschen Wochenzeitung „Die Zeit": „Wie groß die Sympathie des Westens für die polnischen Reformer auch ist – die Fakten der Geographie wiegen stärker. In der wirklichen Welt ... schafft die innere Lösung Atemluft: den Polen selber, den Russen, dem Westen. Sie bietet ... eine Chance ... – vielleicht die letzte."[303]

Der Warschauer Korrespondent der amerikanischen Wochenzeitschrift „Newsweek", Douglas Stanglin, äußerte in der Weihnachtsausgabe folgende Ansicht: „Die Politik der „Solidarność" war immer mit dem polnischen Idealismus verbunden, aber diese Verbindung hat sich als unfähig erwiesen, in der real existierenden Welt vernünftige Grenzen zu ziehen ... sie wollte zu viele Ziele in zu kurzer Zeit erreichen."

Und wie waren die ersten Reaktionen westlicher Politiker, die ebenfalls in der Presse veröffentlicht wurden?

Der Bundeskanzler der BRD, Helmut Schmidt, der Weihnachten in Florida verbrachte, äußerte sich folgendermaßen: „Ich glaube, daß Jaruzelski vor allem so handelt, wie es seiner Meinung nach den Interessen des polnischen Volkes am besten dient, in erster Linie ist er Pole. Erst in zweiter Linie macht er den Eindruck eines Militärs. Und erst in dritter Linie zeigt er sich als Kommunist."

Der kanadische Premierminister Pierre Trudeau sagte am 18. Dezember auf einer Pressekonferenz: „Das Kriegsrecht ist gar nicht so schlecht, denn es hat einen Bürgerkrieg verhindert." Und kurz darauf erklärte er in einem Fernsehinterview: „Die Spannungen in Polen wurden durch überzogene Forderungen der ‚Solidarność' ausgelöst. Diese Krise ist eine innerpolnische Angelegenheit, und alle anderen Länder müssen Polens Recht respektieren, seine Probleme auf seine Weise zu lösen." Schließlich sagte Bruno Kreisky in einem Interview für das österreichische Fernsehen, daß „die Einführung des Kriegsrechts zum letzten und ernsthaften Versuch wurde, das Schlimmste zu verhindern. Dieser Schritt wurde unternommen, nachdem die Absicht, zu einer Einigung zwischen den gegnerischen Kräften zu gelangen, fehlgeschlagen war."

Mit Verständnis wurde die Einführung des Kriegsrechts auch von so bekannten Politikern wie Papandreou und Andreotti[304] aufgenommen.

Wenn einige westliche Politiker ihre Meinung später änderten und die Pressekommentare diesen Umschwung mitvollzogen, so geschah das im Zuge des politischen Kräftespiels zwischen West und Ost, in dem Polen lediglich Opfer und Instrument war.

[303] Deutsche Übersetzung entnommen der ZEIT vom 18. Dezember 1981.
[304] Andreas Papandreou, 1919-96, von 1981-89 sowie von 1993 bis Januar 1996 griechischer Regierungschef. Rücktritt wegen Krankheit, verstorben am 23.06.1996. – Giulio Andreotti, geb. 1919, 1972-73 sowie 1976-79 italienischer Ministerpräsident, 1983-89 Außenminister, 1989-92 wieder Ministerpräsident.

KAPITEL 38

Alles war anders

Noch war das Echo der Beratungen der „Solidarność" in Radom nicht verhallt, da verabschiedete man am 6. Dezember auf der II. Vollversammlung der „Solidarność"-Region Masowien einen Beschluß über die Organisation eines „Protesttages". Er wurde auf den 17. Dezember festgesetzt, ein Datum, das mit dem 11. Jahrestag der Ereignisse an der Küste verbunden war.[305] Man rechnete damit, daß sich in Warschau einige Hunderttausend Menschen an diesem Protest beteiligen würden. Andere Städte sollten dem Beispiel der Hauptstadt folgen. In der damaligen Situation konnte dies, sogar entgegen den Absichten der Organisatoren, zu einer Konfrontation führen und in einen brudermörderischen Konflikt ausarten.

Fast zehn Jahre später sprach ich über dieses Thema mit Zbigniew Bujak. Ich fragte ihn: „Herr Bujak, waren Sie sich, als Sie diese Demonstration ankündigten, nicht darüber im klaren, daß wir auf einem Vulkan lebten? Wenn Hunderttausende hochgradig erregte Menschen auf die Straße gehen, kann das zum Schlimmsten führen. Die Tragödien von Poznań und Budapest[306] hätten sich wiederholen können. Es hätte genügt, daß einer einen Pistolenschuß abgegeben hätte, dann ein zweiter, ein dritter. Alles weitere hätte sich schon jeder menschlichen Kontrolle entzogen. Ähnlich wie bei vergossenem Benzin, in das jemand ein Streichholz hineinwirft."

Mein Gesprächspartner zögerte, dachte lange nach. „Das war wirklich ein großes Dilemma", sagte er schließlich. „Wir hatten Angst. Die Meinungen waren geteilt. Es setzte sich jedoch die Meinung durch, wir würden die Situation unter Kontrolle behalten. Das wurde u. a. durch das Argument gestützt, daß die kürzliche Demonstration in Siedlce ruhig verlaufen sei. Wir wandten uns", fuhr Bujak fort, „an Wajda[307] mit der Bitte, die Demonstration künstlerisch in Szene zu setzen. Er aber antwortete: „Meine Herren, das kann gefährlich werden." Wie die Presse bemerkte, ließ sich ein Teil der Delegierten ebenfalls nicht überzeugen. Sie gaben ein votum separatum ab. Jerzy Filipowicz, ehemaliger Soldat der „Heimatarmee", sagte: „Hier will man uns zur Konfrontation überreden, wo doch noch nicht einmal die Denkmäler für die Opfer der Jahre 1956 und 1970[308] fertiggestellt sind."

---

[305] S. Anm. 4.

[306] Gemeint ist die blutige Niederschlagung von Volksaufständen in diesen Städten in den Jahren 1970 bzw. 1956.

[307] Andrzej Wajda, geb. 1926, berühmter polnischer Regisseur und Kritiker des kommunistischen Regimes, drehte u. a. dokumentarische Spielfilme über Wałęsa mit den Titeln „Der Mann aus Eisen" und „Der Mann aus Marmor".

[308] S. Anm. 31.

Ryszard Reiff schrieb später in seinem Buch „Die Zeit der ‚Solidarność‘" folgendes über diese geplante Veranstaltung: „Am frühen Morgen des 11. Dezember erhielt ich in meinem Büro im Gebäude der Organisation ‚PAX‘[309] Besuch von Zbigniew Romaszewski, der mich im Auftrag der ‚Solidarność‘ als einen der Redner zu der für den 17. Dezember um 16 Uhr auf dem Defilier-Platz geplanten Veranstaltung einlud. Als ich erfuhr, an welchem Ort und zu welcher Zeit das alles stattfinden sollte, protestierte ich gegen diesen Leichtsinn. ‚Große Menschenmengen in der Dunkelheit‘, sagte ich (Dezember, 16 Uhr), ‚das ist eine Aufforderung zur Konfrontation, ganz gleich, ob man diese Konfrontation nun plant oder nicht, oder ob es zu einem zufälligen Tumult kommt, der Panik auslöst und sogar Menschenleben kosten kann. Ein Knallkörper, ein Behälter mit Tränengas – und die Situation entzieht sich jeder Kontrolle. Die Verantwortung dafür wird man der ‚Solidarność‘ anlasten, da sie eine solche Eventualität hätte vorhersehen müssen.‘"

Ich war von dem Beschluß der „Solidarność"-Region Masowien erschüttert. Viele meiner Gesprächspartner in jenen Tagen malten ein geradezu apokalyptisches Szenario der möglichen Ereignisse. Das Gespenst einer Konfrontation, eines Konflikts und seiner Internationalisierung stand uns immer deutlicher vor Augen.

Alles summierte und „ballte" sich also auf gefährliche Weise. Einerseits Radom mit der dort herrschenden Atmosphäre, der aggressiven Rhetorik und der Absicht, eine Demonstration zu organisieren. Andererseits erfuhr ich, daß im Warschauer Parteikomitee eine Gegendemonstration vorbereitet wurde. Ein eventueller Zusammenstoß dieser beiden Demonstrationszüge konnte, obwohl die Kräfte äußerst ungleich verteilt waren, fatale Folgen haben. Vor allem aber verfolgte mich die Erinnerung an die Ereignisse in Ungarn im Jahre 1956. Ich kannte verschiedene militärische Berichte über das Entstehen dieser Ereignisse und über den Mechanismus ihrer Eskalation. Die ganze Tragödie hatte doch damit begonnen, daß sage und schreibe ein einzelner Soldat entwaffnet worden war – mit der ersten Maschinenpistole, die der Menge in die Hände fiel. Und die Folgen? Mehrere Tausend gefallener, erhängter, erschossener, von Panzern zerquetschter oder lebendig in ihnen verbrannter Menschen. Tausende von Witwen, Waisen und Krüppeln unter den Angehörigen dieses verhältnismäßig kleinen Volkes. Hunderttausende Flüchtlinge und Emigranten. Ruinen und Trümmer im Zentrum einer der schönsten europäischen Hauptstädte. Wer konnte garantieren, daß sich nicht ein ähnliches Szenarium in Polen wiederholen würde? Konnte man das Risiko der Untätigkeit auf sich nehmen und einfach abwarten in der Hoffnung, daß alles ruhig verlaufen werde? Nein. Eine solche Verantwortung konnte ich nicht auf mich nehmen.

[309] S. Anm. 157.

Ich erinnere mich an die Front. Niemals habe ich vergessen, wie Menschen sterben, die von Geschossen getroffen, von Granaten zerfetzt wurden oder im Panzer verbrannten. Glücklicherweise hatte ich die Tragödie in Poznań und an der Küste nicht aus unmittelbarer Nähe miterlebt. Aber mein Wissen darüber reichte mir.

Wenn eine Massenpsychose zu wirken beginnt, genügt oft eine Leuchtpistole oder eine gewöhnliche Knallkorkenpistole, und die Menschen drehen durch. Von Schußwaffen ganz zu schweigen! Dabei fangen die Emotionen aufgrund einer psychologischen Gesetzmäßigkeit auf beiden Seiten gleichzeitig an zu kochen. Wird auch nur ein Demonstrationsteilnehmer verletzt oder gar getötet, dann wird für die Demonstranten jeder Soldat und Milizionär zum persönlichen Feind. Umgekehrt gilt dasselbe: Wenn „die in den Uniformen" einen Kollegen verlieren, reagieren sie auch emotional. Ich wußte, wie es 1970 bei den Ereignissen an der Küste zwischen den einfachen Soldaten und den Demonstrationsteilnehmern zugegangen war. Viele von ihnen verfielen angesichts der Menschenmenge auf der jeweils anderen Seite einer Psychose, die in ihnen sowohl ein Gefühl der Bedrohung als auch Aggressionslust auslöste.

Im Gedächtnis haften geblieben ist mir eine Schilderung, die, glaube ich, von der großartigen Geigerin Wanda Wiłkomirska[310] stammt. Im Dezember 1970 war sie in Szczecin und wurde Augenzeugin folgender Szene: Etwa zwanzig Halbwüchsige warfen Molotow-Cocktails gegen einen Panzer, der einfach dastand, keinen Schuß abgab. Der Panzer geriet in Brand, und aus dem Turm kletterte ein entsetzter Soldat, der schrie, daß er Pole sei und seine Eltern in einem Dorf bei Kraków lebten ... Man warf ihm einen Stein an den Kopf ...

Später haben die Funktionäre der „Solidarność" die Version verbreitet, daß die Streiks im Dezember 1981 abzuflauen und die Lage sich zu beruhigen begann. Das stimmt nicht ganz. Lediglich das Spannungsgebiet hatte sich verschoben. In diesem Zeitraum begann sich ihr Schwerpunkt auf die Jugend zu verlagern.

Professor Tadeusz Kotarbiński schrieb: „Es genügt ein Minimum an Argumentation, um im Kopf eines Jugendlichen irrationale Ideen zu verankern, aber man benötigt ein Maximum an Argumentation, um diese Ideen wieder aus diesem Kopf herauszubekommen." Diejenigen, die die Entscheidung trafen, den Warschauer Aufstand zu beginnen,[311] haben immer betont – und einige Historiker sind ihnen darin gefolgt –, daß es keinen anderen Ausweg mehr gab, weil die Jugend zum Kampf drängte. Diese Jugend sei so aufgeheizt gewesen, daß sie sich aus eigenem Antrieb auf die Deutschen gestürzt habe. Junge Menschen hat es immer zu Aufständen gedrängt. In

[310] Wanda Wiłkomirska, geb. 1929, poln. Violinvirtuosin. Lebt und lehrt seit 1982 im Ausland.
[311] S. Anm. 75.

einer Novembernacht 1830 waren es Fähnriche, die den Aufstand begannen. Und wer waren die Anführer des Dezemberaufstands? Stefan Bobrowski, der in den ersten Wochen praktisch an der Spitze dieses Aufstands stand – 23 Jahre, Zygmunt Padlewski – 28 Jahre, Bronisław Dąbrowski – 26 Jahre, Roman Rogiński, Führer dieses Aufstands in der Wojewodschaft Biała Podlaska – 23 Jahre, Leon Frankowski, militärischer Führer des Aufstands in der Wojewodschaft Lublin – 20 Jahre.

Die Aufstandsromantik liegt uns Polen geradezu im Blut, sie ist ein historisches Erbe. In Polen gibt es einen Aufständekult. Das ist eigentlich ein Paradox – einerseits der Hang zum Leiden, zum Märtyrertum und andererseits ein romantisch-sorgloses Verhältnis zum Krieg. Ich weiß nicht, ob es außer Polen noch ein anderes Land in der Welt gibt, in dem der Krieg beinahe zärtlich als „Kriegchen" besungen wird: „Wie ist es doch im Kriegchen schön, wenn der Ulan vom Pferde fällt." „Die Knospen der weißen Rosen sind erblüht, komm, Johannchen, komm aus diesem Kriegchen zurück ..."

Auch 1981 reagierte die Jugend am emotionalsten. Nicht zufällig nahmen in der letzten Phase der Krise Unruhen unter den Jugendlichen so große Ausmaße an. Schüler, Studenten, Arbeiter ... Es waren junge, ja sogar sehr junge Menschen, die der „Solidarność" den Ton oder eher die Temperatur der politischen Forderungen vorgaben bzw. aufzwangen. In vielen Regionen waren die „Solidarność"-Vorsitzenden kaum über zwanzig. In diesem Alter überwiegen Energie und Begeisterung oft bei weitem Erfahrung und Wissen. Die Russen nennen das bildhaft „more po kolena".[312] Wenn ich an jene Tage zurückdenke, so habe ich auch heute noch den Eindruck, daß diese Menschen sich so verhielten, als hätten sie „Wasser bis zu den Knien". Das kann eigentlich auch kaum verwundern. Selbst die Karriere Napoleons und seiner Marschälle verlief langsamer als diejenige der „Solidarność"-Führer, die beinahe über Nacht ungeheure Macht in die Hand bekamen. Sie geboten über Hunderttausende von Menschen. Es wurden ihnen gelegentlich geradezu peinliche öffentliche Ehrungen zuteil, darunter von bekannten Wissenschaftlern und besonders von Kulturschaffenden. Damals gaben also die „zornigen Jungen" den Ton an – Menschen, die in vielen Fällen zweifelsohne talentiert waren, über hervorragende Führungsqualitäten verfügten. Heute, zehn Jahre später, da die Emotionen sich gelegt haben und die Erfahrungen in der Politik und im Leben größer sind, ist besser zu erkennen, wie wertvoll einzelne Personen in jener Zeit waren. Unser Fehler, der Fehler der damaligen Staatsmacht, bestand darin, daß wir diesen Faktor, der oftmals weniger politischer als psychologischer Natur war, nicht genügend berücksichtigten.

[312] Russ. Wortspiel, bedeutet „Wasser bis zu den Knien" (dt. etwa „Weder Tod noch Teufel fürchten".)

Tatsache ist jedoch, daß bei uns eine Aufstandsatmosphäre im Entstehen begriffen war. Man brauchte Helden! „Unglücklich das Land, das Helden nötig hat", sagt Galileo Galilei in Brechts berühmtem Theaterstück. Das mußte ich im Auge behalten. Schließlich wollte ich Polen vor einer so elementaren Katastrophe, wie sie der Warschauer Aufstand gewesen war, bewahren. Und jetzt halte man sich folgendes vor Augen: Noch heute gibt es Leute wie Krzysztof Kąkolewski, die mir eben diese Haltung verübeln und nach wie vor zum Angriff gegen mich blasen!

Wenn jemand selbst auf die Barrikaden klettern will, ist das, bitte schön, seine Sache. Aber wenn man andere – vor allem junge, unreife Menschen – dazu drängt, ist das ein Verbrechen. Ein ruhmreicher Tod ist – wie irgend jemand einmal treffend gesagt hat – eine Legende, die in der Regel von Menschen in die Welt gesetzt wird, die selbst quicklebendig sind und gern möchten, daß andere bereit sind zu sterben.

Hätten die für den 17. Dezember geplanten Protestdemonstrationen stattgefunden und wäre es dabei zur Konfrontation gekommen, dann wäre es zu spät gewesen, nach den Anstiftern zu suchen. Anstifter hätte buchstäblich jeder sein können – ein Provokateur oder ein grundehrlicher Mensch, dem die Nerven versagten.

Ich konnte die Fakten nicht mißachten. Ich habe bereits davon gesprochen, daß die sogenannte Arbeiterwehr Ende November, Anfang Dezember Helme, Knüppel und sogar verschiedene Nahkampfwaffen sammelte. Es wurden Funkverbindungen eingerichtet, man brachte den Leuten bei, wie man Betriebe blockiert und verbarrikadiert. Das waren mitnichten spontane, sondern präzis geplante Aktionen. Auf der bereits erwähnten II. Hauptversammlung der „Solidarność"-Delegierten der Region Masowien wurde die Entscheidung gefällt, in einzelnen Betrieben, die für den Fall der sogenannten Selbstverteidigung entsprechend ausgerüstet und vorbereitet waren, spezielle Gruppen zu organisieren. Ähnliche Vorbereitungen wurden auch in anderen Regionen und Betrieben getroffen.

Ein gewisser Teil des Partei- und Staatsaktivs griff ebenfalls zum Mittel der persönlichen Bewaffnung. In diesen Kreisen wuchs das Gefühl der physischen Bedrohung und der Angst um die Angehörigen. Aber diese beiderseitige Bewaffnung, die nur den Worten nach der Selbstverteidigung diente, konnte jeden Augenblick eine Explosion auslösen – sei es durch einen zufälligen Zwischenfall oder durch eine bewußte Provokation.

Laut einer Meldung des Innenministeriums von Anfang 1981 lagerten irgendwo in Polen fast 3000 verlorengegangene oder gestohlene Schußwaffen. Und wie viele waren außerdem noch aus der Kriegszeit übriggeblieben? Und die fast eine Viertelmillion Jagdwaffen, Schrot- und Kugelflinten? Und die Sportwaffen? Und die militärischen Schulungswaffen, die Waffen der Liga für Landesverteidigung,[313] des Gefängnispersonals, der Wachmannschaften in den Betrieben, der Bahnpolizei und anderer Organisationen? Konnte man das etwa außer acht lassen?

In jenen Tagen erhielt ich eine bezeichnende Information. Außenminister Czyrek berichtete mir von einem Gespräch, das der Botschafter der UdSSR in Bonn, Wladimir Semjonow,[314] mit unserem dortigen Botschafter, Jan Chyliński, geführt hatte. Da er wußte, daß Chyliński im Begriff war, zum VI. Plenum des ZK der PVAP nach Warschau zu reisen, teilte er ihm – wohl kaum zufällig – seine, sagen wir, historisch-philosophische Meinung zum Thema „Polen" mit. „Die Polen sind ein sehr emotionales Volk. Alle paar Jahrzehnte müssen sie unbedingt ihr heißes Blut vergießen. Daher die ständigen Aufstände. Die Entwicklung der Situation zeigt, daß bei Ihnen Abenteurer am Werk sind. Man muß das Szenario eines Bürgerkriegs mit einkalkulieren. Das wird vielleicht eine halbe Million Menschenleben fordern. Und dann? Dann werden sowohl die Polen als auch der Westen die Sowjetunion anflehen, einzumarschieren und zu verhindern, daß es zu einer weiteren Tragödie kommt."

Chyliński – übrigens der Sohn von Bolesław Bierut[315] – berichtete mit größter Besorgnis, ja mit Entsetzen von diesem Gespräch. Er wußte, daß Semjonow gut informiert war und Kontakte zur höchsten Führungsspitze der Sowjetmacht hatte. Seine Worte mußten also eine in diesen Kreisen verbreitete Meinung widerspiegeln. Das war für mich ein ernstes Signal. Man mußte mit allem rechnen, sogar mit irgendeiner Art von Provokation.

Einige Jahre später, im Dezember 1989, stellte sich bei den blutigen Ereignissen in Rumänien heraus, daß die Meinung Semjonows der Wahrheit wahrscheinlich sehr nahekam. Der damalige sowjetische Premierminister Nikolaj Ryschkow sagte am 26. Dezember jenes Jahres, daß der amerikanische Außenminister James Baker eine eventuelle sowjetische Intervention in Rumänien für sinnvoll gehalten hätte, weil sie den brudermörderischen Krieg hätte beenden können. Eine ähnliche Meinung äußerte der französische Außenminister Roland Dumas. Die Zeitung „Le Monde" schrieb am 5. Januar 1990, daß „die Außenminister Frankreichs, der Vereinigten Staaten und Großbritanniens sich für eine Intervention der UdSSR und der anderen Staaten des Warschauer Pakts stark gemacht hätten, damit das Blutvergießen in Rumänien ein Ende fände".

[313] Organisation, in der Zivilisten sich militärisch schulen lassen konnten. Mitgliedschaft freiwillig.

[314] Wladimir Semjonowitsch Semjonow, 1919-1992, seit 1939 Diplomat, 1945-49 Berater der Sowjetischen Militäradministration in Deutschland, 1949-53 Berater der Sowjetischen Kontrollkommission, 1953 Hochkommissar, 1953-54 Botschafter in der DDR, 1954 stellvertretender Außenminister, einer der besten Deutschland-Experten in der sowjetischen Führung. Seit 1969 Leiter der sowjetischen Delegation bei den SALT-Verhandlungen, 1978-86 Botschafter in Bonn.

[315] Bolesław Bierut, 1892-1956, poln. Politiker, seit seiner Jugend in der sozialistischen Bewegung Polens aktiv. Funktionär der poln. KP und der Komintern. Einer der Führer der kommunistischen Widerstandsbewegung während des Zweiten Weltkriegs. Nach dem Krieg Präsident der Volksrepublik Polen (1944-52) und Generalsekretär der PVAP (seit 1954). Beging angeblich in Moskau Selbstmord.

Hätte es nicht die Ankündigung dieser Demonstration am 17. Dezember gegeben – hätte ich dann die Entscheidung über die Einführung des Kriegsrechts hinausgeschoben? Wahrscheinlich ja. Obwohl ich das auch noch davon abhängig gemacht hätte, was sich jenseits unserer Grenzen tat. Dafür hätte es ebenfalls Hindernisse gegeben, aber geringere: Schon einmal hatten wir für die älteren Jahrgänge der Wehrpflichtigen den Wehrdienst verlängert. Der letzte Termin für die Einberufung zur Reserve wäre zwischen dem 18. und 20. Dezember verstrichen. Für eine weitere Verlängerung des Dienstes hätte man schon die Zustimmung des Sejm einholen müssen. Das wäre schwierig, aber nicht unmöglich gewesen.[316] Der Hauptgrund für die Entscheidung, das Kriegsrecht einzuführen, war ein anderer. Unser Manöverierspielraum war ausgeschöpft. Jeder neue Tag war schlimmer als der vorhergehende.

Die Konfrontation war eine reale Bedrohung. Das geringste Ereignis konnte sie auslösen. Das war kein Schreckgespenst der Propaganda. Wenn es schon nicht gelang, die Streiks zu beenden, wie sollte man dann wesentlich bedrohlichere Elemente in den Griff bekommen? Ich will niemanden beschuldigen, die Atmosphäre tendenziös und zielbewußt angeheizt zu haben, sondern richte mich nach den Gesetzen der Psychologie. Die steigende Temperatur hatte ihre unerbittliche Logik: Die Quantität der Ereignisse ging in eine neue Qualität, in schärfere Emotionen, Reaktionen und Regungen über.

Hier ein Ausschnitt aus einem Brief, der im Dezember 1981 von der „Solidarność"-Organisation der Maschinenbaubetriebe „Ponar" in Tarnów verfaßt wurde: „Wir rufen alle ‚Solidarność'-Zellen in Polen auf, beim nächsten Zusammenstoß mit den Kommunisten alle Richter, Staatsanwälte, Parteisekretäre und Geheimdienstmitarbeiter, ob Männer oder Frauen, unverzüglich zu liquidieren, egal mit welchen Mitteln, desgleichen ihre Familien ..." Wenn man das heute liest, traut man kaum seinen Augen. Und dennoch ... wenn derartige Briefe Provokationen des Geheimdienstes waren – was einige behaupten, ich aber bezweifle –, wären sie dennoch eine Tatsache gewesen, die ich in meine Überlegungen hätte einbeziehen müssen – eine Tatsache, die belegt hätte, daß die Situation beiderseits nicht mehr beherrschbar war.

Ich erinnere mich an eine Vielzahl von Aussagen, Beschlüssen und Resolutionen, die den Geist der Konfrontation atmeten. Bogdan Krakowski, „Solidarność"-Vorsitzender in der Werkzeugmaschinenfabrik in Zawiercie, rief auf einer Versammlung: „Millionen Parteimitglieder an den Galgen!" Und Andrzej Rozpłochowski aus Schlesien: „Wir werden nicht zurückweichen. Soll doch die Staatsmacht metzeln und morden. Für jedes

---

[316] Der zweijährige Wehrdienst konnte ohne weiteres um 3 Monate verlängert werden. Für eine nochmalige Verlängerung um weitere 3 Monate war die Zustimmung des Sejm nötig.

‚Solidarność'-Mitglied werden drei Milizionäre dran glauben müssen ...“ Solche Äußerungen, die täglich auf meinem Schreibtisch landeten, konnten nicht ohne Einfluß auf die Psyche bleiben. Schließlich kannte nicht nur ich sie, auch andere Partei- und Staatsfunktionäre, Soldaten und Zivilisten wußten davon. Sie konnten sich nicht anders verhalten, nicht anders reagieren, als sie es taten. Ihnen stand die Sorge im Gesicht geschrieben, sie verlangten scharfe Maßnahmen.

Am 5. Juli 1991 bezeichnete Lech Wałęsa in einem Interview für die Zeitung „Rzeczpospolita" die damalige Tätigkeit der „Solidarność" als „Volkserhebung". Die Standarte der Gewerkschaft müsse demzufolge als „Standarte unseres Volksaufstands" betrachtet werden. Ich verstehe, daß das in übertragenem Sinne gemeint war – es ging um einen „friedlichen Aufstand" – aber wer konnte garantieren, daß die Ereignisse nicht in eine blutige Konfrontation münden würden?

Hier möchte ich an das politische Science-fiction-Buch „Der Dritte Weltkrieg" des britischen Generals John Hackett erinnern. In diesem Buch beginnt der Dritte Weltkrieg mit geringfügigen Ereignissen auf der Werft in Gdańsk. Das Buch erschien 1979 im Westen, also viele Monate vor den wirklichen Ereignissen in Gdańsk. Hackett hatte einen sehr wahrscheinlichen Ort als unmittelbaren Anlaß für den Zusammenstoß zweier zutiefst voneinander getrennter Welten – des Westens und des Ostens – gewählt. Vielleicht ließ sich der Autor von der Erfahrung des Zweiten Weltkriegs leiten. Mit Sicherheit aber hat er berücksichtigt, daß man im Westen Polen in historischer und gesellschaftlicher Hinsicht als natürliches Feld der Konfrontation betrachtete, als einen neuralgischen Punkt, an dem alles mögliche geschehen könnte.

Damals war alles anders als heute. Andere Nachbarn, ein anderes Europa, eine andere Welt. Diese Welt war tief gespalten und von Gegensätzen geprägt. Auch wir waren andere Menschen – sowohl die damalige Staatsmacht als auch die damalige Opposition. Deshalb ist es meiner Meinung nach unangemessen und historisch falsch, wenn man Fragen nach dem Muster stellt: Warum habt Ihr seinerzeit nicht das gemacht, was Ihr später gemacht habt? Auch Władysław Warneńczyk hat nicht so gehandelt, wie Jan Sobieski handelte.[317] Ich habe übrigens schon mehrmals gesagt, daß wir durchs Fegefeuer mußten, um nicht in die Hölle zu kommen. Das ist kein übertriebenes Sicherheitsdenken, sondern Verantwortungsgefühl.

[317] Władysław Warneńczyk, 1424-44, poln. König, organisierte 1443/44 einen erfolgreichen Feldzug gegen die Türken. Fiel 1444 in einer Schlacht gegen das türkische Heer bei Warna. – Jan III. Sobieski, 1624-96, Feldherr, erreichte Friedensverträge mit seinen Kriegsgegnern, u. a. mit den Türken. Darauf spielt Jaruzelski hier an: Sowohl Władysław Warneńczyk als auch Jan III. Sobieski kämpften gegen die Türken, aber erst Sobieski konnte dem Kampf einen Friedensschluß folgen lassen. So war auch eine tragfähige Übereinkunft mit der „Solidarność" auch erst 1989 möglich und nicht schon 1981.

Hätte die „Solidarność" weniger von uns fordern können? Hätten wir der „Solidarność" mehr geben können? Das ist heute wirklich ein rein historischer Streit. Wir lebten in der Welt, wie sie sich uns damals darbot. An ihre Regeln paßten wir uns an. Vor der Realität gab es kein Davonlaufen.

Mich quält jedoch ein anderer Gedanke – haben wir damals wirklich alle Möglichkeiten zur Verständigung ausgeschöpft? Vielleicht hätten wir das Land auf eine andere, geradezu verzweifelte Weise retten sollen? Vielleicht hätten wir uns ins Flugzeug setzen, nach Gdańsk fliegen und versuchen müssen, dort vor der Führung der „Solidarność" unsere Lage noch einmal zu erläutern? Doch bei kühler Überlegung wird mir klar, daß ein solches Vorgehen keinerlei Aussicht auf Erfolg gehabt hätte. Wahrscheinlich hätte man mir einen Affront bereitet, im günstigsten Fall hätte man mich mit einer „Fuhre" von Vorwürfen und nicht realisierbaren Forderungen konfrontiert. Die in der „Solidarność" herrschende Psychose – wie Andrzej Micewski, ein genauer Beobachter jener Ereignisse, schrieb – „lähmte die vernünftigsten Menschen, selbst unter den Beratern, die wahrscheinlich ebenso viel Angst hatten wie die nüchternsten der leitenden „Solidarność"-Funktionäre, von revoltierenden Arbeiterführern von der politischen Bühne gefegt zu werden. Außerdem trieben verschiedene Interessengruppen ihr Spielchen und beeinflußten die Menschen."

Hätte Lech Wałęsa mehr tun können? Zweifelsohne war er sich darüber im klaren, daß die Staatsmacht mit dem Rücken zur Wand stand. Von Gdańsk nach Warschau ist es schließlich ebenso weit wie von Warschau nach Gdańsk. Trotzdem verstehe ich ihn: Ihm waren schon die Hände gebunden. Hätte er sich erkennbar auf die Staatsmacht zubewegt, wäre ihm das als Verrat und Kapitulation ausgelegt worden. Hätte uns schließlich Primas Glemp nicht zu einem Treffen in seinen Amtssitz einladen können? Theoretisch ja, aber nach Radom, angesichts der beiderseitigen Radikalisierung der Basis, hätte ein solches Treffen kaum Früchte getragen. Dies um so mehr, als es bereits sowohl in politischer als auch in psychologischer Hinsicht schwer geworden war, gegenüber der anderen Seite weiterreichende Gesten zu machen. Wir saßen alle in der Falle.

Man hat die Lage in Polen damals mit einer griechischen Tragödie verglichen, in der alle Schauspieler wissen, daß die Handlung ein unglückliches Ende nehmen wird, aber dennoch spielen sie – denn sie müssen ihre Rolle bis zum Ende spielen.

Das Gefühl sagte dieses, der Verstand jenes. In diesem Dilemma befanden sich viele Polen. Bildhaft gesprochen – Herz oder Kopf? Ein solcher Zwiespalt kann sehr schmerzhaft und dramatisch sein. Eine Antwort auf diese Frage gibt General Ignacy Prądzyński,[318] den Professor Jerzy Łojek[319] einen „Chopin der Strategie" genannt hat. In seinen Memoiren schreibt er: „In Staatsangelegenheiten, wo es um das Schicksal des ganzen Volkes über Jahrhunderte hinaus geht, darf man sich nicht vom Herzen leiten lassen, wozu wir Polen allzusehr neigen. Dort dürfen wir uns nur von der kältesten Überlegung und Vernunft leiten lassen, und der wirklich erreichbare Nutzen muß die Haupttriebfeder, wenn nicht die einzige Triebfeder unseres Handelns sein."

Viele Male wurde ich gefragt: „Wie haben Sie das alles physisch verkraftet, von der Psyche ganz zu schweigen?" Auch das interessiert die Menschen offenbar. Ich habe eine große Widerstandskraft, der Militärdienst macht hart. Lange Zeit kann ich ohne Schlaf auskommen. Vielleicht sind das Überbleibsel aus der Kriegszeit. Für einen Mitarbeiter der militärischen Aufklärung war die Nacht doch ein Verbündeter. Später habe ich auf allen meinen militärischen Posten – u. a. als Generalstabschef und als Verteidigungsminister – an vielen Manövern teilgenommen, bei denen ich drei, vier Nächte hintereinander nicht schlief.

Dennoch wirkte sich die Übermüdung in jenem schrecklichen Dezember zweifelsohne bis zu einem gewissen Grad auf meine Reaktionen und inneren Regungen aus. Wenn ich mehr Ruhe, größere Distanz gehabt hätte, wären vielleicht verschiedene meiner Bewertungen, Handlungen und Äußerungen ausgewogener gewesen. So aber mußte ich häufig Entscheidungen gewissermaßen aus dem Stegreif heraus treffen, wobei ich vielleicht manchmal zu emotional, zu nervös war. Übrigens glaube ich, daß der psychophysische Faktor auch die Handlungen unserer damaligen Gegner beeinflußte. Das war manchmal ganz deutlich zu erkennen.

Aus der Geschichte ist bekannt, daß selbst große Staatslenker Momente des Zusammenbruchs erlebt haben. Ich bin weit davon entfernt, mich mit diesen Leuten vergleichen zu wollen. Mir ist das niemals im selben Maße wie ihnen passiert. Im Jahre 1926 verfiel Piłsudski nach einem nicht in seinem Sinne verlaufenen Treffen mit Präsident Wojciechowski auf einer Brücke in Warschau in Apathie und Depression. Er fuhr nach Praga, legte sich aufs Sofa und verharrte dort regungslos. General Orlicz-Dreszer leitete dann die ganze Operation.[320] In ähnlicher Weise war General de Gaulle 1968 in einem bestimmten Moment einfach nicht mehr handlungsfähig. Er nahm seine Familie und fuhr nach Baden-Baden, ins Hauptquartier der französischen Streitkräfte in Westdeutschland. General Massu schrieb später bildhaft: „de Gaulle nahm den Fuß vom Pedal."

In manchen Situationen braucht man natürlich ein geradezu über-

---

[318] Ignacy Prądzyński, 1792-1850, General, beteiligt an den Feldzügen Napoleons 1809 und 1812 und am polnischen Aufstand 1830-31. Im Jahre 1832 aus Polen verbannt.

[319] Jerzy Łojek, 1932-86, Wissenschaftler, Spezialgebiet: Die polnische Geschichte vom Ende des 18. bis Mitte des 19. Jh.

[320] Die Rede ist hier von dem sogenannten Mai-Umsturz (s. Anm. 131). Damals kam es zu Unruhen mit vielen Toten. Piłsudski wollte bei dem Treffen mit Wojciechowski diesen zum Rücktritt überreden. Als das mißlang, verhielt Piłsudski sich wie oben beschrieben, und die militärische Befehlsgewalt beim „Mai-Umsturz" lag fortan in den Händen von General Orlicz-Dreszer. (Auskunft von Jaruzelski gegenüber dem Übersetzer) – Praga: Stadtteil Warschaus.

menschliches Durchhaltevermögen. Ich war niemals vollkommen fertig, kraftlos. Aber manchmal nicht weit davon entfernt.

Man hat mich auch gefragt, ob ich in den dramatischsten Momenten meine Zweifel und Befürchtungen irgendwem mitgeteilt hätte. Ja, natürlich. Die vielen Sitzungen, Beratungen und Gespräche der damaligen Zeit waren von Sorgen und Befürchtungen geprägt. Zahlreiche persönliche Kontakte hatte ich mit den Menschen, mit denen ich am längsten zusammengearbeitet hatte: mit Siwicki, Kiszczak, Janiszewski. Sehr viele, wahrscheinlich die meisten, mit Rakowski und Barcikowski.

Dieser Zeitabschnitt war für mich auch noch aus einem anderen Grund schwer. Im Jahre 1981 bekam ich starke Schmerzen an der Wirbelsäule. Als Junge war ich von kleinem Wuchs, einer der kleinsten in meiner Klasse. Und ausgerechnet in den schwersten Jahren meines Lebens – in Sibirien, wo ich sehr schlechte Nahrung bekam – begann ich schnell zu wachsen. Außerdem mußte ich sehr schwer arbeiten. Ich mußte in gebückter Haltung oder auf den Knien Holz sägen oder schwere Säcke auf den Armen tragen. Ich hatte Schmerzen in Beinen und Schultern, die später aber vergingen. Viele Jahre lang hatte ich überhaupt keine Beschwerden. Die starken Schmerzen kehrten jedoch – wie zum Hohn – im schwierigsten Augenblick meines Lebens zurück. Es war mir eine Qual zu sitzen, die Stiefel zuzuschnüren, ja sogar zu husten oder mich von einer Seite auf die andere zu drehen. Doch es blieb keine Zeit für Krankengymnastik. Erst 1983 stellten mich Professor Donat Tylman und Doktor Wiesław Siwek vom Militärischen Medizinzentrum in der Szaserów-Straße wieder auf die Beine.

KAPITEL 39

Die Hintergründe geheimer Illusionen

Historische Umbruchsituationen dienen dazu, verschiedene Geheimnisse zu lüften. In den Tagen der Französischen Revolution berichteten die Sieger den Menschenmassen auf den Straßen Empörendes über den Luxus am Hofe Ludwigs XVI. Im November 1917 wurden die Arbeiter von Petrograd[321] mit Geheimnissen über das Leben in den Palästen gefüttert. Stets gab es in solchen Zeiten ein Bedürfnis, Dinge zu enthüllen, die vom Hauch jahrhundertelanger Geheimhaltung umweht waren; diese Enthüllungen hatten vor allem das Ziel, die ehemaligen Machthaber zu kompromittieren.

Anscheinend haben wir es bei der Veröffentlichung von Sitzungsprotokollen des Politbüros der PVAP durch den Londoner Verlag „Aneks" mit einem ähnlichen Fall zu tun. Um ihren Lesern Appetit zu machen, druckte die „Polityka" in Nr. 49 vom 7. Dezember 1991 das – wie man sagen kann – wichtigste dieser Protokolle ab. Dokumentiert dieses Protokoll doch die Sitzung des Politbüros vom 5. Dezember 1981, also die letzte Sitzung vor Einführung des Kriegsrechts. Fand sich darin eine Bestätigung für die immer noch kursierende These, das Kriegsrecht sei von langer Hand vorbereitet worden? Viele der heutigen Politiker hätten gern über Materialien verfügt, die den Zynismus, die Doppelzüngigkeit der damaligen Staatsmacht belegten, die öffentlich zum Dialog, zur nationalen Verständigung aufrief, während sie hinter den Kulissen eine Verschwörung „gegen das Volk" aushechte. Die Sitzung des Politbüros am 5. Dezember 1981 – also am Tag des Treffens der „Solidarność" in Radom und sieben Tage vor Einführung des Kriegsrechts – lieferte keine entsprechenden Informationen. Doch bevor ich auf die Sitzung zu sprechen komme, möchte ich über einige andere Ereignisse berichten.

Vom 1. bis 3. Dezember 1981 tagten in Bukarest die Außenminister und vom 1. bis 4. Dezember in Moskau die Verteidigungsminister des Warschauer Pakts. Nach Bukarest fuhr Außenminister Czyrek, nach Moskau der stellvertretende Verteidigungsminister, General Siwicki. Beide kamen in äußerst finsterer Stimmung nach Warschau zurück.

General *Florian Siwicki:*

Vom 1. bis 4. Dezember 1981 fand in Moskau eine Sitzung des Rates der Verteidigungsminister des Warschauer Pakts statt. Ich vertrat dort den Verteidi-

---

[321] Damaliger Name von St. Petersburg. Die Umbenennung in „Leningrad" erfolgte erst nach Lenins Tod 1924. Im September 1991 erhielt die Stadt – nicht zuletzt auf Initiative von Bürgermeister Sobtschak – ihren vorrevolutionären Namen zurück.

gungsminister der Volksrepublik Polen. Das waren sehr schwere Tage für mich. Alle Minister gingen – in mehr oder weniger deutlichen Formulierungen – auf die polnische Frage ein. Hier einige Beispiele aus den Notizen, die ich mir gemacht habe. Der Verteidigungsminister der Tschechoslowakei, General Martin Dzur: „Die NATO strebt eine Änderung des Kräfteverhältnisses und eine Schwächung der Einheit der sozialistischen Staaten an. Aus diesem Grund beobachten wir die Ereignisse in Polen mit großer Sorge. Der Westen hat die Absicht, Polen unter Ausnutzung der Krise aus dem Bündnis herauszureißen. Das tangiert die Interessen unserer gesamten Staaten."

Der Verteidigungsminister der DDR, General Heinz Hoffmann: „Die NATO will den Warschauer Pakt dominieren. Die antisozialistische und antisowjetische Politik weitet sich gefährlich aus. Die Ereignisse in Polen sind Ausdruck einer verstärkten Lügen- und Verleumdungskampagne. Die vom Westen unterstützten konterrevolutionären Kräfte werden immer aktiver. Man muß deshalb mit einer Verschärfung des Kampfes rechnen. Es ist höchste Zeit, den Sozialismus effektiver gegen das Attentat der Konterrevolution zu verteidigen ..."

Der Verteidigungsminister Bulgariens, General Dobri Dschurow: „Den Einfluß der Ereignisse in Polen auf die Verteidigungsbereitschaft der Vereinigten Streitkräfte des Warschauer Pakts kann man nicht schweigend übergehen. Das ist nicht nur eine Bedrohung für die Werktätigen in Polen, sondern schadet dem ganzen Warschauer Pakt. Nötig sind radikale und entschiedene Maßnahmen zur Gewährleistung der Stabilität in unserem Bruderland ..."

Der Oberkommandierende der Vereinigten Streitkräfte des Warschauer Pakts, Marschall Viktor Kulikow: „Der politische Kampf, der in Polen tobt, hat einen negativen Einfluß auf die polnische Armee, und das beunruhigt die Mitgliedsstaaten des Warschauer Pakts. Die polnischen Kommunisten können sich auf die Unterstützung und Hilfe durch die befreundeten Staaten verlassen ..."

Charakteristisch waren auch die Beiträge des Chefs der Hauptverwaltung Aufklärung der Sowjetischen Armee, General Iwaschutin, sowie des Leiters des bulgarischen militärischen Geheimdienstes, General Sikulow. Sie stellten fest, daß die Gefahr einer Veränderung des strategischen Gleichgewichts zuungunsten des Warschauer Pakts bestehe. Dazu trügen u. a. eine „Aufweichung" des Bündnisses sowie vor allem umstürzlerische Aktivitäten bei, wie die Ereignisse in Polen eindeutig bewiesen.

Nachdem die offiziellen Reden gehalten worden waren, äußerten alle Minister den Wunsch, mit mir ein Gespräch unter vier Augen zu führen. Wahrscheinlich war die Partitur für diese Gespräche – zumindest für die meisten von ihnen – vom Stab der Vereinigten Streitkräfte des Warschauer Pakts geschrieben worden.

Das wichtigste Gespräch war das mit dem sowjetischen Marschall Dmitrij Ustinow. Er gehörte zu den drei Personen, die praktisch die Sowjetunion regierten, war radikal in seinen Ansichten und ein entschiedener Verteidiger der

Großmachtinteressen der Sowjetunion. Wie ich den Grimassen, die er schnitt, entnehmen konnte, paßte meine Schilderung der Lage in Polen nicht zu den Informationen, die er von anderer Seite bekommen hatte. Obwohl seitdem so viele Jahre vergangen sind, habe ich die wesentlichen Gedanken, die er in seinem Monolog vorbrachte, nicht vergessen.

Er meinte, wir wichen vor dem dreisten Angriff der Konterrevolution ständig zurück. Die Gegner des Sozialismus würden ihre Forderungen hochschrauben und diktierten praktisch bereits den Gang der Ereignisse. Heute demontierten sie den Staat, morgen würden sie uns die Macht entreißen, und wir sähen all dem untätig zu. Wir sollten daran denken, daß die Sowjetunion es niemals hinnehmen werde, daß Polen aus dem Verteidigungssystem des Warschauer Pakts herausgerissen oder auch nur weiter geschwächt werde. Polen habe eine strategische Schlüsselposition auf der politischen Bühne Europas. Die NATO rüste sehr intensiv auf, statte ihre Truppen mit modernsten Waffen aus, in Polen aber erfüllten die Rüstungsbetriebe ihre Planvorgaben nicht. Das schwäche nicht nur die Kampfkraft der polnischen Armee, sondern auch die der anderen Streitkräfte des Warschauer Pakts, und sei deshalb schon nicht mehr allein unsere Angelegenheit. Wir müßten entschiedener handeln, denn die Dinge entwickelten sich in eine für das sozialistische Polen sehr ungünstige Richtung. Unter unseren Bedingungen komme „Verteidigung dem Tode nahe".[322] Wir sollten immer daran denken, daß die Sowjetunion es unter keinen Umständen zu einer Verletzung der lebenswichtigen Interessen des Bündnisses kommen lassen werde. Meine Erklärungen änderten nichts an den Ansichten und Bewertungen Ustinows.

Die Gespräche mit den anderen Verteidigungsministern verliefen ähnlich. Es wurden lediglich unterschiedliche Akzente gesetzt.

Ich fühlte mich wie durch die Mangel gedreht. Meine Beobachtungen und Befürchtungen teilte ich den Mitgliedern unserer Delegation mit. Unsere weitere Teilnahme an der Sitzung der Verteidigungsminister war nur noch formaler Natur. In Gedanken waren wir bereits wieder in Polen. Für den Premier und Verteidigungsminister General Wojciech Jaruzelski fertigten wir eine Meldung an, die ich auf der Sitzung des Politbüros des ZK der PVAP am 5. Dezember 1981 nur auszugsweise vortrug. In einem persönlichen Gespräch schilderte ich dem Oberbefehlshaber unserer Streitkräfte darüber hinaus die Atmosphäre auf der Sitzung der Verteidigungsminister des Warschauer Pakts. Des weiteren berichtete ich über den Inhalt meiner Gespräche mit den Verteidigungsministern und deren offizielle Äußerungen. Unsere Unruhe wuchs. Was würde der morgige Tag bringen? Diese Frage war um so drängender, als bald darauf

---

[322] Russisch, zitiert von General Siwicki. Diese Formulierung Ustinows ist so zu verstehen, daß gegen die Kräfte der Konterrevolution jetzt nur noch ein entschlossener Gegenangriff helfe, während jegliche Verteidigungsversuche der polnischen Regierung dazu führen würden, daß diese von der Konterrevolution völlig an die Wand gedrückt würde.

beim Generalstab ein Antrag auf Genehmigung von Manövern der sowje-
tischen Armee mit Durchmarsch durch das Territorium Polens eintraf; diese
Manöver sollten am 24. Dezember 1981 beginnen. Wie man uns sagte, sollten
das keine ausgedehnten Manöver sein. Aber wir reagierten damals sehr sen-
sibel auf alle militärischen Bewegungen auf unserem Gebiet. Man wußte nicht,
wie sich das entwickeln würde. Aus diesem Grund verweigerte Premier Jaru-
zelski seine Zustimmung. Diese Weigerung ließ sich gut mit dem bevorstehen-
den Weihnachtsfest begründen. Wieso hatten die Sowjets überhaupt das Weih-
nachtsfest als Manöverbeginn vorgeschlagen? War das Dilettantismus der
Planer bei der sowjetischen Armee, oder wurde dieser Termin bewußt gewählt?
Schon wieder hatten wir Grund nachzudenken. Und die Zeit lief uns davon.
Nicht nur der bevorstehende Winter warf seine Schatten voraus.

Im Kommuniqué der Sitzung der Außenminister der Mitgliedsstaaten des
Warschauer Pakts in Bukarest war von einer Verschlechterung des internationalen Klimas, einer Zunahme der Kriegsgefahr und einer Bedrohung
für Freiheit und Unabhängigkeit der Völker die Rede. Man betonte die gefährliche Steigerung von Tempo und Umfang der Rüstungsmaßnahmen,
besonders bei den Kernwaffen. Es wurde festgestellt, daß es in der Militär-
technik Änderungen gebe, die die internationale Stabilität bedrohten. Nach
seiner Rückkehr aus Bukarest berichtete Czyrek, die Situation in Polen sei
als großer Destabilisierungsfaktor gewertet worden, und er fügte hinzu, daß
man ihn in den Beratungspausen in den Gängen des Sitzungsgebäudes geradezu überfallen habe mit dem Vorwurf, sich zu passiv zu verhalten und
keine wirksamen Maßnahmen gegen die destruktiven Bestrebungen der
antisozialistischen Kräfte zu treffen. „Diese Bedrohungen richten sich nicht
nur gegen Euch", wurde ihm gesagt, „sie gehen uns alle an. Sie richten sich
gegen die Einheit unserer ganzen Gemeinschaft."

Am 1. Dezember tagte der Operative Anti-Krisenstab. Die Berichte
waren alarmierend. Es wurden Beschlüsse gefaßt, um die Versorgung mit
den wichtigsten Produkten zu sichern, für die Feiertage die letzten Reserven zur Verfügung zu stellen und den Kampf gegen das Spekulantentum
zu verschärfen.

Am gleichen Tag fand eine Sitzung des Politbüros statt. Der erste Teil
der Sitzung, an dem die Parteiführung der ZSL teilnahm, hatte den
Charakter einer Routinesitzung und betraf Probleme der Landwirtschaft.
Während des zweiten Teils, an dem nur noch die Mitglieder des Politbüros
und des Sekretariats des ZK der PVAP teilnahmen, ging es um die
Bewertung der gesellschaftspolitischen Situation.

Tadeusz Porębski, ein ansonsten hartgesottener Mann, rief geradezu
nervös zum Schutz der Familien des Parteiaktivs auf – übrigens nicht zum
erstenmal: „Wir fühlen uns bedroht, haben Angst um unser Leben." Solche
Stimmen mehrten sich. Das war auch für mich eine moralisch ungewöhnlich schwierige Situation – ich spürte, daß ich unter Druck geriet,

daß man eine Art Anklage gegen mich vorbrachte. Ihr da oben fühlt euch sicher, seid euch einig, aber dort unten, an der Basis, in den Betrieben, sind die Menschen aufgebracht bis zum Äußersten. Stanisław Opałko aus Tarnów sagte, daß in seiner Wojewodschaft Kampfgruppen mit Helmen und Armbinden aufgetaucht seien. Jan Główczyk und Stanisław Kociołek berichteten von zunehmenden Versuchen, die Partei aus den Betrieben herauszudrängen. Mirosław Milewski informierte uns darüber, daß auf einer Sitzung der „Solidarność" in Szczecin gefordert worden sei, die Partei zu entmachten, einen Gesellschaftlichen Wirtschaftsrat einzusetzen und diesem die Funktionen von Parlament und Regierung zu übertragen. Immer stärker zeichne sich bei uns ein Szenarium wie seinerzeit in Ungarn und der Tschechoslowakei ab. Man könne nur hoffen, daß es zum Handeln nicht bereits zu spät sei. Marian Orzechowski: „Wir stehen vor einem Abgrund. Die Menschen erwarten, daß die Führung handelt. Das IV. Plenum des ZK hat dem Politbüro und der Regierung Vollmachten erteilt." Eine ebenfalls sehr dramatische Bewertung der Lage gaben die Arbeiter unter den Politbüromitgliedern ab. Die Atmosphäre dieser Sitzung war zusätzlich vom Streik in der Offiziershochschule für das Feuerlöschwesen belastet; man befürchtete, dieser Streik könne auf andere Betriebe übergreifen. In meiner Zusammenfassung der Beiträge unterstrich ich, daß die extremen Kräfte der „Solidarność" ihren Kurs drastisch verschärft hätten. Ich machte darauf aufmerksam, daß wir angesichts der neuentstandenen Situation unsere Arbeitsweise ändern müßten: Kampfbereitschaft, Dienstpflicht rund um die Uhr, Bewachung der Regierungsgebäude. Dringend benötige man eine Expertise des Staatsrates über die Verfassungsmäßigkeit der Präsenz der Partei in den Betrieben. Wenn ich meine Aufzeichnungen von dieser Sitzung des Politbüros heute durchlese, durchlebe ich erneut die damalige sich bedrohlich entwickelnde Situation. Gleichzeitig bestätigen sie mir, daß ich immer noch hoffte, das Äußerste vermeiden zu können.

Bald nach dieser Sitzung kam Obodowski zu mir. Er übergab mir ein Memorandum, das die ganze Dramatik der Lage schilderte. Bis heute habe ich nicht vergessen, wie er sich von mir mit den Worten verabschiedete: „General, wohin führen Sie uns? Polen geht unter."[323] Obodowski ist ein ernster Mensch, kein Hysteriker. Er war sich der Bedrohungen für die Wirtschaft wohl bewußt. Ich erhielt auch Informationen über verschiedene Angriffe auf Parteiorganisationen. Während des ganzen Novembers wurde die Kampagne, die darauf abzielte, die Partei aus den Betrieben herauszudrängen, immer stärker. Viele Betriebskommissionen der „Solidarność" faßten Beschlüsse, die zur Vorbereitung entsprechender konkreter Aktionen dienen sollten. In einigen Betrieben in Łódź wurden diese Be-

---

[323] Obodowskis Formulierung erinnert an die erste Zeile der polnischen Nationalhymne „Noch ist Polen nicht untergegangen".

schlüsse in die Tat umgesetzt. Und das alles zu einer Zeit, in der die Diskussionen über die Bildung eines Rats und einer Front zur Nationalen Verständigung noch im Gange waren. Gedankenlosigkeit oder Provokation? Also schickte ich am 3. Dezember ein Rundschreiben ab, in dem ich befahl, die Tagungsräume und die Funktionäre der Partei in den Betrieben zu schützen. Ich wußte, daß in der damaligen Situation ein derartiger Frontalangriff auf die Partei ein böses Ende nehmen mußte.

Am 3. Dezember sagte ich bei den Feierlichkeiten zum Tag der Hl. Barbara in Dąbrowa Górnicza, daß ich an die Möglichkeit einer Verständigung glaubte. Gleichzeitig richtete ich jedoch – wie schon am 27. November auf dem VI. ZK-Plenum – mahnende und warnende Worte an meine Zuhörer. So etwas würde ein Mensch, der anderen heimlich auflauert, niemals öffentlich tun. Ebenfalls auf meine Anordnung hin verlas am 6. Dezember Regierungssprecher Jerzy Urban einen unmißverständlich warnenden Text, in dem sich die bezeichnenden Worte fanden, daß „sich das Präsidium des Landesausschusses der ‚Solidarność' einer Verständigung verweigert und damit praktisch für einen Weg ausgesprochen hat, der zur Konfrontation führen kann".

Am 4. Dezember empfing ich eine Delegation des Verbandes der Polnischen Architekten, der an jenem Tag in Warschau eine Sitzung zur Verabschiedung seines Statuts abhielt. Auch ihr gegenüber sprach ich von der Gefahr, die über dem Land schwebe, wenn es uns nicht gelinge, zu einer Verständigung zu gelangen.

Schließlich war am 5. Dezember die Sitzung des Politbüros. Außer den Politbüromitgliedern und ihren Stellvertretern nahmen daran teil: Mieczysław Rakowski – Vizepremier, Stanisław Ciosek – Minister für Gewerkschaftsfragen, Czesław Kiszczak – Innenminister, Michał Janiszewski – Chef des Ministerratsamtes, Stanisław Kociołek – Erster Sekretär des Warschauer Parteikomitees der PVAP sowie Kazimierz Cypryniak – Leiter der Organisationsabteilung des Zentralkomitees.

Wie ich bereits erwähnte, wurde das Protokoll dieser Politbürositzung vollständig in der „Polityka" abgedruckt. Ich beschränke mich hier deshalb auf die wichtigen Diskussionspunkte und Ergebnisse. Natürlich kann kein Dokument, vor allem, wenn man es nach Jahren erneut liest, die Atmosphäre und die situationsgebundenen, für die damalige Zeit charakteristischen Akzente, wiedergeben. In diesem Fall ist das sehr wesentlich, herrschte doch auf jener Sitzung eine „Grabesstimmung". Wir rannten mit dem Kopf gegen die Wand. Es war ein einziges Gezerre. Immer noch Hoffnung, aber auch Verzweiflung. Was aber war am charakteristischsten? Schon seit einigen Wochen hatten die Gruppierungen innerhalb des Zentralkomitees und des Politbüros – von „Kubiak" bis „Siwak" – stark an Bedeutung verloren. Dabei handelte es sich nicht um eine Änderung der Orientierung oder der Einstellungen. Schließlich traten auch auf dieser Sitzung grundsätzliche Meinungsverschiedenheiten zutage. Sie betrafen jedoch nur die bislang angewandten Methoden. Einige hielten diese Methoden für richtig. Andere dagegen sagten, der Weg der Einigung, der Kompromisse und Zugeständnisse habe sich als falsch und ineffektiv erwiesen. Diese Meinungsverschiedenheiten verschärften sich noch einmal nach Einführung des Kriegsrechts. Damals aber, im letzten Quartal des Jahres 1981, dominierte das Gefühl, eine Schicksalsgemeinschaft zu sein. Man war sich bitter bewußt, daß die Linie des IX. Parteitages in Gefahr war, daß wir unsere Kräfte vergeudeten, daß sich eine tödliche Bedrohung abzeichnete. Dennoch zeigten die Mitglieder der Parteiführung und die übrigen Teilnehmer der Sitzung keinerlei Neigung zu überstürzten Erklärungen oder extremen Schlußfolgerungen. Man sagte: „Die ‚Solidarność' ist eine oppositionelle Partei mit konterrevolutionärem Gesicht geworden. Ihr extremer Flügel hat gesiegt. Ihre Mitglieder sprechen offen aus, daß eine Konfrontation unvermeidlich sei. Sie haben gesagt, daß sie sich nicht an der Front der Nationalen Verständigung beteiligen werden. Kategorisch widersetzen sie sich dem Plan, die Regierung mit Sondervollmachten auszustatten, eingeschlossen das Recht, Streiks im Winter zu verbieten. Sie drohen mit Generalstreik. Außerdem kündigen sie an, daß der Landesausschuß, der demnächst in Gdańsk tagen wird, noch weiter gehen wird als das Präsidium auf seiner Sitzung in Radom. Dieser Linie kann sich Wałęsa nicht widersetzen. Die Kirche bemüht sich vermittelnd einzugreifen, doch die Tatsache, daß ihre Sympathien auf seiten der ‚Solidarność' sind, macht es ihr schwer, diese Rolle auszufüllen.

Die Verwaltung in den Kleinstädten und ländlichen Gegenden ist paralysiert. Einige Gebäude wurden besetzt. Die Menschen, die zur Partei halten, sind eingeschüchtert, verlieren Kraft und Hoffnung. Die ‚Solidarność' stellt eine Art Kampfgruppen zusammen. KPN und der Unabhängige Studentenverband betätigen sich als politische Abenteurer. Die nächste Phase wird die Anwendung von Gewalt durch die Opposition sein. Die Gesellschaft ist bestürzt und innerlich zerrissen. Die wirtschaftliche Lage ist außergewöhnlich schwierig. Von Januar 1982 an können die Mängel zunehmen. Es droht eine Kürzung der Fleischrationen. Die letzte Sitzung des Rates der Verteidigungsminister des Warschauer Pakts in Moskau ist für uns ein ernstes Warnsignal. Gleichzeitig entsteht in der ‚Solidarność' die Illusion, sie könne sich mit der UdSSR „verständigen". Das ist natürlich völliger Unsinn. Das jüngste Beispiel dafür hat Professor Romuald Kukołowicz geliefert, der mit der sowjetischen Botschaft in Rom Kontakt aufzunehmen versuchte, wobei er sich als Emissär der ‚Solidarność' ausgab. Das Angebot wurde abgelehnt. Man verwies ihn an die sowjetische Botschaft in Warschau. Er wurde einfach abgewimmelt. Die sowjetische Botschaft in Warschau jedoch war der letzte Platz, an dem die ‚Solidarność' Verständnis hätte finden können."

Trotz dieser bedrohlichen Situation sprach sich die große Mehrheit der Teilnehmer an dieser Sitzung auf unterschiedliche Weise und mit unterschiedlicher Entschlossenheit für friedliche Lösungen aus. Schließlich lag das Angebot der Bildung eines Rats und einer Front der Verständigung nach wie vor auf dem Tisch. Die möglichst schnelle Verabschiedung eines Gesetzes, das die Tätigkeit von Gewerkschaften und die Vollmachten der Regierung regelte, wurde für notwendig erachtet. Weitere Vorschläge wurden gemacht. Die Zusammenarbeit mit den verbündeten Parteien ZSL und SD[324] sollte vertieft werden. Rechtsverletzungen sollte wirksamer begegnet werden. Unehrliche oder unfähige Vertreter der Staatsmacht wollte man konsequenter von ihren Posten entfernen. Die normale Funktionsfähigkeit von Telefonverbindungen und öffentlichem Nahverkehr, Funk und Fernsehen sollte gewährleistet werden.

Es erhoben sich auch Stimmen, die die Einführung des Kriegsrechts verlangten, aber nur, wenn alle anderen Maßnahmen gescheitert seien. Als äußerstes Mittel. Vor allem hielt man es für geboten, in größerem Umfang als bisher um Verständnis für unsere Politik zu werben, Vertrauen aufzubauen. In meiner Zusammenfassung sprach ich mit Bitterkeit davon, wie unendlich kompromittierend es sei, wenn die Partei abgeschirmt und mit militärischer Macht verteidigt werden müsse. Ein Teil des Aktivs predige die Verhängung des Kriegsrechts, der andere Teil die Verwirklichung von Reformen. Beide seien jedoch keine selbsttätigen Wundermittel. Am wichtigsten sei, auf die Menschen zuzugehen. Wir müßten auf jede Variante vorbereitet sein. Deshalb seien entsprechende Vorbereitungen notwendig. Eine endgültige Entscheidung könne jedoch noch nicht getroffen werden.

Drei Tage später fand eine Beratung der Ersten Sekretäre der Wojewodschaftskomitees statt. Ich sagte dasselbe wie auf der Sitzung des Politbüros. Laßt uns alles tun, damit es nicht zur Konfrontation kommt. Die Gesellschaft müsse überzeugt werden, daß Disziplinierungsmaßnahmen, vor allem aber Sondervollmachten für die Regierung, dazu dienten, eine Konfrontation zu vermeiden und nicht zwei gegeneinander kämpfende Lager entstehen zu lassen. Es sei ein politischer und psychologischer Fehler, von Konfrontation zu sprechen.

In dieser Nacht – von Samstag auf Sonntag – kam ich sehr spät nach Hause. Die menschenleeren, schwach beleuchteten Straßen Warschaus machten einen finsteren Eindruck. Das Autoradio brachte Spätnachrichten: Kohlevorräte begrenzt, Energie und Gas knapp ... Verschiedene Exzesse ... Die Anarchisierung hatte die für die Menschen wichtigsten Lebensbereiche erfaßt. Wie sollte man mit dem allen klarkommen? Was mußte, was konnte ich noch tun?

Am Montag, 7. Dezember. Sitzung des Ministerrats. Lage schwierig, Stimmung gedrückt, Bewußtsein der Gefahr. Die wichtigsten Akzente: Die „Solidarność" hat sich klar als oppositionelle und destruktive Kraft gezeigt. Wir sind die Staatsmacht, wir können es nicht zum Zerfall des Staates kom-

---

[324] S. Anm. 113.

men lassen. Winter, Winter und nochmals Winter. Besondere Aufmerksamkeit für die Versorgungsengpässe. Lebensmittel, Treibstoff für die Landwirtschaft, Reinigungsmittel, Arbeitskleidung. Weitere Vorbereitungen, um die Wirtschaftsreform auf den Weg zu bringen. Wir sind in eine Art Ausnahmezustand geraten. An die Mitarbeiter der Verwaltung müssen erhöhte Anforderungen gestellt werden. Mehr Überstunden in den Ministerien. Schaffung eines Interventionssystems, um die Kooperation, die zu scheitern droht, zu retten. Wir waren oft auf verschiedene Weise nachlässig, ungeschickt und träge. Maßnahmen gegen die allgemeine Disziplinlosigkeit. Verstärkte Aufmerksamkeit und volle Verantwortlichkeit für das Funktionieren der Telefonnetze und des öffentlichen Nahverkehrs. Dies sind Gebiete, die auch unsere Bündnisverpflichtungen betreffen. Es kann zu verschiedenen Provokationen kommen. Sie würden uns viel kosten. Über alle Störungen auf diesen Gebieten unverzüglich Meldung erstatten. Dafür sorgen, daß die Lebensmittellager gefüllt sind. Die „Solidarność"-Mitglieder unter den Mitarbeitern der Verwaltungsorgane fragen, wie sie zu den in Radom gemachten Aussagen stehen.

Am Nachmittag fand eine Fernsehkonferenz mit den Wojewoden statt, bei der man letztere darüber informierte, was nach der Sitzung des Ministerrats zu tun sei.

Zur selben Zeit stellte Andrzej Krzysztof Wróblewski, ein Journalist der „Polityka", in dem scharfsichtigen Artikel „Es ist zu eng in einem Polen" (Nr. 50) folgende Diagnose: „Die Beunruhigung wächst. Die Menschen fragen sich, warum die führenden politischen Persönlichkeiten, anstatt sich zu treffen und miteinander zu reden, kriegerische Erklärungen verfassen. Die Politiker brauchen doch nur noch den Schlußpunkt zu setzen. Die Scheidung der Kräfte, die zusammenarbeiten müßten, wurde zwar noch nicht offiziell verkündet, hat sich aber schrittweise entwickelt, und viele tausend Menschen haben dazu beigetragen: Jeder, der überstürzt zum Streik drängte, und jeder, der die mit diesem Streik verbundenen Absichten dann falsch darstellte. Jeder, der in Erinnerung an das ihm von der Partei früher zugefügte Unrecht jetzt Rache nehmen wollte – und andererseits jeder, der öffentlichen Unmut erregte, indem er die Sünden der Vergangenheit zu vertuschen suchte. Viele Parteifunktionäre verhielten sich wie beleidigte Jungfrauen, da sich das Volk erdreistete, ihnen nicht die amtlich verordnete Liebe entgegenzubringen; gleichzeitig benahmen sich viele Menschen wie Kinder, da sie die Augen vor der geographischen, politischen sowie vor der wirtschaftlichen Realität verschlossen, indem sie beispielsweise Lohnausgleich für alle Preiserhöhungen verlangten."

Weiter fragte der Autor dieses Artikels in dramatischem Ton: „Müssen sich beide Seiten von der Linie der Verständigung tief in ihre Lager zurückziehen und die Artillerie gegenseitiger Vorwürfe in Stellung bringen, woraufhin es zu einer Attacke der Infanterie kommen muß, wie sie in Radom bereits angekündigt wurde?"

Und er kam zu dem Schluß: „In dem Augenblick, in dem wir uns in Lager spalten, davon ausgehen, daß jeder, der nicht für uns ist, gegen uns ist, in dem Augenblick, in dem das gegenseitige Vertrauen als ausgleichender Faktor wegfällt – in diesem Augenblick sind wir zum Bürgerkrieg verurteilt." Leider gab es diesen ausgleichenden Faktor bereits nicht mehr.

Am 9. Dezember kehrte der Vizepremier *Zbigniew Madej* aus Washington zurück, ein sehr intelligenter und kompetenter Mann. Er hatte zwei Tage lang an der Sitzung der Polnisch-Amerikanischen Handelskommission in Washington teilgenommen und war von Vizepräsident Bush empfangen worden. Sowohl Bush als auch Minister Malcolm Baldridge unterhielten sich sachlich und konkret mit ihm. Sie informierten ihn darüber, daß die Regierung unsere Bitte um Stundung der Zinsabzahlung und eines Teils der 1982 fälligen Schulden sowie um Eröffnung eines Kredits für den Kauf von Futtermitteln in Kürze prüfen werde. Eine Erweiterung der Zusammenarbeit mit Polen machten Regierung und Wirtschaft von einer Stabilisierung des Lebens in unserem Land abhängig. Diese Gespräche waren für uns auch noch aus einem anderen Grund außerordentlich wichtig – sie fanden bereits einen Monat nach der Flucht Kuklińskis statt. Auch das VI. Plenum und Radom lagen schon hinter uns. Im Osten wurde das Donnergrollen immer stärker. In dieser Zeit hörten wir besonders aufmerksam auf die Stimmen aus Washington. Der ruhige Ton, in dem sie sprachen, ließ die Schlußfolgerung zu, die Amerikaner seien geneigt, unsere Argumente für das „geringere Übel" zu halten.

Es blieb nur noch wenig Zeit für die Analyse der verschiedenen Optionen. Im Jahre 1984 erschien in England, später auch in den USA, das von Leopold Labędź herausgegebene Buch „Poland under Jaruzelski", das u. a. Texte von Leszek Kołakowski, Jan Józef Lipski, Jacek Kuroń, Adam Michnik, Konstanty Jeleński und Czesław Miłosz enthält. Darin findet sich auch ein Beitrag von Oberst Michał Sadykiewicz mit dem Titel „Der Krieg Jaruzelskis". Der Autor verließ Polen 1970 und lebte seitdem in der Emigration. Über sein Schicksal und die Beziehungen zwischen uns werde ich irgendwann einmal ausführlich schreiben. In dem o. g. Essay nennt Sadykiewicz fünf theoretische Optionen:

1. Anwendung der Verzögerungstaktik.
2. Herbeirufung der sowjetischen Armee mit dem Ziel der Vernichtung der „Solidarność".
3. Warten auf eine Invasion unter Wahrung einer neutralen Haltung der polnischen Armee, wie das die Mehrheit der Einheiten der ungarischen Armee im Jahre 1956 und die gesamte tschechoslowakische Armee im Jahre 1968 praktiziert hatten.
4. Kampf des Volkes gegen die Aggressoren.
5. Zerschlagung der „Solidarność" durch Armee und Miliz.

Der Autor analysiert diese Optionen nacheinander und stellt fest, daß die Verzögerungstaktik angesichts des Drucks von außen und der Radikalisierung der Stimmung in der „Solidarność" keinen Sinn mehr gehabt habe. Eine Herbeirufung der sowjetischen Armee sei verworfen worden, weil ihre Folgen unabsehbar gewesen wären. Das Warten auf eine Invasion bei Bewahrung der Neutralität sei keine realistische Option gewesen. Der gemeinsame Widerstand des Volkes und der Armee gegen eine sowjetische Invasion hätte in einer Katastrophe geendet. „Die sowjetischen konventionellen Streitkräfte", schreibt Sadykiewicz, „sind mehr als ausreichend, um jeden organisierten Widerstand seitens der polnischen Armee zu zerschlagen. Deshalb entfiel diese Option. Dies um so mehr, als jedem Polen klar sein mußte, daß der Westen bei einem Krieg zwischen Polen und der Sowjetunion nicht einmal den kleinen Finger rühren würde. Kein Pole, insbesondere kein polnischer General oder Offizier, ja noch nicht einmal ein Rekrut, konnte sich in dieser Hinsicht irgendwelchen Illusionen hingeben."

Tatsächlich stand ich vor der Alternative, die Einführung des Kriegsrechts weiter zu verzögern oder sie in nächster Zukunft zu veranlassen. Tertium non datur – einen dritten Ausweg gab es nicht.

Michnik hat einmal scherzhaft gesagt: „Eine Bande von Gangstern fiel über ein Irrenhaus her." Ich will es noch absurder formulieren: „Zehn Millionen friedliebende Engel wurden hinterrücks überfallen von ein paar tausend blutrünstigen Teufeln, die von einem Beelzebub mit dunkler Brille angeführt wurden" – meinen die einen. „Zehn Millionen Verrückte, die von einer gerissenen Mafia inspiriert wurden, drohten den Kristallpalast der historischen Gerechtigkeit abzureißen" – meinen die anderen.

Das sind die schlichten Archetypen von Gut und Böse. Sie eignen sich jedoch nur für einen Western. Wenn sie doch nur so schnell wie möglich und auf Nimmerwiedersehen in die Vergangenheit entschwänden! Dann bliebe mehr Raum für eine kluge Synthese.

KAPITEL 40

Die „Stunde Null"

Am Morgen des 7. Dezember ein kurzes Telefonat mit Breschnew. Ich hatte den Eindruck, daß er sich diesmal von dem vorbereiteten Text losriß. Abgehackte Sätze. Er wußte von den Äußerungen in Radom. Dagegen wußte er wahrscheinlich nichts von der Demonstration, die die „Solidarność" für den 17. Dezember plante, denn er kam nicht darauf zu sprechen. Er sagte, man habe ihn über mein Gespräch mit Botschafter Aristow informiert: „Die Konterrevolution sitzt Euch im Nacken. Wenn Ihr nicht entschlossene Maßnahmen ergreift, wird es zu spät sein. Das aber ist schon unser aller Angelegenheit." Davon habe Ustinow gegenüber Siwicki gesprochen. Ich antwortete, das Politbüro habe auf seiner letzten Sitzung die Situation als äußerst gefährlich bewertet. Wir seien auf jede Variante gefaßt. Unsere Entschlossenheit und unsere Kräfte reichten aus, um es nicht zu einem konterrevolutionären Umsturz kommen zu lassen. Zwar hätten in Radom die Extremisten die Oberhand gewonnen. Gleichzeitig aber sei eben dadurch ein Teil der Gesellschaft, der von der Entwicklung der Situation beunruhigt sei, gegen diese Extremisten und ihren Konfrontationskurs aufgebracht worden. Wir könnten also in der Gesellschaft auf größeres Verständnis für unsere Politik, für unsere Handlungsweise rechnen. Eine endgültige Entscheidung stehe allerdings noch nicht an. Es gebe gewisse Chancen, von denen ich gegenüber Botschafter Aristow gesprochen hätte. Wenn es jedoch zum Äußersten komme, müßten wir uns wirtschaftlicher Unterstützung sicher sein können. Ich bäte um die Entsendung Bajbakows nach Warschau.

Breschnew hatte mich ausreden lassen. „Nun gut, Bajbakow wird zu Euch kommen."

An dieser Stelle muß ich hinzufügen, daß der Botschafter der UdSSR, *Boris Aristow*, während des ganzen Jahres 1981 ein häufiger Besucher der polnischen Regierung war; meist kam er zu Kania, später dann zu mir. In der Regel erläuterte er den Standpunkt der sowjetischen Führung. Er konnte sich jedoch eigene Kommentare nicht verkneifen. Er war Elektronikingenieur, langjähriger Parteifunktionär und hatte als solcher den Posten des Ersten Sekretärs des Parteikomitees in Leningrad bekleidet. Zur Lage in Polen äußerte er sich hart und kritisch. Wie Kania mir berichtete, bezeichnete er mich einmal – übrigens unter Berufung auf gewisse sowjetische und polnische Kreise – als „liberalen General".[325] In der heutigen Zeit wäre das wahrscheinlich eine Empfehlung. Stehen doch viele Parteigenossen Schlan-

[325] S. Anm. 272.

ge, um den Stempel eines Reformers, Demokraten oder Liberalen zu bekommen. Mich als Soldaten ärgerte diese Bezeichnung. Manchmal wirkte sie sogar wie eine Art Doping auf mich und trieb mich zu harten Worten und Handlungen an. Mochte man mir nachsagen, was man wollte, aber ein Liberaler, ein Weichling wollte ich nicht sein. Heute kommt mir diese Haltung lächerlich vor, aber damals empfand ich so.

Die letzten Tage vor der Entscheidung über die Einführung des Kriegsrechts waren ein Alptraum, eine psychische und moralische Qual. Ich möchte mich hier nicht in der Pose eines Helden präsentieren, der kurzentschlossen auf sein Ziel losging. Immer stärker spürte ich, daß mir keine andere Wahl mehr blieb. Trotzdem rechnete ich erstaunlicherweise immer noch mit einem anderen Ausweg. Mir kam zu Ohren, daß der Primas und die Leitung des Episkopats Anstrengungen unternähmen, um die „Solidarność" zu warnen und sie in ihrem Ungestüm zu bremsen.

Am 5. Dezember traf der Primas sich mit Wałęsa und seinen Beratern Bronisław Geremek, Tadeusz Mazowiecki, Andrzej Wielowiejski (jetzt Sekretär des Episkopats), Bischof Bronisław Dąbrowski und dem Direktor des Pressebüros des Episkopats, Pfarrer Alojzy Orszulik. Eingeladen war auch Andrzej Micewski, der später schrieb, dieses Gespräch sei „sehr kontrovers" verlaufen. Wir wußten, die Gegensätze hatten sich vertieft. Es gab Gesprächsteilnehmer, die am liebsten gesehen hätten, wenn der Primas nach dem Beispiel Priester Skorupkas mit dem Kreuz in der Hand ins Zentralkomitee gekommen wäre.[326]

Am 7. Dezember traf sich der Primas ein weiteres Mal mit einer Gruppe von – wie Micewski das nennt – „repräsentativen Vertretern der Gewerkschaftsführung". Dabei sagte er unumwunden:

1. „Meine Herren, durch Ihre Politik gehen Sie über die Grenzen des Mandats hinaus, das Sie von den Arbeitern bekommen haben. Wenn Sie ein rein politisches Spiel treiben wollen, dann gründen Sie ein Komitee innerhalb des Vorstands der „Solidarność", aber ziehen Sie nicht die ganze Gewerkschaft in dieses Spiel mit hinein.

2. Sie lassen die Psychologie des Volkes außer acht.

3. Sie ignorieren (wahrscheinlich bewußt) die Analysen der internationalen und wirtschaftlichen Situation."

„Der Primas", schreibt Micewski weiter, „erläuterte später, als schon alles vorbei war, seinen damaligen Standpunkt folgendermaßen: ‚Es half alles nichts. Es wurden Demonstrationen auf den Straßen und Kundgebungen vorbereitet. Regierung und Parteiführung beobachteten diese Bewegungen

---

[326] Skorupka, Ignacy Jan, 1893-1920, Priester, Präfekt der Warschauer Schulen, Militärkaplan; freiwilliger Teilnehmer am polnisch-bolschewistischen Krieg von 1920, fiel am 15. August 1920 in der Schlacht bei Ossowo vor Warschau, indem er unbewaffnet, nur mit dem Kreuz in der Hand, auf die bolschewistischen Truppen zuging.

mit Sorge und Unruhe und bereiteten verschiedene Varianten zur Beendigung der unausweichlichen Konfrontation vor'."

Am 9. Dezember traf sich der Primas mit Wałęsa und den Beratern der „Solidarność" ein weiteres Mal .

„Die Überzeugungsversuche der Kirche", schreibt Micewski, „erwiesen sich als wirkungslos. Die Leute, die damals faktisch die Entscheidungsgewalt über das Vorgehen der ‚Solidarność' hatten, ließen sich von der breiten Welle der Emotionen in der Gesellschaft tragen und bezogen die Entschlossenheit und die Stärke der Regierungsseite sowie deren Verpflichtungen im Rahmen des Warschauer Pakts überhaupt nicht in ihre Überlegungen ein. Die Katastrophe war also schon vorprogrammiert."

Es ist bezeichnend, daß in den doch so zahlreichen Büchern, Berichten und Veröffentlichungen, die von seiten der „Solidarność" herausgegeben wurden, dieser Aspekt vollkommen umgangen und verschwiegen wird. Soweit ich weiß, würdigt kein einziger dieser Autoren in seinen Memoiren die Warnungen und Mahnungen des Primas auch nur mit einem einzigen Wort. Ich verstehe, daß es sich dabei um eine delikate Materie handelt. Wahrscheinlich löste deshalb das dokumentarische Buch von Micewski zu diesem Thema so viel Wut aus.

Ich gestehe, daß wir große Hoffnungen auf den mäßigenden Einfluß der Kirche setzten. Deshalb ließen wir über Barcikowski, Werblan, Wiatr, Gertych, Kuberski, Rakowski und Ciosek verschiedenen Kirchenvertretern sowie bestimmten Kreisen in der „Solidarność" Signale zukommen. Auch Kiszczak eruierte durch persönliche Gespräche und Erkundungen seines Ressorts die Lage und warnte. Es existierten also breit angelegte Kontakte, von denen Alarmsignale ausgingen, daß wir „am Rande des Abgrunds" stünden.

In einigen Fällen stieß das auf eine gewisse Resonanz. Das gilt u. a. für die Gespräche, die Walery Namiotkiewicz, der damalige Leiter der Abteilung für Ideologiefragen beim Zentralkomitee, mit dem Rechtsanwalt Jan Olszewski führte.[327] Sie kannten sich aus der Zeit der gemeinsamen Arbeit in der Redaktion von „Po prostu"[328]. Danach hatten sich ihre Wege getrennt. Namiotkiewicz wurde Sekretär Gomułkas. Aber der Kontakt war wahrscheinlich nie ganz abgerissen und wurde in jener Zeit wieder sehr lebhaft. Um vor unerwünschten „Augen und Ohren" – übrigens von beiden Seiten – sicher zu sein, unternahmen sie lange gemeinsame Abendspazier-

---

[327] Olszewski, Jan, geb. 1930, Rechtsanwalt, Verteidiger in Strafprozessen und politischen Prozessen, Mitglied der Redaktion der führenden Reformzeitschrift „Po prostu", Berater der „Solidarność", 1989-91 Stellvertretender Präsident des Staatsgerichtshofes, von Dezember 1991 bis Juni 1992 Premier.

[328] Dt.: „Geradeheraus". Zeitschrift, 1947 gegründet, seit 1956 „Wochenzeitschrift der Studenten und jungen Intellektuellen", führend bei der Propagierung gesellschaftlicher und wirtschaftlicher Reformen. Von den Behörden liquidiert, 1991 wiedergegründet (s. auch Anm. 164).

gänge. Man kann sagen, daß Namiotkiewicz zu einer Art „Bindeglied" zwischen mir und Olszewski sowie dessen Umgebung wurde. Er informierte mich darüber, was man in diesen Kreisen redete, mit welchen Augen man uns betrachtete und was man beabsichtigte. Übrigens bin ich überzeugt, daß Namiotkiewicz umgekehrt auch Olszewski darüber informierte, wie ich die Situation sah und wovor ich warnte. Das hatte, wie ich glaube, Einfluß auf Olszewski und seinen Anwaltskollegen Siła-Nowicki, die, besonders am 11. und 12. Dezember in Gdańsk, Erklärungen abgegeben hatten, mit denen sie auf den Landesausschuß der „Solidarność" mäßigend einwirken wollten. Das nützte aber nichts.

Der Anwalt Władysław Siła-Nowicki[329] zeichnete sich stets durch ebenso kühne wie nüchterne Urteile aus – wovon ich mich später viele Male überzeugen konnte, als er Mitglied des Konsultationsrates beim Staatsratsvorsitzenden wurde. Im Jahre 1947 war er wegen Tätigkeit für die konspirative Organisation „Wolność i Niezawisłość" („Freiheit und Unabhängigkeit") verhaftet und zum Tode verurteilt worden. Nach seiner Begnadigung – die er, wie er oft betonte, seiner entfernten Kusine Aldona, einer Schwester Feliks Dzierżyńskis[330] zu verdanken hatte – saß er neun Jahre lang im Gefängnis. Nach dem Oktober 1956 wurde er entlassen und anschließend rehabilitiert. Er wurde zu einem berühmten Strafverteidiger in politischen Prozessen, besonders gegen Funktionäre des KOR. Als für den Landesausschuß der „Solidarność" tätiger Experte war er bei der Unterzeichnung des Abkommens von Gdańsk[331] anwesend. Ich möchte hinzufügen, daß Siła-Nowicki zuerst auf der Sitzung des Konsultationsrates am 17. Juli 1989 und zuletzt in einem Beitrag für die Wochenschrift „Prawo i Życie" („Recht und Leben") anläßlich des zehnten Jahrestags der Einführung des Kriegsrechts konsequent die Meinung äußerte, daß unter den seinerzeit herrschenden Umständen „zweifellos auch die polnische Vorkriegsregierung und die Mehrheit der damaligen europäischen Regierungen das Kriegsrecht eingeführt hätten. Eine eindeutige Verdammung des Kriegsrechts ist sinnlos. Man muß sich darüber im klaren sein, daß es in jener Situation in gewisser Weise unvermeidlich war."

Und noch einen Fehler haben wir gemacht. Wir waren wie hypnotisiert von der Überzeugung, daß die Zentralorgane der „Solidarność" und ihre Berater volle Handlungsfreiheit hätten. Wir überschätzten ihre Möglich-

---

[329] Władysław Siła-Nowicki, 1913-94, Anwalt und Politiker, im Zweiten Weltkrieg Widerstandskämpfer, 1947-56 inhaftiert, 1957 rehabilitiert, seit 1958 Verteidiger in politischen Prozessen, 1980-81 Berater der „Solidarność", 1989-92 Vorsitzender der Christlich-Demokratischen Arbeitspartei, seit September 1989 Stellvertretender Vorsitzender der Christdemokratischen Internationale, seit Dezember 1991 Richter am Staatsgerichtshof.

[330] Feliks Edmundowitsch Dzierżyńskis, 1877-1926, Gründer der sowjetischen Geheimpolizei.

[331] S. Anm. 18.

keiten, diese Organisation zu steuern und zu manipulieren. Eine so mächtige Bewegung, die es auf soziale und politische Vergeltung angelegt hat, radikalisiert sich gewissermaßen selbsttätig. In immer stärkerem Maße führt sie ihre Führer, anstatt von ihnen geführt zu werden. Das soll natürlich das Vorgehen besagter Führer nicht gänzlich rechtfertigen, ist aber eine Tatsache. Im Dezember 1981 erreichte diese Entwicklung ihren Höhepunkt.

Am 8. Dezember kam Bajbakow nach Polen. Ich informierte ihn über die jüngsten Entwicklungen. Unsere Hoffnungen seien verschwindend gering, und wenn wir diese schmerzliche Entscheidung treffen müßten, dann wollten wir sicher sein, daß wir sie erstens mit unseren eigenen Kräften umsetzen könnten, und zweitens, daß die uns gegenüber de facto erklärte wirtschaftliche Blockade aufgehoben werde. Unabhängig davon, welchen Weg wir einschlagen würden – ohne wirtschaftliche Hilfe werde Polen in Flammen aufgehen. In Anbetracht der Tatsache, daß wir bei der Kooperation mit dem Westen Schwierigkeiten bekommen könnten, müsse die Sowjetunion ihre Hilfe für uns sogar noch verstärken. Dasselbe sagte ich am späten Abend jenes Tages auch zu Kulikow.

Bajbakow und vor allem Kulikow versuchten, mich von meiner zögernden Haltung abzubringen. Sie sagten, sie würden die sowjetische Führung von meinem Verhalten in Kenntnis setzen. Sie seien der Ansicht, daß es keinen anderen Ausweg gebe. Das sozialistische Polen sei im Begriff unterzugehen. Die Sowjetunion und der Warschauer Pakt könnten sich niemals damit abfinden, daß Polen unter fremden Einfluß geriete. Man glaube kaum, daß noch eine Chance zur Änderung der Situation bestehe. Das habe die polnische Regierung schon so viele Male geglaubt und verkündet. Für den Fall, daß in Polen wieder Ruhe und Ordnung einkehre, die Wirtschaft wieder normal zu funktionieren beginne und wir aus dem Chaos herausfänden – für diesen Fall erklärten sie im Namen der sowjetischen Führung, daß man uns helfen werde. Kulikow war merklich ungeduldig.

Ich möchte unterstreichen, daß mein Treffen mit Kulikow am 24. November, danach der Bericht von General Siwicki über die Konferenz der Verteidigungsminister in Moskau und schließlich dieses Gespräch sich zu einem mächtigen Akkord zusammenfügten. Und der klang so:

Die „Solidarność" hat jede Toleranzgrenze überschritten. Sie ist praktisch dabei, die Macht zu übernehmen. Die Anarchie in Polen ist nicht nur die innere Angelegenheit dieses Landes. Man verwies auf die Ereignisse an der Küste 1970.[332] Öffentliche Verkehrsmittel, Telefonverbindungen, Energieversorgung. Gefährliche Prozesse in der Rüstungsindustrie. Dort gebe es viele Waffen, vor allem Schußwaffen. Man müsse sie täglich einsammeln, denn sie könnten in unbefugte Hände geraten. Letzteres hatten wir, nebenbei gesagt, schon seit langem aus eigenem Antrieb getan. Weiterhin warf

[332] S. Anm. 4.

man uns vor, daß die Ereignisse in unserem Land die militärischen und politischen Interessen des Warschauer Pakts tangierten. Die Arbeit der Nordgruppe der Sowjetischen Streitkräfte sei erschwert. Das betreffe u. a. die Versorgung mit Lebensmitteln und Energie. Störungen in der Energieversorgung beträfen nicht nur die Produktion und das tägliche Leben, sondern auch die kontinuierliche Funktionsfähigkeit der Verteidigungssysteme. Der ausufernde Anti-Sowjetismus nehme die unterschiedlichsten Formen an. Es käme zu verschiedenen Provokationen gegenüber sowjetischen Soldaten. So könne es nicht weitergehen. „Bei der notwendigen Antwort wird unsere Hand nicht zittern." Diese letzten Worte blieben mir besonders gut im Gedächtnis haften. Das war ein Alarmsignal.

Obodowski sprach fast die ganze Nacht vom 8. auf den 9. Dezember hindurch mit Bajbakow. Immer wieder hörte er von ihm die Worte: „Nehmen Sie Einfluß auf den General, sonst nimmt es ein böses Ende." Am frühen Morgen, auf dem Flughafen, soll Bajbakow Tränen in den Augen gehabt haben. Beim Abschied sagte er: „So kann man nicht weiterleben, tut etwas."

Am 9. Dezember 1981 fand eine Besprechung statt, an der folgende Personen teilnahmen: die Spitze des Verteidigungsministeriums, die Chefs der wichtigsten Abteilungen der Ministerien, einige andere Generäle und Oberste sowie die Kommandeure der Militärbezirke und der Teilstreitkräfte. Auch der Chef des Ministerratsamtes nahm an dieser Besprechung teil.

23 Uhr, Beratungssaal des Generalstabs. Die späte Stunde und die dort herrschende Atmosphäre machten diese Zusammenkunft besonders ernst und geheimnisvoll. Alle bedrückte der Ernst der Lage. Die Kommandeure der Militärbezirke und der Teilstreitkräfte machten Meldung. Namen will ich nicht nennen. Das könnte ihnen heute schaden. Ich berichte anhand von Aufzeichnungen, die von mir selbst und einigen anderen Teilnehmern dieser Beratung gemacht wurden: „Die Stimmung unter den Kadern ist anders, radikaler als noch vor einigen Monaten. Die Ankündigungen werden nicht in die Tat umgesetzt, der Sozialismus wird nicht verteidigt. Die Kader, auch die jüngeren Jahrgänge, erwarten, daß man beschließt, Gewalt anzuwenden. Der dritte Jahrgang der Wehrpflichtigen[333] fragt, wann sie endlich zum Einsatz kämen. Es werden kritische Stimmen gegen den Verteidigungsminister laut. Der Feind läßt jede Maske fallen, und wir bleiben untätig. Die Versorgungslage in der Armee verschärft sich. Die Offiziere müssen untereinander auslosen, wer ein Stückchen Seife bekommt."

„Immer konkretere Fragen seitens der Kader. Welches Konzept hat die Staatsmacht? Warum werden die Behörden für ihre Untätigkeit nicht zur Verantwortung gezogen?"

„Die politische und moralische Situation hat sich nicht geändert. Die Stimmungen schwanken je nach Lage im Land. Die Kader sind entschieden

[333] S. Anm 316.

dafür, daß gehandelt wird. Frage: Wann? Mit dem ersten und zweiten Jahrgang gibt es keine Probleme. Der dritte Jahrgang erfüllt seine Aufgaben, aber die Soldaten machen uns den Vorwurf, sie würden nicht angemessen eingesetzt."

„Die Kader fragen mit großem Ernst und großer Sorge, was aus dem Land, dem Volk, aus uns werden soll. Erpressung, Terror seitens der Extremisten. Das Vertrauen der Kader in die Staatsmacht schwindet. Es bleibt nur noch eins – die Machtergreifung durch das Militär. Man zweifelt daran, daß der Sejm das Gesetz über Sondervollmachten für die Regierung verabschieden wird."

„Ernste Stimmung unter den Kadern. Sorge um das eigene Schicksal. Das betrifft besonders kleine Garnisonen. Man fordert, es den Extremisten unmöglich zu machen, sich zu organisieren. Man befürchtet geradezu, daß sich unsere Führung mit den Extremisten einigen will."

„Besorgnis der Kader, daß es wieder zu Zugeständnissen kommen werde. Auch ein großer Teil der Wehrpflichtigen zeigt Ungeduld. Es ist höchste Zeit, daß das Militär die Macht übernimmt."

Ich ergreife das Wort, umreiße die Lage. Ich spreche von wachsenden Spannungen, von einer Konfrontations- und Aufstandsatmosphäre. Die Wirtschaft gehe zugrunde, liege praktisch im Sterben. Die Geschäfte seien leergefegt, es fehle an Reserven, es drohe ein Zusammenbruch der Energieversorgung. Angesichts des bevorstehenden Winters könne das gesundheitliche Folgen für die Bevölkerung haben. Unsere internationale Position werde zusehends schwächer. Anarchie und Willkür, Zersetzungsprozesse im Staat schlössen nennenswerte Hilfe des Auslands aus. Schlimmer noch, auch die Verbündeten drohten, ihre Lieferungen einzustellen. Bedingung für wirtschaftliche Stabilität und damit auch für den Beginn der Wirtschaftsreformen sei eine Stabilisierung der politischen Lage. Gegenwärtig sei das Wirtschaftsleben gelähmt und desorganisiert.

Die Gesellschaft sei immer zerstrittener und zerrissener. Die Menschen fragten, wann das alles endlich ein Ende nehme. Die Staatsmacht müsse Staatsmacht bleiben. Die bisherigen Bemühungen um Verständigung hätten keine Wirkung gezeigt. Der radikale Flügel der „Solidarność" habe die Oberhand gewonnen. Sogar der Einsatz der Autorität der Kirche in Form von Appellen des Primas und Vermittlungsbemühungen des Episkopats hätten nicht die erwartete Wirkung gehabt.

Schließlich noch ein Versuch – der Gesetzesentwurf über Sondervollmachten für die Regierung, der insbesondere die Möglichkeit vorsehe, Streiks in der Winterperiode zu verbieten. Angesichts der gesellschaftlichen und wirtschaftlichen Katastrophe sei das wohl keine allzu drastische Einschränkung. Leider werde auch dieser Weg durch die Androhung eines Generalstreiks versperrt. Dazu komme das Spiel mit dem Feuer – die Ankündigung von Massendemonstrationen in Warschau aus Anlaß des 11. Jahrestages der tragischen Ereignisse an der Küste. In der gegenwärtigen aufgeheizten Atmosphäre könne das zur Initialzündung eines brudermörderischen Konflikts werden. Vergleichbare Fälle seien schließlich aus der jüngsten Vergangenheit bekannt.

Vor allem aber werde Polen als Partner und Verbündeter, als Mitglied des Warschauer Pakts immer unglaubwürdiger. Das drohe für uns drastische, schwer vorauszusehende Folgen zu haben.

Was also tun? Mit schwerem Herzen, ja schmerzerfüllt müsse ich feststellen, daß wir an einem kritischen Punkt angelangt seien. Wir müßten sehen, was die nächsten Tage, vor allem die Sitzung des Landesausschusses der „Solidarność" in Gdańsk, bringen würden. Wenn das Kriegsrecht unausweichlich sei, müsse man mit Worten, vor allem aber mit Taten beweisen, daß dieses das geringere Übel sei, daß es um die Rettung des Landes gehe, daß letztendlich die Verständigung unser Ziel sei und bleibe. Deshalb sei es so wichtig, daß wir unsere Probleme aus eigener Kraft lösten. Auch müßten wir alles in unserer Macht Stehende unternehmen, damit kein einziger Tropfen Blut vergossen werde.

Das dringendste, das wichtigste Problem sei die Funktionsfähigkeit der Wirtschaft, insbesondere die Befriedigung der Grundbedürfnisse der Gesellschaft im Winter. Die bedrohlich auf uns zurollende Lawine müsse gestoppt werden. Das könne jedoch keine Rückkehr zu den alten Zeiten bedeuten. Die sozialistische Erneuerung müsse fortgesetzt werden. Rache, Vergeltung und das Begleichen von Rechnungen müßten uns fremd sein. Schließlich dürfe man die Anstifter, Organisatoren und Extremisten nicht mit emotional beeinflußten und desorientierten Menschen in einen Topf werfen. Daher müßten wir die Gründe für unser Handeln mehr als deutlich machen, um Verständnis werben, geradezu ringen und vor allem an die jungen Menschen, ihre Eltern und Lehrer herantreten. Auch gehe es darum, Kontakte zur Kirche anzuknüpfen, den Bischöfen und Pfarrern Besuche abzustatten.

Wir stünden vor einer Art zweiter Revolution. Die Armee müsse die Verantwortung für die Geschicke des Landes in ihre Hände nehmen. Polen müsse gereinigt werden von dem Übel, das jahrelang herangewachsen sei. Es gehe nicht an, daß auf unserem Rücken, auf dem Rücken des Militärs Leute sich Machtpositionen zu sichern versuchten, die dessen nicht würdig seien. Auch aus diesem Grund müsse man energisch darauf hinwirken, daß aus den Instanzen, Institutionen und Ämtern diverse Bonzen, kompromittierte und unfähige Leute entfernt würden. In begründeten Fällen solle man vorschlagen, diese Posten mit geeigneten Offizieren zu besetzen.

All das erlege uns große Verantwortung auf, denn wir müßten jetzt alle politische Klugheit, überaus diszipliniertes und kultiviertes Verhalten zeigen sowie die Nähe der Armee zum Volk und ihre Verbundenheit mit ihm stärken.

Man hörte meinen Ausführungen mit großer Spannung zu. Mit solchen Argumenten hatte man wohl gerechnet, denn es gab keinen Widerspruch.

Gegen Ende der Beratung erhoben sich alle von ihren Plätzen. Ich trat an jeden einzelnen heran, drückte ihm kräftig die Hand und umarmte ihn. Wir waren innerlich bewegt und zum Handeln entschlossen. Aber ein letzter Hoffnungsfunke glomm immer noch. Das waren wahrscheinlich völlig irrationale Hoffnungen auf ein Wunder.

Vom Generalstab kehrte ich noch einmal in das Ministerratsamt zurück. Wir schrieben schon den 10. Dezember, es war ein Uhr nachts. Ich machte mich an die Lektüre verschiedener Informationen und Materialien. Leider stimmten sie mich in keiner Weise optimistisch. Als ich mich auf das Sofa in der Ecke meines Arbeitszimmers legte, nahte schon der Morgen. Ich konnte nicht einschlafen. Das Gefühl schrecklicher Verantwortung drückte mich zentnerschwer.

Die Morgenpresse brachte den Nachdruck eines Artikels, der in der sowjetischen Militärzeitschrift „Krasnaja Swesda" („Roter Stern") erschienen war. Die Bewertungen, die dort abgegeben wurden, erinnerten an das nach Honeckers Besuch in Prag veröffentlichte Kommuniqué, in dem Polen Hilfe bei der Abwehr der Konterrevolution angeboten wurde. Es war deutlich zu erkennen, daß die „gemeinsame Front" der Verbündeten stand und zum Losschlagen bereit war.

Für kühle Erwägungen hatte ich in jenen Tag nicht viel Zeit. Ich las jedoch die für den damaligen Zeitpunkt charakteristischsten Briefe. Hier ist einer von ihnen, der von einem meiner Berater geschrieben wurde: „Nach der Sitzung des Landesausschusses der ‚Solidarność' in Radom sind die Möglichkeiten für eine friedliche Verständigung mit der Opposition erschöpft. Die Führung der ‚Solidarność' ist entgegen ihren eigenen Absichten unter den Einfluß extremer Kräfte geraten ... Das bedeutet, die Konfrontation hat bereits begonnen. Jetzt wird uns jeder Tag, der verstreicht, vor eine noch größere Zahl vollendeter Tatsachen stellen ... Die Erforschung der öffentlichen Meinung zeigt, daß die Gesellschaft eine gefährliche Frustrationsschwelle überschritten hat. Die Gesellschaftspsychologie lehrt, daß die unabwendbare Folge von Frustration bei der einen Hälfte der Bevölkerung in einer aggressiven, meist irrationalen Reaktion besteht, während die andere Hälfte in Apathie verfällt, sich also zurückzieht. Die neuesten Untersuchungen des Zentrums für Meinungsumfragen liefern den schlagenden Beweis für diese Gesetzmäßigkeit: Die Hälfte der Befragten hat noch Vertrauen zur Regierung, die andere Hälfte vertraut dem Landesausschuß der ‚Solidarność'. Ebenfalls die Hälfte der Befragten gibt beiden Seiten die Schuld an der gegenwärtigen Lage ...

Ein Staatsstreich ist im Gange, „eine neue Seite wird aufgeschlagen" ... Ich halte es für notwendig, all denjenigen, die politisch und moralisch für die Operation ‚Z' verantwortlich sind, zum Bewußtsein zu bringen, daß wir an einem entscheidenden Punkt der polnischen Geschichte angekommen sind. Die einzige Alternative zur Operation ‚Z' mit allen ihren Risiken besteht in einem blutigen, langwierigen, zerstörerischen und an hunderten

Orten gleichzeitig tobenden Bürgerkrieg, der dazu führen wird, daß sich die Polen auf mindestens zwei Generationen hinaus untereinander zerstreiten. Dieser Bürgerkrieg wird die langfristige Anwesenheit fremder Truppen zur Folge haben und kann zu einem europäischen Krieg führen. Die Geschichte Polens kennt viele andere Beispiele für Fehler, die aus einem Tun oder einem Unterlassen resultierten."

Den Gemütszustand, in dem wir uns befanden, vermag am besten der dramatische Brief wiederzugeben, den einer meiner engsten Mitarbeiter damals an mich schrieb:

„Die Entwicklung der politischen und wirtschaftlichen Situation in Polen ist in den letzten zwanzig Tagen in eine neue, kritische und sehr gefährliche Phase eingetreten.

Praktisch gibt es folgende mögliche Auswege aus der Situation, in der wir uns befinden:

Der erste Ausweg besteht in der Fortsetzung der bisherigen Linie, d. h. still-schweigende Duldung der langsamen (aber sicheren) Schwächung der Staats-macht. Die Fortsetzung der gegenwärtigen Linie muß früher oder später zu einem totalen Zerfall der Staatsmacht führen, zu Demonstrationen auf den Straßen, zu Selbstjustiz, Terror usw. Die Fortsetzung dieser Linie kann blutige Zusammenstöße auf den Straßen der Städte und letztendlich eine Intervention von außen auslösen.

Der zweite Ausweg besteht darin, sich zu ergeben, die Hände in den Schoß zu legen. Das ist ein (wenn auch theoretischer) Ausweg, der sofort zu einer Intervention führen würde.

Der dritte Ausweg besteht darin, durch eine Gruppe der Nationalen Er-rettung die Initiative zu ergreifen. Ziel dieser Initiative ist die vollständige Machtübernahme durch die Armee. Wenn man die gegenwärtige Situation ob-jektiv bewertet, muß man zu dem Schluß kommen, daß dies der einzige uns ver-bleibende Ausweg ist.

Du trägst (wir tragen) die schrecklich schwere Last der Verantwortung für das Schicksal von 36 Millionen Menschen.

Denk darüber gut nach. Dies ist nicht eine jener schweren, letztendlich aber routinemäßigen Entscheidungen, die wir täglich zu treffen haben. Hier geht es um Leben oder Tod. Kannst Du (können wir) völlig sicher sein, daß es sich lohnt, alles, aber auch wirklich alles zu riskieren? Wirst Du bei Deiner (werde ich bei meiner) Abneigung gegen Ausfälle und Attacken genügend Kraft fin-den, um das ganze Ausmaß der Kampagne des Abscheus, des Hasses und der Verachtung, die gegen Dich (gegen uns) losbrechen kann, zu ertragen? Wäre es nicht besser zu demissionieren, bevor es zu spät ist? Vielleicht liegt darin der Ausweg? Ich möchte Dich nicht von dieser dramatischen Entscheidung – ich meine die Operation ‚Z‘ – abbringen, denn vielleicht ist Dir von der Geschichte dieselbe polnische Wahl auferlegt, die seinerzeit Wielopolski und Piłsudski zu treffen hatten;[334] mir geht es jedoch einzig darum, Dir in Erinnerung zu rufen, daß Du (wie übrigens auch ich selbst) Deine Jugend seit langem hinter Dir hast, daß Du in erster Linie ein Mensch bist, der nur ein Leben hat, und erst in zweiter Linie Soldat und Politiker. Selbst, wenn die Operation optimal verläuft, kannst Du auf viele Jahre hinaus zum Objekt blindwütigen Volkszorns werden, und auch ein terroristischer Anschlag ist nicht ausgeschlossen. "

Das Dilemma dieser letzten Tage und Stunden bestand darin, daß wir die Risikogrenze erreicht hatten. Verschiedene Symptome deuteten darauf hin, daß jenseits dieser Grenze das Schlimmste auf uns wartete. Immer noch hatte ich die Worte Breschnews im Ohr: „Wenn die Situation komplizierter wird, werden wir einmarschieren." Und die Situation wurde doch ständig komplizierter.

Also – ja oder nein? Wir standen vor einer schrecklichen Wahl, denn wir waren uns dessen bewußt, daß es von Übel sein werde, diesen Schritt zu tun. Aber wenn wir ihn nicht täten und es zum Schlimmsten käme, würden wir eine schier unvorstellbare Verantwortung auf uns nehmen. Hier konnte man nicht einfach leichtfertig kalkulieren: Vielleicht geht es ja gut ...

Eins stand damals fest: Moskaus Toleranz gegenüber den Vorgängen in unserem Land war ausgeschöpft bis zum letzten Tropfen. Heute wissen wir darüber mehr als vor zehn Jahren – teils aus Dokumenten, teils aus den Meinungen und Erinnerungen derer, die dazu etwas zu sagen haben.

Eduard Schewardnadse schreibt in seinem Erinnerungsbuch „Die Zukunft gehört der Freiheit" (ich zitiere aus der 1991 erschienenen französischen Ausgabe), daß Polen in jener Zeit einer doppelten Bedrohung ausgesetzt war: Bürgerkrieg oder die „traditionelle" sowjetische Art und Weise der Wiederherstellung von Ruhe und Ordnung mit den Mitteln der Gewalt. „Stark verbreitet waren nicht unbegründete – das weiß ich genau – Befürchtungen, daß diese Gewalt von der Sowjetunion ausgehen werde. Da man in Polen erkannt hatte, wozu das führen könne, griff man zu einer ‚innerpolnischen' Variante, der Verhängung des Kriegsrechts."[335] Schewardnadse schreibt weiter, daß bei der Vermeidung einer sowjetischen Intervention „General Wojciech Jaruzelski eine entscheidende Rolle spielte. Er überzeugte die sowjetische Führung davon, daß die Polen die Lage selbständig meistern könnten, und rettete sein Land vor einer Invasion. Indem er den Ausnahmezustand in die polnische Uniform kleidete, wendete er die Interventionsgefahr von Polen ab."

Die „Gazeta Wyborcza" druckte am 4. Oktober einen Bericht von Leon Bójko aus Moskau ab, in dem er ein Gespräch mit einem anonym bleiben-

---

[334] Wielopolski trat für einen Kompromiß mit Rußland ein, Piłsudski war für eine konsequente Konfrontationspolitik. (Auskunft von Jaruzelski gegenüber dem Übersetzer)
[335] Übersetzung des Zitats entnommen der deutschen Ausgabe von Schewardnadses Buch, Rowohlt Verlag GmbH 1991, S. 215.

den Mitarbeiter des Zentralkomitees der KPdSU wiedergibt, der über die ganze Angelegenheit genau informiert war. „Mein Gesprächspartner sagte mir", schreibt Bójko, „daß an allen unseren Grenzen Truppen standen, die bereit waren, einzumarschieren und Polen ,brüderliche Hilfe' zu leisten. Die ,Speznas'-Einheiten[336] hatten die Aufgabe, die polnischen Militärstäbe bis hinunter zu den Divisionen in ihre Gewalt zu bringen und zu neutralisieren. In den höchsten Führungskreisen der sowjetischen Armee gab es sehr viele Befürworter einer Intervention."

Übrigens hat Oberst Viktor Alksnins,[337] Abgeordneter des Obersten Sowjets, in einem am 5. Oktober 1991 erschienenen Interview für die Zeitung „Polityka" gesagt, daß er damals „selbst an Aktionen beteiligt war, die nach Alarmmeldungen im Zustand hoher Kampfbereitschaft durchgeführt wurden, da man einen Befehl zum Einmarsch in Polen erwartete". Er fügt hinzu, daß „das entschiedene Handeln Jaruzelskis eine riesige Zahl von Opfern an Menschenleben verhindert hat. Jaruzelski ließ es nicht zu einem Bürgerkrieg kommen, deshalb konnte man später zur Demontage des Systems schreiten".

Man darf auch nicht die Aussage von General Viktor Dubynin übergehen, seit Juli 1989 Kommandeur der Gruppe der Sowjetischen Streitkräfte in Polen und Bevollmächtigter der Regierung der UdSSR für die Sowjetischen Streitkräfte in Polen; diese Aussage wurde am 14. und 15. März 1992 in der „Gazeta Wyborcza" veröffentlicht: „Ich war damals Kommandeur einer Division in Belorußland. Zwar kannte ich nicht alle Pläne der Regierung, des Politbüros und des Generalstabs, aber ich weiß, daß man sich auf einen Einmarsch vorbereitete – um Hilfe zu leisten, um die Lage zu stabilisieren ... Und nur dank der Einführung des Kriegsrechts, die, wenn ich mich recht erinnere, am 13. Dezember erfolgte, wurde diese Aktion gestoppt. Ich glaube, daß General Jaruzelski richtig gehandelt hat. Wenn er das nicht getan hätte, wären unsere Divisionen wahrscheinlich am 14. Dezember in Polen einmarschiert. Alles war vorbereitet. Die polnische Armee wäre neutralisiert worden, sie hätte keinerlei Chance gehabt, aktiven Widerstand zu leisten.

• Ähnlich wie 1968 in der Tschechoslowakei?
• Ja, dasselbe Szenarium.

---

[336] Die „Speznas"-Einheiten („Einheiten für besondere Aufgaben") waren besonders rücksichtslose Einheiten der sowjetischen Sicherheitsorgane. Miliz, Armee und Geheimdienste hatten jeweils ihre eigenen „Speznas"-Einheiten. (Quelle: Deutsche Gesellschaft für Auswärtige Politik)

[337] Orthodox-kommunistischer Offizier, bekanntgeworden als der „schwarze Oberst". 1991 Mitglied der Abgeordnetengruppe „Sojus" im Obersten Sowjet der UdSSR; diese Gruppe trat für die Erhaltung der UdSSR ein. Alksnins war beteiligt am Putsch gegen Gorbatschow im August 1991. Später Anhänger von Alexander Ruzkoj, dem Putschistenführer von 1993. 1995 kam es zum Bruch mit Ruzkoj. (Quelle: Deutsche Gesellschaft für Auswärtige Politik)

- Wann habt Ihr mit den Vorbereitungen für den Einmarsch begonnen?
- Einen bis anderthalb Monate vor dem 13. Dezember.
- Sah dieses Szenarium auch eine Beteiligung der in Polen stationierten sowjetischen Truppen vor?
- Natürlich. Außerdem wärt Ihr von unseren Truppen in Deutschland und der Tschechoslowakei umzingelt gewesen. Innerhalb von einem, höchstens zwei Tagen hätten in jeder Stadt, in jeder Ortschaft sowjetische Truppen gestanden. Versteht mich bitte richtig. Man weiß nicht, wie Eure Soldaten, die Bevölkerung, die Jugend reagiert hätten. Aber außer Blutvergießen hätten sie nichts ausrichten können.
  Ich glaube, daß man Jaruzelski danken muß. Er hat die Situation gerettet. Das, was dann geschah, war nicht so dramatisch, und außerdem war das Eure innere Angelegenheit, die Ihr unter Euch ausmachtet. Kein Fremder diktierte Euch die Bedingungen. Ich muß sagen, daß ich damals von Jaruzelskis Handlungsweise überrascht war."

Eine detailliertere Schilderung der sowjetischen Vorbereitungen gab am 31. März 1992 in den Spalten der „Moskowskie Nowosti"[338] General Wladimir Dudnik aus dem Karpaten-Militärbezirk, der schon seit Frühjahr 1981 an der Ausarbeitung der Pläne für die Operation „Brüderliche Hilfe" beteiligt gewesen war. Er schreibt, daß ähnliche Pläne im Belorussischen und im Baltischen Militärbezirk sowie in der Baltischen Flotte vorbereitet wurden. „Ende November wurden die Planungen abgeschlossen und von Moskau akzeptiert." Nach Dudniks Meinung „waren auch für die tschechoslowakischen und die deutschen Truppen ähnliche, wenn auch weniger breit angelegte Einsätze im Südwesten und im Westen Polens vorgesehen. ... In der Nacht vom 1. auf den 2. Dezember 1981 überschritt eine Gruppe von Führungsfahrzeugen die polnisch-sowjetische Grenze ... zu einer eintägigen Erkundung ..."

Viele Einzelheiten zu diesem Thema veröffentlichte auch die tschechische Wochenzeitung „Forum", das Organ des Bürgerforums.[339] In Nr. 44 des Jahrgangs 1990 hieß es dort, daß „die tschechoslowakische Armee 1981 Befehl erhalten hatte, in Polen einzumarschieren, um die ‚Solidarność' zu unterdrücken". Einheiten in einer Stärke von 45 000 Mann (darunter eine Panzerdivision und eine mechanisierte Division) waren seit der Nacht zum 6. Dezember bereit zur Invasion. Der erste Vorstoß sollte entlang der Linie Nahod-Wrocław, der zweite entlang der Linie Opava-Opole erfolgen.

[338] Dt. „Moskauer Nachrichten", russ. Zeitschrift, die zu Sowjetzeiten orthodox kommunistisch ausgerichtet war, um dann unter Gorbatschow eine völlige Kehrtwendung zu vollziehen und neben „Ogonjok" die wichtigste demokratische Zeitung zu werden. (Quelle: Deutsche Gesellschaft für Auswärtige Politik)
[339] Tschech. „Občanské Forum", tschech. Oppositionsbewegung, gegr. im November 1989. Aus dem Bürgerforum ging auch der jetzige tschechische Staatspräsident Havel hervor. 1991 Spaltung in zwei Parteien.

Zum Kommandeur der tschechoslowakischen Interventionsarmee wurde General František Vesely bestimmt." Laut „Forum" wurde die Operation „in letzter Sekunde durch Befehl gestoppt, weil General Jaruzelski die sowjetische Führung überzeugt hatte, daß die polnische Armee imstande sein werde, die Situation im Land aus eigener Kraft in den Griff zu bekommen."

In die Diskussion über eine Beteiligung der Tschechoslowakei an den Interventionsplänen schaltete sich auch General Stanislav Prohazka ein – der ehemalige Kommandeur des westlichen Militärbezirks der Tschechoslowakei, jetzt Berater der Regierung für die Demokratisierung der Armee. Auf Fragen von Journalisten der Tageszeitung „Zemedelske Noviny" (9. November 1990) nach einer Beteiligung der tschechoslowakischen Armee an einer „Okkupation Polens" antwortete General Prohazka: „Es ging um zeitlich begrenzte internationalistische Hilfe, ähnlich wie im August 1968 in der Tschechoslowakei. Das Szenarium für die Aktion war ziemlich ähnlich. General Jaruzelski gelang es jedoch, die Lage frühzeitig richtig einzuschätzen; er war sich über die Konsequenzen im klaren, die ein solcher internationaler Angriff auf sein Land gehabt hätte, denn in Polen wäre das nicht ohne Blutvergießen ausgegangen. Auch deshalb kam er mit seiner eigenen Aktion dieser internationalen Intervention zuvor."

Dieser Meinung sind auch andere Zeitzeugen.

An dieser Stelle möchte ich an die Worte von Michail Gorbatschow erinnern, die er auf dem X. Parteitag der PVAP am 30. Juni 1986 sprach. Er sagte: „Der Sozialismus ist eine internationale Realität, ein Bündnis von Staaten, die durch gemeinsame politische, ökonomische, kulturelle und Verteidigungsinteressen eng verbunden sind. Anschläge auf das sozialistische Gesellschaftssystem, Versuche, es von außen zu untergraben, dieses oder jenes Land aus der sozialistischen Gemeinschaft herauszureißen, rütteln ... an der gesamten Nachkriegsordnung und letzten Endes am Frieden ... Die Geschichte wird es zweifellos der PVAP (...), allen polnischen Patrioten, ob Parteimitglieder oder nicht, als Verdienst anrechnen, daß sie, gestützt auf die Solidarität ihrer Freunde und Verbündeten, ihr Land aus eigenen Kräften aus einer dramatischen Situation herausgeführt haben ..."

Jeder, der auch nur im geringsten politisch zu denken versteht, wird den Kern dieser Aussage, die damals in der polnischen Presse weite Verbreitung fand, gut verstehen. Natürlich nur, wenn er verstehen will.

Die Ereignisse in der Tschechoslowakei 1968 waren für mich eine sehr wichtige Erfahrung. Mitte April 1968 war ich Verteidigungsminister geworden. Anfang August wandte ich mich an Cyrankiewicz[340] mit der Bitte, in Urlaub gehen zu dürfen. Dieser Bitte wurde entsprochen. Bezeichnenderweise war das unmittelbar nach dem Treffen in Bratislava am 3. August. Dort gab es die üblichen „Umarmungen nach Bärenart", die Küsse von

---

[340] Józef Cyrankiewicz, 1911-89, Politiker, 1954-70 Premier, 1970-72 Staatsratsvorsitzender.

Breschnew und Dubček. Die nach diesem Treffen herausgegebene Erklärung war in einem sehr ruhigen Ton gehalten. Bald darauf starb Marschall Rokossowski. Also fuhr ich zu seiner Beerdigung nach Moskau. Ich führte eine große polnische Delegation von zivilen und militärischen Vertretern an. Ihr gehörte auch die Tochter des Marschalls, Helena Rokossowska, an; sie war mit uns aus Warschau gekommen, wo sie ihr ganzes Leben lang gelebt hatte. Eine reizende ältere Dame. Auf der Tribüne des Mausoleums stand ich zwischen Breschnew und Marschall Gretschko. Breschnew zu mir: „Gde otdychajete?" („Wo machen Sie Urlaub?"). „W Krymu." („Auf der Krim.") „Otdychajte choroscho." („Gute Erholung.") Das war um den 10. August herum. Ich fragte ihn sogar noch: „Kak tam w Tschechoslowakii?" („Wie steht es mit der Tschechoslowakei?") Seine Antwort klingt mir bis heute in den Ohren: „Tjaschelo na dusche. No, moschet bytj, uladitsja." („Mir ist schwer ums Herz. Aber vielleicht kommt ja noch alles in Ordnung.") Beruhigt fuhr ich auf die Krim. Und erst zwei bis drei Tage vor dem Einmarsch in die Tschechoslowakei rief mich unser Generalstabschef Bolesław Choch an. Ich wurde nach Polen zurückbeordert. Also wußte ich aus eigener Erfahrung, daß solche Entscheidungen eigentlich im letzten Moment getroffen werden. Auch die Archive werden dazu wahrscheinlich nicht viel hergeben. Das Beispiel Afghanistans ist dafür bezeichnend.

Neulich habe ich ein Buch des ehemaligen stellvertretenden Innenministers Jan Widacki gelesen, der schon der ersten „Solidarność"-Regierung angehörte. Er schreibt darin u. a., daß sich in den Archiven seines Ressorts keinerlei Dokumente gefunden hätten, die die Gefahr einer ausländischen Intervention bestätigten. Er suggeriert also, daß es eine solche Gefahr nicht gegeben habe.

Ich kann mich nur über Menschen wundern, die in unseren Archiven Dokumente finden wollen, in denen angekündigt wird, daß zu einer bestimmten Stunde eine genau festgelegte Anzahl von Divisionen die Motoren anläßt und mit rasselnden Panzerketten einmarschiert. Wenn jemand zum Einmarsch entschlossen ist, wird er sein Opfer nicht vorher darüber informieren. Davon konnte sich Dubček überzeugen, der mitten in der Nacht geweckt und per Flugzeug nach Moskau transportiert wurde.

In der Nacht vom 20. auf den 21. August 1968 überschritten die Invasionstruppen die tschechoslowakische Grenze. Die tschechischen Grenztruppen waren völlig überrascht. Sowjetische Fallschirmtruppen besetzten die Flughäfen von Prag und Bratislava. Um drei Uhr gab Präsident Svoboda Befehl, daß die Armee keinen Widerstand leisten solle. An alle diese Fakten erinnerte ich mich und zog meine Schlüsse daraus. Das Wichtigste war, daß es dazu bei uns nicht kommen konnte.

Viele drittklassige[341] Strategen und Politiker sind der Meinung, daß die Russen sich entweder als Häscher oder als Dummköpfe aufführen. Das ist natürlich Unsinn. Das Problem einer eventuellen Intervention darf man nicht nach solchen Kategorien bewerten. Die Russen waren durchaus nicht zappelig vor Ungeduld, endlich einmarschieren zu können. Auch für sie wäre eine solche Aktion ein notwendiges Übel gewesen. Der Ausspruch, daß sie „nicht wollten, sondern mußten"[342] ist nirgendwo angebrachter als hier. Es ging nur darum, wie hoch die Hemmschwelle war. Darüber kann man diskutieren. Wir jedenfalls konnten es uns nicht erlauben, weiter den Weg von Versuchen und Fehlern zu beschreiten. Das war kein Pokerspiel. Wir waren für das Schicksal Polens verantwortlich.

Man weiß niemals genau, in welche Richtung sich die Dinge entwickeln. Das entscheidet sich im letzten Augenblick, wenn man zu dem Schluß kommt, daß es keinen anderen Ausweg mehr gibt. Zu dieser Überzeugung gelangten auch wir in einem bestimmten Moment.

Ich las noch einen Brief des bereits erwähnten Mitarbeiters, eine Art erschütterndes pro memoria:

„Seit vielen Monaten war ich der Meinung, daß es uns gelingen müsse, die ‚Solidarność' in die Verantwortung für die Geschicke unseres Landes einzubinden. Ich glaubte an die Möglichkeit eines partnerschaftlichen Verhältnisses zwischen uns und der „Solidarność". Das Leben hat mich widerlegt. Und nicht nur mich ...

Ich gehöre zu denjenigen, die es für notwendig halten, die den polnischen Staat zerstörenden Prozesse durch außerordentliche Maßnahmen aufzuhalten. Der Entschluß zu einer solchen Lösung der polnischen Krise hat große Bedeutung für jeden einzelnen von uns. Er kann für uns zu einem persönlichen Drama, zu einer Niederlage, zu einem Mißerfolg von historischen Ausmaßen werden.

... Nur ein solcher Schritt gibt Hoffnung, Blutvergießen zu vermeiden.

... Ich bitte Dich zu berücksichtigen, daß dies die Meinung eines Menschen ist, der niemals als hart wie Beton galt."

Gerade in diesen für mich besonders schweren Tagen las ich ständig aktuelle Informationen, traf mich mit den verschiedensten Menschen und führte Gespräche.

Am 9. Dezember empfing ich die Vorsitzenden der Christlichen Gesellschaftlichen Vereinigung, des Polnischen Verbandes der Katholischen Gesellschaft sowie der Vereinigung „PAX"[343] – Kazimierz Morawski, Janusz Zabłocki und Ryszard Reiff. Von diesen Gesprächen ist mir nur dasjenige mit Ryszard Reiff in Einzelheiten in Erinnerung geblieben. Er war suggestiv und konkret. „Herr General, die Macht muß geteilt werden." Dabei machte er eine charakteristische Geste, als wolle er den Tisch in drei gleiche Teile aufteilen: Partei, „Solidarność", Kirche. Das war der Kerngedanke

---

[341] Jaruzelski gebraucht hier den polnischen idiomatischen Ausdruck „od siedmiu boleści", für den es im Deutschen keine Entsprechung gibt.

[342] S. Anm. 205.

[343] S. Anm. 157.

seiner Ausführungen. Er sollte wie ein Kompromiß aussehen, war in Wirklichkeit aber eine Kapitulation, die alle anderen politischen, gesellschaftlichen und gewerkschaftlichen Kräfte leugnete. Mit meiner Antwort war er nicht zufrieden. An dieses Gespräch erinnere ich mich deshalb so gut, weil ich am 24. Dezember, an Heiligabend, von Herrn Reiff einen Brief erhielt, in dem es u. a. heißt:

„Ich werde mir immer mehr des Unmaßes an Aufgaben bewußt, die Sie, Herr General, mit dem Gefühl höchster Verantwortung für das Schicksal von Volk und Staat auf Ihre Schultern geladen haben. Vor diesem Hintergrund wird mir auch klar, wie verfehlt die Gedankengänge waren, die ich in dem einzigen Gespräch vortrug, das mit Ihnen zu führen ich die Ehre hatte. Ich verstehe jetzt, wie befremdlich meine Worte in Ihren Ohren klingen mußten, da Sie im Wissen um die Mission, welche die Geschichte Ihnen auferlegt hatte, Ihre Gedanken in eine andere Richtung lenken mußten als ich bei der Darlegung meiner Konzeption.

Polen retten – das klingt fast übermenschlich. Es wird noch ungeheure Energie und Widerstandskraft vonnöten sein, um zu einer Situation zu gelangen, die Ihrem Herzen Erleichterung und dem Lande Stabilisierung und Entwicklungsperspektiven bringt.

Herr General! Es drängt mich, Mitverantwortung für das Schicksal des Landes zu tragen, und dies an Ihrer Seite, Herr General, zu tun, auf daß ich und die von mir geführte Organisation Ihnen einen Teil der Last abnehmen können ...

Herr General! Ich wünsche mir, daß das Polen erstehen möge, dessen Bild Ihnen in Ausübung Ihrer Führungsaufgabe klar vor Augen steht. Danach verlangt es uns alle, als Polen und als Bürger unseres Landes."

Zehn Jahre lang habe ich von diesem Brief keinen Gebrauch gemacht. Jeder von uns hat gelegentlich Augenblicke der Schwäche, sogar ein so starker Mann wie Herr Reiff. Außerdem war ich bemüht, seine Absichten zu verstehen. Ich habe es jedoch satt, ständig verschiedene muntere Erklärungen zur Einführung des Kriegsrechts aus der Feder des ehemaligen Herrn Senators[344] zu lesen, der vergessen zu haben scheint, daß sein eigener Lebensweg keineswegs so einfach und makellos war.[345]

Am 10. Dezember traf ich mich mit dem Ökumenischen Rat. Ich werde immer mit großer Wärme an die in diesem Rat versammelten Vertreter verschiedener religiöser Bekenntnisse denken – an ihr Verantwortungsgefühl für den polnischen Staat. Vor allem sind mir der Metropolit Bazyli Doroszkiewicz, Oberhaupt der autokephalen[346] Polnischen Orthodoxen Kirche,

---

[344] Der Senat ist die zweite Kammer des polnischen Parlaments. Er wird gemeinsam mit dem der ersten Kammer des poln. Parlaments, dem Sejm (s. Anm. 2), auf vier Jahre gewählt. Die Senatoren (100) sind jedoch nicht Vertreter von Wahlkreisen, sondern Repräsentanten der Wojewodschaften. Jede Wojewodschaft entsendet zwei Senatoren, Warschau und Katowice je drei.

sowie Janusz Narzyński, Bischof der Evangelischen Kirche der Augsburger Konfession, in Erinnerung geblieben. Danach traf ich mich mit Vertretern der Branchengewerkschaften und des Polnischen Lehrerverbandes. Man spürte, daß alle niedergedrückt waren und irgendeine entscheidende Wende erwarteten. Am 11. Dezember fand ein Treffen mit dem Marschall des Sejm, Stanisław Gucwa, statt. Wir bewerteten die Lage als sehr bedrohlich und sprachen über die verschwindend geringe Chance, daß der Gesetzesentwurf, der der Regierung für den Winter Sondervollmachten einräumen sollte, verabschiedet werden würde. Über das Kriegsrecht redeten wir nicht. Diese Entscheidung war noch nicht herangereift.

In den Vormittagsstunden des 12. Dezember führte ich sehr kurze Telefongespräche mit Suslow und Ustinow. Ich wollte über eventuelle sowjetische Reaktionen völlige Klarheit haben. Warteten auch wirklich keine Überraschungen auf uns? Ich versicherte mich bei Suslow und in geringerem Maße auch bei Ustinow, daß das unsere innere Angelegenheit sein werde. Übrigens war Suslow damals nicht sehr gesprächig. Bald darauf, im Januar 1982, starb er. Was Ustinow betraf, so wurde mir klar, daß er mich endlich von meiner zögernden Haltung abbringen und zu entschiedenem Handeln anspornen wollte, nach wie vor jedoch zu „brüderlicher Hilfe" bereit war, sollte die Situation in Polen weiterhin „die Interessen der Gemeinschaft bedrohen" (von Jaruzelski russisch zitiert, Anm. d. Übers.).

Oft hat man mich gefragt, ob ich bei der Entscheidung über die Einführung des Kriegsrechts volle Souveränität hatte. Konnte man wirklich annehmen, daß die sprichwörtliche „Hand Moskaus" in diesem Falle zu kurz war?

Diese Entscheidung wurde in Polen getroffen, in einem ausschließlich aus Polen bestehenden Personenkreis. Die Verantwortung dafür nehme ich auf mich. Das habe ich viele Male gesagt. Es wäre unter meiner Offizierswürde, mich jetzt hinter irgendwelchen von außen gekommenen Anordnungen zu verschanzen. Fast anderthalb Jahre lang litten wir Qualen, waren einem übermächtigen Druck ausgesetzt. Aber die Entscheidung – ihre Planung und Durchführung – lag allein in unseren Händen.

Der Landesausschuß der „Solidarność", der am 11. und 12. Dezember in Gdańsk tagte, bestätigte die in Radom gefaßten Beschlüsse.

Inhaltlich gab es keine nennenswerten Meinungsverschiedenheiten. A. Słowik: „Gegenwärtig können wir es uns nicht leisten, die Losung auszugeben: ‚Säbel in die Hand', sondern wir müssen der Regierung klarmachen,

---

[345] Nach Auskunft von Jaruzelski gegenüber dem Übersetzer spielt Jaruzelski hier darauf an, daß Reiff sich zunächst seit den 60er Jahren in der regierungsnahen Organisation „PAX" (s. Anm. 157) engagierte, dann als einziger Senator den Mut hatte, gegen das Kriegsrecht zu stimmen, um wenige Tage später wieder umzuschwenken und einen unerträglich kriecherischen Brief zu schreiben.

[346] Der Begriff der Autokephalie bedeutet, daß jede orthodoxe Landeskirche – bei gemeinsamer dogmatischer Grundlage aller orthodoxen Kirchen – ihr eigenes Oberhaupt hat.

daß wir ohne sie auskommen können." S. Jaworski: „Die Macht in den Betrieben können wir jetzt nicht mehr durch die langsam arbeitenden Selbstverwaltungsorgane der ‚Solidarność' an uns reißen, sondern nur noch dadurch, daß wir die Regierung vor vollendete Tatsachen stellen ... Uns gehört doch die Wirtschaft, und wer über die Wirtschaftsgüter verfügt, der diktiert die Bedingungen." J. Rulewski: „Man muß eine aus Fachleuten bestehende provisorische Regierung einsetzen, eine Art politisches Provisorium schaffen." G. Palka schlug die Abhaltung eines Referendums über die Wahlen zum Sejm vor und merkte an, daß „wenn die Partei sich darauf einläßt, dies gleichbedeutend mit einer Liquidierung des Systems sein wird."

Keiner machte einen Hehl daraus, was er unter dem Begriff „Gewerkschaftstätigkeit" verstand. A. Pietkiewicz: „Offiziell müssen wir sagen, daß es uns um die nationale Verständigung geht ... Wir müssen die Staatsmacht politisch provozieren – am besten dadurch, daß wir die PVAP aus den Betrieben hinauswerfen." J. Łużny: „Wir müssen ganz klar sagen: ‚Wollen wir die Macht? – Jawohl, wir wollen sie.'" B. Lis: „Keine Gespräche!"

Viele andere zitiere ich jetzt hier nicht – ich will es ihnen ersparen. Ich glaube, daß sich einfach ihr jugendlicher Übermut austoben mußte.

Der Landesausschuß wandelte auf seiner Sitzung die „Plattform von Radom" in einen konkreten Schlachtplan um. Es half nichts, daß einige Berater Vernunft anmahnten. In der Broschüre „Internierung" erinnert sich Tadeusz Mazowiecki: „Es wurden ein Beschluß und eine Erklärung verabschiedet, gegen die sechs von uns (Geremek, Olszewski, Strzelecki, Siła-Nowicki, Macierewicz, Mazowiecki) in der Diskussion schriftlich starke Vorbehalte angemeldet hatten, da wir der Meinung waren, daß man über die Beschlüsse von Radom nicht hinausgehen dürfe. Das machte zwar keinen allzu großen Eindruck, doch hielten wir es für unsere Pflicht, die „Solidarność" vor weiteren Schritten, die als Verschärfung der Situation ausgelegt werden konnten, zu warnen." Den Namen Macierewicz nahm ich in diesem Zusammenhang mit Verwunderung zur Kenntnis. Er galt als Radikaler. In einem entscheidenden Moment hatte er jedoch offensichtlich Umsicht und Verantwortungsbewußtsein gezeigt. Ein weiteres Mal erkannte ich, daß man keinen Menschen, vor allem nicht in politischer Hinsicht, nach dem „Schwarzweißmuster" beurteilen darf.

Wałęsa, das geht aus seinen Memoiren hervor, kehrte in dieser Nacht äußerst beunruhigt nach Hause zurück. Die kompromißlosen Stimmen in der Diskussion hatten ihn verärgert. „Euch haben sie wohl ins Gehirn geschissen?" sagte er zu irgend jemandem. Er rechnete, wie er schreibt, damit, „daß in nächster Zukunft eine bestimmte Etappe zu Ende geht". „Laßt uns nicht vergessen, daß die Menschen zu essen haben wollen", sagte er auf der Sitzung in Gdańsk, aber der Landesausschuß war schon mit anderen Dingen beschäftigt.

Um zu verhindern, daß Blut vergossen werde, daß Polen in Flammen aufgehe, ersuchte ich am 12. Dezember den Staatsrat, die für die Einführung des

Kriegsrechts notwendigen Rechtsakte zu erlassen. Das war der schwerste Tag meines Lebens. In solchen Augenblicken weiß man wirklich, daß es schwerer sein kann, einen Tag durchzustehen, als ein Buch zu schreiben ...

Manchmal scheint es schwieriger zu sein weiterzuleben, als zu sterben. Und doch muß man weiterleben. Der Mensch kann viel verdrängen. Wenn ich heute auf mein Leben zurückblicke, weiß ich, wie viel. Aber die Last wäre noch größer, wenn alles fruchtlos, sinnlos gewesen wäre. Nein ... Eine solche Bewertung kann ich nicht akzeptieren.

Viele Male habe ich von meiner Verantwortung für diese Entscheidung gesprochen. Von meinen Fehlern, meiner Schuld. Aber sind wir denn in eine Sackgasse geraten, läßt sich die Schuld nur auf einer Seite suchen? Findet die andere Seite, auch wenn sie heute siegreich dasteht, in ihrem Handeln keine Schuld, keine Fehler? Ist sie zu nichts anderem als zu Anklagen imstande? Noch einmal kann ich, indem ich die berühmten Worte der polnischen Bischöfe zitiere, sagen: ‚Wir bitten um Vergebung' ...[347] Ich wäre jedoch nicht ehrlich, wenn ich verschwiege, daß ich solche Worte endlich einmal auch von der anderen Seite hören möchte. Und diese Worte sollen nicht an mich, nicht an die damalige Staatsmacht gerichtet werden, Gott bewahre! Sie sollen an die Gesellschaft, an das Volk gerichtet werden. Das Volk war es doch, das den höchsten Preis für das bezahlen mußte, was am 13. Dezember und danach geschah. Ihm gegenüber muß man demütig sein. Demut aber erfordert Mut. Das habe ich gelernt.

---

[347] Jaruzelski spielt hier auf die Erklärung der polnischen Bischofskonferenz vom November 1965 zu den deutsch-polnischen Beziehungen an. In dieser Erklärung, die als wichtiges historisches Dokument gilt, das den Weg für die Entspannungspolitik ebnete, finden sich u. a. die an das deutsche Volk gerichteten Worte: „Wir vergeben und bitten um Vergebung".

KAPITEL 41

Im Namen der Hoffnung

Am 3. Dezember war Radom. Ich selbst befand mich an diesem Tag in Dąbrowa Górnicza. Wie unterschiedlich waren jedoch die Stimmen, die sich auf diesen beiden Veranstaltungen erhoben. Es herrschte Aggression. Ich aber sagte: „Noch nie hing so viel von unserer Fähigkeit zu nationaler Verständigung ab. Möge diese Chance nicht verschenkt werden, möge sie nicht dereinst von der Geschichte zu den Möglichkeiten gerechnet werden, die nicht ergriffen, die vertan wurden. Solcher Möglichkeiten gab es viele in der polnischen Geschichte. Stets haben wir einen hohen Preis für das Verspielen einer Chance bezahlt ... Aufrichtig wünsche und hoffe ich, daß die Initiative der Partei, die Unterstützung aller konstruktiven Kräfte für diese Initiative und die kollektive Klugheit unseres Volkes bewirken werden, daß ‚Verständigung‘ nicht nur ein Schlagwort, ein Appell bleibt. Möge sie zur Realität werden." Diese Worte wurden in Rundfunk und Fernsehen übertragen.

Noch einmal eine ausgestreckte Hand, noch einmal Appell und Warnung zugleich.

Vielleicht sind einige der Ansicht, daß der General noch eine Schlacht brauchte. Hinter mir lag ein langer Weg als Frontsoldat. Aber es sind doch gerade die Generäle, die Offiziere, die durch die Hölle des Krieges gegangen sind oder zumindest aus der Theorie, aus Manövern wissen, was Kampf, was Krieg bedeutet, die am tiefsten von der Sinnlosigkeit des Krieges überzeugt sind. Ich wünschte mir aus tiefster Seele, daß dieser General den Krieg ohne Kampf hätte gewinnen können. Den Krieg um Verständigung. Das hätte mir die größte Befriedigung verschafft. Wie traurig, daß diese Hoffnung trog! Die Atmosphäre verdichtete sich von Minute zu Minute. Unter diesen Bedingungen konnte man nicht weiterleben. Es gab zwei Varianten. Erstens eine friedliche, evolutionäre Überwindung der Krise. Die Bildung eines Rats für Verständigung und ein Streikverbot für die Winterperiode hätten eine solche Chance eröffnet. Und zweitens den dramatischen, radikalen Weg.

Das „Dreiertreffen" zwischen dem Primas, Wałęsa und mir war kein taktischer Schachzug. Ich ging von einem schrittweisen Prozeß der Veränderung aus, also von Veränderungen in einem Zeitrahmen mit einer Geschwindigkeit, wie sie damals für alle Seiten akzeptabel gewesen wäre und wie sie auch unsere Verbündeten hätten tolerieren können. Das war eine ehrliche Konzeption. Sie erwies sich jedoch als nicht realisierbar. Niemand von uns ist ohne Schuld. Wir waren damals noch nicht reif für den historischen Kompromiß.

Halten wir uns die andere Variante vor Augen. Stellen wir uns vor, es wäre nicht zu einer Verständigung gekommen, aber auch das Kriegsrecht wäre nicht eingeführt worden. Was dann? Ich sehe mehrere Möglichkeiten. Am 17. Dezember hätte in Warschau und einigen anderen Städten die angekündigte Großdemonstration stattgefunden. Alle Bremsen hätten versagt, es wäre zur Konfrontation, zu einem brudermörderischen Konflikt und damit unausweichlich zu einer ausländischen Intervention gekommen. Die tragischen Ereignisse in Rumänien im Dezember 1989 haben bestätigt, daß die Welt bei einer Gewaltanwendung durch den Warschauer Pakt zur Beendigung des Blutvergießens große Toleranz gezeigt hätte.

Es gab noch eine andere Gefahr. Zum inneren Zerfall der Wirtschaft wäre eine Art Blockade von außen gekommen. Vom 1. Januar 1982 an wären die Lieferungen von Rohstoffen, Materialien und Waren drastisch eingeschränkt worden. Es hätte keinerlei Chancen gegeben, diese Ausfälle durch Lieferungen aus dem Westen, von dem wir durch die DDR und die Tschechoslowakei abgeschnitten waren, auszugleichen. Eine Lähmung der Wirtschaft wäre die Folge gewesen. Kälte, Dunkelheit und Hunger wären in jede Wohnung eingezogen. Und was hätten die polnischen Familien dazu gesagt? Ich glaube, sie hätten auf den Knien darum gefleht, außerordentliche Maßnahmen zu ergreifen. Dann hätte man nicht Direktoren und Parteisekretäre auf Schubkarren aus den Betrieben gefahren, sondern Schreihälse und Rädelsführer der Streiks.

Schließlich noch ein Aspekt der damaligen Situation. Man hätte nicht ausschließen können, daß die Partei- und Staatsführung auf mehr oder weniger dramatische Weise eliminiert worden wäre. Das wäre mit Unterstützung, ja Beeinflussung von außen geschehen. Einen entsprechenden Versuch hatte es auf dem XI. ZK-Plenum gegeben. Ich hätte mich nicht an meinen Posten geklammert. Wahrscheinlich wäre ich erleichtert gewesen, diese Last loszuwerden. Dann aber wären die sogenannten wahren Kommunisten an die Macht gekommen. Diejenigen, die die Glaubwürdigkeit der Reformpolitik untergruben. Die eine konservative, sektiererische Verschleppungspolitik betrieben. Die Folgen ihrer Regierungstätigkeit – wahrscheinlich gestützt auf fremde Bajonette – wären wesentlich schmerzhafter gewesen als diejenigen, die uns das Kriegsrecht brachte.

Hatte ich die Möglichkeit in Erwägung gezogen, daß die Gesellschaft auf eine Art und Weise reagieren würde, die auch durch das Kriegsrecht nicht mehr beherrschbar gewesen wäre? Nein. So zu denken hätte bedeutet, eine blutige Konfrontation in Kauf zu nehmen. Ich hatte ja die Entscheidung über die Einführung des Kriegsrechts eben deshalb getroffen, damit es dazu nicht kommen sollte. In einem Artikel zum 10. Jahrestag der Einführung des Kriegsrechts legte Stefan Bratkowski [348] in der „Gazeta

---

[348] Stefan Bratkowski, geb. 1934, Journalist und Publizist, 1980-82 sowie 1989-90 Vorsitzender des Polnischen Journalistenverbandes.

Wyborcza" dar, warum dieser Schritt seiner Meinung nach richtig war: „...
Wenn man uns nicht so fachmännisch, wie nach dem Lehrbuch schachmatt
gesetzt hätte, wäre es so sicher, wie zweimal zwei vier ist, zu Blutvergießen
gekommen, die Jugend hätte sogar mit bloßen Fäusten gegen die Waffen
der Staatsmacht gekämpft."

Ich fühlte – und irrte mich nicht –, daß ein Moment gekommen war, in
dem ein großer Teil der Gesellschaft die Einführung des Kriegsrechts mit
Erleichterung aufnehmen würde. Die Unruhe, ja Furcht hatte den Zenit
erreicht, ebenso die Erwartung, daß Ruhe und Stabilität wiederhergestellt
würden. Vielleicht klingt es pathetisch, aber ich glaubte einfach an das Volk,
an seine Vernunft, seine bitteren historischen Erfahrungen. Außerdem wußte
ich – und das gab mir wahrscheinlich den stärksten inneren Halt –, daß die
polnische Armee sich ungebrochener Autorität und Sympathie erfreute. Vor
allem jedoch vertraute ich darauf, daß ein bedeutender Teil der Gesellschaft
unsere Absichten verstehen und würdigen werde.

Diese Meinung stützte sich auch auf meine Kenntnis der polnischen
Geschichte. Erinnern wir uns an die Worte von Bolesław Prus: „Kaum ein
anderes Volk hat seinen Patriotismus so sehr unter Beweis stellen müssen
wie wir Polen." Brudermord wäre das ärgste Verbrechen gewesen. Das ist
einer der Gründe dafür, daß der politische Terrorismus in Polen nicht Fuß
fassen konnte.

Nehmen wir jedoch an, daß wir in jener Situation – vor die Alternative
Kriegsrecht oder weiteres Abwarten gestellt – letzteres gewählt hätten.
Dann hätte es Zugeständnisse und nochmals Zugeständnisse gegeben – bis
hin zu einer schrittweisen Machtübernahme durch die Opposition. Bei den
Überlegungen, die ich in den ersten Dezembertagen anstellte, schloß ich
einen solchen Gang der Ereignisse nicht aus. Er war allerdings nicht real. Es
wäre nicht so gewesen wie 1989, als wir im Ergebnis eines langen Prozesses
die Macht ohne Konflikte übergaben. 1981 – das war einfach eine andere
Zeit. Damals mußte es früher oder später zur Konfrontation kommen.
Erstens drängte die „Solidarność" ungestüm vorwärts. Das wäre auf heftigen
Widerstand seitens der Sicherheitsorgane, des Militärs, der Verwaltung und
der Partei gestoßen. Und zweitens hätten die Verbündeten die Veränderungen, die die Opposition forderte, nicht akzeptiert. Unausweichlich wäre
es zum Schlimmsten gekommen.

Wir konnten mit dem sowjetischen Modell des real existierenden Sozialismus nichts anfangen und machten uns immer mehr davon frei. Mit der
unausgegorenen, anarchischen Philosophie der „Solidarność" konnten wir
uns aber ebensowenig anfreunden. Leider überstieg die Suche nach einem
dritten Weg unsere Kräfte. Hatte aber die Gegenseite eine hinreichend deutliche Vorstellung von ihrem eigenen Weg und ihren eigenen Kräften, um diesen bis zum Ende zu gehen? Das ist mehr als zweifelhaft.

Interessant ist das Bekenntnis von Präsident Wałęsa vor den „Solidarność"-Funktionären bei einer Veranstaltung im Januar 1992 im Hüttenwerk

Warszawa. Er sagte dort: „So, wie wir 1981 nicht auf die Übernahme der Macht vorbereitet waren, sind wir heute nicht auf die Ausübung der Macht vorbereitet." Ich verstehe, daß diese Aussage eine Rechtfertigung für die Schwierigkeiten sein sollte, denen sich das Land gegenübersah. Sie zeigt aber auch, daß die Tatsache, daß wir weder 1981 noch in den unmittelbar folgenden Jahren die Macht an die Opposition übergaben, wahrscheinlich sowohl der Opposition selbst als auch Polen zugute gekommen ist. Wie immer es sich anhören mag – die „Solidarność" hat, letztendlich gewonnen, weil sie zunächst verlor. Ein direkter Gewinn wäre eine Niederlage sowohl für die „Solidarność" als auch für Polen gewesen.

Was also blieb übrig? Nur eine schmale Pforte: die vorbeugende Einführung des Kriegsrechts. In verschiedenen Ländern wunderte man sich, warum man das Kriegsrecht und nicht den Ausnahmezustand verhängte. Damals gab es in unserer Verfassung den Begriff des Ausnahmezustands nicht, wir unternahmen keinen Versuch, die Verfassung entsprechend zu ändern, denn wir fürchteten eine scharfe Reaktion. Hatte doch bereits der Vorschlag, die Regierung mit Sondervollmachten auszustatten, eine entschiedene Gegenreaktion in Form einer Streikandrohung provoziert. Viele Jahre zuvor, als die polnische Verfassung novelliert wurde, stellte der polnische Generalstab den Antrag, den Begriff des Ausnahmezustands in der Verfassung festzuschreiben. Das fand damals keine Zustimmung. Einige Personen in der Parteiführung waren der Meinung, die Verwendung dieses Begriffs stehe einem sozialistischen Staat nicht gut zu Gesicht. Also kam es zu dem Begriff „Kriegsrecht". Er war äußerst unglücklich gewählt und beeinflußte die Bewertung all dessen, was nach dem 13. Dezember geschah.

Die Einführung des Kriegsrechts bedeutete folgendes:

- erstens wurde der Anarchisierung, dem Zerfall des Staates sowie dem lawinenartigen, nicht mehr steuerbaren Gang der Ereignisse Einhalt geboten und ein brudermörderischer Konflikt verhindert;
- zweitens kam es nicht zu einer wirtschaftlichen Katastrophe mit all ihren schmerzhaften sozialen und unmittelbaren gesundheitlichen Folgen besonders in der Winterperiode;
- drittens sicherten wir uns die Möglichkeit, weiterhin souverän zu handeln und vor allem die Reform der Wirtschaft sowie des gesellschaftspolitischen Systems in Angriff zu nehmen;
- schließlich – und das ist das Wichtigste – verhinderten wir eine Intervention von außen.

Bei allen anderen Lösungsvarianten hätte Polen alles verlieren können. Durch das Kriegsrecht verlor es viel. Es wurde jedoch nicht aller Möglichkeiten beraubt; diese eröffneten wir uns später selber.

Die polnische Gesellschaft ist in ihrer Mehrheit so aufgeklärt, daß sie das Ausmaß der Bedrohungen begriff, denen sich Polen gegenübersah. Meinungsumfragen zu verschiedenen Zeitpunkten nach Einführung des Kriegsrechts zeigten unveränderlich, daß die Mehrheit der Bevölkerung – d. h. 60 % und im Jahre 1983, glaube ich, sogar 70 % – diese Maßnahme für begründet hielt. So ist es auch jetzt, trotz einer jahrelangen propagandistischen Kanonade gegen diese Entscheidung. Die im Dezember 1991 in der Wochenschrift „Prawo i Życie" („Recht und Leben") veröffentlichten Ergebnisse einer Umfrage des unabhängigen Instituts „Pentor" ergaben, daß 56 % der Gesellschaft die Einführung des Kriegsrechts für gerechtfertigt hielten, nur 29 % äußerten eine gegenteilige Ansicht (der Rest hatte sich zu diesem Thema keine Meinung gebildet).

Ich möchte noch auf ein Gehabe zu sprechen kommen, das viele Politiker bis heute an den Tag legen. Ständig berufen sie sich auf das Volk: „Das Volk glaubt dies und jenes, das Volk verdammt dies und jenes, das Volk fordert dies und jenes." Kurz und gut, diese Politiker wissen am besten, was das Volk will. Wie schrieb doch Konstanty Grzybowski richtig: „Das Denken, die Ideologie und der Wille des Volkes sind nicht monolithisch." Das waren sie auch in jener bedrohlichen Zeit nicht. Dies bestätigen die Meinungsumfragen der Vergangenheit und der Gegenwart.

Meine Ansicht, daß das Kriegsrecht das „geringere Übel" war, wird auch heute noch häufig falsch und in der Regel in einem zu engem Sinne verstanden. Das Kriegsrecht war insgesamt das geringere Übel. Es war das geringere Übel für Polen, denn wenn die Dinge einen anderen Verlauf genommen hätten, wären die Folgen katastrophal gewesen. Aber ein Übel bleibt ein Übel. Ich war mir dessen bewußt, daß diese Maßnahme unser Drama und die Spaltung des Volkes zumindest für einige Zeit vertiefen und viele Wunden und Narben hinterlassen würde.

Für die Sowjetunion war das Kriegsrecht ebenfalls das geringere Übel. Sie mußte nicht intervenieren, war nicht gezwungen, ihre Streitkräfte im östlichen Mitteleuropa einzusetzen, mußte es sich nicht – zumindest für einige Zeit – mit dem Westen verderben. Doch auch für die Sowjetunion war das Kriegsrecht ein Übel, denn in Polen ging der Prozeß der Erneuerung weiter, den die Sowjetunion als eine Art Häresie, als Brutstätte des Bösen betrachtete. Aus der Sicht Breschnews hatten wir lediglich „den Stengel der Petersilie" herausgerissen, die Wurzeln aber im Boden gelassen.

Das Kriegsrecht war auch für Westeuropa das geringere Übel. Schließlich hätten die Folgen einer Explosion in Polen die Ruhe auf dem Kontinent stören können. Gleichzeitig war es ein Übel, denn auf diese Weise blieb ein dem Westen nicht genehmes Regime an der Macht, während die von ihm unterstützte „Solidarność" eine Niederlage erlitt.

Schließlich die Amerikaner. Mir scheint, daß ein großer Teil des amerikanischen Establishments eine ähnliche Haltung einnahm wie die Westeuropäer, d. h. man hielt das Kriegsrecht für besser als irgendein politisches

Abenteuer, das den Verlauf der Ereignisse in dieser Welt hätte durcheinanderbringen können. Es gab jedoch auch einflußreiche Kreise, für die das Kriegsrecht das größere Übel war. Sie hatten erwartet, daß es in Polen zu einer Explosion, zu einer Intervention kommen werde, die im Ostblock zu Turbulenzen führen und ihn – und damit auch die Sowjetunion – schwächen werde. Aus heutiger Sicht ist kaum zu sagen, welche der beiden Optionen im Westen mehr Anhänger hatte. Das alles sind natürlich theoretische Überlegungen, die jedoch, wie ich glaube, auf einer logischen Grundlage beruhen.

Den Begriff „geringeres Übel" darf man jedoch nicht absolut sehen. Dadurch, daß diese und keine andere Lösung in Polen angewandt wurde, haben seinerzeit alle etwas verloren, aber gleichzeitig haben auch alle etwas gewonnen. Ich freue mich, daß ich mich in eben diesem Moment auf Professor Zbigniew Brzeziński berufen kann, der dem Autor des Buches „Die Nacht des Generals", Gabriel Mérétik,[349] sagte: „Die Einführung des Kriegsrechts (in weißen Handschuhen) wurde für alle zum geringeren Übel."

Professor *Jan Baszkiewicz** :

Das Problem des geringeren Übels ist nicht von Politikern als Manipulationsinstrument erfunden worden, mit dem sie unangemessene Entscheidungen im Nachhinein stützen oder für rational erklären wollen. Es ist kein Zufall, daß dieses Problem die Philosophen und Rechtsgelehrten, die Soziologen und Politologen so lebhaft und schon seit so langer Zeit beschäftigt. Die raffinierte Konstruktion des Ausnahmezustands ist von den Rechtsgelehrten nicht zur eigenen intellektuellen Befriedigung geschaffen worden. Die Soziologen haben ausgehend von ihren Erfahrungen in der Gesellschaft, ihre Überlegungen zum Thema Wertekonflikt und zu den in der Gesellschaft herrschenden Vorstellungen von der Wertehierarchie abgeleitet. Die Überlegungen der Philosophen zum Unterschied zwischen „Gesinnungsethik" und „Verantwortungsethik" sind nicht rein spekulativ.

Es geht darum, daß die allgemein akzeptierten moralischen Standards (man muß hinzufügen: bezogen auf die jeweilige Epoche und das jeweilige Gemeinwesen) ein solides Beispiel und eine untrügliche Direktive in Standardsituationen sind. Die Erfahrung lehrt uns jedoch, daß wir als Menschen unausweichlich mit Grenzsituationen und scharfen, ja brutalen Wertekonflikten konfrontiert werden. Und dann reichen bei der Entscheidungsfindung die gewöhnlichen Standards nicht mehr aus – weder für Einzelpersonen noch für Gemeinschaften (Institutionen). Dem Historiker sind solche dramatischen Situationen wohlbekannt. Das allgemeine Bewußtsein registriert sie jedoch weniger gut.

[349] S. Anm. 302.

Hier ein Beispiel für einen solchen scharfen Konflikt. Abraham Lincoln[350] *erfreut sich zu Recht hohen Ansehens als Apostel von Freiheit und Demokratie, als Bannerträger der Menschenrechte, als Politiker, der in seinem Handeln stets große Zurückhaltung walten ließ. Weniger bekannt ist dagegen, daß große Teile der „politischen Klasse" ihn während seiner ganzen Amtszeit als Präsident mit fühlbarer Abneigung, ja Haß verfolgten. Das galt nicht nur für die Südstaaten, sondern auch für die Nordstaaten.*

Erinnern wir uns daran, daß in der ersten Phase des Sezessionskriegs die europäische öffentliche Meinung nicht an einer Niederlage der Nordstaaten zweifelte. Diese Meinung hatten sich die Europäer nicht aus den Fingern gesogen. Die militärischen Chancen des Nordens standen sehr schlecht. Seine Niederlage hätte einen Zerfall der Union, eine Fortdauer der Sklaverei in den Südstaaten (es ist nicht richtig, daß dieses System sich damals bereits wirtschaftlich überlebt hatte) sowie einen vollkommenen Zusammenbruch der Demokratie in den Südstaaten und ihre Gefährdung in den Nordstaaten bedeutet.

In dieser Lage zögerte Lincoln nicht, Maßnahmen zu ergreifen, die, vom Standpunkt der verfassungsmäßigen Legalität aus betrachtet, höchst zweifelhaft waren. Er setzte die habeas-corpus-Akte (d. h. die Garantie der persönlichen Unversehrtheit) aus, wodurch Tausende von Zivilpersonen ohne Gerichtsurteil inhaftiert wurden. Die den Amerikanern heilige Pressefreiheit wurde verletzt. Der Präsident gab große Summen aus, bevor der Kongreß sie bewilligt hatte. Und so weiter. Wer erinnert sich heute noch daran, abgesehen von professionellen Historikern? Und wer würde Abraham Lincoln deswegen verdammen?

So sind unter dem Druck historischer Ereignisse auch einfache Menschen gezwungen, die dramatische Wahl des „geringeren Übels" zu treffen. Denken wir an den wunderbaren Janusz Korczak,[351] *dessen Waisenhaus einer brutalen Reduzierung der Lebensmittelzuteilungen ausgesetzt wurde. Da trifft Korczak die schreckliche Entscheidung, Säuglinge, die ihr Schicksal noch nicht bewußt wahrnehmen, zu opfern, um den älteren Kindern die Chance zum Überleben zu geben. Ein klassisches Beispiel für eine Grenzsituation. Haben wir das Recht, diese Entscheidung zu verdammen? Und gebricht es uns nicht an Vorstellungskraft, um uns in die Lage edler und weiser Menschen zu versetzen, die vor vergleichbare moralische Entscheidungen gestellt wurden?*

---

[350] Abraham Lincoln, amerikanischer Präsident, 1809-1865, amtierte von 1861-1865, kämpfte schon vor seiner Wahl zum Präsidenten engagiert für die Aufhebung der Sklaverei. Seine Wahl führte zum Abfall der Südstaaten und zum Sezessionskrieg, den die Nordstaaten gewannen. Lincoln wurde von dem südstaatlichen Fanatiker John Wilkes Booth erschossen.

[351] Janusz Korczak (eigentl. Henryk Goldszmit), 1878-1942, Pädagoge, Schriftsteller, Arzt und Politiker, gründete Waisenhäuser, in denen er eine von ihm entwickelte Pädagogik praktizierte, die das Eigenrecht des Kindes betonte. Während der dt. Besetzung war er mit seinem Waisenhaus im Warschauer Ghetto eingeschlossen. Als am 5. August 1942 die SS die 200 Kinder dieses Heimes zum Transport ins Vernichtungslager Treblinka abholte, lehnte er es ab, sie zu verlassen. 1972 erhielt er postum den Friedenspreis des Deutschen Buchhandels.

Ein gewisser französischer Politiker und Philosoph namens Garat (nicht irgendein Terrorist, ganz im Gegenteil, ein Mensch, der unter den Jakobinern zu leiden hatte) schrieb im Jahre 1795: „Wenn man den Wirbel, den reißenden Strom der Leidenschaften und Ereignisse hinter sich hat, kann man leicht die moralischen Probleme so erörtern, als ob es immer eine Wahl zwischen dem Guten und dem Bösen, dem Guten und dem Besseren gegeben hätte. Aber inmitten revolutionärer Ereignisse steht man nur allzu oft vor der Wahl zwischen einem sehr großen und einem schrecklichen Übel."

*   Jan Baszkiewicz – Professor der Warschauer Universität, 1981 Korrespondierendes Mitglied der Staatlichen Akademie der Wissenschaften.

Aus der heutigen Perspektive kann man natürlich spekulieren „was wäre wenn". Wo wären wir jetzt, wenn es das Kriegsrecht nicht gegeben hätte? Wie würden wir ohne diese unglücklichen Jahre leben? Auch ich könnte – durch bittere Erfahrung klüger – fragen: Was wäre gewesen, wenn die damalige Opposition uns einen etwas größeren Handlungsspielraum gelassen hätte? Wenn sie damals das getan hätte, wozu sie sich im wesentlichen acht Jahre später entschloß? Was schließlich wäre gewesen, wenn wir die Reformpläne entschlossener und konsequenter verfolgt hätten? Wenn wir uns schnellere, kühnere Lösungen hätten leisten können. Wenn die Extremisten auf beiden Seiten uns nicht zum Haß, sondern zur Verständigung gedrängt hätten. Und wenn vor allem unsere internationale Situation günstiger gewesen wäre.

Wir waren keine isolierte Insel. Ganz im Gegenteil. Wir waren, historisch betrachtet, ein Schutzwall, ein Vorfeld, ein Puffer. Und in den 80er Jahren wurden wir zum Exerzierfeld verschärfter politischer Konfrontation zwischen West und Ost. Polen war für die Sowjetunion und den Warschauer Pakt ein Schlüsselelement. Dadurch war unsere Souveränität bei der Lösung innerer Probleme eingeschränkt.

Auch wir selbst waren damals noch nicht reif für fundamentale Systemveränderungen. Das wäre eine zu scharfe Kurve gewesen. Wie der „Prager Frühling" den Realitäten der damaligen Zeit voraus war, so eilte auch unser „polnischer Herbst" der historischen Stunde voraus.

Anfang 1990 wurde mir von einer Gruppe Kriegsveteranen auf einem Kongreß des ZBoWiD in einem Gespräch folgende Frage gestellt: „Weshalb mußten wir diese „Kröte" – das Kriegsrecht – schlucken, wenn wir heute aus freien Stücken die Macht abgeben?" Ich antwortete: „Wir haben diese „Kröte" geschluckt, um nicht Feuer schlucken zu müssen."

Wir mußten durch dieses „Fegefeuer" gehen. Das half der Staatsmacht wie der Opposition, der Partei wie der „Solidarność", sich darüber klarzuwerden, daß der Weg zur Normalität, zur Demokratie keine „Abkürzungen" kannte. Die extremen Flügel von Partei und „Solidarność" durften nicht das entscheidende Wort haben. Und natürlich wurden diese extremen Flügel später entfernt oder neutralisiert. Es führte ein Weg zum „Runden Tisch" oder besser gesagt: Wir konnten dafür reif werden. Obwohl es paradox und für viele vielleicht sogar aufreizend klingt: Das Kriegsrecht machte den Weg für Dialog und Verständigung frei. In gewisser Weise fror es also das gesellschaftspolitische System ein, wie es sich um die Jahreswende 1980/81 darbot, und rettete es in eine andere historische Zeit mit anderen geopolitischen Voraussetzungen hinüber, unter denen allein die Idee der nationalen Verständigung die Möglichkeit eröffnete, die polnischen Probleme zu lösen. Der „Runde Tisch" war seinem Wesen nach eine Fortsetzung der von mir im Herbst 1981 vorgetragenen Konzeption eines Rats für Nationale Verständigung. Sogar Magdalenka[352] war eine Art Nachbildung der sogenannten Initiativgruppe, die seinerzeit Vorschläge für die Strukturen und Aufgaben des Rats für Nationale Verständigung machen sollte.

Wir alle, die wir uns damals als Gegner gegenüberstanden, haben einander verletzt. Wir wurden jedoch reifer, lernten, die Welt, uns selbst sowie die Notwendigkeiten und Möglichkeiten mit anderen Augen zu sehen.

Hätten wir uns in jener Zeit vor der schweren Last der Verantwortung gedrückt, wäre das, was mich betrifft, ein kleinmütiges Spiel mit dem Schicksal des Volkes gewesen. Ich war mir dessen bewußt, daß ich allen Haß auf mich ziehen würde, und rechnete damit, daß mir vielleicht bis zum Lebensende keine Gerechtigkeit widerfahren würde. Da wäre ich nicht der erste und nicht der letzte gewesen. Sogar die Geschichte fällt nicht immer gerechte Urteile, denn schließlich stammen diese von irgendwelchen Menschen.

Das alles wußte ich. Vielleicht hätte jener schmerzhafte Prozeß einen anderen Verlauf genommen, wenn ich ausschließlich Politiker gewesen wäre. Aber ich war auch Soldat, Kommandeur. Was man einem Politiker verzeihen kann, kann man einem Kommandeur nicht immer nachsehen.

Und dann das Militär ... Die Armee ist einer der wichtigsten Stützpfeiler jedes Staates. Unabhängig von dem jeweils herrschenden Gesellschaftssystem fühlt sie sich mitverantwortlich für das Funktionieren der staatlichen Strukturen. Sie weiß, wie wichtig deren Stabilität für die äußere Sicherheit ist. Es ist deshalb nicht erstaunlich, daß die überwiegende Mehrheit der Militärkader sehr negativ auf die Prozesse reagierte, die in der zweiten Hälfte des Jahres 1981 einsetzten.

General *Florian Siwicki*:

Die Spannung im Land nahm zu; unter den Militärkadern begann sich Nervosität breitzumachen, ihre Ausbilder wurden zusehends radikaler. Bei vielen Treffen in lockerer Atmosphäre kam es zu scharfen Bewertungen und Schlußfolgerungen. So wurde z. B. im September 1981 bei Treffen und Be-

---

[352] Magdalenka ist ein Dorf in der Wojewodschaft Warschau, in dem 1989 vertrauliche Gespräche der Teilnehmer der „Runden Tisches" stattfanden.

ratungen in der 4. und 12. Mechanisierten Division sowie in der 11. Panzer-
division von uns die Sicherstellung eines Minimums an Versorgung verlangt,
besonders in entlegenen Garnisonen. Außerdem wurde die Regierung kritisiert,
weil sie keine radikalen Maßnahmen ergriff, die den Mißständen, den Rechts-
brüchen und dem Zerfall des Staates einen Riegel vorgeschoben hätten.

Auf einer Sitzung des Militärrats des Verteidigungsministeriums und bei
Dienstbesprechungen berichteten die Kommandeure der Militärbezirke und der
Teilstreitkräfte über die im Herbst 1981 immer stärker zunehmende Unruhe
sowohl unter den Kadern als auch bei einem Teil der Wehrpflichtigen. Man
informierte uns über die wachsende Unzufriedenheit in der Bevölkerung wegen
der schlechter werdenden Lebensbedingungen, der Bedrohung der Sicherheit der
Bürger, der Anarchisierung des gesellschaftlichen Lebens und der Inkompetenz
der Behörden in den Kleinstädten und ländlichen Gegenden. Aus meinen Auf-
zeichnungen möchte ich einige Äußerungen von Mitgliedern des Militärrates des
Verteidigungsministeriums zitieren. Namen werde ich nicht nennen, denn das
könnte heutzutage wie eine Denunziation klingen. „Die Kader erwarten ein ent-
schlossenes Einschreiten der Staatsmacht gegen Rechtsverletzer, die es auf die
Zersetzung des Staates anlegen." „Wir erwarten, daß keine Zugeständnisse mehr
gemacht werden." „Nach Meinung der Kader hat uns die ‚Solidarność' den
Krieg erklärt, sollen wir uns da noch an Abkommen gebunden fühlen?" „Wenn
wir uns zurückziehen, besteht die Gefahr, daß die Kader das Vertrauen in die
Führung verlieren ..." „Auch die Wehrpflichtigen verlangen, daß Ordnung
gemacht wird ..." „Halbherzige Maßnahmen führen zu keinem Ergebnis." „Die
Kader verlangen nur eins – im Land muß wieder Ordnung einkehren."

Man meldete uns auch eine spürbare Abkühlung im Verhalten von Offi-
zieren verbündeter Armeen gegenüber unseren Kadern, einen deutlich zuneh-
menden Druck von ihrer Seite, der bei verschiedenen Dienstbesprechungen oder
Kamderadschaftstreffen ausgeübt werde. Scharf kritisierten die Verbündeten
die Ergebnislosigkeit unserer Bemühungen um eine politische Lösung des Kon-
flikts. Man behauptete, ein derart konziliantes Vorgehen schade den politischen
und militärischen Interessen der ganzen Gemeinschaft. Bei dieser Kritik taten
sich die Offiziere der Sowjetischen Armee, der Nationalen Volksarmee der DDR
sowie der tschechoslowakischen und der bulgarischen Volksarmee besonders
hervor. In diesem Zusammenhang kamen die Mitglieder des Militärrats des Ver-
teidigungsministeriums zu dem Schluß, daß die Zeit für endgültige Entscheidun-
gen gekommen sei, wenn man eine Tragödie von unvorstellbaren Ausmaßen ver-
meiden wolle.

Ich fühlte, ich wußte aus Erfahrung, daß ich das Vertrauen der Militärkader
besaß, daß sie mir gegenüber loyal waren, daß sie meine Befehle ausführen
würden, daß ich auf sie zählen konnte. Trotzdem führte die wachsende Bedrohung – wie man das damals nannte – dazu, daß ich immer öfter Stimmen
hörte, die einen dramatischen Ton anschlugen. Man sprach von wachsender
Gefährdung, äußerte immer größere Unzufriedenheit über die Lage.

Aufgrund meiner großen militärischen Erfahrung habe ich ein gerade-zu intuitives Gespür dafür, wann ein Soldat, ein Offizier bereit ist, mit dem Kommandeur ins Feuer zu gehen. Und ich habe ebenfalls ein Gespür dafür, wann das Vertrauensverhältnis Risse bekommt. Das geschieht dann, wenn das Vertrauen untergraben wurde, wenn der Kommandeur als jemand wahrgenommen wird, der schwankt, der die Haltung eines Hamlet ein-nimmt, der nicht imstande ist, schwierige Entscheidungen zu treffen. Dann ist es nur noch ein Schritt bis zu tödlichen Spaltungen innerhalb der Armee.

Ich stand unter großem Druck seitens der Kader, eines sehr großen Teils der Kader. Das betraf die höheren, in immer stärkerem Maße aber auch die mittleren und unteren Dienstränge. Mich erreichten die verschiedensten Meldungen, Briefe und Informationen. Ich spürte, daß ein Moment kom-men würde, in dem ich Gefahr lief, die in mich gesetzten Erwartungen zu enttäuschen.

Was wäre für mich die größte Tragödie gewesen? Wenn es zu Spaltungen innerhalb der Armee gekommen wäre. Wenn Soldat gegen Soldat gestanden hätte. Dazu kam es zum Glück nicht.

Dabei gibt es doch in unserer Geschichte viele andersartige Beispiele – angefangen bei verschiedenen Rebellionen, Konföderationen bis hin zum Jahr 1926. Das ist auch vielen anderen Völkern nicht erspart geblieben. Es war ein großer Erfolg, daß es uns 1981 gelang, Einheit und Disziplin der Armee zu wahren. Die polnische Armee hatte ein historisches Examen be-standen.

An dieser Stelle möchte ich an die Wehrpflichtigen erinnern. Es war im Herbst 1980. Ich entsinne mich an eine bestimmte Besprechung unmittel-bar vor der Vereidigung des nächsten Jahrgangs von Wehrpflichtigen. In meiner Eigenschaft als Verteidigungsminister hatte ich befohlen, diejenigen Soldaten, die der „Solidarność" angehörten, nicht anders zu behandeln als alle anderen. Es dürfe keinerlei Vorurteile geben. Jeder Soldat habe die gleichen Rechte. Niemand solle wagen, die Soldaten nach ihrer Gewerk-schaftszugehörigkeit einzuteilen. Jeder müsse sich dessen bewußt sein, daß er bei uns eine neue Seite seiner soldatischen Laufbahn aufschlage. Und wirklich, in den Streitkräften gab es keinerlei Spaltungen. Nach Einführung des Kriegsrechts haben alle die ihnen erteilten Befehle ausgeführt. Und das, obwohl viele vor ihrer Einberufung der „Solidarność" angehörten, ebenso wie Mitglieder ihrer Familien.

Wenn ich spätabends nach Hause zurückkehrte, blieb ich oft bei den Soldaten stehen, die Wache standen oder sich an Koksöfchen wärmten. Ich unterhielt mich mit ihnen. Bei ihnen spürte ich Verständnis für das, was wir taten, sogar eine gewisse Befriedigung. Auch folgendes Bild ist mir in Erinnerung geblieben: Ich fahre über die Belvederska-Straße und sehe dort eine große Gruppe Uniformierter herumstehen. Es ist Nacht, und im Dun-keln sehen alle Uniformen gleich aus. Ich gehe näher heran und erkenne, daß es keine Soldaten, sondern Milizionäre sind. Ich frage: „Wer seid ihr?" „ROMO." „Woher?" „Aus Elbląg." Ich beginne eine Unterhaltung mit ihnen, und es stellt sich heraus, die meisten von ihnen sind „Solidarność"- Mitglieder. Das spricht für sich.

Professor *Janusz Reykowski:*

Heute erhebt sich die Frage: Warum entschlossen sich die leitenden Persön- lichkeiten des Staates 1981 nicht zu demselben Schritt, zu dem sie sich 1989 ent- schlossen? Warum setzten sie Polen der Fortsetzung des Konflikts und der Verschlechterung der Startbedingungen für eine grundlegende Änderung des Gesellschaftssystems aus, die sowieso unvermeidlich war? Man könnte sagen, daß eine solche Fragestellung von Naivität (oder von bösem Willen auf politi- schem Gebiet) zeugt. Für viele Leute ist dies jedoch ein reales Problem – denn es geht dabei um die Möglichkeiten und Grenzen, denen Machthaber (sogar die Höchststehenden) unterworfen sind.

Was die Lage betrifft, in der sich Polen im Jahre 1981 befand, so kann man sie ohne Übertreibung als Tragödie bezeichnen, d. h. als einen unlösbaren Kon- flikt, der so oder so zu einem Unglück führen mußte. Darüber scheint man sich zu wenig im klaren gewesen zu sein, damals wie heute.

Die Bewegung „Solidarność" war in den ersten 16 Monaten ihrer Existenz eine mit elementarer Gewalt anschwellende Lawine eines Aufstands, in dem sich langangestaute Verletzungen und Forderungen Bahn brachen. Einmal in Gang gesetzt, verlieh der sich selbst beschleunigende Revolutionsmechanismus den Zielen, die der Bewegung vorschwebten, ideale Züge. Im revolutionären Elan wurde fast alles zum Heiligtum. So wurde z. B. der Kampf um arbeitsfreie Samstage in Regierungskreisen als Versuch betrachtet, Privilegien zu ergattern, die im Widerspruch zum öffentlichen Interesse standen; diejenigen, die dafür kämpften, erblickten darin jedoch die Verwirklichung der heiligsten Rechte der Werktätigen auf Selbstverwirklichung.

Diese elementare Bewegung stieß mit den damaligen Staatsstrukturen zusam- men, die auf radikale Veränderungen nicht vorbereitet waren. Der Zusammen- stoß wurde um so heftiger, je ehrgeiziger die Ziele der Bewegung wurden.

Aber es ging nicht nur darum, daß die staatlichen Strukturen auf tiefgrei- fende Veränderungen nicht vorbereitet waren. Im Grunde genommen war die „Solidarność" damals ebenfalls überhaupt nicht darauf vorbereitet, die Macht zu übernehmen (das war übrigens, wie sich jetzt herausstellt, acht Jahre später auch nicht anders).

Man wird kaum sagen können, daß in der damaligen Situation die Personen, die Verantwortung für den Staat trugen, große Entscheidungsfreiheit hatten, daß die Beseitigung der zerstörerischen Konsequenzen des Konflikts eben von ihnen abhing. Nichtsdestoweniger sind in den Augen vieler, sogar sehr gebil- deter Menschen politische Entscheidungen freie Willensakte der Machthaber. Wenn daher eine Entscheidung spürbare gesellschaftliche Konsequenzen nach sich zieht, bedeutet das, daß diejenigen, die diese Entscheidung trafen, gezielt gegen das gesellschaftliche Interesse handelten. Bei der Bewertung solcher Entscheidungen wird oft eine bestimmte Art von Fehler gemacht, den die Psychologen als „Grundfehler der Attribution" bezeichnen. Er besteht darin, daß man bei der Suche nach den Gründen für das Verhalten eines anderen Menschen die Faktoren, die die betreffende Situation mitbestimmt haben (die Sachzwänge) nicht genügend würdigt und annimmt, diese Faktoren würden hauptsächlich durch die unveränderlichen Eigenheiten der betreffenden Person determiniert. Nach dieser Logik müssen also Handlungen und Entscheidungen, die irgendwelche negativen Aspekte haben, auf die eine oder andere Weise Ergebnis negativer intellektueller oder moralischer Qualitäten der betreffenden Person sein.

Die Macht dieser Denkweise bei der Interpretation verschiedener Phänomene ist so groß, daß sogar offen zutage liegende Umstände übersehen oder unterschätzt werden. In unserem Fall heißt das, daß man folgende Faktoren nicht berücksichtigte: Erstens drohte Polen die tödliche Gefahr einer Intervention von außen. Nur Leichtsinn (oder politische Interessen) konnten jemanden dazu bringen zu behaupten, daß die Furcht vor dieser Gefahr ein „Hirngespinst" war. Alles, was man heute über die damalige Situation weiß, führt zu der Schlußfolgerung, daß das Dilemma nicht darin bestand, „ob sie kommen", sondern darin, bei welchem Grad des Zerfalls der damaligen Staatsform sie „kommen würden".

Zweitens: Das gesamte Regierungslager war auf tiefgreifende Veränderungen in keiner Weise vorbereitet. Der Staatsapparat – die ganze Hunderttausende Personen zählende „Nomenklatura", also (rechnet man die Familienmitglieder und andere ihnen nahestehende Personen dazu) eine riesige Menschenmasse, fühlte sich von den neuen Kräften, die die politische Bühne betraten, immer stärker bedroht. Ein Frontalzusammenstoß zwischen diesen beiden Lagern drohte in eine große Katastrophe, ja in einen Bürgerkrieg zu münden. Es ist wahr, daß die „Solidarność" sich von Gewaltanwendung distanzierte – vor allem in der ersten Phase ihrer Existenz. Aber in einem solchen Fall hätte der Gang der Ereignisse nicht davon abgehangen, was sich die Menschen dachten. Die Logik des Konflikts lief unausweichlich auf eine Konfrontation zu (man muß sich in diesem Zusammenhang nur an die Entwicklung in den letzten Wochen des Jahres 1981 erinnern).

Drittens schließlich liegt es auf der Hand, daß die Entscheidungsfreiheit der führenden Persönlichkeiten auch von ihrer eigenen Erkenntnisfähigkeit eingeschränkt wurde. Sie hatten mit Sicherheit die Notwendigkeit grundlegender demokratischer Änderungen in Polen nicht vollständig erfaßt. Zwar verstand man, daß das Land nicht weiterhin so regiert werden könne wie bisher, man hatte jedoch keine konkrete Vorstellung von der neuen demokratischen Ordnung. Sie entstand erst nach und nach bei der Lösung der Probleme des Staates. Bei ihrer Gestaltung spielte die Existenz einer demokratischen Opposition eine entscheidende Rolle.

Man muß jedoch feststellen, daß auch die demokratische Opposition allen-
falls rudimentäre Vorstellungen von der neuen demokratischen Ordnung hat-
te. Die Versuche, diese Ordnung zu schaffen, zeigten, wie kompliziert, wie viel-
schichtig und mit wieviel Unsicherheiten diese Aufgabe behaftet war.
Wenn man von dem tragischen Charakter der Lage, in der sich Polen 1981
befand, und den sich daraus ergebenden Beschränkungen der Entscheidungs-
freiheit der führenden Kreise spricht, kann man dennoch nicht in Abrede stel-
len, daß es im allgemeinen selbst unter den extremsten Bedingungen gewisse
Möglichkeiten der Wahl gibt, und deswegen ist es keineswegs sinnlos zu unter-
suchen, wie weit gespannt diese waren. Vom Charakter der führenden Persön-
lichkeiten hängt es ab, welche Möglichkeiten ergriffen werden. Als man sich
z. B. für die Einführung des Kriegsrechts entschieden hatte, konnte man es auf
die verschiedensten Arten ausgestalten, entweder – um konkrete Beispiele zu
bringen – wie 1991 in der UdSSR oder 1973 in Chile oder aber so, wie es dann
in Polen geschah.

Konnte man die Selbstbeschränkung der Staatsmacht noch weiter treiben?
Diese Selbstbeschränkung ist niemals identisch mit der Absage an Gewaltanwendung. Es kommt vor, daß selbst eine Staatsmacht, die auf die denkbar
demokratischste Weise zustande gekommen ist, im Interesse des Staates
Gewalt anwenden muß.

Das war auch für Präsident Wałęsa kein Tabu. Davon hat er mehr als einmal gesprochen, u. a. auf einer Pressekonferenz im Garten seines Amtssitzes
im Herbst 1991. Eine Journalistin fragte: „Jaruzelski hat Gewalt angewendet,
das Kriegsrecht eingeführt, und Sie haben neulich gesagt, daß Sie notwendigenfalls ..." „Wenn Anarchie ausbricht", antwortete Lech Wałęsa, „werde
auch ich Gewalt anwenden." Ich verstehe den Präsidenten. Wenn Polen der
staatliche Zerfall drohte, das Recht mit Füßen getreten würde, dann ist die
Verteidigung dieses Rechts die Pflicht des Präsidenten.

Übrigens ist in den Kreisen der jetzigen Machthaber immer häufiger von
der Möglichkeit der Gewaltanwendung die Rede. „Die Regierung ist die Regierung", sagte Jarosław Kaczyński[353] gegenüber Journalisten der „Polityka",
„und wenn die Konflikte eine bestimmte Intensität erreicht haben, hat sie das
Recht, Gewalt anzuwenden, zumindest dann, wenn öffentliche Gebäude besetzt werden." Einverstanden, auch das verstehe ich. Aber wenn eine so prominente Persönlichkeit aus der „Solidarność" wenige Sätze später „die Entsendung von Regierungskommissionen zu den Streikenden" verdammt, weil
das „die Spirale der Forderungen hochschraubt", sich über „staatsbürgerliche
Verantwortung" lustig macht und meint, daß es „ein böses Ende nehmen

---

[353] Jarosław und Lech Kaczyński, geb. 1949, exponierte Vertreter des klerikalen und rechts-
konservativen Flügels innerhalb des polnischen Parteienspektrums. Gründer, führende
Funktionäre sowie Parlamentsabgeordnete der „Zentrumspartei". Jarosław Kaczyński ist
seit 1991 ihr Vorsitzender.

kann, wenn man sich auf solche Begriffe beruft" – also, dann fehlen mir wirklich die Worte.

Die Partei wurde seinerzeit für mildere Formulierungen in Grund und Boden verdammt.

Ach ja – die Partei. Ein Journalist sagte vor kurzem zu mir: „Beim Vergleich des Schicksals der zwei Hauptgegner des Jahres 1981 stößt man auf ein eigenartiges Paradox: Die ‚Solidarność' erhielt zunächst ein Betätigungsverbot, wurde dann aufgelöst, blieb aber dennoch bestehen, um sich schließlich zu spalten. Über die PVAP wurde kein Betätigungsverbot verhängt, sie wurde nicht aufgelöst, mußte aber von der politischen Bühne verschwinden, und ihren ehemaligen Mitgliedern droht jetzt die „Dekommunisierung".[354] Vielleicht wäre es dazu nicht gekommen, wenn Sie vor zehn Jahren die PVAP aufgelöst hätten. Wie nahe waren Sie an einer solchen Entscheidung?" fragte er mich.

Ich antwortete ihm, daß ich darüber nachgedacht hätte. Eine entsprechende Vorgehensweise wurde mir u. a. von Professor Jan Szczepański angeraten. Auch innerhalb der PVAP selbst fanden sich solche Stimmen, wenn auch vereinzelt. Was gab den Ausschlag? Offen gesagt, man mußte verschiedene Aspekte berücksichtigen. Meine nächsten Mitarbeiter und ich fühlten uns der Partei verbunden. Ich wußte, daß Hunderttausende Menschen ähnlich empfanden – und das keineswegs nur aus Karrierestreben. Für sie bedeuteten die Worte „Polnische Vereinigte Arbeiterpartei" einen Lebensabschnitt, ehrliches und aufrichtiges Engagement für Polen. In dieser Situation hätte es große Verbitterung hervorrufen und – was noch wesentlicher ist – den Erfolg unserer Tätigkeit in Frage stellen können, wenn wir diesen Menschen die Partei weggenommen hätten. Man darf nicht vergessen, daß in dem damaligen System – und das war übrigens ein schwerer Fehler desselben – die PVAP aufgrund der Doktrin von der „führenden Rolle der Partei" praktisch das Knochengerüst des Staates bildete. Wenn man eine so schwierige Operation wie das Kriegsrecht erfolgreich durchführen wollte, konnte man ein so wichtiges Element nicht ignorieren. Ein weiterer Grund dafür, daß ich die Partei nicht auflöste, bestand schließlich darin, daß unsere Verbündeten uns ständig vorwarfen, wir würdigten die Partei nicht genug, sie werde schwächer, sei einem Erosionsprozeß ausgesetzt usw. Ein Betätigungsverbot der PVAP oder ihre Auflösung hätten uns praktisch isoliert oder vielleicht sogar gezwungen, ein von unseren Verbündeten inspiriertes „Manöver" zugunsten der Partei ins Werk zu setzen. Die Verbündeten betrachteten ja die polnische „Generalrevolution" sehr argwöhnisch. Eine Isolation aber wäre angesichts der vom Westen verhängten Restriktionen zu einem riesigen Problem geworden. Man mußte also vorsichtig vorgehen – die Partei war doch in unserem System ein „Heiligtum". Man hätte uns mit all unseren Problemen völlig allein lassen können.

[354] Abrechnung mit ehemaligen führenden Funktionären der PVAP.

Nehmen wir das Beispiel Ungarns. János Kádár löste 1956 die Partei der ungarischen Kommunisten auf. Genau genommen zerfiel diese Partei von selbst. Kádár war übrigens der erste, mit dem ich über eine solche Möglichkeit sprach. Bald nach Einführung des Kriegsrechts wandte ich mich an ihn mit der Bitte um Entsendung bevollmächtigter Vertreter, bei denen ich Rat holen und mich über die ungarischen Erfahrungen informieren könne. Kádár schickte seine beiden engsten Mitarbeiter nach Polen: den Ideologiefachmann György Aczel und den damaligen Premier Jenö Fock. Nach langen Gesprächen mit ihnen kam ich zu dem Schluß, daß eine Auflösung der Partei nicht sinnvoll sei. In der damaligen Zeit, unter dem damaligen System wäre eine neugegründete Partei mit Sicherheit wesentlich schlechter gewesen. Angesichts des Kampfes, der damals tobte, hätten sich in ihr wohl vor allem die Harten und Unbeugsamen zusammengefunden, während die Reformer total „weggefegt" worden wären.

Und so ging die Partei, um mit Kazimierz Barcikowski zu sprechen, „einen halben Schritt hinter der Armee" ins Kriegsrecht. Lohnte es sich, an ihr festzuhalten? Wenn man mich heute danach fragen würde, wüßte ich nicht, ob es richtig oder falsch war. Ich weiß nicht, ob es besser oder schlechter gewesen wäre, wenn man damals die Partei aufgelöst hätte. Ich weiß es einfach nicht. Diesen Film kann ich nicht mehr zurückdrehen.

KAPITEL 42

Wie ein Stachel

Die Einführung des Kriegsrechts ging geordnet vor sich. Starke Kräfte von Miliz und Armee waren daran beteiligt. Der Gesellschaft wurden verschiedene beschwerliche Härten und Beschränkungen auferlegt, z. B. die Abschaltung der Telefone und die Polizeistunde. Viele Menschen verloren ihren Arbeitsplatz. Verschiedene Rechnungen wurden beglichen. Die ersten Reaktionen der Staatsanwaltschaften und der Gerichte waren im allgemeinen ebenfalls scharf. Gleiches galt für unsere Rhetorik. In vielen Fällen wurde dabei „der Bogen überspannt". Aber welche Absichten standen dahinter? Wieder einmal das Problem des geringeren Übels. Es ging darum, eine Konfrontation zu vermeiden und Widerstand gar nicht erst aufkommen zu lassen. Das gab uns auch das Gefühl, daß im Ausland keine Versuchung und keine Vorwände entstehen konnten, uns zu unterstützen oder uns zu Hilfe zu kommen. Die im Zusammenhang mit dem Kriegsrecht eingeführten Beschränkungen wurden gemildert, die Härten schrittweise wieder abgeschafft. Immer mehr Menschen wurden amnestiert. Dennoch weiß ich, daß sich bei vielen Personen seelische Verletzungen, unbewältigter Groll und das Gefühl der Kränkung bis heute nicht gelegt haben. Das ist der Preis einer Operation „ohne Narkose". Aber wie hätte eine Narkose aussehen sollen?

Man darf nicht vergessen, daß es auch auf der anderen Seite Menschen gab, die schwer gelitten haben. Dutzende verletzter Milizionäre, die Rufe: „Gestapo", „Faschisten". Unterstützung für wirtschaftliche Restriktionen,[355] Aufrufe zur „Arbeit im Schneckentempo". Ich will das natürlich nicht vergleichen. Die Situation von Menschen, die unter Repressionen zu leiden haben, ist eine andere als die von Menschen, die Repressionen ausüben. Das Wichtigste ist, daß die damaligen tiefen Spaltungen der Gesellschaft sich nicht als irreversibel erwiesen. Es entstand kein Abgrund, der nicht mehr hätte überbrückt werden können. Das bewies der „Runde Tisch".

Eine Sache aber löst in mir mehr Verlegenheit, ja mehr Scham aus als alles andere: Ich meine die Internierungen. Man mag es mir glauben oder nicht, aber es hat niemals eine zentrale, von mir oder von einem anderen Mitglied der damaligen Führung abgesegnete Liste von zu internierenden Personen gegeben.

Heute betrachte ich es als schweren Fehler, als ungeheuren Leichtsinn, daß ich mich nicht persönlich dafür interessierte, wer interniert werden soll-

---

[355] Nach Auskunft von Jaruzelski gegenüber dem Übersetzer ist hier gemeint, daß die „Solidarność" wirtschaftliche Restriktionen des Westens gegen Polen befürwortete, damit die kommunistische Staatsmacht wegen der katastrophalen wirtschaftlichen Lage zu Fall komme.

te. Auch Kiszczak räumt ein, sich darum nicht gekümmert zu haben. Auf einer Sitzung des Nationalen Verteidigungsrats wurde darüber gesprochen, welches Ausmaß die Internierungen im Falle der Einführung des Kriegsrechts annehmen sollten. Ein Vertreter des Innenministeriums meinte, es würde sich um etwa fünftausend Personen handeln. Meine Antwort: „Seid ihr verrückt geworden? Fünftausend! Wozu?" Weiter interessierte ich mich nicht mehr dafür. Es zeigte sich jedoch, daß am 13. Dezember tatsächlich fünftausend Personen interniert wurden. Es kam ein Mechanismus in Gang, bei dem sowohl Sicherheits- als auch Rachegedanken eine Rolle spielten.

Der Sicherheitsgedanke bestand darin, daß man sich um so sicherer fühlen könne, je mehr Personen man interniere. Der Rachegedanke kam darin zum Ausdruck, daß sich bei dieser Gelegenheit auf lokaler Ebene verschiedene Animositäten von Sicherheitschefs, Milizkommandanten sowie Vertretern der Partei und der staatlichen Verwaltung Bahn brachen. Ein geradezu klinischer Fall dafür ist die Internierung von Ryszard Kurylczyk. Seit Jahren ein bekannter Partei- und Staatsfunktionär, wurde er zuerst Wojewode, dann Erster Sekretär des Wojewodschaftskomitees der PVAP in Słupsk. Die ungerechtfertigten Internierungen hatten, wie ich meine, zwei Folgen. Einerseits waren sie überflüssig. Viele Personen, die isoliert wurden, vor allem aus Intellektuellenkreisen, stellten doch gar keine Gefahr für den inneren Frieden dar. Also kompletter Schwachsinn. Ganz zu schweigen davon, daß das geradezu amoralisch war. Zweitens schadete diese Handlungsweise auch der Staatsmacht. Denn jetzt übersteigt die Zahl der Kämpfer und Märtyrer jedes rationale Maß. Das alles schmerzt mich sehr. Als ich später von Frau Izabella Cywińska[356] hörte, wie man sie in Handschellen gelegt hatte, konnte ich mich kaum noch fassen.

Verschiedene meiner Berichte und Erinnerungen bestätigen, daß die Art und Weise der Internierung nicht von oben geregelt war. Alles hing von der Kultiviertheit der Personen ab, die die Internierungen vornahmen. Und da gab es große Unterschiede und sowohl angemessenes als auch verurteilenswertes Vorgehen. Ich möchte hier niemanden rechtfertigen.

Zu keinem Zeitpunkt waren mehr als 5 200 Personen interniert. Die Gesamtzahl aller unter dem Kriegsrecht internierten Personen betrug 10 554. Viele von ihnen wurden nach einigen Tagen oder Wochen wieder auf freien Fuß gesetzt, wovon übrigens viele Memoiren zeugen. Andererseits wurden auch noch viele Monate nach Einführung des Kriegsrechts Personen interniert, die ursprünglich nicht in den Listen standen. Wenn ich mich auch nicht dafür interessiert hatte, wer von den damaligen Gegnern interniert wurde, so hatte ich doch Einfluß darauf, wer von den ehemaligen Machthabern davon betroffen war. Das ist keine leichte Angelegenheit ... Ich betrachte sie ebenfalls unter dem Gesichtspunkt des geringeren Übels. Es ging

---

[356] Izabella Cywińska, geb. 1935, bekannte Theaterregisseurin. 1989 bis Januar 1991 Kulturministerin.

vor allem darum, eventuellen Reaktionen der Gesellschaft auf die Einführung des Kriegsrechts vorzubeugen. Diese Reaktionen hätten wesentlich schärfer ausfallen können, wenn ausschließlich Funktionäre der „Solidarność" interniert worden wären, während die anderen – die schließlich auch Verantwortung für die entstandene Lage trugen – keinerlei Konsequenzen zu erdulden gehabt hätten. Dies um so mehr, als der größte Druck, mit Gierek, Jaroszewicz und anderen abzurechnen, aus den Reihen der Partei selber kam. Während des IX. Parteitags nahm dieser Druck geradezu emotionale Formen an. Ich glaube also, daß die Internierung sie vor wesentlich Schlimmerem bewahrt hat. Und noch eins. Wir hatten gesagt, daß „es keine Rückkehr zu dem Zustand vor dem Dezember 1981 oder vor dem August 1980 geben wird". Dies mußten wir durch unser Handeln glaubhaft machen, indem wir zeigten, daß es keine politische Rehabilitierung für diejenigen Angehörigen der Staatsmacht und des Parteiapparats geben werde, die das in sie gesetzte Vertrauen enttäuscht und zur Entstehung der Krise beigetragen hatten. Außerdem sollten diese Internierungen eine Warnung sein. Leider war die Wirkung nicht allzu groß.

Einige Tage nach den Internierungen schickte ich Mirosław Milewski, damals ZK-Sekretär und Politbüromitglied, nach Głębokie, in die Region des Truppenübungsplatzes Drawsko, wo sich die internierten ehemaligen Staats- und Parteifunktionäre anfangs befanden. Er sprach mit ihnen, hörte sie an, legte ihnen unsere Absichten und Argumente dar. Einige Zeit danach wurden sie nach Promnik bei Otwock in ein Erholungsobjekt gebracht, das von Jaroszewicz errichtet worden war. Dort trafen sie u. a. mit Kazimierz Barcikowski zusammen. Im Gespräch behaupteten sie, daß ihnen Unrecht widerfahre, denn die 70er Jahre seien eine fast ununterbrochene Erfolgskette gewesen. Gleichzeitig äußerten sie volles Verständnis für die Einführung des Kriegsrechts und befürworteten sie.

In Briefen an mich beklagte sich Gierek darüber, „daß ich und weitere Mitglieder der Parteiführung lange Zeit in der Internierung ausharren müssen, obwohl wir es doch vorbehaltlos unterstützten, daß durch die Einführung des Kriegsrechts der Konterrevolution ein Riegel vorgeschoben wird". Die Zweckmäßigkeit eines Gesprächs mit Vertretern der Parteiführung begründete er wie folgt: „Unserer Überzeugung nach kann dieses Gespräch dazu beitragen, daß einerseits die Gründe für die Krise des Jahres 1980 objektiv benannt werden, andererseits die Verantwortlichkeit für diese Krise klar abgegrenzt wird von dem Charakter und der Quelle der tatsächlichen Bedrohungen unseres Landes und des sozialistischen Aufbaus durch die Konterrevolution ... zwischen August 1980 und Dezember 1981". Er hob hervor, „daß wir uns beim Prozeß der Stärkung des sozialistischen Polens sowie der politischen und wirtschaftlichen Stabilisierung unseres Landes, wie sie von der Partei und dem Militärrat für nationale Errettung betrieben werden, ebenfalls emotional engagieren". Er verdammte „die totale Kritik an den grundlegenden Prinzipien und dem gesamten Prozeß des sozialistischen

Aufbaus. „Zusammen mit den Streikaktionen", schrieb er, „hat das zur Demontage der Staatsmacht, zur Zerschlagung der Partei und zu einem drohenden konterrevolutionären Umsturz geführt, dem erst am 13. Dezember ein Riegel vorgeschoben wurde". Bei der Gelegenheit unterstrich er: „Das Polen der 70er Jahre war auf einen stärkeren Beitrag zur Entwicklung der sozialistischen Gemeinschaft sowie auf engere ideologische, politische und wirtschaftliche Verbindungen mit der UdSSR ausgerichtet." Man kann schwerlich die Augen davor verschließen, daß diese Urteile nicht mit dem übereinstimmen, was er später in seinen Büchern „Przerwana dekada" („Unterbrochene Dekade") und „Replika" („Erwiderung") schrieb.

Deshalb sind sowohl die Erinnerungen von Gierek als auch die von Jaroszewicz in diesem Punkt unaufrichtig. Beide stellen sich als Personen dar, die bereits in den 70er Jahren Anwälte von Demokratie und tiefgreifenden Systemveränderungen gewesen seien. Sie behaupten, daß sie, wenn sie an der Macht gewesen wären, den Dialog mit der „Solidarność" geführt hätten und die Einführung des Kriegsrechts nicht notwendig geworden wäre. Jaroszewicz – und das war für mich eine große Offenbarung – verkündet, daß man mit mehr Entschlossenheit den Weg der Demokratie und Souveränität hätte beschreiten und Polen „finnlandisieren" müssen. Man mag ja über einzelne Personen denken, was man will, aber Jaroszewicz als Anwalt von Demokratie und „Finnlandisierung" – das ist wirklich kurios. Dennoch hege ich keinen Groll gegen diese Menschen. Ich erinnere mich an die Jahre guter Zusammenarbeit mit ihnen. Ihre Verbitterung verstehe ich. Dies gilt auch für die Umstände ihrer Internierung, die man als nicht angemessen bezeichnen kann. Darum habe ich mich leider ebenfalls nicht gekümmert.

Außergewöhnliche Situationen und Maßnahmen führen oft zu Blutvergießen. Wir wissen, daß in vielen Ländern der Ausnahmezustand Tausende und Abertausende von Menschenleben gekostet hat. Wir dagegen trafen diese dramatische Entscheidung eben deshalb, damit es nicht zu einer solchen Tragödie komme. Dies ist uns in hohem Maße gelungen. Hundertprozentig leider nicht. Im Bergwerk „Wujek" kam es zum Schußwaffengebrauch, neun Bergleute kamen ums Leben. Dieses schmerzliche Ereignis wirft bis heute seinen Schatten auf die Gesamtbewertung der damaligen Vorgänge.

Ich bin mir dessen bewußt, daß es bei Aktivitäten solchen Umfangs und bei einer solchen Erhitzung der Gemüter zu Konfliktsituationen kommen kann. Deshalb sagte ich am 13. Dezember: „Wir werden nicht dort Barrikaden errichten, wo ein Brückenschlag nottut." Und weiter: „Möge in diesem gequälten Land, das schon so viele Niederlagen, so viele Leiden erdulden mußte, kein einziger Tropfen polnischen Blutes fließen." Dafür hatte ich die Staatsmacht auf allen Ebenen sensibilisiert. Ständig begleitete uns diese Mahnung. Deshalb sitzt mir dieses Drama wie ein Stachel im Fleisch.

Mein Buch beschreibt die Ereignisse vor dem 13. Dezember: das Ende einer Etappe und den Beginn einer neuen. Sie muß gründlich beleuchtet werden. Vielleicht werde ich das in der Zukunft tun.

Ich kann mein Buch jedoch nicht ohne einige Feststellungen beenden. Das Kriegsrecht war eine Rettung, gleichzeitig aber auch eine Verkrüppelung. Daher der Begriff des geringeren Übels. Solche Operationen hinterlassen schmerzhafte Spuren und Narben. Das nächstliegende, das wichtigste Ziel war erreicht worden: die Vermeidung einer Katastrophe. Viele weitergehende Erwartungen erfüllten sich nicht. In einigen Fällen war das objektiv nicht möglich, in anderen ist es unser Verschulden. Ich kann mir nicht verzeihen, daß sich uns damals viele Leute als „Trittbrettfahrer" anschlossen, die zu den Kräften der Beharrung gehörten. In dem Kampf, der zu dieser Zeit tobte, waren sie zwar Verbündete, gleichzeitig aber Ballast, eine Bremse im Prozeß der Reformen und der Erneuerung.

Im Machtapparat gab es viele nachdenkliche, gebildete und erfahrene Menschen. Leider führt eine Summe von klugen Köpfen nicht automatisch zu einem Zuwachs an Klugheit. Oftmals wird man von den Dümmeren hinabgezogen, die durch Fanatismus, Demagogie und Schneid dafür sorgen, daß selbst die besten Absichten mit falschem Zungenschlag vorgetragen werden. Sowohl aus objektiven als auch aus subjektiven Gründen ließ sich die Regierungsbasis nicht wesentlich erweitern. Sehr viele wertvolle Menschen, die sich auf keiner der beiden Seiten klar engagieren wollten, gerieten ins Abseits. Ich könnte noch weitere Beispiele für Fehler und Schwächen in dieser Epoche nennen, die eine eingehende Analyse sine ira et studio verdient hat und noch viele Fragen aufwirft. Zum Beispiel diese: Warum dauerte der Prozeß der Suche nach einer nationalen Verständigung, der mit dem „Runden Tisch" seinen Abschluß fand, nur so kurze Zeit? Haben wir nicht zuviel gesellschaftliche Energie verschwendet? Haben wir nicht, als wir die Brände richtigerweise erstickten, auch viele positive Emotionen mit erstickt? Und auch diese: Wer hat worum gekämpft? Was war möglich, und was war unrealistisch? Welchen Weg hätten wir damals beschreiten müssen? Eine tiefgründige Antwort auf diese Fragen müssen Historiker, Soziologen, ehrliche und verständige Politiker geben. Und dazu braucht man mehr Ruhe, Zeit und Distanz.

So ernster Probleme kann man sich nicht dadurch entledigen, daß man billige Phrasen drischt und die Schuld ausschließlich auf einer Seite, nämlich bei der „ehemaligen Staatsmacht", „dem Totalitarismus", „der Kommune"[357] sucht. Man kann nicht die Geschichte der ganzen damaligen, so komplizierten Realität in Grund und Boden verdammen. Denn auch die schärfste Kritik und Selbstkritik ändern nichts an der Wahrheit: Das Kriegsrecht war notwendig.

Ich hoffe, daß dieses Buch zum besseren Verständnis dieser Wahrheit sowie zur Beseitigung diverser Vorurteile, Fälschungen und Mythen beiträgt.

[357] S. Anm. 135.

KAPITEL 43

Ein Tropfen im Strom

In jenen schweren Wochen war ich oft so schrecklich müde, daß Schlaf mir wichtiger zu sein schien als alles andere auf der Welt. Ich legte mich in der Regel nach Mitternacht, meist sogar erst bei Morgengrauen schlafen. Als alter Soldat habe ich die Fähigkeit entwickelt, jederzeit und zu jeder Tageszeit einzuschlafen. Aber damals stellte sich oft nach zehn, zwanzig Minuten heraus, daß ich nicht einmal zwei oder drei Stunden durchschlafen konnte. Verschiedene Gedanken schwirrten in meinem Kopf herum. Wie sollte es weitergehen? Wie sollte man aus dieser Situation herauskommen? Mir standen diverse Briefe vor Augen, die ich damals von Bürgern unseres Landes bekam. Die meisten von ihnen waren mit Vor- und Familiennamen unterzeichnet, nicht selten sogar mit der Absenderadresse versehen. Manchmal handelte es sich bei diesen Briefen um Appelle, die Dutzende, ja Hunderte von Unterschriften trugen – gelegentlich sogar unter Angabe der Nummer des Personalausweises, damit nicht der Verdacht einer Fälschung aufkommen konnte.

Die meisten dieser Briefe liefen auf den Aufschrei hinaus: „Herr General, retten Sie uns!" Ein Teil war von Menschen geschrieben, die von der „Solidarność" bedroht wurden – und das aus gutem Grund: Sie hatten sich der Korruption, der Cliquenwirtschaft, der Selbstherrlichkeit schuldig gemacht. Diese Briefe waren leicht zu erkennen, denn in der Regel beriefen sich ihre Autoren auf den Marxismus-Leninismus und die unumstößlichen Grundlagen des Sozialismus.

Am bewegendsten waren Briefe, aus denen Sorge und Verzweiflung über die Bedrohung Polens sprachen. Man flehte mich an, einen brudermörderischen Konflikt zu vermeiden, Schlußfolgerungen aus dem Warschauer Aufstand zu ziehen, der große Opfer an Menschenleben gefordert hatte. Man schrieb mir, daß ich meine soldatische Pflicht verletzen würde, wenn ich die Menschen nicht vor Hunger und Kälte rettete.

Allem äußeren Anschein zum Trotz bin ich ein ziemlich harter Mensch. Es ist jedoch für Psychologen kein Geheimnis, daß auch solche Menschen irgendwo einen empfindlichen Punkt haben, so wie eine Schildkröte empfindliche Ritzen in ihrem Panzer hat. Auch ich bin so ein Mensch. Zur Übergenüge habe ich Schimpfworte, Beleidigungen und Verunglimpfungen gehört, die an meine Adresse gerichtet waren. Einige davon taten weh, sehr sogar. Die Mehrzahl jedoch prallten an mir ab wie ein Steinchen am Panzer einer Schildkröte. Das wird mit Sicherheit bis zum Ende meines Lebens so bleiben. Was also ist mein „schwacher Punkt"? Es sind die Stimmen einfacher Menschen außerhalb jeglicher Machtstrukturen, die man als „Salz der Erde" bezeichnet.

Es gibt Werte, die die Menschheit einfordert, für die sie kämpft – unabhängig vom Gesellschaftssystem. Sie sind mit der Situation und dem Schicksal eben jener einfachen Menschen verbunden, deren Hoffnungen der Sozialismus erfüllen sollte. Das Verhängnis bestand darin, daß er in staatlicher Form als ein mit einem unheilbaren Geburtsfehler behaftetes Kind das Licht der Welt erblickte. In einem Land, das seit Jahrhunderten keine rechtsstaatlichen Regierungen gesehen hatte (gemeint ist hier nicht Polen, sondern Rußland, Anm. d. Übers.), in einem Meer von Elend, unter Analphabeten, erniedrigten und benachteiligten Menschen, und daß er sich fortan in der Regel dort ausbreitete, wo die zivilisatorische Entwicklung zurückgeblieben war. Davon wurde sein Schicksal entscheidend beeinflußt.

Aber Sozialismus – das sind doch nicht nur verschiedene Fehler und Exzesse. Das sind auch reale, unbestreitbare gesellschaftliche Errungenschaften und Werte. Millionen Menschen bekennen sich zu ihnen. Sieger neigen dagegen immer zur Selbstbeweihräucherung. Deshalb ist es heute sehr schwer, bestimmte Positionen zu verteidigen, die wir – die Staatsmacht – damals vertraten.

Und noch eins möchte ich sagen. Die Politik, die Verpflichtungen, die die Menschen eingehen, und die Motive für ihr Handeln sind nicht nur die Summe rationaler Überzeugungen. Dabei handelt es sich auch um eine Art von Emotionen, Mythologien und Legenden. Viele Jahre lang hatten nicht nur die Legionäre einen Kloß im Hals, wenn sie das alte Soldatenlied „Die erste Brigade" hörten. Aus Erzählungen von Teilnehmern am Warschauer Aufstand weiß ich, daß das ziemlich banale Lied von den „Jungs vom Regenschirm" bis heute emotionale Reaktionen bei den ehemaligen Aufständischen hervorruft. Ich selbst verspüre innere Bewegung, wenn ich die Melodie „Oka" höre.[358]

Die „Solidarność" hat bei dieser Art emotionaler Erkennungsmerkmale schnell aufgeholt. Ich denke nicht nur an die berühmte Aufschrift,[359] sondern auch an Lieder, Balladen und Poesie unterschiedlichster Qualität.

Als die „Solidarność" entstand, ging ich nicht davon aus, daß sie in so kurzer Zeit von einer Gewerkschaft zu einer großen gesellschaftlichen und politischen Bewegung werden und ein ganzes System von Symbolen schaffen würde, in denen sich die verschiedensten Sehnsüchte und Träume vieler Generationen konzentrierten. Oft widersprachen diese Symbole einander, aber als Mythos waren sie mächtig. Heute, im Rückblick von Jahren,

---

[358] Nach Auskunft von Jaruzelski gegenüber dem Übersetzer handelt es sich bei dem zweiten Lied um das Kampflied des Regiments „Parasol" („Regenschirm"), das zur Heimatarmee (s. Anm. 180) gehörte. Das Lied „Oka" besingt den russischen Fluß Oka und wurde von den Soldaten der Armee General Zygmunt Berlings (s. Anm. 239) gesungen, zu der auch Jaruzelski gehörte.

[359] Hier ist das Emblem der „Solidarność" gemeint, das sich auch der polnischen Fahne bedient. S. auch Anm. 179.

ist mir klar, daß wir alle in der Staatsführung zu wenig Phantasie hatten. Oft dachten wir voller Hochmut, daß nichts anderes stärker an die jahrhundertealten Forderungen der Menschheit nach Würde, Gerechtigkeit und Freiheit appellieren könne, als unser Kanon von Schlagworten und Symbolen. Und es war weder Zufall noch bewußte Manipulation, daß an der Wiege der „Solidarność" eine Rhetorik stand, die beinahe wörtlich aus dem frühen, romantischen Stadium der revolutionären Epoche übernommen worden war.

Die Mythologie ist ein untrennbarer Bestandteil des Gesellschaftslebens. Diese Färbung hat auch der Begriff „Ethos der ‚Solidarność'", obwohl er heute schon merklich an Lebenskraft verliert. Wahrscheinlich war es Piłsudski, der gesagt hat, daß die Polen „nicht in Tatsachen, sondern in Symbolen denken". Der Pragmatismus hat in der Politik ungeheure Vorteile und sollte eigentlich Wegweiser für alle Führungsmannschaften sein. Aber Pragmatismus allein reicht nicht. Er ist dürr und grau, wenn seine Vertreter nicht gleichzeitig an die emotionalen Grundlagen des kollektiven und des individuellen Bewußtseins appellieren.

Der Mißbrauch patriotischer Parolen, eine patriotische Staffage für Dinge, bei denen dies nicht erforderlich oder sogar unangebracht war, hat mich – und nicht nur mich – geärgert. Ich habe einmal gesagt: „Unsere Nationalhymne, die von Generationen wie ein Heiligtum, eine Reliquie verehrt wurde, wurde zur Begleitmusik für verschiedene Streik- und Protestaktionen. ‚Noch ist Polen nicht untergegangen – aber Polen geht unter!'"[360]

In der zivilisierten Welt wird man für Verbrechen, für Rechtsverletzungen verurteilt, aber nicht für Politik. Wir krönten unsere Politik der Verständigung mit dem „Runden Tisch". Die Kirche wurde zu seinem Bürgen. Wir gaben die Macht nicht auf den Barrikaden, sondern „auf dem Tablett" ab.

Kürzlich war ich in Spanien und staunte über die politische Kultur dieses Volkes. Die Spanier sind durch die Hölle eines blutigen, sich lange hinziehenden Bürgerkriegs gegangen und haben es dennoch geschafft, über ihr schreckliches Erbe hinauszuwachsen. Ihr Modell für nationale Verständigung, für das entschlossene Zuschütten der gestern aufgerissenen Gräben ist imponierend. Der Weg der nationalen Verständigung wird von einst so tief in Blut getauchten Ländern wie Chile, Nicaragua, El Salvador und sogar Kambodscha beschritten. Denn die Zukunft muß stärker sein als die Vergangenheit.

Wir haben es geschafft, uns den Weg zu Souveränität und Demokratie freizukämpfen. Werden wir uns auch den Weg zu nationaler Einheit und Toleranz freikämpfen? Ich fürchte, daß verschiedene Racheparolen, die zur

---

[360] S. Anm. 323. Jaruzelski spielt hier darauf an, daß die „Solidarność" diese geänderte Zeile der polnischen Nationalhymne benutzte, um dem Volk zu suggerieren, daß Polen zum Untergang verurteilt sei, wenn es nicht gelänge, die Kommunisten zu entmachten.

„Dekommunisierung"[361] aufrufen, unsere Aufmerksamkeit von den wesentlichen Zielen ablenken und zu einer Zersplitterung der Anstrengungen unserer Gesellschaft führen könnten. Das wäre für Polen im wahrsten Sinne des Wortes mörderisch. Es kann den Interessen unseres Landes nur schaden, wenn man sich in dieser von Rivalität, Wettlauf und Konkurrenz geprägten Welt Ersatzziele sucht und die Energie der Gesellschaft darauf verschwendet.

Ich weiß nicht, ob ich mein Leben verspielt oder es im individuellen Sinne „gewonnen" habe. Heute, wo so viele „Steintafeln"[362] zerbrochen sind, wo man manchmal nicht mehr weiß, ob es Tag oder Nacht ist, schaue ich mit Traurigkeit auf einige meiner Entscheidungen in der vergangenen Dekade. Wie viele Fehler hätte ich vermeiden müssen, wie viele Worte hätte ich besser nicht gesprochen!

Das Jahr 1981 war in Polen nicht die Zeit inspirierter Visionäre. Vielleicht forderte die Geschichte nach zwei Jahrhunderten der Niederlagen, der Absurditäten, des sinnlosen Sich-Aufbäumens und des „verfluchten Haders" von uns Politiker, die weniger auf Effekthascherei bedacht, dafür aber vor allem verantwortungsbewußt waren? Vielleicht fiel gerade mir die Rolle eines Blitzableiters zu, der elektrische Ladungen aus der Atmosphäre in die Erde umleitet?

Wenn ich heute auf jenes große und schreckliche Jahr 1981 zurückblicke, ergibt sich daraus für mich vor allem eine Schlußfolgerung: Möge die Vergangenheit uns nie mehr den Blick auf die Zukunft verstellen. Es ist mein Wunsch, daß die Lektion der 80er Jahre nachfolgenden Generationen als Beweis für unsere Reife dienen möge – und wenn ich „uns" sage, dann meine ich damit alle, die auf beiden Seiten der damaligen Barrikade dazu beitrugen, daß zum erstenmal in diesem Jahrhundert die Vernunft über die Verrücktheit, das Verantwortungsbewußtsein über die Gedankenlosigkeit siegte.

Ich habe dieses Buch unter dem Ansturm historischer und zeitgenössischer Gedanken, Namen, Fakten und Kommentare geschrieben, die sich über Jahre hinweg in meinem Gedächtnis angestaut hatten. Auf diese Weise habe ich die stürmischen Ereignisse des Jahres 1981 noch einmal durchlebt. Daher kommt es, daß das Buch auf so vieles Bezug nimmt und sogar wie im Fieber geschrieben wirkt. Ich wollte jedoch meine Erzählungen nicht „glattkämmen". So war eben damals die brodelnde, dichte Atmosphäre.

Noch eine weitere Anmerkung: Breiten Raum habe ich Zitaten aus verschiedenen Äußerungen und Publikationen gegeben, die sich vor allem auf die Umstände der Einführung des Kriegsrechts und auf seine Bewertung beziehen. Ihre Autoren sind unterschiedlich, und unterschiedlich ist das spezifi-

[361] S. Anm 354.
[362] Anspielung auf die Steintafeln mit den Zehn Geboten.

sche Gewicht dieser Bewertungen. Manche Fragmente mag man als langatmig empfinden. Dessen bin ich mir bewußt. Ich glaube jedoch, bei einer so wichtigen und sensiblen Materie darf man keinen Zeitzeugen, keine Quelle übergehen.

Ich habe dieses Buch in dem Gedanken an einen offenen, intelligenten Leser geschrieben. Meinen Dank möchte ich all denen aussprechen, die gewillt waren, das Buch so durchzulesen, wie ich es mir wünsche – ohne vorgefaßte Meinungen. Wenn es mir gelungen ist, solche Leser zu finden, ist dies für mich die größte Belohnung.

Ich danke allen meinen ehemaligen Mitarbeitern, vor allem Frau Anna Karaś und Herrn Krzysztof Potzrebnicki, die zur Entstehung dieses Buches beigetragen haben.

Personenverzeichnis

Górski, Janusz 37, 41
Grabowski, Oberleutnant der polnischen Armee 303
Grabski, Stanisław 263, 307
Grabski, Tadeusz 126, 148, 180
Grabski, Władysław 166, 267
Gretschko, Andrej 67, 112, 132, 269, 277, 284, 440
Gregorczyk, Oberst der Miliz 384
Gergor, General 385
Gribkow, Anatolij113, 115, 279, 281
Gromyko, Andrej 58, 59, 63, 143, 197, 198, 199, 200, 257, 261, 268, 275, 285, 312, 343, 349, 350
Gruba, Oberst der Miliz 382, 383
Gruschko, General 386
Grzyb, Zofia 27, 229, 237, 259
Grzybowski, Konstanty 450
Gucwa, Stanisław 443
Gwiazda, Andrzej 136, 240, 261, 376

Hackett, John 411
Haig, Alexander 19, 245, 283, 287, 348, 349, 397, 398, 399, 400
Hammer, Armand 157
Havel, Vaclav 278
Hitler, Adolf 54, 129, 284
Hoffmann, Heinz 91, 132, 416
Holzer, Jerzy 89, 182, 236, 240, 252, 291, 373
Holoubek, Gustav 204
Homer 346
Honecker, Erich 48, 49, 55, 60, 152, 177, 178, 255, 272, 397, 434
Humeński, Julian 110
Hupałowski, Tadeusz 33, 50, 51
Husák, Gustav 48, 56, 119, 177, 255, 272

Ignar, Stefan 329, 337
Inosemzew 114
Iwaniec, Władysław 76, 77
Iwaschutin, General 416

Jabłoński, Henryk 16, 17, 18, 216
Jagielski, Mieczysław 24, 25, 26, 31, 126, 141
Jakubowski, Iwan 73, 132
Jan III. Sobieski 411
Janiszewski, Michał 12, 14, 19, 33, 45, 114, 119, 414, 420
Janczyszyn, Ludwik 128, 176
Jaroszewicz, Piotr 14, 43, 67, 101, 161, 180, 263, 464, 465

Jaruzelski, Wojciech – passim 30, 46, 51, 58, 86, 96, 115, 119, 156, 161, 165, 175, 197, 221, 242, 265, 313, 353, 374, 387, 389, 417
Jarzębowski, Józef 170
Jaworski, Kriegsteilnehmer 65
Jaworski, Seweryn 375, 377, 444
Jedlicki, Jerzy 204
Jedynak, Tadeusz 209
Jędryszczak, Aleksander 359
Jeleński, Konstanty 424
Józefiak, Cezary 156, 157, 237
Jeremenko, Marschall 58
Johannes XXIII. 101
Johannes Paul II. 168, 169, 173, 216, 352, 353
Jurczyk, Marian 84, 85, 240

Kacała, Andrzej 79
Kaczmarek, Zdzisław 41, 124
Kaczyński, Jarosław 459
Kádár, János 48, 49, 54, 60, 64, 152, 196, 271, 461
Kadziński, Roman 111
Kałkus, Stanisław 237
Kamecki, Zbigniew 226
Kania, Stanisław 24, 26, 48, 51, 52, 55, 58, 59, 60, 61, 62, 69, 71, 76, 83, 84, 95, 96, 100, 111, 114, 117, 123, 145, 152, 158, 175, 179, 181, 197, 199, 201, 212, 216, 223, 224, 228, 229, 253, 258, 259, 264, 265, 267, 285, 295, 298, 300, 312, 321, 322, 323, 324, 353, 387, 426
Karaś, Anna 471
Katharina II. 61, 213
Katritsch, General 113, 176, 256
Kąkolewski, Krzysztof 408
Kekkonen, Urho 67
Kelles-Krauz, Kazimierz 158
Kersten, Adam 204
Keynes, John M. 198
Kincel, Oberst des tschechoslowakischen Staatssicherheitsdienstes 382
Kisielewski, Stefan 71
Kissinger, Henry 197
Kiszczak, Czesław 12, 14, 15, 16, 18, 20, 21, 33, 97, 122, 179, 243, 381, 385, 386, 387, 388, 414, 420, 428, 463
Klasa, Józef 259
Klimaszewski, Bronisław 159
Klimaszewski, Mieczysław 159
Kociołek, Stanisław 178, 267, 419, 420
Kolbe, Maksymilian 279

Abkürzungsverzeichnis

ZK   Zentralkomitee
        (dt. Abkürzung)

PVAP   Polnische Vereinigte Arbeiter-
        partei (dt. Abkürzung)

ZBoWiD Związek Bojówników o Wolność
        i Demokrację
        Verband der Kämpfer für
        Freiheit und Demokratie (Poln.
        Veteranenverband)

KNP   Konfederacja Polski Niepodległej
        Konföderation für ein
        Unabhängiges Polen

KOR   Komitet Obrony Robotników
        Komitee zur Verteidigung der
        Arbeiter

ZSL   Zjednoczone Stronnictwo Ludowe
        Vereinigte Bauernpartei

PPS   Polska Partia Socjalistyczna
        Polnische Sozialistische Partei

UD   Unia Demokratyczna
        Demokratische Union

UW   Unia Wolności
        Freiheitsunion

1. Auflage, Oktober 1996
© Copyright: Militzke Verlag, Leipzig 1996

Übersetzung: Ekkehard Grube
Lektorat: Barbara Brinkmann, Monika Werner
Satz und Layout: Dietmar Senf
Einbandgestaltung: Dietmar Senf
Gesamtherstellung: Steidl Göttingen
ISBN 3-86189-89-5

Pour
Heike Schneider
~ konferenzionie ?

Jens
3.10.1966